# 鞍钢年鉴

# ANGANG NIANJIAN

# 2016

鞍钢史志编纂委员会 编

冶金工业出版社

**图书在版编目(CIP)数据**

鞍钢年鉴.2016/鞍钢史志编纂委员会编.—北京：冶金工业出版社，2017.12
ISBN 978-7-5024-7629-8

Ⅰ.①鞍…　Ⅱ.①鞍…　Ⅲ.①钢铁厂—鞍山市—2016—年鉴　Ⅳ.①F426.31-54

中国版本图书馆CIP数据核字(2017)第257546号

出 版 人　谭学余
地　　址　北京市东城区嵩祝院北巷39号　邮编　100009　电话　(010)64027926
网　　址　www.cnmip.com.cn　电子信箱　yjcbs@cnmip.com.cn
责任编辑　张熙莹　唐晶晶　美术编辑　彭子赫　版式设计　孙跃红
责任校对　石　静　责任印制　牛晓波
ISBN 978-7-5024-7629-8
冶金工业出版社出版发行；各地新华书店经销；三河市双峰印刷装订有限公司印刷
2017年12月第1版，2017年12月第1次印刷
210mm×285mm；26.75印张；12彩页；809千字；410页
**100.00**元

**冶金工业出版社　投稿电话　(010)64027932　投稿信箱　tougao@cnmip.com.cn**
**冶金工业出版社营销中心　电话　(010)64044283　传真　(010)64027893**
**冶金书店　地址　北京市东四西大街46号(100010)　电话　(010)65289081(兼传真)**
**冶金工业出版社天猫旗舰店　yjgycbs.tmall.com**

（本书如有印装质量问题，本社营销中心负责退换）

# 2016《鞍钢年鉴》工作人员名单

主　　编　聂振勇

副 主 编　孙　涛　张　琪

总 编 辑　黄　辰

副总编辑　赵　艳

特约编辑　张作武　等

摄　　影　靳　波　张明杰　周玉斌　等

# 编 辑 说 明

《鞍钢年鉴》是鞍钢主办的逐年全面记载鞍钢发展变化的大型综合性资料工具书。2016《鞍钢年鉴》是鞍钢连续编撰出版的第32部年鉴，也是鞍钢集团成立后的第3部年鉴（包含鞍山钢铁、攀钢及各板块）。重点记述2015年鞍钢认真学习贯彻党的十八大、十八届三中、四中、五中全会和中央经济工作会议精神，按照鞍钢集团首次党代会提出的总体思路和奋斗目标，坚定信心，攻坚克难，真抓实干，奋力实现全集团扭亏为盈目标，在规划发展、改革改造、科技进步、企业管理、党建及精神文明建设等方面的新发展、新变化和新成就。

本年鉴采用分类编辑法，按部类、分目、条目3个层次编排。共设特辑，专文，大事志，概况，规划发展，财务运营与审计管理，人力资源管理，管理创新，科技创新，安全、环保与节能，信息化管理，国际事务，法律事务，综合管理，企业文化与公共关系，党群管理，鞍山钢铁集团公司，攀钢集团有限公司，单位简介，人物，附录21个部类。全书计80.9万字，配有彩色及黑白图片70张。

本年鉴刊用的稿件、资料由鞍钢集团公司各主管部门及所属单位、鞍山钢铁集团公司和攀钢集团有限公司提供并审核。统计资料由鞍钢集团公司计划运营部提供。人物、名录资料由鞍钢集团公司人力资源部、鞍钢集团公司工会提供。所引数据均以2015年12月末为限。

# 目 录

## 特 辑



## 专 文



## 大事志



## 概 况



## 规划发展

### ·发展战略与规划·



### ·战略合作·



### ·产业投资管理·



### ·合资合作·



### ·资产管理·

# 财务运营与审计管理

## · 预算与统计管理 ·



## · 资金与会计管理 ·



## · 资本运营监督管理 ·



## · 审计工作 ·



# 人力资源管理

## · 领导人员管理 ·



## · 人力资源管理 ·



## · 岗位绩效与薪酬福利管理 ·



# 管理创新

## · 综　　述 ·



## · 体制改革与创新管理 ·



## · 体系管理 ·



## · 风险内控及绩效管理 ·



## · 采购管理 ·

· 对外投资监管 ·



# 科技创新

## · 科技创新管理 ·



## · 知识产权管理 ·



## · 国际标准化管理 ·



# 安全、环保与节能

## · 安全管理 ·



## · 环保与节能减排 ·



# 信息化管理

## · 信息化规划管理 ·



## · 信息化推进管理 ·



# 国际事务

## · 海外规划与投资管理 ·

## ·宣传工作·



## ·纪检监察工作·



## ·统一战线工作·



## ·精神文明工作·



## ·党校工作·



## ·工会工作·



## ·共青团工作·



# 鞍山钢铁集团公司

## ·生　　产·

## · 经　　营 ·



## · 技术改造 ·



## · 科技开发 ·



## · 管理创新 ·



## · 战略管理 ·



## · 信息化管理 ·



## · 设备管理 ·



## · 质量能源管理 ·

## ·安全环保·



## ·财务审计·



## ·审计监查·



## ·人力资源管理·



## ·房地产管理·



## ·企业内保工作·



## ·法律事务·



## ·医疗卫生·

## ·组织工作·



## ·宣传工作·



## ·纪检监察工作·



## ·工会工作·



## ·共青团工作·



## ·人民武装工作·

## ·所属单位简介·



# 攀钢集团有限公司

## ·概　述·



## ·主要生产单位简介·



# 单位简介

## ·板块公司·



## ·直属机构·

# 人 物

## ·先进人物·



## ·新闻人物·



## ·名 录·



# 附 录

## ·统计资料·

▲ 2015 年 1 月 20 日，中华全国总工会副主席、书记处书记焦开河率全总“两节”慰问团到鞍钢慰问

▲ 2015 年 6 月 13 日，以国土资源部党组书记、部长，国家土地总督察姜大明为组长的国务院第八督查组到鞍钢开展督导检查

▲ 2015 年 5 月 8 日，国务院发展研究中心主任李伟率调研组到鞍钢调研

▲ 2015 年 7 月 2 日，辽宁省省长陈求发到鞍钢调研

▲ 2015 年 4 月 27 日，国务院国资委副主任、党委委员王文斌到鞍钢调研

▲ 2015 年 5 月 30 日，鞍钢集团公司总经理唐复平会见到鞍钢调研的国家环保部东北督察中心主任文毅一行

▲ 2015 年 6 月 5 日，辽宁省委常委、省总工会主席戴玉林到鞍钢调研

▲ 2015 年 10 月 20 日，国务院派驻国有重点大型企业监事会主席赵华林率领新一届监事会进驻鞍钢集团，与鞍钢集团公司党委书记、董事长张广宁，党委副书记、总经理唐复平等领导班子成员见面

▲ 2015 年 3 月 30 日，鞍钢集团公司总经理唐复平在鞍钢会展中心会见到访的嘉吉公司能源、运输、金属事业部全球执行总裁戴大伟和尹汤姆一行，双方就进一步创新经营方式，加强合作进行深入交流

▲ 2015 年 4 月 21 日，鞍钢集团公司总经理唐复平会见到访的渤海钢铁集团党委书记、董事长吕春风一行，双方就当前钢铁行业形势以及应对市场挑战策略等共同关心的问题进行广泛的交流和探讨

▲ 2015 年 6 月 9 日，鞍钢集团公司总经理唐复平率队走访中国核工业集团公司，与该公司董事长、党组书记孙勤进行深入交流

▲ 2015 年 10 月 29 日，鞍钢集团公司总经理唐复平在鞍钢会展中心会见到访的力拓集团全球销售总裁 Bold Baatar

▲ 2015 年 3 月 16 日，鞍钢集团公司与中国北车集团公司在北京签署战略合作协议

▲ 2015 年 3 月 17 日，鞍钢集团公司与中国船舶工业集团公司在北京签署战略合作框架协议

▲ 2015年8月4日，鞍钢集团公司与大连市人民政府签署地企合作备忘录

▲ 2015年9月14~15日，鞍钢集团公司董事长、党委书记张广宁会见到访的广汽集团公司董事长张房有，副董事长、总经理曾庆洪一行，双方签署了合作备忘录

▲ 2015 年 12 月 17 日，鞍钢集团公司与中国五矿集团公司在北京签署战略合作框架协议

▲ 2015 年 12 月 23 日，鞍钢集团公司与中国节能环保集团公司签署战略合作框架协议

▲ 2015 年 2 月 9 日，鞍钢股份线材厂 1 号线日产创下新纪录。图为鞍钢股份线材厂三线吐丝场面

◀ 2015 年 5 月 30 日，4450 吨高级别管线 X70M 卷板从鲅鱼圈港启运赴巴基斯坦。这是鞍钢近年来 X70 级别以上管线钢卷板的第一笔出口订单

▶ 2015 年 6 月 25 日，以鞍钢独家供货的 F 级超高强海工钢板为主要承重件加工制作的全球最深半潜式钻井平台——Frigstad D90 超深水半潜式钻井平台，在山东烟台中集来福士建造基地顺利实现上下部大合拢，标志着鞍钢 F 级超高强海工钢成功替代进口，具备为世界顶级钻井平台供货能力

▲ 2015 年 7 月，鞍钢股份鲅鱼圈分公司热轧部 1580 生产线生产的 1.3 万吨管线钢首次出口印度最大焊管生产商。图为鞍钢营口港务公司码头上整齐摆放着等待装船的钢卷

▲ 2015 年 9 月 20 日，非洲首条正式投入运营的现代化城市轻轨——埃塞俄比亚首都亚的斯亚贝巴城市轻轨正式通车，铺设在该轻轨上的钢轨全部由攀钢供货

◀ 2015年11月26日，鞍钢槽型轨中标苏州高新区有轨电车2号线，该项目线路总长18.64千米，所用的60R2槽型轨全部由鞍钢供货

▲ 2015年9月13日，鞍钢蒂森克虏伯（重庆）汽车钢有限公司举行开业仪式，标志着该公司由工程建设阶段正式转入运营阶段

▲ 2015年8月1日，集集装箱场站、钢材仓储、物流管理平台、加油站、快递等多项职能的鞍钢汽运公司物流综合产业园正式投入运营

▶ 2015 年 3 月 17 日，攀钢钒 950 热轧线改造热负荷试车成功

◀ 2015 年 8 月 27 日，鞍钢股份大型厂改造后的万能线首次生产 60 千克 / 米全长热处理钢轨。图为一根根百米重轨在鞍钢股份大型厂万能生产线下线

▶ 2015 年 12 月 13 日，鞍钢股份中厚板厂厚板线年修改造工程竣工。图为一张轧制后的钢板正在通过鞍钢股份中厚板厂厚板线预矫直机

▲ 2015 年 1 月 5 日，鞍钢股份线材厂适应市场需求研发新产品，高等级高强度焊接用钢实现量产。图为鞍钢股份线材厂 2 号线生产现场

▲ 2015 年 3 月 31 日，由鞍钢自主研发的特厚海洋平台用正火态钢板已具备批量供货能力，意味着鞍钢在海洋工程用钢轧制上取得新突破

◀ 2015年12月，由7万余吨鞍钢重轨铺设的我国第三条能源大通道的一期工程——张唐铁路曹妃甸辖区段通过验收

▶ 2015年4月，鞍钢股份鲅鱼圈钢铁分公司炼钢部成功冶炼两炉铁基非晶材料用高纯原料工业纯铁，其质量控制可以替代同类进口产品，并开创鞍钢采用常规板坯铸机含氧浇注的先河。图为鞍钢股份鲅鱼圈分公司炼钢部生产场面

▲ 2015年12月，鞍钢股份无缝钢管厂成功开发L80-1Cr和L80-3Cr经济型抗$CO_2$腐蚀油井管，价格不到13Cr马氏体不锈钢的60%，市场前景十分广阔

▲ 2015年6月，鞍钢重庆高强镀锌汽车板生产线第一卷热镀锌钢卷正式下线

▲ 2015 年 1 月 12 日，中国钢铁工业协会第五次会员大会和五届一次理事会在北京召开，鞍钢集团公司董事长、党委书记张广宁当选为中国钢铁工业协会会长

▲ 2015 年 11 月 20 日，耐蚀钢产业技术创新战略联盟二届二次理事会在北京召开，鞍钢集团公司总经理唐复平新任耐蚀钢联盟二届理事会理事长

▲ 2015 年 6 月 1 日，国务院国资委调整鞍钢集团外部董事成员。鞍钢集团公司第一届董事会第十次会议在鞍钢召开

▶ 2015年3月31日～4月3日，在全球第二大、国内第一大的冶金工业展览会——第十五届中国国际冶金工业展览会上，鞍钢集团展区累计接待12000人次的参观，创下展出形式最新颖、展示产品最齐全、规模最大、参观人数最多的纪录

▶ 2015年5月29日，第十八届中国（重庆）国际投资暨全球采购会在重庆市开幕。图为充满现代气息的鞍钢集团展台

◀ 2015年11月，在第21届全国发明展览会上，鞍钢集团选送的发明成果取得了金奖16项、银奖15项、铜奖23项的佳绩。图为中国发明协会、国家知识产权局等有关领导参观鞍钢集团展区

▲ 2015 年 7 月 1 日，中央第十三巡视组专项巡视鞍钢集团公司工作动员会在鞍钢会展中心召开

▲ 2015 年 10 月 18 日，中央第十三巡视组组长朱保成，副组长孙来燕、王海沙、崔瑛向鞍钢集团公司党委书记、董事长张广宁传达习近平总书记关于巡视工作的重要讲话精神，并反馈专项巡视情况

▶ 2015年8月16日，鞍钢集团公司召开党风廉政建设警示教育大会，中央第十三巡视组组长朱保成和副组长孙来燕、崔瑛等出席会议

◀ 2015年11月13日，鞍钢集团公司党委召开思想政治工作推进暨党建思想政治工作研究会成立大会

▶ 2015年1月20日，鞍钢集团公司党委召开学习“时代楷模”李超同志先进事迹座谈会

▲ 2015 年 1 月 14 日，鞍钢职工李超被中宣部授予“时代楷模”荣誉称号，并通过中央电视台一套综合频道正式向社会公开发布。李超成为辽宁历史上首位获此殊荣的先进人物

▲ 2015 年 12 月 3 日，大型纪实话剧《时代楷模——李超》在鞍山市胜利会堂首演

◀ 2015 年 3 月 2 日，鞍钢集团 2014 年度总结表彰大会在鞍钢会展中心举行

▶ 2015 年 6 月 30 日，鞍钢集团庆祝中国共产党成立 94 周年暨 2014 年度“三先两优”表彰大会在鞍钢会展中心召开

▶ 2015 年 12 月 16 日，鞍钢集团 2015 年度职工技术竞赛表彰会在鞍钢会展中心召开

◀ 2015年3月23日，鞍钢集团公司党委在鞍钢会展中心召开纪念“鞍钢宪法”55周年座谈会

▶ 2015年12月24日，鞍钢集团公司领导班子召开“三严三实”专题民主生活会

▲ 2015年12月7日，鞍钢集团公司董事长、党委书记张广宁，鞍钢集团公司总经理唐复平等集团公司领导到郭明义爱心工作室，请郭明义作“三严三实”专题教育党课

▲ 2015 年 9 月 7 日，鞍山钢铁首次新入厂职工入职仪式在鞍钢集团展览馆举行

▼ 2015 年 2 月 28 日，鞍山市青少年爱国主义教育基地在鞍钢集团展览馆正式落户，鞍钢集团展览馆青年集体被评为 2015 年鞍山市首个“青年文明号”

▲ 2015年7月22日，2015年《财富》世界500强榜单揭晓，鞍钢集团以2014年营业收入262.1亿美元，位列排名第451位，较上年上升24位。鞍钢集团已连续四年入围世界500强榜单

# 特　辑

# 党中央国务院调整鞍钢集团领导班子

2015年2月11日，鞍钢集团召开领导班子扩大会议，宣布中央关于鞍钢集团领导班子调整的决定。党中央、国务院决定，唐复平同志任鞍钢集团公司董事、总经理、党委副书记；免去张晓刚同志鞍钢集团公司总经理、党委副书记职务，任鞍钢集团公司副董事长。

中央组织部干部五局副局长么志宏宣布中央决定并讲话，鞍钢集团公司董事长、党委书记张广宁主持会议并讲话，唐复平作表态发言。

张广宁代表集团公司党政领导班子对中央的决定表示坚决拥护。他表示，鞍钢作为中央直管的重要骨干企业，倾注了党和国家几代领导人的关怀和期待。当前，钢铁行业处于重大调整时期，鞍钢扭亏增效、改革发展处于关键阶段，作为董事长、党委书记，深感责任重大，他将与领导班子成员一道，坚定信心，不辱使命，以党的十八大和十八届三中、四中全会精神为指导，深入学习贯彻习近平总书记系列重要讲话精神，认真落实党中央的各项部署和要求，以中央的亲切关怀和巨大支持为动力，立足新的起点，瞄准宏伟目标，抢抓机遇、乘势而上，及时调整企业发展战略，切实打好扭亏增效攻坚战、持久战，认真履行抓党建的主体责任，不断加强党风廉政建设和作风建设，以更宽广的发展视野、更坚定的改革决心、更有力的工作举措和钢铁般的意志，奋力战胜一切困难，不断开创鞍钢改革创新、科学发展的新局面。

国务院国资委企业领导人员管理一局副局长肖宗辉，中央组织部干部五局二处处长韩敏，辽宁省委组织部五处处长孙宏伟等出席会议。

鞍钢集团公司领导班子成员，鞍钢集团公司机关部门主要负责人，鞍山钢铁领导班子成员，攀钢领导班子成员，子企业及直属单位党政负责人参加会议。

（摘自2015年2月12日《鞍钢日报》）

# 鞍钢集团党委贯彻落实中央“三严三实”专题教育工作座谈会精神

2015年4月24日，鞍钢集团公司董事长、党委书记张广宁主持召开党委常委（扩大）会议，贯彻落实中央“三严三实”专题教育工作座谈会精神。会议讨论通过《鞍钢集团公司党委关于开展“三严三实”专题教育方案》，鞍钢集团公司党委决定，从4月底开始，在厂处级以上领导人员中开展“三严三实”专题教育。

鞍钢集团公司党政领导唐复平、尹利、于万源、姚林、陈平、余自甦、白静瀑、许质武，攀钢董事长、党委书记张大德，鞍钢集团董事会秘书、总经理助理参加会议。

会上，鞍钢集团公司党委副书记、工会主席尹利传达《中共中央办公厅印发〈关于在县处级以上领导干部中开展“三严三实”专题教育方案〉的通知》和中央“三严三实”专题教育工作座谈会精神。

会议讨论通过《鞍钢集团公司党委关于开展“三严三实”专题教育方案》。按照《中共中央办公厅印发〈关于在县处级以上领导干部中开展“三严三实”专题教育方案〉的通知》，鞍钢集团公司党委决定，从4月底开始，在厂处级以上领导人员中开展“三严三实”专题教育，各级同步进行。本次专题教育不分批次、不划阶段、不设环节，不是一次活动。专题教育坚持从严要求，突出问题导向，着力查找和解决鞍钢干部队伍中“不严不实”问题；坚持以上率下，示范带动；坚持把深化学习教育放在首位，党委书记带头讲“三严三实”专题党课，党委中心组开展“三严三实”专题学习研讨，召开“三严三实”专题民主生活会和组织生活会，强化整改落实和立规执纪，打牢思想根基。

张广宁就贯彻落实“三严三实”专题教育工作座谈会精神提出要求。他强调，要高度重视，切实把思想和行动统一到中央的重大部署上来。开展“三严三实”专题教育，是党中央的重要部署，体现了党中央驰而不息推进从严治党的决心和态度。各级党委要充分认识开展“三严三实”专题教育的重要意义，把思想和行动统一到党中央的重大部署上来，切实增强责任感使命感，不能有松口气、歇歇脚的思想，不能有厌战、懈怠的情绪，不能有消极应付的心理，坚决把中央要求不折不扣地落实好。

张广宁强调，要深入学习，深刻领会专题教育的总体要求。专题教育的基本遵循就是习近平总书记系列重要讲话精神、刘云山同志在“三严三实”座谈会上的重要讲话、中共中央办公厅印发《关于在县处级以上领导干部中开展“三严三实”专题教育方案》和鞍钢集团公司党委《关于认真学习贯彻习近平总书记“三严三实”要求的通知》以及《鞍钢集团公司党委关于开展“三严三实”专题教育方案》。要突出学习贯彻习近平总书记系列重要讲话精神，重点学习《习近平谈治国理政》、《习近平关于党风廉政建设和反腐败斗争论述摘编》。要融入经常性学习教育，与中心组学习、“三会一课”、年度民主生活会结合起来。学习要坚持学以致用、坚决防止形式主义，在解决具体问题上有进展、有突破，在深化“四风”整治、巩固拓展教育实践活动成果上见实效，在守纪律讲规矩、营造良好政治生态上见实效，在真抓实干、推动鞍钢改革发展稳定上见实效，切实保证全面完成今年生产经营、强化管理、改革改造等各项任务。

张广宁强调，要突出重点，扎实做好“关键动作”。“关键动作”是专题党课、专题学习研讨、专题民主生活会和组织生活会、整改落实和立规执纪。对中央要求的这4个“关键动作”，一定要抓实在、抓到位。要深入思考、联系实际、剖析根源，高质量讲好专题党课；要紧扣问题、交流互动、用好“两面镜子”，高质量组织好专题学习研讨；查摆问题要深入、谈心交心要充分、相互批评要有辣味，高质量开好专题民主生活会和组织生活会；要列出清单、专项整改，立说立行、边学边改，建立机制、督促整改，上下结合、联动整改，立规执纪、刚性整改，高质量抓好整改落实和立规执纪。

张广宁强调，要落实责任，从严从实组织实施。要突出落实责任，各级党委要全面负责本单位的专题教育，认真谋划安排，精心组织实施，扎实有效推进。要突出问题导向，既要解决共性问题，也要解决个性问题；既要解决表象问题，也要解决深层次问题；既要解决现实问题，也要解决遗留问题。要突出以上率下，各级党委书记要严要求、做表率、亲自抓，一级抓一级、一级带一级，形成上行下效、上率下行的良好局面。要突出两手抓两促进，各级党委要统筹专题教育与各项工作的关系，安排好时间和精力，把专题教育与全面完成生产经营任务结合起来，与鞍钢深化改革结合起来，与全面从严治党结合起来，真正把党员干部激发出的工作热情和进取精神转化为做好各项工作、坚决打胜扭亏增效、转型升级“两大攻坚战”的强大动力。

鞍钢集团公司党委组织部、党委宣传部、纪委、办公厅负责人，鞍山钢铁、攀钢党委副书记，各板块党委书记，集团直管党委书记列席会议。

（摘自2015年4月26日《鞍钢日报》）

# 中央第十三巡视组向鞍钢集团公司反馈专项巡视情况

根据中央巡视工作领导小组的部署，中央第十三巡视组向鞍钢集团公司反馈巡视情况。2015 年 10 月 18 日下午，中央第十三巡视组组长朱保成，副组长孙来燕、王海沙、崔瑛向鞍钢集团公司党委书记、董事长张广宁传达了习近平总书记关于巡视工作的重要讲话精神，并反馈了专项巡视情况。10 月 19 日上午，朱保成同志代表巡视组向鞍钢集团公司领导班子进行了反馈，张广宁同志主持会议并作了表态发言。

根据中央统一部署，2015 年 7 月 1 日至 8 月 30 日，中央第十三巡视组对鞍钢集团公司进行了专项巡视。中央巡视组认真贯彻落实中央巡视工作方针和《中国共产党巡视工作条例》，聚焦全面从严治党，突出党风廉政建设和反腐败工作，把纪律和规矩挺在前面，紧扣“六大纪律”和“四个着力”开展监督检查，通过广泛开展个别谈话，受理群众来信来访，调阅有关文件资料，深入了解情况，顺利完成了巡视任务。中央巡视工作领导小组听取了巡视情况汇报，并向中央政治局常委会报告了情况。

朱保成同志指出，党的十八大以来，鞍钢集团公司党委深入贯彻党的十八大和十八届三中、四中全会精神，认真学习习近平总书记系列重要讲话精神，加强党风廉政建设和纪检监察工作。但干部群众也反映了一些问题，有的还十分严重。主要是：一是治党不严，“两个责任”落实不力。党的领导层层弱化，政治核心作用没有充分体现。一些基层单位缺乏党章意识，党的组织生活不健全。执纪意识淡薄，在查办案件过程中，抓“下”不抓“上”，抓“小”不抓“大”，失之于宽，失之于软。二是“四风”问题突出，违反中央八项规定精神问题屡禁不止。部分单位超标准宴请、公款购买高档烟酒问题严重。一些领导人员大操大办婚丧嫁娶、违规收受礼金。三是选人用人问题突出，不守纪律、不讲规矩。下属单位普遍以党政联席会、总经理办公会代替党委会研究干部任免事项。未严格执行有关规定，廉政征询不到位，存在“带病提拔”、超职数配备干部、违规配备领导秘书等问题。四是盲目投资、监管失控，造成国有资产损失。内外勾结、利益输送问题严重，近年来腐败案件频发。同时，巡视组还收到反映一些领导人员的问题线索，已按有关规定分别转交中央纪委、中央组织部、国务院国资委纪委和有关部门处理。

朱保成同志代表巡视组提出了五点意见建议。一是聚焦全面从严治党，切实把“两个责任”扛起来，坚持把纪律和规矩挺在前沿，严格执行“六大纪律”，加强各级党的领导和监督。二是要将巡视整改与“三严三实”专题教育和民主生活会结合起来，针对巡视发现的问题，联系思想和工作实际，认真对照检查，深入剖析根源，落实从严从实要求，确保整改实效。三是严肃整改选人用人方面存在的突出问题。四是坚持以上率下，切实抓好领导人员廉洁从业和落实中央八项规定精神的专项治理工作，建立长效机制。规范、清理不在岗领导人员的待遇问题。五是严肃查处违纪违法案件，做好中央巡视组移交问题线索核查工作。要抓好制度完善和落实，加强对“四资一项目”，特别是对投资的管理，加强对关键领域、关键岗位的监督管控，强化责任追究。

朱保成同志强调，鞍钢集团公司党委要严格按照中央要求，认真学习贯彻习近平总书记重要讲话精神，坚持党要管党、从严治党，切实担负起落实全面从严治党的主体责任，担负起巡视整改落实的主体责任，高度重视巡视反馈意见，对巡视指出的问题立行立改，认真研究分析，分门别类处理。按照中央的要求，各级党组织整改不力是失职，不抓整改是渎职。主要负责人要切实担负起第一责任人的责任，抓早抓小，管好班子，带好队伍。对巡视整改落实情况，鞍钢集团公司党委要以适当形式向社会公开，接受干部群众的监督，中央巡视工作领导小组将适时组织开展监督检查。

张广宁表示，中央第十三巡视组反馈的专项巡视意见，客观评价了鞍钢集团近年来的工作，严肃指出了鞍钢集团存在的突出问题，深刻尖锐，一针见血，切中要害。提出的意见要求对鞍钢集团改革发展具有重要的指导、推动作用。鞍钢集团党委将认真学习贯彻落实习近平总书记关于巡视工作的重要讲话精神，把不折不扣落实中央巡视组的各项整改要求作为首要政治任务，以最坚决的态度、最果断的措施、最有效的办法抓好整改，抓出成效。

张广宁指出，一要认真学习习近平总书记关于巡视工作的重要讲话精神，切实把思想和行动统一到中央的要求上来。要在全面领会精神实质上下功夫，聚焦全面从严治党，各级党员干部要以案为鉴，吸取深刻教训，在政治上讲忠诚、在组织上讲纪律、在行动上讲原则。二要坚决推进从严治党，强化“两个责任”落实。要明确主体责任，落实监督责任，从严执纪问责，对违反党的政治纪律和政治规矩的和“四风”问题突出的，绝不姑息，绝不手软。三要坚决抓好问题整改，确保件件有回音、事事有着落。要根据中央巡视组的反馈意见和提出的要求，迅速研究整改方案和整改措施，直面问题，动真碰硬，一抓到底、务求实效。四要坚决抓好专项治理，把纪律和规矩挺在前面。要突出“领导人员及其亲属、特定关系人违规经商办企业，‘小金库’，采购销售领域以权谋私、利益输送，领导人员履职待遇和业务支出，驻外办事处，领导人员特殊化”六个专项治理重点进行整改，建立长效机制，筑牢党风廉政建设安全网。五要坚持两手抓，两促进，推动各项工作上新台阶。要把中央巡视反馈意见整改和深化企业改革结合起来、统一起来，紧紧围绕“一个重点”“两个转移”“三个转变”的总体思路，全面抓好扭亏增效各项工作，确保完成今年国资委确定的控亏目标。

张广宁强调，要把抓好中央巡视反馈意见整改作为党要管党、从严治党的难得契机，毫不含糊、坚定不移地推进党风廉政建设和反腐败斗争，努力建设最具国际竞争力的跨国钢铁集团，成为中国钢铁行业的“排头兵”，为实现中华民族伟大复兴的中国梦作出积极贡献。

中央巡视工作领导小组办公室负责同志以及巡视组、巡视办有关同志、国家监事会有关同志出席反馈会。鞍钢集团公司领导班子成员出席会议，鞍钢集团机关各部门负责人、直管领导人员及部分重要单位党政主要负责人列席会议，鞍钢外埠部分二、三级单位有关负责同志通过视频参加会议。

（摘自 2015 年 10 月 23 日《鞍钢日报》）

# 鞍钢工人李超荣获全国“时代楷模”称号

2015 年 1 月 14 日，中宣部通过中央电视台“时代楷模发布厅”正式向社会发布 2015 年第一期全国“时代楷模”，鞍钢股份公司冷轧厂 4 号线设备作业区作业长兼党支部副书记李超，作为当代产业工人的典范，获此殊荣。李超也是辽宁首位全国“时代楷模”荣誉称号获得者。

“时代楷模”是由中宣部集中组织宣传的全国重大先进典型。“时代楷模”充分体现“爱国、敬业、诚信、友善”的价值准则，充分体现中华传统美德，是具有很强先进性、代表性、时代性和典型性的先进人物。根据楷模的职业身份，以中宣部和有关部门名义发布。在中央电视台设立发布厅。中宣部从去年开始推选发布全国“时代楷模”，此次是全国“时代楷模”推选发布的第 11 期。

1970 年出生的李超，喜钻研、好创新，遇到技术难题总是勤问勤查爱琢磨。参加工作 25 年来，他先后担任检修车间钳工、点检员、点检长、作业长等职务，主导完成多项国内外首创、国际领先的技术改造核心项目。从一名普通钳工，成长为负责设备运行维护的“技术大拿”。

工作期间，李超曾获得国家发明专利 5 项、专有技术 4 项，国际发明展览会金奖 1 项，先后解决生产难题 230 多项，其中 59 项成果获厂和鞍钢集团以上奖励，创造经济效益 1.3 亿元。他主导完成的“冷轧机乳液分区自动吹扫装置的研发和应用”项目，获得 2013 年度国家科学技术进步奖二等奖。在去年第八届中国发明家发明创业奖颁奖大会上，他被授予“当代发明家”荣誉称号，成为新时期技术型、知识型、创新型产业工人的代表。

（摘自 2015 年 1 月 15 日《辽宁日报》）

# 邵安林当选中国工程院院士

中国工程院 12 月 7 日发布 2015 年院士增选结果，鞍钢矿业集团总经理邵安林当选为中国工程院院士。

中国工程院官方网站显示，中国工程院 2015 年院士增选工作于今年 1 月正式启动，通过中国科协组织学术团体提名和院士提名两条途径，共提名了 521 名有效候选人。经两轮评审和公示，共选举产生了 70 位新当选院士。在新当选的 70 名院士中，男性 67 人，女性 3 人；最小年龄 47 岁，最大年龄 73 岁。来自高等院校的有 34 人；研究院所 15 人；企业及医院 21 人，更多来自企业和基层一线的工程科技专家当选为中国工程院院士。

邵安林现任鞍钢矿业集团总经理，中共党员，教授级高级工程师，东北大学工学博士，中国铁矿业中长期发展规划领导小组组长，中国冶金矿山企业协会会长。他先后主持攻克了贫铁矿开发关键技术瓶颈，将贫铁矿开发技术标准化、体系化，创立了“五品联动”矿冶系统工程模式，牵头编制中国首个铁矿行业中长期发展规划等，先后获国家科技进步奖二等奖 3 项，省部级科学技术奖特等奖 1 项、一等奖 10 项、二等奖 19 项，国家级管理创新一等奖 2 项，并获全国优秀科技工作者、全国优秀企业家、全国劳动模范等荣誉称号。

中国工程院是中国工程科学技术界的最高荣誉性、咨询性学术机构，设立若干学部。中国工程院院士是国家设立的工程科学技术方面的最高学术称号，为终身荣誉。院士由选举产生，增选院士每两年进行一次。

（摘自 2015 年 12 月 8 日我的钢铁网）

# 鞍钢工人诗人田力登上央视《新闻联播》

2015 年 5 月 1 日晚，央视《新闻联播》在“五一”特别节目《工人诗篇》中，以《劳动是一首美丽的诗》为专题，用 4 分 30 多秒的超长篇幅，重磅推出了鞍钢股份炼钢总厂连铸作业区主操作室操作员、鞍钢工人诗人田力和他的经典诗作，同时，配发了短评。当天，田力的诗歌和鞍钢的故事以《我是长子》为专题，先后在央视新闻频道《朝闻天下》《新闻直播间》《新闻三十分》《共同关注》等栏目中播出。当日起，国内各大网站、报刊纷纷进行转发和评论。

“五一”前，央视新闻频道从全国一线职工中遴选出 8 位工人诗人，他们有制衣厂女工、流水线工人、铁道筑路工人等，制作了《工人诗篇》，在“五一”国际劳动节期间奉献给中国 3.2 亿工人和亿万观众。4 月初，鞍钢在获悉此讯后，迅速向央视推荐了田力，并精心组织了文字视频资料，陪同央视记者三次到炼钢总厂和田力的家中，对田力的创作和三十多年在炼钢厂的工作经历进行了详细采访。

田力是家里的第三代鞍钢人，激情火热的鞍钢生活、磅礴壮观的炼钢场景，让从小就爱好文学的田力迷上了写诗。入厂33年来，他创作了近两千首诗歌。其中，绝大部分诗歌都是讴歌鞍钢、工厂和工人的。

田力登上央视《新闻联播》在工友和亲朋好友中引起强烈反响。田力的父亲是从鞍钢退休的，心里总是惦念曾经工作过的地方，在电视里看到那个当年火红的场面，老人非常激动，他说："在央视看到鞍钢，看到了自己的儿子，作为一名老鞍钢很骄傲、很自豪，也唤起不少回忆，鞍钢是我一辈子工作过的地方。"陈克健与田力在同一个岗位，看到央视的报道后，他十分兴奋："田力的诗是写给我们工人的，他经常把写完的诗读给我们大家听，这样的诗歌才是真正接地气、才能真正反映咱们工人的心声。"连铸作业区副作业长王洪涛说："田力是我们鞍钢的骄傲，是工人的骄傲。工作中，田力是好样的；而写起诗来，他还是好样的。田力的诗让钢铁也有了温度，让浑身满是机油味的工人，也有了诗意。"

"咱们工人的心是相通的，对企业的眷恋之情也是一致的。鞍钢是有心跳的，只有到达工厂的最深处，才能听得到。鞍钢是我工作和生活的地方，是我存放内心乡愁的地方。"田力表示，他将继续用诗歌这种文学样式来讲述更多鞍钢人的故事，记录鞍钢的发展与历史。

"鞍钢工人诗人田力登上央视《新闻联播》，这不仅是对田力的肯定，更是对鞍钢这个'共和国钢铁工业的长子'的重视。当前，鞍钢面临前所未有的困难和挑战，但是鞍钢有无数个像田力这样热爱鞍钢的职工，坚信在大家的共同的努力下，鞍钢一定能早日打胜"两大攻坚战"，再展鞍钢雄风。"鞍山钢铁宣传部有关负责人说。

（摘自2015年5月4日中国钢铁新闻网）

# 我国首个海洋装备用金属材料及其应用国家重点实验室落户鞍钢

2015年10月14日，国家科技部网站公布了批准建设的第三批企业国家重点实验室名单，鞍钢海洋装备用金属材料及其应用国家重点实验室位列其中，这是我国首个在海洋装备用金属材料及其应用领域设立的国家重点实验室，也是继钒钛资源综合利用国家重点实验室之后，鞍钢集团拥有的又一个国家重点实验室。

鞍钢是海洋装备用金属材料领域的领军企业，是国内最早进行海洋装备用钢开发、生产及船级社认证的钢铁企业。从供货我国第一艘万吨巨轮、第一座浅海采油平台，到首座自升式海洋平台、首条LEG液货低温船、第一艘远洋破冰船、第一艘示范油轮，连续创造了多项全国第一的业绩。历经18次认证，鞍钢已经成为国内认证级别最高、规格最全、品种最多、产量最高的船舶及海洋工程用金属材料生产基地。同时，鞍钢拥有世界35%以上，国内90%以上的钛资源，目前是全国唯一从矿到海绵钛到金属钛加工的全产业链企业，产品涵盖板、带、棒、管、丝、锻件等，已成功开发出1200兆帕级超厚高强耐蚀钛合金材料。

鞍钢现有的海洋用钢实验室为辽宁省重点实验室，拥有实验室十余个、实验装置/生产线4套/条，仪器设备740台（套），先后承担完成了国家"863"计划"深海高压油气输送用高强厚壁管线关键技术研究"等一系列重大基础性科学研究项目、国家级重大科技攻关课题、国家科技支撑课题。2009年以来，实验室共获得国家科技进步奖二等奖7项，省部级科技进步奖25项；编制国家、行业标准18项。业内专家认为，在海洋装备用金属材料及应用领域，鞍钢立足于核心技术和关键产品的自主创新，已经具备了良好的国家重点实验室建设基础。

“海洋工程装备技术的发展对于提高海洋资源开发能力，坚决维护国家海洋权益和建设‘海洋强国’具有十分重要的战略意义。创建海洋装备用金属材料及应用国家重点实验室，是鞍钢集团履行央企社会责任、助推我国海洋装备制造业国产化的重要举措。”作为海洋装备用金属材料及其应用国家重点实验室承建单位负责人，任子平深感责任重大。

成为企业国家重点实验室后，鞍钢将依托自身在海洋装备用金属材料及应用领域形成多学科发展的综合研究优势，在国家和依托单位的支持下，以制约我国海洋工程装备发展的关键材料、技术瓶颈为研究对象，开展高性能材料的应用基础及共性技术研究，建立特殊性能检测标准评价体系，形成开放式的海洋装备用金属材料研发、应用评价示范性平台，为我国的海洋装备制造业材料领域的技术进步提供基础理论与应用实践支持。

相关链接：企业国家重点实验室是国家技术创新体系的重要组成部分，是提升企业的原始创新能力的重要措施。国家科技部于2006年年底全面启动了在转制院所和企业建设国家重点实验室的工作，已经建设了99个企业国家重点实验室。

第三批企业国家重点实验室重点围绕节能环保、新一代信息技术、生物、高端装备制造、新能源、新材料、新能源汽车等战略性新兴产业和若干重要产业中16个方向，进一步完善企业国家重点实验室布局，引领和带动行业技术进步。此次批准建设75个企业国家重点实验室，钢铁企业中仅鞍钢集团和中钢集团获批新建国家重点实验室。

（摘自2015年10月20日《鞍钢日报》）

# 鞍钢集团以262.1亿美元营业收入蝉联世界500强

2015年《财富》世界500强榜单揭晓，鞍钢集团以2014年营业收入262.1亿美元位列排名第451位，较去年上升24位，鞍钢集团已连续四年入围世界500强榜单。

面对钢价、矿价双重下行压力，鞍钢集团能够蝉联《财富》世界500强，得益于坚持与时俱进的思想解放、大刀阔斧的改革创新、真抓实干的工作作风和以人为本的群众观念。鞍钢集团把“六种发展理念”加速转化为扭亏增效的行动指南和具体措施，同生产经营、改革管理、科技创新、党建和思想政治工作紧密结合，形成了上下一心打胜扭亏增效攻坚战的生动局面。改革创新是决定企业发展的关键，针对制约发展的体制机制弊端，鞍钢集团坚持市场标准就是工作尺度，以改革创新激发活力，营造了向改革要红利、向管理要效益、向改造要实力、向改组要效率的良好氛围。坚持以人为本，在完成扭亏增效任务的基础上，通过提高收入和上调倒班职工夜班津贴和矿山职工井下津贴标准等方式为职工谋福祉，实施研发、技术及操作人员激励政策，推进职工综合服务区建设，凝聚起攻坚克难的强大正能量。2014年，鞍钢集团实现营业收入262.1亿美元，完成国务院国资委下达的控亏目标。

（摘自2015年7月27日新浪财经）

# 专　文

# 戮力同心　真抓实干　全力推进扭亏增效攻坚战

鞍钢集团公司董事长、党委书记　张广宁

2015年，鞍钢集团深入贯彻“四个全面”战略布局，认真践行“六种发展理念”，落实“一个重点、两个转移、三个转变”工作思路，开拓进取，真抓实干，攻坚克难，各项工作取得了新进展。

## 一、认真落实“一个重点、两个转移、三个转变”工作思路，采取超常规措施积极应对严峻形势挑战

1. 围绕“一个重点”，严格落实产品边际贡献为正、经营现金流为正“两条红线”要求，加大亏损企业改革力度。开展亏损企业专项治理，积极推进亏损企业改革，对亏损企业逐户研究制定扭亏脱困具体方案。对重点亏损企业，按照“分立优良资产、剥离企业负担、激发企业活力、增强造血功能、争取政策支持”的工作思路，采取分立、债务重组等措施，剥离不良资产，减轻企业负担。关停攀成钢部分产线，协商一致解除劳动合同9187人，办理内部退养1253人；实施无缝厂承包经营制改革；推进莆田冷轧产能退出及天津冷轧股权转让。积极争取国家政策和资金支持，稳步推进厂办大集体改革、“三供一业”分离移交、棚户区改造、退休人员社会化管理等历史遗留问题的解决。

2. 抓好“两个转移”，调整优化产业结构和布局。推进国际产能合作，抓好重点区域的调查研究，按照“快、省、好”原则，在东南亚、非洲、南美等国家或地区积极开展钢铁项目布局，成立印尼项目筹备组，有序推进印尼和马来西亚项目。做好国际产能转移风险防范工作。研究优化调整国内产能布局，向具有比较优势的沿海地区转移。

3. 推进“三个转变”，提升企业综合竞争优势。

一是集团管控体系由一体化向差异化转变。稳步推进53项改革任务。进一步“简政放权”，优化组织架构，控制管理层级，理顺产权关系和管理关系，健全完善对子企业的差异化管控模式、授权体系和绩效考核体系。发布《鞍钢集团公司管理手册》。修订完善《鞍钢集团核心业务权限规范》和《鞍钢集团总部业务审批权限》。对非钢产业坚持放权搞活，推动发展，进一步明确非钢板块发展定位和发展方向。研究制定《关于理顺集团内部产权关系与管理关系、实施产权划转的意见》，对多家单位实施产权划转。按照“全面培育、积极推进、择优选择、灵活运作”的思路，研究推动非钢资产上市。

二是由产品制造商向服务商转变。重新定位销售战略，明确各种销售渠道的产品市场占有率、品种投放、销售网络布局、物流及售后服务等一系列工作。落实“四个确保”承诺，深入开展EVI工作，鞍山钢铁设立产销研一体化办公室，攀钢设立钢轨、汽车板两个技术服务中心，提高了市场响应速度和客户服务质量。积极融入“互联网+”行动计划，鞍钢电商平台实现现货交易量71.09万吨，销售收入16.76亿元；攀钢积微物联电商平台实现交易金额9.75亿元。加快技术创新，推动产品不断向高附加值和高效益快速跃进。鞍钢成为国内唯一拥有两个国家重点实验室的钢铁企业。两项成果获得冶金科学技术奖一等奖。获得国家受理专利1817件，其中发明专利1111件，四项发明专利获第十七届中国专利优秀奖，居国内钢铁企业首位。

三是将市场压力向发展动力转变。完善法人治理结构，加强子企业和非钢板块董事会建设，启动综合实业发展公司董事会建设试点。深化三项制度改革，调整直管领导人员113人次，免职9人；清退劳务用工3488人，分流富余人员10080人；集团公司领导、总部机关领导人员及各级机关管理人员不同程度降薪。加强资金管理，确立资金管理原则，制定资金集中管理和外汇管理办法，建立完善资金管理体系，提高了资金运营效率。开展全员成本目标管理活动，推进非常规降本增效专项工作，最大限度降低

运行成本。成立招标公司，实施采购管理一体化，招标比例达到 78.8%。

## 二、充分发挥党组织的政治优势，为推动扭亏增效和转型升级提供坚强有力的保证

1. 不断提升党建工作的活力和实效。开展十八届四中、五中全会和习近平总书记系列讲话精神集中轮训，培训副厂处级以上领导干部 14 期 1434 人。抓好“三严三实”专题教育。集团公司领导带头讲党课，请郭明义和李超同志讲专题党课，集团党委中心组召开 5 次专题学习研讨会，召开“三严三实”专题民主生活会，查找不严不实问题。加强领导班子建设，深入开展“四好”领导班子创建活动。围绕创新、攻关、登高三个层面开展“共产党员工程”活动，实施集团公司级项目 210 个。加强服务型党组织建设，扎实推进基层党组织晋位升级。

2. 加强思想政治工作。深入开展“千方百计保生存，万众一心渡难关”形势任务教育和“树立六种发展理念，推动扭亏增效”大讨论活动，统一了思想，凝聚了共识。推进党建思想政治工作课题研究，9 项课题获得中央企业优秀成果奖。加大典型选树宣传力度，李超被中宣部授予全国“时代楷模”荣誉称号。鞍钢典型工作经验在中宣部培训班上交流。

3. 加强党风和反腐倡廉建设。落实“两个责任”，制定了“一诺三书”，各级党委书记签订责任书 276 份。深化纪检监察体制改革，实现了专职纪委书记应配尽配。召开两次党风廉政建设警示教育大会，通报违反中央八项规定精神案件和违纪违法典型案件。开展内部巡视和专项治理工作，进行系统整改，建立长效机制。加强廉洁文化建设，鞍钢反腐倡廉教育展览馆被辽宁省纪委命名为“辽宁省反腐倡廉教育基地”。

4. 做好中央专项巡视配合及问题整改工作。在中央第十三巡视组专项巡视鞍钢期间，鞍钢集团党委积极主动配合，不折不扣抓好中央巡视反馈意见整改，成立整改工作领导小组和办公室，将巡视反馈意见分解为 4 方面 12 个专题 25 个具体问题，形成问题清单、责任清单和任务清单，细化为 87 项整改措施，即知即改，立行立改，中央巡视办已批准鞍钢集团党委巡视整改报告。

5. 充分发挥群团组织的作用。关心职工生活，推进职工综合服务区建设，为职工过生日、送清凉、送温暖，办实事、办好事、解难题。加大困难职工帮扶力度，结成“一帮一”对子 1066 个、“群帮一”对子 1761 个。走访慰问劳动模范、困难职工和离退休人员 3.83 万余人次，发放慰问金、救济金 3842 万元。深入开展弘扬“鞍钢宪法”精神、实名制“网络问企”活动，收集意见建议 11.1 万条，办结 4.89 万条。各级工会组织广泛开展群众性经济技术创新、双增双节等活动。全集团建立 103 个职工（劳模）创新工作室。在第 21 届全国发明展览会上，鞍钢获 16 项金奖、15 项银奖、23 项铜奖。各级团组织扎实推进“青年创新登高”“跟着郭明义学雷锋”“区域立体团建”三大品牌工作，凝聚了青春力量。创新登高工作经验在中央企业共青团会上交流。

# 大事志

# 2015 年鞍钢大事记

## 1 月

1 日

△鞍山本部“散改集”物流优化改进项目正式启动。该项目启动后，将采用汽运方式在物流园装箱后集港，可直接到港上船，年可节省物流费用 1000 万元以上。

5 日

△鞍钢集团公司董事长、党委书记张广宁率队到中国广核集团有限公司走访。双方一致表示，未来将在材料研发、国际化经营等方面拓宽合作空间和领域，共同推动核电事业的发展。

△鞍钢股份线材厂适应市场需求研发新产品，高等级高强度焊接用钢实现量产。

6 日

△鞍钢集团与中集集团签署战略合作框架协议，双方承诺建立紧密的协作机制，共同应对经济全球化带来的竞争与挑战。

△鞍钢集团公司董事长、党委书记张广宁率队走访创维集团。双方表示，要进一步加强沟通交流，建立良好合作关系，实现共赢发展。

7 日

△中共中央政治局委员、广东省委书记胡春华，广东省委副书记、省长朱小丹在广州会见鞍钢集团公司董事长、党委书记张广宁，鞍钢集团公司总经理张晓刚，鞍山市市长吴忠琼一行，双方就进一步加强广东省与鞍钢集团和鞍山市合作，实现地企共同发展进行广泛深入交流。

9 日

△在国家科学技术奖励大会上，鞍钢集团主导的“大型铁矿山露天井下协同开采及风险防控关键技术与应用”项目获得国家科技进步奖二等奖，参与的“600℃超超临界火电机组用钢管创新研制与应用”获得国家科技进步奖一等奖。

12 日

△中国钢铁工业协会第五次会员大会和五届一次理事会在京召开，鞍钢集团公司董事长、党委书记张广宁当选为中国钢铁工业协会会长。

14 日

△鞍钢职工李超被中宣部授予“时代楷模”荣誉称号，并通过中央电视台一套综合频道正式向社会公开发布。李超成为辽宁历史上首位获此殊荣的先进人物。

20 日

△鞍钢集团公司党委召开学习“时代楷模”李超同志先进事迹座谈会，号召广大职工以李超为榜样，争做忠诚企业、爱岗敬业、勇于创新、高效协作的李超式员工，为鞍钢集团打胜扭亏增效攻坚战作出新贡献。

△中华全国总工会副主席、书记处书记焦开河率全总“两节”慰问团到鞍钢，向鞍钢职工赠送“两节”送温暖慰问金，并到鞍钢股份冷轧厂生产现场看望慰问“时代楷模”李超。

26 日

△鞍钢集团公司召开党风廉政建设和反腐败工作会议。会议学习贯彻落实十八届中央纪委三次、四次、五次全会和国务院国资委反腐倡廉建设工作会议精神，总结 2014 年党风廉政建设和反腐败工作情况，部署 2015 年工作任务。

27 日

△鞍钢股份大型厂改造后的万能线全面进入稳产、顺产新阶段，并于 20 日起连续实现日达产，百米重轨合格率良好。

1 月

△中国标准化专家委员会委员、鞍钢集团公司总经理张晓刚正式就任国际标准化组织（ISO）主席，任职时间为 2015 年 1 月 1 日至 2017 年 12 月 31 日。

△由鞍山钢铁负责编制的《原油船货油舱用耐腐蚀钢板》《桥梁用结构钢》《低温压力容器用镍合金钢板》及《矿用救生舱用热轧钢板和钢带》四项国家标准获国标委批准。

△鞍钢股份鲅鱼圈分公司厚板部成功攻克行业技术难题，把钢板咬入端减薄点与中部厚度平均值差值由0.2毫米以上降至0.1毫米以下，钢板厚度精度控制水平达到行业领先。

## 2月

4日

△辽宁省委召开学习李超同志先进事迹座谈会，辽宁省委副书记许卫国在座谈会上发表讲话，省委宣传部常务副部长张玉珠宣读省文明委《关于开展向李超同志学习活动的决定》，鞍钢集团公司党委副书记、工会主席尹利出席会议并发言。

△因在救火中抢救人民生命财产而光荣牺牲的鞍钢矿业集团东鞍山铁矿铁运作业区职工孙利东荣获2014年度“最美鞍山人”称号。

9日

△鞍钢股份线材厂1号线日产创下新纪录。其中，甲班创班产纪录，超过产线设计生产能力。

11日

△鞍钢集团召开领导班子扩大会议，宣布中央关于鞍钢集团领导班子调整的决定。党中央、国务院决定，唐复平同志任鞍钢集团公司董事、总经理、党委副书记；免去张晓刚同志鞍钢集团公司总经理、党委副书记职务，任鞍钢集团公司副董事长。

△由鞍山市委、市政府和鞍钢集团公司党委联合主办，鞍山市见义勇为基金会、鞍山钢铁党委宣传部承办的孙利东同志见义勇为先进事迹报告会暨命名表彰大会在胜利宾馆举行，鞍山市人民政府授予孙利东同志“鞍山市见义勇为模范”荣誉称号。

14日

△鞍钢集团公司董事长、党委书记张广宁，总经理唐复平在东山宾馆会见到访的龙煤集团董事长、党委书记张升，总经理孙永奎一行。唐复平与张升、孙永奎就当前钢铁和煤炭行业面临的严峻形势，深化两企业交流与合作，推进双方共赢发展进行座谈。

16日

△鞍钢集团党委召开巡视工作动员会，鞍钢集团党委落实中央八项规定精神等专项巡视工作正式启动。

28日

△鞍山市青少年爱国主义教育基地在鞍钢集团展览馆正式落户，鞍钢集团展览馆青年集体被评为2015年鞍山市首个“青年文明号”。

2月

△鞍钢股份线材厂自主研发出90B级精细丝及高强胶管钢丝用盘条，打破了该钢种完全依赖进口的局面。

△由鞍钢集团钒钛（钢铁）研究院与西昌钢钒公司共同承担的“大型倾翻炉冶炼钒铁工艺研究”项目取得重大进展，钒铁冶炼收得率从2014年初的92.8%提高到当前的95.1%，直接创经济效益千万元以上。

△国家2011钢铁共性技术协同创新计划在钢铁生产工艺装备研发领域的首批技术成果——由鞍钢股份公司负责完成的“冷连轧带钢边部减薄控制核心技术研发与工业应用”和“热镀锌带钢锌层质量控制核心技术开发与工业应用”通过中钢协科技成果鉴定。

## 3月

2日

△鞍钢集团2014年度总结表彰大会在鞍钢会展中心举行，大会命名39个单位为先进单位、30个班组为标杆班组，授予968名同志先进生产（工作）者称号、10名同志优秀班组长标兵称号，授予30项科技成果重大科学技术奖。

△中共鞍钢集团公司委员会、鞍钢集团公司、鞍钢集团公司工会联合下发《关于深入开展“学李超，做李超式好员工”主题实践活动的决定》。

4日

△辽宁省委召开“跟着郭明义学雷锋”座谈会。辽宁省委副书记许卫国在座谈会上对全省进一步贯彻落实总书记回信精神，深入开展“跟着郭明义学雷锋”活动进行动员部署，要求进一步推动全省学雷锋学郭明义活动常态化。

9日

△攀钢召开干部大会宣布鞍钢集团公司关于攀钢领导班子调整的决定。鞍钢集团公司党委决定，姚林同志不再兼任攀钢董事长、董事、党委

书记职务，张大德同志主持攀钢党政全面工作。

12日

△鞍钢集团召开鞍山钢铁集团公司干部大会，宣布鞍钢集团公司关于鞍山钢铁集团公司领导班子调整的决定。经鞍钢集团公司党委常委会议讨论决定，姚林同志任鞍山钢铁集团公司董事长，不再担任攀钢集团有限公司董事长、董事、党委书记职务。

16日

△鞍钢集团与中国北车在北京签署战略合作协议，建立跨行业的战略合作伙伴关系，形成轨道交通运输装备制造企业与钢铁企业的强强联合，实现优势互补与合作共赢。

17日

△鞍钢集团与中国船舶工业集团公司在北京签署战略合作框架协议，建立长期稳固的战略伙伴关系，推进在重要业务和重大项目上的相互协同。

△攀钢钒950热轧线改造热负荷试车成功。

19日

△鞍钢集团与中国铁建签署海外业务合作协议。

△由鞍钢股份线材厂生产的汽车用冷镦钢SWRCH35K、SWRCH 18A两种牌号产品，成功应用于一汽轿车、一汽解放等多种型号汽车。

23日

△鞍钢集团公司党委在鞍钢会展中心召开纪念“鞍钢宪法”55周年座谈会，进一步传承和弘扬“鞍钢宪法”精神，为鞍钢集团打胜“两大攻坚战”凝聚力量。

△首个《中国铁矿业中长期发展规划》的编制工作在北京正式启动，鞍钢矿业公司作为第一承担单位，牵头承担规划编制主体工作。

23~25日

△《人民日报》、新华社、中央人民广播电台、《科技日报》《工人日报》《四川日报》、四川卫视等10余家中央、省级主流媒体走进攀钢，深入采访攀钢治硫重大成效。

24日

△中国钢铁工业协会会长、鞍钢集团公司董事长、党委书记张广宁，鞍钢集团公司总经理唐复平在东山宾馆会见到访的国际钢铁协会总干事埃德温·巴松、国际钢铁协会北京代表处首席代表钟绍良。双方就推进钢铁行业可持续发展、国际钢铁协会发展、参与国际钢铁协会活动等彼此关心的问题进行了深入交流和探讨。

26日

△鞍钢集团公司董事长、党委书记张广宁应邀出席2015年中国广州国际投资年会。

△鞍钢首个雷锋文化研究会——鞍钢股份炼焦总厂雷锋文化研究会成立。

30日

△鞍钢集团公司总经理唐复平在鞍钢会展中心会见到访的嘉吉公司能源、运输、金属事业部全球执行总裁戴大伟和尹汤姆一行，双方就进一步创新经营方式、加强合作进行深入交流。

△《人民日报》在一版刊发消息《蓝天白云攀枝花》，对近年来攀钢创新烟气脱硫方式、大力改善大气环境的事迹进行报道。

31日

△鞍钢集团公司总经理唐复平在鞍钢会展中心会见中冶北方工程技术有限公司董事长、党委书记、总经理董涛一行。双方表示要加强两家企业技术交流与合作，实现共赢发展。

△由鞍钢自主研发的特厚海洋平台用正火态钢板已具备批量供货能力，意味着鞍钢在海洋工程用钢轧制上取得新突破。

3月

△在全国精神文明建设工作表彰暨学雷锋志愿服务大会上，鞍山钢铁被中央精神文明建设指导委员会授予第四届全国文明单位荣誉称号。

△鞍钢集团一批女工集体和个人获得不同层级表彰。鞍钢工程建设混凝土分公司试验室“三八”班获得2014年度全国巾帼文明岗荣誉称号，鞍钢股份冷轧厂宗旭获得辽宁省“三八”红旗手标兵荣誉称号。

△在中宣部向社会公布的第一批全国学雷锋活动示范点和全国岗位学雷锋标兵名单中，鞍钢股份入选全国学雷锋活动示范点，鞍钢股份冷轧厂李超入选全国岗位学雷锋标兵。

△按照中共中央办公厅、国务院办公厅印发的《国有企业领导人员廉洁从业若干规定》要求，鞍钢集团党委常委（扩大）会议讨论通过《鞍钢集团领导人员廉洁承诺书》。鞍钢集团公司领导班子成员张广宁、唐复平、尹利、杨华、于万源、姚林、陈平、余自甦、白静瀑、许质武在廉洁承

诺书上签字，向全体职工公开作出廉洁承诺。

## 4月

1日

△鞍钢集团官方微信平台“摇篮鞍钢”正式上线运行，标志着鞍钢集团移动互联网新媒体家族再添新成员。

7日

△鞍钢集团召开攀钢干部大会，宣布鞍钢集团关于攀钢领导班子调整的决定。鞍钢集团公司党委决定，张大德同志任攀钢董事长、党委书记，不再担任攀钢总经理职务。

15日

△由鞍钢汽运公司控股的中石油鞍钢油气销售有限公司正式运营，该公司每年至少可为鞍山区域降低成品油采购成本1000万元。

20日

△鞍钢集团公司党委召开全面从严治党、落实“两个责任”推进会，深入推进党风廉政建设和反腐败工作。

△截至4月20日，鞍钢股份公司为印度用户生产的15500吨X60M钢板全部缴库并发送到港，提前完成生产合同。这是鞍钢管线钢首次出口印度。

21日

△鞍钢集团公司总经理唐复平会见到访的渤海钢铁集团党委书记、董事长吕春风一行，双方就当前钢铁行业形势以及应对市场挑战策略等共同关心的问题进行广泛的交流和探讨。

24日

△鞍钢集团公司党委常委（扩大）会议讨论通过《鞍钢集团公司党委关于开展“三严三实”专题教育方案》。鞍钢集团公司党委决定，从4月底开始，在厂处级以上领导人员中开展“三严三实”专题教育。

27日

△国务院国资委副主任、党委委员王文斌到鞍钢调研，充分肯定鞍钢改革发展所取得的成绩和在扭亏脱困方面所作出的努力。

4月

△鞍钢股份鲅鱼圈钢铁分公司炼钢部成功冶炼两炉铁基非晶材料用高纯原料工业纯铁，其质量控制可以替代同类进口产品，并开创鞍钢采用常规板坯铸机含氧浇注的先河。

△由鞍钢集团钒钛（钢铁）研究院与西昌钢钒共同开展的980MPa级冷轧双相钢热轧试验获得成功。

△攀钢500兆帕级高强耐候乙字钢冶炼试验取得成功，为我国重载货运列车的发展提供有力支撑。

## 5月

1日

△鞍钢工人田力及其诗作在央视《新闻联播》“五一”特别节目《工人诗篇》中播出。当天，田力的诗歌和鞍钢的故事以《我是长子》为专题，先后在央视新闻频道《朝闻天下》《新闻直播间》《新闻三十分》《共同关注》等栏目中播出。当日起，国内各大网站、报刊纷纷进行转发和评论。

3日

△鞍钢集团召开鞍山钢铁干部会议，宣布关于鞍山钢铁领导班子调整的决定。经鞍钢集团公司党委常委会议讨论决定：唐复平同志不再担任鞍山钢铁集团公司总经理职务。杨华同志不再担任鞍山钢铁集团公司党委书记，鞍钢股份有限公司副董事长、董事、党委书记职务。姚林同志兼任鞍山钢铁集团公司党委书记、总经理，鞍钢股份有限公司党委书记。鞍钢股份有限公司总经理王义栋同志任鞍山钢铁集团公司党委副书记、鞍钢股份有限公司党委副书记（排名列姚林同志之后）。

8日

△国务院发展研究中心主任李伟率调研组就当前经济运行的实际情况、经济结构调整和产业转型升级的现状、存在的问题和应对措施，以及国企改革的思路、取得的进展和面临的问题等到鞍钢调研。

12日

△德国蒂森克虏伯钢铁欧洲股份有限公司将以12.5%直接股权入股鞍钢集团旗下的鞍钢重庆高强汽车钢有限公司，共同投资建设重庆高强镀

锌汽车板项目。

14日

△鞍钢集团党委开展领导人员及其亲属、特定关系人违规经商办企业专项治理工作启动会召开，决定在全集团范围内开展为期半个月的领导人员及其亲属、特定关系人违规经商办企业专项治理工作。

15日

△鞍钢集团公司董事长、党委书记张广宁主持召开鞍钢集团公司党委中心组“三严三实”专题教育集体学习（扩大）会，进一步把握“三严三实”的核心要义，理解精神实质，推动企业扭亏增效、转型升级。

19日

△国内首套“炼铁计算器”——炼铁成本计算程序在攀钢钒炼铁厂正式上线运行。

21~23日

△在2015中国钛年会暨钛产业发展论坛中国钛谷（宝鸡）产品交易博览会上，攀钢以“攀西国家战略资源创新开发排头兵”为主题，全方位展示攀钢钛产业的发展成就和未来。

26日

△俄罗斯、韩国、蒙古等国媒体记者和中国国际广播电台、凤凰卫视、腾讯网等媒体记者参观鞍钢集团展览馆。

28日

△鞍钢集团公司董事长、党委书记张广宁在重庆会见重庆市市长黄奇帆，双方就加强合作、共谋发展进行了广泛深入交流。

29日

△鞍钢集团公司董事长、党委书记张广宁出席第十八届中国（重庆）国际投资暨全球采购会。

30日

△鞍钢集团公司总经理唐复平会见到鞍钢调研的国家环保部东北督察中心主任文毅一行。

△4450吨高级别管线X70M卷板从鲅鱼圈港启运赴巴基斯坦。这是鞍钢近年来X70级别以上管线钢卷板的第一笔出口订单。

5月

△“中国重载第一路”大秦铁路成功实现列车牵引质量从2万吨到3万吨的跨越。托起大秦线3万吨重载列车的重车线重轨全部由鞍钢供货。

## 6月

1日

△国务院国资委调整鞍钢集团外部董事成员。鞍钢集团第一届董事会第十次会议在鞍钢召开。国务院国资委聘任那希志、杨海滨为鞍钢集团外部董事，并向新任职的外部董事颁发聘书。鞍钢集团公司董事长、党委书记张广宁代表鞍钢集团与那希志、杨海滨签署《外部董事服务合约》。

3日

△鞍钢股份公司召开第六届董事会第三十六次会议，会议审议了《关于选举姚林先生担任公司第六届董事会董事长的议案》等5个议案。会议选举姚林为鞍钢股份公司第六届董事会董事长，并调整董事会专门委员会成员。

4日

△鞍钢集团公司总经理唐复平会见到访的天津物产集团总经理张晓轩一行，双方就拓展合作领域、深化交流合作进行深入探讨。

5日

△辽宁省委常委、省总工会主席戴玉林就经济社会发展新常态下，工会工作如何围绕中心服务大局到鞍钢调研。

9日

△鞍钢集团公司总经理唐复平率队走访中国核工业集团公司，与该公司董事长、党组书记孙勤进行深入交流。

13日

△以国土资源部党组书记、部长，国家土地总督察姜大明为组长的国务院第八督查组到鞍钢开展督导检查。鞍钢集团公司董事长、党委书记张广宁出席见面会，鞍钢集团公司总经理唐复平向督查组汇报鞍钢集团贯彻落实国家重大政策措施情况。

16日

△外交部驻外使节团一行参观鞍钢集团展览馆。鞍钢集团公司党委常委、副总经理，鞍山钢铁集团公司董事长、党委书记、总经理姚林；鞍山市副市长孙慧芳陪同参观。

24日

△第五届全国道德模范候选人名单面向全国

公示，鞍钢职工李超入选敬业奉献类候选人。

25 日

△以鞍钢独家供货的 F 级超高强海工钢板为主要承重件加工制作的全球最深半潜式钻井平台——Frigstad D90 超深水半潜式钻井平台，在山东烟台中集来福士建造基地顺利实现上下部大合拢，标志着鞍钢 F 级超高强海工钢成功替代进口，具备为世界顶级钻井平台供货能力。

26 日

△鞍钢集团在全公司范围内开展为期 6 个月的“献良言、渡难关、作贡献”“网络问企”专项活动。

30 日

△鞍钢集团召开庆祝中国共产党成立 94 周年暨 2014 年度“三先两优”表彰大会，命名表彰 22 个先进党委、315 个先进党支部、366 个先进党小组、377 名优秀共产党员、236 名优秀党务工作者。

6 月

△由鞍钢集团钢铁研究院与鞍钢天铁冷轧薄板公司合作研制开发的厚度为 1.1 毫米和 1.2 毫米的 700 兆帕级冷轧超高强度集装箱用钢，分别通过国内两家用户的应用试验，鞍钢成为国内极少数能生产该产品的企业之一，实现集装箱用钢全系列化供货。

△由鞍钢研制开发的超薄规格新型耐蚀钢成功应用在 P80 型通用棚车上，助力铁路货车升级换代。

△鞍钢股份无缝钢管厂成功轧制 108×4 超薄壁无缝钢管，综合成材率达到 91%，赢得客户好评。

△鞍钢重庆高强镀锌汽车板生产线第一卷热镀锌钢卷正式下线，标志着该项目建设取得了阶段性成功。

## 7 月

1 日

△中央第十三巡视组巡视鞍钢集团公司工作动员会召开，鞍钢集团公司党委书记、董事长张广宁主持会议并作动员讲话，中央第十三巡视组组长朱保成就即将开展的专项巡视工作作讲话。中央巡视工作领导小组办公室有关负责同志就配合做好巡视工作提出要求。

2 日

△辽宁省省长陈求发到鞍钢调研。

3 日

△湖南省政协党组副书记、副主席武吉海一行到鞍钢参观。

13 日

△我国纬度最高的高寒高铁——哈齐客运专线进入全线试运行阶段。该高铁所使用的 60 千克/米 U71MnG 百米高速重轨全部由鞍钢股份大型厂供货。

17 日

△鞍钢集团召开 2015 年上半年战略绩效回顾下半年工作安排会议，会议强调，要坚定信心，咬定全年生产经营目标，以锲而不舍的精神和壮士断臂的勇气，以更加有力的措施和更加扎实的工作，全力推进扭亏增效攻坚战，为实现全年生产经营目标而努力奋斗。

22 日

△2015 年《财富》世界 500 强榜单揭晓，鞍钢集团以 2014 年营业收入 262.1 亿美元，位列排名第 451 位，较上年上升 24 位，鞍钢集团已连续四年入围世界 500 强榜单。

24 日

△鞍山钢铁重点改造项目——鞍钢股份炼钢总厂 2 号大板坯连铸机改造工程全面完成，并实现一次热试成功。改造后的 2 号大板坯连铸机的装备水平处于国际先进水平。

31 日

△鞍钢集团召开党委常委（扩大）会议，传达学习中央精神，落实主体责任，强化监督执纪问责，专题研究党风廉政建设工作。讨论通过《关于加强党风廉政建设深化纪检监察体制改革的意见》。

△鞍钢集团召开党委常委（扩大）会议，传达学习习近平总书记在部分省区振兴东北地区等老工业基地和“十三五”时期经济社会发展座谈会上的重要讲话精神。

7 月

△在 2015 年冶金科学技术奖评审中，鞍钢集团 2 个项目获一等奖、4 个项目获二等奖、3 个项目获三等奖，获奖等级及数量居钢企前列。

△由国务院国资委综合局副局长薛利、分配局副局长马玉成等组成的国务院国资委调研组一行7人专程赴攀钢调研，了解攀钢的现状与困难，对攀钢扭亏脱困工作进行全面剖析和具体指导。

△鞍钢股份鲅鱼圈分公司热轧部1580生产线生产的1.3万吨管线钢首次出口印度最大焊管生产商。

△鞍钢股份线材厂轧钢工高级技师王广军被辽宁省委宣传部、辽宁省人社厅联合授予“辽宁好人·最美技术能手”荣誉称号。

## 8月

1日

△集集装箱场站、钢材仓储、物流管理平台、加油站、快递等多项职能的鞍钢汽运公司物流综合产业园正式投入运营。

3日

△西昌钢钒冷轧厂酸轧机组顺利完成980兆帕级双相钢试轧，并成功轧制出厚度1.8毫米冷硬卷，合格率达到100%。

4日

△鞍钢集团与大连市政府签署地企合作备忘录，双方遵循依法依规、发展共赢、相互促进的原则，共同推动产业转型升级，更好地服务经济社会发展。

5日

△受国务院办公厅委托，国家行政学院党委委员、副院长陈立一行到鞍钢就“简政放权、放管结合、优化服务”相关政策措施落实情况开展评估调研。

10日

△鞍钢股份冷轧厂冷轧1号生产线一次热负荷试车成功，标志着该生产线产能提升及电气改造项目提前7天竣工，工程改造时间创造行业最短纪录。

16日

△鞍钢集团公司召开党风廉政建设警示教育大会，通报查处的违纪违法典型案件，安排部署开展领导人员违反廉洁从业规定和中央八项规定精神专项治理工作。中央第十三巡视组组长朱保成和副组长孙来燕、崔瑛等出席会议。

27日

△鞍钢股份大型厂改造后的万能线首次生产60千克/米全长热处理钢轨，产品表面硬度和强韧化得到提升，与普通钢轨相比，寿命提高一倍以上。

8月

△鞍钢股份炼铁总厂高德库创新工作室、鞍钢股份炼钢总厂林学斌创新工作室、鞍钢股份冷轧厂张哲创新工作室、鞍钢股份大型厂王军创新工作室、鞍钢股份鲅鱼圈钢铁分公司厚板部王若刚创新工作室、鞍山钢铁铁运公司电务修建厂代玉柱创新工作室被命名为新二批鞍山钢铁集团公司职工创新工作室。

△一条结构为6V×42DX+SF脱挂式异型股索道钢丝绳在鞍钢钢绳公司生产完毕，将用于2022年北京冬奥会万龙滑雪场。这是鞍钢钢绳继2008年北京奥运会后再次助力国际级赛事。

△攀钢重庆钛业获得21315中品信用征信系统授予的国家注册质量信用AAA标志的合法使用权。

△鞍钢集团钢铁研究院与鞍钢股份热轧带钢厂合作，成功试制厚规格高强LQ590车轮钢，填补了鞍钢在厚规格高强车轮钢领域内的空白。

## 9月

9日

△中央组织部干部教育局副局长王新堂率领中央组织部调研督查组到鞍钢，就《2013~2017年全国干部教育培训规划》实施情况中期总结评估工作进行调研督查。

13日

△鞍钢蒂森克虏伯（重庆）汽车钢有限公司举行开业仪式，标志着该公司由工程建设阶段正式转入运营阶段。

14~15日

△鞍钢集团公司董事长、党委书记张广宁会见到访的广汽集团董事长张房有，副董事长、总经理曾庆洪一行，双方签署了《合作备忘录》。

17日

△鞍钢集团技工学校揭牌仪式暨2015年开学

典礼在鞍钢教培中心举行，标志着鞍钢集团有了专业的高技能人才培养基地。

19 日

△团中央书记处书记傅振邦就鞍钢集团团委开展“青年创新登高”工作到鞍钢进行专题调研。

20 日

△非洲首条正式投入运营的现代化城市轻轨——埃塞俄比亚首都亚的斯亚贝巴城市轻轨正式通车，铺设在该轻轨上的钢轨全部由攀钢供货。

△我国新型运载火箭长征六号在太原卫星发射中心点火发射，成功将 20 颗微小卫星送入太空。在长征六号运载火箭多星发射任务中，攀长特为运载火箭发动机研制了多种新材料。

23 日

△由甘肃省委宣传部、甘肃省雷锋精神研究会与人民日报社甘肃分社、甘肃日报等媒体记者组成的采访团 20 余人到鞍钢，就鞍钢深入开展“跟着郭明义学雷锋”、持续推进雷锋文化建设、培养选树学雷锋英模人物等经验，与鞍钢方面进行学习交流。

9 月

△鞍钢承担的“十二五”国家科技支撑计划课题——“油船货油舱用耐腐蚀钢板工业生产技术”通过国家科技部课题验收，进一步凸显了鞍钢在船舶和海洋工程用钢研发领域的独特优势和竞争实力。

△鞍钢成功冶炼出 ASW-2 高合金焊丝钢，填补了国内空白。

△鞍钢成功轧制 65Mn 冷轧刃具钢，填补了鞍钢在冷轧刃具钢生产方面的空白。

△在第十一届中国企业教育百强盛典暨 2015 中国企业培训论坛上，鞍钢教培中心（党校）荣获第十一届中国企业培训创新成果金奖，两项培训创新成果入编《中国企业培训蓝皮书》。

△鞍钢股份大型厂与鞍钢集团钢铁研究院成功试制出 16 号民用球扁钢。此举对提升鞍钢型材产品美誉度，拓宽产线品种结构有着积极意义。

△由攀钢工程公司设计院总承包建设的攀钢重大项目——攀钢矿业公司白马选钛扩能工程全联动试车成功，投产后年可回收钛精矿 47.9 万吨。

## 10 月

8 日

△由攀成钢生产的 4000 余吨 150ksi 钢级超深井用超高强高韧性油井管销往世界第三大石油公司——伊朗国家石油公司。

12 日

△鞍钢股份公司召开 2015 年第二次临时股东大会，会议采用现场投票和网络投票的表决方式，审议并通过了《关于公司与鞍钢集团公司签署〈原材料和服务供应协议（2016～2018 年度）〉的议案》和《关于公司与攀钢集团钒钛资源股份有限公司签署〈原材料供应协议（2016～2018 年度）〉的议案》两项议案。

13 日

△鞍钢职工李超荣获全国道德模范提名奖，郭明义为全国道德模范获得者颁奖。

14 日

△鞍钢海洋装备用金属材料及其应用国家重点实验室入选第三批企业国家重点实验室，这是我国首个在海洋装备用金属材料及其应用领域设立的国家重点实验室，也是继钒钛资源综合利用国家重点实验室之后，鞍钢集团拥有的又一个国家重点实验室。

15 日

△鞍钢集团公司召开党风廉政建设警示教育大会，通报领导人员违反廉洁从业规定和中央八项规定精神专项治理及近期查处的违纪违法案件情况。

16 日

△中国钢铁企业总工程师协会第十四次会议在鞍钢举行。18 家中国钢铁企业的总工程师和代表共商“互联网+”，探讨国际战略合作发展大计。

18 日

△鞍钢集团展览馆向大庆石油管理局铁人王进喜纪念馆赠送一幅珍贵的历史照片。这幅照片真实记录了 20 世纪 60 年代三位闻名全国的劳动模范孟泰、王崇伦和王进喜亲切会面交流的历史场景。

19 日

△10 月 18 日下午，中央第十三巡视组组长朱保成，副组长孙来燕、王海沙、崔瑛向鞍钢集团公司党委书记、董事长张广宁传达习近平总书记

关于巡视工作的重要讲话精神，并反馈了专项巡视情况。19日上午，朱保成同志代表巡视组向鞍钢集团公司领导班子进行了反馈，张广宁同志主持会议并作了表态发言。

△辽宁省总工会副主席闫万达到鞍钢，为“辽宁好人·最美工人”、鞍钢职工张允东颁发辽宁省五一劳动奖章。

20日

△国务院派驻国有重点大型企业监事会主席赵华林率领新一届监事会进驻鞍钢集团，与鞍钢集团公司党委书记、董事长张广宁，党委副书记、总经理唐复平等领导班子成员见面。

21日

△鞍钢集团公司党委书记、董事长张广宁主持召开党委常委（扩大）会，传达学习习近平总书记在听取2015年中央第二轮专项巡视情况汇报时的重要讲话，部署中央第十三巡视组反馈意见整改落实工作。

△鞍钢股份能源管控中心北部作业区5号25兆瓦干熄焦余热发电机组成功并网发电，预计年发电量为1.5亿千瓦时。

22日

△鞍钢集团召开中央第十三巡视组专项巡视鞍钢集团公司反馈意见整改落实第一次推进会，传达集团公司党委贯彻落实中央专项巡视反馈意见整改工作有关文件和会议精神，安排部署相关工作。

△鞍钢股份炼钢总厂三分厂电气点检员、鞍山钢铁特级技师林学斌被辽宁省委宣传部授予“辽宁好人·最美人物”称号。

29日

△鞍钢集团公司总经理唐复平在鞍钢会展中心会见到访的力拓集团全球销售总裁Bold Baatar，双方就当前经济、钢铁行业发展状况、铁矿石价格走势等彼此关心的话题交换意见。

△鞍钢—中钢第六届技术交流研讨会在鞍钢举行，两企业的专家围绕新产品开发、产品质量管理等内容展开全方位交流研讨。

△鞍钢电商平台实现期货在线交易，广汽零部件供应商成为首批受益客户群体。

10月

△鞍钢股份冷轧厂成功试制出高等级双面汽车05板，向最高质量等级汽车板生产企业迈进。

△原鞍钢矿业集团东鞍山铁矿铁运作业区职工孙利东，被评选为第五届鞍山市见义勇为和诚实守信道德模范。

△由鞍钢矿业集团大孤山球团厂自主设计、自行改造的尾矿再选工艺流程优化改造项目竣工，可大幅降低能源、备件、钢球等消耗。

△鞍钢作为主要起草单位参与制定的《连铸板坯焊接复合轧制厚钢板》行业标准，顺利通过全国钢标准化技术委员会专家审定。

△鞍钢股份热轧带钢厂2150生产线首次成功批量生产厚度为2.9毫米、宽度为1700毫米的极限宽薄规格焊瓶钢。

△鞍钢化工事业部独立研发并生产的茚产品进入用户认证阶段，鞍钢成为国内目前唯一一家拥有在负压下生产该产品技术的企业。

△鞍钢11项创新成果获2015年冶金企业管理现代化创新成果奖。《基于世界顶级钢轨品牌战略的构建与实践》和《基于立体ABC配置模型的国有大型钢铁企业人力资源优化管理》获一等奖。

△鞍钢1200吨核电用钢乘“华龙一号”首次走出国门，用于海外首个在建的“华龙一号”核电项目——巴基斯坦卡拉奇核电机组。

△攀钢2011年为我国大秦铁路提供的1300兆帕级PG4钢轨，从10月份开始分批次更换下道。至此，该批钢轨的通过总重达到了17亿吨，创世界同类铁路用轨运量之最。

## 11月

10月31日~11月1日

△攀钢召开第八次党代会，选举出中共攀钢集团有限公司第八届委员会和纪律检查委员会，通过关于中共攀钢集团有限公司第七届委员会工作报告的决议、关于中共攀钢集团有限公司纪律检查委员会工作报告的决议等议程，确定攀钢今后一个时期的指导思想、发展战略和目标任务。

6日

△鞍钢集团召开党委中心组十八届五中全会精神学习（扩大）会，研究制定鞍钢集团“十三五”发展战略和规划。

12日

△在第六届辽宁省道德模范评选中，鞍钢职工李超获得辽宁省道德模范敬业奉献模范，孙利

东获得辽宁省道德模范见义勇为模范。

13 日

△鞍钢集团公司党委召开思想政治工作推进暨党建思想政治工作研究会成立大会。

17 日

△中国钢铁工业协会会长，鞍钢集团公司董事长、党委书记张广宁出席 2015 绿色制造——未来的钢铁与汽车国际研讨会并致辞。

18 日

△攀钢与西南证券在重庆签署战略合作协议，双方将在物联网 IPO 项目、资产证券化等方面开展多层次的合作。

20 日

△耐蚀钢产业技术创新战略联盟二届二次理事会在北京召开，鞍钢集团公司总经理唐复平新任耐蚀钢联盟二届理事会理事长。

25 日

△鞍钢集团公司董事长、党委书记张广宁，鞍钢集团公司总经理唐复平在大连会见辽宁省委常委、大连市委书记唐军，大连市委副书记、市长肖盛峰等。双方表示将在友好合作基础上，实现地企双赢。

26 日

△鞍钢股份大型厂继成功供货苏州高新区有轨电车 1 号线后，鞍钢槽型轨又中标苏州高新区有轨电车 2 号线，该项目线路总长 18.646 千米，所用的 60R2 槽型轨全部由鞍钢供货。

27 日

△攀钢钒轨梁厂万能一线试轧出第一支 QU120 吊车轨，标志着该产线完全具备 QU120 吊车轨生产能力。

11 月

△第 21 届全国发明展览会上，鞍钢选送的发明成果获得金奖 16 项、银奖 15 项、铜奖 23 项。

△攀钢矿研院完成的“长晶装置”一项发明专利及“一种斜板浓缩机空间利用”“一种放矿口装置”“带式磁选设备和选矿系统”等五项实用新型专利获得了国家知识产权局的授权。

△鞍钢工程公司工程技术公司进入 2015 年全国从事工程总承包企业完成合同额排序 50 强。

△在辽宁省首届道路运输安全行车百万公里驾驶员劳动竞赛中，鞍钢汽运公司职工黄壮荣获百万公里类别第一名。

△鞍钢实现汽车紧固件冷镦钢全系列供货。

△鞍钢 7 个项目获 2015 年度辽宁省科学技术奖。鞍钢股份公司的“节约型高性能中厚板 UFC-TMCP 工艺技术开发及应用”和鞍钢矿业集团的“矿山数字爆破技术研究与工程应用”2 个项目获辽宁科技进步奖一等奖。

△鞍钢集团公司党委下发《关于学习贯彻〈中国共产党廉洁自律准则〉〈中国共产党纪律处分条例〉的通知》，要求认真学习贯彻《准则》《条例》，落实全面从严治党要求。

△鞍钢《我是党员——李超》入围全国党员教育电视片“网上观摩点赞”活动。

△攀钢工程公司设计院研制的提钒浸出设备与提钒浸出方法获得国家发明专利授权。

△在中国冶金职工思想政治工作研究会 2015 年优秀成果评奖中，鞍钢获得一等奖 4 项、二等奖 4 项、三等奖 1 项，是获得高奖级数量最多、获奖总数最多的企业。在中国企业文化研究会评选的“十二五”企业文化总结暨专项文化建设评选中，鞍钢两个单位被评为“专项文化建设三十标杆企业”，4 个单位被评为“企业文化建设优秀单位”，两名职工被评为“企业文化建设先进工作者”。

## 12 月

1 日

△鞍钢集团 15 项产品获得 2015 年冶金产品实物质量奖“金杯奖”。

3 日

△大型纪实话剧《时代楷模——李超》在鞍山市胜利会堂首演。

4 日

△由中国钢铁工业协会主办、鞍钢承办的第八届全国钢铁行业职业技能竞赛裁判员培训班在鞍钢开班。

7 日

△鞍钢集团公司董事长、党委书记张广宁，鞍钢集团公司总经理唐复平等集团公司领导到郭明义爱心工作室，请郭明义作“三严三实”专题教育党课，听取郭明义对集团公司领导班子及成员践行“三严三实”方面和集团公司改革发展方面的意见建议。

△鞍钢矿业集团总经理邵安林当选为中国工程院院士。

9日

△鞍钢集团展览馆成为鞍山市最新申报的5个国家级红色旅游项目之一。

△攀钢开发成功一种可用于家用电器、汽车、建筑等领域的热镀锌自润滑板，并实现批量生产。

15日

△鞍钢股份公司负责起草编制的《捆带用冷轧钢带》行业标准通过全国钢标准化技术委员会组织的专家审定。

16日

△鞍钢集团召开2015年度职工技术竞赛表彰会，命名表彰2015年度鞍钢集团公司技术状元、技术能手，嘉奖第21届全国发明展获奖项目，向邵安林院士颁奖。

17日

△辽宁省委书记、省人大常委会主任李希致信祝贺邵安林当选中国工程院院士，辽宁省委组织部副部长陈学华将贺信送到邵安林院士手中。

△鞍钢集团公司与中国五矿集团公司在北京签署战略合作框架协议，就贸易业务、加工配送、电子商务等业务开展进一步合作。

18日

△吴阶平泌尿外科鞍山中心在鞍钢集团总医院成立，“蓝色关爱”全国健康公益活动（鞍山站）同步启动。

21日

△在中央企业“第五届全国道德模范”学习宣传活动中，鞍钢股份冷轧厂李超荣获中央企业道德模范荣誉称号，郭明义作为颁奖嘉宾参加学习宣传活动并为获奖者颁奖。

22日

△鞍钢铸钢公司再次成功浇铸美国勒丁顿抽水蓄能电站单机容量31.2万千瓦机组水轮机转轮上冠，这是该公司第六次成功浇铸世界最大水轮机核心部件。

23日

△鞍钢集团与中国节能环保集团公司签署战略合作框架协议，在节能环保市场、技术合作开发、投资合作、工程建设、管理咨询等方面开展全方位、多方式的战略合作。

24日

△按照《中共中央纪委机关、中共中央组织部关于开好“三严三实”专题民主生活会的通知》和《鞍钢集团公司党委关于开展“三严三实”专题教育方案》总体安排，鞍钢集团领导班子召开“三严三实”专题民主生活会。鞍钢集团公司党委书记、董事长张广宁主持会议，代表领导班子作对照检查并作总结讲话。唐复平等集团公司领导班子成员逐一作个人对照检查。

25日

△鞍钢集团公司党委书记、董事长张广宁主持召开中共鞍钢集团公司一届四次全委（扩大）会议，专题审议《鞍钢集团公司一届三次职代会行政工作报告（讨论稿）》。

27日

△鞍钢股份大型厂中型线与鞍钢股份科技质量部、产品发展部以及鞍钢集团钢铁研究院合作，成功研发出14号、16号耐候桥梁用槽钢，成为国内首家生产耐候桥梁用槽钢企业。

△“辽宁好人”2015年度盛典举行，鞍钢职工林学斌、张允东、王广军被评为“辽宁好人”。

30日

△鞍钢集团公司第一届职工代表大会第三次会议隆重召开。鞍钢集团公司总经理唐复平代表集团公司向大会作题为《坚定信心　攻坚克难　抓改革　保生存　促转型　求发展》的行政工作报告。会议号召全集团广大职工继续解放思想，转变观念，积极支持改革、参与改革，努力开源节流、降本增效，为推动鞍钢集团实现新的振兴发展努力奋斗、再建新功。

12月

△攀钢生产出国内首支50AT1在线热处理道岔轨，标志着攀钢50AT1道岔轨成功实现升级换代。

△鞍钢四项发明专利获第十七届中国专利优秀奖，此次是鞍钢获得该类奖项最多的一次，居钢铁企业首位。

△由7万余吨鞍钢重轨铺设的我国第三条能源大通道的一期工程——张唐铁路曹妃甸辖区段通过验收。

△攀钢获东风商用车2015年度最佳供应商称号，拥有东风商用车大梁产品55%的份额。

# 2015 年鞍钢集团十大新闻

## 一、李超被授予“时代楷模”荣誉称号

1 月 14 日，鞍钢职工李超被中宣部授予“时代楷模”荣誉称号，成为辽宁历史上首位获此殊荣的先进人物。中宣部在《表彰决定》中说，李超同志是新时期技术型、知识型、创新型产业工人，是当代产业工人的学习榜样。3 月起，鞍钢集团掀起“学李超，做李超式好员工”主题实践活动的热潮，广大干部职工以李超为榜样，积极为打胜扭亏增效和转型升级“两大攻坚战”而努力奋斗。此后，李超又先后荣获第五届全国道德模范提名奖、第六届辽宁省道德模范敬业奉献模范和中央企业道德模范荣誉称号。

## 二、党中央国务院调整鞍钢集团领导班子

2 月 11 日，党中央国务院调整鞍钢集团领导班子，唐复平任鞍钢集团公司董事、总经理、党委副书记。

## 三、鞍钢集团环保工作受到中央媒体的关注

鞍钢集团认真贯彻国家新《环境保护法》和钢铁行业环保标准，通过把绿色低碳理念融入发展战略、管理体系和日常经营活动中，加快了绿色制造工艺技术的研究应用，节能降耗、循环利用和清洁生产得到了极大地推进。3 月，《人民日报》、新华社、中央电视台、中央人民广播电台、《科技日报》《工人日报》《四川日报》等多家中央、省级主流媒体对攀钢烧结机环保治理成效进行广泛宣传。鞍山钢铁继续积极推进“蓝天工程”项目取得成效。

## 四、鞍钢集团党委开展“三严三实”专题教育

4 月 24 日，鞍钢集团公司党委常委（扩大）会议讨论通过《鞍钢集团公司党委关于开展“三严三实”专题教育方案》。鞍钢集团公司党委决定，从 4 月底开始，在厂处级以上领导人员中开展“三严三实”专题教育。专题教育坚持从严要求，突出问题导向，着力查找和解决鞍钢干部队伍中“不严不实”问题；坚持以上率下，示范带动；坚持把深化学习教育放在首位，党委书记带头讲“三严三实”专题党课，党委中心组开展“三严三实”专题学习研讨，召开“三严三实”专题民主生活会和组织生活会，强化整改落实和立规执纪，打牢思想根基。

## 五、中央第十三巡视组进驻鞍钢集团开展专项巡视工作

根据中央统一部署，7 月 1 日至 8 月 30 日，中央第十三巡视组对鞍钢集团进行了专项巡视，并于 10 月 19 日向鞍钢集团反馈专项巡视情况。以中央专项巡视为契机，鞍钢集团深化党风廉政建设和反腐败工作，召开党风廉政建设和反腐败工作会议，先后开展了两轮企业专项巡视，分别针对重要单位的党政领导班子及其成员在作风建设、选人用人、违纪违规等相关问题进行监督检查。结合中央专项巡视和企业内部巡视，鞍钢集团先后两次召开党风廉政建设警示教育大会，共通报了 36 起违反中央八项规定精神、违纪违法案例。在总体干部编制定员不变的条件下，实现了各级纪委书记专职配备。

## 六、鞍钢集团全力推进攀西试验区科研项目

鞍钢集团狠抓攀西钒钛资源综合利用战略性、前瞻性技术攻关，稳步推进关键技术研发及转化，加大新产品开发推广力度，技术创新取得了新成果，为企业提升自主创新能力和核心竞争力提供了强力支撑。攀钢高炉渣提钛全工序低成本产业化曙光初现；氧化钒清洁生产、海绵钛达产达效攻关取得长足进步，钛合金石油管具备批量生产能力；钒氮合金产能提升至 6000 吨

/年，氯化法钛白项目攀枝花（一期）正式启动。

## 七、多项实事惠及鞍钢职工

随着国家住房公积金政策调整，9月起，鞍钢相应对住房公积金政策进行调整，推出更多优惠政策，最大限度让利鞍钢职工。在企业面对严峻市场考验的情况下，积极推进职工综合服务区建设，为职工过生日、送清凉、送温暖，办实事、办好事、解难题，已结成“一帮一”职工帮扶对子1066个、“群帮一”对子1761个。全年走访慰问劳动模范、困难职工和离退休人员3.47万余人次，发放救济金、慰问品2100余万元；审核发放职工医疗救济专项资金1742万元，惠及3613人。

## 八、我国首个海洋装备用金属材料及其应用国家重点实验室落户鞍钢

10月14日，国家科技部网站公布了批准建设的第三批企业国家重点实验室名单，鞍钢海洋装备用金属材料及其应用国家重点实验室位列其中，这是我国首个在海洋装备用金属材料及其应用领域设立的国家重点实验室。加上之前的钒钛资源综合利用国家重点实验室，鞍钢集团成为国内唯一拥有两个国家重点实验室的钢铁企业。

## 九、鞍钢集团研究制定“十三五”发展战略和规划

11月6日，鞍钢集团召开党委中心组十八届五中全会精神学习（扩大）会，研究制定鞍钢集团“十三五”发展战略和规划。鞍钢集团将以十八届五中全会精神为指导，将“创新、协调、绿色、开放、共享”五大发展理念融入鞍钢“十三五”发展战略和规划中，构建新形势下与国家“十三五”规划相契合、相匹配的企业发展新战略，构建与发展新战略相适应的人力资源新战略、充满活力的科技体制和集团管控新模式，推进鞍钢集团转型升级。

## 十、邵安林当选中国工程院院士

12月7日，中国工程院发布2015年院士增选结果，矿业集团总经理邵安林当选为中国工程院院士。邵安林先后主持攻克了贫铁矿开发关键技术瓶颈，将贫铁矿开发技术标准化、体系化，创立了“五品联动”矿冶系统工程模式，牵头编制中国首个铁矿行业中长期发展规划等，先后获国家科技进步奖二等奖3项，省部级科学技术特等奖1项、一等奖10项、二等奖19项，国家级管理创新一等奖2项；并获全国优秀科技工作者、全国优秀企业家、全国劳动模范等荣誉称号。

# 概　况

# 总　　述

截至2015年末，鞍钢集团共有在职员工17.18万人，在岗员工15.96万人。固定资产原值2792亿元，净值1550亿元。拥有采矿、选矿、球团、焦化、炼铁、炼钢、轧钢等完整钢铁产业链以及机械、动力、运输、修建、科研、设计等辅助配套单位。主体生产设备中烧结机16台、焦炉27座、高炉19座、转炉28座、连铸机29台、板材轧机29套、线材轧机3套、管材轧机23套、型材轧机15套。拥有普钢、特钢和钒钛等完整产品系列，广泛应用于冶金、机械、铁路、汽车、造船、建筑、桥梁、家电、石油石化、航空航天、国防等数十个行业。

2015年以来，鞍钢集团深入贯彻“四个全面”战略布局，认真践行“六种发展理念”，落实“一个重点、两个转移、三个转变”工作思路，扎实工作，开拓进取，全面推进扭亏增效攻坚战。

生产经营稳中有进。按市场原则优化内部资源配置，扩大效益产品产销规模。严格落实产品边际贡献为正、经营现金流为正“两条红线”要求，果断实施限产、停产措施。全年生产铁3233万吨、钢3250万吨、钢材3071万吨、铁精矿3575万吨，实现营业收入1297亿元。

非钢产业健康发展。六大非钢板块创效34.87亿元，同比增长78.3%。其中，综合实业发展公司大力开辟外部市场，外部市场创收25.42亿元，占总收入59.7%；工程技术发展公司节能环保产业销售收入突破3.38亿元；金融板块积极开展金融投资业务，投资收益明显增长；信息产业公司将国际业务市场作为未来发展的重要支点，海外合同额超1.5亿元；化工事业部通过结构改善，降低加工费用和原料成本增利3.51亿元；香港公司大力开拓国际市场，开发新客户70个，出口国增加到60个，比国内销售多创效1亿多元。

全面改革持续深入。制定鞍钢集团深化改革实施方案，成立深化改革领导小组及项目推进组。完善法人治理结构，加强子企业和非钢板块董事会建设，启动综合实业发展公司董事会建设试点工作。进一步简政放权，健全完善对子企业的差异化管控模式、授权体系和绩效考核体系。积极推进亏损企业改革，关停攀成钢部分产线。实施无缝厂承包经营制改革。关停莆田冷轧产线，实施天铁冷轧股权转让。深化三项制度改革，完善收入能增能减机制，集团公司领导、总部机关领导人员及各级机关管理人员不同程度降薪。加快解决历史遗留问题，积极争取国家政策和资金支持，稳步推进厂办大集体改革、“三供一业”分离移交、棚户区改造、退休人员社会化管理等工作。

科技创新成效显著。建立健全科技创新指数评价指标体系，加强创新平台建设，“海洋装备用金属材料及其应用国家重点实验室”落户鞍钢，鞍钢成为国内唯一拥有两个国家重点实验室的钢铁企业。建成103个职工创新工作室，初步形成“研究开发、工程集成、持续改进、自主创新”四大创新体系。积极推进国家重点项目，耐蚀钢板打破国际技术壁垒。扎实推进15个集团重大科技项目攻关，高端特厚特宽钢板实现多品种供货，PB2热处理贝氏体钢轨获得上道试铺资质。技术协同项目取得积极进展，西昌钢钒公司具备生产O5汽车板的基本条件，鞍钢股份百米钢轨热处理线具备批量生产能力。两项成果获得冶金科学技术一等奖。获得国家受理专利1817件，其中发明专利1111件，四项发明专利获第十七届中国专利优秀奖，居钢铁企业首位。在第21届全国发明展览会上，鞍钢获16项金奖、15项银奖、23项铜奖。邵安林同志当选为中国工程院院士。

企业管理不断加强。加强资金管理，确立资金管理原则，建立完善资金管理体系，提高资金运营效率。加强全面预算刚性控制，严格以收定支，降低“两金”占用。加强制度建设，制（修）订核心管理制度27项、专业管理制度14项，发布了《鞍钢集团公司管理手册》。完善授权体系，修订完善《鞍钢集团核心业务权限规范》和《鞍钢集团总部业务审批权限》。加强基础管理，成立鞍钢集团法律事务部，推进法治鞍钢建设；深入开展全要素全过程对标活动，66项对标指标取得明显进步；扎实推进“五好班组”达标；开展效能监察264项，避免和挽回经济损失1.56亿元；深化内部审计工作，完成审计项目207项，促进增收节支3.94亿元；认真贯彻国家新《环境保护法》和钢铁行业环保新标准，鞍山钢铁推进“蓝天工程”项目，攀钢烧结机治理成效得到中央媒体广泛宣传；严格落实安全生产责任制，深入开展隐患排查整治工作，千人负伤率同比降低19.2%。加强对境内外投资企业的监督管理。

和谐发展共建共享。坚持以职工为本，践行党的群众路线，认真落实密切联系职工群众“四个一”制度。依靠职工群众办企业，深入开展弘扬“鞍钢宪法”精神、实名制“网络问企”活动，收集意见建议11.1万条，办结4.89万条。实施人才等级序列，激发职工创新活力，共评聘工程技术序列715人、研发序列316人、高技能序列三级技师以上280人、采购销售序列4人。关心职工生活，推进职工综合服务区建设，为职工过生日、送清凉、送温暖，办实事、办好事、解难题。加大困难职工帮扶力度，结成“一帮一”对子1066个、“群帮一”对子1761个。走访慰问救济劳动模范、困难职工和离退休人员3.83万余人次，发放慰问金、救济金等3842万元。

（鞍钢集团公司办公厅　范泽刚）

# 2015年鞍钢集团公司工作指导思想和主要目标

## 指导思想

认真学习贯彻党的十八大、十八届三中、四中全会和中央经济工作会议精神，按照鞍钢集团首次党代会提出的总体思路和奋斗目标，坚定信心，鼓足勇气，攻坚克难，真抓实干，奋力实现全集团扭亏为盈目标。

## 生产经营目标

实现营业收入1700亿元。全集团实现扭亏为盈：鞍山区域盈利25亿元，攀钢区域控亏25亿元。矿业集团盈利2.8亿元；非钢板块盈利23.9亿元。

# 2015年鞍钢生产经营指标完成情况

2015年，在国内外经济下行、钢铁产能过剩、钢材价格和进口铁矿石价格“断崖式”下跌的经济环境下，鞍钢集团深入贯彻“四个全面”战略布局，认真践行“六种发展理念”，落实“一个重点、两个转移、三个转变”工作思路，扎实工作，开拓进取，有力地保障了鞍钢生产经营的顺利运行。

## 一、主要产品产量完成情况

2015年，鞍钢集团公司生产粗钢3250.24万吨，同比减少5.37%；生铁3233.18万吨，同比减少7.91%；钢材3071.05万吨，同比减少5.37%；铁矿石10159.30万吨，同比增加9.25%；铁精矿3574.99万吨，同比增加11.39%。

## 二、财务状况

2015 年，鞍钢集团利润总额-107.48 亿元，比 2014 年增亏 3.19 亿元，增亏幅度 3.06%。全年实现营业收入 1297.08 亿元，同比减少 19.69%，应交税金完成 79.41 亿元，同比减少 17.73%，工业增加值 232.09 亿，同比减少 20.32%。

## 三、钢材产品实物质量情况

2015 年，鞍钢集团钢材合格率完成 99.35%，同比升高 0.21 个百分点；综合成材率 93.77%，同比降低 0.39 个百分点。

## 四、冶金物耗指标情况

2015 年，鞍钢集团全年综合焦比 507.62 千克/吨，同比下降 5.48 千克/吨；入炉焦比 351.83 千克/吨，同比下降 15.73 千克/吨。

## 五、节能减排成效显著

2015 年，鞍钢集团公司吨钢综合能耗比上年下降 1.87%，吨钢可比能耗比上年下降 2.99%，吨钢耗新水比上年下降 4.16%，$SO_2$ 排放量比上年下降 34.32%，COD 排放量比上年下降 44.30%，氮氧化物排放量比上年下降 9.74%，氨氮排放量比上年下降 48.74%。

## 六、出口创汇情况

2015 年，集团公司出口钢材 325.74 万吨，同比增加 9.08%；钢材出口创汇 14.96 亿美元，同比下降 20.26%。集团公司全年实现出口创汇 16.60 亿美元，同比下降 20.57%。

## 七、钢材产品销售情况

2015 年，集团公司销售成品钢材 3074.14 万吨，同比减少 4.79%，实物产销率完成 100.10%，同比上升 0.61 个百分点，年末钢材库存 68.21 万吨，同比减少 7.75%。

## 八、技术创新能力不断增强

2015 年，鞍钢获冶金科学技术奖 9 项，位居钢企前列。鞍钢共开发新产品 864.27 万吨，新产品比例 32%；获得国家受理专利 1817 件，其中发明专利 1111 件，发明专利占比达 61%；获得授权专利 1527 件，其中发明专利 751 件；累计拥有有效专利总量为 7552 件，其中发明专利 2542 件。专有技术认定备案 873 件。

## 九、固定资产投资完成情况

全年完成固定资产投资额（按形象进度）54.06 亿元，同比减少 50.81%。

（鞍钢集团公司财务运营部　蔺　亮）

# 2015 年鞍钢集团公司组织机构表

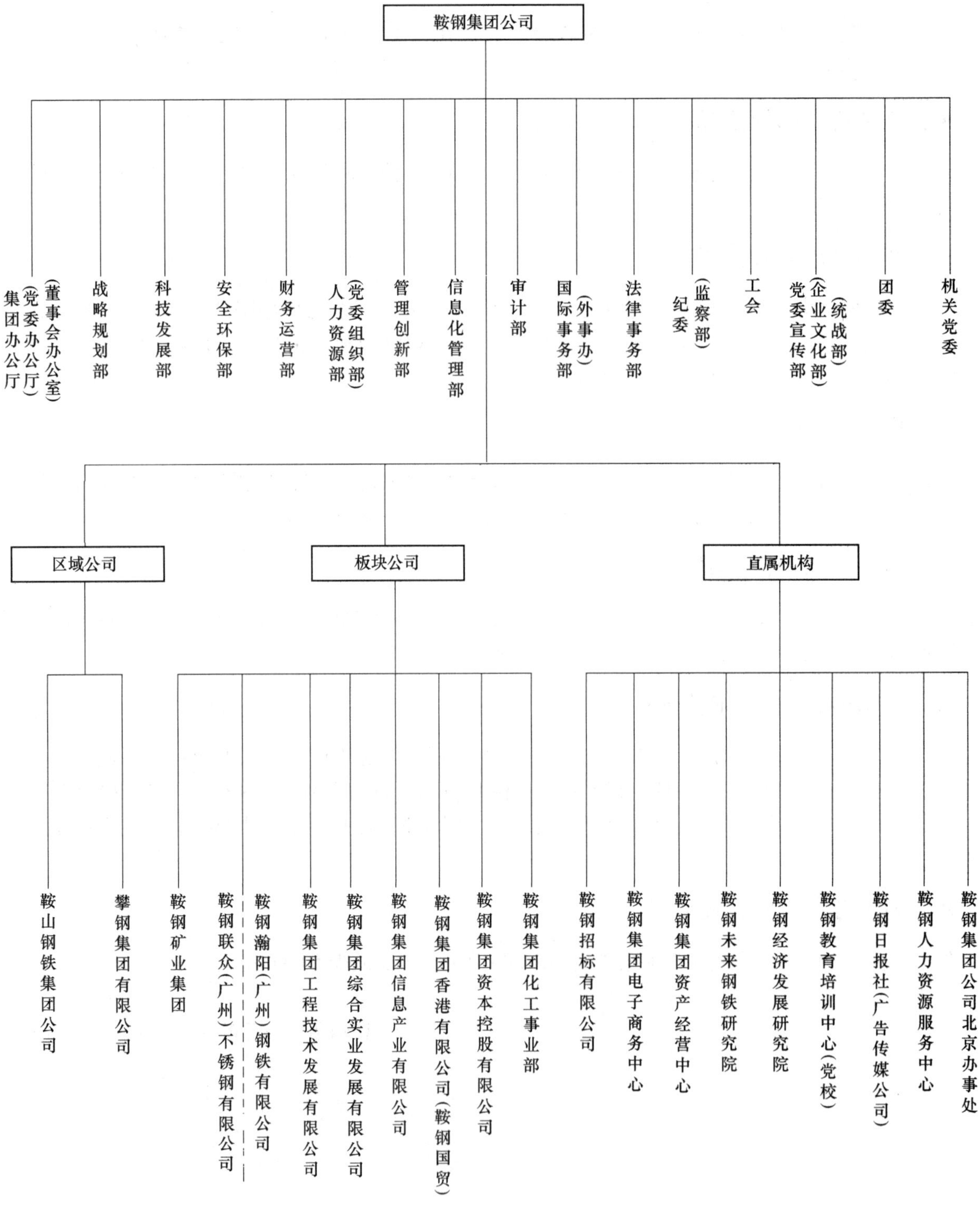


(鞍钢集团公司管理创新部)

# 2015 年鞍钢集团公司党政领导班子成员名单

董 事 长　张广宁

## 鞍钢集团公司党委

书　　记　张广宁

副 书 记　张晓刚（2015. 02 不再担任党委副书记职务）

唐复平（2015. 02 任党委副书记）　尹　利

常　　委　张广宁　张晓刚（2015. 02 不再担任党委常委职务）

唐复平　尹　利　于万源　姚　林　余自甦　许质武

## 鞍钢集团公司

总 经 理　张晓刚（2015. 03 不再担任总经理职务）

唐复平（2015. 03 任总经理）

副总经理　于万源　姚　林　陈　平　余自甦　白静瀑

总会计师　于万源

（鞍钢集团公司党委组织部　刘天祥）

# 2015 年度鞍钢集团公司先进单位名单

鞍钢股份有限公司炼铁总厂
鞍钢股份有限公司炼焦总厂
鞍钢股份有限公司大型厂
鞍钢股份有限公司炼钢总厂
鞍钢股份有限公司热轧带钢厂
鞍钢股份有限公司冷轧厂
鞍钢股份有限公司中厚板厂
鞍钢股份有限公司原燃料采购中心
鞍钢股份有限公司物流管理中心
鞍钢股份有限公司鲅鱼圈钢铁分公司炼焦部
鞍钢股份有限公司鲅鱼圈钢铁分公司厚板部
鞍钢集团朝阳钢铁有限公司炼铁厂
鞍山钢铁集团公司铁路运输公司电务修建厂
鞍山钢铁集团公司第二发电厂
鞍钢汽车运输有限公司
攀钢攀钢钒提钒炼钢厂
攀钢攀钢钒炼铁厂
攀钢矿业公司朱家包包铁矿
攀钢攀长特锻材厂
攀钢西昌钢钒炼铁厂
攀钢工程公司检修分公司
攀钢研究院
攀钢国贸公司
攀钢供应分公司
攀钢冶材公司
攀钢成都投资公司
攀钢机电学院
鞍钢矿业集团齐大山铁矿
鞍钢矿业集团齐大山选矿厂
鞍钢矿业集团弓长岭露天铁矿
鞍钢矿业集团眼前山铁矿
工程技术发展有限公司重型机械有限责任公司轧辊厂
工程技术发展有限公司建设剥岩工程有限公司
工程技术发展有限公司工程技术公司能源环保事业部
综合实业发展有限公司实业冶金工程事业部
综合实业发展有限公司房建一公司
综合实业发展有限公司鞍钢总医院
信息产业有限公司自动化公司
招标有限公司
财务有限责任公司
鞍钢集团钢铁研究院
鞍钢香港公司（国贸公司）产品贸易部

（鞍钢集团公司工会提供）

# 2015年度鞍钢集团公司先进党委名单

鞍钢股份有限公司鲅鱼圈钢铁分公司党委
鞍钢股份有限公司炼焦总厂党委
鞍钢股份有限公司炼铁总厂党委
鞍钢股份有限公司热轧带钢厂党委
鞍钢股份有限公司冷轧厂党委
鞍钢股份有限公司大型厂党委
鞍山钢铁铁路运输公司电务修建厂党委
攀钢集团攀枝花钢钒有限公司党委
攀钢集团攀枝花钢钒有限公司炼铁厂党委
攀钢集团攀枝花钢钒有限公司提钒炼钢厂党委
鞍钢集团钒钛（钢铁）研究院（攀钢集团研究院有限公司）党委
攀钢集团冶金材料有限责任公司党委
攀钢集团西昌钢钒有限公司炼铁厂党委
攀钢集团工程技术有限公司修建分公司党委
攀钢集团供应分公司党委
矿业集团弓长岭露天铁矿党委
矿业集团齐大山铁矿党委
矿业集团齐大山选矿厂党委
矿业集团眼前山铁矿党委
工程技术发展有限公司建设剥岩工程公司党委
工程技术发展有限公司重机公司轧辊厂党委
综合实业发展有限公司实业公司冶金工程事业部党委
信息产业有限公司自动化公司党委
医疗健康产业公司总医院党委

（鞍钢集团公司党委组织部　张　君）

# 规划发展

## ·发展战略与规划·

**【发展战略和规划调整】** 2015年，组织制定了《鞍钢集团公司2015~2017年发展战略和规划》，经集团公司党委常委（扩大）会议讨论，战略与风险管理委员会审核，一届董事会十次会议审批后，形成了《鞍钢集团公司2015~2017年发展战略和规划》的报告（鞍钢政〔2015〕73号），于2015年6月23日上报国资委规划局。

组织开展“十二五”规划实施情况回顾，形成《鞍钢集团公司“十二五”规划实施评估报告》（鞍钢政〔2015〕125号），经集团公司批准后于2015年11月20日上报国资委。

2015年9月18日，启动了鞍钢集团公司“十三五”发展战略和规划制订工作（鞍钢政办发〔2015〕55号）。下发“十三五”规划编制通知、总体安排和指引，召开“十三五”规划启动会，开展“十三五”规划编制培训。组织开展“十三五”内外部形势分析研究工作，2015年10月26日邀请外部专家来鞍进行钢铁行业形势分析主体讲座。组织子企业开展发展战略和规划制订工作。形成集团“十三五”发展战略和规划编制进展情况和主要思路，并分别于2015年11月6日在党委中心组织学习会和2015年12月13日集团董事会务虚会上进行汇报和讨论。公司高层领导多次带队到子企业研讨“十三五”期间鞍钢集团公司的发展战略问题。

## ·战略合作·

**【战略合作框架协议签署】** 2015年，鞍钢集团本着平等互利、优势互补、合作共赢、共同发展的原则，积极与利益相关方开展战略合作。

2015年1月6日，鞍钢集团公司与中国国际海运集装箱（集团）股份有限公司签署战略合作框架协议，双方约定在技术、商务、海洋工程、能源化工装备设备和物流、房地产及工程施工、企业内部建设等领域开展合作。

2015年3月16日，鞍钢集团公司与中国北车集团公司签署战略合作框架协议，双方约定在信息、技术和商务等领域开展合作，促进双方上下游产业链的结合与良性发展，形成轨道交通运输装备制造企业与钢铁企业的强强联合，建立跨行业的战略合作伙伴关系，实现优势互补与合作共赢。

2015年3月17日，鞍钢集团公司与中国船舶工业集团公司签署战略合作框架协议，双方约定在钢材领域、原材料领域、钢材及原材料物流领域、技术研发领域、成套物流、国际贸易、工程总包、金融服务、新能源等领域开展合作。

2015年3月19日，鞍钢集团公司与中国铁建股份有限公司签署海外业务拓展合作协议，双方约定在推进工程项目、加强海外营销、国际化人才培养和交流等领域开展合作。

2015年12月17日，鞍钢集团公司与中国五矿集团公司签署战略合作框架协议，双方约定在贸易业务、物流加工配送、电子商务、金融业务及投资、钢结构采购和服务、国际化经营管理等领域开展合作。

2015年12月23日，鞍钢集团公司与中国节能环保集团公司签署战略合作框架协议，双方约定在节能环保市场、技术合作开发、投资合作、工程建设、管理咨询等领域开展合作。

（鞍钢集团公司战略规划部　张秋会）

## ·产业投资管理·

**【投资管理制度建设】** 2015年，鞍钢集团公司修订了《鞍钢集团公司投资管理办法》，更加系统地完善了投资管理体系，细化了投资管理主要程序及要求，对风险控制及监督考核进行了相应规定，为投资决策提供了制度依据。另外，鞍钢集团公司还修订了《鞍钢集团核心业务权限规范》和《鞍钢集团总部业务审批权限》，补充完善鞍钢集团及各子企业的投资管理权限，依据董事会议事规则逐级授权各级决策机构的决策权限，细化鞍钢集团各级决策机构的审批权限，明确投资决策责任。

**【投资风险控制】** 强化项目前期论证工作，提高风险防范意识，充分辨识项目建设可能存在的风险，对项目存在的市场、技术、建设及达产达效等风险进行全面深入分析，充分考虑各种不利因素影响，并有针对性地采取应对措施，有效规避项目投资风险。股权投资项目要按照集团公司投资管理办法要求建立退出机制，强化合资合作项目抗风险的能力。利用集团投资专家委员会制度，充分借助“内脑”和“外脑”，为科学决策提供支撑。

## ·合资合作·

**【鞍钢股份收购蒂森克虏伯所持长春激光拼焊和钢加中心两个公司股权项目】** 长春蒂森克虏伯激光拼焊板有限公司（以下简称长春拼焊）和鞍钢蒂森克虏伯钢铁配送（长春）有限公司（以下简称长春钢加）是由原蒂森克虏伯（中国）投资有限公司（“蒂森中国”）与鞍钢股份共同设立的中外合资经营企业。2015 年 4 月，鞍钢股份就收购蒂森所持长春拼焊和长春钢加两个公司股权与蒂森签订《股权转让协议》。

（鞍钢集团公司战略规划部　李　莉）

## ·资产管理·

**【强化资产管理职能，建立健全管理体系】** 2015 年，鞍钢集团在战略规划部设立了资产管理处，加强对固定资产、土地以及固定资产范畴外的备品备件、资材、生产工具、原燃材料、废旧物资等资产处置的监管。起草了《鞍钢集团公司土地资产管理办法》和《关于委托资产经营中心进行闲置资产处置有关事项的规定》等管理制度，公司资产管理体系基本建立。同时，为加强信息化管理，开展了资产管理信息系统的调研工作，完成了项目的可行性研究报告。

**【建立资产统一处置经营平台】** 为打造阳光、高效、安全、降本的资产处置与经营平台，鞍钢集团下发了《关于加强资产管理及成立鞍钢集团公司资产经营中心的决定》（鞍钢政发〔2015〕20 号），将资产经营中心打造成为鞍钢集团闲置资产、废旧物资的信息共享平台、协同运营平台、规范运作平台和经营创效平台。为挖掘自有闲置土地资源，盘活存量资产，鞍钢集团下发了《关于组建鞍钢集团地产公司做强房地产开发业务的决定》（鞍钢政发〔2015〕66 号），地产公司在鞍钢集团统一规划下开展土地收储、房地产开发、房产运营等业务，以提高资产价值、获得合理利润回报为目标，通过市场化、资本化、专业化运作思路，全面盘活鞍钢集团土地资产，对鞍钢集团自有土地资源和房产资源进行开发利用和运营。将其打造成鞍钢集团自有土地统一收储平台、房地产统一开发平台和房产统一运营平台。

**【加大低效、无效资产清理处置力度】** 鞍钢集团分别于 2015 年 8 月、10 月、12 月三次对全公司低效、无效资产分进行了全面清理，摸清了全公司家底。全年加大了对土地资产的处置力度，开展了推进闲置设备备件等资产转让工作。

（鞍钢集团公司战略规划部　洪晓东）

# 财务运营与审计管理

## ·预算与统计管理·

**【加强全面预算管理，强化预算目标控制】** 按照鞍钢集团新的管理构架，进一步修改完善了全面预算管理办法，明确了集团各部门、各子企业在预算管理中的职责权限，进一步发挥预算管理在企业经营管理中的导向、约束和控制作用，促进企业管理水平的不断提升。

鞍钢集团在预算编制与执行过程中，紧紧围绕公司制定的总体战略目标要求，并结合预算期市场形势和企业自身资源状况，做到年度预算目标的制定同公司中长期战略目标相结合，进一步夯实了战略基础。

针对2015年钢价、矿价大幅下跌给鞍钢经营带来的严重挑战，为推动预算目标的完成，克服经营困难，在大力开展增收节支活动的基础上，在集团内部又进一步启动了非常规降本增效专项工作，要求各单位从降低采购成本、工序成本、可控费用、压缩资金占用、加强投资管控、严控人工成本、止住“出血点”等7个方面采取非常规的举措，确保企业生产经营的稳定。

大力开展亏损企业专项治理工作，成立了攀钢扭亏脱困工作组，集团公司与攀钢共同研讨攀钢扭亏脱困方案。先后分析了攀钢钒、钛业公司、攀钢矿业公司、攀成钢、西昌钢钒、攀长特、工程公司等单位亏损的深层次原因，对各单位提出的初步扭亏脱困措施及2015~2017年的效益测算进行了讨论、研究，形成了攀钢扭亏脱困方案报告，及时向国资委进行了汇报，推动了攀成钢的改革等。

开展行业对标分析，查找存在的差距与不足。围绕增强企业获取利润的能力及提升企业运用各项资源实现财务目标的能力，开展与行业先进企业的对标活动。通过对标利润总额、营业收入、净资产收益率、存货周转率等指标，优化生产组织方式，调整采购策略，强化现金流管理，提高企业运营水平和抗风险能力。

完善预算指标考核，提高绩效管理水平。依据各子企业生产经营所处行业及行业特点，合理制定各子企业特色的考核指标，在2015年战略绩效考核办法制定过程中，为了控制企业财务风险，在重点考核利润目标的基础上，将资产负债率指标纳入绩效考核指标，强化预算的刚性约束，促使员工自觉地采取措施完成预算目标。

强化预算过程控制，实行利润预算季度滚动调整。要求各子企业对年度利润预算进行季度分解，集团公司每季度根据预算已执行情况对后续预算进行滚动调整，并纳入绩效考核，确保利润预算目标完成。

（鞍钢集团公司财务运营部　刘国兴）

**【统计工作】** 2015年，根据《鞍钢集团公司统计管理办法》和《鞍钢集团公司母子公司运行规则》，构建适应多基地、多区域、多板块格局的统计管理体系，规范、协调各区域统计业务，确保各种核算与统计工作协调、统一。通过加强统计工作，及时准确地编制集团生产经营统计报表、行业对标报表及简要分析，为领导决策提供支持。圆满完成中国钢铁工业协会组织的2014年企业统计年报编制工作，鞍钢集团公司被中国钢铁工业协会评为2015年钢铁工业统计工作先进集体。

（鞍钢集团公司财务运营部　蔺　亮）

## ·资金与会计管理·

**【强化资金管理，落实“分灶吃饭”，有效防范风险】** 2015年，鞍钢集团面临钢价、矿价大幅下跌的双重打击，企业经济效益大幅下滑，资产负债率不断上升，融资环境恶化，资金流紧张。为保生存、求发展，确保资金链安全，集团公司进一步强化资金管理，制定下发资金管理办法，落实“分灶吃饭”的理念，大力压缩两金占用，提高资金运营效率，严控投资支出，开展多渠道融资，做好资金保障，确保了全年资金平稳运行。

1. 制定资金管理核心制度。研究提出集团公司资金和外汇管理思路，制定并下发了《鞍钢集团公司资金集中管理办法（试行）》和《鞍钢集团公司外汇资金管理办法》等核心管理制度，要求子企业实现资金自主运营、自主管理、独立承贷，有效隔离和控制资金风险。进一步加强资金集中管理，充分发挥财务公司资金集中平台作用，提高资金使用效率，降低资金成本，保持集团资金畅通顺行。

2. 落实国资委两金占用压控要求，加强两金占用清理。落实国资委《关于中央企业开展两金占用专项清理工作有关事项的通知》，提出两金占用专项清理方案，并上报国资委。分解落实子企业两金占用压缩目标，制定专项考核办法，确保全年压降目标实现。2015年末，两金占用余额较基准日下降10.42%，压降成效明显，完成国资委压降目标。

3. 保障资金链安全，防范资金风险。面对严峻的钢铁市场和资金形势，集团公司组织召开资金管理专项工作会议，进行资金压力测试，制定了资金保障预案，要求子企业严格资金预算，坚持“以收定支，收支平衡”，合理安排资金支出，严格控制投资，切实落实资金保障，确保资金链安全。

4. 开展多渠道融资，降低融资成本。积极与银行沟通协调，增加授信额度和授信主体，2015年总体银行授信比上年增加240亿元；扩大直接融资比例，集团总部启动60亿元短融的新注册和已注册的30亿元中票发行工作；积极拓展融资租赁、订单融资、商票保贴等融资业务，研究含权中票和私募公司债等新型融资工具，不断创新融资方式；充分利用人民银行连续降息政策，积极开展存量贷款提前倒贷业务，努力降低融资成本。2015年，集团公司综合资金成本率为4.86%，比上年下降0.7个百分点，有效降低了融资成本。

5. 支持鞍钢海外项目发展，化解融资风险。为化解卡拉拉项目延迟达产和铁矿石价格下跌的负面影响，集团公司对卡拉拉148132万美元银团贷款余额进行融资再安排，有效防范了经营风险。同时为支持鞍钢海外项目发展，聘请标普和穆迪两大评级机构，开展国际信用评级，为境外融资工作奠定基础。

6. 积极采取措施应对“8·11”汇改，减少汇兑损失。自2015年8月11日央行公布调整人民币兑美元汇率中间价报价机制后，集团公司第一时间就汇率波动原因、汇率未来走势、避险方案进行研究，拟定多种应对措施对冲汇率风险，减少汇兑损失1.4亿元。

7. 推进外汇资金和票据集中管理。根据外汇局批准的全球外汇资金集中运营管理方案，在境内以财务公司为平台，实现境内外汇资金集中；在香港设立SPV公司，搭建境外资金池，进一步构建境内外资金融通渠道。与建行签署票据池产品合作协议，积极推进票据池第一批试点单位上线，加强票据集中管理。

（鞍钢集团公司财务运营部 张虎强）

**【会计管理】** 1. 会计估计变更。近年来，鞍钢集团为提高企业竞争力，不断加大固定资产投资力度，特别是对钢铁主业设备生产线进行技术改造，定期对设备进行检修，提高了设备使用性能，延长了固定资产使用寿命。受世界经济下滑影响，钢铁行业整体产量下降，机器设备等磨损减少，也延长了固定资产使用寿命。

为统一鞍钢集团折旧政策，合理反映固定资产使用效益水平，经2015年8月28日鞍钢集团党委常委（扩大）会议讨论通过并报国资委批准《关于鞍钢集团公司调整折旧年限的复函》，从2015年1月1日起调整固定资产折旧率，攀钢集团钒钛资源股份有限公司和鞍钢股份有限公司经董事会批准分别从2015年10月、11月开始执行。鞍钢集团全年调整固定资产折旧14亿元。

2. 会计政策变更。随着国内房地产市场的不断发展、成熟，鞍、攀两地投资性房地产公允价值能够可靠取得，为合理反映企业财务状况，经鞍钢集团第一届董事会第七次临时会议讨论通过并报国资委批准，鞍钢集团对投资性房地产由成本计量模式改为公允价值计量模式。

3. 国有资本预算管理。2015年，鞍钢集团公司争取国有资本预算资金30亿元，为鞍钢集团缓解了资金压力，为深化人力资源改革提供了有力的资金支持，在压产退出、分流富余人员过程中起到了积极的作用，维护了所在地区的社会稳定，增强了鞍钢集团持续稳定发展的信心和实力。

4. 资源税改革。2015年4月，国务院常务会议决定从2015年5月1日起将铁矿石资源税征收率由80%调减至40%，鞍钢集团资源税由2014年12.86亿元下降至2015年8.53亿元，减少4.33亿元。对于减轻矿山企业税负起到了积极作用。

（鞍钢集团公司财务运营部 孙彦涛 于 江）

## ·资本运营监督管理·

**【资本运营监督管理】** 1. 股权转让。为实现鞍钢集团公司控亏目标，经国务院国资委及天津市国资委批准，鞍山钢铁集团公司将持有的32%天津鞍钢天铁冷轧薄板有限公司股权以2014年12月31日为基准日无偿划转到渤海钢铁集团有限公司，股权划转后鞍山钢铁集团公司持有天津鞍钢天铁冷轧薄板有限公司13%的股权，鞍钢股份有限公司持有天津鞍钢天铁冷轧薄板有限公司5%的股权。

2. 兼并收购。2015年4月，鞍钢股份有限公司根据第六届董事会第三十五次会议决议，出资11609万元收购蒂森克虏伯鞍钢（长春）激光拼焊板有限公司55%股权，持股比例由45%变为100%；出资1184万元收购鞍钢蒂森克虏伯钢材配送（长春）有限公司50%股权，持股比例由50%变为100%。上述两公司成为鞍钢股份有限公司全资子公司，纳入报表合并范围。

3. 发蓝股份制改制。为推动鞍山发蓝包装材料有限公司在全国中小企业股份转让系统（即新三板）顺利挂牌，2015年5月21日鞍钢集团公司党委常委（扩大）会同意鞍山发蓝包装材料有限公司整体变更为股份有限公司的国有股权管理方案。2015年6月29日，国务院国有资产监督管理委员会批准同意上述国有股权管理方案，鞍山发蓝包装材料有限公司截至2014年6月30日经审计的净资产为14734.9945万元，以上净资产按照1：0.950119的比例折为股份公司的股本。折股后股份公司总股本为14000万股。其中鞍山钢铁集团公司（国有股东）持有5040万股，占总股本的36%；鞍钢股份有限公司（国有股东）持有2100万股，占总股本的15%。2015年6月30日，鞍山发蓝包装材料有限公司完成股份制改制的工商登记变更，公司名称变更为鞍山发蓝股份公司。

（鞍钢集团公司财务运营部　李　岩　温慧明）

## ·审计工作·

**【审计总体情况】** 2015年，鞍钢集团公司审计部共完成重大审计项目28项、评价类项目2项，其中：经济责任审计8项、经营管理审计4项、工程管理审计8项、工程跟踪审计2项、专项审计调查6项、内部控制评价1项、投资项目后评价1项。累计发现和披露各类问题332个，提出审计意见和建议226条，涉及问题金额34.98亿元；其中发现违规金额1.30亿元，损失浪费金额5.71亿元，管理不规范金额10.91亿元，多计利润1.62亿元，其他金额12.96亿元，促进增收节支创经济效益3.38亿元（其中审减工程投资1.92亿元），向纪委移交违纪违法案件线索14个。

**【制度体系建设】** 2015年，鞍钢集团公司审计部进一步完善审计制度体系，新建《鞍钢集团公司境外企业（项目）审计管理办法》《审计部内部审计项目质量管理暂行办法》《审计部审计工作纪律实施细则》等制度，同时转发《国务院关于加强审计工作的意见》、国资委及鞍钢集团内部审计工作会议领导讲话及有关文件。另外，进一步修订审计计划等工作流程，制定了经济责任审计、经营管理审计等各类审计方案模板，制定了工程审计所需资料清单、审计业绩统计表格及审计通知书等模板，促进了审计行为规范和工作质量提升。

**【工程投资审计】** 2015年，鞍钢集团公司审计部强化工程投资审计，充分揭露工程管理中的重大问题和重大损失，认真核减工程造价中的高估冒算，开展重大工程项目投资审计8项，促进企业降低工程投资和提高管理水平。通过对工程投资内控制度执行、工程招标程序、工程合同履行、工程造价结算等情况的细致审查和全面分析，充分揭示了工程管理中的高估冒算、违约未索赔和工程管理不到位等问题，全年共审计工程投资352.15亿元，发现和披露问题107个，提出审计建议61条，审减工程费用1.92亿元，其中建安费14926.76万元、设备费4148.28万元、其他费154.08万元，发现损失浪费16562.83万元，违规金额12677.34万元，调减工程成本5981.71万元。同时，坚持审计监督和审计服务并重，前移审计关口，大力开展工程项目跟踪审计，将近年发现的审计问题向建设单位进行宣讲，提醒建设单位避免重复犯错；重点审查工程前期的项目审批、招投标、工程发包和合同管理，建设过程中的现场管理、投资控制、隐蔽工程签证验收以及工程后期功能考核、造价结算、投产达产等各环节可能存在的苗头性的问题，及时督促建设单位加强内控管理，强化责任意识，规范审批程序，控制投资风险，提高投资绩效。

**【经营管理审计】** 2015年，鞍钢集团公司审计部从聚焦减少损失向寻求提高效率扩展，充分发挥管理审计功能，以“减亏增效”为目标，重点选取连续巨额亏损、经营绩效变差以及多年未实施审计的子企业作为审计对象，共实施了4项经营管理审计，发现和披露问题54个，提出审计建议45条，涉及问题金额4.89亿元。通过审计，全面梳理企业在体制机制完善、特殊措施降成本、遏制亏损措施落实等方面工作情况，深入分析影响企业运行质量和绩效发挥的关键因素，认真查找企业管理漏洞并针对性提出改进管理、堵塞漏洞、增加价值的措施建议，促进企业改善运营、提升管理、提高效益。

**【专项审计调查】** 2015年，鞍钢集团公司审计部利用审计线索，组织开展系统性专项审计调查，系统性揭示各领域、各专业、各环节中存在的重大损失浪费和无效运营，堵塞管理漏洞和防范风险，促进制度完善、管理提升和效益增加。通过对鞍钢集团股权投资管理、担保业务管理等专项审计调查，发现和披露问题73个，提出审计建议39条，涉及问题金额7.55亿元。完善了对外投资政策和管理制度，落实股权投资项目经营责任，加大投资项目效益评估力度，防范投资风险，使国有资产得到最大程度的保值增值；促进被投资单位及时分红，提高投资分红率，减少资金占用，提高股权投资项目投资收益。

**【经济责任审计】** 2015年，鞍钢集团公司审计部根据集团公司党委组织部委托，按照《党政主要领导干部和国有企业领导人员经济责任审计规定实施细则》（审经责发〔2014〕102号）等文件规定，深入开展领导干部经济责任审计。全年共开展8项经济责任审计，累计发现和披露问题69个，提出审计建议57条，涉及问题金额16.97亿元，其中损失浪费0.88亿元、管理不规范3.61亿元、不良资产10.98亿元、其他0.96亿元，促进增收节支0.54亿元。实现了经济责任审计全覆盖，客观评价领导人员业绩，充分揭示企业损失浪费、效率低下、管控不到位以及领导人员违反中央八项规定等问题，促进领导人员主动有效作为，不断提升企业管理水平和经济效益。

**【内部控制评价】** 2015年，鞍钢集团公司审计部严格按照国资委和财政部要求，认真组织开展鞍钢集团公司2014年度内部控制评价，促进内部控制持续改进与优化。鞍钢集团2014年度内部控制评价范围主要包括鞍钢集团总部机关部门、鞍钢股份、攀钢、工程板块，被评价单位（部门）总计70家。通过检查发现存在缺陷41项，其中重大缺陷2项、重要缺陷17项、一般缺陷22项，并形成鞍钢集团层面内控评价报告上报国资委。

**【投资项目后评价】** 2015年，鞍钢集团公司审计部坚持独立、科学、公正原则，深入开展固定资产投产项目后评价，全面总结工程投资中的经验和教训，针对存在的各种问题提出针对性的对策与建议，为鞍钢集团后续工程项目完善投资决策机制、提高投资决策水平和投资效益提供参考。组织开展的鞍钢股份高性能冷轧硅钢工程项目后评价项目，借用了外部专业机构强大的专家团队和专业信息等专业优势，突出了“真正评价”，避免了后评价工作流于形式。后评价报告对前述各项问题提出了优化或改进建议，有效促进项目后期的管理提升和达产达效，同时对鞍钢集团不断完善投资决策机制，提升投资决策和管理水平，具有积极的意义。

**【审计创新工作】** 2015年，鞍钢集团公司审计部努力适应思想观念和审计方式新变化，大力推进审计“转型升级”和工作创新。进一步强化审计力量、提高审计队伍素质、保障审计职能充分发挥，适应鞍钢集团管控需要。一是充分利用区域公司、板块公司审计人员和相关专业技术人员开展重大审计项目，把防范重大风险、改善营运管理、增加企业效益作为审计的重要任务；二是认真组织并全程跟踪了鞍山钢铁审计部对西昌钢钒炼钢工程、攀钢审计部对朝阳钢铁高炉工程的交叉审计；三是开展审计理论研究，组织起草的《大型国有企业工程机械维修专项审计案例及分析》荣获中国内部审计协会百佳案例，是唯一一家钢铁企业审计案例；四是大力推进审计信息化工作，促进审计手段更新，鞍钢集团审计管理系统已于2015年底已开始投入试运行，该系统建立了完善的审计系统领导决策平台、业务管理平台和业务操作平台，实现审计信息的集中管理和应用，在提高审计工作效率的同时，实现对审计对象的全程动态监控；进一步探索运用大数据技术的途径，提高运用信息化技术核查问题的能力。

**【督促审计整改】** 2015年，鞍钢集团公司审计部严格落实国资委要求，坚持审计整改中制度未完善的不放过、资金未追回的不放过、责任未落实的不放过的“三不放过”原则，加大审计问题整改力度，扎实推进审计整改工作制度化、规范化、常态化、长效化，督促审计整改落实到位，促进审计成果有效利用。2014 年审计发现的问题共 276 个，涉及金额 21.52 亿元；已整改问题 243 个，涉及金额 12.31 亿元；正在整改问题 26 个，涉及金额 7.09 亿元；暂不具备条件整改的问题 7 个，涉及金额 2.12 亿元，问题整改率为 97.46%；累计扣回多计工程款 0.23 亿元，挽回经济损失 0.30 亿元，落实整改措施创效 0.48 亿元，合计增加企业效益 1.01 亿元；同时建立或完善管理制度 28 个，处罚责任人员 78 人次，考核责任单位 7 个。

**【审计配合工作】** 2015 年，鞍钢集团公司审计部积极接待、协调、配合好国家监事会、国家审计署到鞍钢检查调研工作，组织相关部门和单位按要求完成了相关材料的定期上报工作；完成了审计署沈阳办稳增长审计组到鞍钢了解近三年来基建工程及鲅鱼圈二期转型升级项目等有关情况的配合、协调工作，组织相关部门和单位完成国资委监事会检查发现问题的整改落实工作，并及时反馈了整改情况，实现对外接待、业务配合等任务“零差错”。联络、配合鞍钢集团公司董事会审计委员会相关工作并主动接受审计委员会对审计工作的检查和指导。

（鞍钢集团公司审计部　卢学柱）

# 人力资源管理

## ·领导人员管理·

**【进一步完善领导人员管理制度体系建设】** 坚持从严要求，加强领导人员管理和监督工作，制定印发《鞍钢集团公司领导人员选拔任用工作纪实办法》《鞍钢集团公司关于进一步加强领导人员监督工作的实施意见》《鞍钢集团公司党委关于加强2015年度考核工作的指导意见》《关于组织人事部门对领导人员进行提醒、函询和诫勉的实施细则》和《领导人员选拔任用工作责任追究办法》，形成了比较系统和完备的领导干部管理制度体系。

**【完成2014年直管领导班子和领导人员考核工作】** 按照2014年度直管领导班子和领导人员年度考核评价办法规定的程序和要求，鞍钢集团党委组织部完成了14个子企业领导班子、14个集团机关部门和133名直管领导人员的年度考核工作。组织完成了2014年年度考核通报会，对考核结果进行通报，表彰优秀干部和“四好”领导班子，激励先进，鞭策落后，并由集团公司领导向分管单位、部门进行考核结果全面反馈。

**【坚持党管干部原则，认真贯彻落实选人用人制度】** 认真贯彻习总书记关于“好干部”五条标准和“三严三实”要求，严格履行选人用人程序，建立“凡提必核、凡提必审、凡提必查、凡提必听”的工作机制。2015年集团公司党委常委会议共集中讨论调整直管领导人员14次，调整任用113人次，其中，提拔任职13人，平级调整交流75人，免职9人，试用期转正16人。先后完成鞍山钢铁（鞍钢股份）党委常委、副总经理，综合发展、工程技术、信息产业总经理岗位人选的推荐工作以及电商平台、招标平台、资本平台等单位正副职岗位人选的选拔配备工作。

**【配合中组部选人用人专项巡视工作】** 按照中组部选人用人巡视组要求，鞍钢集团公司党委组织部积极配合，实事求是地提供16项300余份相关材料，组织完成了《鞍钢集团公司党委选人用人专项工作汇报》，并由尹利副书记及党委组织部门相关同志向巡视组进行了专题汇报，鞍钢集团选人用人工作得到中组部专项巡视组领导的充分肯定。根据中组部选人用人专项巡视组提出选人用人方面存在的问题，形成《鞍钢集团选人用人问题专项整改方案》和《鞍钢集团选人用人问题专项整改进展情况报告》上报中组部，对11个专项问题已全部整改到位。

**【领导干部个人有关事项报告工作】** 一是按照《中共中央组织部关于做好2015年领导干部报告个人有关事项工作的通知》（组电明字〔2014〕39号）要求，完成317名直管和沟通领导人员个人有关事项年度集中报告工作，并按照10%的比例保质保量完成随机抽查核实工作。二是做好“凡提必核”工作。根据中共中央组织部《中央单位拟提拔考察对象个人有关事项报告核实工作操作规程》，制定印发《鞍钢集团公司拟提拔考察对象个人有关事项报告核实工作操作规程》，2015年共履行“凡提必核”程序246人，其中直管16人，沟通20人，自管210人。对填报信息与中组部反馈结果有较大出入的29名领导人员予以严肃处理，其中限期补报的有3人；撤销任免决定、给予批评教育、3个月内不得提拔的有4人；撤销任免决定、给予诫勉谈话，半年内不得提拔的有13人；免去现职、两年内不得提拔的有9人。另外，对3名同志本人经商办企业未如实申报的，均给予免职处理。

**【鞍钢集团公司直管及沟通备案领导人员违规办理和持有因私出国（境）证件专项治理工作】** 按照中组部要求，对328名鞍钢集团直管及沟通备案领导人员持有因私出国（境）证件情况进行核查及分析，共有43人未按审批要求因私出国（境），对其中未按组织批准因私出国（境）的19人进行诫勉谈话，并对相关单位组织人事部门责任人进行批评教育，并责令限期整改。

（鞍钢集团公司党委组织部　刘天祥）

## ·人力资源管理·

**【人力资源管理】** 1. 人才引进工作。按照“战略引导、效率导向、公开透明、竞争择优”的原则，通过组织校园专场招聘、双选会、学生自荐等形式，开展2015年毕业生引进工作，共引进毕业生821人，其中本科及以上毕业生391人、专科毕业生430人。为加快市场化选聘人才步伐，在资本控股投资公司试点实施职业经理人选聘制度，以市场化用工方式，面向社会公开招聘10名总监、业务经理，实现了招聘工作新的重大突破，市场化选聘的人员已在企业资本运营中发挥了重要作用。为不断拓宽人才引进渠道，满足鞍钢集团公司对各类成熟人才的需要，经严格审核、甄别筛选，为鞍钢工程技术公司、鞍钢总医院、攀研院、攀钢职工总医院引进10名有一定工作经验和业绩的社会成熟人才。

2. 人力资源优化与富余人员分流安置工作。为应对国家及钢铁行业目前严峻的经济形势，以及鞍钢集团公司“保生存、求发展”、提升企业竞争力的需要，鞍钢集团公司主要领导张广宁、唐复平主持召开全集团推进人力资源优化工作座谈会，全面部署开展人力资源优化工作。一是加强制度建设，健全人力资源优化工作机制。印发了《鞍钢集团公司2016年关于加强劳务用工管理的意见》（鞍钢人发〔2016〕10号）、《鞍钢集团关于做好人员分流安置的指导意见》（鞍钢政发〔2015〕74号）、《关于落实鞍钢集团推进人力资源优化工作的意见》（鞍钢人发〔2015〕112号），研究制定《关于进一步优化生产服务岗位定员的实施意见》。二是加强顶层设计，明确五大优化措施。比照世界先进钢铁企业劳动生产率水平，结合集团公司未来产能、产值等规划，到2018年，鞍山钢铁主业劳动生产率达到2000吨/人，矿业系统劳动生产率达到2000吨/人，其他各板块劳动生产率在2014年基础上翻一番。同时指导子企业通过提高设备自动化、信息化、智能化程度，探索工厂车间化管理，推行巡检制、操检合一及大工种作业制度，扩大作业范围，开展竞争上岗等五大措施推进人力资源优化工作。三是遵循四个原则，稳妥分流安置人员。指导子企业按照“依法合规、以人为本、分类指导、稳妥推进”四个原则，通过置换劳务、内部转岗、协商解除劳动合同、内部退养、对外输出等五大渠道妥善安置富余人员。指导攀钢集团攀成钢、新钢业的人力资源优化改革工作，共分流安置职工11696人，其中协商解除11032人、内部退养664人，安置率100%。

3. 退役士兵安置工作。为贯彻落实国务院国资委的有关要求，印发了《关于鞍钢集团公司接收安置军队退役士兵工作的意见》（鞍钢政发〔2015〕8号），对符合政府安排工作条件退役士兵的接收安置做了具体规定和安排，明确了退役士兵接收安置范围、安置数量、安置方式、安置程序。按照《退役士兵安置条例》，指导攀钢集团、鞍山钢铁股份鲅鱼圈分公司、鞍钢矿业集团弓矿公司安置所在地政府提出的符合条件退役士兵22人。

4. 军转干部工作。鞍钢公司本着为职工办实事、解难事的原则，多次研究和解决军转干部反映的生活困难问题，落实相关政策，解决实际困难。一是按照国家和地方政府的有关政策，对服役时部队在高原、边防地区的军转干部，经与当地军转办沟通协调，明确了发放生活补贴范围、时间、标准，并召开专项工作会议传达布置有关精神；二是定期不定期开展困难军转干部走访慰问活动，及时了解军转干部动态，解决其实际困难；三是“八一”前夕，组织各子企业开展军转干部走访慰问活动，采取登门走访、召开座谈会、茶话会等多种形式开展走访慰问活动，共走访慰问了军转干部3069人，发放慰问金32万元，发放价值42万元慰问品，使军转干部切实感受到企业的关心和关爱。

**【人才队伍建设】** 1. 推进人才等级序列实施，畅通人才发展通道。继续贯彻落实研发、工程技术、采购营销和高技能人才的激励政策，推进子企业首席专家、一级专家和二级专家评聘工作，充分发挥领军人才在专业领域的示范带动作用。截至2015年末，共评聘工程技术序列715人，研发序列316人，高技能序列三级技师以上280人，采购营销序列4人。

2. 建立人才库，探索人才队伍建设新途径。制定下发《关于开展鞍钢专业技术人才、高技能人才信息统计工作的通知》，开展专业技术和高技能人才信息统计，筹备建立人才库。

3. 开展选拔推荐工作，发挥领军人才示范带动作用。按照逐级推荐、阶梯发展的人才选拔程序，注重从科研、生产和经营一线选拔和推荐人才，向上级推荐先进个人41人次，24人次跻身国家、省领军人才、专家等行列。其中1人当选中国工程院院士，1人入选国家百千万领军人才，12名工程技术、高技能人才被评为享受国务院政府特殊津贴人员，8人被评为辽宁省百千万工程专家。

**【职工培训工作】** 1. 加强经营管理人员培训。按照中组部、国资委要求，选派集团公司及子企业领导参加中央党校等调训学习；开展十八届四中全会和习近平总书记系列讲话精神集中轮训工作，培训副厂处级以上领导干部14期1434人；组织3期领导干部读书班、党史教育培训班、劳模读书班；选拔30名学员参加第九期北科大中青年干部培训班；与相关部门联合举办安全培训，培训副厂处级以上领导干部17期2446人；选派7名高级管理人员参加大连高级经理学院选学班；按照中组部、国资委要求，开展领导干部参加社会化培训清理整顿，10名EMBA在读人员办理了退学。

2. 加强专业技术人员培训。选拔29名学员参加上海财经大学财务知识进修班学习，培养懂财务、会管理的复合型人才队伍。对新入厂本科及以上学历毕业生开展外语培训和转正定级考核工作，选派21名优秀管理技术人员赴中国外文局参加为期两个月的英语强化培训。

3. 加强优秀人才在职教育培训。采取“派出去、请进来”方式，选派2人参加国资委优秀班组长培训班、2人参加中钢协现代轧钢工艺及自动控制技术高级研修班、6人参加中钢协海洋用钢专题培训班，开展“企业焊接技能人才技术方法提升研究培训班”（赴美国）人选选拔推荐工作。与哈工大、大连理工等高校联合培养在职硕士研究生，促进专业技术人员的技术创新和知识更新。

（鞍钢集团公司人力资源部　王正国）

## ·岗位绩效与薪酬福利管理·

**【薪酬管理】** 1. 积极推进薪酬分配制度改革，完善分配制度。为推进鞍钢集团总部薪酬分配制度改革工作，起草了《关于鞍钢集团公司总部薪酬制度改革的意见》，为集团总部薪酬改革做好准备工作。组织召开推进鞍山区域薪酬分配制度改革会议，印发《推进鞍山区域薪酬分配制度改革会议纪要》，指导未完成薪酬分配制度改革的单位，加快推进薪酬分配制度改革。

2. 做好绩效管理工作，提升管理水平。根据《鞍钢集团公司关于岗位绩效管理指导意见》，指导各子企业开展岗位绩效管理工作，做到岗位绩效考评全覆盖，为岗位晋升、薪酬分配及人员培训提供科学依据。为加强集团总部岗位绩效管理，建立科学合理的集团总部岗位绩效评价机制，配合集团总部薪酬制度改革，研究起草了《鞍钢集团总部机关岗位绩效管理办法》。

3. 加强工资总额预算管理，完善职工工资与效益联动机制。做好2014年工资总额预算清算评价和2015年鞍钢集团工资总额预算申报工作。形成《关于鞍钢集团公司2014年度工资总额预算清算评价的请示》《鞍钢集团公司关于2015年工资总额预算的请示》，并上报国资委。根据国资委的规定，核定子企业工资总额预算，完善职工工资与效益联动机制，对子企业工资总额预算执行情况动态跟踪，定期发布工资总额预算调控标准，确保职工工资发放水平与企业效益状况相匹配。

4. 为加强鞍钢集团派驻人员薪酬及异地补贴管理，结合鞍钢集团实际，制定了《鞍钢集团公司派驻人员薪酬管理及异地工作补贴》，规范了鞍钢集团公司派驻人员薪酬管理及异地工作补贴管理。

5. 根据国务院国资委的有关规定，制定印发了《关于鞍钢集团公司子企业外聘的外部董事薪酬标准的通知》，就鞍钢集团公司子企业外聘的外部董事薪酬标准进行了规范。

**【保险管理】** 1. 为保证鞍钢企业补充医疗保险基金的安全运行，制定印发了《关于调整鞍山区域企业补充医疗保险定点医院的通知》，取消鞍山市立山区人民医院作为鞍钢企业补充医疗保险定点医院。

2. 为规范鞍钢集团鞍山区域劳动保险业务管理，保证相关工作顺利开展，根据《鞍钢集团核心业务权限规范》规定，制定印发了《关于规范鞍山区域劳动保险业务管理的通知》，对鞍山钢铁集团公司代行集团职能的各项劳动保险业务办理的流程及相关工作进行了规范。

3. 根据鞍山市社保局的规定，结合2014年鞍山区域各单位实际发生的工伤保险费用及安全生产控制指标完成情况，制定印发了《关于调整2015年鞍山区域工伤保险缴费费率的通知》，对各单位工伤保险缴费费率进行了调整。

**【履职待遇、业务支出管理】** 1. 为规范领导人员履职待遇、业务支出管理，制定印发了《鞍钢集团公司负责人履职待遇、业务支出管理实施细则》《鞍钢集团公司总部工作人员履职待遇、业务支出管理办法》《鞍钢集团公司子企业负责人履职待遇、业务支出管理办法》，逐级落实监管责任。

2. 根据国务院国资委的要求，为做好鞍钢集团公司负责人履职待遇、业务支出专项检查工作，制定印发了《鞍钢集团公司负责人履职待遇、业务支出专项检查工作实施方案》，鞍钢集团相关部门联合开展专项检查，按照国务院国资委的有关要求，鞍钢集团逐项对照检查，在为退休的企业负责人报销通信费用和公务用车资产管理等方面，存在不够规范的问题，鞍钢集团按照有关要求进行了规范管理。

3. 根据鞍钢集团公司《关于开展领导人员违反廉洁从业规定和中央八项规定精神专项治理工作的安排意见》（鞍钢委发〔2015〕34 号）要求，制定印发了《鞍钢集团公司党委组织部关于落实“专项治理”工作安排的通知》，在全集团范围内开展领导人员履职待遇和业务支出专项治理、领导人员特殊化专项治理工作。对制度建设、业务招待、公务用车管理、差旅费报销、办公用房、操办婚丧喜庆事宜，供领导人员使用“小食堂”“小浴池”“小车场”，领导人员专用病房、驻外办事处领导人员占用房间等方面存在的问题，进行了专项整改。

4. 根据鞍钢集团公司党委常委（扩大）会议讨论决定，从 2015 年 10 月 1 日起，鞍钢集团总经理助理级领导人员实行公务用车改革，并制定印发了《关于鞍钢集团公司总经理助理级领导人员实行公务用车改革的通知》。

5. 根据国务院国资委《中央企业负责人履职待遇、业务支出管理办法》规定和中央巡视组的要求，制定印发了《关于取消离退休领导人员通信补贴的通知》，要求各单位从 2015 年 11 月 1 日起，取消离退休领导人员通信补贴。

**【年金管理】** 1. 2015 年 4 月，召集鞍钢企业年金各管理机构，召开了“鞍钢企业年金 2014 年工作总结及 2015 年工作安排”会议，会议对鞍钢年金计划 2014 年的运营工作进行了全面总结，确定了鞍钢年金计划 2015 年的收益率目标为“保八争九”。

2. 为了使鞍钢集团鞍山区域企业年金管理更加规范、高效，系统运行更加安全、稳定，开发了鞍钢集团 HR 系统企业年金管理子系统（含退休预报管理功能），并于 2015 年 5 月正式上线运行。

3. 2015 年度，新增加账户数 877 个，共办理企业年金待遇支付账户数 6711 个，其中一次性支付退休账户数 4879 个，分期支付退休账户数 1504 个，其他待遇支付账户数 328 个。共支付企业年金待遇 30693 万元。企业年金缴费共 59718 万元，其中个人账户中个人缴费 15740 万元，个人账户中企业缴费 15741 万元，企业公共账户缴费 28237 万元。

4. 截至 2015 年 12 月 31 日，鞍钢企业年金基金 2015 年度投资收益率为 8.57%，企业年金计划成立以来累计投资收益率为 29.07%。

**【调整鞍钢各类人员待遇】** 转发了《关于调整部分企业军转干部等方面人员生活待遇的通知》《关于调整部分优抚对象抚恤和生活补助标准的通知》《转发辽宁省人力资源和社会保障厅〈关于调整 2014 年工伤人员相关待遇的指导意见〉的通知》《关于 2015 年调整企业退休人员基本养老金的通知》《关于中国科学院和中国工程院院士医疗待遇问题的通知》《关于刘玠、殷国茂同志享受住院医疗照顾的通知》《鞍山市人民政府办公厅关于提高城乡居民最低生活保障和农村五保对象供养标准的通知》《中共中央组织部关于提高抗战时期参加革命工作的部分离休干部医疗待遇的通知》《中共中央组织部、财政部关于为抗战时期及以前参加革命工作的离休干部发放一次性慰问金的通知》《关于丁耀轩等 32 名同志按副省长级标准报销医疗费的通知》《辽宁省人力资源和社会保障厅、财政厅〈转发人力资源社会保障部、财政部关于从 2014 年 10 月 1 日起调整企业离休人员基本养老金的通知〉的通知》《关于王玉贵同志按副省（部）长级标准报销医疗费的通知》《关于武环同志待遇问题的通知》等文件，制定下发了《关于调整鞍钢集团公司领导公积金有关事宜的通知》《关于调整鞍钢集团公司领导住房公积金缴存基数的通知》《关于调整鞍山区域鞍钢职工住房公积金缴存基数的通知》等文件，并按照上述文件要求，调整了各类待遇标准。

（鞍钢集团公司人力资源部　李　巍）

# 管理创新

## ·综　　述·

【综述】2015年，面对钢铁行业“冰冻期”的严峻形势和挑战，鞍钢集团以《中共中央国务院关于深化国有企业改革的指导意见》为指南，以“一个重点、两个转移、三个转变”为统领，坚持深化改革与加强企业管理相结合，建立集团成员企业分类管控体系，完善各级法人治理结构，优化三级制度流程管理模式，搭建业务运营和资源协同平台，加强对外投资企业监管，规范招标采购管理，创新绩效考核体系，强化风险内控管理，推进履行企业社会责任，固化管理创新成果，为实现鞍钢集团生存发展提供了体制机制保障。

1. 适应多元产业发展需要，构建“差异化”管控体系。2013年以来，通过新一轮改革，鞍钢集团全新构建了“2+8”战略管控型组织架构，形成了钢铁、钒钛、矿业资源和非钢产业的多元化产业发展格局，管理体制和运行机制发生了深刻变化。适应新变化，鞍钢集团以构建“差异化”管控体系为抓手，建立差异化管控体系和授权体系，完善差异化管控体系下的法人治理结构，推动各级企业真正成为自主经营、自负盈亏、自我发展的市场主体。

2. 优化整合资源配置，推进体制机制创新。搭建集中招标平台、资产处置经营平台、电子商务管理运营平台、对外投资企业监管平台，发挥鞍钢集团整体协同效应。深化纪检监察体制改革，加强党风廉政建设和反腐败工作。加强机构编制管理，开展机构编制优化工作。做实鞍钢股份管理平台，压缩管理链条、提升运营效率。争取国家政策支持，积极推进解决历史遗留问题，减轻企业负担。

3. 优化管理体系，规范核心业务运行。按照《鞍钢集团公司2015年规章制度制（修）订计划》，系统完善鞍钢集团总部规章制度体系，组织制度检查评价工作组，对子企业制度的建立及执行情况进行检查，夯实子企业管理基础。

4. 加强风险管理体系，创新绩效考核体系。系统开展风险评估，确定8项重大风险，建立风险预警和在线监测机制，落实防范措施，确保鞍钢集团重大风险受控。制订发布了《鞍钢集团2015年战略绩效与薪酬评价考核办法》，建立区域联动考核机制；创新集团总部部门绩效评价考核办法，促进集团总部各项业务规范高效运行；完善专项奖励考核办法，突出扭亏增效重点领域的激励力度。

5. 优化招标采购平台，规范招标采购管理。整合集团采购业务，推进采购信息化建设工作。加大子企业内部集中采购与子企业间协同采购力度，推进鞍钢集团集中采购工作。构建鞍钢集团采购信息公开透明、监督到位和竞争充分信息化采购模式，将“电子超市”带来的效益落到实处。

6. 完善对外投资企业监管体系，防范对外投资风险。搭建对外投资企业信息化管理平台，保证企业信息的及时性、准确性。建立健全对外投资企业制度体系和评价机制，加强企业管理，规避投资风险，维护投资权益。加大力度清理不符合企业战略发展方向的、连续亏损且扭亏无望的境内对外投资企业。

（鞍钢集团公司管理创新部　梁　军　楚长青）

## ·体制改革与创新管理·

【体制改革】为有效应对钢铁行业“冰冻期”的严峻挑战，鞍钢集团以十八届三中、四中全会精神以及《中共中央国务院关于深化国有企业改革的指导意见》为指导，围绕制约企业生存发展的体制机制障碍和瓶颈问题，制订发布了《鞍钢集团2015年深化改革实施意见》，明确了深化改革的指导思想、原则、目标和主要任务，聚焦52项改革项目，成立了以董事长、党委书记任组长的深化改革领导小组以及7个项目推进组，建立上下联动、分工负责、统筹协调的改革推进工作机制，向改革要红利。

1. 构建差异化管控体系和授权体系。落实国资委《关于国有企业功能界定与分类的指导意见》精神，以建立分类管理体系和实施差异化管控为目标，制订发布了《关于完善集团管控体系的实施意见》，对全资、控股、参股和境外公司细化分类，按照功能定位、业务结构及产业关联度，细分为核心业务、功能型业务、专业化业务、多元化业务和服务型业务五类，进一步构建和完善差异化集团管控体系，重点落实子企业董事会决策权和单元企业经理班子经营权，促进各级企业法人真正成为自主经营、自负盈亏、自我发展的市场主体。

根据差异化管控体系，充分考虑各级企业业务结构、产业布局及市场开发等因素，重点围绕投资、资产处置、资金管理、融资担保和人力资源管理等核心业务领域，修订完善了《鞍钢集团核心业务权限规范》，构建符合企业特点和行业规律的差异化授权体系，增强各级企业创新动力与经营活力。

2. 完善法人治理结构。一是在差异化的管控模式下，为有效发挥非钢板块董事会治理核心、决策中枢、责任主体作用，促进非钢板块健康发展，针对非钢板块董事会运作存在的问题及原因进行了分析和研究。在此基础上，以综合发展公司为试点，组织修订完善相关制度文件，并以权利清晰、运作规范、绩效考核科学为标准，推进非钢板块董事会建设。二是以“决策科学、执行有力、监督到位”为指导，规范子企业法人治理结构及领导班子设置，制订发布了《关于规范部分子企业法人治理结构及领导班子设置的决定》，进一步明确子企业董事会、监事会构成和领导班子设置，推进子企业法人治理结构建设，充分发挥各级纪委监督保障作用，保障企业规范、高效运营。

3. 推进体制机制创新。

（1）优化机构编制。为进一步夯实管理基础，提高集团整体运营效率，结合鞍钢集团各级企业分属钢铁、钒钛等20多个不同行业，行业特点各异，制订了《机构编制设置规范》，制订发布了《鞍钢集团机构编制优化工作安排》，组织子企业对标同行业先进企业，系统开展机构编制优化工作，全集团管理岗位和技术岗位目标编制较2014年降低17.9%。

（2）深化纪检监察体制改革。为进一步加强党风廉政建设和反腐败工作，推动各级党委主体责任、纪委监督责任落实，以强化监督、反腐倡廉促进企业改革发展、转型升级，结合鞍钢集团工作实际，制订发布了《关于加强党风廉政建设，深化纪检监察体制改革的意见》。规范鞍钢集团各级党委、纪委领导岗位设置，调整鞍钢集团及部分子企业监督机构编制。

（3）建设鞍钢集团决策支持系统。为适应互联网+时代的企业快速决策的需求，制订发布了《鞍钢集团决策支持系统完善项目建设方案》，建立了“经营分析预测、风险监测评估和发展运营管控”三大功能模块，“展示、分析、监测、预测、报告”五大系统功能，16个主题、45个子主题和612项指标的决策支持系统主题框架，项目于7月启动，12月上线试运行。

4. 优化整合内部资源。鞍钢集团充分发挥集团总部战略决策和资源配置的核心功能，深化企业改革，推进同类资源重组整合，发挥整体协同效应，促进扭亏增效和结构调整措施有效落实。

（1）做实鞍钢股份管理平台。贯彻落实鞍钢集团总体发展战略，进一步完善上市公司管理平台建设，对鞍山钢铁、鞍钢股份两级公司机关部门实施整合，两级领导班子实施交叉任职，剥离鞍山钢铁所属接待服务公司、文体中心、鞍钢日报社及人力资源中心等服务板块业务单元，推进钢铁产业一体化运行，压缩管理链条、提升运营效率。

（2）搭建资产处置经营平台。强化资产管理职能，在集团战略规划部设立资产管理处，对鞍钢集团资产施行动态管理，完善制度流程，建立资产管理和监督考核体系，实现对全集团资产的总体有效监控；成立鞍钢集团资产经营中心，统筹开展资产对外处置与内部调剂，提高资源利用效率，规范资产处置行为，打造“阳光、安全、降本、高效”的资产处置与经营平台。

（3）建立鞍钢集团电子商务管理运营平台。围绕鞍钢集团电子商务信息化项目的建设与实施，建立鞍钢集团电子商务中心，推进电商平台与现有管理体系的顺利对接，进一步梳理和优化鞍钢集团各区域、板块的采购、销售、物流、供应商及客户管理等方面的管控模式和业务流程，提高协同管理和产业链运营效率。

（4）加强对外投资企业监管，建立对外投资企业监管平台。为加强鞍钢集团对外投资企业监管，防范投资风险，提高投资收益，实现国有资产保值增值，在管理创新部设立对外投资企业监管处，作为鞍钢集团直接投资企业的运营监管平台和鞍钢集团子企业对外投资企业的统一规范管理平台，按照“谁投资、谁管理、谁负责”和“统一监管，分级负责”的原则，落实投资主体管理责任，对鞍钢集团对外投资企业监管实施归口管理。

5. 推进解决历史遗留问题。贯彻落实《国务院关于近期支持东北振兴若干重大政策举措的意见》精神和国务院国资委关于加快剥离企业办社会职能推进解决历史遗留问题的相关政策要求，成立了由董事长、党委书记任组长的专项工作组及各分管领导负责的工作推进组，加强顶层设计推动，创新改革思路。一是按照“四个一批”改革思路，完善《鞍钢集团厂办大集体改革总体方案》，并于2014年12月正式上报国务院国资委和人力资源社会保障部，待辽宁省大集体改革政策出台后启动实施。二是鞍钢集团辽宁、四川地区“三供一业”分离移交工作已于2015年三季度正式启动，鞍山钢铁和攀钢分别与地方政府对接并建立工作组织，制订了“三供一业”分离移交工作计划，明确了工作职责、时间节点和实施步骤，并积极与地方政府沟通协商，按计划组织推进。三是鞍钢集团辽阳地区、朝阳地区的棚户区改造工作已经完成；鞍山地区的棚户区改造工作正在实施；鞍山大孤山地区、朝阳瓦房子地区的棚户区改造项目正在与属地政府协商中。四是鞍钢集团已完成离退休人员及管理服务机构摸底调查，对移交费用进行了初步测算，待国家、地方政府政策出台后，启动实施。

（鞍钢集团公司管理创新部　梁　军　楚长青）

**【管理创新成果】** 鞍钢集团持续践行创新驱动发展战略，以改革创新为动力，以开源节流、降本增效为重点，不断深化改革，加强管理创新工作，在注重推广应用获奖成果的基础上，强化内部管理成果立项、申报与评选，为鞍钢集团应对钢铁“寒冬”提供管理支撑，为不断提升鞍钢集团整体竞争实力作出贡献。

1. 组织开展管理成果申报与评审。积极引导和组织各单位围绕鞍钢集团战略目标和发展瓶颈选题立项、精心实施、科学总结、认真评审，促进鞍钢优秀的管理成果脱颖而出。2015年，鞍钢集团经初评与终评两级评审，评出获奖成果36项，其中：一等成果4项，二等成果8项，三等成果24项。组织鞍钢集团优秀成果申报行业、国家级成果，得到各级评审机构及专家的充分肯定。“基于立体ABC配置模型的国有大型钢铁企业人力资源优化管理”等4项成果荣获第二十二届全国企业管理现代化创新成果奖二等奖。11项成果荣获冶金企业管理现代化创新成果，其中：一等奖2项，二等奖3项，三等奖6项。

2. 组织申报全球500强和中国500强。2015年7月，《财富》杂志公布了2014年全球500强排行榜，鞍钢集团以2014年营业收入1615.1亿元人民币连续第四年入围全球企业500强，位列排行榜第451位，较上年上升24位。连续十四年入围中国企业500强，位列第97位。连续十一年入围制造业企业500强，位列排行榜第32位。

（鞍钢集团公司管理创新部　巴　祎）

## ·体系管理·

**【规章制度管理】** 鞍钢集团以深化企业改革，适应集团战略结构调整为目标，完善规章制度体系框架，优化规章制度管理体系，优化固化改革创新成果，推动各级企业管理升级，为鞍钢集团规范建立现代企业制度奠定基础。

1. 完善鞍钢集团规章制度体系。按照《鞍钢集团公司2015年规章制度制（修）订计划》，组织总部职能部门承接2015版《鞍钢集团核心业务权限规范》、2015版《鞍钢集团总部业务审批权限》和《关于完善鞍钢集团公司管控体系的实施意见》，制（修）订鞍钢集团管理制度43项，其中，核心管理制度28项，专业管理制度15项。完善形成了涵盖16个职能模块，38项核心业务，包含220项管理制度的鞍钢集团规章制度体系框架。

2. 开展规章制度检查评价。贯彻落实国资委关于中央企业依法合规经营的要求和鞍钢集团首次党代会建设法治央企的指示精神和部署，规范鞍钢集团规章制度管理，增强规章制度执行力、控制力，提高企业风险防控能力，组织由24名专业人员组成的制度检查评价工作组，对9家子企业109项制度的建立及执行情况进行检查，发现制度管理存在的问题120项，制订发布了《关于鞍钢集团公司2015年规章制度检查情况的通报》。

3. 推进关键领域和关键岗位的专项整改工作。鞍钢集团按照《中央第十三巡视组专项巡视鞍钢集团公司反馈意见整改落实工作方案》等文件精神，制订发布了《加强关键领域和关键岗位监督管控　强化责任追究问题整改方案》。以梳理优化鞍钢集团关键领域和关键岗位职责体系为基础，以规章制度建设为抓手，以构建管理长效机制为目标，系统清理关键领域、关键岗位职责，集中制修订相关规章制度，着力解决规章制度不完善、“贯章贯制”执行力不足、监督管控不力和责任追究不严等方面问题，立行立改，固化成果，夯实基础，界定管理职责 367 项，明确关键岗位 1998 个（涉及定员 4661 人），完善《岗位说明书》1998 份。

（鞍钢集团公司管理创新部　王春利）

**【企业社会责任】** 鞍钢集团贯彻落实国务院国资委关于中央企业履行社会责任的各项工作部署，加强社会责任管理体系建设，深化社会责任理念意识，加强社会责任沟通，推动社会责任与企业运营全面融合，有效提升企业履行社会责任能力，实现企业、社会、环境的可持续发展。

1. 建立健全社会责任管理体系。制订发布了《鞍钢集团社会责任管理办法》，以战略性、全面性、系统性、协同性、国际化为原则，以发展战略为指引，落实社会责任管理工作职责，规范社会责任管理，将社会责任工作融入企业运营的全过程，完善社会责任管理从规划、执行，到评价、提升的全流程闭环的管理机制，促进鞍钢集团管理水平和可持续发展能力的提升。

2. 编制发布《鞍钢集团公司 2014 年可持续发展报告》。优化调整鞍钢集团 2014 年可持续发展报告框架结构，组织编制《鞍钢集团公司 2014 年可持续发展报告》，以“排头鞍钢、创新鞍钢、诚信鞍钢、绿色鞍钢、幸福鞍钢、和谐鞍钢”为逻辑主线，全面介绍了鞍钢集团在可持续发展战略和文化、深化改革、降本增效、跨国经营、科技创新、诚信经营、客户服务、绿色制造、人才培养、安全生产等方面的实践和绩效，深刻诠释了鞍钢集团“以钢铁强国为己任，为股东、为客户、为员工、为社会创造价值”的企业使命，彰显了鞍钢集团对成为中国钢铁行业“排头兵”的不懈追求。

3. 组织召开社会责任培训会议。一是邀请国家环保部及社会责任机构专家，为集团总部各职能部门、直属机构、区域公司、板块公司的 80 余名社会责任工作责任人进行社会责任培训。通过学习掌握 GB/T 36000—2015《社会责任指南》等三项国家标准，深入了解国内外先进企业的优秀社会责任实践案例，提升企业社会责任管理水平。二是传达国务院国资委中央企业社会责任工作会议精神，总结鞍钢集团社会责任管理工作成效与不足，结合“十三五”时期中央企业社会责任工作面临的新形势新任务新要求，部署鞍钢集团社会责任重点工作。

（鞍钢集团公司管理创新部　巴　祎）

## ·风险内控及绩效管理·

**【风险管理】** 鞍钢集团紧密围绕战略发展规划和年度生产经营计划，推进全面风险管理与经营管理和制度建设有机融合，构建风险管理预警机制，强化风险在线监测，使得重大和重要风险受控，促进了鞍钢集团生产经营目标的实现和企业持续健康稳定发展。

1. 开展年度风险评估，辨识重大风险事件。鞍钢集团紧密围绕 2015 年生产经营计划，对核心业务开展风险评估，确定了“市场竞争风险、战略性投资风险、国际化经营风险、现金流风险、环境保护风险、安全生产风险、改革稳定风险、廉政监察风险”等 8 项重大风险，制定了风险管理策略和解决方案，落实风险防范措施，使得风险基本受控，全年未发生重大风险事件。

2. 完善专项风险评估机制，服务重大事项决策。建立健全重大投资、重大兼并收购、重大重组改制、重大改革等重大事项专项风险评估机制和集体决策制度，组建产业发展战略、全面预算、审计与内控、投资等专业发展咨询专家委员会，对重大决策事项经专家评估、审查和论证后，进入决策程序。

3. 建立风险监控体系，跟踪重大风险防控。针对年度评估的 8 个重大风险，设置了 42 个风险监控预警指标，确定了指标的正常值、黄色预警值和红色预警值，定期监测重大风险预警指标变化情况，及时发布预警信息，督促采取风险应对措施，防范重大风险发生。

4. 加强风险信息化建设，保障系统稳定运行。开展信息系统安全等级保护工作，针对集团 OA、DSS、ERP、SAP 等系统开展数据容灾备份演练，提高了防灾能力和灾害事故应急处理能力；在鞍钢集团决策支持系统中嵌入风险监测评估模块，在线监测风险指标预警值变化情况。

（鞍钢集团公司管理创新部　陆　颖　陈家成）

【绩效考核管理】 为全面实现鞍钢集团公司首届党代会奋斗目标，鞍钢集团坚持“打胜扭亏增效攻坚战”目标不动摇，以经济效益考核为重点，突出价值创造能力提升，有效传递市场压力，将企业经营业绩与经营层和职工经济利益挂钩，充分调动广大干部职工的积极性和创造性，促进2015年全集团扭亏为盈目标的实现。

1. 制定下发《鞍钢集团公司2015年战略绩效与薪酬评价考核办法》。坚持以经济效益考核为重点，突出价值创造能力提升，有效传递市场压力，将企业经营业绩与经营层和职工经济利益挂钩，充分调动广大干部职工的积极性和创造性，促进2015年生产经营目标的实现。创建了以核心指标为主、综合指标和关注指标为辅的子企业经营层绩效考核指标体系，以及效益导向的经营层利润分享机制。子企业实行工资总额预算，职工工资与效益指标挂钩；总部部门实行以财务指标为基准值，以关键绩效指标为浮动系数，结合鞍钢集团领导和基层单位评价打分的考核方式。

2. 制定专项奖励办法。对子企业实行增收节支创效考核奖励、非钢企业外部市场创效奖励、出口创效奖励、铁精矿降本奖励、安全和节能减排考核奖励、深化对标活动奖励，按专项政策提取的工资总额实行单列发放，奖励不计入下一年度单位工资总额预算基数。

3. 制定专项考核办法。贯彻落实国资委关于中央企业依法治企的要求，落实党风廉政建设责任制，增强规章制度执行力和控制力，提高企业风险防控能力，鞍钢集团制定专项考核细则，总部部门负责定期检查，并提出考核意见，纳入战略绩效管理体系，与子企业职工薪酬挂钩。

4. 落实责权利统一的考核机制。强化子企业负责人责任意识，鞍钢集团领导与鞍山钢铁、攀钢等10个子企业签订《鞍钢集团公司子企业负责人2015年度经营业绩责任书》。按照各子企业全年效益指标，以责任书的方式量化子企业负责人经营业绩，确定经营者收入水平，对完成扭亏控亏增效任务的，鞍钢集团给予嘉奖。

（鞍钢集团公司管理创新部 陆 颖 李成志）

## ·采购管理·

【采购管理】 提升鞍钢集团公司“资源整合能力、需求保障能力、价值创造能力、管理协同能力”，构建鞍钢集团“统一平台，招采分离；统招分采，规范运行；信息共享，业务协同”的采购管理体制。

1. 加强采购管理，搭建集中招标平台。贯彻落实中央纪委、国务院国资委关于加强采购管理及健全重点领域、业务监督体系的有关要求，为充分发挥集团在信息共享、规模采购等方面的整体协同效应，进一步提升采购管理水平，降低采购成本，在集团管理创新部设立采购管理处；以鞍钢招标有限公司为基础，整合攀钢招标中心、香港公司国际招标中心，搭建鞍钢集团招标平台，统一规范招标行为，推进全集团集中招标工作。2015年招标比例达到78.3%。

2. 规范鞍钢集团采购平台管理。为建立“体制简捷、竞争充分、公开透明、手段有效、监管到位”的采购管理体系，鞍钢集团将167个整合为50个，同时有效压缩采购管理层级，子企业和单元企业实施集中采购和授权采购，构建了鞍钢集团、子企业、单元企业层次递进、职能有序衔接、运行规范高效的一体化采购管理体系。

3. 建设鞍钢集团电子超市信息化平台。为完善“阳光、降本、安全、高效”采购管理体制，2015年12月26日组建了鞍钢“电子超市”，以“电子超市”为载体，整合区域内部分同类物资采购计划，充分发挥规模采购优势，降低采购成本；以物料信息展示为手段，提高采购工作透明度和职工参与度，实现阳光采购；以“电子超市”为平台，共享鞍钢集团闲置资产、超储积压物资信息，推进内部资产调剂，盘活存量资产。

（鞍钢集团公司管理创新部 吴维臣 李立忠）

## ·对外投资监管·

【对外投资监管】 为加强境内投资参股企业监督管理，鞍钢集团通过搭建一个管理平台、推进三个制度建设、完善三个工作机制，建立鞍钢集团境内投资企业监管体系，保障投资权益，提高投资收益。

1. 搭建管理平台。鞍钢集团搭建境内投资参股企业信息管理平台，建立信息管理台账和定期更新机制，并与决策支持系统对接，定期收集和更新相关数据和信息，摸清投资企业底数，畅通信息传递渠道，提高信息及时性和响应速度，建立起能够满足鞍钢管理需求和及时响应国家部委要求的信息管理平台。

2. 推进三个制度建设。围绕建立健全制度体系，制订发布了《鞍钢集团境内投资企业监督管理办法（试行）》和《鞍钢集团派驻人员薪酬及异地工作补贴管理办法》，在此基础上，围绕派出人员履职管理制订发布了《鞍钢集团境内投资企业派出人员履职管理办法》，健全了派出人员管理的制度体系。

3. 完善三个工作机制。一是建立分级负责的投资企业运营评价机制，组织各级投资主体单位开展所属投资企业年度运营评价工作，对所属投资企业整体运营情况开展评价。二是建立投资收益监管考核评价机制，将境内投资企业经营情况纳入各子企业 2016 年绩效评价考核体系，对子企业经营层设置“投资收益”绩效考核指标，按季度实施考核评价，发挥绩效考核的导向作用，强化投资收益监管，提升投资收益水平。三是建立非正常经营投资企业退出机制，对于长期亏损、扭亏无望、无回报和停业歇业的股权加大清理力度，建立退出机制，组织各子企业梳理 39 项非正常经营参股股权的清理处置情况，并督促检查处置进展情况。截至 2015 年末，已完成 18 项股权处置工作，核销金额 5865. 95 万元。

（鞍钢集团公司管理创新部　刘　俊）

# 科技创新

# ·科技创新管理·

【综述】 2015年，鞍钢集团公司面对严峻市场形势，践行“六种发展理念”，实施创新驱动，以技术创新推动扭亏增效和企业转型升级，取得成效。鞍钢“十三五”科技发展规划编制完成，推动鞍钢科技创新工作跨越新的发展阶段；“海洋装备用金属材料及其应用国家重点实验室”落户鞍钢，鞍钢成为国内唯一拥有两个国家重点实验室的钢铁企业；耐蚀钢产业技术创新战略联盟启动运行，为鞍钢抢占市场高地创造极佳条件；新获批国家科技部5项课题，4项国家课题顺利通过验收；荣获冶金科学技术奖9项，获奖等级及数量位居钢企前列；4项专利获中国专利优秀奖，这是鞍钢获得该类奖项最多的一次，居钢铁企业首位。

1. 科技创新体系建设情况。鞍钢集团公司从编制“十三五”科技规划、加快创新平台建设、完善科研机构建设、打造合作创新基地入手，建设科技创新体系。

（1）编制完成鞍钢“十三五”科技发展规划。科技规划是指导科技创新工作的纲领性文件，对推动企业转型升级具有重大意义。按照国资委总体要求，依据鞍钢集团“十三五”战略发展需要，鞍钢集团公司于2015年二季度启动鞍钢集团“十三五”科技规划编制工作。经过鞍钢集团高层把脉、内外部专家研讨、鞍钢集团技术创新领导小组审议等“自上而下、自内而外”的系统完善，完成了鞍钢集团“十三五”科技规划的编制工作。该规划在健全完善创新体制机制、建立科技创新指数考评体系、培养技术创新人才、培育知名产品品牌、锁定未来研发方向、实现规划措施落地、利用国家创新政策等七个方面体现出观念的更新，确定了6个系列49个“十三五”研究方向，对未来一段时间的鞍钢集团科技创新工作，将起到重要的指导作用。

（2）构建鞍钢科技三大创新平台。一是“海洋装备用金属材料及其应用国家重点实验室”建设项目获得国家批复。国家重点实验室是国家科技创新体系的重要组成部分，是国家组织高水平基础研究和应用基础研究、聚集和培养国家优秀科技人才、开展高水平学术交流、科研装备先进的重要基地，对于企业意义非凡，成功申报难度极大。鞍钢集团领导高度关注、亲身参与、推动策划，在准确分析鞍钢技术优势的基础上，着重围绕国家海洋发展战略需求，借助东北老工业基地振兴政策，审慎提出了申报国家重点实验室工作。为了把握住这次难得的机会，多次到国家相关部门当面汇报，邀请行业专家亲临指导，反复修改申报材料，到沈阳答辩会场组织预答辩演练，经行业、国家层层审核，“海洋装备用金属材料及其应用国家重点实验室”终于落户鞍钢。该国家重点实验室是鞍山区域首个国家重点实验室，同时，鞍钢也成为国内唯一拥有两个国家重点实验室的钢铁企业。这不仅标志着鞍钢在这个领域得到国家、行业的充分认可，大大地提高了在行业中的地位，同时也为鞍钢获取国家项目，争取行业话语权，增强市场竞争力，提供了强有力的支撑。二是信息共享管理平台初步建成。鞍钢集团公司组织信息产业公司先后完成了科技创新管理系统、决策支持系统、审计管理系统、网络问企专网、反腐倡廉建设信息网开发工作，经过系统的测试和完善，已上线连续稳定运行，实现了管理信息共享化，为企业开展科技创新工作插上了翅膀。三是职工创新工作室初见成效。“职工创新工作室”是中华全国总工会、国务院国资委倡导开展的旨在提高职工创新能力、推动企业创新发展的一项群众性经济技术创新活动。职工创新工作室是由至少一名在技术业务或操作方面有专长，有一定的理论水平、实践经验、创新能力和创新成果的劳动模范、二级以上技师等领衔，并以其名字命名，同时有相关人员组成的创新团队，是激发一线职工创新热情和创造活力，培养造就知识型、技术型、创新型职工队伍，增强企业自主创新能力的有效载体。截至2015年底，鞍钢集团公司共建成厂级以上职工创新工作室103个，一批成果丰富、特色突出的职工创新工作室已发展成为鞍钢创新的重要支撑。其中，李超创新工作室取得国家科学技术进步奖二等奖1项、国际发明展览会金奖1项、国家发明专利7项，2015年被辽宁省总工会命名为“辽宁省劳模创新工作室”，李超本人先后荣获“当代发明家”“全国劳动模范”“时代楷模”称号。邵安林同志当选中国工程院工程管理学部院士，成为鞍钢本土培养的首位院士。

（3）完善技术研发机构。经过前期建设，鞍钢集团公司已拥有研发机构18家，其中，国家级研发机构2家（鞍钢技术中心、攀钢技术中心），国家级重点实验室2个（钒钛资源综合利用国家重点实验室、海洋装备用金属材料及其应用国家重点实验室）。特别是鞍钢北京研究院已于2015年启动研发运作，目前正在推进与美国普渡大学合作事项，将鞍钢集团智能制造技术作为北京研究院重点研发方向，成立“智能制造”课题组及组织管理体系。鞍钢集团公司积极利用外脑，与14家科研机构和下游客户建立了16个联合实验室。

（4）建设合作创新基地。鞍钢集团公司与多家钢铁上下游行业中的领先企业组建合资公司，打造合作创新基地，延伸钢铁产业链，为企业发展创造新的利润增长点。其中，与中国包装钢带行业龙头企业——鞍山发蓝钢带公司成立鞍山发蓝包装材料有限公司，并于2015年年底报全国中小企业创业板申请上市；与贝卡尔特集团合资成立鞍钢贝卡尔特轮胎帘线（重庆）有限公司，与日本神户钢铁公司合资建设鞍钢神钢冷轧高强汽车钢板有限公司，与中船重工合资建设鞍钢股份-大船重工大连钢材加工配送有限公司。

2. 协同创新建设情况。鞍钢集团公司从建设耐蚀钢产业技术创新战略联盟、推进产学研用一体化、加快央企间战略合作、量身设计用户服务体系等四个方面下功夫，大力推动协同创新。

（1）组建耐蚀钢产业技术创新战略联盟。产业联盟是出于确保合作各方的市场优势，将业务推向新领域，而在企业间结成的互相协作和资源整合的一种合作模式，对企业来说是一个抢占市场份额、占领市场高地的全新模式。鞍钢集团作为耐蚀钢产业技术创新战略联盟理事长单位，加快推动耐蚀钢产业技术创新战略联盟有效运行，积极争取耐蚀钢联盟早日加入国家试点联盟序列，以获得国家政策支持。先后组织召开了耐蚀钢联盟秘书处工作会议、耐蚀钢联盟二届二次理事会及专家委员会会议，确定了23个项目作为联盟“十三五”科研项目，建立完善了耐蚀钢产业技术创新战略联盟运行机制。

（2）推进产学研用合作。鞍钢集团公司组织韩国汽车技术研究专家、世界钢协汽车钢联盟专家来鞍进行技术交流，完成2015年鞍钢集团与中国台湾中钢技术交流；承办了中国钢铁企业总工程师协会第十四次年会，邀请18家中国钢铁企业的总工程师和代表共商“互联网+”，探讨国际战略合作发展大计，研究钢铁企业实施“走出去”战略对技术创新的需求。鞍山钢铁与东北大学、钢铁研究总院、辽宁省交通规划设计院、北京中冶设备研究设计总院有限公司等单位签订38项合作协议，全面强化产学研合作研发工作。通过与东北大学签订“2150生产线集约化生产技术开发”合同，开展建立智能化钢种归并模块和热轧TMCP工艺快速优化设计方法研究，开发贝叶斯神经网络模型与物理冶金学模型。通过与钢铁研究总院签订“高品质特厚板生产技术及品种开发研究”合同，研发高品质特厚板的生产技术及相应的关键品种开发与应用技术，突破钢坯冶炼和特厚板轧制及强韧化热处理关键生产工艺技术。攀钢集团与重庆大学、北京航空航天大学、北京科技大学、四川大学、西南交通大学、西南石油大学、西南科技大学、西华大学、钢铁研究总院、中石油管研院、西北有色院、铁科院、725所、719所以及德国、芬兰、澳大利亚的一些公司开展了广泛交流，在钒钛新材料、钢轨新产品、汽车板、钛合金管材、高温镍基耐蚀合金材料等领域的技术开发、应用技术研究，以及钒、钛新材料的产业化上开展了系列合作。与柳钢、昆钢、重钢、达钢、川威和德胜等同行企业进行了交流与合作，推动钒在钢铁中的应用技术发展。

（3）推进央企战略合作。鞍钢集团公司与中国国际海运集装箱（集团）股份有限公司、中国北车集团公司、中国船舶工业集团公司、中国铁建股份有限公司、中国五矿集团公司、中国节能环保集团公司等21家中央企业签订战略合作协议，发挥协同创新优势，推动技术创新快速发展，实现1+1大于2的创新价值提升目标。

（4）打造用户服务体系。鞍钢集团公司立足用户角度思考供应商服务规范，量身打造用户专享服务体系，建立供给侧新型模式。先后成立了包括汽车用钢、铁路用钢、核电用钢在内的12个EVI小组，其中，汽车钢EVI团队与东风日产启动有关项目，全面介入比亚迪公司、长城汽车、一汽集团等汽车企业相关车型的整车设计优化方案，以轻量化和降成本为思路为客户选择和确定材料。铁路用钢 EVI 团队成功研制新型耐蚀钢 S450AW，为铁路货车车体结构用钢技术领先提供支撑；成为中国标准动车组转向架制造独家供货商，为中国高铁提高性能、降低成本创造了良好条件；开发的攀钢高速轨全长淬火热处理工艺具备批量生产能力，达到国际先进水平。核电用钢 EVI 团队通过提前介入技术沟通，与山东核电设备制造有限公司顺利签订 AP1000 核级模块用钢订货合同。

3. 重大科技成果情况。鞍钢集团公司着力抓好科技成果报奖、专利专有技术申报、标准制修订工作。

（1）推进科技创新成果报奖。鞍钢集团“一种含锌含铁尘、泥的回收处理方法”“一种低温韧性优异的耐酸腐蚀钢及其制造方法”“一种结晶器电磁制动工艺参数动态控制方法”“用于散装防水炸药乳胶基质的复合油相及其制备方法”4 项发明专利获第十七届中国专利优秀奖，这是鞍钢集团获得该类奖项最多的一次，居钢铁企业首位。此外，在第 21 届全国发明专利展览会上，鞍钢集团获 16 项金奖、15 项银奖、23 项铜奖。鞍钢集团 9 个项目获 2015 年冶金科学技术奖，其中：“无底柱分段崩落法理论创新与核心技术工程应用”和“高配比钒钛磁铁矿高强度冶炼系统技术研究”2 个项目获一等奖，4 个项目获二等奖，3 个项目获三等奖，获奖等级及数量居钢企前列。经过鞍钢集团专家网审、会审，21 个项目获评 2015 年鞍钢集团重大科学技术奖，其中“硅钢边部减薄控制核心技术开发与工业应用”和“攀钢高炉煤气余热余压利用技术研究”2 项成果获一等奖，5 项成果获二等奖，14 项成果获三等奖。

（2）推进专利、专有技术申请。鞍钢集团取得专利受理数量为 1817 件，其中发明专利 1111 件，发明专利比率达到 61.1%，受理发明专利数量及比率再创历史新高；取得专利授权数量为 1527 件，其中发明专利 751 件，发明专利比率达到 49.2%；拥有有效专利数量为 7552 件，其中发明专利 2542 件，发明专利比率达到 33.7%；认定专有技术数量为 873 件。在国资委中央企业受理、授权专利情况排名中，鞍钢集团各项指标均处于行业内领先水平，其中，鞍钢发明专利申请数量和发明专利授权数量排名钢企第一，位于央企前列。

（3）创建知识产权示范企业。在鞍钢集团公司范围内组织 10 家“鞍钢集团公司知识产权示范创建单位”开展工作。经过一年的示范创建，根据专家评审，确定鞍钢股份有限公司、钒钛（钢铁）研究院 2 家单位为鞍钢集团公司知识产权示范单位，并在整个集团公司范围内推广示范单位的经验和做法。

（4）推进技术标准化工作。鞍钢集团公司积极开展国际、国家、行业、企业标准化工作，将鞍钢技术成果纳入国际、国家标准，提高市场竞争力。在国际标准化方面，按照“技术专利化、专利标准化、标准国际化”的战略，参与完成 ISO 4997：2015《结构级冷轧碳素钢带》等 2 项国际标准的修订工作，开创了鞍钢参与国际标准化工作的先河，并获得了省政府的奖励；开展了《焊接气瓶用热轧钢板及钢带》等 3 项国际标准立项申请工作，以抢占国际标准制高点。在国家、行业标准制定方面，鞍山钢铁开展了 16 项国家及行业标准的制修订，申报的《鞍钢冶金渣处理成套技术研发及系列的标准制定》获冶金科学技术进步三等奖；攀钢完成了 GB/T 6730.22—1986《铁矿石　钛含量的测定　二安替吡啉甲烷分光光度法》国家标准修订终审鉴定，成功申报并启动 GB/T 24583.1—201×《钒氮合金　钒含量的测定　硫酸亚铁铵滴定法》等 4 项国家标准修订，完成了《液压和气动系统设备用冷拔或冷轧精密内径无缝钢管》等 7 项国家标准的起草、讨论、审定和报批工作，完成了《镍基合金晶间腐蚀试验方法》国家标准审定；主持修订的 YB/T 951—2014《钢轨超声波探伤方法》、YB/T 547.1—2014《钒渣　五氧化二钒含量的测定　硫酸亚铁铵滴定法》等 5 项行业标准已发布实施，完成了 YB/T 5082—201×《粗酚　灼烧残渣的测定方法》、YB/T 5154—201×《工业甲基萘　甲基萘、萘含量的测定　气相色谱法》2 项行业标准审定报批。在企业标准制修订方面，完成了 62 项企业标准的制修订。对中厚板、热轧、冷轧、长材、化检验方法、化工、原材料等 216 项企业标准进行复审，废止了 3 项，修订了 43 项，换版了 91 项。在技术规程的制修订方面，开展冷轧厂 46 项工艺技术规程的修订换版工作，形成 43 项规程并全部发布实施；完成了大型厂、炼钢总厂、能源动力管控中心11项工艺技术规程并发布实施。

4. 重大科技成果转化情况。鞍钢集团公司将对外技术输出作为科技成果转化的重要抓手，取得了阶段性成果。其中，鞍钢股份公司完成对外技术输出项目13个，形成了向中信金属公司、东北大学等单位输出“耐候桥梁钢的研制及应用”等技术，技术输出创效300.6万元。攀钢完成了喜鹊公司、青海盐湖镁业的两项技术转移项目，取得技术转移收入约100万元。鞍钢工程技术公司“一塔式煤气脱硫”发明专利技术拓展鞍钢外部市场，承揽合同额3878万元。

5. 新产品、新工艺开发情况。鞍钢集团公司加快国家项目、集团重大项目、技术协同项目研发步伐，在工艺、产品开发上下功夫，取得了显著成效。

（1）新产品开发方面。2015年，鞍钢集团在铁路、汽车、核电、风力水电、石油石化、海洋工程、工程机械、造船、桥梁、建筑、家电、特钢、钒钛等领域的重点新产品研制上取得突破性进展，共生产新产品864.27万吨，新产品比例达到31.8%，较比2014年提高了3.5%，新产品份额进一步加大。

在钢铁产品开发方面：500兆帕级高强耐候乙字钢冶炼试验取得成功，为我国重载货运列车的发展提供有力支撑；研制开发的超薄规格新型耐蚀钢成功应用在P80型通用棚车上，进一步提升鞍钢在铁路车辆用钢领域的主导地位；成功试制厚规格高强LQ590车轮钢，填补鞍钢空白；成功研制出国内首支50AT1在线热处理道岔轨；鞍钢槽型轨中标苏州有轨电车2号线，所用的60R2槽型轨全部由鞍钢供货；鞍钢重轨独家供货张唐铁路，擎起我国第三条能源大通道；全部由鞍钢60千克/米U71MnG百米高速重轨供货的我国纬度最高的高寒高铁——哈齐客运专线进入全线试运行阶段，为鞍钢进一步开拓高铁市场奠定了基础。成功试制出高等级双面汽车O5板，产品完全符合质量要求，标志着鞍钢跻身高质量等级汽车板生产企业行列；生产的汽车用冷镦钢SWRCH35K、SWRCH 18A两种牌号产品，成功应用在一汽轿车、一汽解放等多种型号汽车上；自主研发出90B级精细丝及高强胶管钢丝用盘条，打破了该钢种完全依赖进口的局面。研发的20HR-B核电用钢顺利完成广东阳江核电站5号、6号机组供货任务，一次性合格率达95%以上，标志着鞍钢核电用钢的又一“新成员”成功挺进市场；鞍钢核电搭上“一带一路”顺风车，成功用于海外首个在建的“华龙一号”核电项目——巴基斯坦卡拉奇核电机组。鞍钢800兆帕级别水电用钢通过中钢协组织的冶金及水电行业专家技术评审，标志着鞍钢具备向大型水电站和抽水蓄能电站供应800兆帕级别水电用钢的资质；成功生产的B7风电用高强度紧固件赢得客户青睐；再次成功浇铸美国勒丁顿水轮机转轮上冠。成功开发出经济型抗$CO_2$腐蚀油井管，产品价格不到13Cr马氏体不锈钢的60%，市场前景广阔；成功供货中石化非API大口径高钢级油套管，成为国内第二家具备该产品生产能力的企业；150ksi钢级超深井用超高强高韧性油井管销往世界第三大石油公司伊朗国家石油公司，客户反映产品各项指标完全符合要求；供货AG110S抗腐蚀油井管，标志着鞍钢耐蚀油井管开发迈上一个新台阶；成功批量生产厚度为2.9毫米、宽度为1700毫米的极限宽薄规格焊瓶钢。鞍钢生产的F级超高强海工钢板替代进口，独家供货中集来福士，成功架起全球最深半潜式钻井平台——Frigstad D90超深水半潜式钻井平台；批量生产出的高端中厚板产品——抗氢诱导开裂SA-516Gr.70N容器钢，用于出口海洋平台储油罐项目；低碳当量海洋工程用特厚正火钢实现批量供货。成功冶炼出ASW-2高合金焊丝钢，填补国内空白；生产的6V×42DX+SF脱挂式异型股索道钢丝绳应用于2022年北京冬奥会万龙滑雪场，这是鞍钢钢绳继2008年北京奥运会后再次助力国际级赛事；高合金低磁钢用盘条试轧喜获成功，各项指标均满足客户要求。成功研发出14号、16号耐候桥梁用槽钢，成为国内首家生产耐候桥梁用槽钢企业。成功开发出高端建筑用彩涂基板，标志着攀钢极薄规格、极厚镀层的热镀铝锌产品技术攻关取得重要突破，具备批量生产和供货能力。成功轧制出65Mn冷轧刃具钢；成功试制出16号民用球扁钢。高等级高强度焊接用钢实现量产。成功研制出1.46毫米厚造币钢。

在特钢产品开发方面：攀研院钛精密铸造产品成功跻身市场；实业铝粉厂高能量改性铝粉产品研制成功；攀长特为我国全新的长征六号运载火箭发动机研制出多种新材料，赢得中国航天科技集团公司表扬；国内首次采用挤压工艺成功试制出 $\phi$110 毫米 GH720Li 棒材，打通了挤压生产难变形高温合金的生产工艺，填补国内空白。

在钒钛产品开发方面：钒产品开发，钒铝合金进入中试阶段，并成功打通生产工艺；实现了钒氮合金、钒铁合金的工业化生产。钛产品开发，成功开发出氯化废盐酸用于钛白粉包膜技术，形成了“氯化废酸+低碱度偏铝酸钠”绿色环保节能产品成套技术；金属钛新型提取技术产业化研究取得进展，200A 级等外钛熔盐电解钛粉样品性能基本达到国外电解钛粉水平，所制造的多孔材料样品得到客户认可。钛金属加工，打通了 2050 毫米机组热轧钛卷生产工艺，完成 1450 热轧线轧制工艺制度的完善，实现了钛卷批量稳定生产，建立了冷轧钛卷稳定质量保证体系，实现了规模生产和整卷销售；打通了棒线材轧制生产工艺，突破表面缺陷控制技术，纯钛和 TC4 连轧棒材轧制成材率不小于 85%，合格品率不小于 90%；建立了钛及钛合金中厚板轧制形变仿真模型、钛钢复合板的加热模拟仿真模型，为钛钢复合板加热工艺的制定提供理论指导。

（2）新工艺开发情况。鞍钢集团公司在球团、炼铁、炼钢、热轧、冷轧、镀锌、钒、钛等重点新工艺开发上取得突破性进展。全磁精矿生产球团工业试验取得突破性进展，汽运费、煤消耗和膨润土单耗均大幅度降低。成功冶炼出铁基非晶材料用高纯原料工业纯铁，其质量控制可以替代同类进口产品，并开创鞍钢采用常规板坯铸机含氧浇注的先河。成功攻克行业技术难题，把钢板咬入端减薄点与中部厚度平均值差值由 0.2 毫米以上降至 0.1 毫米以下，钢板厚度精度控制水平达到行业领先。“热轧带钢性能在线预报系统的开发与应用”取得成功，解决了性能模型预报系统与现行过程控制、生产及管理控制系统间的通信技术难题，实现了典型热轧品种力学性能的在线预报与长期稳定应用的突破，处于国内同行领先水平。国家 2011 钢铁共性技术协同创新计划在钢铁生产工艺装备研发领域的首批技术成果——“冷连轧带钢边部减薄控制核心技术研发与工业应用”和“热镀锌带钢锌层质量控制核心技术开发与工业应用”通过了中钢协科技成果鉴定，两项技术成果达到了国际领先水平，填补了国内空白。成功打通热镀锌自润滑板生产工艺，形成批量供货能力，具有广阔的市场前景。自主研发出 SQC 在线韧化热处理工艺，用户反映该工艺产品性能良好。海绵钛生产工艺技术和氧化钒清洁生产工艺技术攻关取得重大突破，海绵钛生产实现全流程大循环，为实现边际贡献为正奠定了基础；氧化钒清洁生产实现了达产，氧化钒收率稳定在 78%以上，接近设计指标；高炉渣提钛产业化技术研究、高温碳化低成本工艺研究取得突破，成本明显降低；低温氯化工艺技术研究稳步推进，工艺稳定性和回收率明显提升；成功开发出钠化提钒废水处理新工艺，可降低提钒废水处理成本 50%左右，实现钠化提钒工艺清洁化生产；电池级五氧化二钒制取技术取得新进展，巩固了攀钢在国内钒领域的技术领先地位；“大型倾翻炉冶炼钒铁工艺研究”取得重大进展，钒铁冶炼收得率从 2014 年初的 92.8% 提高到 95.1%；开发出的“钢-钛联合模式”稳定生产纯钛热轧卷技术在攀钢钒、西昌钢钒成功实现产业化生产。

6. 战略性新兴产业发展情况。结合企业实际情况，积极响应国家经济结构调整政策，大力发展战略性新兴产业是鞍钢集团科技发展规划的重要内容之一。鞍钢集团瞄准技术前沿，把握产业变革方向，围绕重点领域，在发展新一代信息技术、绿色低碳、高端装备与材料等方面均有所涉足并取得一定进展。一是积极培育拓展节能环保等战略性新兴业务。构建工业废水处理业务平台，与中科院过程所成立水处理合资公司；推进节能服务公司业务发展，提高节能环保收入占比和价值创造水平。矿渣开发公司对钢渣进行综合开发利用，实现“零”排放目标，并研究出具有世界先进水平的钢渣粉磨工艺技术。二是大力发展信息产业。按照《中国制造 2025》提出的“以加快新一代信息技术与制造业深度融合为主线，促进制造业数字化网络化智能化，走创新驱动的发展道路”的指导思想，鞍钢集团公司积极融入“互联网+”行动计划，建成攀钢西南地区最大的 B2B

积微物联电商平台，带动攀钢达海物流园，实现交易金额近7亿元；建成鞍钢电商平台，已实现现货交易量60万吨以上，销售收入近15亿元。组建鞍钢集团电子商务中心，对内为采购、销售、结算、物流等业务提供信息化服务和管理支撑，实现信息互通和资源共享；对外为供应商和客户提供在线交易、物流信息等方面服务，建立全新的供应链合作模式，充分发挥协同效应，实现资源优化配置。为更好地开拓外部市场，在北京成立鞍信科尔信息技术有限公司。经过几年的实际运行和深度融合，大量高技术含量信息化、自动化技术在产线和项目上的应用和鞍钢电子商务平台的上线证明公司人才和技术优势已逐渐显现。三是大力发展新材料。加强钢铁新材料开发。耐蚀钢、双面汽车O5板、90B级精细丝及高强胶管钢丝用盘、20HR-B核电用钢、800兆帕级别水电用钢、F级超高强海工钢板等产品实现了重大突破，达到国际先进水平或实现替代进口。加强钒的新产品开发。拓展钒产品的应用领域，提高钒氮合金市场占有率，开发钒电解液产品，拓展产品系列；以钛白粉、钛金属高端产品为主要方向确立在国内中高端市场的领先优势，研究和发展高端钛材和钛合金，加快残钛回收利用。鞍钢生产的特细球形铝粉达到国际先进水平，产品市场需求旺盛。

7. 开展国际研发情况。鞍钢集团公司加快与国际先进企业技术合作步伐，加强与国际一流高校合作培养研发人才力度，提升鞍钢集团公司的市场竞争力。一是引进国外关键技术，联合开展研发合作。引进日本神钢集团双相钢关键技术，组建鞍钢神钢冷轧高强汽车钢板有限公司，建设年产60万吨的汽车用冷轧高张力钢板生产线。引进德国蒂森克虏伯公司的镀铝硅钢板关键技术，成立鞍钢蒂森克虏伯（重庆）汽车钢有限公司，建设年产45万吨高强镀锌汽车板材，已经投产运营。二是外派访问学者，联合培养研发人才。鞍钢集团公司外派2名访问学者到国际一流科研院所学习研发技术，其中钢铁研究院汽车与家电用钢研究所郭大勇博士到美国匹兹堡大学Swanson学院机械工程与材料科学系学习并开展了高碳钢相变过程先共析渗碳体和珠光体的析出规律研究，并参加了高铬镍轧辊相变规律研究工作；钢铁研究院理化检验研究所二级研究员李文竹到美国亚利桑那州立大学材料科学与工程学院学习并开展了多种方法的显微分析工作，掌握了聚焦离子束和纳米压痕分析方法的分析操作技术及应用方法。

8. 科技创新管理制度建设情况。鞍钢集团公司着重抓好科技创新机制建设，引导、激发和鼓励科技人员投身到创新事业上来。一是建立完善科技创新管理工作制度。遵循科技管理规律，坚持双月制的鞍钢集团科技管理例会，推进科技创新创效工作加快进度。发布实施了《军工项目保密管理办法》，修订了《专利管理办法》《专有技术管理办法》《知识产权管理办法》，推动科技管理工作规范化、制度化。二是会同财务部发布研发经费管理文件。完成对子企业承担的鞍钢集团重大项目经费认定工作，研发经费列入各单位利润，有效激励子企业开展创新活动。三是完善研发经费管理，争取国家免税政策。为充分享受国家研发费用税前加计扣除政策，协调相关单位推进各项目组严格按项目支付及统计研发费用，建立研发费用独立核算体系。四是落实科技改革创新大会配套政策。组织召开钢铁研究院科技人员调研座谈会，研讨完善科技体系创新改革配套政策以及激发科技人员创新动力工作，共形成涉及首席专家薪酬待遇、科研人员自费学历升格、科技成果推广转化等7个重点问题，明确了主责单位和督办部门。经跟踪调研，各子企业和钢研院对照问题逐一进行了解决，保证了政策落地，为科技人员开展创新活动创造了良好环境。

9. 拥有知名品牌情况。2015年，鞍钢集团公司“U71MnG、U75VG高速铁路用钢轨”获冶金产品实物质量最高奖项“特优质量奖”，“船舶及海洋工程用结构钢热轧钢板”“焊接用钢盘条”和“钢帘线用盘条”等34种钢铁产品荣获冶金产品实物质量“金杯奖”，“鞍钢牌冷轧无取向电工钢”“鞍钢牌铁路用钢轨”“山川牌钛白粉”等22类产品被认定为省名牌产品。

（鞍钢集团公司科技发展部　韩晓东）

**【实验室建设管理】** 2010年，鞍钢集团公司启动“辽宁省舰船用钢重点实验室”建设项目。2012年，辽宁省政府批准鞍钢集团公司组建“辽宁省舰船用钢重点实验室”。为较好地契合国家“一带一路”政策及国家海洋发展战略需求，以及对该领域最新研究进展、发展趋势、市场前景的深入理解，决定将重点实验室名称更改为“海洋装备用金属材料及其应用国家重点实验室”。2014 年，《海洋装备用金属材料及其应用国家重点实验室建设申请报告》上报国家科学技术部，2015 年 9 月 30 日，国家正式批复鞍钢集团公司“海洋装备用金属材料及其应用国家重点实验室”建设项目，进入批准建设的企业国家重点实验室名单（第三批）。

**【技术创新战略联盟管理】** 为完善耐蚀钢产业技术创新战略联盟运行机制，争取耐蚀钢联盟早日加入国家试点联盟序列，按照耐蚀钢联盟工作计划，鞍钢集团公司科技发展部及鞍钢集团钢铁研究院组织召开了耐蚀钢联盟秘书处工作会议。会议确定了耐蚀钢联盟技术路线图、耐蚀钢联盟经费管理办法、耐蚀钢联盟科研项目管理办法及耐蚀钢联盟二届二次理事会会议议题。

为充分利用耐蚀钢联盟平台，通过耐蚀钢联盟平台宣传推介鞍钢集团耐蚀钢产品，扩大鞍钢集团耐蚀钢产品推广销售量，鞍钢集团积极与辽宁省交通规划设计院、浙江省交通规划设计研究院、同济大学、中国中车齐齐哈尔轨道交通装备有限责任公司等单位沟通，邀请国内大型设计院及下游用户加入耐蚀钢联盟。借助耐蚀钢联盟平台，鞍钢耐蚀桥梁钢等产品 2015 年推广量显著增加。

2015 年 11 月 20 日，耐蚀钢产业技术创新战略联盟二届二次理事会在北京召开。鞍钢集团总经理唐复平新任耐蚀钢联盟二届理事会理事长。会议确定 23 个项目作为耐蚀钢联盟“十三五”科研项目。会议审议通过了《耐蚀钢产业技术创新战略联盟科研项目管理办法》《耐蚀钢产业技术创新战略联盟经费管理办法》等文件，健全和完善了耐蚀钢联盟的管理和运行机制。增补中铁山桥集团有限公司等 9 家单位为联盟成员，为耐蚀钢联盟注入新鲜血液和活力。

**【鞍钢集团科研项目管理】** 2015 年鞍钢集团公司开展 15 个科技重大项目（含 50 个课题）。项目总体进展较好，全面完成了各项计划目标。15 个项目共受理国家发明专利 57 项，发表学术论文 14 篇，认定专有技术 12 项，多项生产技术指标取得新突破。

生产出最大厚度达 412 毫米的 AGMJ45 钢，实现供货。成功生产出核一级产品 16MND5 核电用钢，实现首批钢板供货。316L/Q370qE 异质复合板轧制成功，板形平整，探伤合格，基板各项性能满足要求，复合面结合良好，316L 晶间腐蚀合格。攀钢 PB2 热处理贝氏体钢轨通过中国铁路总公司初评审，同意攀钢贝氏体钢轨上道试铺。采用鞍钢股份连铸坯在攀钢试制的未回火在线热处理贝氏体钢轨完成辙叉翼轨加工，铺设在哈尔滨铁路局南站场，服役状态良好。完成了高纯五氧化二钒、固体硫酸氧钒和钒电解液中试验线的工艺优化，并试生产了 17 吨电池级氧化钒产品，实现 2 吨固体硫酸氧钒出口。开展钛及钛合金生产技术研究，宽幅（1800 毫米）热轧成材率达 90%以上。成功开发出具有自主知识产权的震动均匀布料、辊缝在线精确可调、轧机倾角可调以及轧速精确可调等多功能粉末带材轧机。水雾化工艺成功试制含硅 25%（质量分数）的高硅铁粉，实现一次制粉收得率 95%以上。成功设计制造出实验室用螺旋电磁搅拌器，属于国内外首创。采用高压碱浸—磁选工艺进行多次试验，初步摸索出钒钛磁铁精矿钛铁分离最佳工艺条件。

**【鞍钢集团技术协同项目管理】** 经项目协同各方共同努力，技术协同项目取得较好效果。攀钢西昌钢钒全线打通了炼钢、热轧及冷轧生产 O5 板工艺路线，批量生产出可供自主品牌汽车的 O5 板；鞍钢股份 100 米重轨在线热处理生产线于 2015 年 5 月通过热负荷试车，75 千克/米 U77MnCrH 轨等产品通过中国铁路总公司上道认证，并实现了出口在线热处理钢轨零的突破，完成了 100 米钢轨在线热处理技术转让工作。

**【国家项目管理】** 2015 年，鞍钢集团公司承担负责及参加共 16 项各类国家科研课题，完成 4 项国家课题验收。

根据国家《关于开展“十三五”国家重点研发计划优先启动重点研发任务建议征集工作的通知》要求，精心策划，积极组织项目申报工作，取得较好成效，2015 年鞍钢集团公司新获批国家科技部立项课题 5 项。鞍钢集团公司负责的“油船货油舱用耐腐蚀钢板工业生产技术”课题和参加的“高硫高酸油气环境下低合金钢的耐腐蚀与强韧化技术”“强度耐腐蚀石油天然气集输和输送用管线钢生产技术”三项科技支撑计划项目，均顺利通过国家科技部验收。该项目开发的新产品耐腐蚀指标较传统钢板提高5倍以上，打破国际技术壁垒，体现了鞍钢集团在船舶和海洋工程用钢研发领域的独特优势和竞争实力。鞍钢集团负责的“新一代TMCP技术创新及产业化示范工程”项目顺利通过国家发改委验收。该技术的应用，实现了产品合金元素减量化生产或产品性能升级的技术突破，达到了钢铁生产过程的低能耗、低资源消耗和减少排放的总体目标，经济效益和社会效益显著，示范意义重大。

（鞍钢集团公司科技发展部　姜成林）

## ·知识产权管理·

**【2015年获奖科技成果】** 2015年，鞍钢集团公司获冶金科学技术奖9项，其中一等奖2项、二等奖4项、三等奖3项；组织评选2015年鞍钢集团公司重大科学技术奖21项，其中一等奖2项，二等奖5项，三等奖14项。

**表1　2015年度鞍钢获冶金科学技术进步奖情况**

| | |
|---|---|
| 一等奖2项 | |
| 无底柱分段崩落法理论创新与核心技术工程应用 | 鞍钢集团矿业公司、辽宁科技大学、东北大学、北京科技大学 |
| 高配比钒钛磁铁矿高强度冶炼系统技术研究 | 攀钢集团研究院有限公司、攀钢集团攀枝花钢钒有限公司、北京科技大学、重庆大学、中南大学 |
| 二等奖4项 | |
| 鞍钢精品线材生产线工艺开发及自主集成创新 | 鞍钢股份有限公司 |
| 热镀锌带钢镀层质量控制核心技术研发与工业应用 | 鞍钢股份有限公司、东北大学、辽宁科技大学 |
| 高品质高速重载道岔钢轨开发及应用 | 攀钢集团研究院有限公司、攀钢集团攀枝花钢钒有限公司 |
| 热轧分卷线钢卷内圈无划伤技术的研发与应用 | 鞍钢股份有限公司 |
| 三等奖3项 | |
| 索道用异型股钢丝绳工艺技术研究及推广 | 鞍钢钢绳有限责任公司、鞍钢股份有限公司、煤科集团沈阳研究院有限公司 |
| 利用铁尾矿改良苏打盐碱地技术研究与应用 | 鞍钢集团矿业公司、长春金世纪矿业技术开发有限公司、山东大学 |
| 冶金渣处理成套技术研发及系列标准制定 | 鞍山钢铁集团公司矿渣开发公司、鞍钢股份有限公司 |

**表2　2015年度鞍钢集团重大科学技术奖情况**

| | |
|---|---|
| 一等奖2项 | |
| 硅钢边部减薄控制核心技术开发与工业应用 | 鞍钢集团钢铁研究院、鞍钢股份有限公司冷轧硅钢厂、鞍钢股份有限公司技术改造部 |
| 攀钢高炉煤气余热余压利用技术研究 | 攀钢集团攀枝花钢钒有限公司 |
| 二等奖5项 | |
| 乳化粒状铵油炸药敏化速度优化研究与应用 | 鞍钢集团矿业设计研究院、鞍钢矿业爆破有限公司 |
| 炼钢流程低成本脱氧技术创新与集成 | 鞍钢股份有限公司鲅鱼圈钢铁分公司炼钢部 |
| 2000$m^3$高炉高效经济冶炼高钛型钒钛磁铁矿技术研究与应用 | 攀钢集团攀枝花钢钒有限公司、攀钢集团研究院有限公司 |
| 高镁钙低品位钛渣熔盐氯化工艺及装备技术研究 | 攀钢集团钛业有限责任公司、攀钢集团研究院有限公司 |
| 钢轨断面尺寸全长均匀性控制技术开发及应用研究 | 攀钢集团攀枝花钢钒有限公司 |

续表 2

| | |
|---|---|
| 三等奖 14 项 | |
| 炼钢温度制度与脱氧制度经济化生产工艺开发与应用 | 鞍钢股份炼钢总厂 |
| 高强度薄材的残余应力研究及板形控制 | 鞍钢股份有限公司鲅鱼圈钢铁分公司热轧部 |
| 高性能 Ni 系低温钢研制及磁性研究 | 鞍钢集团钢铁研究院 |
| 第七代超深水半潜式钻井平台用 F 级超高强海工钢的制造技术及应用 | 鞍钢股份有限公司 |
| 含铁物料 3R 冶金集成制造技术在 260 吨转炉的开发与应用 | 鞍钢股份有限公司鲅鱼圈钢铁分公司炼钢部 |
| 攀钢西昌钒钛资源综合利用项目信息化工程管理信息系统 | 鞍钢集团信息产业有限公司 |
| 出口巴西 60E2 高强度钢轨生产工艺研究 | 攀钢集团研究院有限公司、攀钢集团攀枝花钢钒有限公司 |
| 高端履带板开发及生产技术集成 | 攀钢集团研究院有限公司、攀钢集团攀枝花钢钒有限公司、攀钢集团工程技术有限公司 |
| 半钢炼钢节能新技术研究 | 攀钢集团西昌钢钒有限公司、攀钢集团研究院有限公司 |
| 钒渣高效强化钙化焙烧技术研究 | 攀钢集团研究院有限公司、攀钢集团成都钢钒有限公司、攀钢集团攀枝花钢钒有限公司 |
| AMC-1 大型智能液压圆锥破碎机研制 | 鞍钢矿业集团设备检修协力中心 |
| 鞍钢高炉综合喷吹低成本冶炼集成技术研究与应用 | 鞍钢股份炼铁总厂、鞍钢集团钢铁研究院 |
| 鞍钢节能减排多功能热态实验平台的开发与应用研究 | 鞍钢集团钢铁研究院 |
| 生物型全髋置换联合股骨头结构性植骨治疗髋臼发育不良临床研究 | 鞍山钢铁集团公司总医院 |

（鞍钢集团公司科技发展部　张　颖）

**【专利、专有技术工作】** 2015 年，集团公司取得国家受理专利 1817 件，其中发明 1111 件，发明专利比例为 61%；取得国家授权专利 1525 件，其中发明专利 751 件。截至 2015 年底，集团公司累计拥有有效专利 7556 件，其中发明 2542 件。2015 年集团公司各单位共完成专有技术认定备案 873 项。

鞍钢四项发明专利喜获第十七届中国专利优秀奖，是鞍钢获得该类奖项最多的一次，居钢铁企业首位。

近两年，鞍钢实行“数质并重，重点布局”的专利战略，提高发明专利比率，专利向关键技术领域布局，进一步提升知识产权参与市场竞争的能力，以科技进步助推企业扭亏增效和转型升级。此次获得第十七届中国专利优秀奖的四项专利分别是：“一种含锌含铁尘、泥的回收处理方法”“一种低温韧性优异的耐酸腐蚀钢及其制造方法”“一种结晶器电磁制动工艺参数动态控制方法”和“用于散装防水炸药乳胶基质的复合油相及其制备方法”。

“一种含锌含铁尘、泥的回收处理方法”首创了“尘泥—制球—铁水罐—炼钢”短流程、低能耗、小循环处理含铁尘泥新工艺，具有易操作、流程短、成本低、效果好等特点。该专利技术既实现了冶金废弃物的企业内部高效、短流程循环再利用，又减轻了环境污染，经济效益、环保效益和社会效益均十分显著，成为钢铁企业低成本处理含锌含铁固废的成功范例。

“一种低温韧性优异的耐酸腐蚀钢及其制造方法”具有理念创新、成分创新、工艺创新、产品创新、应用创新等特点。采用该专利技术生产的新型耐蚀钢 S450AW 产品及相关工艺控制技术，实现了新型耐蚀钢 S450AW 的大批量工业化生产，产品既耐大气腐蚀又耐酸性介质腐蚀，同时具有成本低、焊接性好和成型好等特点，企业经济效益、环保效益和社会效益均十分显著。

“一种结晶器电磁制动工艺参数动态控制方法”作为鞍钢自主研发的关键技术，将冶金机理、磁流体力学原理与现场实践相结合，开发出连铸结晶器电磁制动智能动态控制工艺系统，实现了“一键式”操作，对钢铁行业电磁冶金技术的应用具有里程碑式的意义。该发明技术自 2011 年起在鞍钢股份鲅鱼圈分公司实施以来创效 1301 万元，部分成果已推广到鞍钢股份炼钢总厂。

“用于散装防水炸药乳胶基质的复合油相及其制备方法”在国内外首次合成了新型极性多官能团酯类大分子复合油相材料，在工业炸药技术领域属于原创，充分满足炸药生产本质安全要求，符合国家产业政策。自2011年采用该专利技术生产制备的乳胶重铵油炸药，全部用于鞍钢矿业所属露天采场爆破，效益显著，对同类企业起到引领示范作用，具有广阔推广前景。

（鞍钢集团公司科技发展部　巴　虹）

## ·国际标准化管理·

**【国际标准】** 2015年，鞍山钢铁2名专家分别成为ISO的注册专家。鞍钢集团钢铁研究院一名专家到瑞典参加ISO分技术委员会会议，鞍钢股份线材厂一名专家到瑞士参加ISO分技术委员会会议。鞍山钢铁参与4项国际标准修订，其中2项结束；攀钢集团主导1项国际标准修订。

**【国际学术交流】** 2015年1月，韩国汽车技术研究院代表团一行3人来鞍钢技术交流。来自鞍山钢铁科技质量部、鞍钢股份制造部、钢铁研究院等单位20余人参加了此次交流活动。此外，双方还就2014年鞍钢代表团访问韩国汽车技术研究院商定的合作项目进行了详细讨论。

2015年6月，国际钢协世界汽车用钢联盟主席 Cees Ten Broek 一行三人来鞍钢进行技术交流，主题是“FSV未来钢制车身”。来自鞍钢股份产品发展部、鞍钢钢铁研究院以及鞍钢股份冷轧厂和热轧厂等单位40余人参加了此次交流活动。

2015年9~10月，鞍钢—中国台湾中钢技术交流会分别在鞍山、攀枝花两地进行。2015年9月，“纯钛及钛合金产品”研讨会在攀枝花召开；2015年10月，“钢铁产品在线质量管理”研讨会在鞍山召开。两场交流会共有来自双方的近百位技术、管理人员参加并进行了深入讨论。

（鞍钢集团公司科技发展部　沙庆云）

# 安全、环保与节能

## ·安全管理·

**【综述】** 2015年，鞍钢集团公司深入学习贯彻党的十八届三中、四中、五中全会精神和习近平总书记关于安全生产的一系列重要指示、批示精神，贯彻新《中华人民共和国安全生产法》，牢固树立“人的生命大于天，安全责任重于山”的理念，以目标责任管理、“党政同责、一岗双责、失职追责”为准则，通过创建安全标准化企业提升安全生产管控能力，全员开展安全规程“学练用”和隐患排查整治活动，坚持依法治企，强化防范措施落实，安全生产取得新成效。

**【实现“一个杜绝、两个下降”的工作目标】** 杜绝较大及以上生产安全事故，一般事故起数和伤亡人数双下降。2015年，发生一般生产安全事故35起，其中：2起一般死亡事故，1起重伤事故，32起轻伤事故；35起事故共造成36人伤亡，其中：死亡2人，重伤1人，轻伤33人。与2014年相比，事故起数减少13起，减少比例为27.08%，其中：一般死亡事故减少2起，重伤事故减少1起，轻伤事故减少10起；伤亡人数减少15人，减少比例为29.41%，其中：死亡减少2人，重伤持平，轻伤减少13人。

**【强化依法治安，落实主体责任】** 1. 根据新修订的《中华人民共和国安全生产法》，集团公司制定出台《相关方安全管理办法》《应急管理办法》等制度，健全完善集团公司安全生产制度体系。

2. 按照“党政同责”“一岗双责”“管业务必须管安全、管行业必须管安全、管生产经营必须管安全”的原则，集团公司组织各子企业修订完善安全生产责任制，并与11家单位签订2015年度安全生产目标责任状，健全落实安全生产责任体系。

3. 依据“党政同责、一岗双责、失职追责”的原则实施考核，推进集团公司、子公司、基层单位“三位一体”安全生产长效监管机制建设。

**【强化安全教育培训，提高全员安全意识】** 1. 组织2500余名副处以上领导人员开展新安全法专项培训。

2. 进行安全管理人员资格培训和再培训工作，接受安全监管部门的考核，实现安全管理人员100%持证上岗。

3. 组织进行特种作业人员专项培训，依法实施特种作业人员的办证及换证。

4. 子公司结合自身特点，全员开展规程“学、练、用”活动。鞍山钢铁采取“一月一课堂”、体感培训，攀钢实施培训基地集中培训等，提升干部职工的安全意识和管理能力。

**【强化标准化创建，推进本质安全提升】** 1. 结合企业改革、关停重组、精简人员以及富余人员分流，进一步修订完善安全管理制度、岗位安全规程以及作业标准，提升制度、规程、标准的有效性，实施安全管理的规范化。

2. 结合减亏压力大、任务重，生产、维修调整多变给岗位人员带来的操作、作业难度，开展特殊工种、涉毒要害专项培训，实施新一轮持证上岗的理论和实际操作考评，提升职工的安全意识、操作技能和应对复杂多变情况的能力，促进职工上标准岗、干标准活安全行为的养成。

3. 结合事故多发、易发区域和环境，进一步完善安全防护设施、参数设置、过程控制、危险监测预警，提升现场作业本质安全条件。

4. 开展内部评审工作，不断提高管理标准和工作目标，持续改进安全管理现状，实现企业安全生产工作的达标、晋级。2015年，集团公司新增标准化企业24家，目前，全公司安全标准化企业已达201家。

**【强化常态化工作机制，深化隐患排查整治】** 1. 按照“全覆盖、零容忍、严执法、重实效”的要求，坚持“全员参与、分级负责、防治结合、闭环管理”的原则，采取专业负责和区域负责相结合的方式，认真吸取事故教训，逐一排查设备设施、现场环境隐患；根据高危行业性质，全面梳理工艺技术、作业过程，排查工艺参数和监控检测缺陷；结合季节特点，定期开展防范措施、作业条件以及特殊作业隐患排查，构建起隐患排查制度化、常态化工作机制，促进隐患排查工作“不打折扣、不留死角、不留盲区”的全面深化、细化。

2. 建立隐患整治分级负责制，实施集团公司、子企业、生产单位隐患治理三级包保督办。集团公司对子企业12项重大隐患整改项目分别由集团公司领导分工包保督办，确保重大隐患的限期整改和处置；子企业领导对所属单位重大隐患进行分工包保督办，协调解决隐患整改中遇到的问题，促进了隐患整改工作的有效落实；各生产单位按照隐患整治“五到位”“四不推”及闭环管理的原则，落实内部隐患整治责任、措施、资金、时限和预案，实施隐患整治。

3. 2015年，鞍钢集团公司共排查各类事故隐患48379项，投入隐患整改资金4.64亿元，完成整改47707项，隐患整改率98.61%，隐患整治工作效果凸显，2015年由隐患引发的生产安全事故率比上年下降75.2%。

**【强化问题导向，有效防范较大及以上事故发生】** 2015年，集团公司坚持问题导向，深刻吸取天津港“8·12”爆炸、深圳“12·20”滑坡等重特大事故教训，举一反三，开展安全生产大检查，采取强有力措施，有针对性地强化安全生产工作，坚决防范群体性事故的发生。

1. 做到快速反应，超前防范。组织开展了针对易燃易爆、有毒有害危险品生产、使用、储存、运输以及作业全过程的专项安全大检查；组织开展了覆盖矿山、金属冶炼、建筑施工、机械制造、交通运输等全行业的安全大检查；组织开展了“六打六治”“打非治违”专项整治行动，针对不同行业、不同区域的特点，重点检查整治易燃易爆危险品生产、重大危险源、排土场、尾矿库存在的工艺参数控制、监测检测仪器以及日常管控存在的缺陷、问题和隐患，有效防止了安全生产事故发生。

2. 立行立改，闭环管理。集团公司领导班子成员对基层单位反馈的重大危险源进行现场调研，研判风险，落实防护措施，落实整改责任，坚持立行立改。针对检查发现的11个方面24项隐患，下达书面整改指令，明确整改要求、完成时限及整改责任人，限期完成整改。由专业部门对隐患整改情况逐项进行现场确认，确保了隐患、问题及时有效整改，为杜绝较大及以上事故奠定坚实的基础。

**【强化相关方督导监管，促进相关方安全管理提升】** 1. 严格坚持相关方安全生产资质评审和准入标准，依照“谁发包，谁主管，谁使用，谁负责”的原则，实施发包、用人单位专业部门、安全部门对相关方资质、机构、业绩的“双评审”，严把准入关。鞍山钢铁通过评审，取消不符合安全资质相关方33个；攀钢专题研究措施加强外委、外包项目安全管控。

2. 落实对相关方人员进入现场作业前的安全教育培训，考核合格后准入，严把持证上岗关。化工事业部对长期相关方人员实施厂级统一组织的安全教育培训，进行考试考核，合格上岗，并建立相关方教育培训考评档案。工程发展公司、实业发展公司利用技校资源集中对相关方人员进行培训考核，促进了相关方人员安全素质的提升。

3. 强化对相关方的安全监管，把对相关方的安全检查纳入企业日常安全工作中，实施一体化管控。集团公司把相关方事故指标纳入各子企业安全生产责任状，促进了子企业对相关方的有效管控。2015年，相关方安全事故起数同比下降40%。

**【强化防洪防汛工作，保障汛期安全生产】** 1. 加强防汛工作的组织领导，成立以集团公司总经理为组长的防汛工作领导小组，专门下发《鞍钢集团公司2015年防汛工作安排》，以确保尾矿库、水库、排岩场等重要设施不垮坝、不决堤、不损毁；确保生产厂矿不停产、不减产，运输、通信、供水、供气、供电不中断；确保不因暴雨、洪水发生人员伤亡的“三个确保”为目标，组织各子企业逐级建立以行政一把手为第一责任人的防汛指挥系统，制定防汛值班制度和防汛工作管理流程，开展《防汛应急预案》的评审和演练，把防汛责任和措施落到实处。

2. 加强防汛工作检查。集团公司安全部门组织开展汛期专项安全检查，集团公司领导带队实施尾矿库、水库等防汛重点区域部位和防汛工作落实情况检查，指导和督促防汛组织机构、防汛工作措施以及应对突发情况紧急处置准备工作的落实。

3. 鞍山钢铁、攀钢、矿业集团等防汛重点单位对所属矿山、尾矿库、水库、排水暗渠、防汛泵站、避雷设施、桥梁等设施进行汛前系统检查评价和隐患整改治理，落实区域联防协议，强化水位、干滩长度等重要参数监测监控；工程技术发展公司、综合实业发展公司组建防汛运输车辆保障队伍，做好防汛应急抢险救灾车辆的准备工作，为实现集团公司2015年主汛期安全度汛、稳定生产提供了坚实保障。

2015年，鞍钢集团公司安全生产工作虽然取得明显成效，但仍然存在不容忽视的问题。一是违章作业仍然是造成事故的主要原因，2015年违章作业事故比例为66.6%；二是隐患整治不彻底，问题仍然存在；三是相关方准入把关责任仍不够清晰，对相关方安全生产监管、退出机制有待进一步加强。

（鞍钢集团公司安全环保部　孙广慧）

## ·环保与节能减排·

**【综述】** 2015年，鞍钢集团公司以落实节能减排目标责任制为重点，认真贯彻集团公司首次党代会精神，通过完善节能减排规划和目标、执行新环保法和钢铁行业污染物排放新标准、强化过程监管、实施改造升级提标和管理达标，有效保证了节能减排各项工作的落实，节能和环保治理、提标工作取得阶段性成果，主要节能减排指标大幅度提高，实现了重大环境污染事故为零的目标，全面完成了第四任期节能减排考核目标和“万家企业节能低碳行动”节能目标。

**【节能减排成绩显著】** 鞍钢集团公司被国务院国资委授予2013~2015年任期节能减排优秀企业。

**【主要节能环保指标大幅度提升】** 与上年度相比，2015年鞍钢集团公司吨钢综合能耗同比降幅1.93%，吨钢耗新水同比降幅4.16%，$SO_2$排放量同比降幅34.32%，COD排放量同比降幅44.30%，氮氧化物排放量同比降幅9.74%，氨氮排放量同比降幅48.74%，余热余能回收水平继续保持国内同行业领先水平。

全面完成国资委第四任期节能减排考核目标和国家“十二五”“万家企业节能低碳行动”节能目标。

**【推进重点项目，促进环保设施提标升级】** 2015年，鞍钢集团克服资金严重短缺的困难，在继续有序推进鞍山钢铁“蓝天工程”项目实施的基础上，又持续投入7亿多元进行重点环保项目的实施，促进环保设施达标升级。全公司先后完成了鞍山钢铁一发电锅炉脱硝、新烧机尾除尘改造、炼钢三工区环保改造、二发电1号炉脱硝、二发电2号炉煤改气、二发电3号炉脱硫脱硝除尘一体化改造、耐火二分厂1~3号3座回转窑除尘器改造、西大沟污水深度处理以及攀钢钒发电厂300兆瓦发电机组新建脱硫系统、炼铁厂3号和4号焦炉推焦装煤除尘系统改造、炼铁厂5号和6号焦炉装煤除尘系统改造、炼铁厂新2号烧结机脱硫设施改造、钒业公司五氧作业区沉钒烟尘处理设施改造等一批重点项目的升级改造。

**【创新脱硫治理新方式取得成功】** 2015年，攀钢集团坚持创新脱硫治理体制机制，充分借助社会的力量、资源与优势，成功实践了BOO（第三方建设→拥有→运营）和BOT（第三方建设→经营→移交）脱硫治理模式，通过第三方投资对新1号烧结机、新2号烧结机、6号烧结机脱硫装置实施了整改，污染物排放均达到国家标准要求，历史性地实现了烧结机烟气$SO_2$达标排放，有效推动了脱硫治理向社会化、专业化、产业化方向发展，得到中央、省、市政府及环保部门的高度认可和重视。2015年3月20~28日，人民日报、新华社、中央电视台、中央人民广播电台、四川日报等10余家中央及省级新闻媒体到攀枝花对攀钢进行了集中采访、报道。

**【合同能源管理项目降本增效成效显著】** 2015年，鞍钢集团公司继续推进合同能源管理项目的实施，为公司降本增效、扭亏控亏攻坚战作贡献。全年推进实施合同能源管理项目共计实现节能10.7万吨标煤，创效2.44亿元。鞍山钢铁1、4干熄焦发电项目于2015年5月投运后效果明显，超过设计指标，年效益超过2000万元。攀钢集团西昌厂区光伏发电系统项目充分利用炼钢、冷轧、热轧、物流仓储等建筑物屋面安装光伏板，装机容量20兆瓦，9月投入运行，11月并网，全年发电量180万千瓦·时。

**【持续强化节能减排基础管理体系，全面提升节能环保管理水平】** 为积极应对新环保法、切实履行中央企业的社会责任，鞍钢集团公司以提升节能环保管理水平、创造绿色钢厂为目标，强化节能减排基础管理体系建设。鞍山钢铁公司创新工作方式和方法，构建了包涵三大体系（环保指标体系、环保监督体系、环保责任体系）和六个要素（综合指标、管控指标、监控系统、环保监察、责任制度、考评机制）的鞍山钢铁环境保护管理体系总体框架。攀钢集团分解落实了节能减排责任目标，开展了新环保法和环保新标准的培训教育，进行了能源管理体系建设和专项能源系统诊断，积极探索污染物排放监督管理体制和机制创新。

（鞍钢集团公司安全环保部　杨大立）

# 信息化管理

## ·信息化规划管理·

**【做好信息化顶层设计，持续促进企业管理创新】** 根据《鞍钢信息化战略发展规划（2014～2016年）》，紧密结合业务管控需求和信息化项目建设情况，完成了《鞍钢信息化战略发展规划（2015～2017年）》的滚动修编工作。10月开展“十三五”信息化规划编制工作，发布了《鞍钢集团“十三五”信息化发展战略规划指引》，召开了规划编制工作启动会，成立了由集团部门与各子企业业务专家、信息化专家组成的规划编制委员会。先后组织机关部门和鞍山钢铁、攀钢等多家子企业，开展规划工作专题研究探讨；组织外部专家来鞍钢就IT技术发展动态及在钢铁领域的深度应用进行深入交流，上述工作为编制信息化规划奠定了基础。

**【加快集团层级信息系统建设，着力提升管理效益和效率】** 按照2015年集团信息化工作计划和信息化项目投资计划，加快推进电子商务、云计算应用平台扩展、采购一体化信息平台、决策支持系统扩展、移动应用平台、审计管理系统、集团电子超市等12个系统建设工作。

1. 电子商务系统（一期）上线投运。电商系统（一期）按计划实现了电商销售、物流、采购等模块功能，打造数字化鞍钢，构建鞍钢与供应商和客户高效协同的鞍钢集团统一的电子商务平台，整合物流、仓储、金融、加工配送等资源，为上游供应商与下游客户提供服务。

2. 通过云平台建设实现基础平台的集约化管理。鞍钢集团云平台（一期）软硬件环境于一季度搭建完成。通过鞍钢集团云平台的建设工作，在规范鞍钢集团内部信息系统管理的同时，极大地降低了硬件投入和运维成本，至少节约建设投资30%以上，降低平台运维成本50%，节约空间50%，节省能耗50%。

3. 采购一体化信息平台建设。2015年2月集团公司建成投运了集团电子招投标系统，在承担集团公司所有招标业务的同时，为采购供应商提供了服务平台。其次是整合了集团公司范围内的采购信息系统，在充分调研的基础之上，确定鞍山钢铁采购信息系统、攀钢集团采购信息系统、矿业集团采购信息系统作为集团采购业务的指定管理系统。在集团公司组织下，攀钢集团、矿业集团已经实现采购信息系统对内部所有采购组织的应用覆盖，鞍山钢铁及非钢板块的采购信息系统应用覆盖工作正在进行。同时集团公司组织相关单位完成了三个采购信息系统与集团电子招投标系统的接口集成，打通了企业内部采购业务条块分割的管理边界，充分发挥了集中采购的协同效应，极大提高了采购工作效率。

4. 决策支持系统顺利投入试运行。系统完成了经营分析预测、风险监测评估和运营协调控制等管控体系应用功能，深入挖掘了企业内部系统数据和外部行业数据，实现数据向信息、知识和智能化应用的转化，于12月1日顺利投入试运行，为企业管理提供了决策支撑。

5. 移动应用平台投入运行。移动应用系统2月5日正式投入运行，以完备的业务处理流程、良好的用户体验，满足了员工随时随地办公的需求，有效提升了办公效率。

6. 集团审计管理系统将上线运行。集团审计管理系统将于2016年1月上线。审计管理系统项目从审计风险预警、审计计划、资源管理到审计成果分析利用，实现现有审计业务相关系统的信息集成共享。可有效提高审计业务人员工作效率，降低审计工作风险，确保审计工作质量。

7. 集团电子超市系统上线运行。2015年底集团电子超市系统建成投运，将招标入围供应商商品信息在集团电子超市上集中展示，打通了上至供应商下至基层职工间的信息壁垒，实现了招标采购的公开透明、竞争充分、监管到位，提高了基层职工对采购工作的参与度。

8. 视频会议系统改造全面完成。完成了集团公司视频会议系统的高清化改造，正式投运。改造后视频会议效果清晰流畅，满足了集团公司工作会议高质量、高效率和低成本的需要。

## ·信息化推进管理·

**【强化信息系统安全管理，提高信息系统安全能力】** 一是加强组织体系和制度体系建设。成立了鞍钢集团信息系统安全管理委员会；编制信息系统安全管理办法以及管理细则，全面规范和指导鞍钢集团信息系统安全管理工作。

二是开展核心信息系统安全等级保护测评。按计划开展鞍山钢铁重要信息系统安全测评，完成了对测评机构出具整改方案的确认；按照确认方案完成对系统安全隐患的整改，并通过测评机构复测；组织开展对重点单位注册信息安全师培训工作。

三是开展鞍钢集团信息系统安全检查。组织各子企业开展信息系统安全检查，通过自查认真梳理本单位信息系统安全管理现状，及时发现并整改问题，为编制2016年信息系统安全工作计划做好准备。

**【加强运维管理，保证集团信息系统稳定运行】** 实时做好信息系统日常维护的组织管理、协调工作，持续优化完善信息系统的功能与深化应用，组织完成并监督检查集团层级信息系统日常应用运维管理工作，为各业务应用系统的正常运行提供了有力的支撑。

根据集团信息系统运维管理制度要求，推进子企业信息系统运维工作进展；调研鞍信托日公司运维管理情况，督促推进该公司建立健全运维体系，完善运维服务制度，规范运维服务流程，提升鞍钢自己的维护队伍能力，为鞍钢信息系统稳定运行做好保障。

**【建立信息化水平评价体系，开展信息化水平评价工作】** 为贯彻落实国资委信息化工作指导意见和信息化水平评价的工作要求，编制发布了《鞍钢集团公司信息化水平评价办法》及评价工作计划，并组织子企业开展评价工作研讨与培训。经过初评、现场核查，确定了2014年度各子企业信息化水平指数，发布了《2014年度鞍钢集团子企业信息化水平评价报告》。通过评价工作进一步掌握了子企业信息化水平的现状，有效地推进了信息化建设与管理工作，有助于发挥信息化在促进企业转型变革、提升经营管理水平、提高管理效率方面的作用。

**【认真落实上级部门信息化工作部署】** 1. 推进两化融合体系建设。一是组织鞍山钢铁和攀钢完成了“2014年钢铁行业企业信息化和工业化融合发展水平评估”工作，评估材料报钢铁工业协会。二是成功推荐鞍钢股份公司为工业和信息化部批准的两化融合管理体系贯标首批试点单位。2015年，鞍钢股份公司已经完成两化融合管理体系构建工作，并通过国家认证。三是完成了两化融合管理体系贯标第二批试点企业推荐工作，鞍钢矿业和西昌钢钒被工信部评为第二批试点单位。

2. 完成中钢协部署的专项统计工作。组织鞍山钢铁及攀钢完成了《中国钢铁工业2014年信息化自动化及其效益状况专项统计年报》《2014年钢铁行业信息化及自动化产业发展总结报告》的编制工作。

3. 向国家发改委申报重大项目。组织向国家发改委高技术司申报“鞍钢股份线材智慧工厂项目”“鞍钢矿业智慧矿山项目”，进入国家“互联网+”重大工程项目库，下一步争取国家资金扶持。

（鞍钢集团公司信息化管理部　赵　红）

# 国际事务

## ·海外规划与投资管理·

**【国际化经营战略的制定】** 2015年上半年，鞍钢集团公司重新编制了《鞍钢集团公司2015~2017年发展战略和规划》，上报国资委规划发展局。该规划中在“企业发展战略”部分对鞍钢国际化经营战略做了重新描述：发展海外资源保障体系、打造国际贸易与海外融资平台、建设海外生产体系和扩大国际工程、技术服务输出，建设具有国际竞争力的钢铁企业。

为响应国家“一带一路”倡议，鞍钢集团提出“两个转移”战略。提出加快装备“走出去”步伐，推进国际产能合作，盘活存量资产，实现产能转移。“两个转移”战略为集团的国际化经营战略注入了新的内容，为集团今后国际经营工作指明了方向。

**【国际化经营管理组织架构的建立和完善】** 1. 鞍钢集团总部层面国际化经营管理组织机构。2015年鞍钢集团大力实施国际化发展战略，继续加强集团总部层面国际化经营管理组织机构建设。为推进集团“国际产能合作”项目，2015年10月，集团公司正式下发《关于成立国际产能合作项目组的通知》（鞍钢政办发〔2015〕59号），成立“国际产能合作项目组”，明确了项目组的职责，由项目组负责集团国际产能合作项目的整体推进工作，协调有关部门和单位做好相关工作，负责市场调研，研判海外布局推进方向，寻找合作伙伴，研究所在国政策，组织制定项目风险防范措施等；项目组按时向集团提交工作报告，领导小组实行双周例会制度。

2. 鞍钢集团国际化业务运营层面组织机构。2015年，鞍钢集团公司在海外设立的从事钢铁产品贸易、矿产资源及投资的经营类公司24家，分别由鞍钢国贸公司、攀钢国贸公司、攀钢钒钛股份有限公司、鞍钢集团工程技术发展有限公司和鞍钢矿业集团公司负责运营监管。具体情况如下：

（1）由鞍钢国贸公司监管的海外机构主要有16家。

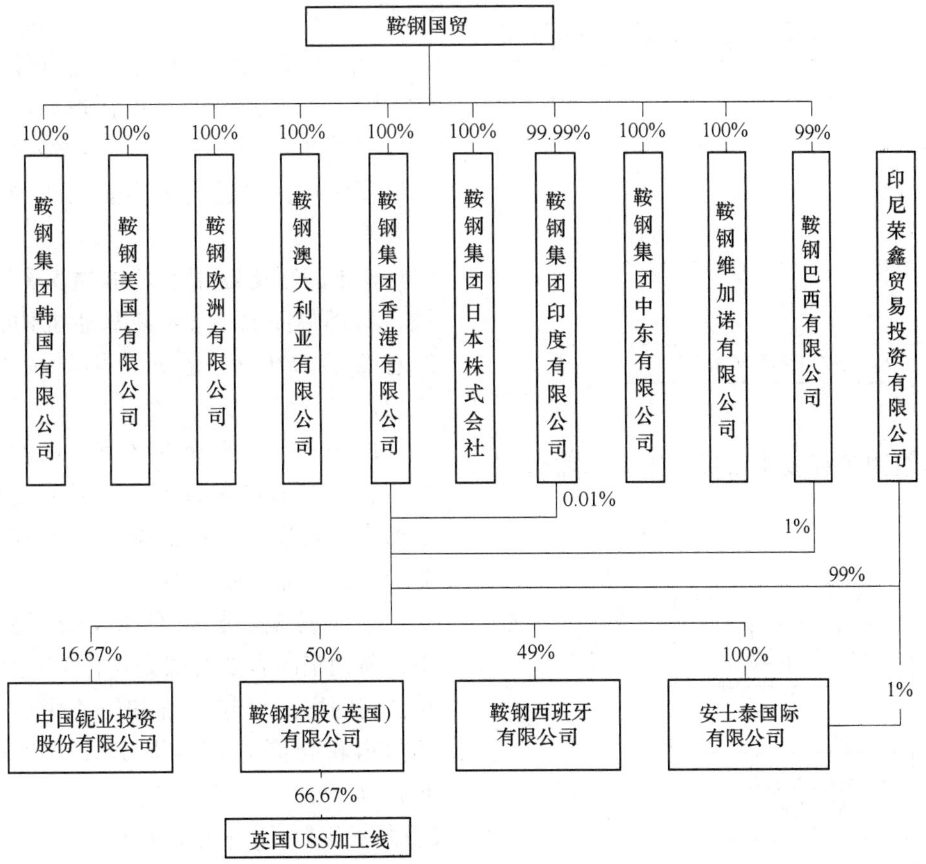

（2）由攀钢国贸公司监管的海外机构主要有2家。

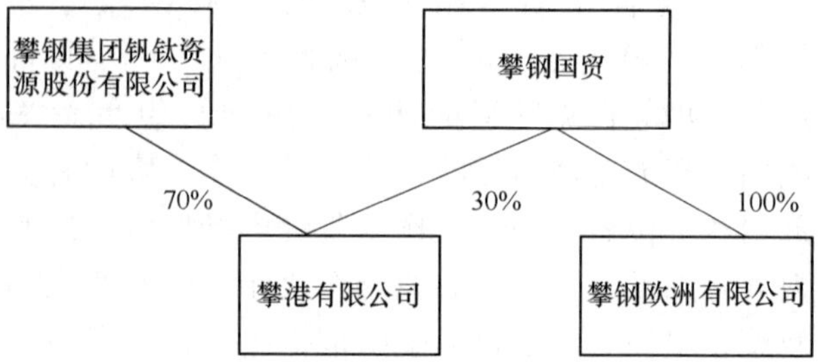


（3）由攀钢钒钛资源股份有限公司监管的海外机构4家。澳洲卡拉拉矿业公司是由攀钢钒钛股份有限公司出资，通过资本运营投资控股的海外矿产资源公司。截至2015年末，鞍钢集团投资（澳大利亚）有限公司持有卡拉拉矿业有限公司52.16%股权。

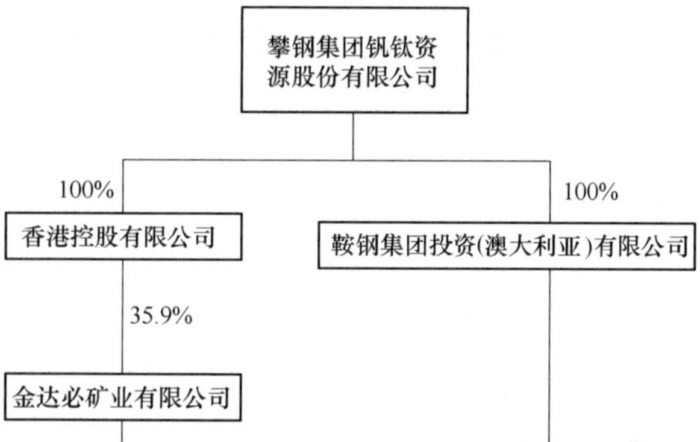


（4）鞍钢集团工程技术发展有限公司监管海外企业1家。

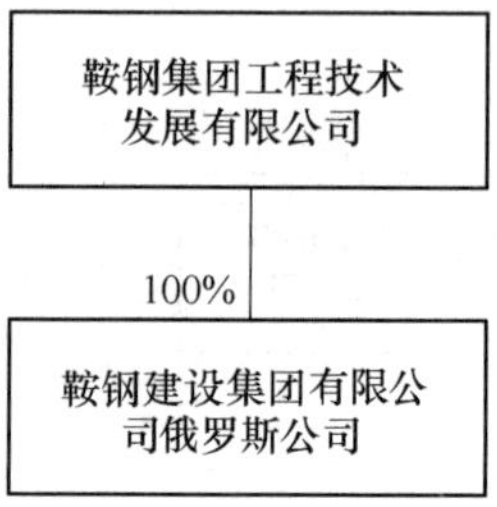


**【国际化经营的管理制度制修订】** 2014年，为加强投资管理，提高投资效率及效益，防范投资风险，鞍钢集团制定并发布了《鞍钢集团固定资产投资管理暂行办法》（鞍钢政发〔2014〕34号），对境外产业类固定资产投资行为进行了规范。

2015年，为进一步规范鞍钢集团公司境外长期股权投资工作，集团修订下发了《鞍钢集团公司境外长期股权投资管理暂行办法》（鞍钢政发〔2015〕2号），明确规定了鞍钢集团境外长期股权的投资计划、立项下达、投资方案确认及方案审批的全过程责任体系。

为规范鞍钢集团公司国际贸易管理工作，拓展和规范国际化经营模式，根据《中华人民共和国对外贸易法》，结合鞍钢集团公司实际情况制定并下发了《鞍钢集团公司国际贸易管理暂行办法》（鞍钢政发〔2015〕6号）。

为加强鞍钢集团公司境外投资企业监督管理，保证境外规范运营和国有境外资产保值增值，鞍钢集团公司根据集团境外企业的实际运营管理情况，制定并下发了《鞍钢集团公司境外投资企业股权及监督管理暂行办法》（鞍钢政发〔2015〕76号）。

随着鞍钢集团公司差异化管控体系建设工作的不断深入，相关国际化管理制度也将随之不断加以完善和更新，为集团国际经营工作提供清晰的制度保障，以适应集团公司对国际化经营的更高要求。

**【2015年国际化经营的总体情况】** 截至2015年底，鞍钢集团共有24家海外机构，合计国有资产总额为276.85亿元，累计海外投资95.96亿元。

1. 海外生产型企业3家，产业包括矿产资源生产、钢材深加工领域，3家企业分别为：鞍钢维加诺有限公司、鞍钢英国USS加工线和澳大利亚卡拉拉矿业有限公司。

2. 贸易型、服务型和投资型公司21家，其中，鞍钢集团香港有限公司作为集团13家海外贸易公司的国际营销中心和结算中心，负责集团海外营销和合同签订、货款结算等主要国际贸易业务。

**【境外投资】** 详见表1和表2。

表 1 对外投资合作情况总表 （万元）

| 洲别 | 国别 | 2015 年境外新增投资总额 | 2015 年对外承包工程营业额 | 2015 年对外承包工程新签合同额 |
|---|---|---|---|---|
| 合计 | | 325.13 | 3036 | 16576 |
| 亚洲 | 小计 | 324.68 | 3036 | 11825 |
| | 伊朗 | | 2010 | 11825 |
| | 越南 | | 1026 | 0 |
| | 印度尼西亚 | 324.68 | | |
| 欧洲 | 小计 | | 0 | 3935 |
| | 西班牙 | | 0 | 3935 |
| 澳洲 | 小计 | 0.45 | 0 | 816 |
| | 澳大利亚 | 0.45 | 0 | 816 |

注：表中数据包含企业在中国港澳地区的投资合作，不含境外企业返回内地的投资合作。

表 2 境外投资项目情况表 （万美元）

| 序号 | 项目名称 | 洲别 | 国别 | 行业 | 总投资 | 其中：中方企业自有资金 | 截至 2015 年末累计完成投资额 | 其中：中方企业累计投资额 | 项目概述（项目内容、股东情况、进度、形成产能或获得权益情况、预期收益等） |
|---|---|---|---|---|---|---|---|---|---|
| 1 | 印尼荣鑫贸易投资有限公司 | 亚洲 | 印尼 | 钢铁贸易 | 50 | 50 | 50 | 50 | 钢材贸易分销 |
| 2 | 澳大利亚矿山设计院 | 大洋洲 | 澳大利亚 | 技术服务 | 0.0728 | 0.0728 | 0.0728 | 0.0728 | 在澳大利亚开展矿山设计、工程咨询服务，注册资本 1000 澳元 |

注：“行业”参照国家统计局《国民经济行业分类》（GB/T 4754—2011）填写到一级门类。

## ·国际贸易管理·

**【国际贸易】** 鞍钢集团 2015 年钢材出口继续保持稳步增长，钢材出口装船 329.2 万吨，同比增长 9.2%；在国内钢铁产能过剩、行业性亏损的环境下，克服困难，各项数据保持稳定。2015 年累计进出口贸易额 22.85 亿美元（出口装船 16.60 亿美元，进口到货 6.25 亿美元）；社会贸易额 9.39 亿美元；国际工程 880 万美元；外部国际贸易渠道 8.25 亿元人民币。钒产品出口 1.24 万吨；钛产品出口 2.24 万吨；设备出口创汇 809.6 万美元；钢铁原燃料进口量下降，进口原燃料 233.47 万吨，用汇 333.35 亿美元；进口先进设备 794.27 万美元；间接承揽的国际工程项目有所突破，间接承揽国际工程项目 1.39 亿元人民币。

**【对外承包工程业务开展】** 详见表 1 和表 3。

**表 3　对外承包工程项目情况表**

| 序号 | 项目名称 | 洲别 | 国别 | 行业 | 承揽方式 | 合同金额/万美元 | 截至 2015 年末累计完成合同额/万美元 | 合同期限 | 劳务人员数量/人 | 其中：中方外派劳务人员数量/人 | 项目简述（包括项目内容、项目业主、工程进度等） |
|---|---|---|---|---|---|---|---|---|---|---|---|
| 一、在建项目 | | | | | | | | | | | |
| 1 | 中钢集团伊朗钢厂技术服务项目 | 亚洲 | 伊朗 | 冶金 | 非钢产品出口 | 310 | 154 | 2014.05~2017.05 | 30 | 10 | 分包中钢集团伊朗钢厂项目技术服务 |
| 2 | 台塑河静钢铁培训维修 | 亚洲 | 越南 | 冶金 | 技术服务 | 158 | 158 | 2013.11~2015.12 | 40 | 0 | 河静钢厂设备维护人员培训 |
| 二、新签项目 | | | | | | | | | | | |
| 1 | 伊朗 Z 集团球团项目 | 亚洲 | 伊朗 | 冶金 | 施工总承包 | 83 | 83 | 2015.02~2015.09 | 100 | 9 | 球团机电、钢构安装 |
| 2 | 伊朗高炉项目 | 亚洲 | 伊朗 | 冶金 | 施工总承包 | 1384 | 462 | 2015.05~2016.11 | 600 | 92 | 高炉安装 |
| 3 | 伊朗制氧厂 | 亚洲 | 伊朗 | 冶金 | 施工总承包 | 354 | 46 | 2015.11~2016.08 | 100 | 2 | 氧气厂设备安装 |
| 4 | 澳大利亚矿山电气施工 | 大洋洲 | 澳大利亚 | 冶金 | 技术输出承包 | 10 | 3 | 2015.11~2016.02 | 8 | 2 | 矿山电气技术指导 |
| 5 | 西班牙彩涂项目 | 欧洲 | 西班牙 | 冶金 | 施工总承包 | 606 | 154 | 2015.01~2016.08 | 10 | 10 | 彩涂线设计、设备供货和服务 |
| 6 | 卡拉拉顾问服务项目 | 大洋洲 | 澳大利亚 | 冶金 | 技术输出承包 | 116 | 116 | 2015.02~2015.04 | 12 | 12 | 卡拉拉选厂顾问服务 |

注：1. “行业”参照国家统计局《国民经济行业分类》（GB/T 4754—2011）填写到一级门类；
2. 2015 年 12 月 31 日美元兑人民币汇率中间价：6.4936。

【境外经营的风险防范】 2015年，鞍钢集团在开展国际化经营业务过程中，进一步强化风险防范意识，提高风险控制和风险转移能力，主要采取了以下风险防范措施：

（1）加强国际化经营风险防范体系建设，制定了《鞍钢集团公司境外长期股权投资管理暂行办法》（鞍钢政发〔2015〕2号）、《鞍钢集团公司国际贸易管理暂行办法》（鞍钢政发〔2015〕6号）和《鞍钢集团公司境外投资企业股权及监督管理暂行办法》（鞍钢政发〔2015〕76号），规定集团境外投资业务、国际贸易业务和境外继存企业经营过程中必须强化风险意识，明确风险控制责任主体和责任人。

（2）加强海外公司及境外投资项目所在国政治、法律法规、产业政策、经济动态、市场商情等信息收集、分析工作。同时，加强与企业法律顾问和外部专业机构的合作，充分利用其专业能力，有效提高国际化经营风险防范能力，为鞍钢集团海外事业决策提供支撑。

（3）建立严格的境外投资项目尽职调查机制，强调对境外投资项目必须进行全面尽职调查，明确规定《尽职调查报告》中必须将风险问题单列，争取风险早发现、早分析和论证，提高风险预警能力，避免集团境外投资遭受损失。

【境外履行社会责任】 2015年，鞍钢集团在国际化经营过程中，一如既往地重视履行相关社会责任问题，积极遵守当地政府的政策、法规和环保要求，合法经营；规范海外用工制度，积极鼓励海外运营公司聘用当地的工作人员，带动了上下游和相关产业的就业情况的改善，并按照当地政府的政策和用工规范，依法保护劳动者的合法权益，促进运营所在地社会就业和经济发展。2015年集团海外机构员工本土化率达到91%，通过提高“员工本土化率”，一方面集团境外企业得到了当地政府和民众的认同，有效地降低了运营风险；另一方面通过为当地提供就业机会，在当地政府及民众中树立了良好的鞍钢集团品牌形象，营造了融洽的社区关系。

**表4 中国香港和海外公司雇佣当地员工情况**

| 序 号 | 中国香港和海外企业名称 | 雇用本地员工数 | 企业员工人数 |
|---|---|---|---|
| 1 | 鞍钢集团香港有限公司 | 9 | 16 |
| 2 | 鞍钢美国有限公司 | 2 | 4 |
| 3 | 鞍钢欧洲有限公司 | 2 | 4 |
| 4 | 鞍钢澳大利亚有限公司 | 2 | 3 |
| 5 | 鞍钢集团韩国有限公司 | 2 | 4 |
| 6 | 鞍钢集团日本株式会社 | 2 | 3 |
| 7 | 鞍钢集团印度有限公司 | 0 | 1 |
| 8 | 鞍钢集团中东有限公司 | 0 | 1 |
| 9 | 印尼荣鑫贸易投资有限公司 | 1 | 3 |
| 10 | 鞍钢集团巴西有限公司 | 0 | 1 |
| 11 | 鞍钢西班牙有限公司 | 6 | 7 |
| 12 | 鞍钢维加诺有限公司 | 13 | 13 |
| 13 | 英国USS加工线 | 16 | 16 |
| 14 | 卡拉拉矿业有限公司 | 338 | 351 |
| 15 | 金达必矿业有限公司 | 2 | 2 |
| 16 | 香港攀港有限公司 | 0 | 2 |
| 17 | 攀钢欧洲有限公司 | 0 | 1 |
| 18 | 鞍钢建设集团有限公司俄罗斯公司 | 3 | 5 |
| 合 计 | | 398 | 437 |

**【境外突发事件应急管理】** 根据国资委、商务部《对外投资合作境外安全预警和信息通报制度》及《对外投资合作境外安全事件应急响应和处置规定》等一系列境外突发事件应对管理制度的规定，为进一步加强和规范鞍钢集团公司境外企业应急管理工作，提高境外企业防范和处置各类突发事件的能力，最大程度地预防和减少突发事件及其造成的损害和影响，保障境外企业员工生命财产安全，鞍钢集团公司成立应对境外突发事件领导小组及工作机构，明确了鞍钢集团公司应对境外突发事件的工作原则和具体工作要求。

**【外事管理】** 申报并获外交部批准，鞍钢集团公司享有因公出国护照自行申办权、签证代办权、开具出国（境）证明权、邀请外国人来访权，缩短了护照办理和签证流程时间，降低管理成本，使外事管理工作更加科学化和规范化。

2015 年审批、办理出访团组 161 个，出国（境）人员 475 人次。在护照管理方面，严格把关，及时收缴，妥善保管。

2015 年共接待各类外事来访团组 75 个、465 人次，比上一年分别增长 7.1%、25.3%。

全年未发生任何外事事故及超规定出国现象，护照保存完好规范。

（鞍钢集团公司国际事务部　何舒薇）

# 法律事务

## ·法律风险防范与法律保障·

**【鞍钢集团成立法律事务部】** 为贯彻落实党的十八届四中全会关于依法治国战略部署和国资委关于推进法治央企建设的意见，推动法治鞍钢建设，保证企业依法合规有序经营，经鞍钢集团公司2015年1月29日党委常委（扩大）会议及鞍钢集团公司第一届董事会第九次会议审议，决定成立鞍钢集团公司法律事务部。2015年3月，鞍钢集团公司正式下发《关于成立鞍钢集团法律事务部的决定》（鞍钢编字〔2015〕3号），将原管理创新部（法律事务部）法律事务处人员、业务成建制划转至法律事务部，撤销原管理创新部（法律事务部）的法律事务部牌子以及法律事务处建制。法律事务部下设法律合规处和法律保障处，定员9人。鞍钢集团公司法律事务部主要负责推进鞍钢集团总法律顾问制度建设，建立健全法律风险防范机制，为重大决策和重大项目提供法律保障，构建合规管理体系和评价机制，负责鞍钢集团公司合同、工商、商标和法律纠纷案件等法律事务综合管理工作。

**【启动全面推进法治鞍钢建设工作】** 2015年6月，鞍钢集团公司下发《关于贯彻落实党的十八届四中全会精神 全面推进法治鞍钢建设的实施意见》（鞍钢政发〔2015〕44号），同时下发《关于成立法治鞍钢建设工作领导小组的通知》（鞍钢政办发〔2015〕44号），正式启动全面推进法治鞍钢建设工作。鞍钢集团公司法治建设工作将紧紧围绕加快推进转型升级和打造鞍钢集团公司经济升级版的发展战略，通过加强依法治企“两大体系”和“六个机制”建设，进一步深化企业法律风险防范机制、法律顾问制度和法律工作体系建设，进一步提升合规管理能力和依法治企能力，为鞍钢集团公司做强做优提供坚实的法律支撑和保障。该实施意见入选国务院国资委《中央企业法治建设优秀案例库第一批入选案例》。

**【“六五”普法总结】** 2011年，中央宣传部、司法部联合下发《关于在公民中开展法制宣传教育第六个五年规划》（2011~2015年）。“六五”普法期间，鞍钢集团公司紧紧围绕战略发展目标，全面推进企业法制宣传教育和依法治企工作，建立了依法治企领导小组和工作机构，进一步完善了“防-管-控”一体化法律风险防范机制，各项工作纳入法制化、制度化、规范化轨道，企业依法治企能力和水平得到显著提升，企业法人治理结构更加完善，企业领导干部及经营管理人员自觉学法守法用法的意识和法律素质普遍提高，法治氛围更加浓厚，为鞍钢集团公司改革发展营造了良好的法治环境。鞍钢集团公司、鞍山钢铁集团公司、攀钢集团有限公司荣获中央企业“六五”普法先进单位。

**【重大项目法律保障】** 2015年，鞍钢集团公司法律保障工作紧紧围绕鞍钢集团公司海外经营战略，参与印尼钢铁系列项目、马来西亚钢铁项目、广州不锈钢项目和德国蒂森激光拼焊收购项目等境内外合资合作、企业并购、资本运作等重大项目，全过程参与可行性研究、方案设计和商务谈判，组织法律尽职调查和反垄断申报，起草和审查法律文件，全方位做好项目法律论证，防范项目各阶段和各个关键节点法律风险。鞍钢集团公司相关部门和单位通过视频方式参加国资委主办的三期“一带一路”大讲堂；聘请国际和国内知名事务所举办“印尼投资法律”“境外投资项目风险防控”“海外工程项目法律风险”和“国际投资贸易争议解决机制”等多个讲座，提升项目人员法律风险防范意识和法律保障能力，有效防控重大项目法律风险。

## ·合同管理·

**【建立合同联审授权制度】** 2015年11月，为加强鞍钢集团公司总部合同管理，落实业务审批权限，鞍钢集团公司下发了《关于鞍钢集团总部合同签订授权有关规定的通知》（鞍钢政办发〔2015〕68号），正式建立鞍钢集团公司总部合同联审制度和授权制度。合同联审制度实行“业务先行”原则，合同事项依据《鞍钢集团总部业务审批权限》，履行审批程序后启动合同审签流程，经过集团职能部门商务审核、财务审核和法律审核，合同方能对外签订。合同授权制度针对常规业务合同和重大合同采取不同的授权模式：给予鞍钢集团公司业务部门和非法人直属机构负责人签订常规业务合同的“任期内授权”；重大合同则由法定代表人一事一议“单项授权”。通过建立合同联审授权制度，规范合同审签流程，实现部门责权统一，提高合同审签效率，把住合同签订关，有效防范合同法律风险。

## ·合规管理·

**【合规管理】** 2015 年，为落实鞍钢集团公司《关于理顺集团内部产权关系实施产权划转的决定》（鞍钢政发〔2015〕27 号），鞍钢集团公司法律事务部组织鞍钢集团香港有限公司（鞍钢国贸公司）、鞍钢集团信息产业有限公司等拟调整产权关系的 24 家企业，邀请鞍山市工商局注册分局举办工商登记现场指导培训，针对产权划转涉及的公司制改制、出资人变更、股权转让、企业核名及注销等工商登记事项，与鞍山市工商局共同研究解决方案，制定工作流程，形成法律文件模本。为满足鞍钢集团公司 2015 年清产核资法律鉴证需要，鞍攀两地法律事务部门协同，及时组织完成拟核销债权性资产法律鉴证工作，为鞍钢集团公司清产核资创造了条件。根据国务院《注册资本登记制度改革方案》，企业年度检验制改为企业信息公示制。法律事务部组织完成鞍钢集团 2015 年度信息公示，指导、督促子企业工商登记信息公示。指导子企业办理鞍钢现代城市服务有限公司、鞍钢（鞍山）冶金粉材有限公司等多家公司设立、鞍山钢铁集团公司和攀钢集团有限公司法定代表人变更、新设企业冠“鞍钢”字号审核等工商登记工作，完成鞍钢招标有限公司、鞍钢集团电子商务中心和资产经营中心等新增成员单位登记和认证工作，保证企业合规运营。

（鞍钢集团公司法律事务部　汪　洋）

# 综合管理

## ·董事会工作·

**【综述】** 2015 年，按照国务院国资委关于推进董事会试点中央企业董事会规范运行的有关规定，鞍钢集团公司以完善分级递进的法人治理结构为重点，进一步强化董事会建设，不断推进董事会实现规范运作和有效运作，发挥董事会在企业扭亏增效和转型升级中的重要作用。

**【加强董事会建设】** 健全完善规章制度，为董事会实现规范运作奠定基础。

1. 完成董事会及专门委员会人员调整。做好新任董事与离任董事的工作衔接，确保董事会平稳、有效运行。根据外部董事的专业领域及工作经历对董事会下设战略与风险管理、提名、薪酬与考核、审计等四个专门委员会构成进行调整，确保专门委员会的各项工作顺利开展，有效发挥对董事会的支撑作用。

2. 加强董事会基本制度建设。根据《中华人民共和国企业国有资产法》及《企业国有资产监督管理暂行条例》，参照《公司法》《董事会试点中央企业董事会规范运作暂行办法》，对《鞍钢集团公司章程》进行了修订，经一届九次董事会审议通过后上报国资委审批。根据企业实际需要，按照修订后的《公司章程》，对《董事会议事规则》《总经理议事规则》以及各专门委员会议事规则进行完善，为董事会实现规范运作和有效运作提供了制度保障。

3. 健全董事会运行相关配套制度。进一步完善鞍钢集团在“三重一大”决策、投资、高管绩效考核与薪酬管理等方面的内部管理制度。按照修订后的《董事会议事规则》对《鞍钢集团公司贯彻落实“三重一大”决策制度实施办法》《鞍钢集团公司投资管理办法》等进行完善，为董事会科学决策提供有效支撑；制定《鞍钢集团公司高级管理人员 2015 年绩效考核指标》，实现了与国资委对中央企业负责人薪酬考核与管理的有效衔接。

**【规范董事会运作】** 推进董事会有效运作，发挥董事会在科学决策、民主决策方面的重要作用。

1. 加强会议管理。按照《董事会议事规则》的要求，召开董事会和专门委员会会议。全年共召开董事会定期会议 4 次，临时会议 6 次，务虚会议 1 次，共审议议案 32 项；董事会专门委员会共召开会议 5 次。其中：战略与风险管理员会召开会议 2 次，审议议案 4 项；薪酬与考核委员会召开会议 1 次，审议议案 1 项；审计委员会召开会议 2 次，审议议案 3 项。

2. 董事勤勉履职。各位董事通过深入持续地开展工作，有效发挥了董事会在战略管理、重大决策、风险管控等方面的重要作用，在充分了解企业运行情况和行业发展趋势的基础上，按照《公司章程》赋予的各项职责，通过自己丰富的管理经验和专业知识进行科学决策。全年董事应出席董事会会议 68 人次，实际出席 66 人次，审议通过议案 32 项。全年各位董事应出席专门委员会会议 19 人次，实际出席 18 人次，审议通过议案 8 项。深入开展调研工作，分别到鞍山钢铁、攀成钢、西昌钢钒、攀钢钛业公司重庆钛业、鞍钢贝卡尔特轮胎帘线（重庆）有限公司等单位进行调研，积极帮助这些企业加强对外合作、开拓市场，为推进企业转型升级出谋划策。

3. 加强沟通与交流。一是加强与国资委和其他试点企业的沟通和联系。董事会秘书积极向国资委汇报董事会运行情况和董事履职情况，咨询进一步完善董事会规章制度等相关事宜，获取国资委对董事会建设的工作支持和指导。加强与董事会试点中央企业的联系，与宝钢、武钢、大唐电力等互相交流董事会建设的经验和做法，积极探索董事会运作的有效模式。二是加强董事会与监事会的沟通和联系。按照《关于进一步支持配合国家监事会开展监督检查工作的通知》（鞍钢政发〔2012〕64 号）的要求，积极支持和配合监事会开展工作。董事会秘书协助董事长认真做好与国家监事会的联络工作。审计部为董事会秘书协调董事会与监事会沟通和联系提供工作支撑，及时向监事会报告公司财务、内控机制、风险管控、改革和管理、扭亏增效工作进展情况。三是加强董事会与经理层之间的沟通和联系。健全董事会与经理层定期沟通协调机制，总经理每周与董事长进行例行的工作交流，向董事长汇报企业生产经营情况。经理层定期向董事会汇报工作，在每次董事会会议上，总经理都将企业上一阶段工作完成情况和下一阶段工作安排向董事会作出全面汇报。在董事会决策一些重大战略或复杂议题时，都召开沟通会进行专门的沟通说明。建立董事会务虚会制度，就企业重大发展战略、“一带一路”重要项目进行讨论研究。

4. 强化董事会决策事项的落实。为了使董事会关注事项得到有效落实，董事会办公室在董事会结束后形成《董事会决定事项通知》，经理层按董事会的要求，组织责任单位认真进行落实和整改，并将落实情况及时向董事会汇报。全年共制发《董事会决定事项通知》3 期，落实董事会决定事项 28 项，向董事会汇报 3 次。

**【推进非钢产业板块董事会建设】** 按照《鞍钢集团母子公司运行规则》和“决策科学、执行有力、监督到位”的要求，以加快非钢产业板块董事会建设为重点，大力推进完善法人治理结构工作。

1. 进一步完善非钢产业板块董事会制度建设。为推进非钢产业板块董事会规范运行，加强对非钢产业板块董事会、监事会评价和管理，制定并下发了《鞍钢集团公司非钢产业板块董事会评价办法（试行）》和《鞍钢集团公司非钢产业板块监事会管理办法（试行）》；为加强对派出非钢产业板块外部董事、外部监事的管理，规范外部董事、外部监事的履职行为，制定并下发了《鞍钢集团公司派出非钢产业板块外部董事管理办法（试行）》和《鞍钢集团公司派出非钢产业板块外部监事管理办法（试行）》。

2. 不断完善授权体系，推动非钢产业板块市场化运作。按照《关于完善集团管控体系的实施意见》中进一步改革管理架构、构建差异化管控体系和加大简政放权力度的工作部署要求，结合新设板块以及集团总部职能优化调整情况，重新修订了《鞍钢集团核心业务权限规范》，围绕战略管理、资本运营、财务预算、风险管控、运营协调等管控功能，科学界定了子企业的决策权限，进一步理顺了鞍钢集团与子企业的协调运转机制。对下属企业生产经营的相关职权充分下放授权，体现各级企业的市场主体地位，提升了经营活力和运行效率。

3. 加强管理，规范非钢产业板块董事会运行。一是下发《关于开展完善董事会建设试点工作的通知》，选择综合实业发展有限公司为试点单位，推进其按照鞍钢集团授权体系完善《公司章程》《董事会议事规则》《总经理议事规则》等各项基本制度，完善以董事会为核心的法人治理结构。二是推进各板块按照集团公司的要求完善内部授权体系，进一步完善了分级递进的法人治理结构。三是通过召开业务沟通会和实地调研的方式，了解各板块董事会建设的进展情况和需要集团公司解决的问题，进一步推进各板块董事会建设。

（鞍钢集团公司董事会办公室　陈　军）

## ·档案管理·

**【综述】** 2015 年，鞍钢深入贯彻落实《加强和改进新形势下档案工作的意见》（中办发〔2014〕15 号）和《鞍钢 2015 年档案工作安排及检查考评细则》，以服务扭亏控亏工作为中心，持续推进档案工作。在国资委组织的中央企业档案工作对标考评中，被评为达标单位；在国资委举办的首届档案职业技能竞赛中获组织奖，1 名选手获优秀选手称号。

**【加强档案资源体系建设】** 鞍山区域 2001～2010 年文书永久档案进馆。为确保精品进馆，147 个单位从历史的、发展的角度，结合档案利用情况，对进馆档案的保管期限进行鉴定，将反映本单位全面工作、主要职能的档案纳入进馆范围。在此基础上，进馆单位认真核对实物、目录和系统数据，确保账物相符、信息一致。2015 年 5 月 7 日至 10 月 28 日，鞍山钢铁档案馆按标准审查、接收 210 个全宗 7.2 万件档案，经微波杀菌后入库上架保管。永久档案进馆对生产经营记录的长久留存，起到切实保障作用。

工程档案管理进一步加强。鞍山区域组织召开三工区转炉车间环保改造等 30 个项目归档工作会议，提出归档工作要求和时间安排。验收鞍钢股份鲅鱼圈球团改造等 5 项竣工档案；攀钢对攀成钢新建 100 吨 LF 精炼炉等 8 项工程进行验收，合格 5 项。鞍攀两地基层单位密切跟踪自管工程，验收重庆钛业废水处理系统完善改造项目、西部回收建设年处理 10 万吨焦油超级离心机室项目等 408 项竣工档案 1392 卷。

归档内容不断扩充。89 个单位新增归档汽车用钢、军工钢、核电钢物理性能检验的原始记录等文件材料，58 个单位跟踪落实厚规格高强 LQ590 车轮钢研发等 107 项重要活动（事件）的归档责任。

全年，鞍钢集团归档 15.2 万卷、7.4 万件。

提供利用档案7.4万人次、25万卷次、1.9万件次，复制档案25万页，尤其是中央巡视组在鞍钢检查期间，各级档案部门加班加点，及时提供所需档案，为维护鞍钢和职工利益发挥了凭证和参考作用。

**【推进档案信息化建设】** 2015年，结合系统运行速度慢、存在安全隐患、不能全文检索、没有普适性接口等实际，对鞍钢档案管理系统实施升级改造。在保证系统运行效率和效果的情况下，灵活适应鞍钢组织架构的调整和业务功能的拓展，提升鞍钢档案信息化管理水平。

通过前期技术交流、招标、功能需求确认和使用培训等环节，基层单位应用该系统实现档案编辑、统计、界定转出、鉴定销毁、企业自评、通知反馈、跨全宗跨类别查询等功能。经过8次大规模测试，鞍信公司对存在的问题修改后，自动统计数据基本准确，满足了年度检查和统计数据的汇总需求。

**【开展档案安全专项检查】** 档案安全保管保护是档案工作的重中之重，绝不能有丝毫的松懈和麻痹思想。根据《国家档案局关于开展档案安全专项检查的紧急通知》要求，建立档案安全一把手负总责、一级抓一级、层层抓落实、齐抓共管的责任机制。2015年8月25~31日，全公司198个单位开展档案安全专项检查工作，特别是结合《鞍钢集团公司档案管理制度》，重点检查档案库房是否存在高温、高湿、漏雨现象，防汛、防盗和防火等八防设施是否有效，电气线路是否存在安全隐患，数字化加工是否安全保密，提供利用是否履行审批手续，档案信息系统是否与外网物理隔离，涉密档案信息是否保存在涉密计算机中，档案工作应急预案是否及时完善等。通过检查，梳理出档案库房棚顶漏水等安全隐患153项，已经整改129项，其余24项已经落实责任人限期整改。

（鞍山钢铁集团公司办公室档案处　刘　贺）

## ·保密与国家安全管理·

**【保密制度建设】** 推进保密管理规章制度建设，制定、下发《鞍钢集团公司秘密载体管理办法》《鞍钢集团公司国家秘密及其密级具体范围的规定》《鞍钢集团公司企业秘密及其密级具体范围的规定》《鞍钢集团公司秘密事项确定与岗位定密工作管理办法》《鞍钢集团公司泄密事件查处管理办法》。

**【“双定密”工作】** 2015年4月23日，召开鞍钢集团公司保密工作暨定密工作会议，下发《鞍钢集团公司确定保密范围和“双定密”工作实施方案》；11月12日举办“双定密”工作培训班，全面启动鞍钢集团公司确定保密范围和“双定密”工作。

**【保密资格认证】** 2015年6月16日，攀钢集团攀枝花钢铁研究院有限公司取得武器装备科研生产单位三级保密资格；9月2日，完成鞍山钢铁集团公司二级保密资格单位证书变更。

**【保密教育培训】** 2015年11月6日，鞍钢集团公司举办军工业务涉密人员（鞍山区域）保密培训班，217名军工业务涉密人员参加了培训，48名新上岗军工业务涉密人员通过了结业考试，取得《保密岗位证书》。

**【国家安全工作】** 开展《中华人民共和国反间谍法》颁布实施1周年宣传月活动，组织军工科研生产涉密人员观看国家安全宣传警示片，开展国家安全形势任务教育活动。

（鞍钢集团公司保密办　付锦忠）

## ·信访管理·

**【综述】** 2015年，在鞍钢党委的正确领导下，在各单位、各部门的高度重视和共同努力下，认真贯彻落实中央信访维稳工作会议精神，全面推进领导干部接访下访，积极化解矛盾纠纷和信访积案，着力把职工群众的情绪疏导好，意愿反映好，诉求解决好，为构建和谐鞍钢、维护社会稳定作出了贡献。鞍钢集团公司荣获国务院国资委中央企业维稳工作先进集体和中央企业信访工作先进集体两项殊荣。

**【信访维稳工作取得新成效】** 2015年，共受理职工群众来信来访1123批（件）、8231人次，批（件）次比上年下降5%，人次比上年增长44.8%。其中，集体访263批、7371人次，批次比上年下降5.7%、人次比上年增长54.3%，重点是居家职工和病退人员；个人访543案、543人次，分别比上年下降32%和40%；来信134件，比上年增长 25%；网上信访 183 件，其中，国家信访网 108 件，民心网 75 件。

2015 年，职工群众到鞍钢重要部位非正常上访 310 批（案）、2617 人次，其中，集体访 98 批、2400 人次，个人访 212 案、217 人次。

2015 年，职工群众进京到国务院国资委上访登记 54 批（案）、163 人次。其中，集体访 7 批、92 人次，主要是居家职工和附企人员；个人访 47 案、71 人次，与上年相比集体访增加，个人访下降。

**【信访维稳工作改革创新取得新突破】** 按照国家推进信访工作制度改革、建设“法制信访”和实行访诉分离的工作要求，进一步依法规范了信访工作秩序。一是严格落实初信初访首办责任制。按照“属地管理、分级负责，谁主管、谁负责”的原则，鞍钢信访办对初信初访实行 100%立案交办，并落实首办责任制，提高了初信初访一次性办结率，缓解了矛盾堆积。二是全面推进依法逐级走访工作。根据《中央企业规范信访事项受理办理程序引导来访人依法逐级走访实施细则（试行）》（国资发〔2015〕20 号）的要求，结合实际，制定了《鞍钢集团公司信访工作管理办法》，进一步规范了信访事项的受理、办理、答复和维护秩序等内容和工作流程，有效促进了职工群众依法逐级走访和信访事项妥善解决。三是建立了信访事项网上办理新机制。按照国家提出的“阳光信访”的新要求，建立了来访接谈、信息登记、数据统计信息化管理流程，实现了与国家、省、市信访信息系统对接联通，网上信访业务全部实现网上流转、网下办理。四是认真落实诉访分离工作。进一步厘清信访与诉讼、仲裁、行政复议等法定途径的受理范围，及时将涉诉涉法信访事项导入司法渠道解决。同时，通过工会系统建立了聘请专业律师参与化解信访问题的新机制，及时为信访职工群众提供法律咨询和服务，使职工群众信访活动更趋理性，依法信访意识进一步增强，缠访闹访现象明显减少。

**【信访积案化解取得新进展】** 以“案结事了”和“息诉息访”为目标，集中力量、合力攻坚，全力化解信访积案，使信访积案存量减少 51%。一是深入推进领导干部接访、下访活动。针对重点不稳定群体和个访，鞍钢党委领导带头深入厂矿及信访职工群众家中，接待职工群众，面对面听取意见，心贴心交流感情，释疑解惑，排忧解难。今年，鞍钢各级领导干部、机关部室领导参与接访下访 199 人次，接待职工群众 276 批次、1789 人次。基层单位党政工主要领导积极参加接访、下访活动，总计接访、下访 1890 批次、2868 人次。通过领导干部接访、下访，促进了家住农村退休人员要求享受住房货币化补贴、部分基层管理干部按特殊工种办理退休纠偏等 27 个群体和生活后勤协力中心赵森朴、铁运机装公司苏盛国、托管中心柏纯孝等 75 个个访问题的有效化解，是历年来解决信访问题最多的一年。二是严格落实信访联席会议制度。鞍钢党委每月至少召开一次信访联席会议，协调和研究处理信访突出问题及群体性事件。2015 年，先后召开信访联席会议 19 次，集中研究信访突出问题 55 件，彻底化解信访突出问题 32 件。各基层单位共组织召开信访联席会议 307 次，研究信访问题 399 件，彻底化解信访突出问题 279 件。三是严格落实主体责任。鞍钢信访办召开信访事项专题协调会议 73 次，研究信访案件 89 件；向公司、市信访局、市维稳办、省信访局、国务院国资委信访办报送《信访信息》33 件，预警信息 17 件，制定信访维稳工作预案 8 个。鞍钢工会、人力资源部、安全环保部、鞍山钢铁居退管办等相关部室对涉及本部门的信访问题认真负责，妥善处理，充分发挥职能部门作用，有力促进了信访积案的化解。四是加强信访积案督查督办力度。中央、省市交办的 54 件重点案件，按期结案率实现 100%，息访率实现 75%的目标要求。国家、省信访局网上转送信访事项办结率、上报率均实现 100%。五是加大信访专项资金的投入。去年全公司共有 589 人次得到信访救助，使用信访专项资金 58 万元，信访积案中有理的和部分有理的信访诉求基本得到解决，实现信访人息诉止访。

**【矛盾纠纷排查化解得到新加强】** 排查化解矛盾纠纷是加强源头预防、超前化解各类信访问题的重要举措。为做好全国和省市“两会”及中央巡视组进驻鞍钢开展专项巡视等敏感时期鞍钢信访维稳工作，鞍钢集中开展了五次矛盾纠纷大排查活动，共排查出重点上访群体 46 个，重点人 476 人。各单位主动全面排查内部不稳定因素，共排查出重点群体 366 个，重点人 2626 人。通过排查，使一些群体性问题和个性信访事项得到超前妥善化解，也使一批情绪比较偏激，长期坚持择机上访的重点人得到有效稳控。为了妥善处置职工群众到鞍钢重要部位上访，制定印发了《维护鞍钢集团公司（鞍山区域）重要部位正常工作秩序管理办法》，对职工群众到鞍钢重要部位上访情况每月下发通报，每日安排专人及时协调和妥善做好重要部位来访的应急处置，有效维护了重要部位的正常交通、办公秩序。全年共通报考核 11 个单位。在全国和省市“两会”、纪念抗战胜利 70 周年、“9·20”敏感日、十八届五中全会等重点时段，先后 5 次下发通知，制定工作预案，从强化政治责任、解决信访突出问题、加强信息收集研判、全力做好重点人员稳控、抽调专人驻京控访等方面做出具体安排部署。通过积极有效的工作，实现了重点期间“四个不发生”的工作目标。充分发挥基层调解组织作用，通过加强组织制度建设，加大管理和指导力度，有效调动了基层组织和工作人员的积极性，加强调解工作，使大量民间矛盾纠纷及时得到排查调处，为建立和谐干群关系、员工关系、邻里关系、家庭关系发挥了积极作用。

**【中央专项巡视期间维稳工作经受新考验】** 中央专项巡视期间，信访维稳工作具有政治影响大、工作任务重、持续时间长、标准要求高、信访情况复杂、参与部门多等显著特点，做好这一期间信访维稳工作，保障中央巡视工作的顺利进行，是对鞍钢各级信访维稳部门的严峻考验。一是加强组织领导。鞍钢成立了信访应急处置工作组，制定了《信访应急处置工作预案》，明确目标，落实责任，做到安排部署科学严谨。期间，召开专题会议，对信访维稳工作做出安排。两次召开鞍钢信访工作联席会议，研究解决信访突出问题。鞍山钢铁、攀钢、矿业集团、工程技术发展公司、综合实业发展公司等单位及时召开信访专题会议，对本单位的信访维稳工作进行安排部署和专题研究，为切实做好专项巡视期间的信访维稳工作奠定了基础。二是落实稳控责任。及时印发了《关于中央巡视组进驻鞍钢期间做好信访维稳工作的通知》，对全公司不稳定因素进行拉网式排查，对排查确认的 13 个集体访重点人员和 25 名个访重点人员分别交办到 27 个相关责任单位，逐人逐案落实领导包案。各单位对排查确认的不稳定群体、不稳定个人，逐一梳理分析，主动落实包保责任。信访应急工作领导小组每周召开一次研判专项会议，对全公司不稳定因素及上访情况进行研判和通报。对排查研判出的预警情况，及时与公安机关沟通，制定工作预案，研究稳控措施。积极组织涉案单位配合属地公安机关对重点人员入户走访、依法劝诫 33 人次，有效地化解了 3 起百人以上群体欲到巡视组驻地上访事件。三是做好应急处置。信访应急处置工作组从 10 个单位抽调 14 名经验丰富的信访干部，组成巡视组驻地信访接待工作组，与市信访维稳和安保工作组进行对接，明确职责和任务，建立信息共享平台和每日工作总结汇报机制。每天向中央巡视组汇报上访及处置情况，上报信访维稳信息 55 期。接待工作组实行 24 小时值班巡查，对来访人员坚持第一时间接谈、劝离、交办。对个别不能劝离的，及时通知责任单位开展现场劝返工作。对个别扰乱秩序、不听劝阻的，协助公安执勤人员依法进行教育和处置，共收缴各类上访横幅、状衣 15 件，警告 6 人，依法训诫 2 人。实现了未发生上访人员滞留巡视组驻地事件，未发生上访人员围堵巡视组办公场所事件，未发生重大群体性事件和个人访极端事件，未发生有影响的信访事件的工作目标，为中央巡视组在鞍钢顺利开展专项巡视工作营造了和谐稳定的环境。信访维稳工作得到了中央第十三巡视组的充分肯定。

**【人民调解工作】** 充分发挥人民调解工作“第一道防线”的作用，坚持“调防结合，以防为主”的人民调解工作方针，深入扎实地开展了人民调解和社会矛盾纠纷排查调处工作，使大量矛盾纠纷及时得到排查调处，为创建新型和谐的干群关系、员工关系、家庭关系，全面促进和谐鞍钢建设发挥了积极作用。各级党组织认真贯彻落实中央及省、市关于同“法轮功”邪教组织斗争工作精神和总体部署，组织开展了全国“两会”、十八届五中全会期间习练“法轮功”人员的排查和严防邪教组织破坏活动的专项行动，实现了鞍钢无“法轮功”等邪教组织成员在全国重要敏感时期的捣乱破坏活动，为维护企业和社会政治稳定作出了应有贡献。2015 年，各级调解委员会共排查调处各类矛盾纠纷 653 件。其中，生产经营方面引发的职内纠纷 271 件，实现各类纠纷调处率、调成率和防止矛盾激化率三个百分之百。

（鞍山钢铁集团公司信访办　宁　涛）

# 企业文化与公共关系

## ·企业文化·

**【文化体系建设取得新进展】** 鞍钢集团在统一集团形象、培育文化共识、强化文化基因、整合文化网络、逐步深化鞍攀文化融合的基础上，启动以“构建鞍钢集团文化体系”为核心的企业文化建设项目，成立鞍钢集团文化体系建设领导小组，形成企业文化体系建设方案和《鞍钢文化宪章（征求意见稿）》。

鞍钢集团通过为退休职工举办庄重、规范的离职仪式，为新入厂的职工举行入职仪式，激发全员的归属感、自豪感和责任感，构建企业与员工命运、情感和文化的共同体。2015 年，共有 30 个基层单位为 2193 名退休职工组织了 42 次退休职工离职仪式，26 个单位为新入厂的 267 名职工举行了规范的入职仪式。

**【加强文化阵地建设】** 推进鞍钢集团展览馆、鞍山钢铁正门区域园林景观工程建设，开展“鞍钢500 罗汉”专题研究工作。鞍钢集团展览馆强化功能开发，开展多个文化培训，承办多个主题展览，被推荐为全国红色旅游经典线路，并获得辽宁省科普教育基地、鞍山市爱国主义教育基地称号。

**【强化品牌建设】** 制订下发《品牌建设指导意见》，进一步理顺品牌建设的工作职责，梳理鞍钢集团品牌建设现状，提出集团品牌工作的方向建议。组织参加西部汽车钢展、德国冶金展、第十四届中国国际冶金展、第 18 届渝洽谈会，提升了鞍钢集团影响力。为 2014 年中央企业经济运行报告提供鞍钢集团品牌建设工作总结。

**【传承英模文化】** 深入开展“学李超，做李超式好员工”主题实践活动，鞍钢人在钢材价格和铁矿石暴跌的双重打击下，以前所未有的拼劲儿、干劲儿、韧劲儿，想企业之所想，急企业之所急，同心同德、同舟共济，扎实工作，开拓进取，取得了生产经营稳中有进、非钢产业健康发展、全面改革持续深入、科技创新成效显著、企业管理不断加强、和谐发展共建共享有新进步的业绩。鞍钢股份冷轧厂四号线支部书记兼副作业长李超被授予全国“时代楷模”荣誉称号，获全国道德模范提名奖。攀钢综合服务中心东风管理所党总支二支部副书记丁爱谱获评“中国好人”称号。鞍钢股份炼钢总厂电气点检组长林学斌荣获“辽宁好人·最美人物”，鞍钢股份炼焦总厂张允东荣获“辽宁好人·最美职工”，鞍钢股份线材厂王广军荣获“辽宁好人·最美技术能手”称号。开展鞍钢集团纪念抗战胜利暨世界反法西斯战争胜利七十周年活动。

**【推出系列文化产品】** 拍摄制作电视专题片《2015，搏击“寒冬”》。编辑出版《践行“六种发展理念”故事集》《基层思想政治工作案例选编》。鞍钢集团展览馆推出系列具有鞍钢特色、体现鞍钢文化的纪念品。鞍钢集团公司获评“‘十二五’企业文化建设英模文化标杆”“第九届中国企业文化百人学术论坛”优秀成果奖。鞍钢集团 9 项课题获中央企业党建思想政治工作优秀成果奖，9 项成果获中国冶金政研会优秀成果奖。

（鞍钢集团公司党委宣传部　周　军　佟　力）

## ·公共关系·

**【全力争取上级宣传部门支持】** 努力争取中宣部支持。通过反复沟通争取，鞍钢典型工作经验列入中宣部 2015 年培训内容。2015 年 5 月 13 日，中宣部举办第一期全国宣传干部培训班，中宣部专门安排鞍钢集团介绍典型工作经验。鞍钢集团公司党委副书记、工会主席尹利在培训班上作了交流发言。随后，鞍钢作为唯一一家企业代表，参加了中宣部关于加强和改进先进人物宣传工作研讨会。参加中宣部“如何宣传一线劳动者群体”专题调研，介绍鞍钢一线典型选树、宣传经验。鞍山钢铁、攀钢获得第四届全国文明单位称号。

强化与国务院国资委宣传局的联系、沟通。国务院国资委宣传局在鞍钢集团应对重大突发新闻事件、精神文明建设、企业文化建设等方面给予大力指导、支持。鞍钢郭明义爱心团队被国资委文明委授予中央企业优秀志愿服务团队。做好国务院国资委宣传局局长卢卫东一行到鞍钢调研的相关工作。参加国务院国资委宣传局组织的“一带一路国际化经营与风险防控”研讨会，为鞍钢“走出去”积累经验。

进一步强化与辽宁省委宣传部、鞍山市委宣传部的关系。辽宁省委宣传部、鞍山市委宣传部在鞍钢展览馆建设、鞍钢职工李超申报“时代楷模”“道德模范”等工作中予以大力指导和帮助。鞍钢股份炼焦总厂、矿业集团齐大山铁矿获辽宁省文明单位称号。

**【强化媒体资源建设】** 完成新华社辽宁分社社长赵承到鞍钢调研和新华社关于经济信息报道征求意见函回复的相关工作。做好新华社内参编辑部专题到鞍钢集团针对国企改革的最新态势、实际困惑和可操作性路径的调研，积极反映鞍钢贯彻落实《关于深化国有企业改革的指导意见》精神、化解历史遗留问题等领域的建议。配合新华社做好鞍钢劳模深度报道的采访工作。做好人民日报、中央电视台、经济日报、光明日报、辽宁日报、辽宁电视台等中央、省市新闻媒体记者到鞍钢采访李超、孙利东、鞍钢改革、中央对鞍钢专项巡视、鞍钢产品出口“一带一路”等的接待、配合工作，维护良好的企媒关系。中国冶金报鞍钢记者站获评优秀记者站称号，站长被评为优秀站长，其余两名记者均被评为优秀记者。利用元旦、春节、五一等节日给中央、省市相关记者发祝福短信。全年省级及以上新闻媒体累计刊发宣传鞍钢集团层面的稿件1020篇，鞍钢集团、鞍钢产品、鞍钢人的良好形象得到有效传播。

**【打造公共关系系列平台】** 推进鞍钢集团展览馆、鞍山钢铁正门区域园林景观工程建设，开展“鞍钢500罗汉”专题研究工作。鞍钢集团展览馆强化功能开发，开展多个文化培训，承办多个主题展览，被推荐为全国红色旅游经典线路，并获得辽宁省科普教育基地、鞍山市爱国主义教育基地称号。2015年接待鞍钢职工和社会各界参观61032人次。

利用新媒体平台开展公共关系工作。4月1日开通鞍钢集团官方微信——“摇篮鞍钢”，图文并茂地及时推送鞍钢大事要闻，大力推介鞍钢产品，宣传重大典型，搭建互动平台，展示鞍钢人良好形象。“摇篮鞍钢”粉丝超过12000人，主要分布在辽宁、四川、上海、广州、北京等近20个省、市、自治区。全年推送信息585条，累计阅读数达61万次。“摇篮鞍钢”已成为鞍钢集团开展形势任务教育和品牌传播的新阵地，是职工和客户、社会公众了解鞍钢动态、成就的重要窗口。

利用有影响力的展览、展示活动强化品牌建设。组织参加西部汽车钢展、德国冶金展、第十四届冶金展、第18届渝洽谈会展览工作，受到集团公司领导、现场嘉宾、观众好评，提升了鞍钢集团影响力。

主动回应公众关切。坚持围绕鞍钢集团改革发展和生产经营大局，强化网络舆情监控工作，全面关注与鞍钢、钢铁行业、国企形象密切相关的各方面舆情信息，有效利用互联网搜索技术，做好舆情研判与监测，准确把握热点、焦点舆情信息。全年编发《网络舆情简报》《每日舆情》104期，形成《2015年舆情报告》，并提出建议、意见，为维护鞍钢集团形象提供了网络舆论环境保障。

妥善处理鞍钢股份发布年报、媒体错误报道鞍钢集团调整鞍山钢铁领导班子、鞍钢集团与德国蒂森克虏伯集团合作、攀成钢转型升级、媒体不实报道印尼项目等舆情事件。及时完成鞍山市互联网信息办公室转来的《舆情通知单》的核实、处置、回复工作。

（鞍钢集团公司党委宣传部　周　军）

# 党群管理

## ·党建管理·

**【党内统计】** 2015年末，鞍钢集团公司有党委259个，党总支部186个，党支部2948个，党小组7023个；有党员93057名，其中在岗职工党员67165名，离退休职工党员24711名（其中离休党员953名、退休党员20396名），居家休息职工党员3362名，其他方面党员1181名。2015年，发展党员1093名，申请入党人14368名，入党积极分子4021名。专职党务工作人员2036名。

**【巩固拓展群众路线教育实践活动成果】** 鞍钢集团进一步巩固和拓展教育实践活动成果，切实加强作风建设。坚持教育与实践并重，一手抓“四风”整治，一手抓经常性教育，把教育实践活动中的好做法好经验固化为加强作风建设的制度规定和工作机制。

1. 印发《鞍钢集团公司党委关于深化“四风”整治、巩固和拓展党的群众路线教育实践活动成果的实施意见》。紧紧围绕生产经营、改革改造、深化管理等中心任务，强化党员干部宗旨意识、担当意识，坚定不移推进全面深化改革，凝聚发展动力，以优良作风保障鞍钢集团各项工作顺利开展。

2. 扎实推进“两方案一计划”。坚持整改到位、落实到位的原则，对整改方案中每个整改项目都制定了整改措施、明确了责任人和完成时限，认真组织推进，及时整改落实，“两方案一计划”全部整改完成。

3. 注重建章立制。认真贯彻落实中央八项规定精神和《党政机关厉行节约反对浪费条例》等规定，结合实际制定《鞍钢集团公司党委关于改进工作作风密切联系群众的实施细则》《鞍钢集团公司各级领导班子成员联系服务职工群众制度》等制度，细化量化了改进作风联系群众的具体标准、落实措施和工作责任，初步形成了加强作风建设的制度体系。

**【扎实开展“三严三实”专题教育】** 按照《中共中央办公厅印发〈关于在县处级以上领导干部中开展“三严三实”专题教育方案〉的通知》（中办发〔2015〕29号）要求，鞍钢集团公司党委决定：2015年在鞍钢厂处级以上领导人员中开展“三严三实”专题教育。4月24日，鞍钢集团公司党委召开党委常委（扩大）会议，启动了以“严以修身、严以用权、严以律己，谋事要实、创业要实、做人要实”为重要内容的“三严三实”专题教育。董事长、党委书记张广宁同志在启动会上作了重要讲话，从高度重视、深入学习、重点突出、落实责任等方面提出了要求。

1. 制定专题教育方案。结合鞍钢实际，制定《鞍钢集团公司党委关于开展“三严三实”专题教育方案》和《鞍钢集团公司党委开展“三严三实”专题教育日程安排》，对开展“三严三实”专题教育的重要意义、总体要求、方法措施、组织领导和日程安排等提出具体意见，保证“三严三实”专题教育顺利开展、取得实效。

2. 建立联系推进机制。制定《鞍钢集团公司领导班子成员“三严三实”专题教育联系点制度》和《关于建立鞍钢集团公司党委“三严三实”专题教育实施推进机制的通知》，建立领导班子成员联系点和推进各单位“三严三实”专题教育活动，采取到联系点单位调研、检查指导、参加会议、听取汇报等形式，督促各单位“三严三实”专题教育活动，保证各单位专题教育活动扎实有序开展。

3. 组织好“三严三实”专题教育党课。制定集团公司党委书记、董事长和总经理专题调研、个别访谈和征求意见座谈会等方案，深入征求“不严不实”的意见建议；组织好集团公司党委书记、董事长张广宁同志主讲“三严三实”专题教育党课相关工作；印发《关于各单位党委讲好“三严三实”专题教育党课的通知》，对各单位如何讲好“三严三实”专题教育党课提出明确要求，并参加督导各单位专题教育党课。基层党委紧密联系本单位实际，以鞍钢集团公司党委专题党课为样板，从突出教育主题、把握总体要求、落实主体责任、扎实推进工作等方面，对搞好专题教育提出了明确要求。

4. 扎实推进三个专题学习研讨。协调组织集团公司党委“严以修身”“严以用权”“严以律己”专题学习研讨，突出实践特色，做到与学习贯彻习近平总书记系列重要讲话精神、十八届三中、四中、五中全会精神结合起来，进一步坚定理想信念，与学习《党章》《准则》和《条例》结合起来，作为提高“严”和“实”的重要标准，与中央巡视反馈问题整改工作结合起来，强化管党治党各项工作，与鞍钢打胜“两大攻坚战”结合起来，争做忠诚干净担当模范，为鞍钢扭亏控亏、转型升级作贡献。基层党委扎实抓好三个专题学习研讨，深化教育，提高认识，进一步明确了践行“严以修身”的实践要求和努力方向，争做“三严三实”领导干部的思想自觉和行动自觉。

5. 落实“三个摆进去”，着力查摆解决问题。紧紧抓住中央第十三巡视组巡视期间召开的党风廉政建设专题民主生活会和“三严三实”专题民主生活会这个重中之重，坚持把自己摆进去、把职责摆进去、把思想摆进去，深入查摆剖析问题，严肃开展批评和自我批评，以研讨促整改、促落实，努力在解决问题中受到教育。各级领导班子通过专题民主生活会共查摆出“不严不实”问题5066个，制定整改措施5689项，截至2015年末，已完成整改4091个问题。

6. 坚持边学边改、立行立改，扎实推进专项治理工作。按照集团公司党委的部署，扎实推进领导人员违反廉洁从业规定、中央八项规定精神专项治理和“四资一项目”专项治理，坚持做到边学边改、立行立改。

**【健全完善党建工作制度】** 成立集团公司党委党建工作领导小组。印发《关于成立党建工作领导小组的决定》，明确由集团公司党委书记、董事长张广宁担任党建工作领导小组组长，党委副书记、纪委书记任副组长，党委班子其他成员和相关部门负责人为成员，强化党委的主体责任。党委书记是抓党建工作的第一责任人，党委副书记为抓党建工作的直接责任人，领导班子成员履行“一岗双责”。建立完善党内制度。制定印发《关于贯彻落实全面从严治党要求，进一步加强和改进党建工作的意见》和《鞍钢集团公司基层党委工作规则》，明确党建工作的指导思想和工作思路，基层党委发挥政治核心作用的内容、要求和方法途径。建立基层党委书记例会制度，每季度召开一次会议，总结部署工作，交流党建工作经验。建立党群部门例会制度，定期研究党群工作重大问题。

**【基层党支部建设】** 1. 深化“样板”党支部工程，在对基层党支部建设进行专项调研基础上，评出17个鞍钢集团公司党支部工作示范基地和62个集团公司“样板”党支部，同时广泛开展与党支部工作示范基地对标学习交流活动，充分发挥先进典型的示范引领作用，推进基层党组织建设晋位升级。制定党员教育专题片制作方案，向辽宁省委组织部上报李超《我是党员》党员教育片并获全国党员教育电视片二等奖，同时向中央组织部上报《背水之战》和《一个共产党员的道德追求》党员教育片，《背水之战》党员教育片获全国党员教育电视片二等奖。

2. 推进服务型党组织建设。与集团党委宣传部、鞍钢党校、鞍钢日报社等单位联合开展了“加强基层服务型党组织建设”征文活动，共收到征文255篇，评选一等奖征文20篇，二等奖征文30篇，三等奖征文50篇。同时在鞍钢日报开辟专栏刊登优秀文章。

3. 开展走访慰问老党员、老干部和困难党员活动，在元旦、春节和“七一”期间，共计走访慰问2236人，发放慰问金143.4万元。

**【党员教育管理】** 全面推行党员退出机制，落实“党要管党，从严治党”要求，提高党员队伍“新陈代谢”能力，保持党员队伍的先进性和纯洁性。对照优秀党员和不合格党员的标准，按照规范的程序组织党员和群众开展评议，最终对党员进行准确定格。疏通党员出口，对那些丧失党员条件的及时进行组织处置。2015年共评出不合格党员209名，劝退处置党员10名，除名处置党员119名。按照“控制总量、优化结构、提高质量、发挥作用”的总要求，切实做好发展党员工作，2015年共发展党员1093名。扎实开展“共产党员工程”活动。紧密结合生产经营和降本增效目标确立活动项目，围绕创新、攻关、登高三个层面开展活动，在各级党组织深入开展基础上，共确立集团公司级项目194个，实现增效创效2.6亿元。

**【党内表彰】** 2015年7月1日，为庆祝中国共产党成立94周年，巩固和拓展党的群众路线教育实践活动成果，激励鞍钢各级党组织带领广大共产党员和职工群众践行“六种发展理念”，立足岗位创先进、争优秀，以钢铁般的意志迎难而上，改革创新，攻坚克难，集团公司党委召开了“鞍钢集团公司庆祝中国共产党成立94周年暨2014年度‘三先两优’”表彰大会，授予鞍山钢铁炼钢总厂党委、攀钢轨梁厂党委等22个党委“先进党委”称号，授予攀钢西昌钢钒公司炼铁厂三高炉作业区党支部、矿业集团弓长岭选矿厂检修作业区党支部等314个党支部“先进党支部”称号，授予鞍钢工程技术发展公司建设集团有限公司第一工程分公司管道项目部第一党小组、综合实业发展公司冶金工程事业部绿化分公司第二管护区党小组等366个党小组“先进党小组”称号，授予刘加纯、邓强等377名同志“优秀共产党员”称号，授予刘晓文、周承家等237名同志“优秀党务工作者”称号。

（鞍钢集团公司党委组织部　张　君）

## ·宣传工作·

**【强化理论武装，扎实推进“三严三实”专题学习】** 对全集团政治理论学习做出安排。先后印发了《2015年政治理论学习指导意见》《2015年集团党委中心组学习计划》，对各级领导干部、党员和职工群众的学习做出安排。印发了《鞍钢集团公司“三严三实”专题教育学习宣传方案》《关于做好“三严三实”专题教育专题学习研讨的通知》《关于集团党委中心组“三严三实”专题教育专题学习研讨的预通知》，进一步深化、细化了各级党委中心组“三严三实”专题学习研讨、媒体宣传等各项工作。

强化各级党委中心组学习。一是组织集团党委中心组先后举办了弘扬“鞍钢宪法”精神大讲堂、召开“三严三实”专题教育集体学习（扩大）会和“严以修身”“严以用权”“严以律己”专题学习研讨（扩大）会28次集体学习。二是为集团党委中心组成员提供自学资料。通过OA网“每旬荐读”栏目累计推荐自学辅导文章53篇，提供了《习近平谈治国理政》《习近平关于党风廉政建设和反腐败斗争论述摘编》《优秀领导干部先进事迹选编》《领导干部违纪违法典型案例警示录》等重点学习书籍。三是按季度为基层党委中心组学习提供资料，先后编发《十八届四中全会精神辅导报告》《十八届五中全会精神辅导报告》等视频学习光盘1080张。

推动学习成果的实践转化。组织各级领导干部和广大党员紧密结合学习和工作实际，撰写学习体会和经验成果，在《鞍钢日报》理论版开辟“学习贯彻习近平总书记系列重要讲话精神”专栏，刊发优秀体会文章34篇。开展“三严三实”专题教育征文活动，征集党员领导干部在“三严三实”专题教育过程中取得的学习和工作成果，推动“三严三实”专题教育不断深入。

**【加强和改进思想政治工作】** 深入开展形势任务教育。2015年初印发了《2015年形势任务教育指导意见》，明确提出各单位要把形势宣传到一线、措施宣讲到一线、信心鼓舞到一线，做到“四个讲清”“四个明确”，达到全覆盖、不留死角的具体要求。6月印发了《深入开展“千方百计保生存、万众一心渡难关”形势任务教育的通知》，组织子企业从“如何看待当前形势”“如何看待收入变化”“如何看待深化改革”“如何看待企业未来”等四个方面深化基层一线的形势任务教育。组织开展了“树立六种发展理念”，推动扭亏增效大讨论活动的动态宣传，《鞍钢日报》开辟《认清形势迎挑战　坚定信心渡难关》形势任务教育专栏，累计刊发基层动态和经验成果报道67期。强化对基层形势任务教育的指导、监督与检查，印发上半年以来各单位形势任务教育通报，确保形势任务教育落实到基层一线。按照集团公司党委安排，在《鞍钢日报》刊发《生死关头勇者胜》形势任务教育特约评论员文章，增强广大干部职工打胜扭亏增效攻坚战的信心和决心，逐级传递推进目标落实的压力，激发全员行动的强大动力。

召开鞍钢集团思想政治工作推进大会暨党建思想政治工作研究会成立大会。一是组织实施了基层思想政治工作问卷调查。累计印发和收回问卷1200份，为了解基层思想政治工作基本情况、主要做法和经验提供了重要参考。二是组织召开集团公司思想政治工作推进暨党建思想政治工作研究会成立大会，印发《关于加强和改进新形势下鞍钢集团思想政治工作的指导意见》，成立了鞍钢集团党建思想政治工作研究会。三是下发了《关于征集优秀思想政治工作方法及其案例的通知》，征集各子企业思想政治工作方法及案例145篇，择优选出89篇编入《鞍钢集团基层思想政治工作优秀案例选编》。

推进党建思想政治工作课题研究。一是按照中央企业党建政研会部署，组织子企业开展课题立项申报工作，鞍钢集团有10个课题入选中央企业党建政研会 2015～2016 年度立项课题。二是围绕建立集团党建思想政治工作研究与实践平台，确定并推进 6 项具体工作，形成总体框架。三是深化思想政治工作课题研究，推荐鞍山钢铁文明办、鞍钢股份鲅鱼圈分公司等 6 个单位的思想政治工作研究与实践成果申报 2015 年度中国冶金职工思想政治工作优秀成果评选。2015 年以来，鞍钢集团有 9 项课题获得中央企业党建思想政治工作优秀成果奖，有 9 项成果获得中国冶金政研会优秀成果奖。

开展深入细致的思想政治工作。鞍钢集团党委高度重视做好新常态下职工思想政治工作。集团公司董事长、党委书记提出了新常态下做好职工思想政治工作的具体要求，集团公司总经理、集团公司党委副书记分别组织召开新常态下职工思想政治工作座谈会，研究部署思想政治工作。重点做好企业或产线关停重组、人员分流、收入减少等切身利益受到影响的干部职工的思想政治工作。在关闭攀成钢冶炼系统及棒线材生产机组，西昌新钢业冶炼轧材系统，朝阳瓦房子锰矿、大连石灰石矿、大连石灰石新矿，暂停福建莆田冷轧生产线过程中，把思想政治工作贯穿到改革全过程，做好一人一事的思想政治工作，确保了整个关停过程未发生人身、设备安全事故，未出现群体性事件，未造成重大社会不良影响，深入细致的思想政治工作在推进企业改革中发挥了“生命线”作用。

**【新闻宣传工作成效进一步彰显】** 夯实新闻宣传工作基础。认真学习落实国务院国资委新闻宣传交流会精神，提出《进一步改进和加强新闻宣传工作的意见》并获集团公司党委常委会讨论通过，及时向国务院国资委报送鞍钢新闻宣传工作情况，为进一步改进和加强新闻宣传工作奠定体制机制基础；于 6 月 29 日召开新闻宣传工作会议，总结、交流鞍山钢铁、攀钢、攀成钢三家单位舆情应对经验与教训，传达党和国家领导人、上级关于新闻宣传的指示、政策、法规，对 25 名新闻联系人、50 余名网络评论员进行专题培训。

对外宣传保持强势。在省级以上（含省级）新闻媒体发稿保持平稳态势，全年共刊发鞍钢集团层面稿件 1020 篇，其中《人民日报》、中央电视台、《经济日报》《工人日报》《光明日报》等中央媒体 50 篇，《中国冶金报》208 篇，国资委网站 50 篇，《中国冶金报》发稿数继续领先对标企业；在《中国冶金报》推出《勇担央企责任　助力美丽中国》《鞍钢：英模辈出　群星闪耀》两次整版形象宣传，推出长篇通讯《目标：世界级钢轨生产商》《鞍钢核电用钢站上“风口”》，对鞍钢钢轨、核电用钢的综合实力进行系统介绍，助力优势产品的市场开拓，鞍钢集团、鞍钢产品、鞍钢人良好形象得到有效传播；利用中国钢铁工业协会官方微信专题宣传鞍钢节能减排与环境保护工作，得到广泛好评。《中国冶金报》头版头条报道《我们要做改革的促进者——专访中国钢铁工业协会会长，鞍钢集团董事长、党委书记张广宁》先后被《冶金经济管理》《中国经贸导刊》转发，并入编《党史党建与思想政治工作》（2015 年刊）。

精心策划组织协调内部宣传。做好集团公司重大会议、活动的鞍攀同步宣传的策划、协调工作，做到零失误；制定《中央巡视组进驻鞍钢宣传工作方案》《中央巡视组向鞍钢反馈巡视情况宣传工作方案》《增收节支与降本增效专题宣传方案》《鞍钢职工创新工作室宣传报道方案》《“海洋装备用金属材料及其应用国家重点实验室”宣传报道方案》并抓好落实；举办“弘扬鞍钢宪法精神，实现扭亏为盈目标”征文活动，共收到征文作品 340 篇；策划、组织拍摄 2014 年度专题片《攻坚 2014》，在集团公司年度表彰会播放，获集团各方面好评；组织拍摄鞍钢技术中心申报国家级重点实验室专题片，获国家科技部好评，促进了申报工作的有效开展。

**【新媒体建设取得重大突破】** 鞍钢集团官方微信——“摇篮鞍钢”于 4 月 1 日正式上线，积极做好微信的编辑、宣传、推广与微友参观集团展览馆活动。截至 12 月 31 日，鞍钢集团官方微信粉丝超过 12000 人，累计推送信息 585 条，累计阅读量 61 万次，成为宣传鞍钢产品、技术、品牌、形象的重要窗口。推进“摇篮鞍钢”入驻国内权威推荐引擎“今日头条”工作，利用该平台发布的《乔石，也是一位“老鞍钢”》《鞍钢版“淘宝”来了》等信息累计阅读量超过 10 万人次。学习借鉴先进微信公众号运营经验，改进“摇篮鞍钢”的信息收集、编辑、发布、推广，提高影响力，鞍钢集团移动互联网信息发布平台建设全面推进。

全面加强集团公司官方网站、微博建设。推进《鞍钢集团公司网站管理办法》的落地，积极协调各单位及时更新相关栏目内容。更新鞍钢广州联众不锈钢公司的产品画册、使用手册等宣传资料，进一步丰富产品服务栏目。同时对业务板块的内容按照公司现行管理体系进行调整栏目，以确保网站信息的准确性。鞍钢集团官方网站2015年发布信息1123条。坚持每日更新集团官方微博，集团官方微博累计推送信息248条，累计阅读量超过70万次。举办鞍钢集团网站信息员专题培训班，对互联网政策法规、集团官方网站信息更新要求等进行培训。

**【舆情监测与舆情应对处置能力进一步提高】** 坚持围绕集团公司改革发展和生产经营大局，强化网络舆情监控工作，全面关注与鞍钢、钢铁行业、国企形象密切相关的各方面舆情信息，有效利用互联网搜索技术，做好舆情研判与监测，准确把握热点、焦点舆情信息。编发《网络舆情简报》43期，并提出建议意见，为集团公司领导决策提供参考。中央巡视组进驻鞍钢后，每天实时收集、监控相关舆情，坚持每日编发《每日舆情》，及时呈送集团公司领导和中央巡视组，中央巡视组在鞍钢期间，累计编发61期，确保了中央巡视组进驻鞍钢期间舆情整体受控。

妥善处理好了鞍钢股份发布年报、媒体错误报道鞍钢集团调整鞍山钢铁领导班子、鞍钢集团与德国蒂森克虏伯集团合作、攀成钢转型升级、媒体不实报道印尼项目等舆情事件。及时完成鞍山市互联网信息办公室转来的《舆情通知单》的核实、处置、回复工作。对网络上涉及鞍钢集团的负面信息及时妥善处理，形成有利的网上舆论环境。

（鞍钢集团公司党委宣传部　曹德飞）

## ·纪检监察工作·

**【党风建设和反腐败工作综述】** 2015年，鞍钢集团公司各级党委、纪委深入贯彻党的十八届四中、五中全会，十八届中央纪委四次、五次全会精神，认真学习领会习近平总书记系列重要讲话精神，全面深化从严治党、落实两个责任，以高度的政治责任感全力配合中央巡视，扎实推进问题整改；深化纪律检查体制改革，切实加强监督体系建设；把纪律和规矩挺在前面，持之以恒落实中央八项规定精神；坚持问题导向，实现内部巡视工作的全覆盖；把握“四种形态”，深入开展纪律审查；持续深化“三转”，建设忠诚干净担当的纪检监察队伍，为集团公司改革发展稳定提供了坚强的政治保证。

**【学习贯彻习近平总书记系列重要讲话精神，全面深化从严治党】** 召开了2015年鞍钢集团公司党风廉政建设和反腐败工作会议，十八届中央纪委委员、鞍钢集团公司总经理张晓刚传达十八届中央纪委五次全会和国资委反腐倡廉建设工作会议精神；鞍钢集团公司党委常委、纪委书记许质武做《深化反腐败体制机制改革和制度创新，为全面打胜扭亏为盈攻坚战提供坚强保障》工作报告，从落实主体责任、落实监督责任、深入开展巡视工作、坚持不懈纠正“四风”、规范线索管理、以零容忍的态度惩治腐败，加强廉洁文化建设、突出关口前移、深入开展效能监察、坚持依规治党、打造过硬队伍10个方面回顾了2014年集团公司党风建设和反腐败工作，对2015年任务做出了部署。鞍钢集团公司党委书记、董事长张广宁从认真学习贯彻中央纪委五次全会精神，切实增强做好党风廉政建设和反腐败工作的紧迫感和责任感；落实两个责任，深化党风廉政建设和反腐败工作；加强纪律建设，严明党的政治纪律和政治规矩3个方面提出工作要求。

切实把思想和行动统一到中央精神上来。集团公司党委25次召开常委会议，深刻学习领会中央精神，研究贯彻落实意见，部署党风建设和反腐败工作。召开了“全面从严治党、落实两个责任推进会”、党委书记工作会议，组织签订了“两责任两承诺”。

完善党风建设和反腐败制度体系，推进依规治党。在建立完善落实从严治党、加强监督体系建设等制度的基础上，制定了《鞍钢集团公司党委党风廉政建设责任考核与追究办法（试行）》《鞍钢集团公司纪委约谈管理办法》，对主体责任落实不到位、违反中央八项规定精神问题多发和出现重大腐败案件单位的59名领导人员进行了问责。编发了《党政纪条规选编》《鞍钢党风和反腐倡廉建设制度汇编》，形成了较为完备的制度体系。

加强党性党规党纪教育，唤醒党章意识。学习宣传《中国共产党廉洁自律准则》《中国共产党纪律处分条例》，印发了贯彻落实通知，开展了立规执纪大检查。编发了《党章知识100问》《以案说纪》《见得思义》等读书思廉材料，利用内外反腐倡廉展览馆、信息网开展党规党纪教育812次，6万多人次参加，通报了134起违纪案件，营造了强化党章和纪律意识的浓厚氛围。

**【以高度的政治责任感全力配合中央巡视，扎实推进问题整改】** 高质量完成巡视组交办工作。制定了配合中央巡视工作方案，向巡视组汇报了鞍钢集团党风建设和反腐败工作情况。召开了各级领导班子专题民主生活会，深入开展批评与自我批评。组织开展了领导人员及其亲属、特定关系人违规经商办企业，违反廉洁从业规定和中央八项规定精神专项治理，对32人进行了党政纪处分和组织处理。组织召开各级警示教育大会，通报了36起违纪违法案件，取得了良好的教育效果。

认真调查巡视组交办的问题线索。集团公司纪委组建49个工作组，深入开展纪律审查。集团公司党委7次听取线索处置情况汇报，研究推进工作，结合实际增加纪律审查费用预算。截至2015年末，中央巡视组移交的511件问题线索，已经办结409件，立案调查37件，给予党政纪处分38人，问责35人，移送司法机关6件，对5人采取“两规”措施，挽回损失2650万元，正在追索经济损失1.5亿元。

扎实推进巡视问题整改。成立整改工作领导小组，10次召开党委常委会、专题会议，将巡视反馈意见分解为4方面25个具体问题，制定整改措施87项，确保件件有着落，事事有回音。截至2015年末，87项整改措施已经完成了71项，并在党内和社会进行了公开。鞍钢集团党委立行立改、即知即改工作和巡视整改方案、报告得到了中央巡视办、巡视组的充分肯定。

**【深化纪律检查体制改革，强化两个责任落实】** 加强组织和制度创新。集团公司党委制定了《关于落实两个责任，充分发挥纪委监督保障作用的指导意见》《关于加强党风廉政建设，深化纪检监察体制改革的意见》和《关于鞍钢集团各级党委、纪委领导岗位设置的决定》，将监督机构设置，纪委书记专职、提名考察、交流任职，查办腐败案件以上级纪委领导为主、约谈问责、述职述廉等要求用制度固化下来，配备了199名专职纪委书记。

推进纪律检查双重领导具体化。严格落实纪委书记、副书记的提名考察办法，在纪委书记、副书记配备过程中，由纪委会同组织部门提名考察，把好“入口关”，新任职纪委书记一律交流产生。严格落实查办腐败案件以上级纪委领导为主的要求，在查办重大案件特别是中央巡视组交办问题线索时，实行集团公司纪委牵头，采取交叉检查和复查复核方式，保证了纪律审查效果。强化上级纪委对下级纪委的领导，制定了纪委书记履职考核评价办法，开展了集团公司管理领导班子和主要负责人单位纪委书记述职述廉工作。

发挥纪委在组织协调反腐败工作中的主导作用，形成监督合力。充分发挥监督委员会作用，拓宽线索来源渠道，丰富问题处理方式。2015年组织人事、审计等部门向纪委反馈问题线索17件，均进行了初核。在纪律审查、内部巡视工作中，及时向上级纪委请示汇报，主动与地方纪委、公检法机关沟通协作，统筹协调组织人事、审计、法律事务等监督力量，形成强大合力，保证了监督工作的效率效果。

**【把纪律和规矩挺在前面，强化纪律约束】** 把严明政治纪律和政治规矩摆在首位。集团公司党委认真贯彻落实中央关于严明政治纪律和政治规矩的要求，切实履行管党治党的政治责任，严肃查处管党治党不严、落实两个责任不力问题，对25人进行了组织和问责处理。坚持和加强党对国有企业的领导，制定了《鞍钢集团公司党委关于贯彻落实全面从严治党要求，进一步加强和改进党建工作的意见》《鞍钢集团公司基层党委工作规则》，成立了党建工作领导小组，召开了思想政治工作会议，坚决克服组织涣散、纪律松弛等问题。

持之以恒落实中央八项规定精神。抓住重要时间节点重申廉洁从业各项规定，制定了《关于党员、干部操办婚丧等事宜的暂行规定》。严肃查处公车私用、违规操办婚丧喜庆事宜、兼职取酬、违规发放津补贴等违反中央八项规定精神问题，对67名责任人进行了党政纪处分和组织处理。加大通报曝光力度，在中央纪委监察部网站、鞍钢反腐倡廉信息网、《鞍钢日报》上集中通报了27起典型问题。

坚持抓早抓小，防止小错酿成大错。加强日常监督，充分运用谈话、组织处理等方式，对苗头性倾向性问题及时提醒、诫勉。各级领导班子认真召开“三严三实”专题民主生活会，互相批评、互相监督，共查摆出问题5066个，制定整改措施5689项。坚持惩前毖后、治病救人，对主动报告存在违反廉洁自律规定、违规经商办企业等问题并积极进行整改的，给政策、给机会，督促主动整改和纠正，体现组织的关心和爱护。

**【坚持问题导向，加强对权力运行的监督制约】** 深入开展内部巡视。分两轮对17个单位开展了落实中央八项规定精神和选人用人专项巡视，实现了巡视工作的全覆盖。发现了公款购买购物卡、公务用车和通讯费制度执行不力、违规操办婚丧喜庆事宜、个人有关事项报告不规范等问题。扎实推进问题整改，召开了巡视工作情况通报会，反馈的158个问题全部完成整改工作，依据移交的85个线索，调查处理违纪人员12人。

规范权力运行。建立招标采购、电子商务和资产处置平台，打造党风建设和反腐败工作安全网。深入开展债权清理效能监察，鞍山钢铁、攀钢、矿业集团、工程技术板块、综合实业板块等单位共收回欠款13.58亿元。各级纪检监察组织围绕采购销售、矿产资源、物流管理等领域共开展效能监察264项，避免和挽回经济损失1.56亿元，推动建章立制189项。深入推进廉洁风险防控，健全完善监督管理制度，防范腐败风险。

强化对领导人员的监督。制定了加强领导人员监督工作的实施意见，对不如实报告个人有关事项的29名领导人员以及负有干部管理责任的人员分别做出撤销任免决定、岗位调整、通报批评、诫勉谈话等处理。切实加强对选人用人工作的监督，纪委书记从提名酝酿阶段就参与领导人员选拔任用，全过程监督。2015年，集团公司纪委参与领导人员提名酝酿、岗位调整113人次，廉洁自律审查17人次，任前廉洁谈话32人次，严防“带病上岗”和“岗上生病”。

**【把握“四种形态”，保持惩治腐败的高压态势】** 加强问题线索管理。修订完善了《鞍钢集团公司纪委案件线索管理暂行办法》，建立了线索排查和集体研究处置机制，所有反映问题线索一律经线索排查会提出拟办意见，所有重要问题线索一律经线索处置会集体讨论，全年召开线索处置会议19次。加强对线索处置情况的监督，组织人员对中央巡视组交办的问题线索处置情况进行了审核。

深刻理解和运用“四种形态”。转变执纪方式和工作作风，扩大谈话、函询、诫勉范围，让有反映的人员讲清问题、认识错误、及时改正，共谈话函询799人，诫勉142人。对问题较严重的做出党纪处分和组织处理，党纪轻处分和组织处理70人，党纪重处分和重大职务调整45人。在执纪审查中，充分发挥理想信念和政策的感化教育作用，让审查对象深刻反思、认识错误，警示教育他人，发挥执纪的综合效果。

加大纪律审查力度。2015年共受理来信来访886件（次），立案调查107件，处分违纪人员115人。重点查处了劳家沟铁矿收购过程中造成巨额国有资产损失，集团公司助理级领导人员在工程建设和采购过程中违反组织纪律、廉洁纪律以及收取好处进行利益输送，内外勾结向鞍钢销售假冒进口产品，关键重要领域人员利用职务便利盗窃鞍钢资源以及诈骗鞍钢土地等案件，形成了强有力的震慑。

**【持续深化“三转”，打造过硬队伍】** 遵循党章，回归本职。集团公司党委调整纪委编制，规范机构设置、配齐配强纪检人员，增强纪律审查力量。集团公司纪委4次召开纪委书记工作会议、11次听取基层党风建设和反腐败工作汇报、26次深入基层调研座谈，推动各级纪委找准职责定位，把握“四种形态”，聚焦监督执纪问责。各级纪委严格落实纪律检查体制改革举措，结合实际加强监督体系建设，更加突出维护党章党纪权威，切实把纪律和规矩挺在前面。

提高履职服务能力，打造过硬队伍。进一步提高纪检监察人员的政治素质和业务能力，在积极参加上级纪委培训的同时，挖掘内部资源对700多名党委书记、纪检监察人员进行了形势任务教育和业务知识培训。强化纪检监察系统内部管理，完善了纪律审查工作机制，严明审查、巡视、保密纪律，带头落实中央八项规定精神，努力打造一支忠诚干净担当的纪检监察队伍。

（鞍钢集团公司纪委　孙琳琳）

## ·统一战线工作·

**【认真贯彻落实中央统战工作会议精神】** 组织召

开党委中心组学习会，专题学习习近平总书记在中央统战工作会议上的重要讲话以及《中国共产党统一战线工作条例（试行）》。2015 年 10 月 22 日，集团公司党委统战部邀请中央统战部原副秘书长张献生到鞍钢作中央统战工作会议及《中国共产党统一战线工作条例（试行）》专题辅导报告，全集团 290 余名统战干部及统战代表人士参加。

**【加深与统战代表人士沟通交流】** 2015 年 10 月 23 日，集团公司党委召开统战工作座谈会，集团公司党委副书记、工会主席尹利介绍当前国内外经济形势、钢铁行业形势、鞍钢面临的挑战以及应对严峻形势采取的工作思路和重点措施，对近年来统战成员提出的换届改选、活动经费、学习交流、建言献策渠道等问题进行答复，并就下一步做好统战工作做出部署。鞍山钢铁、攀钢党委统战部门负责人、民建鞍钢支部主委、民革攀钢支部主委以及党外知识分子代表作了重点发言。

**【深入开展“爱献做”活动】** 下发《关于推荐 2015 年“爱鞍钢、献良策、做贡献”主题活动优秀成果的通知》，对各单位开展“爱献做”活动进行总结评比和表彰推广。“BD2 轧机避免新辊不咬入操作方法”等 45 项成果被评为 2015 年优秀成果。按照 10 月 23 日集团公司党委召开的统战座谈会要求，集团公司党委统战部在全集团统战代表人士中开展了“建言献策”活动，共征集各类合理化建议 434 条。

**【加强党外代表人士队伍建设】** 推荐王军生、胡奉雅、李阳、商伟力 4 名同志为鞍山市第四届海外联谊理事建议人选，推荐吴景瑛、何晓明为辽宁省“爱岗位、献良策、做贡献”主题活动先进个人。2015 年 5 月 1 日晚，央视《新闻联播》在“五一”特别节目《工人诗篇》中，以《劳动是一首美丽的诗》为专题，用 4 分 30 多秒的篇幅，重磅推出了鞍钢股份炼钢总厂连铸作业区主操作室操作员、鞍山市政协委员、鞍钢工人诗人田力和他的经典诗作。当天，田力的诗歌和鞍钢的故事以《我是长子》为专题，先后在央视新闻频道《朝闻天下》《新闻直播间》《新闻三十分》《共同关注》等栏目播出。

**【广开交友联谊渠道】** 春节、中秋等节假日期间，广泛开展走访慰问统战代表人士活动，鞍钢党委统战部共走访慰问统战代表人士 100 余人次。

（鞍钢集团公司党委宣传部　秦永春）

## · 精神文明工作 ·

**【大力开展社会主义核心价值观教育】** 2015 年 2 月 11 日上午，由鞍山市委、市政府和鞍钢集团公司党委联合举办了孙利东同志见义勇为先进事迹报告会。近 500 名鞍钢职工聆听了报告会，接受了一次践行核心价值观的生动教育。中央电视台法制频道、中华见义勇为基金会专程赴鞍对孙利东先进事迹进行深入采访，相关节目在中央电视台播出。积极利用鞍钢集团展览馆开展团员青年、新入厂职工核心价值观教育。按照集团公司领导要求，组织鞍钢集团广大干部职工参观鞍钢集团展览馆，接受敬业爱岗、拼争奉献、创新求实精神的洗礼，使他们更加热爱鞍钢、心系鞍钢。组成报告团做郭明义先进事迹专场报告会 40 余场。

**【典型宣传取得重大成果】** 通过大力宣传和积极向上级有关部门推介，2015 年 1 月 14 日，李超被中央宣传部授予全国“时代楷模”荣誉称号，通过中央电视台“时代楷模”发布厅向社会发布。2015 年 10 月 13 日，李超获得全国道德模范提名奖。集团公司党委组织召开“学李超，做李超式好员工”座谈会，张广宁董事长出席会议并作重要讲话，下发《关于开展“学李超，做李超式好员工”主题实践活动的决定》；做好李超获评全国“时代楷模”、辽宁省委召开学李超座谈会、鞍钢开展向李超学习活动的内外宣传工作；配合《人民日报》、新华社、《光明日报》《经济日报》、中央电视台等对李超的集中宣传；组织“学李超，大家谈”征文活动，收到征文作品 300 余篇。与鞍山市委宣传部等共同编排了话剧《“时代楷模”——李超》，组织 2000 余名鞍钢集团职工观看。

**【鞍钢典型工作经验持续在全国产生重大影响】** 一是鞍钢典型工作经验列入中宣部 2015 年培训内容。2015 年 5 月 13 日，中宣部举办第一期全国宣传干部培训班，中宣部专门安排鞍钢集团介绍典型工作经验。鞍钢集团党委副书记尹利在培训班上作了交流发言。二是鞍钢作为唯一一家企业代表，参加中宣部关于加强和改进先进人物宣传工作研讨会。尹利副书记代表鞍钢集团在研讨会上作了发言，得到了中宣部领导和与会人员的一致好评。研讨后，集团党委宣传部形成了《关于中宣部加强和改进先进人物宣传工作研讨会有关情况的报告》报集团公司党委。张广宁董事长亲自阅示，唐复平总经理批示："难得的殊荣，希望继续发扬光大"。配合新华社做好鞍钢劳模深度报道的采访工作，新华社在"五一"期间推出鞍钢劳模专稿《在创新、创造中引领时代航向——从鞍钢劳模"群英谱"看劳模精神》，进一步提升了鞍钢劳模宣传的影响力。

**【组织开展道德讲堂建设工作】** 印发了《鞍钢集团"道德讲堂"建设实施方案》，启动鞍钢集团道德讲堂建设工作。各单位上报了道德讲堂建设实施方案，并按计划组织实施演讲、离职仪式等道德讲堂活动。鞍山钢铁2015年为267名新入厂职工规范举行入职仪式，为2193名退休职工组织了42次退休职工离职仪式。攀钢以成立50周年为契机，先后开展了十大攀钢品牌产品、十大攀钢技术、十大感动攀钢人物评选活动。

**【开展鞍钢集团纪念抗战胜利暨世界反法西斯战争胜利七十周年活动】** 按照国务院国资委，辽宁省委、省政府关于纪念中国人民抗日战争暨世界反法西斯战争胜利70周年有关活动安排，集团公司印发了《关于纪念中国人民抗日战争暨世界反法西斯战争胜利70周年有关活动安排的通知》。做好鞍钢集团抗战老战士、老同志纪念抗战胜利70周年纪念章发放、纪念活动宣传报道工作。

**【文明单位创建取得新成果】** 鞍山钢铁、攀钢获得第四届全国文明单位称号。鞍钢股份公司炼焦总厂、矿业集团齐大山铁矿获得辽宁省文明单位称号。

**【进一步推进志愿服务工作】** 深入贯彻落实习近平总书记回信精神，不断加强鞍钢郭明义爱心团队建设，推进"跟着郭明义学雷锋活动"规模化、规范化，印发《关于调查统计郭明义爱心团队建设情况的通知》，开展统计调查工作。组织鞍山钢铁郭明义敬业奉献团队攻关季启动仪式，成立郭明义敬业奉献团队355支，8086名志愿者加入，义务献工32210人次。累计审核批准60余个单位、团体加入爱心团队，新增志愿者4万余人。2015年接收捐款683760元，对外捐款745553.1元。鞍钢郭明义爱心团队被国资委文明委授予中央企业优秀志愿服务团队、被中国志愿服务协会授予全国志愿服务示范团队。

（鞍钢集团公司党委宣传部　曹德飞）

## ·党校工作·

**【努力发挥干部培训主渠道作用】** 2015年，鞍钢党校完成鞍山区域副厂处级以上领导干部培训77个班次的教学任务，培训领导干部4684人次。举办了领导干部读书班、党史班、工会主席培训、组织人事干部培训等高层次培训。以《前瞻新常态》作为学习素材，在鞍山钢铁推进和开展了"七把金钥匙"思维建设提升学习活动，开设了8期"提升战略领导力"培训班，参加培训256人。举办鞍钢青年创客大学培训，共培训332人，为鞍钢青年搭建了一个体验创新、实践创新的平台。

**【着力抓好中央会议精神解读】** 2015年3月12日，鞍钢党校举行学习十八届四中全会精神轮训启动仪式。集团公司党委副书记、工会主席、鞍钢集团党校校长尹利出席启动仪式并作动员讲话。鞍钢党校精心设置十八届四中全会精神轮训内容，重点宣讲十八届四中全会精神的精髓，宣传法治鞍钢建设的基本思路，指导鞍钢依法治企具体工作实践。共完成领导干部轮训14期，轮训1434人；完成党支部书记轮训19期，轮训1986人。

**【努力发挥"思想库""智力源"作用】** 鞍钢党校围绕鞍钢一届二次职代会提出的总体要求和生产经营主要目标，打好"五大战役"，科学选题立项29项科研课题，12项公司级以上科研课题。培训研究成果"坚持问题驱动，推动培训转型，强化培训与企业发展战略、生产经营契合度"获第十一届中国企业培训创新成果金奖，并被编入《中国企业培训蓝皮书Ⅶ》。课题"适应发展新常态，全面深化鞍钢'三项制度'改革调研"对鞍钢进一步深化"三项制度"改革进行了学理分析，在2015年省委党校系统科研协作课题成功立项，成为仅有的两家企业党校立项课题之一。《鞍钢日报》理论版全年编发150篇理论文章，其中鞍钢党校教师撰写21篇，为鞍钢打胜"五大战役"提供智力支持。成立鞍钢厂情研究所，推进科研成果转化应用，促进科研、培训、决策服务一体化，编辑出版2期《鞍钢厂情研究》，得到集团公司主要领导的肯定和认可，为领导决策提供了参考。鞍钢党校参与集团公司"鞍钢企业文化体系建设"的研究，与集团公司工会合作开展"关于鞍钢新常态下员工思想观念转变的调研”，参与集团公司老干办组织的课题“国企离退休老干部为党的事业增添正能量的研究”，参与集团公司党建处组织的课题“关于鞍钢基层党支部推行党退出机制情况的调研”，提高了科研成果解决实际问题的针对性。

**【着力拓展教学基地领域】** 2015年4月16日，鞍钢党校在鞍钢集团展览馆举行教学基地揭牌仪式，鞍钢集团公司党委副书记、工会主席、集团党校校长尹利为教学基地揭牌。鞍钢党校在鞍钢集团展览馆设立教学基地，进一步丰富了办学模式和办学内容。2015年鞍钢党校组织了领导干部读书班和领导干部党史班学员赴莱钢党校、沈阳飞机制造公司和东北大学进行实地教学，拓宽了现场教学领域。鞍钢党校与兄弟企业党校加大了交流与合作，创新项目组和安全项目组分别到莱钢党校、上汽党校进行授课和交流，大庆油田教育培训中心、莱钢党校专家受邀到鞍钢党校授课和交流，达到了优势互补的效果。鞍钢党校为鞍钢附企民企公司举办的民企领导人员读书班，提升了民企公司领导干部队伍素质。

2015年9月15日，鞍钢党校和鞍钢文联在鞍钢技术图书馆联合设立的“鞍钢作家书库”举行揭牌仪式，“鞍钢作家书库”正式对读者开放。集团公司党委副书记、工会主席、鞍钢党校校长尹利为“鞍钢作家书库”揭牌，并为18位在鞍钢内外有着广泛影响的作家代表颁发“图书入藏证书”。

**【着力强化党校教学管理】** 2015年3月12日，鞍钢党校举行2015年春季开学典礼。第一期领导干部学习十八届四中全会精神轮训班学员和党校相关教研部门人员共190人参加了春季开学典礼。2015年9月15日，鞍钢党校举行2015年秋季开学典礼，鞍钢党校第四期领导干部中共党史进修班、第六期基层党支部书记十八届四中全会精神轮训班、第三期民政企业公司干部读书班近200名学员参加了秋季开学典礼。鞍钢集团公司党委副书记、工会主席、鞍钢集团党校校长尹利出席了春季和秋季开学典礼并作动员讲话。2015年12月23日，鞍钢党校举行第四期鞍钢领导干部党史进修班结业仪式。鞍钢党校对第四期鞍钢领导干部党史进修班在课程设置上进行了优化，在为期三个半月的培训过程中，体现出了师资层次高、课程层次高、学员学习积极性高、注重学以致用、班级管理和培训方式创新等特点。

（鞍钢党校　刘红梅）

## · 工会工作 ·

**【民主管理】** 2015年，各级工会建会率、员工入会率均达100%。坚持和完善职代会制度。成功召开集团公司一届三次职代会。审议了2016年深化改革实施方案，表决通过了2016年战略绩效与薪酬评价考核办法，民主评议了集团公司领导班子及成员，选举了集团公司兼职监事。职工代表提出的95条意见和区域公司以上职工代表12项提案，检查60家基层单位集体合同履行情况。实施“网络问企”平台扩展升级方案，健全完善“网络问企”活动体系，扩大覆盖面，2015年全集团职工累计提出意见建议11万条，有效办结4.3万条。各级领导班子民主评议率100%，职工代表建议意见答复率100%，加强集体合同履行情况的检查监督，8月份，对基层单位在劳动用工、劳动报酬、工作时间和休息休假、职工教育和培训、保险和福利待遇、女职工权益保护、劳动安全卫生和劳务派遣等方面履行《集体合同》《女职工专项保护集体合同》和《劳务派遣暂行规定》情况进行了专项检查；高度重视女职工特殊保护工作，严格执行《女职工劳动保护特别规定》《女职工禁忌劳动范围的规定》和《鞍山钢铁集团公司女职工权益保护专项集体合同》，切实保护女职工的合法权益。单独组织女职工开展专项妇科体检，定期组织女职工开展“两病”普查，为女职工办理女性团体“安康保险”。在同工同酬、职业教育、技术培训、晋职晋级、参与企业民主管理等方面实现男女平等。

**【群众工作和职工思想教育】** 集团公司工会认真落实《鞍钢集团公司党委关于加强和改进群团工作的意见》，以“两学一做”学习教育为载体，以强“三性”、去“四化”为重点，切实加强职工思想教育工作。注重转作风、强服务、求实效，注重调查研究，选树典型。鞍山区域总结推广了炼焦总厂等3个单位不同层面群众性技术创新的经验。基层单位工会积极开展“争当模范职工之家、争做职工信赖娘家人”活动。攀钢组织职工学习贯彻党的十八届三中、四中、五中全会精神，围绕集团公司2015年面临的形势、任务、措施，运用职代会、团拜会和职工通勤车车载视频播放各类专题教育片，引导职工认清形势；围绕企业深化改革涉及的相关法律法规，以宣传学习《劳动法》《劳动合同法》和《劳动争议调解法》等六部法律法规为主要内容，开展了工会和人力资源从业人员法律知识竞赛，决赛现场组织了公司两级中心组成员、干部职工1000余人参加。为庆祝攀钢建设50周年，开展了“感动攀钢十大人物”评选及其典型事迹的宣传；三八节期间开展了女职工微电影大赛、巾帼群英故事会征集等活动。

**【劳动竞赛】** 一是深入开展劳动竞赛活动。鞍山区域以关键控制点为抓手，以系统思维为方法，围绕工序成本、产品质量、促销降采、节能环保四个主攻重点，采取“4+X”形式开展劳动竞赛活动。相继开展了“重点经济技术指标对标”竞赛、“节能达标、减排对标”竞赛、“全面营销、降采增效”竞赛和双增双节四个主题竞赛；全年共有16项重点经济技术指标、70条产线实现了进档升级；8个单位完成的指标进入达标值；共有16座高炉、转炉、烧结机分别荣获大型耗能钢铁生产设备节能降耗、减排对标竞赛“冠军炉”和“优胜炉”称号；以降本增效为主线，与鞍山钢铁所属基层单位工会签订“实施全员成本目标管理，深化双增双节活动”责任状，确定群众性攻关项目1060个，全年实现创效1.57亿元。基层单位以班组对标、岗位对标等形式组织开展劳动竞赛260项，解决现场难题765个，表彰立功集体677个，表彰先进个人13675名。二是开展群众性提合理化建议“金点子”评选活动。围绕安全、生产、经营、技术、管理、改造等方面在一线职工中广泛征集合理化建议“金点子”活动。共征集合理化建议816项，评选出“金点子”109项、“银点子”160项、优秀建议282项，实现创效5.43亿元。三是举办职工技术竞赛活动。创新竞赛模式，将技术竞赛分为公司层面组织16个竞赛工种及基层单位承办33个委托工种竞赛的两级竞赛体系。选拔出技术状元49名、技术能手358名。四是不断深化职工自主创新活动。新命名大型厂王军等6个公司级职工创新工作室，并分别拨付专项经费3万元；举办创新工作室科研管理知识培训，组织工作室带头人分别到广州中国创新科技成果交流会及上海冶金工业展览会参观学习；会同鞍山钢铁人力资源部和鞍钢股份科技质量部为职工创新工作室“量身定做”工作计划；实施职工创新工作室快速立项，10个职工创新工作室快速确立29个科研项目；组织推荐了54项职工优秀创新成果参加第二十一届全国发明展览会，共荣获金奖9项，银奖11项，铜奖13项。攀钢开展“扭亏增效作贡献，转型升级促发展”劳动竞赛，确定了16项集团公司级劳动竞赛项目；指导各单位围绕本单位重点工作开展好劳动竞赛，全年各级工会累计开展劳动竞赛800余项。组织开展了职工自主管理创新活动，全年共完成自主管理创新课题4849项，开展了群创工作调研，召开群创工作推进会，选送了14项群创成果参加2015年浙江永康市第21届中国发明展览会，获得金奖2项、银奖1项、铜奖4项。开展了“建言献策”暨征集“金、银、铜”点子活动，全年共收集职工建议3.6万条，实施1.7万条。

**【温暖工程】** 2015年，坚持以人为本，关爱职工，以实现“三不让”为目标，积极协助党政解决职工群众最关心、最直接、最现实的问题。广泛开展“温暖送万家”大走访活动。各级工会组织按照教育实践活动要切实解决职工突出困难的要求，坚持履行“第一知情人”“第一报告人”的职责，积极拓宽扶贫帮困渠道，不断探索包户扶贫的新思路，广泛开展“温暖送万家”大走访活动。据统计，全公司4700人参加走访活动，走访救济特困、困难职工2.1万余人，发放救济金1505万元，发放慰问品价值123.7万元。建立完善困难职工档案。公司各单位对职工困难情况进行摸底调查，将978名特困、困难职工信息输入鞍钢困难帮扶管理系统，困难边缘户信息输入本单位困难帮扶管理系统，分门别类建立困难职工档案。全面推进“一帮一”“群帮一”帮扶活动，倡导职工互助互济。全公司有2300多名干部和骨干参加包户扶贫活动，重点帮助职工解决医疗、子女就学、突发事件等诸多临时生活难题，建立“一帮一”帮扶对子720余个，“群帮一”帮扶对子260余个，特困、困难职工包保率达100%。攀钢春节、国庆等节日共走访各类职工家庭7230户，送去慰问金、慰问品共计252万元。为省级劳模78人发放四川省总工会慰问金10.9万元，下拨集团公司困难职工慰问款 11.9 万元。完成省总国企改革、送温暖专项拨款 22.56 万元的发放；为 341 人办理集团公司帮困救助金的审核及拨付，救助金额共计 83.3 万元；开展 2015 年度“金秋助学”活动，共 56 名攀钢低收入职工家庭子女纳入救助范围，共资助 4.86 万元。

**【职工素质工程建设】** 为全面释放职工的智慧和力量，让职工发明创造成果成为打胜扭亏增效攻坚战的合力，集团工会以“全员登高、万众创新”为主题，开展“百岗千法创效，万人竞技登高”先进操作法拉练季活动。筹划并召开了“百岗千法创效，万人竞技登高”拉练季暨“员工创新支持计划”启动仪式，并以创新为主题做了经验交流。鞍山钢铁推广先进操作法 265 项，其中新命名 197 项，优化 68 项，近万人次参加培训，实现创效 2.5 亿元。攀钢组织开展了攀钢第六届职工技术运动会，其中省总领导亲临指导女化学分析工比赛。共设置了通用工种 10 项，专用工种 47 项，共有 1.1 万余名职工参与了此次技术运动会，10 名职工被授予攀钢技术状元称号，50 名职工被授予“攀钢技术能手”称号，47 名职工被授予“攀钢复合型（专业）工种技术状元”称号，95 名职工被授予“攀钢复合型（专业）工种技术能手”称号。总结提炼推广职工先进操作法 200 项，其中命名集团公司级 5 项、子分公司级 102 项、厂（矿）级 93 项，推广应用职工先进操作法 146 项。

**【劳动模范管理】** 充分发挥鞍钢典型群体的优势，弘扬劳模伟大，劳动光荣。在强化思想引领、筑牢思想根基、增强主人翁责任感上下功夫，加强放大先进人员的典型示范引领效应。一是加强日常管理，注重把劳模的基本信息建档与日常考核动态结合。对劳动模范信息库进行了重新梳理，梳理内容涉及近 60 个信息条，特别是按照省总工会要求，对省部级以上的劳动模范现有信息进行了全面、细致的调查摸底，以保证劳模管理的准确性和动态化；按照集团公司总评文件要求，经基层单位推荐，总评委员会考核、测评，共有 104 人被评为 2014~2015 年度鞍钢集团公司劳动模范；41 人被评为鞍山市 2014~2015 年度鞍山市劳动模范，2 人被推荐评选为辽宁省五一劳动奖章。鞍钢股份炼钢总厂李新林、冷轧厂李超、热轧带钢厂张福多被辽宁省总工会命名为“辽宁省劳模创新工作室”。二是加强服务管理。组织在岗劳模开展疗休养和体检活动。五一前夕，走访慰问了 6 名离退休和在职的省部级以上劳模；先后组织了 18 名劳模参加上级工会组织的休养活动。攀钢抓好劳模选树工作，陶功明被评为全国劳模，选树省劳模 8 名，市劳模 16 名。组织了劳模、优秀班组长到钛业公司海绵钛厂等单位“传经送宝”。举办了攀枝花、成都两个片区的劳模先进座谈会，开展了劳模先进建言献策活动，提出建议共 96 条。制定下发了《劳模创新工作室管理暂行办法》，成立了陶功明、张邦志等 11 个劳模创新工作室。

**【职工劳动保护】** 2015 年，鞍山区域以强化工会劳动保护工作为抓手，增强职工监督维护能力，促进了公司安全生产。一是扎实有效地组织开展“安康杯”竞赛活动。通过健全组织网络，强化班组书面报名参赛程序，坚持检查表彰等形式，使“安康杯”竞赛活动扎实有效。二是积极参与“安全生产月”活动。组织广大职工广泛开展学习新《安全生产法》、事故隐患和职业病危害因素排查、征集安全生产、职业健康论文警句等活动；举办班组安全知识过关挑战擂台赛；以班组为单位，鞍山钢铁组织 4244 个班组职工参加全国新《安全生产法》知识普及竞赛答题活动；在工会系统开展群众性危险化学品安全生产监督检查活动，总结评比出先进个人 20 名和优秀合理化建议 50 项。三是深入开展“送清凉、保安全、促发展”活动。本着“为一线职工送最需要物品”为出发点，根据各单位实际工作环境特点，分别发放了价值 60 余万元的冰柜、风扇、药箱药品、盐汽水、洗衣粉等物品。攀钢组织职工代表等对基层单位安全工作进行了检查；开展了送清凉活动，各级工会累计向一线职工送去了价值达 500 余万元的防暑降温用品。在 4507 个基层班组开展了“安全反思会”活动。

**【职工体育文化活动】** 1. 鞍山区域开展经常性的职工群众体育活动，群众性文体活动蓬勃开展。组织了迎新春送文化下厂、元宵节灯谜会和游园会、健身长跑、球类等系列活动。参加全国、行业、省、市各类比赛连创佳绩。共获得 15 金 4 银 6 铜的优异成绩。在安徽马鞍山举行的全国拔河锦标赛中鞍钢代表队夺得 6 金，取得中国拔河精英赛 3 项冠军和鄂尔多斯世界拔河邀请赛获得 2

项冠军。

2. 攀钢努力满足职工精神文化需求。组织开展元旦春节系列文体活动；举办元宵游园会、乒乓球、游泳、羽毛球比赛等多项活动和赛事。承办市总工会举办的“中国梦 · 劳动美 · 诗意花城”全市职工诗歌朗诵比赛并获得第一名；组织参加“鞍钢杯”冶金书画赛，取得较好成绩；组队参加第五届全国冶金职工运动会“柳钢杯”游泳赛，攀钢代表队以 13 金 3 银 3 铜的成绩，获得金牌和奖牌第一的佳绩。完善员工健康保障体系。注重关心职工身心健康。为退休劳模进行了健康体检，员工体检及健康档案覆盖率 100%，组织 3 万名职工进行暑期疗养度假。关注职工的饭缸子、澡堂子，督促提升食堂、浴池、超市等服务质量。鞍山区域为职工办 10 件实事，深受职工好评。加强安全知识教育培训工作，定期组织基层单位工会劳动保护监督检查员进行安全生产知识培训。

**【女职工工作】** 各级女工组织加大选树和宣传女职工先进典型力度，激活和传递蕴藏在女职工中的正能量。2015 年，有 77 名同志获得鞍钢“巾帼建功标兵”荣誉称号、34 个集体获得鞍钢“巾帼文明示范岗”荣誉称号、29 个“三八”班组荣获鞍钢“三八”红旗集体称号、72 名同志荣获鞍钢“三八”红旗手称号、30 个工会女职工委员会荣获鞍钢先进女职工组织称号、30 名同志荣获鞍钢先进女职工工作者称号。鞍钢集团公司工会女职工委员会荣获 2015 年度辽宁省五一巾帼建功先进集体称号，鞍钢股份冷轧硅钢厂化检验作业区甲班荣获 2015 年度辽宁省巾帼文明岗称号。

认真履行维护职能。针对身患重大疾病、单亲特困女职工和生活特殊困难的女职工家庭，开展帮扶行动。在三八节、六一儿童节期间鞍钢工会共走访慰问特困女职工和患病儿童 162 人次，发放慰问救济金 10.7 万元。认真贯彻落实《女职工劳动保护特别规定》《妇女权益保障法》《婚姻法》《劳动法》等国家法律、法规，增强女职工的法律意识和自我保护意识。组织女职工妇科专项体检，为 16018 名女职工办理女职工团体安康保险，有 38 名女职工出险，共获得赔偿金 180 万元。关注女性健康，与光大永明人寿保险有限公司联合举办“关于女性健康及重大疾病预防”专题培训讲座，有 65 个基层单位 2940 名女职工参加讲座。开展鹊桥联谊活动，组织 60 名未婚、大龄、单身职工参加市总工会举办的鹊桥联谊活动，各级女工组织为解决未婚职工后顾之忧，常年坚持提供“红娘”服务。

开展弘扬家庭美德、树立良好家风，培育和践行社会主义核心价值，弘扬夫妻和睦、尊老爱幼、促进家庭和睦活动。2015 年，有 20 个家庭荣获市妇联评选的五好文明家庭及各类特色家庭称号。广泛开展丰富多彩的文化活动。组织开展 2015 年鞍山市“晒家风家训 · 讲我家故事”和“家庭 · 家教 · 家风”主题作品征集等活动，共征集 180 个家风作品；组织开展第三届书香“三八”——健康女性 · 幸福中国征文活动。

**【工会自身建设】** 深入开展“建家”活动。鞍山钢铁按照《关于鞍钢集团公司工会系统 2015 年度总结评比工作的通知》要求和《鞍钢集团公司工会系统绩效考核办法》规定，在“基础绩效考核”“互检考核”“否决项目考核”“创新绩效”和“卓越绩效”考核等方面，通过划分考核区域、自评、互评、部门评议等方式，评选推荐 35 个基层工会（含二级公司所属基层工会）为 2015 年度鞍钢集团公司先进工会，占 58.1%；同时推荐 64 名工会干部为鞍钢集团公司 2015 年度优秀工会干部、441 人为鞍钢集团公司 2015 年度优秀工会积极分子。开展会员评家工作。各单位在职代会期间，开展了会员评家，有 32 个单位职工满意率均大于或等于 90%。鞍钢股份冷轧厂工会荣获全国模范职工之家称号，鞍钢股份炼焦总厂荣获辽宁省模范职工之家称号，铁运公司机车厂李明荣获辽宁省优秀工会工作者标兵称号，鞍钢股份能源管控中心董波荣获辽宁省优秀工会积极分子称号。攀钢集团公司工会召开了庆“五一”暨工会工作表彰大会，表彰了工会工作先进集体和个人，命名表彰了 10 个“工人先锋号”，总结推广了基层工会工作创新成果 6 项。在全公司范围内开展工会财务大检查，对大检查情况进行认真梳理，并召开了工会财务检查情况总结整改会。对 12 名离任工会主席及时进行了离任审计。组织召开了第二十八届全国生产生活保障年会，开展了混合所有制企业工会工作调研。2015 年共收到基层工研论文 160 余篇，在省级以上报刊、网站刊发新闻稿件 174 篇，编发《攀钢工会信息》5 期，完成了工会年度统计工作。

（鞍钢集团公司工会　张　力）

## ·共青团工作·

**【青年思想理论教育】** 贴近思想实际，创新引导方式，青年理想信念教育扎实有效。科学理论武装扎实推进。召开鞍钢共青团工作会议，组织团员青年学习贯彻中央党的群团工作会议、团十七届四中全会和集团公司首次党代会精神，不断增强青年的政治素质。加强《鞍钢日报》钢铁之团专刊理论宣传，全年发表报道216篇，涵盖146个基层团组织。开展“走转改”大调研活动，组织500名青年参加团中央网络问卷调查，推动思想引导工作分众化发展。共同理想教育成效显著。开展“我的中国梦”主题教育活动，覆盖2万余名青年。强化青年形势任务教育，让《鞍钢日报》走进364名青年典型家中，在11个大学生宿舍安装走廊阅报栏。加强青年理想信念教育阵地建设，推动鞍山市青少年爱国主义教育基地落户鞍钢展览馆，全年组织各界青年3000余人进馆参观，深化钢铁工业发展史、鞍钢厂史教育，筑牢青年不懈奋斗的共同思想基础。核心价值观念植根青年。开展“我为社会主义核心价值观代言”主题活动，拍摄11部鞍钢青年微公益广告，鞍钢青年正能量在辽宁电视台、央企青年网等各大新闻媒体中迅速传播扩散。全国青年岗位能手危洪艳代表鞍钢青年参加中央企业“奋斗的青春最美丽”走基层分享活动并进行主题交流发言。开展学习李超活动，组织300名青年创新骨干参观李超“创新之路”事迹展，营造“爱岗、敬业、创新、创效”的浓厚氛围，引导青年争做李超式创新人才。

**【青年生产实践活动】** 强化创新导向，提升品牌影响，创新登高激发企业创新活力。召开创新登高发布会，明确价值导向。深化“改革创新、青年先行”主题实践活动，召开纪念五四运动96周年暨创新登高项目发布“双十佳”表彰大会，发布971项创新登高项目并现场进行重点项目展望，展映《创青春》主题微电影和创新登高工作流程动漫演示片，表彰第二届“十佳青年创新领军人物”和“十佳创新登高组织单位”，营造浓烈创新氛围，强化创新价值导向，激发青年创新活力。引入创新登高新元素，丰富创新文化。举办首届创新登高嘉年华，为青年提供全新活动体验，点燃青年创新激情。制作“创新登高掌中宝”等系列创新主题新媒体产品，丰富青年创新文化产品体系。鞍山钢铁团组织融入“创客”元素，建立青年创客空间、青年创客联盟，开设青年创客大学、青年创客讲堂。西昌钢钒团委把创新登高成果发布与青年科技节相融合。各级团组织以“李超创新工作室”为依托，成立青年创新工作室810个，创效3320万元。撬动创新登高外延力，提升品牌影响。今年以来，集团团委先后在央企团工委、辽宁团省委和全钢团指委做创新登高经验介绍，中央国家机关青年干部与鞍钢团干部开展创新登高交流，辽宁各团市委、省直属单位团委及部分国有和非公企业团委负责人130余人来鞍钢考察学习创新登高，创新登高已走出鞍钢、叫响辽宁、影响全国，《中国共青团》杂志等新闻媒体全年刊发鞍钢共青团工作报道41篇。团中央书记处书记傅振邦，辽宁团省委书记赵红巍先后赴鞍钢专题调研创新登高工作并给予高度肯定。

**【服务青年成长成才】** 关注青年诉求，满足现实需求，服务青年工作取得新的突破。关注青年诉求，促进青年成长。组织开展“钢团大练兵”团干部网络答题活动，实现2826名基层团干部全覆盖；指导基层团组织开展青年岗位培训、技能练兵、技术比武等活动，促进青年岗位成才，满足青年根本利益诉求。选派优秀青年创新人才参加辽宁省青创赛和鞍山市青年创新创业大赛，推动青年登高成才，助力青年实现梦想。举行鞍钢集团2015年新入职毕业生欢迎仪式，推进青年职业生涯导航计划，引导青年快速健康成长。培育青年典型，强化示范引领。加强典型评选工作，开展“最美青年创客”“十佳指尖播客”“青年创效之星”等评选活动，拓展青年成才路径，优化典型选树体系。开展优秀青年走基层分享交流活动，发挥典型示范引领作用。多维度、多渠道推荐青年典型，今年典型选树工作实现历史性突破，孙晓雷被评为全国优秀团干部，王杨、谷安成、杨勇、危洪艳被评为全国青年岗位能手，一大批先进集体和个人获得全国青年文明号、全国青年安全生产示范岗和全国最美青工等荣誉。拓展服务渠道，贴近青年需求。举办青年文学大讲堂，邀请鞍钢工人诗人田力、作家李金平等老师为青年作“工业诗歌创作”“感受诗歌”“小说创作”系列讲座，组织拍摄《青春那旮瘩》鞍钢青年轻喜剧，开展“印象青春”第二届微信作品大赛，满足青年日益增长的文化需求。举办鞍钢住宿青年与团干部迎新春联欢会，走访慰问外地大学生，密切关注青年群体多样化需求。加强网络新媒体工作，《舌尖上的鞍钢》《鞍钢里的百万豪车》等微信作品刷爆青年朋友圈，“青春鞍钢”微信平台阅读量突破15万人次。

**【耀秀园建设工程】** 再担施工重任，优化景观格局，耀秀园新景区建设提档升级。建设环湖栈桥，提升景区参观品质。依托8万平方米湖面这一要素背景，发挥鞍山钢铁和工程公司团组织优势，以鞍钢板材为栈桥结构主材，以鞍钢钢绳为栈桥扶手用材，以自有枕木为栈桥路面基材，进行“水上建桥、水下打桩”同步施工作业，建设具有“展翅高飞”寓意的140米长亲水景观环湖栈桥，形成“桥面参观、湖中游览”的全新亲水景观格局，提升耀秀园景区参观品质和游客体验。增加钢雕景观，丰富景区展示体系。立足企业实际，引入钢雕展示理念，组织工程重机公司青年设计师对废旧钢铁材料进行跨界艺术创作，设计制作具有立体、悬浮和镂空效果的“钢铁之团”团徽钢雕，着力展现钢铁阳刚之美，凸显共青团元素，创造出独具匠心的钢铁物质形态景观和充满力量的钢铁文化情景，不断丰富耀秀园景区展示体系，提升耀秀园的观赏性、艺术性和环保性。打造形象窗口，拓展景区服务功能。整合景区资源，推动形成以环湖栈桥为枢纽，以荟萃廊、鹿鸣苑、启承台、清流桥、钢之柔和团徽钢雕等六处景观为核心的“一环六景”景区格局，打造鞍钢共青团对外宣传展示的形象窗口、接待交流的亮丽名片、参观考察的重要阵地，拓展景区服务功能。全年接待辽宁团省委，一汽集团、大庆油田、辽宁大学团委，以及《中国共青团》杂志社等来宾300余人次。

**【青年志愿服务工作】** 强化制度建设，拓展服务领域，“跟着郭明义学雷锋”引向深入。加强制度建设，推动常态发展。印发《鞍钢共青团关于推动团员青年成为注册志愿者的通知》，建立健全《鞍钢共青团注册志愿者日常管理制度》和《鞍钢青年志愿服务组织网络管理制度》，构建科学有效的制度保障和志愿服务管理体系，引导青年自觉投身志愿服务工作，积极培育和践行社会主义核心价值观。各级团组织常态化开展学雷锋活动月系列活动，“跟着郭明义学雷锋”已成为鞍钢青年的自觉行动和价值追求。聚焦重点工作，提升服务价值。围绕“鞍钢杯”第八届全国钢铁行业职业技能竞赛筹备工作，选拔优秀青年成立志愿服务小组，提供人性化的志愿服务，得到参会人员的高度评价。组织350名青年志愿者参加集团公司“推进生态文明、建设美丽鞍钢”义务植树活动，并对耀秀园景观进行清扫维护，集团公司董事长、党委书记张广宁，总经理唐复平与青年志愿者亲切交流并一一握手，为鞍钢青年的奉献精神和闪亮青春点赞。拓展合作领域，丰富活动载体。与大庆油田团委建立郭明义青年爱心联盟，在志愿服务和社会公益等领域探索更深层次合作。开展“书送希望”捐书助学活动，各级团组织为黑龙江黑河贫困地区中学捐赠图书6398本。受全钢团指委委托，做好全国钢铁行业郭明义爱心基金管理工作，为天津铁厂职工患病子女捐款1万元。参加团中央“社会主义核心价值观与青年志愿者行动”论文征集活动，集团团委报送的《关于郭明义典型引领青少年培育和践行社会主义核心价值观的思考》荣获三等奖。各级团组织广泛开展志愿服务活动，效果明显、反响热烈。

**【团建创新工作】** 夯实团建基础，增强组织活力，着力推动全团工作整体活跃。建立团建制度性安排，打造钢铁之团。建立狠抓基层工作落实的检查推进机制，赴10家子企业开展共青团半年工作巡检，推行“钢铁之团战斗力指数”评价机制并通过新媒体实时发布考核评价结果。选派30余名团干部参加地市级以上共青团专项培训，形成团干部培训学习制度性安排。研究实施鞍钢共青团基础团务示范工程，印发《鞍钢共青团新闻宣传工作管理办法》，加强团建理论和制度设计。召开贯彻落实集团公司“7·17”战略绩效会议，明确共青团阶段性任务，打造一支意志如钢、守纪如铁的钢铁之团。推动团建自主化发展，提升组织活力。成立鞍钢青年文学社，召开社员代表座谈会，建立以青年文学爱好者为主体的青年群众自组织，搭建分众化、专业化、兴趣化青年聚集平台，提升团组织覆盖范围和活动影响。成立鞍钢青年朗诵协会，组织协会会员参加央企团工委组办的“青春央企诗会”，报送原创作品21部。各级团组织积极推动横向自主化建团，在青年兴趣爱好协会和青年技术工种协会等青年群众性自组织中建立团组织，提升组织活力。丰富团建一体化功能，实现区域联动。推行宿舍青年区域建团，在鞍山地区建立11个住宿青年团组织，实现同一区域内不同单位、不同工种青年间的活动联动、服务共享。加强与地方和高校团组织交流，接待团中央“全国大学生暑假社会实践团”和辽宁省“民族团结骨干培训班”500余人来访。推动跨地域、跨界别区域化建团，与一汽集团团委建立团建联盟，拓展区域团建功能。联合鞍山团市委召开区域立体团建推进会，提升区域一体化团建水平，在地企双向实施的区域立体团建入选团中央“团建优品汇”。

（鞍钢集团公司团委　李　旭）

# 鞍山钢铁集团公司

## ·生　　产·

【综述】 2015年，国内经济增速放缓，钢材价格屡创新低，钢铁行业进入“寒冰期”，钢企已大面积进入亏损模式，鞍山钢铁公司积极适应新形势、新要求，认真践行“六种发展理念”，坚持“一个重点、两个转移、三个转变”，围绕“整合要素、简捷专业、减量循环”工作思路，开拓思路，勇于创新，提高效率，大力实施市场化运营，不断深化改革创新，持续优化产品结构，积极应对严峻的市场形势，打下了求生存、促发展的根基。

鞍山钢铁全年生产铁、钢、钢材分别为2288万吨、2261万吨、2105万吨。实现销售收入578亿元，控亏25亿元。

2015年，公司成立了市场化运营小组，建立了完善的对标体系，以先进国企、地企、民企为对标目标，以市场化的成本目标值倒逼成本，促进各工序成本降低。在公司31项主要技术经济指标中，本部、鲅鱼圈分公司、朝阳钢铁分别有9项、10项、13项指标创历史最好水平。

1. 稳定炼铁生产，狠抓铁前成本。2015年，公司坚持以炼铁为中心，按照“抓稳顺、保规模、降成本、提指标”的原则组织炼铁生产。一是做好高炉的稳定顺行工作，确保全系统生产的稳定运行。鞍营两地重点高炉环碳温度仍处较高水平，通过实行实时监护，强化生产操作，减少了炉况波动。二是本部新3号高炉年修20天、11号高炉大修68天、7号高炉检修50天，对生产规模影响很大，公司在高炉检修期间，着力提升其他高炉产能，最大限度减少铁水缺口，为下道工序平稳生产提供条件。三是把握市场节奏，根据原燃料市场变化情况，优化调整配煤配矿结构以及物流回运方式，特别是在进口粉矿使用上有重大突破，烧结生产实现全部非主流粉矿配矿，有效降低了铁前成本；同时择机采购使用进口块矿、进口混合粉、超特粉，努力做到配矿成本最优。四是优化喷吹煤用量，三地喷吹煤烟煤比例明显提高，其中本部突破50%大关，鲅鱼圈最高达到66%。全年鞍、营、朝三地炼铁成本逐月下降，与年初比，炼铁成本下降幅度达到20%左右。

2. 强调系统平衡，协调炼钢生产。2015年本部D、E转炉新建投产运行，大连铸、1780、冷轧1号线等改造及年修项目较多，给系统的整体生产平衡带来很大考验。公司未雨绸缪，做了多项富有成效的工作。一是在中厚板、线材等产线合同不足的情况下，拓源分流，利用外销方坯和方钢优势，不断优化生产组织，保证了生产系统稳定与平衡。二是炼钢三分厂新线D、E转炉于今年1月、3月投产，在解决了铁水运输、折铁、渣罐捣调、煤气回收等方面问题后，D、E转炉运转良好，并在5月顺利实现了月达产。三是通过加强铁水罐罐态管理，残铁罐及时涮罐、铸铁机翻铁及水渣间应急翻铁，保证了罐态良好运行，为炼钢二、三分厂改造期间生产运行和提高兑铁温度创造了条件。四是跟踪铁、钢系统协同生产，全力保品种钢和军工生产。由于炼铁使用进口粉矿造成铁水有害元素含量升高，公司合理调整配料和定向分配铁水和选铁保专用品种，保证高效产线和品种全面完成计划。五是提废增钢，降低铁水单耗，特别是在本部和鲅鱼圈高炉年修增加、铁水不足的情况下，努力提高钢产量，确保公司整体产量水平和规模效益。全年本部铁水单耗为996千克/吨，比计划低12千克/吨，鲅鱼圈铁水单耗为959千克/吨，比计划低16千克/吨。

3. 优化排产组织，保证合同执行。2015年，面对多变的市场、合同严重不足的实际情况，公司坚持“效益优先、调品为主”的原则。在生产计划安排上，严格按照公司效益排序，优先安排效益好的产线生产，对效益较差产线采取集约生产的模式，坚持产量规模与设备年修改造相匹配，设备定修与产线集中开停相结合，有效降低生产成本；在轧钢生产作业计划编制上，坚持高效品种优先的原则，分区按线组织轧钢各线的生产，对大型重轨、军工、冷轧汽车板等品种实行重点关注，保证高效品种的高产。对于生产效益较差的无缝、线材、小型螺纹等品种安排适度产量规模，集约躲峰生产，并提高其中高附加值产品比例，提高钢材利润水平；同时针对合同到位率情况，精益编制作业计划，精心优化组织轧钢生产，克服合同到位率长期地位、轧机事故较多等困难，保证了合同执行和计划完成。全年公司合同执行率实现99.65%。

4. 注重新产品生产，助力新产品开发。积极参与推进新产品开发，扩大公司高附加值高利润产品比例，为调品增效作出一定贡献。

热轧：1700线实验生产AEP521（590DP）、FB098141（45）产品，生产过程顺利，成品符合要求，为后期热轧1780线年修大批量生产45号钢做生产和技术储备。2150线试制了船板、核电用钢、铁路耐候用钢、管线钢、高强度工程机械用钢、家电用钢，提供了供料路径。从6月开始生产X80管线钢合同。

冷轧：以镀锡基板、电池壳、O5板、TRIP及含磷高强钢、双相钢等品种为重点，稳定生产工艺，做好控制计划，做到生产前周密安排、精心准备，生产过程严格执行工艺，生产过后及时总结调整，保持产品质量持续稳定提升，稳定用户和产品份额。

硅钢：以渗氮法为技术路径生产Hi-B110以上级别产品取向硅钢技术转让。全年共出钢新产品8次23罐，目前按转化钢质正常组织生产，性能最好已达到1.10瓦/千克。

长材各线：无缝新产品AGQ500E、AGQ770E、AGS135、28CrMoB等和军工产品30CrMnSiA、D60、40Cr等产品的生产，为品种调整提升、减亏增效创造条件。线材两线积极应国家取消含硼钢出口退税政策，先后开发并生产了SAE、SWRH、SWRCH等系列含Cr钢及含Ti钢四十余种，全年完成出口合同交货43.8万吨，比去年同期增加33.02万吨，同比增加306.31%。

鲅鱼圈：5500线成功开发出36.3毫米厚壁大口径高级别管线钢，进行了高性能要求的WEL-SPUM管线钢X70M试制，实现国内行业的引领；桥梁用钢成功供货孟加拉帕德玛大桥等重点项目，开发出高强度桥梁用Q500qE，成功应用于世界最大跨度公铁两用斜拉桥——沪通长江大桥；开发出抗氢致裂纹（HIC）高端锅炉及压力容器用钢，跻身高效益容器钢市场；产品实物质量及制造技术处于国内领先水平。1580线：开发了75CrV新牌号和2.0毫米薄规格65Mn。其中4毫米以下规格的75CrV经冷轧至1.6~1.13毫米进行锯片的加工制作，淬火后锯片硬度波动范围极小，达到了国际先进水平；供德国威尔斯新材料（太仓）有限公司2.0毫米的65Mn，是目前质量要求最高的刃具钢，经过用户评价，带钢的成分、厚度、宽度偏差及表面脱碳等问题均满足客户要求。

朝阳：开拓出口市场，品种涉及SS400B/Cr、SAE1006B，全年生产出口材1.5万吨；成功试制汽车大梁钢A610L和Q235B花纹板1.8mm规格产品，客户反馈使用效果良好；实现普碳钢Q235B 1500mm宽度规格，1.7mm厚度批量生产。

5. 推进项目实施，全面降本增效。公司推进“10+1攻关”项目，向原料结构调整要效益。通过制定工作目标，建立责任体系，采取有力措施，有效降本增效。一是加强对原燃料市场研判，及时调整配煤配矿方案，充分利用现有库存和现货期货价格差异，合理调整外购物料采购时间和数量，充分为择机采购创造条件，在保证生产的前提下增加低价原燃料的使用。二是挖掘内部可利用铁料资源，提高烧结杂料配比。三是精细测算高炉酸性料结构的经济性，保持高炉用料结构优化。四是跟踪国内煤和进口煤市场价格，优化洗煤配煤，增加高性价比煤（瘦焦煤，高硫煤）的用量，降低配煤成本。五是存量盘活，有效调动公司渣产品的产销，千方百计为公司创效。2015年全年攻关项目累计创效4.8亿元。

6. 强化存货管理，守住资金关口。2015年，面对不断下滑的市场形势，公司始终坚持低库存运行，并按照国资委要求，下达了两金占用目标。通过紧贴市场，动态调整进口矿需求，坚持有货无资金理念，大量使用低价超特粉、混合粉，通过在港口建立现货市场等措施，大幅降低了原料库存；同时精益谋划采购与生产节奏，压缩大宗物料库存，坚持低库存运行。年末股份公司存货资金占用86亿元，比年初下降26亿元，降幅达23%。

2015年，本部1780线三电改造、冷轧1号线改造以及部分轧钢产线合同不足，对公司钢坯及在产品库存的均衡带来很大困难。公司采取多项措施，圆满完成了压库利库工作。一是合理安排生产计划和钢后产线检修配合，充分利用库存钢坯，减少备料。二是在满足轧钢生产的前提下，对多余的钢坯积极安排外销计划。5月由于热轧1780线三电改造，6月末库存上升到67.3万吨，下半年积极消化前期、在产品库存递减至58.3万吨。

7. 利用多地优势，实行协同发展。公司充分发挥整体规模和管控优势，全力组织多基地原燃料、钢坯、钢卷等生产资源互动，实现多地生产有效衔接、资源合理配置，提高区域公司整体规模和效益。发挥三地热轧、中厚板的生产品种及能力差异，提高公司整体效益，除原燃料三地相互调剂互补外，全年鲅鱼圈供本部钢卷1.7万吨，本部供朝阳2.6万吨钢坯，本部供鲅鱼圈钢坯0.5万吨。

8. 推进工程调试，促进产线达产。2015年公司各项技改工程接点、投产和组织达产的产线较多。坚持周例会推进新建、改造项目投产、达产进程，坚持生产为改造让步的原则，千方百计为其创造有利条件，工程、调试工作有序进行。炼钢E、D转炉新建、1780线三电改造、冷轧1号线功能改造后都实现了迅速达产达效，同时与生产厂紧密配合，大力推动线材1号线、大型万能线（2014年改造）以及大型小型螺纹线、580线、800线的投产、稳产、达产工作。

9. 发挥军工优势，增加盈利能力。以“军品为主，以军带民”的工作思路，在军品生产、科研、标准、技措、市场及相关管理工作继续发挥全职能管理优势，着重做好市场开发和服务工作，稳定工艺和质量，按时、保质、保量完成重点型号所需材料的生产供货。

为满足国防对军用钢材不断增长的需求，结合鞍钢实际，重点开展××00和×56两项国家项目的实施工作。同时确立下发了“对称球扁钢的工艺技术研究”“调制处理状态系列装甲钢的工艺技术研究”等共计39个2015年科研计划。

为提高军工创效能力，充分发挥产销研一体化和全职能管理优势，全力开发市场，极致拓展业务，为公司完成既定的利润目标作出突出贡献。开发生产的工业纯铁-ACT，主要指标已达到国际一流水平。通过推进调质处理状态系列装甲钢供货，成为全国唯一调质态装甲板供货的钢厂。2015年，生产出以军用球扁钢、舰船板、装甲板、炮弹钢为代表的军工产品12.25万吨，比上年增加4.77万吨，实现利润2.69亿元，为公司效益作出了较大贡献。

（鞍钢股份有限公司产品制造部　王宝军）

**【炼焦生产】** 2015年，鞍山钢铁公司生产焦炭1045万吨，比2014年产量提高11万吨。其中本部728.6万吨，鲅鱼圈分公司222.7万吨，朝阳公司93.26万吨。

指标情况：2015年公司炼焦主要指标完成较好。本部、鲅鱼圈、朝阳三地全焦耗洗煤、M40、M10创历史最好水平。

本部：M40 87%、M10 6.6%、灰分12.17%、硫分0.81%、反应性24.9%、反应后强度62.2%、全焦耗洗煤1329千克/吨、干熄焦率82.5%。

鲅鱼圈分公司：M40 89.42%、M10 6.21%、灰分11.98%、硫分0.71%、反应性完成23.04%、反应后强度67.71%、全焦耗洗煤1304千克/吨、干熄焦率86.34%。

朝阳钢铁公司生产焦炭93.26万吨、焦炭质量M40完成88.65%、M10完成5.64%、灰分完成12.17%、硫分完成0.93%、反应性完成21.73%、反应后强度66.12%、全焦耗洗煤完成1322千克/吨、干熄焦率92.29%。

1. 灵活洗煤采购，统一协调资源分配。公司每月组织鞍、营、朝三地炼焦和采购部门，开展优化配煤工作：合理配置资源渠道，优化国有煤矿、地煤、进口煤；统筹集团资源分配，优化内部资源配置；动态调整资源布局，以经济定资源，以资源定生产。

2. 优化调整配煤结构，降本增效取得显著成效。本部开展与先进企业对标，优化配煤结构，焦肥煤配比由68.86%降至56.5%；开展来煤水分攻关，全焦耗洗煤定额由1345千克/吨降至1329千克/吨，共计降低配煤成本7475万元。通过加强生产过程管控焦炭超产，降成本3052万元。干熄焦系统稳定运行，增加干熄焦蒸汽量$41\times10^4$吉焦，降成本1246万元。鲅鱼圈分公司充分利用沿海物流优势，全力组织使用进口煤代替国内煤，2015年累计使用进口洗煤9个品种，共178万吨，与使用当期国内洗煤相比，降低配煤成本6230万元。朝阳公司2015年为保证焦炭质量降低配煤成本，配比结构共调整3次，焦肥比63%降到52%，共使用17个煤种，调换24次。

3. 开发新煤种、灵活处理煤种分类，形成多方竞价供货局面，实现采购优惠最大化。2015年鲅鱼圈新开发临涣优质1/3焦煤充当肥煤使用，与中硫乌达、巨野肥煤形成三家竞争制衡局面，获得最大优惠额度。2015年采购优惠中硫乌达、巨野、临涣共计73.7万吨，与原来2家供货相比降采553万元。

4. 强化工程管理，干熄焦工程迅速达产。对于本部炼焦五期干熄焦工程，通过建立有效的工程管理体系，完善质量检查体系，全面优化施工组织，制定科学合理的施工网络计划，加强施工过程管控，稳步推进五期干熄焦工程实施。该工程项目于2015年9月22日投产，并实现提前1个月达标达产的目标。

5. 强化设备点检，保持设备功能状态。朝阳公司2015年设备总体运行状态稳定，设备可开动率达到99%。设备运行费用比2014年有较大幅度的降低。重大检修项目7项，技术改造4项。全力解决净化区域内腐蚀严重，设备老化等系统缺陷问题。

（鞍钢股份有限公司产品制造部　陆　云）

**【炼铁生产】** 2015年，鞍山钢铁公司铁产量完成2288万吨，比2014年降低87万吨。其中本部1589万吨，鲅鱼圈分公司490万吨，朝阳公司209万吨。

指标情况：本部综合焦比489千克/吨，入炉焦比308千克/吨，煤比162千克/吨，高炉矿耗1672千克/吨；鲅鱼圈综合焦比504千克/吨，入炉焦比324千克/吨，煤比158千克/吨，高炉矿耗1693千克/吨。朝阳公司综合焦比507千克/吨，入炉焦比364千克/吨，煤比136千克/吨，高炉矿耗1677千克/吨。

1. 高炉生产长期稳定，持续低耗成为新常态。

（1）效益优先组织生产。在应对外部市场严峻的形势，通过灵活组织生产，不同时期分别“以焦”“以矿”“以煤”“以材”定产，找到生产组织的黄金分割，合理控制生产规模，保证成本最低。优化生产结构，通过高焦比低产能和低焦比高产能的差异化生产，实现了消耗最低。

（2）稳定顺行，持续低耗。通过对“12345”操作理念的融会贯通，使操作人员技能得到全面提升。科学调整各项操作制度，完善各类应急预案，保证了高炉群的长期稳定顺行。通过调整风口布局，匹配适宜风压，改善了煤气流的初始分布；通过控制小时料批和调整起始布料角度，改善了煤气流的二次分布，实现了高炉精准布料，有效提高了煤气利用率，降低了燃料消耗，全年本部综合焦比489千克/吨，同比降低5千克/吨。

（3）大修开炉快速达产达效。通过对高炉开停炉规程的不断完善，探索出了一套科学实用的开停炉方案和操作模板，做到了“停”则安全停炉，“开”则快速达产。4高炉、11高炉大修开停炉均按模板操作，效果良好。尤其4高炉大修开炉，更是实现了31小时全风，48小时达产，利用系数2.2吨/(立方米·日)，再次刷新了鞍钢高炉开炉达产达效最快纪录。

2. 经济配料，降低能耗，降本增效取得佳绩。

（1）烧结稳质提产。严格贯彻烧结“20字”操作方针，补充、修订、完善了烧结工艺技术规程，进一步提高了可操作性。细化混匀料场管理，量化堆料标准，达到了TFe、$SiO_2$标准偏差低于国内同行业水平。探索混匀料场熔剂外配，有效规避外部熔剂质量波动对烧结生产的影响。强化烧结工艺管控，优化调整工艺参数，深挖烧结机运行潜力，在保证烧结矿质量稳定的同时提高了产量。

（2）持续优化配矿。实时跟踪粉矿市场价格变化，动态调整配矿结构，实现“精品料”与“经济料”的有机结合，确保效益最大。通过降低烧结矿碱度，减少球团用量，进一步降低高炉用料成本，创效2432万元；用低价石灰石代替高价生石灰，生石灰单耗同比降低4千克，创效2618万元。低镁烧结技术联合攻关，目前已取消外配镁石，创效920万元。2015年通过优化配矿，降低成本2.67亿元。

朝阳公司高炉系统在大量使用低价料、频繁调整富氧强度等不利条件下，进一步加大降焦比、降矿耗力度，完成综合焦比与上年比降低22千克/吨，矿耗与上年比降低15千克/吨。

（3）持续低价配煤。通过改进煤粉装备，开展氮气喷吹技术攻关，进一步提高了烟煤使用比例，烟煤比例已达43%；通过寻找新的低价煤源，提高低价煤配比，低价煤配比已达8.2%，大幅降低了配煤成本，目前配煤成本由年初的681元降低至514元，全年创效1.05亿元。

（4）节能减排成效显著。通过提顶压、高风压操作，TRT吨铁发电量大幅提高，累计完成35.8千瓦时，创效2918万元。通过提高烧结机作业率和降低环冷漏风率，加大了烧结余热回收，创效819万元。通过工艺技术改进，吨铁净环水单耗减少了1.1吨，创效1390万元。

3. 建立完善高炉炉缸监控手段，改善装备，高炉长寿取得新成效。依据长寿理论计算结合炉缸破损调查，确定环炭温度与砖衬厚度对应关系，修改环炭预警温度，完善了高炉长寿制度。停止钛矿护炉，优先采用调控高炉强度来控制砖衬温度，达到护炉效果的同时降低护炉成本。6 座高炉炉缸泵站陆续投入运行，实现炉缸单独供水，冷却能力大幅提升，环炭温度大幅下降。自主研发破损铜冷却壁上安装微型冷却器，延长了冷却壁使用寿命，保证了炉身安全。优化、改进高炉大修设计方案，炉缸砌筑全过程视频监控，确保砌筑质量。2015 年，长寿管理工作稳步提升，长寿技术长足发展，长寿制度进一步完善，各高炉炉缸状态安全受控。

（鞍钢股份有限公司产品制造部　喻爱国）

**【炼钢生产】** 2015 年鞍山钢铁集团公司钢产量完成 2261 万吨，同比减少 98 万吨。其中本部完成 1560 万吨，鲅鱼圈分公司完成 491 万吨，朝阳公司完成 178 万吨。

指标情况：本部、鲅鱼圈、朝阳公司钢铁料消耗分别完成 1115 千克/吨、1095 千克/吨和 1094 千克/吨。

1. 优化生产组织，组织精益生产。本部全年面对合同不足、铁水供应不均衡等不利因素，组织积极协调铁水、废钢供应，及时掌握铁水罐态，通过完善调度管控一体化，推进生产组织“列车时刻表”，强化工序衔接，制定并实施生产组织预案，严格按照公司计划组织生产，实现稳产顺产。加强与下道工序的衔接，做到产线和品种机动调整、灵活管控。全年开发新钢种 191 个。

2. 强化工艺控制，提高质量水平，降低工序成本。以质量保证一体化管理团队进行的攻关活动为载体，建立重点品种质量攻关组 8 个，厂级指令性攻关课题 64 项，强化生产过程控制，全面推进上下工序质量监督制约机制，强化成分精确控制，提升铸坯内外部质量，多项质量关键指标创历史最好水平，本部铸坯质量合格率完成 99.83%，原品种合格率完成 99.61%；高强船板钢拉力分层缺陷率由 2.52%降至 1.46%；冷轧夹杂缺陷率由 0.49%降至 0.42%；取向硅钢泡疤率由 1.96%降至 0.76%；重轨伤轨率由 0.37%降至 0.34%，创造了取消钢轨缓冷工艺以来的最好水平。

朝阳公司通过采取优化关键环节生产组织，确保生产稳定运行；通过强化质量控制，提升产品质量；通过加强工艺管理，做到操作指标稳中求进。2015 年原品种合格率完成 99.88%、铸坯质量合格率完成 99.99%，处于公司领先地位；炼钢工序成本从预算 508 元/吨降至 457.56 元/吨，其中 7 月实现了 404 元/吨的历史最好水平。

3. 新产线达产创造鞍钢最快纪录。本部 D、E 转炉分别于 2015 年 1 月 16 日和 2015 年 3 月 27 日相继投产，仅用两个月零 3 天，就实现双炉日产 73 炉、班产 27 炉的规模化达产目标，创造了鞍钢产线最快达产纪录。

4. 全面推进降本增效落实工作。本部炼钢以降低钢铁料为抓手，深入推进白灰减量、工艺合金减量降本措施。2015 年对标钢铁料指标完成 1073 千克/吨，较上年降低 2 千克/吨。

鲅鱼圈分公司进行“三化一稳定”——生产调度精细化、材料管理市场化、能源管控系统化、以此稳定控制成本指标。提高铸机恒速率从 90% 提高到 92% 以上；制定生产废水回收利用方案，降低环保压力，新水单耗从 0.652 吨/吨，降低到 0.499 吨/吨；优化转炉煤气回收程序，提高煤气回收量从 117 立方米/吨到 120 立方米/吨，创历史最好水平。2015 年成功开发无铝工业纯铁，创造产值 1904 万元，外销钢坯 8055 吨、总产值 1999 万元。

5. 搭建全员创新平台，形成创新工作体系。以林学斌、李新林创新工作室为带动的全厂 36 个创新团队，全年共实施“涌动扒渣”“自动推渣布料机”等技术创新 494 项，创效 1.29 亿元；申请专有技术 171 件，通过公司认定 90 件；申请专利 109 件，被国家知识产权局授权 59 件。

（鞍钢股份有限公司产品制造部　王文科）

**【轧钢生产】** 2015 年鞍山钢铁公司钢材产量完成 2104.8 万吨，比上年减产 168.8 万吨。其中：本部完成 1420.4 万吨；鲅鱼圈分公司完成 474.1 万吨；朝阳公司完成 207.5 万吨。

1. 根据市场变化，大力调整产品结构。坚持高效品种优先的原则，分区按线组织轧钢各线的生产，对大型重轨、军工、冷轧汽车板等品种实行重点关注，保证高效品种的高产。对于无缝、线材、小型螺纹等品种安排适度产量规模，集约躲峰生产，并提高其中高附加值产品比例，提高钢材利润水平。2015 年公司战略产品、独有领先产品、新产品在所有产品中的占比分别达到 62.85%（1200 万吨）、28.97%（547.12 万吨）、9.03%

(170万吨)，同比增长2.94%、3.64%、1.04%，品种结构得到进一步优化。其中，重轨是2015年公司所有品种中效益最好的。为保证效益最好的重轨生产，通过集中安排生产大型重轨钢坯，结合运输及库存情况及时调整孔型等措施，最大限度组织百米重轨生产，全年重轨产量完成61.4万吨。冷轧各线积极推进新产品开发，扩大高附加值高利润产品比例，以汽车钢、镀锡基板、含磷高强钢、双相钢等品种为重点，稳定生产工艺，保持质量稳定，稳定用户和产品份额。另外以军用球扁钢、舰船板、装甲板、炮弹钢为代表的军工产品结算量完成12.25万吨，比计划增加4.77万吨。

2. 精细管理，精益生产，保证合同执行。坚持成本最低化原则，以提高合同执行率为生产组织核心，保持生产组织有序、物流高效、生产周期可控的最佳状态，克服合同到位率长期低位、轧机事故较多等困难，保证了合同执行和计划完成。全年公司合同执行率实现99.65%。

其中，本部线材1号线改造后使用180×180坯料，线材2号线使用155×155规格方坯，经过线材2号线试用180×180坯料后，组织大型连轧开孔型生产180×180坯料，经过各方努力在2015年3月末实现线材新1号线使用同一坯型，能够实现线材两线的原料互换功能，使生产组织更加灵活顺畅。

在冷轧汽车钢原料组织方面，调整热轧产线供料路径，将能在2150机组生产RH钢，从在1780机组生产的RH钢转到2105机组生产；同时根据新产品开发、小浇次情况，提前合理安排要料，合理安排小浇次生产，使炼钢生产组织和特殊钢种集中生产，避免小批量用料长时间在库内存留。

硅钢原料的生产，通过组织炼钢4号、5号板坯和热轧1700线生产中低牌号的无取向硅钢，改善热轧1780线生产资源紧张问题，补充无取向硅钢原料，为完成硅钢合同创造了条件。取向硅钢推进以渗氮法为技术路径生产Hi-B110以上级别产品取向硅钢技术转让工作。

鲅鱼圈公司通过分析轧钢产线不同品种效益差别，以指导合同评审、接收。提高高效材生产量，厚板增加锅炉容器、高建、管线等品种比例。特别是提高军工、核电等产品比率。高效材比例较上年增加3.47%。降低普碳、热轧增加刃具钢等高效材比例，高效材比例较上年增加0.51%。

朝阳公司克服成本压力大、生产难度高等困难，结合实际情况不断对轧钢品种和过渡料进行优化，调整完善三级计划，初步形成了“以销定产”的生产组织模式。保证生产均衡稳定，效果显著。轧钢2.0毫米及以下薄材比例从最初的7%提升至9.91%。

3. 加强质量管理，优化生产工艺，提高产品实物水平。2015年公司通过加强现场质量管理，做好过程质量监控，按月对轧钢厂实施督查，全年对公司质量损失降低落实情况、质量管理制度及工艺纪律执行情况、产品包装及防护情况等进行了专项审核，并组织实施持续改进。另外，公司通过实施六西格玛质量管理项目等措施，优化生产工艺，提高产品实物水平，全年钢材合格率实现99.32%，质量水平总体稳定。

4. 坚持鞍营朝三地钢坯平衡互动。2015年合理组织多基地生产互动，拓展整体轧钢规模提升空间，为保证公司整体规模，利用本部热轧检修期间钢坯过剩时机。全年本部供朝阳板坯2.06万吨。针对本部汽车钢等品种多真空能力不足及本部热轧1780线改造的问题，组织采购鲅鱼圈钢卷，补充本部真空钢品种，满足合同需求，全年使用鲅鱼圈热轧卷1.7万吨。发挥鞍营两地中厚板的生产品种及能力差异，提高公司整体效益，本部供鲅鱼圈厚板钢坯0.8万吨。周密安排、精心组织炼钢二工区2号方圆坯铸机外销和950连轧出口方钢的生产，有效缓解坯材不平衡矛盾，大大提升本部产量规模空间。全年外销方坯10.1万吨，出口方钢25.5万吨。

5. 大力推进新产品开发，提高产品竞争力。深入抓好汽车用钢、铁路用钢、家电用钢、船板和海洋工程用钢、电工钢、高端制品用钢、能源用钢、工程机械用钢、桥梁用钢、军工用钢等产品研发。全年新产品产量170万吨，比例9.03%。“Ni系低温钢工艺技术研究及成分优化”项目通过开展系统的研究工作，揭示了Ni系低温钢的超低温韧化机理，首次建立了完善的Ni系低温钢断裂韧性评价体系，解决了高镍钢连铸裂纹敏感性高、表面质量控制难度大、力学性能波动大、剩磁等技术难题，总体水平达到了国际先进水平，其中局部领域达到国际领先水平，年创效1206万元。开发的新产品 H410LA 具有高的抗拉强度和良好的延伸率，打破了宝钢独家供货局面，得到汽车用户的认可，该产品已通过一汽大众认证，纳入其采购体系。系列转向架用钢板实现了中国标准动车组转向架独家供货。开发出的 ASW-2 合金焊丝钢打开了出口日本焊丝钢的大门。成功轧制的 260 毫米、200 毫米 Q345D 及 200 毫米 Q345R 成品钢板供应大连船厂和广州海瑞克公司，实现了该类钢板的首次供货。“节约型高性能中厚板 UFC-TMCP 工艺技术开发及应用”获辽宁省科技进步一等奖，“低成本高性能 DP490-DP780 冷轧双相钢及超低硅热镀锌双相钢关键技术及应用”获辽宁省科技进步二等奖，“鞍钢精品线材生产线工艺开发及自主集成创新”及“热镀锌带钢镀层质量控制核心技术研发与工业应用”获冶金科学技术奖二等奖，“鞍钢新型耐蚀钢研制与开发”获得鞍山市科技进步特等奖。

6. 强化存货管理，降低原料在产品库存。鞍营朝三地强化存货管理，降低轧钢原料及在产品库存。一是合理安排生产计划和钢后产线检修配合，充分利用库存钢坯，减少备料。二是在满足轧钢生产的前提下，对多余的钢坯积极安排外销计划。各线原料库存得到有效控制。12 月末轧钢原料、在产品合计库存与年初相比本部降低了 4.4 万吨，鲅鱼圈降低 3.8 万吨，朝阳降低 2.5 万吨。

7. 改造大修产线顺利投产。2015 年公司轧钢系统改造大修主要集中在鞍山本部地区，包括 1780 线三电改造、冷轧 1 毫米线改造、冷轧 1 毫米、3 毫米镀锌线的工艺设备改造。公司通过组织协调各项目的改造大修工期，在各单位、部门的通力配合下，使工程、调试工作有序进行，产线快速达产达效。同时大力推动线材 1 毫米线、大型万能线（2014 年改造）以及小型螺纹线、580 线、800 线的投产、稳产、达产工作。提高各项目投产、达产进度，为迅速提升新建项目产品产能、提高质量奠定基础。

（鞍钢股份有限公司产品制造部　徐岩松）

## ·经　　营·

**【经营概述】** 2015 年，鞍山钢铁公司铁、钢、材产量分别为 2288 万吨、2261 万吨、2105 万吨，同比减少 87 万吨、99 万吨、169 万吨；收入完成 578 亿元，同比减少 247 亿元；利润总额亏损 41.08 亿元，同比增亏 26.59 亿元。

1. 主动调整产能，产量规模回落。2015 年，钢铁行业进入“冰冻期”，经济增速放缓，钢铁产能严重过剩。受市场形势影响，鞍山钢铁铁、钢、材产量全面回落，同比分别降低 3.7%、4.2%、7.4%。

2. 钢材销售价格大幅下降，销售收入锐减。2015 年，钢材平均售价呈断崖式下跌，由年初的 3092 元/吨降低至年底的 1981 元/吨，降低 870 元/吨，降幅 28.1%。钢材全年平均价格 2503 元/吨，同比降低 899 元/吨，降幅 26.4%；销售收入同比减少 247 亿元，减幅 30%。

3. 营业利润大幅减少，经营出现亏损。从钢铁行业看，2015 年末综合钢价指数仅为 55.8，比年初降低 32%。钢铁企业累计亏损 685 亿元，同比增亏 564 亿元，亏损面达 50% 以上。鞍山钢铁 2015 年利润总额亏损 41.08 亿元，同比增亏 26.59 亿元，经营出现亏损。

4. 把握市场变化，持续降本增效。针对钢铁行业严峻的市场形势，以市场需求为导向，适时调整高炉系统生产方案，坚持“效益优先”原则，合理安排产线集约开停；实施集约高效经营的物流管理模式，加强能源管理，提升创效能力；开展非常规降本增效，严格控制各项费用支出；把握市场节奏，灵活运用多种采购方式，大力降低采购成本。

2015 年采购成本同比降低 118 亿元，三项费用同比降低 7 亿元。全年物流成本降低 38 元/吨，降低费用 6.2 亿元，合同能源项目实现创效 2.2 亿元。

5. 深化对标管理，降低工序成本。成立市场化运营小组，以先进国企、地企、民企为对标目标，以市场目标倒逼成本，促进各产线成本持续降低。2015 年炼铁、炼焦成本低于或逼近先进民营企业水平，实现工序降本 36 亿元。在 31 项关键 KPI 指标中，鞍山地区、鲅鱼圈分公司、朝阳钢铁分别有 9 项、10 项、13 项指标创历史最好水平。

6. 坚持优化产品结构，市场竞争力持续增强。围绕市场需求，落实精品战略，调整品种结构，提升市场竞争力。2015 年开发新产品 145 个，战略产品、独有领先产品和新产品比例分别达到62.85%、28.8%、8.9%。

（鞍山钢铁集团公司计划财务部）

**【市场营销工作】** 2015年，市场环境持续恶化，行业颓势加剧。鞍山钢铁营销系统，在高压面前，始终奋力拼搏，在保障鞍山钢铁生产平稳顺行的基础上，最大限度地实现营销创效。2015年，鞍山钢铁集团公司生产钢材2104.83万吨，销售钢材2102.19万吨，产销率达99.87%，完成结算价格2503元/吨，比同期钢铁行业平均价格高245元/吨，高出10.85%。

1. 创新营销模式。充分发挥“高层领导+技术人员+销售人员相结合”的“三位一体”促销模式的积极作用，为应对不利的市场局面，鞍钢集团张广宁董事长带队、两级公司主要领导参加，走访了中广核、中集集团、中国北车、中船集团、中国兵器集团、中国铁建、中国南车等重点战略用户，加强战略合作，挖掘潜在需求，密切供需联系。鞍山钢铁各销售队伍认真贯彻集团领导关于销售工作的指示精神，积极落实集团领导走访客户达成的意向，加强产销研配合，明确责任人，主动进取，落实项目，取得了明显效果。

2. 调整品种结构。2015年品种钢销售取得了新突破。市场营销中心及各品种销售部根据市场需求变化，不断加大调品力度，完善调品模式。2015年，汽车钢完成235.42万吨，家电钢完成150.23万吨，铁路用钢完成64.69万吨，石油石化用钢完成49.02万吨，船舶用钢完成110.04万吨，集装箱用钢完成50.02万吨，其他专用品种完成540.3万吨。

3. 加强市场分析。适应市场变化，制定适应市场的营销政策。加强与国内一流钢厂的对标，与中联钢、钢之家等钢铁网站的交流，组成团队走访用户，深入开展调查研究，通过多渠道、多层次收集上下游行业市场信息、同行业生产经营信息，加强对市场走势的研判，提出合理的销售政策及价格政策等建议。

4. 加大现货销售力度。不断完善现货销售方式，注意现货资源投放量和销售时机。通过调整营销策略，在确保市场份额，保证生产顺利进行的前提下，积极开展压缩产成品库存和清理外部应收账款工作，并将责任制落实到各销售部门和销售人员，减少资金占用，防范市场风险。

5. 创新完善营销体系。在多支专业化销售团队的格局下，鞍钢股份市场营销中心作为鞍山钢铁集团公司营销管理和客户协同的管理部门，积极统筹协同各销售单元的营销业务，努力实现“十个统一”，统一营销规划策划、统一信息管理、统一定价模式、统一价格审批流程、统一销售政策、统一大客户管理、统一品牌管理、统一资源计划、统一考核评价、统一营销网络。通过创新模式，服务用户，努力占领市场营销的新高地。按照公司统一部署，参与成立鞍钢集团电子商务公司，加快鞍钢集团电子商务平台建设，进一步推进电子商务工作开展。协调期货交易部，与上期所加强协调与配合，已具备开展热轧卷板期货操作条件，可择机实施。

6. 努力增加出口量。2015年以来，针对国际市场的新变化，特别是针对国家取消部分含硼钢出口退税政策的变化，加强了与外贸系统的协调互动。全年出口累计订货288.5万吨，同比增幅7%，累计装船290.9万吨，同比增幅10%。

7. 提高服务水平与保障能力。坚持强化加工、配送、用户关怀等方面的个性化服务，通过优化地区分公司与钢材加工、配送的区域布局，实现优势互补。合力开发目标区域市场，积极推进营销信息化及区域分公司营销管理平台的建设。以客户为中心，加强用户服务，不断改善产品包装质量，缩短产品交货期。加强客户意见反馈系统管理，切实提高用户满意度，2015年客户满意度值为91.36。

（鞍钢股份有限公司市场营销中心 张 阳）

# ·技术改造·

**【技术改造综述】** 鞍山钢铁集团公司2015年共完成投资37.6亿元，其中：固定资产投资35.31亿元，股权类投资2.29亿元。

## 一、投资结构分析

全年完成的35.31亿元固定资产投资中，主业投资35.26亿元，占总投资的99.86%；非主业投资0.05亿元，占总投资的0.14%。新开工项目投资2.6亿元，占总投资的7.4%；续建项目投资完成32.71亿元，占总投资的92.6%。

股权类投资2.29亿元，全部为主业投资。

## 二、重点项目进展情况

1. 广州高强热镀锌线工程：在广州建设一条45万吨1880镀锌线、重卷及配套设施等，总投资11.45亿元，2015年计划投资2亿元，年度累计完成投资4.7亿元。该项目2015年开展了主厂房、公辅设施建设、设备基础施工等工作，完成了土地征购、环保审批、进口及国内设备的采购工作，从7月开始全厂机电设备安装，到12月底，开始单体设备调试工作。

2. 合资高强连退生产线工程：建设一条60万吨高强连退水冷式机组、一条重卷检查机组、一条半自动包装机组及配套设施等，总投资14.7亿元，2015年计划投资2.16亿元，年度累计完成投资6.59亿元。该项目2015年全面开展全厂机电、炉窑设备的安装、调试工作，并于2015年12月7日生产第一卷带钢。

3. 耐火公司回转窑电除尘环保改造项目：该项目主要是耐火公司回转窑电除尘改造为布袋除尘，总投资0.28亿元，2015年计划投资0.13亿元，年度累计完成投资0.06亿元。该项目截至2015年末已完成1号、2号、4号除尘的改造，全部达到环保排放要求。

4. 中央电站2台220吨/小时锅炉脱硝项目：该项目主要是燃煤锅炉脱硝改造及配套设施建设等，总投资0.3亿元，2015年计划投资0.15亿元，年度累计完成投资0.16亿元。该项目2号锅炉脱硝改造，增加尿素喷雾系统、SNCR催化剂、送风系统改造及电气控制系统，于5月20日竣工投产。

5. 化工五炼焦大修改造项目：新建2座大焦炉及配套干熄焦、公辅设施等，总投资15.23亿元，2015年计划投资2.06亿元，年度累计完成投资2.4亿元。12月干熄焦、预热发电和回收铵苯系统投产。

6. 大型厂钢轨生产线完善改造：包括增建钢轨全长热处理生产线和BD2轧机改造等，工程总投资2.6亿元，2015年计划投资0.76亿元，年度累计完成投资0.67亿元。

7. 新建制氧机项目：能源管控中心新建一台6万立方米制氧机及配套设施，工程总投资3.87亿元，2015年计划投资2.2亿元，年度累计完成投资1.07亿元。该项目主控楼及主厂房已经完成施工，三大机安装、冷箱施工、外网基础和支架施工也已经完成，储槽安装完成，球罐安装完成80%。

8. 中央电站1、4号发电机组改造：新建2台25兆瓦发电机组及配套设施等，工程总投资0.93亿元，2015年计划投资0.5亿元，年度累计完成投资0.39亿元。该项目两台机组分别于2015年7月、9月投产，投产后机组各项指标均达到设计要求。

## 三、重点项目前期工作

1. 鞍山钢铁集团公司高炉煤气综合利用发电项目。随着鞍山钢铁集团公司煤气回收利用水平的提高，以及节能降耗工作的深入和能源使用的结构调整，到2017年将有大量富余的高炉煤气。经测算，夏季将富余高炉煤气约40万立方米/小时，冬季将富余高炉煤气39万立方米/小时，为将这部分高炉煤气进行高效利用，提高企业综合效益，鞍山钢铁集团公司计划新建一套180兆瓦等级燃气-蒸汽联合循环发电机组（简称CCPP机组）。工程建设地点位于鞍山市铁西区北路，鞍山钢铁集团公司第二发电厂南厂区内。

高炉煤气综合利用发电项目以炼铁生产过程中产生的高炉煤气为燃料，新建1套燃气-蒸汽联合循环发电机组，机组总装机容量180兆瓦，机组由两台发电机构成，即煤气透平发电机组装机容量110兆瓦和蒸汽透平发电机组装机容量70兆瓦。

本项目采用低热值的高炉煤气作为主燃料，采用先进的低热值燃料燃气-蒸汽联合循环发电工艺，具有效率高、水耗少、能充分利用低热值高炉煤气等二次能源的优点，具有节约能源、改善环境、增加电力供应等综合效益，符合国家循环经济及可持续发展战略。

2015年，此项目已经鞍钢集团公司同意，并获得了辽宁省发展和改革委员会的核准。鞍山钢铁集团公司已放行项目前期费用1000万元，下一步工作重点是加快前期工作进度，尽快具备实施条件。

2. 二发电厂等容量替代建设1台35万千瓦热电机组项目。鞍钢第二发电厂现有2台11万千瓦和1台12.5万千瓦燃煤发电机组，3台机组分别于1973年、1974年和2003年投产。由于投产时间较早，工艺相对落后，已无实施节能、减排改造的价值。为贯彻落实国家《煤电节能减排升级与改造行动计划（2014~2020）》《关于加强和规范燃煤自备电厂监督管理的指导意见》《全面实施燃煤电厂超低排放和节能改造工作方案》等相关政策，鞍山钢铁集团公司拟拆除现有的3台机组，等容量替代建设1台35万千瓦热电机组。

项目的主要建设内容：该项目拟拆除现有2台11万千瓦和1台12.5万千瓦燃煤发电机组，建设1台35万千瓦超临界燃煤热电机组，并按照超低排放要求，同步建设脱硫、脱硝和除尘等环保设施。

鞍钢第二发电厂等容量改造工程投产后每年可减用燃煤17.5万吨，减排二氧化硫2000吨、氮氧化物3000吨、烟尘500吨，新机组环保实现超低排放，符合国家污染物排放标准。同时该项目可与华润鞍山北部热电厂共同承担2680万平方米的供暖任务（在调峰热源的配合下），可实现鞍山中心城区集中供热，且可互为备用，保障鞍山市集中供热的需要，解决鞍山冬季供暖小锅炉环保排放问题，提高供热的安全性。

该项目已纳入鞍山市城市供热规划，已完成项目的预可研报告、项目建设场地规划工作。下一步工作重点是抓紧办理该项目纳入国家火电发展规划的相关手续和办理项目的核准手续、开展项目设计工作等前期工作，使该项目尽早具备放行条件。

3. 1700线升级改造项目。由于鞍钢广州镀锌、鞍神高强相继投产所需的105万吨的冷轧供料由1780线提供后，不但影响厂内其他冷轧产线的供料平衡，而且还影响到热轧商品材的开发、销售。为此，公司计划将中低牌号无取向硅钢产品由1780产线转移到1700产线生产。鞍钢目前的1700产线设备老旧，温度控制、板形控制及轧制力控制手段缺少，只能生产低端的商品材，不能满足硅钢一贯制办公室提出的生产硅钢工艺装备及功能精度要求，为此公司拟计划对1700线进行升级改造。

1700线升级改造的主要内容：R2原地改造；增加F1、F2弯辊和窜辊；拆除原有热卷箱，安装新热卷箱；一级、二级计算机改造等。

预计该项目投产后，中低牌号无取向硅钢由1780线转移到1700线生产，1700线将保持满负荷生产，生产成本将会随之下降，高效益品种比例将增加，同时，由于升级改造后1700线的板型、温度、轧制控制能力全面提高，从而全面提高1700线热轧产品的成材率以及冷轧工序（约100万吨）的产品质量、成材率，该项目具有很好的经济效益。

该项目处于前期论证阶段，下一步工作重点是做好项目的可研编制等项目前期工作。

（鞍山钢铁集团公司规划发展部　常如春）

**【鞍钢股份炼钢总厂三工区转炉车间环保改造工程】** 鞍钢股份炼钢总厂三工区转炉车间环保改造工程对于解决长期困扰炼钢三工区生产的环保达标排放问题，合理配置炼钢总厂各工区的钢水资源，优化整体工艺布局，发挥了巨大作用。工程设计年产量468.75万吨。

工程主要建设内容：新建两座180吨顶底复合吹炼转炉，两座KR脱硫扒渣装置，两座铁水倒罐站以及一次除尘、二次除尘、净环水泵站、除盐水站、氮氩加压站、煤气柜、翻渣间、鱼雷罐倒渣检罐间等公辅配套设施。

工程主要工艺特点包括：

1. 转炉采用顶底复合吹炼工艺。通过转炉冶炼静态和动态模型及底吹、副枪的应用，可生产低碳钢、低磷钢，提高终点碳温双命中率，实现一次倒炉出钢、快速炼钢，提高钢水收得率，降低熔剂和合金消耗，实现自动化炼钢。

2. 采用滑板挡渣技术对转炉挡渣出钢，使进入钢包的渣量不大于5千克/吨钢。

3. 采用溅渣护炉技术，使转炉炉龄达到8000次以上。

4. 转炉采用干法除尘技术，除尘效率高、节约能源，运行稳定。

5. 转炉二次烟气、铁水倒罐产生的烟气和脱硫扒渣烟气收集除尘、粉尘回收利用。

6. 转炉余热锅炉蒸汽回收利用，用于RH真空处理等生产用汽。

7. 转炉煤气回收利用，实现负能炼钢。

工程建设单位主体为鞍钢股份炼钢总厂，此外还有鞍钢股份冶金运输厂、鞍钢股份计量厂、鞍钢股份能源管控中心、鞍钢股份炼铁总厂、鞍钢矿渣公司、鞍山钢铁集团公司铁路运输公司、鞍钢集团耐火材料公司等多家建设单位。工程由鞍钢集团工程技术有限公司设计、施工总承包。

工程计划总投资10亿元，于2013年11月开工，2015年1月16日第一座转炉热负荷试车，2015年3月27日第二座转炉热负荷试车，创造了鞍钢大型转炉建设周期的新纪录。

项目经理：秦　旭　　工程负责人：张　禹

**【鞍钢股份大型厂580线搬迁改造工程】** 鞍钢股份大型厂580线搬迁改造工程为了有效地利用资源，盘活资产，提高市场竞争力，鞍钢在保证现有产品的前提下，调整产品结构，释放型钢生产线产能，恢复中、小型钢品种，对原国家投资中、小型专用球扁钢生产线进行改造性搬迁，搬迁后专用球扁钢产能可达1.5万吨/年以上，产品全面覆盖中、小型球扁钢、型材、其他专用材规格品种。搬迁后年生产能力为40万吨，主要产品有球扁钢、槽钢、工字钢、角钢、矿用钢、圆钢、槽帮钢、轻轨、覆铜扁钢等。投产后将创造更大的经济效益和社会效益。生产线搬迁至原无缝厂热二生产车间，利旧原厂房进行加固及部分扩建、新建。

生产线主要设备配置：加热炉及其配套设施，高压水除鳞装置，$\phi$580/$\phi$350四机架横列式轧机组，取样锯、冷床、600、450/350矫直机、固定式及移动式冷锯、型钢堆垛装置、打捆装置、收集装置等。

采用的工艺技术：采用长尺冷却、长尺矫直、长尺锯切定尺工艺，提高了成材率；锯区设备采用达涅利公司产品，选用一台固定式冷锯、两台移动式冷锯，成组锯切钢材，锯切后的产品经堆垛、打捆机打捆后下料进成品库存放。

机械化、自动化水平：生产线机械化及自动化水平达到国内同类生产线先进水平。

工程建设单位为鞍钢股份大型厂，设计勘察单位为鞍钢集团工程技术有限公司，主要施工单位有鞍钢建设集团有限公司、鞍钢电气有限责任公司、鞍钢集团自动化公司、鞍钢附企工业工程公司等。

项目经理：杜　斌　　工程负责人：姜永芳

**【鞍钢股份大型厂800线搬迁改造工程】** 鞍钢股份大型厂型钢$\phi$800生产线于1953年建设，由于场地及产品结构、物料平衡限制，近年来生产线主要为专用产品提供优质钢材，其余型钢产品基本处于停滞状态，造成了资源的极大浪费。为了有效地利用资源，盘活资产，提高市场竞争力，鞍钢在保证专用产品的前提下，调整产品结构，释放型钢生产线产能，恢复大、中型钢品种，对生产线进行改造性搬迁，搬迁后产品全面覆盖大、中型型材规格品种，形成年产型材60万吨产能。投产后将创造更大的经济效益和社会效益。

工程改造拟将大型厂型钢$\phi$800生产线（包括万能线上原1100轧机）改造性搬迁至原小型轧钢厂生产车间区域，并对原厂房进行改扩建，新增上料台架、加热炉、冷床、矫直机、横移台架、冷锯等设备及相关配套设备等，更新1100轧机及800轧机电气系统、新建相关生产辅助设施等。

工程主要内容：加热炉及其配套设施，高压水除鳞装置，1100二辊可逆式开坯机组，$\phi$800三机架横列式轧机组，取样锯、冷床、900矫直机、固定式及移动式冷锯、型钢收集及下线装置等。

采用的工艺技术：轧线采用1100二辊可逆式开坯机和800横列式轧机相结合的工艺，提高了轧制效率。采用长尺冷却、长尺矫直、长尺锯切定尺工艺，提高了成材率。锯区设备采用达涅利公司产品，选用一台固定式冷锯、两台移动式冷锯，成组锯切钢材，锯切后的产品经收集下线后进成品库存放。

机械化、自动化水平：800线除利旧的设备，新建部分选用国内的设备。生产线机械化及自动化水平达到国内同类生产线先进水平。

工程建设单位为鞍钢股份大型厂，设计勘察单位为鞍钢集团工程技术有限公司，主要施工单位有鞍钢建设集团有限公司等。

工程计划总投资24100万元。工程于2013年12月开工，2015年7月全线热负荷试车。

项目经理：杜　斌　　工程负责人：姜永芳

**【鞍钢股份炼铁总厂新1号高炉新增炉缸水冷站工程】** 鞍钢股份炼铁总厂新1号高炉新增炉缸水冷站工程采用“成熟、先进、安全、可靠”的技术和设备，符合多、快、好、省的原则。充分利用厂区可利用的设施，在满足使用要求的前提下尽可能降低投资。将高炉炉缸与炉腹、炉腰、炉身实现分段供水，将原有Ⅱ系统进行改造，Ⅰ系统保持不变，新建一座高炉炉缸除盐水循环泵站、冷却水循环泵站。新建泵站只对高炉的炉缸（1~

6段冷却壁）供水冷却，原Ⅱ系统对炉腹、炉腰、炉身铜冷却板及炉身铸铁冷却壁供水。新建泵站水量为4500立方米/小时，炉缸（1~6段）冷却壁单管水速为3.6米/秒。炉腹、炉腰、炉身水量为5500立方米/(小时·座)。新建一个35立方米脱气罐及配套设施。工程总建筑面积1500平方米。

工程建设单位为鞍钢股份炼铁总厂，工程设计单位为鞍钢集团工程技术有限公司，工程主要施工单位有鞍钢建设集团有限公司、鞍钢电气有限责任公司。

项目经理：于成忠　　工程负责人：潘颖铁

**【鞍钢股份炼铁总厂新2号、3号高炉新增炉缸水冷站工程】** 鞍钢股份炼铁总厂新2号、3号高炉新增炉缸水冷站工程采用“成熟、先进、安全、可靠”的技术和设备，符合多、快、好、省的原则。充分利用厂区可利用的设施，在满足使用要求的前提下尽可能降低投资。

新建新2号、3号高炉炉缸除盐水循环泵站及吸水井和新2号、3号高炉风口小套加压泵站，新建两个35立方米脱气罐及配套设施。对软水Ⅱ系统进行改造，Ⅰ系统保持不变。新建泵站单独为炉缸1~6段冷却壁供水；风口小套由原工业水冷却改为软水冷却，新建加压泵站。对原有炉身系统进行改造。炉身系统的上部冷却壁背部水管供水系统维持原设计，不做改造。铜冷却板及上部冷却壁的炉身供水系统仍由原有泵站提供，只做局部改造。新建泵站水量为5500立方米/小时，炉缸（1~6段）冷却壁单管水速为2.72米/秒（新2号高炉）、3.2米/秒（新3号高炉）。工程总建筑面积2100平方米。

工程建设单位为鞍钢股份炼铁总厂，工程设计单位为鞍钢集团工程技术有限公司，工程主要施工单位有鞍钢建设集团有限公司、鞍钢电气有限责任公司。

工程计划总投资3800万元。工程于2014年11月1日开工，2015年9月7日竣工。

项目经理：于成忠　　工程负责人：潘颖铁

**【鞍钢股份炼铁总厂新4号、5号高炉新增炉缸水冷站工程】** 鞍钢股份炼铁总厂新4号、5号高炉新增炉缸水冷站工程采用“成熟、先进、安全、可靠”的技术和设备，符合多、快、好、省的原则，充分利用厂区可利用的设施，在满足使用要求的前提下尽可能降低投资。

工程总建筑面积2000平方米。新建4号、5号高炉炉缸除盐水循环泵站及4号、5号高炉风口小套加压泵站，原4号、5号高炉除盐水泵站喷淋泵站及吸水井只供4号高炉炉缸泵站和炉身泵站使用，新建炉缸除盐水泵站喷淋泵站及吸水井只供5号高炉炉缸泵站和炉身泵站使用。将新4号、5号高炉炉缸与炉腹、炉腰、炉身实现分段供水，新建高炉炉缸除盐水循环泵站单独对1~5段冷却壁供水，原有泵站对除1~5段冷却壁以外的原有系统供水。新4号、5号高炉炉缸新建泵站水量均为5000立方米/小时，炉缸（1~5段）冷却壁单管水速为2.7米/秒。新建一个20立方米及一个35立方米脱气罐及配套设施。

工程建设单位为鞍钢股份炼铁总厂，工程设计单位为鞍钢集团工程技术有限公司，工程主要施工单位有鞍钢建设集团有限公司、鞍钢电气有限责任公司。

工程计划总投资4100万元。工程于2014年11月1日开工，2015年8月5日竣工。

项目经理：于成忠　　工程负责人：潘颖铁

**【铁运公司灵山物流园一期工程】** 铁运公司灵山物流园一期工程是配合鞍钢股份大型厂改造，堆放重轨能力4万吨以及少量型材的铁路运输物流园工程，该工程位于鞍山市立山区灵山红旗路东侧铁运公司原灵山轨排场，占地面积约18000平方米。

工程内容主要包括：百米重轨堆放场地4个、一个型钢堆放场地，配套火车专用线，4台龙门吊，供电照明等。

工程建设单位为鞍山钢铁集团公司铁路运输公司。工程设计单位为鞍钢集团工程技术有限公司，工程主要的施工单位是鞍钢建设集团有限公司。

工程计划总投资为2233.34万元。工程于2014年12月28日开工，2015年3月第一货位正式投入使用，2015年6月按规划部调整后的方案实施，由于第一货位已经投入使用，堆放重轨，工程必须等堆放的重轨输出后，才能重新按规划部调整后的新方案铺设，因此工程进度受生产制约，于2015年6月竣工。

项目经理：王奇夫　　工程负责人：刘建秋

**【鞍钢股份冶金运输厂耐火桥洞加固工程】** 鞍钢

股份冶金运输厂耐火桥洞加固工程在最大限度保证既有铁路安全为前提下，以安全、适用、经济、美观为原则，力求技术先进、造价合理、统筹兼顾、环境协调、安全可靠，以求达到最大的投资效益。

新建工程对既有铁路耐火桥框构改造，在原址上保生产的前提下进行改造。

工程主要内容：框构桥为单孔结构，净跨为10米。框构桥顶板顶面距铁路钢轨底面最低点0.778米（含防水保护层厚度）。净高4.6米，轴向长度为95.4米，靠东侧两车道要跑鱼雷罐车，靠西侧两转炉渣罐线需临时跑鱼雷罐车，鱼雷罐轴重比普通车大将近2倍，需对其影响范围的桥进行加固或改造。

工程建设单位为鞍钢股份冶金运输厂。工程设计单位主体是由铁道第三勘察设计院集团有限公司设计，外围项目是由鞍钢集团工程技术有限公司设计。工程主要施工单位有鞍钢集团建设有限公司、鞍钢集团自动化公司、鞍钢附企铁路设备工程公司。

工程计划总投资2500万元。工程于2014年10月1日开工，2015年4月30日竣工。

项目经理：张海涛　　工程负责人：薛军发

**【鞍钢股份能源管控中心中央电站2台燃煤锅炉脱硝改造项目】** 鞍钢股份能源管控中心中央电站2台燃煤锅炉脱硝改造项目为了达到新的《火电厂大气污染物排放标准》（GB 13223—2011，从2014年7月1日开始执行）中燃煤锅炉大气排放标准值中氮氧化物低于100毫克/立方米的要求，必须对中央电站现有2台220吨/小时煤粉锅炉实施脱硝达标改造。

工程建设的主要内容：

1. 低氮燃烧系统改造。每台锅炉设置低氮燃烧风机，在炉膛水冷壁上开孔装设喷口集成箱，配套管道、挡板、膨胀节、电气、控制等；对锅炉燃烧器二次风喷口进行改造等。

2. SNCR系统改造。利用锅炉南侧现有煤皮带转运站下方的备件库作为尿素溶液制备车间，新建尿素储存及供应系统、尿素溶液喷射系统、压缩空气系统、SNCR风系统、废水排放系统等。

3. 内置式SCR系统改造。在上级空预器与下级省煤器之间设置一个内置式SCR装置。对上级省煤器和下级省煤器进行改造；安装声波吹灰器装置；下级空预器更换为搪瓷空预器。

工程建设单位为鞍钢股份能源管控中心，设计单位为鞍钢集团工程技术有限公司，工程采用总包形式，总包单位为鞍钢集团工程技术有限公司。

工程计划总投资为3000万元，其中由鞍钢股份有限公司出资2700万元，其余300万元投资资金来源为环保专项资金。由于冬季保鞍钢生产供汽，只能进行一台锅炉脱硝改造，1号锅炉于2014年10月15日停炉，于2014年12月25日投产；2号锅炉于2015年3月20日停炉，于2015年5月20日点炉投产。

项目经理：伊　津　　工程负责人：高　峰

**【鞍钢股份能源动力总厂中央电站1号、4号发电机组改造工程】** 鞍钢股份能源动力总厂中央电站原老发电室内汽轮发电机组为20世纪50年代设备，由于服役周期长，主体及附属设备状态老化严重，自动化程度落后，故障频发，运行效率低，已无法满足经济运行及发电产能的要求，为实现设备更新优化，保证安全生产，提高自发电率，2014年鞍钢股份能源管控中心提出新建中央电站发电机改造工程项目。该改造工程项目包括将中央电站1号、4号中压炉厂房及设备拆除，在此位置新建发电机主厂房，总建筑面积3000平方米，内部主体设备为2台中压汽轮机发电机组，除氧给水系统包括供中压2台锅炉的4台中压给水泵、供一二期4台高压锅炉的7台中继水泵、4台低压除氧器等设备，以及配套电气系统等。

新建项目主要内容：

1. 汽轮发电机组：汽轮发电机组形式为抽凝式汽轮发电机，型号C25-3.0/0.9，额定容量25兆瓦，最大进汽量265吨/小时，额定抽汽量150吨/小时。

2. 给水泵：形式为卧式多级高压给水离心泵，额定流量150立方米/小时，扬程536米，输送介质除氧软水，工作温度104摄氏度。

3. 中继泵：形式为卧式多级高压给水离心泵，额定流量240立方米/小时，扬程120米，输送介质除氧软水，工作温度104摄氏度。

4. 除氧器：形式为大气式热力除氧器，工作压力0.02兆帕，工作温度104摄氏度，出水氧含量不大于0.03毫克/升，其中2台除氧器额定出力为 300 吨/小时，2 台除氧器额定出力为 150 吨/小时。

工程建设单位为鞍钢股份能源管控中心。工程设计单位为鞍钢集团工程技术有限公司。工程主要施工单位有鞍钢建设集团有限公司等。

工程计划总投资 9300 万元。工程于 2014 年 6 月 1 日开工，2015 年 9 月 30 日竣工。

项目经理：伊　津　　工程负责人：潘颖轶

**【鞍钢股份能源管控中心二加压站异地改造工程】** 鞍钢股份能源管控中心二加压站建于 20 世纪 60 年代初期，主要负责轧钢系统的混合煤气供应，因煤气用户较多，不能长时间停产进行大修，机械、电气设备陈旧，能耗高，自动化程度较低，煤气管网腐蚀严重，并且二加压站混合煤气用户逐年增加。为了满足其要求，对二加压站进行异地改造。

工程总建筑面积 1152 平方米。新建煤气加压站 1 座，厂房沿 580 线配套转炉煤气加压站向西延伸建设并与 580 转炉煤气加压站贯通。加压站电气室利旧，布置变频器和高低压电力设施；辅助间与转炉煤气加压站共用；加压站内设 8 台混合煤气鼓风机；加压站进口 DN2200 混合煤气管道 2 条，出口 DN1800 混合煤气管道 2 条，两套系统在新加压站进出口均设有联络系统。利用现有北加压供电系统供电，两路电源引自 21 号变电所。煤气加压站供排水就近解决，新建换热站及 1.5 兆瓦换热机组，控制、检验检测、消防安全等系统设施符合标准和工艺要求；热值仪利旧 1 套；配套建设管道支架及基础、排水器、补偿器、阀门、油站等设施。

能源管控中心二加压站改造后，满足了新增用户煤气需求，可多利用转炉煤气，降低系统电力消耗，增加企业效益。

工程建设单位为鞍钢股份能源管控中心，工程设计单位为鞍钢集团工程技术有限公司，工程主要施工单位有鞍钢建设集团有限公司、鞍钢矿山建设有限公司、鞍钢金属结构有限公司、鞍钢电气有限责任公司、鞍钢集团自动化公司。

工程计划总投资 2500 万元。工程于 2014 年 11 月 11 日开工，2015 年 7 月 30 日竣工。

项目经理：伊　津　　工程负责人：徐大海

**【冷轧厂 1 号联合机组产能提升及电控系统升级改造工程】** 冷轧厂 1 号联合机组产能提升及电控系统升级改造工程是为改善设备装机水平，有效规避设备运行风险，提高机组作业率，提高轧制成品的厚度精度和板形精度，提升产品质量，同时联合机组电控系统的改造也为产品开发和产品结构升级提供有效的功能支持，对联合机组进行改造。联合机组改造后产能达到 175 万吨/年。

工程主要内容：

1. 轧机段 4 号机架更换 6 辊及相关设备改造。

2. 轧机支持辊油膜轴承改滚动轴承。

3. 酸洗段闪光焊机改造为激光焊机。

4. 酸洗及轧机段电气基础自动化控制系统升级改造。

5. 乳液系统及提升泵站改造。

6. 液压系统改造。

7. 0 号机架前新增三辊稳定辊、检查台、1 号机架减速机改造。

8. 局部改造减温减压站、净环水站、轧机排烟和通风等公辅系统。

工程建设单位为鞍钢股份冷轧厂，工程设计单位为中冶南方工程技术有限公司，工程主要施工单位有鞍钢建设集团有限公司、鞍钢集团自动化公司。

工程计划总投资 2.5 亿元。工程于 2015 年 6 月 28 日开工，2015 年 12 月 20 日竣工。

项目经理：李红雨　　工程负责人：周敬忠

**【冷轧高强连退线工程】** 冷轧高强连退线工程由鞍钢股份有限公司与日本神户制钢共同合资兴建，借鉴鞍钢现有连退生产线和国内外类似工程的设计和生产实践经验，使该项目水平达到世界先进水平。在满足工艺所要求的装备水平先进、适用、可靠的前提下，生产线设备立足国外设计，关键设备进口，辅助设备国内制造，力求节约工程建设资金。结合鞍钢已有的连退生产线生产品种情况，该项目以高强汽车板品种为主。在鞍钢西区 3 号冷轧厂区预留场地内建设一条冷轧高强汽车板连退生产线，总建筑面积 2.72 万平方米。产品钢种有 IF 钢、铝镇静钢、高强钢及超高强汽车用钢等。产品厚度 0.6~2.3 毫米，产品宽度 800~1680 毫米，钢板最大强度 1600 兆帕，生产能力为年产冷轧高强汽车板连续退火钢卷 60 万吨。

工程主要内容：主要包括连续退火机组、重

卷检查机组、半自动包装机组各1条。各机组主要特点：

1. 连续退火机组。连退机组将冷轧后的带钢经清洗、退火、水淬、过时效、酸洗及闪镍、平整、精整等工序集中在一条作业线上连续化生产，与传统的罩式退火工序相比，具有生产周期短、占地面积小、产品质量好、成材率高、便于生产管理、劳动定员少等优点。在产品质量方面具有产品平直、表面光洁、性能均匀、产品强度生产灵活等特点。采用连退生产线生产AL镇静钢，IF钢，HSS，AHSS等高强度产品用于汽车工业时，汽车轻量化的概念将得以实现，汽车工业节能环保的优越性将更加显著。

机组的电解清洗段采用电解与碱洗共同完成对带钢表面铁屑、油污、尘泥等的清洗。基本工艺过程为喷淋冲洗、电解清洗、涮洗、漂洗、清洗、烘干等工序。清洗后的带钢表面杂质含量小于20毫克/平方米，满足汽车用板的表面质量要求。

连退机组退火炉段由预热、加热、均热、喷气冷却、水淬、过时效、酸洗及闪镍等工艺处理。退火炉选用全辐射管加热，加热均匀；炉内充氮气无氧化气氛。带钢经过退火炉退火后根据产品性能要求可以选择风冷或水淬，生产灵活多样。风冷采用氮氢混合气体喷射冷却，水冷采用喷射式水冷工艺。冷却后的带钢进入过时效段处理后再经过酸洗及闪镍段，表面镀镍后抗腐蚀能力将大大提高。酸洗采用盐酸酸洗；镀镍采用硫酸镍电解液电镀方式完成。退火炉采用烟气预热回收技术，将回收的热量用于加热清洗段用水，具有较好的节能效果。

光整机采用六辊式，同时配置弯辊和窜辊等手段，并辅以前后张力辊的张力，使钢板的表面质量和板型得到保证。光整机配备两套辊系以适应不同厚度产品的生产。

2. 重卷检查机组。重卷检查机组配置拉矫机和圆盘剪，对连退机组生产的退火卷进行表面检查和钢卷分卷，同时拉矫机对卷型和板型不好的退火卷进行修正以获得好的产品质量，提高成材率。

3. 半自动包装机组。半自动包装机组采用人工操作上包装材料，机械打捆，步进梁运输，最终满足产品的包装要求。

工程建设单位为鞍钢神钢冷轧高强汽车钢板有限公司。由鞍钢集团工程技术有限公司总承包，工程设计单位为德国西马克集团有限公司、比利时DREVER公司及鞍钢集团工程技术有限公司。

工程计划总投资14.67亿元。工程于2014年7月1日开工，2015年11月30日热负荷试车。

项目经理：张锐华　　工程负责人：英　凯、周　军

**【鞍钢钢材加工配送（郑州）工程】** 鞍钢钢材加工配送（郑州）工程位于郑州国际物流园区，厂区占地面积约6.3万平方米。建设3条冷轧钢板剪切加工线，即新增一条生产能力为10万吨/年的纵切生产线、一条生产能力10万吨/年的大横切（具备剪切汽车外板功能）和一条生产能力为4万吨/年的小横切生产线。

工程主要建筑物和构筑物：建设一座占地面积约2.04万平方米的厂房、1座占地面积约为0.17万平方米的综合办公楼、1个公辅间。

主要工艺设备及水平：一条1850毫米纵剪机组，设计年加工能力为10万吨，为威台机械（上海）有限公司制造，该生产线主要用于加工家电和汽车板，目前该设备所在区域内加工宽度和加工强度是最大的。一条800毫米横切机组，设计年加工能力为4万吨，由江苏亚威机床股份有限公司制造，该生产线主要用于加工汽车板。一条2000毫米摆剪机组（大横切机组），设计年产量为10万吨，由西班牙法格赛达公司制造，该生产线主要用于加工高级汽车内板和外板，该设备无论是加工宽度和加工强度都是目前同行业能力最大的，很好地满足了郑州地区汽车与家电企业对鞍钢钢材产品的需求。

工程建设单位为鞍钢钢材加工配送（郑州）有限公司，工程施工由鞍钢建设集团有限公司施工总承包。

工程计划总投资15300万元。工程于2014年7月15日开工，2015年12月投产。

项目经理：马荣材　　工程负责人：杨志明

（鞍钢股份有限公司技术改造部　郇全海）

## ·科技开发·

**【科技开发综述】** 2015年，制定了《鞍山钢铁集

团公司“关键性”科研课题管理办法（试行）》等制度。完成了鞍山钢铁“十三五”科技发展及科技职能规划的编制工作。下发科研项目计划12批，课题418个，其中国家项目10项、集团重大项目10项、“关键性”科研课题8个、支撑性课题219项、创新工作室科研课题32个，实现科研创效3.63亿元。与辽宁省交通规划设计院等单位签订技术服务合同38项，其中对外技术输出13项。“节约型高性能中厚板UFC-TMCP工艺技术开发及应用”等5个项目、“宽带钢热连轧自由规程轧制关键技术及应用”等6个项目、“鞍钢新型耐蚀钢研制与开发”等15个项目、“硅钢边部减薄控制核心技术开发与工业应用”等9项目分别获得辽宁省科技进步奖、冶金科学技术奖、鞍山市科技进步奖和鞍钢集团重大科学技术奖。组织“鞍钢精品线材生产线工艺开发及自主集成创新”等6个项目完成科技成果鉴定工作。承担的“十二五”国家科技支撑计划课题“油船货油舱用耐腐蚀钢板工业生产技术”等3项课题、国家低碳技术创新和产业化专项“新一代TMCP技术创新及产业化示范工程”项目分别通过国家科技部、国家发改委的验收。

围绕国家推进实施“一带一路”开展11项标准课题研究工作。完成ISO 4997：2015《结构级冷轧碳素钢带》等2项国际标准，开创了鞍钢参与国际标准化工作的先河；完成《焊接气瓶用热轧钢板及钢带》等4项国际标准立项申请。开展了16项国家及行业标准的制修订，《鞍钢冶金渣处理成套技术研发及系列的标准制定》成果获冶金科学技术进步三等奖。完成216项企业标准的复审结论及62项企业标准的制修订。完成了冷轧厂等单位系列技术规程的审定、修订等工作。

年度申报专利670件，获得国家授权专利605件，完成专有技术认定备案600件。形成《2014年全世界公开的油井管用钢专利概述》等11篇专利分析报告。在“管线用钢与应用”“船舰用钢工艺与产品开发”“耐蚀钢工艺与产品开发”技术领域分别申报发明专利18件、10件、9件。“一种低温韧性优异的耐酸腐蚀钢及其制造方法”等3项发明专利获得第十七届中国专利优秀奖。

科协组织500多名科技人员参加20多个学术活动，其中国内外重点学术活动6次，鞍钢投稿论文200多篇，50多篇论文在会场交流。对8800人进行TRIZ创新方法培训。评选“讲、比”优秀项目100项，鞍钢优秀科技论文147篇。组织49项、53项成果分别获辽宁省、鞍山市自然科学学术成果奖。

年度组织能源管控中心设备保障发电作业区锅检QC小组等142个QC小组分别获得全国、冶金行业、辽宁省和鞍山钢铁“优秀质量管理小组”称号，股份中厚板厂轧钢剪切丙班等22个班组分别获得全国、冶金行业和辽宁省“质量信得过班组”称号。股份公司等4个单位被评为辽宁省质量管理小组活动优秀企业。股份炼钢总厂王军、炼铁总厂王志君分别获得辽宁省质量管理小组活动卓越领导者和优秀推进者。

**【科技创新规划】** 组织编写完成《鞍山钢铁“十三五”科技发展规划》和《鞍山钢铁“十三五”科技职能规划纲要》。加强科研项目管理，提升国家、集团重大、“关键性课题”等重大科研项目研发水平。加强标准化工作，争取到2020年，具有实质性地参与国际标准化活动的能力；开展创新产品的标准战略研究工作，建立标准自我声明公开和监督制度，争取到2020年使技术人员特别是一线技术人员成为标准制定的主力军。加强知识产权管理，加强专利在国内外的申请及布局工作，建立并完善技术输出管理体系。通过信息化建设，整合好市场规划与研发目标的确定、新产品研发、商业机会的预测与评估、研发成果的商品转化等功能资源，开发出技术创新支撑平台、专利信息检索平台和管理信息平台，汇聚好集营销、研发、生产的合力。通过对外技术交流合作，形成开放式合作创新平台，推进重点技术领域的新突破。围绕核心技术研发、科研创效、团队高效协作能力建设，实现高端产品开发、核心技术掌控、节能和环保技术的引领，努力在产品与关键技术研发、科研平台与团队建设、科研管理创新上实现新突破，开展了科技规划编制工作，在降低成本、产品转型升级、用户应用技术、节能减排（绿色制造）、资源利用技术和下一代新技术（钢铁）6个领域形成了116个研发方向。

**【耐蚀钢产业技术创新战略联盟建设】** 鞍钢作为耐蚀钢产业技术创新战略联盟理事长单位，通过加强联盟基础工作，完成了联盟成员单位《耐蚀钢产业技术创新战略联盟协议书》的签订；走访了中国产业技术创新战略联盟联络组，为申报国家级试点联盟做好前期准备。通过强化联盟管理工作，制定了耐蚀钢产业技术发展路线图，编制了联盟“十三五”工作规划，出台了《联盟科研项目管理办法》《联盟经费管理办法》。通过邀请国家科技部政策法规司巡视员、中国产业技术创新战略联盟联络组组长李新男做了联盟相关知识培训，进行了“国内外高性能耐候钢的研发与应用”交流等方式，推进了联盟技术路线图实施具体方案及联盟“十三五”规划制定工作。通过推进信息共享与技术交流、创新团队、产学研用合作3大创新平台的建设，较好地发挥了耐蚀钢产业技术创新战略联盟的作用。

**【国家项目】** 2015年4月26日，鞍山钢铁承担的国家“十二五”科技支撑计划项目“油船货油舱用耐腐蚀钢板工业生产技术”通过了国家科技部组织的课题验收。该课题突破了货油舱耐蚀钢的合金设计、批量化稳定生产、检测评价装备、配套焊接材料、标准规范等关键技术，大幅度提高了货油舱用耐蚀钢在静态高硫、高酸货油舱环境下的耐蚀性，将钢板的耐腐蚀指标较传统钢板提高5倍以上，形成了货油舱耐蚀钢工程化试制技术方案、配套技术体系和“产、学、研、检、用”一体化协作的循环创新模式，完成了船级社认证，打破国外技术垄断，推进了我国钢铁、造船、航运行业的发展，为科研项目的组织实施、工程考核和示范应用奠定了良好推进机制，也为其他高端材料的研制应用提供了工程化典范。2015年9月18日，鞍山钢铁承担的国家低碳技术创新和产业化专项“新一代TMCP（控制轧制和控制冷却技术）技术创新及产业化示范工程”项目通过了国家发改委委托鞍钢集团公司组织的验收。该项目以4300中厚板和2150热连轧生产线为依托，以水是最廉价的合金元素为理念，自主研发和建设了轧后“超快速冷却+层流冷却”装备和自动化控制系统及轧后冷却路径控制技术，使热轧板材表面冷却模式发生了变化，由膜沸腾和过渡沸腾尽可能地向核沸腾转化，极大地提高了钢板的冷却速度，降低了铌等合金元素含量，形成了硬化的奥氏体，为获得多样化的相变组织和材料性能提供了广阔的空间，成功生产节约型低合金钢等钢种，实现了传统钢铁材料的升级，达到了钢铁生产过程的低能耗、低资源消耗和减少排放的总体目标，创效9798万元。

（鞍钢股份有限公司科技质量部　李维兵）

**【新产品开发】** 2015年鞍钢股份有限公司坚持走差异化、特色化、专业化的精品路线，把满足市场和用户需求作为品种结构调整、促进产品升级的出发点和落脚点。以售价高的新产品开发为纲，严格进行项目立项审核，推动新产品立项向高效益、高技术、高成本的钢种引导。同时做好前期立项项目的验收工作。

在新产品立项方面，完成新产品立项78项，对外签订新产品开发协议470个，下发产品质量计划448个，验收新产品项目41项。通过加强新产品技术交流、协议签订、承接合同、产品设计、工业试制与批量生产、产品检验发货、用户使用全过程跟踪管理等工作，新产品立项得到持续加强，新产品立项生产顺利走上了轨道，形成良好的循环。

在国内管线市场低迷情况下，主动出击对接国际市场，与巴基斯坦用户深度技术交流，开发生产X70M管线。承接了辽阳钢管有限公司5800吨酸性管线钢X60卷板合同试制工作，不但性能指标完全满足用户要求，同时增添了鞍钢酸性管线钢的生产业绩。优化设计新型耐蚀钢，突破极限，生产出1.5毫米厚度的钢板，完全满足用户冲型要求，助推铁路棚车升级；满足用户个性化需求，成功开发高硬度耐磨耐候铁路车辆用钢；突破生产工艺难关，开发出低屈强比的铁路车辆用钢，引领铁路车辆用钢产品升级。积极开发耐硫酸低温露点腐蚀的耐候钢新产品09CrCuSb，满足用户的应用。在2150线开发出宽幅极限65Mn刃具钢，降低了成本，扩大了鞍钢品种规格，提升了产品市场竞争力。开发的热轧农用机械用钢AS500MC，不但强度要求高，满足-30℃的低温冲击韧性，还要有良好的成型性及加工使用性，尺寸精度要求极严，经用户试用后受到用户的高度认可。

开发冷轧CR300/500DP用做长城汽车H6车型的防撞梁，实现了鞍钢与长城汽车新产品试制的完美开局。突破冷轧汽车板规格上限，实现江淮商用车稳定供货，产品也由普碳钢、低碳产品增加到低合金钢、含磷钢、双向高强钢等多个品种。全面展开上海大众新标准产品认证试模工作，5种新牌号产品生产合格。广汽乘用汽车板在鞍钢开花结果，累计采购鞍钢包括冷轧、热轧、酸洗3大类产品近2.58万吨的产品，GC260Y和GC420LA也开始批量供货。比亚迪特殊汽车钢产品的开发，实现超深冲压产品试模、高级精度产品生产。

鞍钢SA-533Ty.B Cl.1钢板进入核一级关键材料高端市场；新研发20HR-B核电用钢成功供货中广核；完成三代核电环形吊车及装卸料机用钢供货1800吨，应用在巴基斯坦K2/K3项目环形吊车用钢Q345C，为鞍钢首个应用在国外核电项目产品。风电钢进入国家海外“一带一路”建设项目——巴基斯坦大沃风电工程。独家供货的F级超高强海工钢板为主要承重件加工制作的全球最深半潜式钻井平台——FrigstadD90超深水半潜式钻井平台，在山东烟台中集来福士建造基地顺利实现上下部大合拢，标志着鞍钢F级超高强海工钢成功替代进口，具备为世界顶级钻井平台供货能力。顺利通过了焊评评价和试用料的使用，4000余吨首批订单为孟加拉国擎起“梦想之桥”——帕德玛大桥；鞍钢Q500qE钢板开始供货世界最大跨度公铁两用斜拉桥——沪通长江大桥。研制的800兆帕级水电用ADB790E钢板顺利通过评审，使鞍钢具备了向大型水电站和抽水蓄能电站供应800兆帕级水电用钢的资格。抗氢诱导开裂SA-516 Gr.70N容器钢开发取得成功。独家供货的铁路转向架用S355J2W(H)耐蚀钢开始放量生产，助推中国高铁走出去。X60M管线钢大批量供货印度客户，真正实现管线钢板产品“走出去”；采用优化后的“二合一”复合工艺（600毫米）成功开发出403毫米、412毫米AGMJ45复合钢板；采用“低偏析技术”生产德系高端塑料模具钢1.2311以及美标P20产品打入华东市场。借助清华的技术和品牌优势，采取“既管生又管养”的合作模式推进鞍钢LP钢板实现量产。

成功试制出U71Mn、U75V、U78CrV、U77MnCr全长热处理钢轨，鞍钢在线热处理钢轨上道应用工作进入了快车道，产品使用寿命较普通钢轨提高一倍以上。首次生产试制的UIC54 320BHN全长热处理轨远销印尼。将优化轨头廓形和钢种相结合，成功开发时速250千米/小时60N新廓形高速钢轨，显著延长钢轨的使用寿命。强化内控标准，不断优化工艺制度，鞍钢槽型轨应用于广州首条有轨电车线路。

挖掘设备潜力，一次成型生产$\phi$101.6毫米外加厚油管。小批量成功试制AG80H-9Cr火驱热采油井管，应用到新疆油田。成功试制出L80-1Cr、L80-3Cr经济型抗$CO_2$腐蚀油管，为鞍钢耐蚀油井管再添新丁。

开发5大类10余个品种合金焊丝钢新产品，累计推广量达7123吨，其中ER70S-G系列产品出口韩国用户；ASW系列产品出口日本用户；AH550系列耐候产品稳定销量在200吨/月，为提高线材品种平均售价提供了强大助力。B7风电用钢盘条开发，打开风电行业突破口，使线材产品挺进风电行业，拓展了线材产品市场空间。

（*鞍钢股份有限公司产品发展部　惠兴伟*）

**【知识产权】** 制定鞍山钢铁知识产权策略和年度知识产权工作计划，制定鞍山钢铁知识产权策略和年度知识产权工作计划，制定《鞍山钢铁集团公司技术输出管理办法》。年度专利申请受理量670件，其中发明专利340件，发明专利申请比例达到50.7%，较上年提高了0.7%；获得国家授权专利605件，其中发明授权专利202件。提出专有技术申报1195件，完成专有技术认定备案600件。围绕“海底或水下用管线管及管线钢专利分析”等开展专利专题研究与分析，撰写专利分析报告11篇。形成专利技术核心竞争力分析报告，确定公司核心专利布局重点。在“管线用钢与应用”技术领域申报发明专利18件，在“船舰用钢工艺与产品开发”技术领域申报发明专利10件，在“耐蚀钢工艺与产品开发”技术领域申报发明专利9件。在重点技术领域形成专利群，为公司专利技术合理布局奠定基础。鞍钢股份为实现知识产权贯标企业目标，积极参加辽宁省知识产权局组织的贯标（GB/T 29490—2013）企业评价工作，从公司管理体系、管理职责、资源管理、基础管理、过程管理等方面入手，加大了知识产权创造、运用、保护和管理的力度。鞍钢股份已被辽宁省知识产权局确定为“2015年度辽宁省第二批知识产权贯标评价验收合格单位”。全年完成知识产权培训17期，509人。“一种结晶器电磁制动工艺参数动态控制方法”“一种含锌含铁尘、泥的回收处理方法”“一种低温韧性优异的耐酸腐蚀钢及其制造方法”三项发明专利获得第十七届中国专利优秀奖。2015年累计签订技术输出合同13项，合同金额300.6万元。

表1 2015年获得授权发明专利情况

| 序　号 | 申请人 | 发明名称 |
|---|---|---|
| 1 | 鞍钢股份有限公司 | 一种高强度管件钢及其生产方法 |
| 2 | 鞍钢股份有限公司 | 一种混合料水分在线检测方法 |
| 3 | 鞍钢股份有限公司 | 一种节能型高生产效率的普通取向硅钢制造方法 |
| 4 | 鞍钢股份有限公司 | 一种烧结机尾红断面有效图像自动捕捉方法 |
| 5 | 鞍钢股份有限公司 | 一种利用加热炉烟气回收废甘油制氢的系统及回收方法 |
| 6 | 鞍钢股份有限公司 | 一种高强耐磨用钢及其生产方法 |
| 7 | 鞍钢股份有限公司 | 一种高强度冷轧热镀锌双相钢板及其制造方法 |
| 8 | 鞍钢股份有限公司 | 一种耐硫化氢应力腐蚀性能优良的无缝钢管及其制造方法 |
| 9 | 鞍钢股份有限公司 | 一种转炉钢渣安定性改质剂及其使用方法 |
| 10 | 鞍钢股份有限公司 | 一种利用转炉除尘废水生产含杂液体氯化钙的方法 |
| 11 | 鞍钢股份有限公司 | 螺旋电磁搅拌装置 |
| 12 | 鞍钢股份有限公司 | 100MPa高性能建筑结构用软钢及其制造方法 |
| 13 | 鞍钢股份有限公司 | 连铸坯凝固组织成像扫描用辅助设备及其使用方法 |
| 14 | 鞍钢股份有限公司 | 一种低成本高强度冷成型热连轧钢带及其制造方法 |
| 15 | 鞍钢股份有限公司 | X70级高耐冲蚀性热煨弯管用热轧平板及其生产方法 |
| 16 | 鞍钢股份有限公司 | 一种冷轧后钢板和钢带表面氯离子含量测定方法 |
| 17 | 鞍钢股份有限公司 | 一种原位金相组织分析方法 |
| 18 | 鞍钢股份有限公司 | 一种低屈强比X80管线钢热轧卷板及其制造方法 |
| 19 | 鞍钢股份有限公司 | 一种低温韧性优异的X65管线钢及其制造方法 |
| 20 | 鞍钢股份有限公司 | 一种低成本490MPa级别建筑结构用耐火钢板及其制造方法 |
| 21 | 鞍钢股份有限公司 | 一种热压成型用镀铝硅钢板及其制造方法 |
| 22 | 鞍钢股份有限公司 | 一种螺旋焊管用厚壁低成本X65热轧卷板及其制造方法 |
| 23 | 鞍钢股份有限公司 | 一种高速线材轧机导板梁标高测量仪及测量方法 |
| 24 | 鞍钢股份有限公司 | 一种超高强度钢板及其制造方法 |
| 25 | 鞍钢股份有限公司 | 一种800MPa级热轧相变诱导塑性钢板及其制造方法 |
| 26 | 鞍钢股份有限公司 | 一种镁脱氧剂及其生产方法和使用方法 |
| 27 | 鞍钢股份有限公司 | 一种生产管线埋弧焊丝用的盘条及其制造方法 |
| 28 | 鞍钢股份有限公司 | 一种帘线钢盘条及其 $Al_2O_3$ 夹杂控制方法 |
| 29 | 鞍钢股份有限公司 | 一种生产细钢丝用高碳低合金钢盘条及其制造方法 |
| 30 | 鞍钢股份有限公司 | 一种去除镍钢热酸蚀氧化物的方法 |
| 31 | 鞍钢股份有限公司 | 一种同时测定高合金堆焊金属中钨硼铌的方法 |
| 32 | 鞍钢股份有限公司 | 一种采用高配比返矿制造烧结底料的方法 |
| 33 | 鞍钢股份有限公司 | 一种彩涂前处理用环保钝化剂及其制备方法 |
| 34 | 鞍钢股份有限公司 | 一种脱硫海水的恢复系统及恢复工艺 |
| 35 | 鞍钢股份有限公司 | 一种650MPa级低Si含Cr热轧双相钢板及其制造方法 |
| 36 | 鞍钢股份有限公司 | 一种薄板金属薄膜试样的制备方法 |
| 37 | 鞍钢股份有限公司 | 一种板带退火试样的设计方法及其试样 |
| 38 | 鞍钢股份有限公司 | 提高无取向电工钢高效及高牌号产品性能的方法 |
| 39 | 鞍钢股份有限公司 | 无取向电工钢涂层半工艺产品的生产方法 |

续表 1

| 序　号 | 申请人 | 发　明　名　称 |
|---|---|---|
| 40 | 鞍钢股份有限公司 | 一种无取向电工钢涂层半工艺产品的生产方法 |
| 41 | 鞍钢股份有限公司 | 一种钢卷边部加热装置及其加热方法 |
| 42 | 鞍钢股份有限公司 | 一种两级紊流燃烧废气环保处理炉 |
| 43 | 鞍钢股份有限公司 | 一种重轨钢硫含量控制方法 |
| 44 | 鞍钢股份有限公司 | 一种控制转炉出钢后钢包内炉渣面上涨的方法 |
| 45 | 鞍钢股份有限公司 | 一种钢包精炼炉钢水起翻效果判定处理方法 |
| 46 | 鞍钢股份有限公司 | 一种减少低硅铝镇静钢絮流的方法 |
| 47 | 鞍钢股份有限公司 | 一种防止转炉氧枪喷头蚀漏的方法 |
| 48 | 鞍钢股份有限公司 | 一种浸入水口结合面窜钢的判断处理方法 |
| 49 | 鞍钢股份有限公司 | 利用烧结脱硫副产物制备免烧砖、砌块的方法 |
| 50 | 鞍钢股份有限公司 | 一种焦化蒸氨废水的处理方法 |
| 51 | 鞍钢股份有限公司 | 一种熔渣取样器及其使用方法 |
| 52 | 鞍钢股份有限公司 | 具有优良磷化性能的热轧酸洗板 |
| 53 | 鞍钢股份有限公司 | 步进梁摆动销轴快速更换方法 |
| 54 | 鞍钢股份有限公司 | 一种工业废渣陶粒及其制备方法 |
| 55 | 鞍钢股份有限公司 | 一种连铸坯内部质量的预报方法 |
| 56 | 鞍钢股份有限公司 | 一种含铁碳锌的冶金尘泥处理方法 |
| 57 | 鞍钢股份有限公司 | 一种低成本含硼钢及其制造方法 |
| 58 | 鞍钢股份有限公司 | 一种低温韧性优良的高强无缝钢管及其制造方法 |
| 59 | 鞍钢股份有限公司 | 一种含 Zr 耐硫酸露点腐蚀钢板及其制造方法 |
| 60 | 鞍钢股份有限公司 | 一种烧结用固体燃料的配料方法 |
| 61 | 鞍钢股份有限公司 | 一种超高强度表面活性钢板制造方法及其钢板 |
| 62 | 鞍钢股份有限公司 | 一种超高强度冷轧汽车用钢板及其生产方法 |
| 63 | 鞍钢股份有限公司 | 一种低碳含铝硅钢标准样品及其制备方法 |
| 64 | 鞍钢股份有限公司 | 一种高炉热风炉燃烧效果在线分析及量化方法 |
| 65 | 鞍钢股份有限公司 | 一种烧结脱硝系统及其脱除氮氧化物的方法 |
| 66 | 鞍钢股份有限公司 | 一种高强度贝氏体钢轨及其热处理工艺 |
| 67 | 鞍钢股份有限公司 | 一种屈服强度为 590MPa 级球扁钢及其生产方法 |
| 68 | 鞍钢股份有限公司 | 一种减少取向硅钢中间退火断带的方法 |
| 69 | 鞍钢股份有限公司 | 一种汽车板冲压机大型模具的更换装置及方法 |
| 70 | 鞍钢股份有限公司 | 一种高炉渣高效余能回收方法及回收装置 |
| 71 | 鞍钢股份有限公司 | 一种转炉冶炼低碳钢磷含量在线预测控制方法 |
| 72 | 鞍钢股份有限公司 | 一种压水堆核电站稳压器用钢及其制造方法 |
| 73 | 鞍钢股份有限公司 | 一种冻结施工用耐低温无缝钢管及其制造方法 |
| 74 | 鞍钢股份有限公司 | 一种带钢边界在线检测方法 |
| 75 | 鞍钢股份有限公司 | 基于数据过滤的高炉悬料判断方法 |
| 76 | 鞍钢股份有限公司 | 一种均质靶板用钢及其制造方法 |
| 77 | 鞍钢股份有限公司 | 卷取机导卫装置 |
| 78 | 鞍钢股份有限公司 | 一种标定导尺中心线的方法 |
| 79 | 鞍钢股份有限公司 | 一种带钢轧制在线控制摩擦系数模型优化方法 |
| 80 | 鞍钢股份有限公司 | 一种连续热镀锌线锌层厚度自动控制方法 |

续表 1

| 序　号 | 申请人 | 发　明　名　称 |
|---|---|---|
| 81 | 鞍钢股份有限公司 | 一种冷轧带钢乳液系统压力精确控制方法 |
| 82 | 鞍钢股份有限公司 | 一种超厚规格均质靶板用钢及其制造方法 |
| 83 | 鞍钢股份有限公司 | 一种安全防护用钢及其制造方法 |
| 84 | 鞍钢股份有限公司 | 一种弹簧钢盘条及其夹杂物控制方法 |
| 85 | 鞍钢股份有限公司 | 一种合金化锌铝镁镀层钢板及其生产方法 |
| 86 | 鞍钢股份有限公司 | 一种降低高碳弹簧带钢脱碳层厚度的生产方法 |
| 87 | 鞍钢股份有限公司 | 一种钢水精炼助熔剂及其制造方法 |
| 88 | 鞍钢股份有限公司 | 一种用于制造低硫粒铁的含碳球团 |
| 89 | 鞍钢股份有限公司 | 冷轧热镀锌镀层均匀度的偏差值控制方法 |
| 90 | 鞍钢股份有限公司 | 一种防止预还原烧结矿过度熔化的方法 |
| 91 | 鞍钢股份有限公司 | 一种显示连铸钢坯晶间裂纹的腐蚀剂及其配制方法 |
| 92 | 鞍钢股份有限公司 | 一种测试涂层电化学性能的电解池 |
| 93 | 鞍钢股份有限公司 | 一种高炉喷吹煤粉的方法 |
| 94 | 鞍钢股份有限公司 | 一种金属化烧结矿的烧结装置及其生产方法 |
| 95 | 鞍钢股份有限公司 | 一种搪瓷内胆用高强钢板及其制造方法 |
| 96 | 鞍钢股份有限公司 | 一种相变储热式高风温热风炉 |
| 97 | 鞍钢股份有限公司 | 一种轧制镁合金板带的方法 |
| 98 | 鞍钢股份有限公司 | 一种铸余渣分离回收的方法 |
| 99 | 鞍钢股份有限公司 | 一种高反应性高强度铁焦复合球团及其制造方法 |
| 100 | 鞍钢股份有限公司 | 一种模拟超快冷试验装置及试验方法 |
| 101 | 鞍钢股份有限公司 | 一种高强度冷压球团的制备方法 |
| 102 | 鞍钢股份有限公司 | 一种 LF 炉精炼渣的再利用工艺 |
| 103 | 鞍钢股份有限公司 | 一种防止自熔性球团矿焙烧黏结的方法 |
| 104 | 鞍钢股份有限公司 | 一种电化学脱碳用预熔渣及其制备方法 |
| 105 | 鞍钢股份有限公司 | 一种烧结同时脱硫脱硝系统及其脱硫脱硝的方法 |
| 106 | 鞍钢股份有限公司 | 一种适用于大型焦炉的侧向捣固装置及侧向捣固方法 |
| 107 | 鞍钢股份有限公司 | 一种高炉渣脱硫能力检测及评价方法 |
| 108 | 鞍钢股份有限公司 | 一种带钢表面图像在线变频采集方法 |
| 109 | 鞍钢股份有限公司 | 一种高炉喷吹煤粉的助燃剂及使用方法 |
| 110 | 鞍钢股份有限公司 | 一种冷连轧机带钢段数据同步的方法 |
| 111 | 鞍钢股份有限公司 | 一种热镀锌线镀层厚度自动控制系统 |
| 112 | 鞍钢股份有限公司 | 一种 ERW-X80 热轧卷板及其制造方法 |
| 113 | 鞍钢股份有限公司 | 一种经济型高强度低屈强比管件钢及其生产方法 |
| 114 | 鞍钢股份有限公司 | 一种海军舰船结构用高强钢的制造方法 |
| 115 | 鞍钢股份有限公司 | 一种低碳高强高韧舰船用钢板及其生产方法 |
| 116 | 鞍钢股份有限公司 | 一种 390MPa 级高韧性单球扁钢及其生产方法 |
| 117 | 鞍钢股份有限公司 | 一种中碳低合金均质靶板用钢及其制造方法 |
| 118 | 鞍钢股份有限公司 | 用于轧钢加热炉待轧后炉头钢坯升温装置及升温方法 |
| 119 | 鞍钢股份有限公司 | 一种含锰钢合金化的工艺 |
| 120 | 鞍钢股份有限公司 | 一种提高高炉炉缸冷却效率的方法 |
| 121 | 鞍钢股份有限公司 | 一种可提高型钢轧辊使用寿命的轧辊孔型优化方法 |

续表 1

| 序号 | 申请人 | 发明名称 |
|---|---|---|
| 122 | 鞍钢股份有限公司 | 一种高层间电阻冷轧无取向电工钢的退火方法 |
| 123 | 鞍钢股份有限公司 | 一种全氮气生产冷轧无取向电工钢的退火方法 |
| 124 | 鞍钢股份有限公司 | 一种具有良好塑韧性的复合耐磨钢板及其制造方法 |
| 125 | 鞍钢股份有限公司 | 一种大规格炮弹弹体用含硼钢及其生产方法 |
| 126 | 鞍钢股份有限公司 | 一种炮弹弹体用含硼钢及其生产方法 |
| 127 | 鞍钢股份有限公司 | 一种炮弹弹体用含钛钢及其制造方法 |
| 128 | 鞍钢股份有限公司 | 一种大规格炮弹弹体用含钛钢及其制造方法 |
| 129 | 鞍钢股份有限公司 | 一种 155 弹弹体用含钛钢及其制造方法 |
| 130 | 鞍钢股份有限公司 | 一种 155 弹弹体用含钙高碳钢及其生产方法 |
| 131 | 鞍钢股份有限公司 | 一种大规格炮弹弹体用含钙高碳钢及其连轧坯的生产方法 |
| 132 | 鞍钢股份有限公司 | 一种炮弹弹体用含钙高碳钢及其连轧坯的生产方法 |
| 133 | 鞍钢股份有限公司 | 一种热轧分卷线自动对中上卷装置及方法 |
| 134 | 鞍钢股份有限公司 | 一种冷轧彩涂线生产套色印花彩涂板装置及方法 |
| 135 | 鞍钢股份有限公司 | 一种粉状物料覆盖剂及其使用方法 |
| 136 | 鞍钢股份有限公司 | 一种钢带对接器及其对接方法 |
| 137 | 鞍钢股份有限公司 | 一种分卷平整机组卷取机卷筒 |
| 138 | 鞍钢股份有限公司 | 一种 390MPa 级对称球扁钢及其制造方法 |
| 139 | 鞍钢股份有限公司 | 一种 590MPa 级对称球扁钢及其制造方法 |
| 140 | 鞍钢股份有限公司 | 一种 1800MPa 级装甲防护用钢及其制造方法 |
| 141 | 鞍钢股份有限公司 | 一种中厚规格高强度装甲用钢及其制造方法 |
| 142 | 鞍钢股份有限公司 | 一种粗轧辊轧辊辊缝偏差测量调整方法 |
| 143 | 鞍钢股份有限公司 | 一种汽车 U 形梁的生产方法 |
| 144 | 鞍钢股份有限公司 | 一种基于数据模式的板形时间序列数据挖掘方法 |
| 145 | 鞍钢股份有限公司 | 一种耐热耐磨复合钢板及其制造方法 |
| 146 | 鞍钢股份有限公司 | 一种结晶器液面波动的控制方法 |
| 147 | 鞍钢股份有限公司 | 一种防止 Q345B 直装板坯冷弯裂纹的方法 |
| 148 | 鞍钢股份有限公司 | 一种 GCr15 轴承钢盘条网状碳化物控制方法 |
| 149 | 鞍钢股份有限公司 | 一种提高高炉热风温度装置及方法 |
| 150 | 鞍钢股份有限公司 | 一种高炉护炉料及其制备使用方法 |
| 151 | 鞍钢股份有限公司 | 一种高炉瓦斯泥预还原球团的制备方法 |
| 152 | 鞍钢股份有限公司 | 一种高温铁浴处理高铁赤泥的方法 |
| 153 | 鞍钢股份有限公司 | 一种含硼钢硼合金化处理方法 |
| 154 | 鞍钢股份有限公司 | 一种冶金用生物质半焦的制造方法 |
| 155 | 鞍钢股份有限公司 | 一种提高球团矿强度的方法 |
| 156 | 鞍钢股份有限公司 | 一种罩式炉紧急吹扫后快速换氢的方法 |
| 157 | 鞍钢股份有限公司 | 一种轧钢油泥清分剂及清分方法 |
| 158 | 鞍钢股份有限公司 | 一种烧结矿的生产方法 |
| 159 | 鞍钢股份有限公司 | 一种深脱硫半预熔球形渣及其制备方法 |
| 160 | 鞍钢股份有限公司 | 一种电化学脱氧用预熔导电渣及其制备方法 |
| 161 | 鞍钢股份有限公司 | 一种冷轧无取向硅钢的边缘降量控制方法 |
| 162 | 鞍钢股份有限公司 | 一种加热炉高温烟气余热利用系统及方法 |

续表 1

| 序 号 | 申请人 | 发 明 名 称 |
|---|---|---|
| 163 | 鞍钢股份有限公司 | 一种中间坯侧弯检测方法 |
| 164 | 鞍钢股份有限公司 | 一种球团用黏结剂及其生产方法 |
| 165 | 鞍钢股份有限公司 | 一种热镀锌镀层厚度动态变规格预设控制方法 |
| 166 | 鞍钢股份有限公司 | 一种焦炉炉头热修补料及其制备方法 |
| 167 | 鞍钢股份有限公司 | 一种提高干熄焦炉焦炭热态强度系统及方法 |
| 168 | 鞍钢股份有限公司 | 一种热压铁焦用复合粘接剂及其制备方法 |
| 169 | 鞍钢股份有限公司 | 一种提高 675 装甲钢抗弹性能的生产方法 |
| 170 | 鞍钢股份有限公司 | 390MPa 级核反应堆支撑结构用钢及其制造方法 |
| 171 | 鞍钢股份有限公司 | 一种 785MPa 级潜艇耐压壳体用钢及其制造方法 |
| 172 | 鞍钢股份有限公司 | 一种大潜深潜艇用钢及其制造方法 |
| 173 | 鞍钢股份有限公司 | 一种低磁性球扁钢及其生产方法 |
| 174 | 鞍钢股份有限公司 | 一种轻型护卫舰用热连轧钢板及其制造方法 |
| 175 | 鞍钢股份有限公司 | 一种铜析出强化舰船结构用钢及其制造方法 |
| 176 | 鞍钢股份有限公司 | 一种可减少钝化液消耗的涂辊位置控制方法 |
| 177 | 鞍钢股份有限公司 | 一种厚板轧机支撑辊平衡缸更换装置及方法 |
| 178 | 鞍钢股份有限公司 | 一种胶带机折叠式防雨雪装置 |
| 179 | 鞍钢股份有限公司 | 一种焦炉废气盘铊杆清理方法 |
| 180 | 鞍钢股份有限公司 | 一种用于制造新式枪弹弹壳的覆铜用优质碳素钢 |
| 181 | 鞍钢股份有限公司 | 一种特种用途钢丝绳用微合金化钢及其制造方法 |
| 182 | 鞍钢股份有限公司 | 一种高级别钢丝绳用微合金化钢及其制造方法 |
| 183 | 鞍钢股份有限公司 | 一种高性能钢丝绳用微合金化钢及其制造方法 |
| 184 | 鞍钢股份有限公司 | 一种焦化废水处理用活性污泥的培养方法 |
| 185 | 鞍钢股份有限公司 | 一种挡渣塞的定位方法 |
| 186 | 鞍钢股份有限公司 | 一种圆管坯双顶杆定位装置 |
| 187 | 鞍钢股份有限公司 | 一种热力模拟试验机用压头的制造方法 |
| 188 | 鞍钢股份有限公司 | 一种 K60 级管件用热轧厚板及其生产方法 |
| 189 | 鞍钢股份有限公司 | 一种基于超快冷系统的 Q235 钢组织性能预报方法 |
| 190 | 鞍钢股份有限公司 | 一种提高钢含氮量的方法 |
| 191 | 鞍钢钢绳有限责任公司 | 一种超长多层股钢丝绳捻距的确定方法 |
| 192 | 鞍山钢铁集团公司 | 一种磨削限动芯棒的攀爬式砂轮机 |
| 193 | 鞍山钢铁集团公司 | 一种预测冷轧带钢温度场的计算方法 |
| 194 | 鞍山钢铁集团公司 | 一种更换桥式吊车车轮组的方法及装置 |
| 195 | 鞍山钢铁集团公司 | 一种电机端盖安装装置及使用方法 |
| 196 | 鞍山钢铁集团公司 | 一种轧辊轴承座定位柱镗孔油泥清理工具及方法 |
| 197 | 鞍山钢铁集团公司 | 一种铁路调度系统无线通信转接装置及工作方法 |
| 198 | 鞍山钢铁集团公司 | 一种可编程控制器 PLC 输出点的扩展方法及装置 |
| 199 | 鞍山钢铁集团公司 | 一种冷轧带钢板形动态变增益控制方法 |
| 200 | 鞍山钢铁集团公司 | 一种转炉余热锅炉内检修方法及装置 |
| 201 | 鞍山钢铁集团公司 | 一种用于受限空间的作业伞跳及使用方法 |
| 202 | 鞍钢集团耐火材料公司 | 一种回转窑扬料砖及其更换砌筑的方法 |

（鞍钢股份有限公司科技质量部 仉 勇）

**【科研成果】** 2015 年，鞍山钢铁集团公司有 5 项成果获得辽宁省科技进步奖，其中“节约型高性能中厚板 UFC-TMCP 工艺技术开发及应用”获一等奖，“ASP 中薄板坯铸机低成本生产超低碳汽车板炼钢与连铸关键集成技术”等 3 个项目获二等奖。有 6 项成果获得冶金科学技术奖，其中“宽带钢热连轧自由规程轧制关键技术及应用”获一等奖，“热镀锌带钢镀层质量控制核心技术研发与工业应用”等 3 个项目获二等奖。有 15 项成果获得鞍山市科技进步奖，其中“鞍钢新型耐蚀钢研制与开发”获特等奖，“热轧带钢柔性生产技术研究”等 4 项成果获一等奖，“汽车大梁用热轧高表面质量钢板的开发与工艺研究”等 2 项成果获二等奖。有 15 项成果获得集团公司重大科学技术奖，其中“第三代铁路车辆用耐蚀钢 S450AW 研制与开发”等 2 项成果获一等奖，“高强、超高强汽车钢应用技术及用户先期介入研究”等 5 项成果获二等奖，“冲压系列及高强系列连续热镀铝锌钢带”等 8 项成果获三等奖。组织完成“鞍钢精品线材生产线工艺开发及自主集成创新”等 6 项科技成果鉴定工作；完成了“鞍钢新型耐蚀钢研制与开发”等 17 项辽宁省科技成果登记工作。

**表 2　2015 年辽宁省科技进步奖、冶金科学技术奖、集团重大科学技术奖获奖情况**

| 序号 | 获奖证书名称 | 获奖等级 |
|---|---|---|
| 1 | 节约型高性能中厚板 UFC-TMCP 工艺技术开发及应用 | 辽宁省科技进步奖一等奖 |
| 2 | ASP 中薄板坯铸机低成本生产超低碳汽车板炼钢与连铸关键集成技术 | 辽宁省科技进步奖二等奖 |
| 3 | 低成本高性能 DP490-DP780 冷轧双相钢及超低硅热镀锌双相钢关键技术及应用 | 辽宁省科技进步奖二等奖 |
| 4 | 鞍钢高炉热风炉综合节能集成技术研究与应用 | 辽宁省科技进步奖二等奖 |
| 5 | 鞍钢炼铁原料合理利用研究与应用 | 辽宁省科技进步奖三等奖 |
| 6 | 宽带钢热连轧自由规程轧制关键技术及应用 | 冶金科学技术奖一等奖 |
| 7 | 鞍钢精品线材生产线工艺开发及自主集成创新 | 冶金科学技术奖二等奖 |
| 8 | 热镀锌带钢镀层质量控制核心技术研发与工业应用 | 冶金科学技术奖二等奖 |
| 9 | 热轧分卷线钢卷内圈无划伤技术的研发与应用 | 冶金科学技术奖二等奖 |
| 10 | 索道用异型股钢丝绳工艺技术研究及推广 | 冶金科学技术奖三等奖 |
| 11 | 冶金渣处理成套技术研发及系列标准制定 | 冶金科学技术奖三等奖 |
| 12 | 鞍钢新型耐蚀钢研制与开发 | 市科技进步奖特等奖 |
| 13 | ASP 中薄板坯铸机生产高品质、经济型超低碳汽车钢板炼钢、连铸关键技术集成开发 | 市科技进步奖一等奖 |
| 14 | 型钢全流程轧制过程有限元模型的开发与应用 | 市科技进步奖一等奖 |
| 15 | 三维动态远程高炉炉顶料面监控系统 | 市科技进步奖一等奖 |
| 16 | 热轧带钢柔性生产技术研究 | 市科技进步奖一等奖 |
| 17 | 汽车大梁用热轧高表面质量钢板的开发与工艺研究 | 市科技进步奖二等奖 |
| 18 | 鞍钢高炉热风炉综合节能技术研究 | 市科技进步奖二等奖 |
| 19 | 基于应变设计高性能管线热轧钢板研制及应用技术研究 | 市科技进步奖三等奖 |
| 20 | 模拟技术在高效板坯连铸生产中的应用 | 市科技进步奖三等奖 |
| 21 | 高效低成本转炉控制模型开发 | 市科技进步奖三等奖 |
| 22 | 高效低成本优质宽厚板轧制技术 | 市科技进步奖三等奖 |
| 23 | 铸余钢渣在炼钢过程热态循环利用技术的开发与应用 | 市科技进步奖三等奖 |
| 24 | 高性能建筑结构用钢制造技术的开发 | 市科技进步奖三等奖 |
| 25 | 镀锌 IT 行业用板开发 | 市科技进步奖三等奖 |
| 26 | 提高孔轨钻孔效率和孔轨成材率镀膜刀具研究 | 市科技进步奖三等奖 |
| 27 | 第三代铁路车辆用耐蚀钢 S450AW 研制与开发 | 集团重大科学技术奖一等奖 |
| 28 | ××用钢综合技术的研制与开发 | 集团重大科学技术奖一等奖 |
| 29 | 高强、超高强汽车钢应用技术及用户先期介入研究 | 集团重大科学技术奖二等奖 |

续表 2

| 序号 | 获奖证书名称 | 获奖等级 |
|---|---|---|
| 30 | 低温气相加氢与萃取蒸馏在苯精制过程中的开发与应用 | 集团重大科学技术奖二等奖 |
| 31 | 鞍钢鲅鱼圈炼焦新技术开发与应用 | 集团重大科学技术奖二等奖 |
| 32 | 新一代基于应变设计管线钢板开发 | 集团重大科学技术奖二等奖 |
| 33 | 鞍钢高炉热风炉综合节能技术研究 | 集团重大科学技术奖二等奖 |
| 34 | 冲压系列及高强系列连续热镀铝锌钢带 | 集团重大科学技术奖三等奖 |
| 35 | 热轧带钢柔性生产技术研究 | 集团重大科学技术奖三等奖 |
| 36 | 连续退火烘烤硬化系列产品开发 | 集团重大科学技术奖三等奖 |
| 37 | 高磷铁水条件下 260 吨转炉少渣冶炼集成技术开发 | 集团重大科学技术奖三等奖 |
| 38 | ASP 中薄板坯铸机生产高品质、经济型超低碳汽车钢板炼钢、连铸关键技术集成开发 | 集团重大科学技术奖三等奖 |
| 39 | 炼铁经济成本冶炼技术研究与应用 | 集团重大科学技术奖三等奖 |
| 40 | 高端舰船及海洋工程结构用钢的研制开发及应用技术研究 | 集团重大科学技术奖三等奖 |
| 41 | 取消煤气放散塔点火伴烧长明灯技术研究 | 集团重大科学技术奖三等奖 |

（鞍钢股份有限公司科技质量部　王忠润）

**【科协工作】** 2015 年，作为鞍钢科技工作者群团组织，鞍钢科协结合鞍钢生产经营困难实际情况，坚持技术驱动创新的理念，积极组织开展学术交流、科技普及、“讲、比”、优秀科技工作者推荐等活动，调动广大科技工作者的积极性、创造性和主动性，为鞍钢“扭亏增效，转型升级”作出积极的贡献。

1. 加强学术交流，提升鞍钢科技人员技术创新能力。2015 年，鞍钢科协组织开展各类学术活动 20 多次，500 多名科技人员参加，其中国内外重点学术活动 6 次，鞍钢投稿论文 200 多篇，50 多篇论文在会场交流。

（1）“走出去”，组织参加国内外冶金行业学术会议。一是组织参加国际性学术会议，为第六届国际炼钢科技大会、第七届低合金高强度钢国际会议、2015 年微合金化国际会议、2015 年海洋工程用钢国际会议征集论文 19 篇，15 人参会交流论文 12 篇。二是组织参加全国性学术会议，为冶金用水节水与废水综合利用技术研讨会、转炉滑板挡渣出钢技术及装备推广应用技术研讨会、转炉除尘系统排放达标综合技术研讨会、高品质特殊钢生产技术研讨会等 10 学术会议征集论文 50 多篇，20 余人参加会议交流论文 20 多篇。三是重点组织参加第十届中国钢铁年会暨宝钢学术年会，征集论文 132 多篇，20 多人参加会议交流论文 16 篇。四是组织参加区域性学术会议，参加第 22 届七省市金属学会矿业学术会议、十一省市安全环保学术研讨会等跨省市学术会议，征集论文 40 多篇，7 人参加会交流论文 4 篇。

（2）“请进来”，邀请行业专家教授到鞍钢做专题学术报告。邀请北京科技大学何安瑞教授做《热轧板带质量控制》、中钢集团鞍山热能院孟庆波副院长做《国内外配煤技术研究与进展》、格力材料研究所所长彭楚堂做《锌铝镁镀层钢板在家电行业的应用》专题报告。

（3）“借资源”，组织参加鞍山市创新驱动系列学术会议。1 月 22 日，鞍山市科协举办创新驱动和转型发展高端论坛，中科院 7 位院士围绕化工、石油、冶金、激光、轧钢等领域做专题报告，组织鞍钢 7 位科技主管参加会议。9 月 20~25 日，鞍山市科协组织“创新驱动”院士专家鞍山行活动，邀请 17 位院士、13 位专家为鞍山经济发展出谋划策，举办 8 场专题报告，组织鞍钢 30 多人参加。

2. 推进创新方法培训，拓展科技人员技术创新能力。2015 年，组织鞍钢 TRIZ 创新方法培训师资 2 人参加辽宁省第二届创新方法国际报告会，提升师资队伍业务水平。有序开展 TRIZ 创新方法培训，到 2015 年，累计完成普及培训班 200 期约 8800 人的普及培训，完成初级培训班 24 期约 1000 人的初级培训，2015 年实施 TRIZ 理论项目指导培训 1 期，利用 TRIZ 创新方法工具解决项目问题，取得较好的效果。

3. 开展“讲、比”群众性科技创新活动，助推鞍钢推进扭亏控亏增效。2015年，鞍钢科协认真贯彻中国科协《关于在企业深入开展“讲理想、比贡献”活动的意见》精神，结合辽宁省科协讲比三级联创活动意见，在鞍钢以“节能降耗、扭亏增效”为重点开展“讲、比”活动。积极动员和组织广大科技工作者立足本职工作岗位，面向生产一线，开展了“讲、比”群众性技术创新活动。公司科协组织对2014年各单位完成“讲、比”项目280多项进行评比，共评选出优秀项目100项，其中一等奖20项，二等奖35项，三等奖45项，并给予表彰奖励，有效地调动了广大科技人员的积极性和创造性。

4. 组织学术成果评比申报和优秀科技工作者推荐，促进鞍钢科技人员学术水平提升。

（1）组织开展鞍钢优秀科技论文评比活动。各单位申报参评论文300多篇，表彰优秀科技论文147篇，其中特等奖17篇，一等奖28篇，二等奖37篇，三等奖54篇，并对获奖论文作者给予表彰奖励。

（2）组织申报省、市级自然科学学术成果奖。鞍钢获辽宁省自然科学学术成果奖49项，其中一等奖10项，二等奖11项，三等奖28项。获鞍山市自然科学学术成果奖53项，其中一等奖10项，二等奖12项，三等奖31项。

（3）组织推荐优秀科技工作者。鞍钢股份公司炼钢总厂王晓峰获评辽宁青年科技奖。

（4）组织宣传鞍钢优秀科技工作者。一是推荐全国“讲、比”活动创新标兵王越作为中国科协在科技界开展“作精神文明表率”活动的辽宁省唯一推荐宣传人选。二是按照辽宁省科协开展寻找“最美工程师”主题活动，推选鞍钢股份公司技术中心郭晓宏作为鞍钢推荐候选人。

5. 广泛深入开展多种形式科普活动，为全面提升鞍钢科技人员综合素质服务。

（1）为基层科协订阅科普刊物，普及科技知识。为30多个基层单位科协订阅了《世界科学》《科协论坛》《医食参考》《鞍山科普》和《辽宁科技界》等刊物。

（2）组织参加中国科技创新成果交流会。中国科协于5月24~25日在广州举办第十七届中国科协年会，同期举办第一届中国创新科技成果交流会，鞍钢13个项目在会上展出，鞍钢相关创新成果项目负责人及部分技术创新工作室负责人7人参加展览交流活动。

（3）接待来访的澳门中学生代表科普考察团。7月16日上午，澳门中学生工业制造业夏令营代表团一行50余人，在省科技厅和市科技局陪同下，到鞍钢参观考察，安排参观新2号高炉、2150热轧生产线和2130冷轧生产线。

（4）组织参加大数据与钢铁工业智能制造高级研修班培训。中国金属学会于8月27~31日在北京科技大学举办大数据与钢铁工业智能制造高级研修班，组织鞍钢5人参加培训活动。

（5）组织开展系列科普专题讲座。利用科协会员日，邀请医学、金融等专家深入鞍钢鲅鱼圈、朝阳、鞍山等基层单位进行科普讲座4期，普及医学常识，讲解金融知识，400多人参加。

（鞍钢股份有限公司科技质量部　曹新全）

## ·管理创新·

**【企业改革】** 2015年，是实现鞍钢集团首次党代会确定目标的关键之年，也是打胜扭亏增效攻坚战的决战之年。面对经济发展新常态，为实现全集团扭亏为盈及转型升级、跨越式发展目标，鞍山钢铁改革工作坚持以客户为中心，以市场为导向，以提高效率为重点，以建立责任体系为基础，着力优化资源配置、完善管控模式、规范内部管理，强化顶层设计，针对制约企业发展的重点难点问题进行攻关，将体制、机制改革向纵深推进，在激发企业活力、提升企业创效能力、提高企业运行效率上取得了新突破。

1. 调整管理体制，提升管控效率。一是实施总厂、分厂制改革。对能源管控中心、炼钢总厂、热轧带钢厂、冷轧厂按照工艺特点、产线布局及管理区域等要素，设置若干分厂，并将总厂承担的生产、技术、工艺、设备、安全、环保、综合等职能适当下移到分厂，通过明确总厂、分厂管理权限和责任，形成总厂重点管控全局、分厂重点抓好区域的新的总厂、分厂管理体制；炼铁总厂暂不设分厂，为强化专业管理，设专业管理指挥长。二是强化产销研一体化管理。为保证市场与现场的有效对接，满足客户个性化需求，增强产品创效能力和市场竞争力，设立产销研一体办公室，挂靠在产品发展部；根据产线及产品结构，在产销研一体化办公室设立若干技术总监岗位，履行产品发展部对技术中心和各生产厂的管理职能；对技术中心内设机构在现有体制基础上，按照“一厂一室”的原则，对应技术总监岗位设置进行调整，明确与技术总监对接的机构及负责人，接受技术总监的业务指导。

2. 优化运行机制，提高运营效率。一是实施外埠钢铁生产单元一体化管理。针对营口、朝阳、莆田、天津、广州等外埠钢铁生产单元所处地区不同、结构属性各异等特点，通过明确权限界面和责任主体，完善权责对等的绩效评价机制，对其价值链上核心业务分别实施统筹、协同及自主的差异化管理，进一步提高资源配置效率，充分发挥协同效应和平台优势，实现鞍山钢铁整体利益最大化。二是对无缝钢管厂实施试点承包经营。围绕锁定目标、封闭责任、释放活力，通过按市场口径确定承包经营目标，赋予承包经营者在采购、销售、研发、机构设置、选人、用工、分配等方面一定的自主权，对承包经营者及班子成员实施风险抵押及控亏奖励等激励政策，实现指标层层分解，压力逐级传递。三是进一步规范采购系统管理。按照鞍钢集团公司对规范采购系统管理的相关工作要求，完善鞍山钢铁逐级采购平台建设，加强采购职能管理，明确企业管理部为采购监管和综合协调部门，并增设相应岗位；将二级采购平台归并为原燃料采购中心和设备资材采购中心两大中心及一个工程采购工作组，并减少三级采购组织数量。

3. 推进“三供一业”分离移交工作。贯彻落实国务院国资委关于加快剥离企业办社会职能和解决历史遗留问题的指示精神，有效推进鞍山区域“三供一业”（供水、供电、供热和物业管理）分离移交工作，切实减轻企业社会负担，实现扭亏增效目标，按照集团公司相关工作部署，组织对鞍山区域涉及“三供一业”基本情况进行调查摸底，并对分离移交费用进行初步测算。积极与鞍山市政府沟通，成立了综合、供水、供电、供暖、物业管理等5个工作组，明确了各工作组的职责，制定了具体推进工作计划，为实施鞍山地区“三供一业”分离移交提供了保障。

（鞍山钢铁集团公司企业管理部
朱大鹏　王　茹）

**【绩效考评】** 2015年，鞍山钢铁集团公司绩效考评工作以深入践行“六种发展理念”为宗旨，围绕“效益”和“效率”两个关键要素，紧密结合鞍山钢铁年度工作目标及重点工作，建立全工序、全流程、全环节的市场化运营模式和“评价科学、竞争有力、激励精准、释放活力”的绩效考评机制。通过深化全员目标值管理，传递压力、分解目标、落实责任、逐级评价，引导全员关注市场、关注创效，坚决打胜转型升级攻坚战。

1. 深化市场化绩效考评机制。对接市场，对标先进，依据各业务单元创效能力、劳动生产率水平等市场要素，分档设计绩效目标、评价标准、激励与考核强度等，科学衡量价值创造和边际贡献。

2. 分类设计所属单位绩效考评指标体系。根据业务单元类型、特点，结合鞍山钢铁“立体ABC人力资源优化配置模型”，将所属业务单元划分为钢铁主业经营单位、服务经营单位、费用单位。根据各业务单元创效能力、人工成本投入产出效率等市场化因素，设定收入基准线，核定工资基数，分类设计核心创效指标，不断完善绩效考评与薪酬分配机制。

3. 强化绩效考评与薪酬分配的平台功能建设。一是发挥“业绩保障平台”作用，落实经营预算指标，引导各单位“低成本、差异化”组织生产经营；二是发挥“管理推进平台”作用，推动鞍山钢铁三项制度改革、全员目标值管理等工作开展，提升企业运营质量和效率；三是发挥“创新激励平台”作用，推进互为市场、系统对标、改革改造、外部创效等项目实施；四是发挥“成果共享平台”作用，统筹收入分配调节。

4. 有效运行绩效管理工作。一是按月对绩效指标完成情况进行考核评价，考评结果与在岗职工薪酬挂钩，实现绩效考评的有效激励；二是按季度对关键经营指标进行汇总分析，保证预算指标的有效封闭，强化绩效指标的有效监控；三是按月严格实施专项管理考核，提高绩效考评运行质量，保证绩效考评的有效约束。

（鞍山钢铁集团公司企业管理部
朱大鹏　李　莉）

**【对外投资企业监管】** 1. 加强对外投资企业监管。一是在原有投资企业监管体系基础上，重新明确了公司与子企业对投资企业分级监管的权责界面、业务流程以及不同股权比例投资企业监管模式。

二是组织对对外投资企业股东会、董事会会议拟审议的227项议案进行调研、论证、提出处理意见，实现重大议案审核率100%。同时针对调研发现的问题，提出补充议案30项。三是通过加强与合作方股东交流、及时掌握对外投资企业信息、强化外派人员履职效果等方式提高投资企业利润分配水平。鞍山钢铁2015年实现利润分红70386.19万元，与2014年同期同口径相比增长61.92%。

2. 规范对外投资企业派出人员管理。根据派出人员履职实际情况，建立派出人员考核评价制度，并首次对投资企业派出人员实施专项考核。

3. 开展对外投资企业专项调研，加强对外投资企业风险防范。组织有关部门以及相关派出董事、监事等，对营口新港矿石码头等投资企业的基本情况、运营状况、财务情况、法人治理结构运行以及内部经营管理等进行了详细调研，对存在的问题进行了认真分析，并提出处理意见。

4. 加大扶持投资企业上市力度。经国务院国资委批准，鞍山钢铁所属控股投资企业——鞍山发蓝股份公司于2015年6月29日召开了股份公司创立大会。2015年底，鞍山发蓝股份公司已基本完成在新三板挂牌规定的相关要求。

5. 盘活投资企业股权。针对鞍钢天铁持续亏损，并有可能出现资金链断裂风险的实际情况，将鞍山钢铁持有的天津鞍钢天铁冷轧薄板有限公司32%股权无偿转让给渤海钢铁集团。

（鞍山钢铁集团公司企业管理部
王　娟　刘　宇）

**【风险管理】** 为促进公司更好适应内外部形势变化，提升风险管控和应对能力，鞍山钢铁集团公司按照《国资委办公厅关于2015年中央企业开展全面风险管理工作有关事项的通知》和鞍钢集团公司《关于印发〈鞍钢集团公司2015年全面风险管理及内部控制工作计划〉的通知》精神，对2015年风险管理工作进行了统一部署和精心安排，制定下发《2015年全面风险管理工作计划》，并积极推进全面风险管理与内部控制体系的有效运行，防范和杜绝各类重大风险的发生，确保公司持续健康稳定地发展。

1. 开展年度风险评估，明确风险防控重点。广泛收集风险管理初始信息，汲取近期企业内外部发生的相关重大风险损失事件的经验教训，并结合公司2015年经营目标和重点工作，深入分析企业面临的内外部形势，加强对全局性、趋势性风险的研判。通过风险辨识，共识别出风险事件982项，其中：公司部门253项，子企业729项。经系统梳理、分析及归纳，形成5大类25项风险。从风险发生可能性和产生影响两个维度进行风险分析、评价，确定12项重大、重要风险。

2. 完善风险管理策略，制定管理解决方案。围绕评估出的12项重大、重要风险，按照经营战略与风险策略一致、管理成本与取得收益相平衡的原则，制定、完善风险管理策略，明确风险偏好、风险承受度、风险应对策略，确定风险管理优选顺序，并合理控制纯粹风险，稳妥把握机会风险。针对每一项重大、重要风险，明确风险主责部门，并组织制定和实施了包括92项应对措施、63项里程碑事件的风险管理解决方案。

3. 推行风险报告制度，提升风险管理整体水平。总结2014年全面风险管理工作完成情况，结合2015年风险评估结果和全面风险管理工作计划等内容，编制鞍山钢铁集团公司《2015年全面风险管理报告》。指导各子企业编制本单位年度风险管理报告，建立内部风险管理报告制度，强化风险管理信息沟通机制，及时掌控所属各子企业风险变化趋势、重大风险管控进展和成效，确保各类风险信息沟通顺畅、共享及时，督促子企业全面深化风险管理工作，提升风险管理整体水平。

4. 建立监控预警机制，加强重点风险过程管理。组织各部门、单位逐级建立风险监控指标体系，及时发布风险预警信息，科学预判风险变化趋势，动态调整风险应对措施，有效防范重大重要风险。针对公司12项重大重要风险和各单位115项重大风险，建立风险监控报告机制，组织50个部门、单位定期上报366个风险指标监控情况，形成《公司重大重要风险监控报告》，为公司生产经营决策和有效防范风险提供有力支撑。

5. 优化内部控制体系，发挥风险防范的基础作用。以重大和重要风险为导向，结合企业内部控制基本规范和应用指引要求，细化风险管理解决方案，梳理核心业务流程，查找业务操作的风险点，优化内部控制活动，补充完善专业领域相关规章制度，制定涵盖全流程的控制措施，明确目标值、里程碑事件及完成时间，逐级落实岗位责任，并定期检验和评估内控设计和执行的有效性。

【管理创新】 开展管理成果评审，营造管理创新良好氛围。积极引导和组织各部门、单位围绕公司战略目标和企业管理的重点难点问题选题立项、精心实施、系统总结，认真评审，促进优秀成果脱颖而出。2015年各部门、单位共申报管理成果51项，反映了各单位为实现公司战略目标，开展管理创新、强化企业管理所取得的最新成就。其中，12项成果荣获鞍钢集团公司管理现代化创新成果，一等奖2项、二等奖2项、三等奖8项；5项成果荣获辽宁省管理进步成果，一等奖2项、二等奖3项；5项成果荣获冶金企业管理现代化成果，一等奖1项、二等奖3项、三等奖1项；2项成果获国家级管理成果二等奖，彰显了鞍山钢铁管理软实力。

【规章制度体系建设】 1. 系统清理现有制度，创建制度体系框架。组织各部门、单位，按照“执行、修订、新增、废止”四个类别，对公司自1984年以来至2015年4月间发布的600余项规章制度进行了全面清理，经逐一甄别鉴定和审核确认，形成共涵盖19个管理模块、58项核心业务、426项规章制度的现行有效规章制度清单，同时废止主要内容已不再适用或已被新制度替代的规章制度190项，下发了《鞍山钢铁集团公司现行有效规章制度清单》（鞍山钢政办发〔2015〕37号）文件、《鞍山钢铁集团公司废止规章制度清单》（鞍山钢政办发〔2015〕39号）文件，完成了制度清理工作，建立了制度体系框架，为后续的制度优化完善工作打下了坚实基础。

2. 实施动态维护管理，持续完善制度体系。年初组织各部门、授权单位对公司现有制度进行全面梳理确认，下发《鞍山钢铁集团公司2015年规章制度制（修）订计划》（鞍山钢政办发〔2015〕36号）文件，公司全年共发布制度75项，持续完善了公司规章制度体系，同时指导各基层单位同步开展规章制度体系建设完善工作，保证了两级规章制度有效衔接，确保公司制度体系满足企业经营管理需求。

3. 建立网络发布平台，提升制度管理信息化水平。在OA网上建立规章制度发布和检索平台，将现行有效制度分类成辑，成熟一个，发布一个，方便各级管理人员对规章制度的学习检索以及执行监督，提升制度管理的信息化水平。

4. 规章制度的其他业务。对公司10个主管部门（保卫部）、5个职能中心、8个基层单位进行深入调研，对公司下发的13个管理制度、14个会议纪要的系统梳理，组织召开专项研讨会议与有关部门沟通、协商，起草并下发了《鞍山钢铁集团公司物资持出管理办法》（鞍山钢政办发〔2015〕44号），同时召开推进工作会议，规范厂区内各类物资的持出管理，避免和杜绝资产流失。

【采购管理】 1. 优化采购管理体制。按照集团规范采购平台管理总体部署，进一步整合各级采购资源，下发《关于进一步加强鞍山钢铁采购管理规范采购平台运行的决定》（鞍山钢政发〔2015〕41号），优化采购管理体制，规范采购平台管理，构建“1+3+7”采购管理体系，整合采购平台和采购组织，提高采购集中度，实现体制精简。一是强化采购职能管理，在企业管理部增设职能和岗位，负责对公司采购业务实施归口管理。二是归并二级采购平台，取消公司4个职能部门、3个单位物资采购权限，相关采购业务并入原燃料采购中心和设备资材采购中心；成立工程采购工作组，负责公司各类工程的集中采购。三是规范三级采购组织授权，将授权自主采购单位减少为7个。初步建立起“体制简捷、有序衔接、运行规范、监管到位”的采购管理体系。

2. 规范采购体系运行。一是清晰权责界面，下发《关于调整鞍山钢铁集团公司有关单位相关采购职能的通知》（鞍山钢政办发〔2015〕97号），清晰界定各采购平台之间以及采购平台与管理部门、需求单位之间的权责界面；二是规范采购授权，制定公司集中采购目录和授权单位自主采购目录，通过《关于明确采购组织、授权范围及制度建设要求的通知》（鞍山钢政办发〔2015〕98号），规范采购平台管控方式和采购组织授权范围，明确采购制度优化要求。

（鞍山钢铁集团公司企业管理部
刘　虹　徐长维）

【管理体系认证】 2015年，鞍钢股份有限公司继续深化管理体系运行与认证工作，为公司实现经营目标提供体系保障。紧密围绕公司管理体制和运行机制的变化，结合相关管理体系标准要求，对《鞍钢股份有限公司卓越绩效管理手册》等管理体系文件进行制修订并发布实施，保持管理体系文件充分与适宜。质量、环境、能源、职业健康安全、TS16949 管理体系顺利通过认证公司年度监督审核，保持管理体系认证注册资格。结合 GB/T 23331 能源管理体系新版标准和新颁布的钢铁行业能源管理体系认证规则，制修订并实施能源管理体系文件，公司能源管理体系获得新版标准认证注册。公司管理体系先后通过了铁路用钢产品现场审核、出口欧洲 CE-CPR 认证、压力容器 PED 认证、英标螺纹钢认证现场审核、山东核电设备制造有限公司供方年度监查、船用球扁钢船级社认证，管理体系运行和控制有效，满足专业性管理体系认证、产品认证和顾客二方认证需要。

（鞍山钢铁集团公司企业管理部 王家伟　郭淳璞）

## ·战略管理·

**【编制发展战略和规划】** 紧扣公司重点工作，滚动修订发展战略，谋划企业长远发展。2015 年 3 月底，完成《鞍山钢铁集团公司 2015～2017 年发展战略规划》和《鞍钢股份有限公司 2015～2017 年发展战略和规划》的编制和报批工作，定稿并印刷。新的发展战略和规划力求体现出公司投资方向和投资重点的调整，坚持以降本增效为中心制定投资计划，统筹考虑当期与长远、经济效益与社会效益、战略投资与短平快项目的关系，集中资金解决系统配套完善、提高产品质量及节能减排的项目。5 月底，鞍钢集团公司正式启动“十三五”发展战略和规划编制工作。6 月底完成《鞍山钢铁集团公司“十二五”发展回顾》和“十三五”规划内外部形势分析。积极收集整理相关信息、资料；发挥基层单位和机关部室在战略规划中的重要基础作用，对基层报的文字材料内容提出明确要求；制定发展目标、策略、实施路径和主要措施时，综合考虑投资方向、投资额、效益、投资速度的关系，做到精准投资、集中保优、有保有压、不面面俱到；着力推进结构调整、转型升级、科技创新和国际化经营等工作，进一步打造产品、成本、服务模式等独特的竞争优势，注重质量、效益、效率，不断改善经济增加值、净资产收益率等关键指标，提升企业竞争力，严控资金风险。12 月底基本完成《鞍山钢铁集团公司“十三五”发展战略规划》和《鞍钢股份有限公司“十三五”发展战略和规划》编制工作，形成初稿。修订《鞍钢股份公司对外投资管理办法》并发布。

**【长期股权投资项目管理】** 完成收购广汽宝商钢加有限公司、长沙宝钢钢加有限公司股权，鞍钢股比分别为 30%、14%。

为使广州汽车钢项目尽快达产达效，积极引进战略投资者，推进广州汽车集团商贸有限公司、鞍钢蒂森克虏伯汽车钢有限公司参股广州汽车钢项目。

（鞍山钢铁集团公司规划发展部　裴红峰）

## ·信息化管理·

**【概述】** 2015 年，鞍山钢铁集团公司在信息化管理方面紧密围绕年度战略发展规划，认真贯彻落实鞍钢集团公司的战略部署，履行信息化管理的各项职能，以信息化科学发展为主题，以两化融合为主线，以企业转型升级发展为契机，全方位支撑企业的运营管理，提高企业核心竞争力，支持企业实现战略发展目标。

**【信息化基础管理】** 1. 制定“十三五”信息化发展战略规划。2015 年鞍山钢铁公司启动了编制“十三五”发展战略规划工作，公司信息化管理部门按照职能分工，编制完成了“十三五”信息化发展战略规划，包括：转型升级发展策略、发展目标、主要措施、重点工作规划和方案等。之后，在此基础上，按照鞍钢集团公司的统一部署，编制完成了鞍钢集团公司“十三五”信息化发展战略规划中鞍山钢铁集团公司部分。

2. 编制及完善信息化管理制度。2015 年鞍山钢铁集团公司完成了《鞍山钢铁集团公司信息化项目建设管理办法》《鞍山钢铁集团公司信息系统运行维护管理办法》《鞍山钢铁集团公司信息系统安全管理规定》《鞍山钢铁集团公司信息系统网络安全应急预案》等信息化相关管理制度的编制、修订和下发，同时，通过对信息化管理工作全面细致的梳理，编制完成了《鞍钢股份有限公司信息化管理专项管理细则（讨论稿）》，为推进信息化项目建设，更好地开展信息化职能管理奠定了坚实的基础。

3. 鞍钢股份有限公司两化融合管理体系建立和贯标认证。2015年鞍钢股份有限公司正式发布了信息化和工业化融合管理体系相关文件，3月鞍钢股份有限公司通过了国家两化融合管理体系评估审核，4月25日正式通过了两化融合管理体系贯标认证，获得了由国家评定机构颁发的两化融合管理体系评定证书，成为全国首批200家通过两化融合管理体系评定企业之一。

4. 加强信息化预算管控。鞍山钢铁集团公司在信息化项目立项和实施过程中，严格执行年度信息化项目预算，防止预算外信息化项目发生。通过三级预算审价，全力降低信息化项目费用支出。建立了"鞍山钢铁集团公司信息化项目资金支出明细表"，记录每月信息化项目资金的支出情况，实现了对在建信息化项目资金的动态管理。2015年全年共计压缩信息化项目费用支出461万元，比计划平均降低37.4%的预算支出。

5. 信息系统优化改进。2015年鞍山钢铁集团公司共计实施各类系统变更1492项，其中产销和SAP系统提升管理类变更159项、产销系统业务数据及数据库修改类变更767项、SAP系统数据库结构及配置类变更2项、产销和SAP系统授权变更564项。通过对信息系统不断的优化改进，为基层单位提升管理、服务客户、品种开发和提高效率等方面提供了有力支持。

6. 保证系统稳定运行。2015年鞍山钢铁集团公司在保证正常生产经营有序进行的前提下，实施了一系列运行维护措施，保障了系统高效、稳定、安全的运行，为企业生产经营的顺行提供了有力支持。

7. 编码主数据管理。鞍山钢铁集团公司进行了编码及主数据管理，包括：组织完成了对技改项目中各新增产线的主数据创建；完成了ERP系统的公共管理字典的创建与维护，非钢产品目录管理字典维护，ERP系统与SAP财务系统的对照关系的维护。

**【信息化重点项目建设】** 1. 采购项目。鞍山钢铁集团公司对原有采购相关系统进行了优化设计和调整，实现了需求计划接收、采购方案创建、采购结果接收、采购合同签订、采购执行管理、库存管理、财务结算管理、物料主数据管理、供应商主数据管理、供应商协同、报表分析等主要功能。系统一期已于2015年9月16日上线试运行，其中设备备件管理功能于2015年2月1日上线运行。该系统支持了公开招标、邀请招标、竞争性谈判和单一来源四种采购模式的全流程业务管理，与电商平台、电商招投标平台、OA系统的接口也已通过测试并进入试运行，系统功能满足需求，运行平稳。

2. 一体化物流管控项目。该项目主要包括：保卫部车辆进出管理系统、道路监控系统、无人值守汽车衡集中计量系统、物资持入持出系统、总线管理系统以及为配合系统运行所进行的网络升级改造、服务于该系统的"企业云"等。

一体化物流管控平台无人值守汽车衡集中计量系统于2015年6月初陆续正式投运，到11月23日物资储运经营中心4台汽车衡正式投运，至此鞍钢厂区范围内的23台汽车衡实现了"无人值守、集中计量"，彻底告别了以往分散计量人工作用的传统模式。

3. 鞍钢股份有限公司预算管理系统。该系统于2015年10月正式上线运行，可以进行金属平衡推算、按照标准价和市场价进行多版本的成本预算及报表编制，支持根据实际情况进行预算调整，实现了与SAP财务成本系统的数据交换，为制定预算及偏差分析提供了数据基础。

4. 冷轧高强连退线信息化项目。为进一步提升鞍钢冷轧汽车板的市场份额，尤其是高端及日系汽车市场份额，鞍钢集团公司与日本株式会社神户制钢所合资成立了鞍钢神钢冷轧高强汽车钢板有限公司，携手进军高端汽车板市场。

为使鞍钢神钢冷轧高强汽车钢板有限公司各业务工作顺利进行，根据合资公司提出的信息化需求及其买断式销售模式、独立核算等特点组织实施了冷轧高强钢生产线MES项目。该项目依托三网合一的网络平台和高效的云计算平台，实现了短流程办公管理、库位预约、优化排产和质量设计等自动化功能。系统能够快速准确地定义用户的定制化需求，实现高效的质量设计水平和生产组织模式。通过对物料全生命周期的跟踪，实现高水平的物流管控，满足高端客户的需求。

2015年该系统投入运行，今后将更好地满足汽车客户对高强钢板不断增长的需求，提升鞍钢冷轧汽车板市场份额，特别是在高端汽车板市场中份额。

5. 销售信息管理平台项目。2015年鞍山钢铁集团公司实施了销售信息管理平台项目，完成了现货和期货业务的上线运行。同时，销售信息管理平台项目与鞍钢集团电子商务平台实现了无缝连接，为鞍钢集团电子商务平台提供了业务数据支撑。

通过销售信息管理平台，客户可以快速查询鞍钢不同区域产品信息，缩短了业务流程，提高了工作效率，有的订单当天下订单当天就可以取货。

销售信息管理平台+电子商务平台开创了鞍钢产品销售和服务的新时代。这是鞍钢适应时代发展，打造数字化鞍钢，构建鞍钢与下游客户高效协同，推动钢铁产业转型与发展的积极探索和尝试。

6. 财务共享中心财务报支项目。该系统功能包括：网络报销管理、资金管理、电子档案管理、影像管理等。财务报支系统项目第一阶段网络报销管理功能已于2015年12月上线试运行。

该项目完成后，将依托共享平台提供财务外延服务，对子公司审核报销、薪酬、费用核算和工程等核算业务进行集中与共享管理；对分公司审核报销、薪酬核算、费用核算、工程核算、资产核算、设备采购和原燃料采购业务等核算业务进行集中与共享管理。财务报支系统项目运用了现代化手段对业务流程进行了优化，提高了工作效率，实现远程控制，规避财务风险，对财务基础数据信息进行了统一调动与集成。

7. 环境综合管理平台项目。鞍山钢铁集团公司为提升环境管理工作水平，加强环境保护工作，建设了环境综合管理平台。该平台将为评价污染物防治措施的实际效果提供有效的数据依据，使环境监测方法从传统手工采样转型为信息化自动监测，掌握排污总量指标，促进各生产单元节能减排，完善业务管理体系，提升环境治理日常管理能力，向公众展示环境新形象。该平台包括现有和新建的监控设备自动及人工监测管理、视频监控、短信平台、环境基础信息管理、环保信息地图、外部信息整合管理、系统管理、统计分析报表等功能。其中，环保在线自动监测及人工监测管理模块于2015年12月上线。

（鞍山钢铁集团公司信息化管理部　王述千）

## ·设备管理·

**【设备管理】** 2015年，严峻的市场形势给鞍山钢铁集团公司的生产经营带来巨大压力，设备管理面临修理费大幅下降、产线负荷不均衡、生产节奏不连续等新的考验，设备系统主动思考、积极应对，围绕“归位目标、归位责任、归位现场、经济管理”，夯实设备基础管理，全面推进“三化一降”，实施“以旧换新”，为公司生产稳顺提供坚实设备保障。2015年，鞍钢股份有限公司获得第十届全国设备管理优秀单位称号及全国设备管理创新成果一等奖2项、二等奖1项，三等奖1项。

通过实施精细化过程管理，强化风险防控、预判管理，设备管理主要技术经济指标均取得较好成绩，主要指标完成情况如下。

事故全面受控：2015年鞍钢股份有限公司实现重大设备事故为零。事故频次月均32.25起，事故时间月均80.93小时。其中：本部同口径较2014年事故频次月均降低6.33起、时间月均降低10.01小时；鲅鱼圈较2014年事故频次月均下降3.58起、时间月均降低4.45小时。

费用全面受控：2015年全面完成修理费预算指标，股份公司2015年修理费实际发生18.42亿元，其中本部13.73亿元，鲅鱼圈4.69亿元。

库存全面受控：2015年末股份公司库存实绩15.02亿元，同比2014年下降0.84亿元，降幅5.30%，其中：本部下降0.53亿元，鲅鱼圈下降0.31亿元，均完成降库目标。

1. 深化设备运行管理，持续提升设备稳定运行能力。

（1）点检管理。强化点检标准化作业，实施关键设备状态监测，完成周期监测设备1275台（套），应急监测设备204台（套），发现较严重问题90次，发布设备专有标准15项，及时发现热轧1700线F2减速机、冷轧3号线F4齿轮箱轴承等故障，实现事前维修，有效避免事故发生。

（2）定修管理。一是严抓定修计划执行、严控检修质量，缩短检修时间，提高设备作业率，全年共完成定、年修1015次，定修实现率96.40%。二是充分利用定修时间，强化隐蔽部位点检。三是对设备原因造成的异常检修比照事故逐一进行原因分析，落实考核。四是组织实施长寿化技术攻关，优化定修模型。积极推进延长高炉、烧结年修周期重点攻关项目，烧结机定修由单独计划调整为配合高炉自主检修，提高了烧结机作业率。

（3）事故管理。一是坚持“四不放过”原则，严管事故分析与事故报告的时效性，做好事后封闭与考核，严格执行月典型事故通报制度，7~12月共下发19起典型事故案例，举一反三，杜绝类似事故重复发生。二是针对事故频发单位，组织开展专题研究，剖析事故实质，追根溯源，及时落实纠正预防措施，设备状态劣化及存在的重大隐患得到有效遏制。三是确定各单位设备事故目标值并严格执行；将事故指标纳入员工绩效管理重要考评指标并严格执行，做到指标横向到边、纵向到底。

（4）设备技术管理。一是夯实基础技术管理。深入开展“加强油脂品管理、推进油脂品降耗专项活动”，油脂品消耗指标达到行业平均水平（技术指标：0.38千克/吨；经济指标：5.62元/吨）；深化HFI指数管理，实现历史最低指数1.0（2015年目标值为1.2），优于年度目标值；加强在线使用油品的技术指标检验，划定重要液压润滑系统，缩短检验周期，实施重点监测，共化验油样4528个，保障液压润滑系统稳定运行；结合生产需求对股份本部311个水系统和36种水处理药剂实施检验、验收，并完善修订公司、厂级水质标准22项，确保指标合格，满足生产工艺及环保要求。二是推进技术攻关。成立大电机变压器技术等8个专业化技术推进小组，整合公司专业技术资源，解决设备瓶颈问题，全面提升设备技术管理水平。工业炉窑技术小组及时处理无缝159环炉大修改造遗留问题；液压技术小组编制、下发了《液压设备检修安全技术规范》和《油脂品管理规范》；状态监测小组在冷轧振纹问题上取得重大进展；形成制氧机跳机故障综合分析报告；与西门子、ABB公司签订战略协作协议等成果，为公司设备管理工作提供了完善的技术支撑。

（5）开展“四项活动”。一是持续开展“完善设备功能，提高设备精度”专项活动。实施完善功能精度项目345项，完成162项。其中炼钢四分厂铸坯去毛刺率由低于70%提高到98%，满足了高规格汽车钢生产需要，保证板坯直供率。二是持续开展“设备现场整治”专项活动。在结合公司安全生产形式，对起重设备、压力容器管道、铁路线路与运输设备、重大危险源集中开展专项检查前提下，确定重点整治项目404项，完成202项。其中2150精轧机组单体设备、中央油库及厚板线高压水站等区域的现场整治项目有效改善了设备现场运行环境与设备运行质量；能源管控中心2号3.5万立制氧机空分器及1700线2号加热炉烟道整治，避免了重大事故发生，保证设备本质安全。三是持续开展“设备系统降库利库”专项活动。通过推进超期库存备件的修配改代，累计消耗5年以上库存备件5082万元，占新品消耗7.09%；挖潜现有可利用资源，机旁备件累计利库7331万元。四是持续开展“冶金设备绿色再制造”专项活动。在跟踪上年度30个绿色再制造项目实施情况同时，2015年经专家评审确定公司级项目25项，目前已结题5项，上机试用4项，待上机2项。化工事业部硫铵大母液泵等水泵修复，通过对泵叶轮内表面进行喷砂处理后涂抹耐磨损、耐腐蚀涂层，目前运行正常。

2. 深化设备备件管理，持续提升设备保供能力。

（1）进一步抓好采购计划管理，严控采购支出。严格按照“四不放行”原则审批修复计划；对10月接管的备件新品计划管理职能做好业务衔接，并严格按照“五查四落实”原则审批新品计划，确保计划精确度。清理取消股份本部未执行进口备件计划28486件，清理金额9663万元，清理率69%，削减计划691件，削减金额308万元；清理国产备件计划16746件，清理金额1113万元；全面清点公司现有机旁备件并共享机旁备件信息，挖潜现有可利用资源，跟踪落实利库6993条，70891件。

（2）进一步抓好采购模式管理，降低采购成本。严控修复质量，保障备件修复寿命周期性价比；规范备件修复招投标管理，按照“能招尽招”原则实施采购，全年降采5609万元。其中功能承包项目107项，降采3761万元，综合降幅14.37%；非协议类项目1077项，降采1848万元，综合降幅14.71%。氧气系统安全阀在线检验实施公开招标，解决了因生产影响、备件缺乏、市特检所不予检验等难题，大幅降低采购成本。

（3）进一步推进国产化项目。健全制度，优化流程，制定推进计划，股份本部下达国产化项目 524 条，实施中 214 条（48 项），预计降耗 1370 万元；结题 56 条（15 项），创效 728 万元；能源管控中心制氧机组低温液体外送液氧泵国产化项目，取得显著效果，在解决现场急需同时，降低了采购成本；冷轧厂罩式炉机组加热罩烧嘴国产化项目，预计年节省 255 万元。

3. 深化工程项目管理，持续提升设备创效能力。

（1）严控立项，提高费用投入精度。落实工程计划“三原则”审定法，严控维修工程立项；全年共放行维保工程 246 项、维修工程 792 项、资本性投资项目 123 项、零固 466 台套。

（2）精心组织，确保项目当年见效。对已放行的 246 项维保项目进行重新招标或竞价谈判，并采取项目费用上限封顶，据实结算方式，压缩维保项目费用 2217 万元，削减率 9. 88%；实施项目周例会制度及全过程精细化管理，严审施工方案、严控投资及施工进度、严把质量验收。4 高炉炉缸大修、2 号板坯铸机改造、1780 三电改造三项重点工程，克服现场施工场地紧张、工期紧、质量控制难等不利因素，实现按期投运。

4. 深化设备基础管理，持续提升设备管理水平。

（1）完善制度体系。完成鞍山钢铁 2 个设备管理办法及股份公司 7 个程序文件及 7 个管理办法的修订，编制下发两级公司特种设备事故应急预案，健全完善了公司设备管理制度体系及应急管理体系；结合事故封闭及工作优化，修、制定技术标准 40 项，为公司设备管理工作提供完善的技术支撑。

（2）开展专项管理内审。加强管理专项内审，坚持问题导向、全员参与、上下互动原则，全年共实施专项管理内审检查 48 次，曝光不合格项 158 项。

（3）不断强化技术培训。开展“设备状态监测与诊断典型案例分析”和 IMS 凸度仪、FOXBORO 系统等专项技术培训，广泛提高基层单位设备管理人员素质，有效建立精密点检层级支撑体系。

（4）抓好固定资产管理。一是完成鞍山钢铁 10 个单位 10 批次固定资产报废的现场核查、审批和备案工作，回收残体 1689. 55 吨，残值 200 万元；二是完成股份本部 8 个单位的 76 项资产内部划拨，理顺资产管理关系；完成股份公司炼铁、大型等厂的 363 项报废设备评估，并对炼铁总厂的 36 台报废机床组织对外出售，实现了报废资产效益最大化。

5. 深化全面预算管理，持续提升成本管控能力。

（1）举措落地，确保预算全面受控。在保证设备稳定运行的基础上，对已确定的 12 项 539 条非常规降本措施，明确责任、路线图和时间表，按措施清单，坚持降本无额度大小原则，逐项落实，真正做到措施落地，努力降低维修费成本支出，确保预算全面受控。降低备件修复消耗费用 1. 14 亿元；油脂消耗同比降耗约 0. 24 亿元；改变备件消耗方式，由“以用为耗”取代“以领待耗”，备件消耗同比上年降低 5. 79 亿元。

（2）抓好造价管理。规范审价标准，实施严格审价，共审减 1. 30 亿元，审减率 13. 1%，实现审减 10%的目标。其中修复类审减 6787 万元，审减率 14. 5%；工程审减 6245 万元，审减率 11. 9%。

（3）抓好保险理赔管理。强化基层单位资产保险索赔管理，完成理赔 169 起，金额 2383 万元，其中 2014 年结转 45 起，1227 万元，2015 年 124 起，1156 万元，减少了财产损失。

**【设备年修工程】** 2015 年，鞍钢股份有限公司主体生产线共实施 59 次年修，其中 3 月、4 月、6 月、7 月实施了各工序相互配合的集中同步年修工程。

**2015 年股份公司主体生产线同步年修基本情况表**

| 序号 | 生产厂 | 机组名称 | 计划开工时间 | 计划工期/小时 | 实际开工时间 | 实际工期/小时 |
|---|---|---|---|---|---|---|
| 1 | 炼铁总厂 | 3 号高炉 | 3 月 4 日 | 480 | 3 月 4 日 | 439. 33 |
| 2 | 炼铁总厂 | 西区 1 号烧结机 | 3 月 3 日 | 184 | 3 月 3 日 | 184 |
| 3 | 炼铁总厂 | 西区 2 号烧结机 | 3 月 10 日 | 360 | 3 月 10 日 | 336 |

续表

| 序号 | 生产厂 | 机组名称 | 计划开工时间 | 计划工期/小时 | 实际开工时间 | 实际工期/小时 |
|---|---|---|---|---|---|---|
| 4 | 炼钢总厂 | 7号转炉 | 3月4日 | 168 | 3月4日 | 157 |
| 5 | 炼钢总厂 | C转炉 | 3月4日 | 360 | 3月4日 | 345.67 |
| 6 | 炼钢总厂 | 四工区1号板坯连铸机 | 3月6日 | 120 | 3月6日 | 120 |
| 7 | 炼钢总厂 | 四工区2号板坯连铸机 | 3月10日 | 120 | 3月10日 | 119.17 |
| 8 | 鲅鱼圈炼钢 | 3号转炉 | 3月16日 | 168 | 3月16日 | 168 |
| 9 | 炼钢总厂 | 5号转炉 | 3月19日 | 288 | 3月20日 | 265.5 |
| 10 | 无缝钢管厂 | 159机组 | 3月26日 | 600 | 3月30日 | 528 |
| 11 | 炼铁总厂 | 7号高炉 | 4月2日 | 144 | 4月2日 | 131.63 |
| 12 | 炼钢总厂 | 8号转炉 | 4月2日 | 240 | 4月2日 | 200 |
| 13 | 炼钢总厂 | 二工区4号板坯连铸机 | 4月2日 | 120 | 4月2日 | 116 |
| 14 | 炼钢总厂 | 二工区5号板坯连铸机 | 4月5日 | 120 | 4月5日 | 120 |
| 15 | 热轧带钢厂 | 1700机组 | 4月2日 | 216 | 4月2日 | 203.8 |
| 16 | 炼钢总厂 | 2号转炉 | 4月15日 | 360 | 4月10日 | 563.5 |
| 17 | 炼钢总厂 | 4号转炉 | 4月14日 | 384 | 4月14日 | 363.83 |
| 18 | 炼钢总厂 | A转炉 | 5月4日 | 720 | 5月4日 | 647.98 |
| 19 | 炼钢总厂 | 四工区1号板坯连铸机 | 5月8日 | 192 | 5月8日 | 168 |
| 20 | 炼铁总厂 | 新4号高炉 | 6月12日 | 1536 | 6月15日 | 1624.03 |
| 21 | 炼钢总厂 | 9号转炉 | 6月26日 | 192 | 6月26日 | 161.5 |
| 22 | 炼钢总厂 | 一工区板坯连铸机 | 6月1日 | 168 | 5月30日 | 119.68 |
| 23 | 炼钢总厂 | 三工区2号板坯连铸机 | 6月15日 | 968 | 6月15日 | 939.28 |
| 24 | 炼钢总厂 | D转炉 | 6月15日 | 168 | 6月19日 | 168 |
| 25 | 热轧带钢厂 | 1780机组 | 6月15日 | 480 | 6月16日 | 431.83 |
| 26 | 冷轧厂 | 1号线联合机组 | 6月28日 | 1200 | 6月28日 | 1206.67 |
| 27 | 冷轧厂 | 3号线联合机组 | 6月22日 | 192 | 6月30日 | 189.45 |
| 28 | 冷轧厂 | 3号线连退机组 | 6月20日 | 312 | 6月28日 | 308 |
| 29 | 炼铁总厂 | 三烧 | 7月3日 | 288 | 7月3日 | 264 |
| 30 | 鲅鱼圈炼铁 | 2号烧结机 | 7月5日 | 120 | 7月5日 | 120 |
| 31 | 鲅鱼圈炼铁 | 2号高炉 | 7月6日 | 48 | 7月6日 | 47.63 |
| 32 | 鲅鱼圈炼钢 | 1号转炉 | 7月16日 | 288 | 7月16日 | 273.29 |
| 33 | 炼铁总厂 | 分厂1号烧结机 | 7月17日 | 480 | 7月17日 | 296.72 |
| 34 | 炼铁总厂 | 球团 | 7月17日 | 600 | 7月28日 | 192 |
| 35 | 鲅鱼圈炼铁 | 1号高炉 | 7月21日 | 72 | 7月21日 | 71.63 |
| 36 | 鲅鱼圈炼铁 | 2号烧结机 | 7月21日 | 112 | 7月21日 | 113.38 |
| 37 | 鲅鱼圈炼钢 | 2号1450连铸 | 7月22日 | 40 | 7月22日 | 24 |
| 38 | 鲅鱼圈热轧 | 1580轧机 | 7月22日 | 36 | 7月22日 | 36 |
| 39 | 炼钢总厂 | B转炉 | 7月28日 | 240 | 7月28日 | 274 |
| 40 | 炼钢总厂 | 四工区3号板坯连铸机 | 8月1日 | 120 | 8月1日 | 119.18 |
| 41 | 鲅鱼圈炼钢 | 2号转炉 | 8月17日 | 288 | 8月17日 | 288 |
| 42 | 炼钢总厂 | 二工区3号方圆坯连铸机 | 9月10日 | 120 | 9月10日 | 120 |
| 43 | 线材厂 | 线材1号线 | 9月11日 | 312 | 9月12日 | 285.58 |

续表

| 序号 | 生产厂 | 机组名称 | 计划开工时间 | 计划工期/小时 | 实际开工时间 | 实际工期/小时 |
|---|---|---|---|---|---|---|
| 44 | 冷轧硅钢厂 | 东区3号连退机组 | 9月6日 | 600 | 9月6日 | 600 |
| 45 | 冷轧硅钢厂 | 东区酸洗连轧机组 | 9月9日 | 240 | 9月16日 | 238.56 |
| 46 | 炼铁总厂 | 10号高炉 | 10月13日 | 192 | 10月13日 | 175 |
| 47 | 炼铁总厂 | 三烧 | 10月13日 | 216 | 10月13日 | 227.92 |
| 48 | 炼钢总厂 | 一工区2号方坯连铸机 | 10月27日 | 240 | 10月27日 | 214.63 |
| 49 | 大型厂 | 1150机组 | 10月27日 | 192 | 10月27日 | 192 |
| 50 | 炼钢总厂 | 6号转炉 | 10月27日 | 168 | 10月27日 | 163 |
| 51 | 炼钢总厂 | 7号转炉 | 11月6日 | 552 | 11月6日 | 552 |
| 52 | 炼钢总厂 | C转炉 | 11月24日 | 288 | 11月24日 | 324 |
| 53 | 中厚板厂 | 4300机组 | 11月20日 | 600 | 11月19日 | 594.66 |
| 54 | 大型厂 | 950机组 | 11月10日 | 240 | 11月10日 | 217 |
| 55 | 炼钢总厂 | 一工区板坯连铸机 | 增加 |  | 11月28日 | 120 |
| 56 | 鲅鱼圈炼焦 | 1号干熄焦 | 12月4日 | 720 | 12月4日 | 736 |
| 57 | 鲅鱼圈炼铁 | 1号烧结机 | 12月4日 | 720 | 12月4日 | 720 |
| 58 | 鲅鱼圈炼钢 | 3号转炉 | 12月16日 | 336 | 12月4日 | 336 |
| 59 | 鲅鱼圈炼铁 | 1号高炉 | 12月5日 | 600 | 12月5日 | 668.72 |

（鞍钢股份有限公司设备保障部　李　哲）

## ·质量能源管理·

**【质量指标情况】** 2015年，公司产品质量水平总体保持稳定态势。针对钢铁产品13项关键质量指标中7项完成目标计划，计划完成率53.8%，同比9项指标提高或持平，占指标总数的69.2%。公司钢坯质量稳定提高，出厂钢材质量呈现平稳趋势，全年产品质量控制方面未发生重大负面信息，钢铁产品合格率指标中，钢材合格率实现99.32%，钢坯合格率实现99.83%，质量指标水平总体稳定。

**【六西格玛质量管理】** 2015年，经过质量管理专家立项评审，选择对公司生产经营活动影响较大的质量、成本、效率等方面重点和难点问题，充分发挥六西格玛黑带、绿带人力资源优势，开展了六西格玛质量管理工作，顺利组织完成第6期共22个六西格玛质量管理项目的培训、阶段评审和终审，合计创效2700万元，持续的六西格玛质量管理项目推进，为公司质量效益双提升作出了积极的贡献。

**【质量保证一体化团队管理】** 2015年公司继续深化重点产品质量保证一体化管理工作，有效推进13个重点关注产品质量保证一体化项目，产品实物质量进一步提升。通过一体化管理，碳素冷镦钢产品表面质量明显改善。百米重轨探伤合格率指标得以改善。帘线钢原品种成材率进一步提高，异议率下降。隔热石油管原品种成材率明显提高。本部超高强海工钢一次性能合格率明显提高，鲅鱼圈特厚海工钢控冷板形合格率大幅提高。取向硅钢瓢曲缺陷协议品率控制在10%以内。热轧耐候钢在棚车材料升级换代中抢占了先机。热轧酸洗板麻点、锈蚀缺陷得以改善。镀铝锌成功开发电器柜用钢。核电用钢正式供应机组环吊及装卸料机用钢板。集装箱板稳定了薄材宽度精度。日系汽车板较好解决了夹杂及锈蚀等重点缺陷问题。水电用钢成功完成最大厚度90毫米产品供货。

**【产品包装质量管理】** 2015年，新型内外包装材料，在冷轧厂、硅钢厂试验成功并推广。外包装应用硅钢板及镀锌板、内包装应用筒状塑料膜、公司产品最新外观形象重新设计等措施稳步推进。3月开始，公司冷系产品正式换“新装”——硅钢卷取消塑料和纤维包装，采用灰色和蓝色搭配的全硅钢板外包装，冷轧涂镀卷外包装材料由冷轧板升级为美观且不易生锈的镀锌板。全年通过加大包装质量督查及评价改进力度，公司产品包装形象和防护性能持续提升。

**【产品认证管理】** 2015年，组织完成鞍营两地中厚板产品境内制造单位制造境外牌号钢板容标委技术评审；顺利通过建材用钢CE认证复审及扩证、压力设备用钢PED认证、英标螺纹钢ISO 10144认证，产品证书范围稳步扩大，为公司拓展更为广阔的国内外市场奠定了基础；公司重轨产品接受CRCC年度监督审核顺利通过。

**【3种产品获得"金杯奖"】** 冶金产品实物质量"金杯奖"是由中国钢铁工业协会组织评定，标志着中国钢铁产品实物质量认定达到国际同类产品先进水平的重要奖项，是业内唯一具有权威性的产品质量认定。2015年，经过积极组织申报，公司生产的"高速铁路用钢轨""冷镦用碳素钢热轧盘条""8.8级冷镦用含硼钢热轧盘条"3种产品获得冶金产品实物质量"金杯奖"。

**表1 2015年"金杯奖"产品一览表**

| 企业名称 | 产品名称 | 牌　号 | 规　格 | 生产线 |
|---|---|---|---|---|
| 鞍钢股份有限公司 | 高速铁路用钢轨 | U75VG、U71MnG | 60千克/米 | 大型厂 |
| 鞍钢股份有限公司 | 冷镦用碳素钢热轧盘条 | SWRCH8A、SWRCH18A、SWRCH22A | $\phi$6.5毫米 | 线材厂 |
| 鞍钢股份有限公司 | 8.8级冷镦用含硼钢热轧盘条 | 10B21 | $\phi$6.5~16.0毫米 | 线材厂 |

（鞍钢股份有限公司产品发展部　都青山）

**【"质量月"活动】** 2015年度"质量月"活动的指导思想是：贯彻"鞍钢集团公司2015年上半年战略绩效回顾及下半年工作安排"会议精神，践行"六种发展理念"，着力在质量提升上下功夫，强化质量管理，依靠质量扭亏增效，依靠质量赢得市场，为实现公司战略目标作贡献。质量月活动主题为："迈向质量时代　建设质量强国"。其主要内容是：开展质量宣传活动，提升全员质量意识；开展质量提升活动，解决重大质量问题；抓好质量基础工作，为新常态下提升公司全面质量工作作贡献；结合本单位实际开展有针对性的主题活动。

"质量月"期间，对200名质量骨干进行专题培训，新立合理化建议1037项，征集六西格玛项目26个、质量论文28篇，完成9项QC小组成果。朝阳钢铁通过对QEO体系文件的系统梳理，制订《工序关键工艺质量控制点管理及专项考核办法》，使得职工懂流程、明制度，按规章制度工作。股份公司针对影响质量的38个难题实施攻关，取得了较好的效果。冷轧厂"质量月"期间质量降本比计划超额完成64%。中厚板厂实现质量事故为零，责任质量异议发生量为零，综合成材率、综合合格率、原品种成材率、质量损失达到全年最高水平的目标。钢铁研究院开展"开拓高附加值纯铁应用市场"等项目，使高附加值纯铁进入京、津、浙、鲁等市场。

（鞍钢股份有限公司科技质量部　李维兵）

**【标准工作】** 2015年，鞍钢主导修订并完成3项国际标准，即ISO 16124：2015《盘条尺寸偏差》、ISO 4997：2015《结构级冷轧碳钢带》和ISO 4969：2015《钢　宏观检验用蚀刻法》。申报《焊接气瓶钢用扁平钢材》《钢板及钢带　锌基和铝基镀层中铅、镉含量的测定　电感耦合等离子体质谱法》《大直径钢丝绳》《转向架用钢板》等4项国际标准制修订工作项目，将鞍钢的核心技术申报制定国际标准，抢占国际标准制高点。作为主编单位完成了《桥梁用结构钢》等11项国家和行业标准；开展18项国家标准的制修订工作，其中《焊接气瓶用热轧钢板及钢带》等4项已完成审定工作，通过参与标准制修订工作将鞍钢的优势产品及技术上升为国家标准，提高鞍钢国家标准的话语权，同时通过技术壁垒，扩大鞍钢产品的销售渠道。《鞍钢冶金渣处理成套技术研发及系列的标准制定》项目获冶金技术进步三等奖。及时跟踪国外先进标准的变化，完成《钢产品力学性能试验方法和定义》等208项现行有效国外标准的全面查新并对相关国外标准进行购置、翻译、确认。动态跟踪工信部和钢标委新标准发布情况，完成《冶金石灰》等59项冶金行业标准和《桥梁用结构钢》等24项国家标准的新旧标准对比分析、识别和确认。结合国家"一带一路"倡议，开展了"出口印度认证钢材系列产品标准研究""常用试验方法国内外标准研究"等11项标准课题研究，做好国外标准研究和技术储备工作。完成中厚板、热轧、冷轧、长材、化检验方法、化工、原材料等217项标准复审工作，其中继续有效80项、修订43项、换版91项、废止了3项。2015年完成180项企标、101项工艺技术规程的制修订工作。

表 2　2015 年完成的国家标准、行业标准

| 序号 | 标准编号 | 标　准　名　称 | 标准类型 | 主编或参与 | 备注 |
|---|---|---|---|---|---|
| 1 | GB/T 226—2015 | 钢的低倍组织及缺陷酸蚀检验法 | 国家 | 主编 | 修订 |
| 2 | GB/T 714—2015 | 桥梁用结构钢 | 国家 | 主编 | 修订 |
| 3 | GB/T 31926—2015 | 钢板及钢带　锌基和铝基镀层中铅、镉和铬含量的测定　辉光放电原子发射光谱法 | 国家 | 主编 | 新制定 |
| 4 | GB/T 31927—2015 | 钢板及钢带　锌基和铝基镀层中铅和镉含量的测定　电感耦合等离子体质谱法 | 国家 | 主编 | 新制定 |
| 5 | GB/T 31931—2015 | 钢板及钢带　锌及锌合金镀层中六价铬含量的测定　二苯碳酰二肼分光光度法 | 国家 | 主编 | 新制定 |
| 6 | GB/T 31939—2015 | 矿用救生舱用热轧钢板和钢带 | 国家 | 主编 | 新制定 |
| 7 | GB/T 31944—2015 | 原油船货油舱用耐腐蚀钢板 | 国家 | 主编 | 新制定 |
| 8 | YB/T 4455—2015 | 连铸钢坯凝固组织枝晶间距的测定方法 | 行业 | 主编 | 新制定 |
| 9 | YB/T 5343—2015 | 制绳用圆钢丝 | 行业 | 主编 | 修订 |
| 10 | YB/T 5325—2015 | 黄血盐钠含量的测定方法 | 行业 | 主编 | 修订 |
| 11 | YB/T 5071—2015 | β 甲基吡啶馏分 | 行业 | 主编 | 修订 |

表 3　2015 年完成的工艺技术规程

| 序号 | 规程编号 | 规　程　名　称 | 单位 |
|---|---|---|---|
| 1 | QJ/ANSTEEL 2310 02 02. 02—2015 | 化工事业部工艺技术规程　第 2 部分：焦油精制工艺技术规程西部焦油精制工艺技术规程 | 化工事业部 |
| 2 | QJ/ANSTEEL 2310 02 03—2015 | 化工事业部工艺技术规程　第 3 部分：苯加氢工艺技术 | |
| 3 | QJ/ANSTEEL 2310 02 05—2015 | 化工事业部工艺技术规程　第 5 部分：煤化工研究中心工艺技术规程 | |
| 4 | QJ/ANSTEEL 2340 02 03. 01—2015 | 炼钢总厂工艺技术规程　第 3 部分：三工区工艺技术规程　5 号线工艺技术规程 | 炼钢总厂 |
| 5 | QJ/ANSTEEL 2460 02 01. 01—2015 | 冷轧厂工艺技术规程　第 1 部分：1 号线工艺技术规程　A01 机组工艺技术规程 | 冷轧厂 |
| 6 | QJ/ANSTEEL 2460 02 01. 12—2015 | 冷轧厂工艺技术规程　第 1 部分：1 号线工艺技术规程　A12 机组工艺技术规程 | |
| 7 | QJ/ANSTEEL 2460 02 01. 13—2015 | 冷轧厂工艺技术规程　第 1 部分：1 号线工艺技术规程　A13 机组工艺技术规程 | |
| 8 | QJ/ANSTEEL 2460 02 01. 21—2015 | 冷轧厂工艺技术规程　第 1 部分：1 号线工艺技术规程　A21 机组工艺技术规程 | |
| 9 | QJ/ANSTEEL 2460 02 01. 22—2015 | 冷轧厂工艺技术规程　第 1 部分：1 号线工艺技术规程　A22 机组工艺技术规程 | |
| 10 | QJ/ANSTEEL 2460 02 01. 23—2015 | 冷轧厂工艺技术规程　第 1 部分：1 号线工艺技术规程　A23 机组工艺技术规程 | |
| 11 | QJ/ANSTEEL 2460 02 01. 24—2015 | 冷轧厂工艺技术规程　第 1 部分：1 号线工艺技术规程　A24 机组工艺技术规程 | |
| 12 | QJ/ANSTEEL 2460 02 01. 31—2015 | 冷轧厂工艺技术规程　第 1 部分：1 号线工艺技术规程　A31 机组工艺技术规程 | |
| 13 | QJ/ANSTEEL 2460 02 01. 32—2015 | 冷轧厂工艺技术规程　第 1 部分：1 号线工艺技术规程　A32 机组工艺技术规程 | |
| 14 | QJ/ANSTEEL 2460 02 01. 41—2015 | 冷轧厂工艺技术规程　第 1 部分：1 号线工艺技术规程　A41 机组工艺技术规程 | |
| 15 | QJ/ANSTEEL 2460 02 01. 42—2015 | 冷轧厂工艺技术规程　第 1 部分：1 号线工艺技术规程　A42 机组工艺技术规程 | |
| 16 | QJ/ANSTEEL 2460 02 01. 43—2015 | 冷轧厂工艺技术规程　第 1 部分：1 号线工艺技术规程　A43 机组工艺技术规程 | |
| 17 | QJ/ANSTEEL 2460 02 01. 44—2015 | 冷轧厂工艺技术规程　第 1 部分：1 号线工艺技术规程　A44 机组工艺技术规程 | |
| 18 | QJ/ANSTEEL 2460 02 01. 52—2015 | 冷轧厂工艺技术规程　第 1 部分：1 号线工艺技术规程　A52 机组工艺技术规程 | |
| 19 | QJ/ANSTEEL 2460 02 01. 61—2015 | 冷轧厂工艺技术规程　第 1 部分：1 号线工艺技术规程　A61～A66、A71、A72 机组工艺技术规程 | |
| 20 | QJ/ANSTEEL 2460 02 01. 81—2015 | 冷轧厂工艺技术规程　第 1 部分：镀锌线规程　G11、G13 机组工艺技术规程 | |
| 21 | QJ/ANSTEEL 2460 02 02. 11—2015 | 冷轧厂工艺技术规程　第 2 部分：2 号线工艺技术规程　B11 机组工艺技术规程 | |

续表 3

| 序号 | 规程编号 | 规 程 名 称 | 单位 |
|---|---|---|---|
| 22 | QJ/ANSTEEL 2460 02 02. 21—2015 | 冷轧厂工艺技术规程　第 2 部分：2 号线工艺技术规程　B21 机组工艺技术规程 | 冷轧厂 |
| 23 | QJ/ANSTEEL 2460 02 02. 31—2015 | 冷轧厂工艺技术规程　第 2 部分：2 号线工艺技术规程　B31 机组工艺技术规程 | |
| 24 | QJ/ANSTEEL 2460 02 02. 41—2015 | 冷轧厂工艺技术规程　第 2 部分：2 号线工艺技术规程　B41、B42 机组工艺技术规程 | |
| 25 | QJ/ANSTEEL 2460 02 02. 51—2015 | 冷轧厂工艺技术规程　第 2 部分：2 号线工艺技术规程　B51 机组工艺技术规程 | |
| 26 | QJ/ANSTEEL 2460 02 02. 61—2015 | 冷轧厂工艺技术规程　第 2 部分：2 号线工艺技术规程　B61～B66、B71 机组工艺技术规程 | |
| 27 | QJ/ANSTEEL 2460 02 02. 81—2015 | 冷轧厂工艺技术规程　第 2 部分：联合工区工艺技术规程　G04、G05 机组工艺技术规程 | |
| 28 | QJ/ANSTEEL 2460 02 02. 91—2015 | 冷轧厂工艺技术规程　第 2 部分：2 号线工艺技术规程　B91 机组工艺技术规程 | |
| 29 | QJ/ANSTEEL 2460 02 03—2015 | 冷轧厂工艺技术规程　第 3 部分：彩涂线工艺技术规程　CC1、CC2 机组工艺技术规程 | |
| 30 | QJ/ANSTEEL 2460 02 04—2015 | 冷轧厂工艺技术规程　第 4 部分：化验室工艺技术规程 | |
| 31 | QJ/ANSTEEL 2460 02 05—2015 | 冷轧厂工艺技术规程　第 5 部分：包装工艺技术规程 | |
| 32 | QJ/ANSTEEL 2460 02 06. 11—2015 | 冷轧厂工艺技术规程　第 6 部分：3 号线工艺技术规程　D11 机组工艺技术规程 | |
| 33 | QJ/ANSTEEL 2460 02 06. 21—2015 | 冷轧厂工艺技术规程　第 6 部分：3 号线工艺技术规程　D21 机组工艺技术规程 | |
| 34 | QJ/ANSTEEL 2460 02 06. 41—2015 | 冷轧厂工艺技术规程　第 6 部分：3 号线工艺技术规程　D41 机组工艺技术规程 | |
| 35 | QJ/ANSTEEL 2460 02 06. 42—2015 | 冷轧厂工艺技术规程　第 6 部分：3 号线工艺技术规程　D42 机组工艺技术规程 | |
| 36 | QJ/ANSTEEL 2460 02 06. 43—2015 | 冷轧厂工艺技术规程　第 6 部分：3 号线工艺技术规程　D43 机组工艺技术规程 | |
| 37 | QJ/ANSTEEL 2460 02 06. 51—2015 | 冷轧厂工艺技术规程　第 6 部分：3 号线工艺技术规程　D51 机组工艺技术规程 | |
| 38 | QJ/ANSTEEL 2460 02 06. 61—2015 | 冷轧厂工艺技术规程　第 6 部分：3 号线工艺技术规程　D61～D66、D71、D72 机组工艺技术规程 | |
| 39 | QJ/ANSTEEL 2460 02 07. 11—2015 | 冷轧厂工艺技术规程　第 7 部分：4 号线工艺技术规程　E11 机组工艺技术规程 | |
| 40 | QJ/ANSTEEL 2460 02 07. 21—2015 | 冷轧厂工艺技术规程　第 7 部分：4 号线工艺技术规程　E21 机组工艺技术规程 | |
| 41 | QJ/ANSTEEL 2460 02 07. 22—2015 | 冷轧厂工艺技术规程　第 7 部分：4 号线工艺技术规程　E22 机组工艺技术规程 | |
| 42 | QJ/ANSTEEL 2460 02 07. 31—2015 | 冷轧厂工艺技术规程　第 7 部分：4 号线工艺技术规程　E31 机组工艺技术规程 | |
| 43 | QJ/ANSTEEL 2460 02 07. 41—2015 | 冷轧厂工艺技术规程　第 7 部分：4 号线工艺技术规程　E41 机组工艺技术规程 | |
| 44 | QJ/ANSTEEL 2460 02 07. 42—2015 | 冷轧厂工艺技术规程　第 7 部分：4 号线工艺技术规程　E42、E43 机组工艺技术规程 | |
| 45 | QJ/ANSTEEL 2460 02 07. 51—2015 | 冷轧厂工艺技术规程　第 7 部分：4 号线工艺技术规程　E51 机组工艺技术规程 | |
| 46 | QJ/ANSTEEL 2460 02 07. 61—2015 | 冷轧厂工艺技术规程　第 7 部分：4 号线工艺技术规程　E61～E66、E71 机组工艺技术规程 | |
| 47 | QJ/ANSTEEL 2460 02 07. 91—2015 | 冷轧厂工艺技术规程　第 7 部分：4 号线工艺技术规程　E91 机组工艺技术规程 | |
| 48 | QJ/ANSTEEL 2440 02 01—2015 | 万能生产线工艺技术规程 | 大型厂 |
| 49 | QJ/ANSTEEL 2680 02 01—2015 | 能源管控中心技术操作规程　第 1 部分：电力调度规程 | 能源管控中心（供电专业） |
| 50 | QJ/ANSTEEL 2680 02 02—2015 | 能源管控中心技术操作规程　第 2 部分：变电运行规程 | |
| 51 | QJ/ANSTEEL 2682 02 01—2015 | 能源管控中心供电专业技术操作规程　第 1 部分：事故处理规程 | |
| 52 | QJ/ANSTEEL 2682 02 02—2015 | 能源管控中心供电专业技术操作规程　第 2 部分：继电保护及自动装置操作规程 | |
| 53 | QJ/ANSTEEL 2682 02 03—2015 | 能源管控中心供电专业技术操作规程　第 3 部分：自动化系统运行规程 | |
| 54 | QJ/ANSTEEL 2682 02 04—2015 | 能源管控中心供电专业技术操作规程　第 4 部分：电蒸汽锅炉规程 | |

续表 3

| 序号 | 规程编号 | 规　程　名　称 | 单位 |
|---|---|---|---|
| 55 | QJ/ANSTEEL 2685 02 01—2015 | 鞍钢股份有限公司能源管控中心　给水系统技术操作规程　第 1 部分：源水作业区技术操作规程 | 能源管控中心（给水专业） |
| 56 | QJ/ANSTEEL 2685 02 02—2015 | 鞍钢股份有限公司能源管控中心　给水系统技术操作规程　第 2 部分：新水作业区技术操作规程 | |
| 57 | QJ/ANSTEEL 2685 02 03—2015 | 能源管控中心给水系统技术操作规程　第 3 部分：环水作业区技术操作规程 | |
| 58 | QJ/ANSTEEL 2685 02 04—2015 | 能源管控中心给水系统技术操作规程　第 4 部分：西大沟作业区废水处理技术操作规程 | |
| 59 | QJ/ANSTEEL 2685 02 05—2015 | 能源管控中心给水系统技术操作规程　第 5 部分：给水调度规程 | |
| 60 | QJ/ANSTEEL 2685 02 06—2015 | 能源管控中心给水系统技术操作规程　第 6 部分：给水水质化验分析规程 | |
| 61 | QJ/ANSTEEL 2684 02 01—2015 | 鞍钢股份有限公司能源管控中心　燃气系统技术操作规程　第 1 部分：燃气调度规程 | 能源管控中心（燃气专业） |
| 62 | QJ/ANSTEEL 2684 02 02—2015 | 鞍钢股份有限公司能源管控中心　燃气系统技术操作规程　第 2 部分：洗涤作业区技术操作规程 | |
| 63 | QJ/ANSTEEL 2684 02 03—2015 | 鞍钢股份有限公司能源管控中心　燃气系统技术操作规程　第 3 部分：南加压作业区技术操作规程 | |
| 64 | QJ/ANSTEEL 2684 02 04—2015 | 能源管控中心燃气系统技术操作规程　第 4 部分：北加压作业区技术操作规程 | |
| 65 | QJ/ANSTEEL 2684 02 05—2015 | 鞍钢股份有限公司能源管控中心　燃气系统技术操作规程　第 5 部分：脱硫制氢作业区技术操作规程 | |
| 66 | QJ/ANSTEEL 2684 02 06—2015 | 鞍钢股份有限公司能源管控中心　燃气系统技术操作规程　第 6 部分：防护作业区技术操作规程 | |
| 67 | QJ/ANSTEEL 7520 02 06. 08—2015 | 第 6 部分：运行作业区技术操作规程电气运行规程 | 第二发电厂 |
| 68 | QJ/ANSTEEL 7310 02 01—2015 | 鞍钢铸钢有限公司技术操作规程　第 1 部分：原料作业区技术操作规程 | 铸钢公司 |
| 69 | QJ/ANSTEEL 7310 02 02—2015 | 鞍钢铸钢有限公司技术操作规程　第 2 部分：炼钢作业区技术操作规程 | |
| 70 | QJ/ANSTEEL 7310 02 03—2015 | 鞍钢铸钢有限公司技术操作规程　第 3 部分：连铸作业区技术操作规程 | |
| 71 | QJ/ANSTEEL 7310 02 04—2015 | 鞍钢铸钢有限公司技术操作规程　第 4 部分：铸造作业区技术操作规程 | |
| 72 | QJ/ANSTEEL 7310 02 05—2015 | 鞍钢铸钢有限公司技术操作规程　第 5 部分：动检室技术操作规程 | |
| 73 | QJ/ANSTEEL 4220 02—2015 | 炼铁部工艺技术规程总论 | 鲅鱼圈（炼铁部） |
| 74 | QJ/ANSTEEL 4220 02 01—2015 | 炼铁部工艺技术规程　第一部分：原料作业区工艺技术规程 | |
| 75 | QJ/ANSTEEL 4220 02 02—2015 | 炼铁部工艺技术规程　第二部分：烧结作业区工艺技术规程 | |
| 76 | QJ/ANSTEEL 4220 02 03—2015 | 炼铁部工艺技术规程　第三部分：高炉作业区工艺技术规程 | |
| 77 | QJ/ANSTEEL 4220 02 04—2015 | 炼铁部工艺技术规程　第四部分：球团工艺技术规程 | |
| 78 | QJ/ANSTEEL 4230 02 01—2015 | 炼钢部工艺技术规程　第一部分：原料部分工艺技术规程 | 鲅鱼圈（炼钢部） |
| 79 | QJ/ANSTEEL 4230 02 02—2015 | 炼钢部工艺技术规程　第二部分：炼钢部分工艺技术规程 | |
| 80 | QJ/ANSTEEL 4230 02 03—2015 | 炼钢部工艺技术规程　第三部分：连铸部分工艺技术规程 | |
| 81 | QJ/ANSTEEL 4230 02 04—2015 | 炼钢部工艺技术规程　第四部分：精整部分工艺技术规程 | |
| 82 | QJ/ANSTEEL 4240 02 01—2015 | 热轧部工艺技术规程总论 | 鲅鱼圈（热轧部） |
| 83 | QJ/ANSTEEL 4240 02 02—2015 | 热轧部工艺技术规程　第一部分：轧钢作业区 | |
| 84 | QJ/ANSTEEL 4240 02 03—2015 | 热轧部工艺技术规程　第二部分：轧辊作业区 | |
| 85 | QJ/ANSTEEL 4240 02 04—2015 | 热轧部工艺技术规程　第二部分：精整作业区 | |

续表3

| 序号 | 规程编号 | 规 程 名 称 | 单位 |
|---|---|---|---|
| 86 | QJ/ANSTEEL 4240 02 05—2015 | 热轧部工艺技术规程　第二部分：吊车运行作业区 | 鲅鱼圈（热轧部） |
| 87 | QJ/ANSTEEL 4080 02 01-01—2015 | 能源动力部工艺技术规程　第一部分：CCPP 作业区工艺技术规程（燃气-蒸汽联合循环电站工艺技术规程） | 鲅鱼圈（能源动力部） |
| 88 | QJ/ANSTEEL 4080 02 01-02—2015 | 能源动力部工艺技术规程　第一部分：CCPP 作业区工艺技术规程（电动鼓风机站工艺技术规程） | |
| 89 | QJ/ANSTEEL 4080 02 01-03—2015 | 能源动力部工艺技术规程　第一部分：CCPP 作业区工艺技术规程（煤气炉电站工艺技术规程） | |
| 90 | QJ/ANSTEEL 4080 02 04-01—2015 | 能源动力部工艺技术规程　第四部分：给水作业区工艺技术规程（高炉泵站技术规程） | |
| 91 | QJ/ANSTEEL 4080 02 04-02—2015 | 能源动力部工艺技术规程　第四部分：给水作业区工艺技术规程（给水管网系统运行规程） | |
| 92 | QJ/ANSTEEL 4080 02 04-03—2015 | 能源动力部工艺技术规程　第四部分：给水作业区工艺技术规程（软水、除盐水站技术规程） | |
| 93 | QJ/ANSTEEL 4080 02 04-05—2015 | 能源动力部工艺技术规程　第四部分：给水作业区工艺技术规程（烧结除盐水站工艺技术规程） | |
| 94 | QJ/ANSTEEL 4080 02 04-04—2015 | 能源动力部工艺技术规程　第四部分：给水作业区工艺技术规程（新水泵站及生产、生活污水处理规程） | |
| 95 | QJ/ANSTEEL 4080 02 05—2015 | 能源动力部工艺技术规程　第五部分：供电作业区工艺技术规程 | |
| 96 | QJ/ANSTEEL 4080 02 06-04—2015 | 能源动力部工艺技术规程　第六部分：能源余热余能作业区（烧结余热电站工艺技术规程） | |
| 97 | QJ/ANSTEEL 4080 02 06-03—2015 | 能源动力部工艺技术规程　第六部分：能源余热余能作业区（干熄焦电站工艺技术规程） | |
| 98 | QJ/ANSTEEL 4080 02 06-02—2015 | 能源动力部工艺技术规程　第六部分：能源余热余能作业区（蒸汽管网工艺技术规程） | |
| 99 | QJ/ANSTEEL 4080 02 06-01—2015 | 能源动力部工艺技术规程　第六部分：能源余热余能作业区（35 吨锅炉工艺技术规程） | |
| 100 | QJ/ANSTEEL 4080 02 03—2015 | 能源动力部工艺技术规程　第三部分：燃气作业区工艺技术规程 | |
| 101 | QJ/ANSTEEL 4080 02 02—2015 | 能源动力部工艺技术规程　第二部分：制氧作业区工艺技术规程 | |

（鞍钢股份有限公司科技质量部　管吉春）

**【能源管理】** 2015 年，鞍山钢铁公司以鞍钢集团首次党代会精神为指引，围绕公司生产经营目标，加强能源运行的集中管控，以高效利用煤气多发电为主线，以优化经济运行方式为主要手段，追求运行成本最低化，不断提升能源利用水平，实现能源创效最大目标。以经营能源为发展理念，面向市场、全面开展能源销售经营工作。加强能源基础管理，不断健全能源管理体系。在保证能源系统稳定运行和满足保产保供的前提下，注重系统优化和经济运行，追求最佳运行效率、实现能源效益最大化。大力推进节能项目实施、推动节能技术进步，不断改进能源利用设备装备，提高总体能效水平。细化能源指标管理，加强用能动态控制，指标逐级分解细化，严格落实责任，加强管理考核。继续推进开展能源对标工作，对标先进指标，促进指标改进提升，进一步降低各生产单元的能耗指标。强化二次能源回收管理和指标提升，提高能源回收利用综合效率，余热余能回收利用指标进一步提高，全年转炉煤气回收、TRT 发电、CDQ 和烧结余热蒸汽发电量等指标取得明显进步，吨钢综合能耗、吨钢耗新水等主要能耗指标实现历史最好水平。

鞍钢股份公司加强用能管理，不断采用节能新技术改造技术装备，提高能效水平，创新节能管理理念，促进管理水平提升，能源消耗指标进一步降低。2015 年，鞍钢股份公司本部吨钢综合能耗完成 585.3 千克标准煤，同比降低 9.2 千克标准煤，年节能量 14.35 万吨标准煤；吨钢耗新水完成 3.76 吨/吨钢，同比降低 0.19 吨/吨钢。两项主要能耗指标创历史最好水平。

持续推进节能项目有效实施。2015 年，鞍山钢铁加大力度积极推进合同能源项目投运与运行达标，组织完成了 4 号、5 号高炉冲渣水余热利用等 3 个项目的投运和验收，合同能源管理项目总创效 2.2 亿元，效果显著。与国内先进节能企业和科技公司开展节能技术交流，对分布式太阳能发电、高炉煤气综合利用、汽源热泵、焦炉荒煤气余热利用、永磁电机、高效储能和导热材料等技术进行研究探讨，逐步推进部分节能技术应用。

能源系统优化运行，能源消耗指标持续降低。鞍钢股份公司 2015 年继续实施能源阶梯价格管理，提高用能定额标准，能源消耗总量进一步降低，节能降耗成效显著。借助能源阶梯价格的杠杆调节作用，加强动态监控调整，促进能源实物消耗的持续降低。2015 年，鞍钢股份公司本部能源单耗量下降 1.6%，主要工序能耗明显下降，公司吨钢综合能耗同比降低 1.5%，吨钢耗新水指标降低 4.8%。督促各单位节约生产和生活用水、用电、用汽，分时降压供水，优化调整节约用电，缩短冬季采暖时间减少蒸汽使用，节能降耗效果明显。

注重余热余能回收和利用管理，指标有新突破。充分发挥专项攻关对标作用，不断深挖潜力，TRT 发电量、余热发电、转炉煤气回收、煤气放散等各项指标增幅较大。鞍钢股份公司本部 2015 年 TRT 发电量达到 36.39 千瓦时/吨，其中 10 号高炉干法除尘吨铁发电量达到 56.24 千瓦时/吨的行业领先水平；余热发电量超过 7.00 亿千瓦时，比 2014 年增加 2.05 亿千瓦时；转炉煤气回收 17.0 亿立方米，同比增加 2.44 亿立方米。余热余能回收利用水平大幅度提高，鞍钢股份公司本部 2015 年余能回收量达到 117.0 万吨标准煤。优化组织动力系统经济运行，按照“多发电、少放散、精管理、细核算”工作原则，组织开展各项能源管理及运行工作，实现了多项能耗指标的不断提升，能源成本大幅降低。鞍钢股份公司本部在自发电量大幅度提升的同时，优化电力负荷调整，最大限度控制上网量，比 2014 年少上网 2200 万千瓦时、创效 440 万元；优化电网运行，控制最大负荷量，降低购电费用 2000 万元。加强煤气平衡调整，稳定二发电 CCPP 机组运行，保证该机组 2015 年发电量完成 21.53 亿千瓦时。鞍钢股份公司本部 2015 年自发电比例 60.4%，连续 2 年超过 60%的好水平。

优化蒸汽、煤气平衡，“以气代煤”多发电降煤耗。鞍钢股份公司本部做好蒸汽系统的平衡优化，减少冬季取暖蒸汽使用，利用余热蒸汽替代锅炉蒸汽，以压缩蒸汽用量为基础，促进燃煤、燃气量的降量减耗；结合蒸汽系统运行做好煤气系统平衡，提前预测，动态监控，合理调度，有效调整，多烧煤气替代燃煤，减少排放。发挥好一发电、二发电各煤气锅炉等用户对煤气机动调节能力，进一步降低煤气放散，2015 年高炉煤气放散率 0.14%，焦炉煤气基本实现零放散。通过降低蒸汽消耗、煤气高效利用替代燃煤，2015 年动力煤消耗 19.17 万吨、比年计划减少 2.23 万吨，降幅 4.8%。

细化用水管理，降低水耗和水资源费用。制定并落实实施环水、新水系统减压、优化运行方案，根据生产实际变化情况逐步调整实施。节水降本成效明显，平均减少水源取水量 1000 立方米/小时，2015 年节约水资源 2075 万元。通过压缩取水量，优化泵站运行、减少水泵开机台数，2015 年节约电费 157 万元。在严控取水总量同时，根据厂内用水情况精细调整运行，合理控制供水压力，分时减量优化供水，实现了吨钢耗新水降到 3.80 吨/吨以下目标。

全面开展能源对标工作，促进指标提升。2015 年，开展鞍钢股份公司本部、鲅鱼圈和朝阳钢铁“三地”对标工作，推进对标找差距、横向借鉴提升能源管理，促进各项能源指标持续提升。2015 年，鲅鱼圈分公司通过供北钢管业（营口）有限公司煤气、增加煤气销量，高炉煤气放散率同比下降 0.97%，焦炉煤气实现零放散；转炉煤气回收提高 123 立方米/吨钢以上，同比增加 4.4%，该指标达到同行业先进水平。

（鞍钢股份有限公司能源管控中心　王庆洪）

# ·安全环保·

**【安全生产工作综述】** 2015 年，鞍山钢铁集团公司（以下简称鞍山钢铁）共发生 6 起人身伤害事故，其中，重伤事故 1 起、轻伤事故 5 起，千人负伤率累计为 0.17‰。

**【落实“一岗双责”，推进安全生产标准化建设】** 2015 年，鞍山钢铁深入贯彻落实“安全第一、预防为主、综合治理”的安全生产方针，牢固树立“人的生命大于天、安全责任重于山”的安全理念，全面推行“0123”安全管理模式，以实施安全生产标准化达标晋级为主线，以落实“党政同责”“一岗双责”作保障，以夯实班组、岗位达标及安全文化建设为重点，以全面推进安全诚信体系建设、实施隐患排查治理、提高安全培训有效性、开展绩效管理评价、强化监督检查为手段，全面提升鞍山钢铁安全生产管理水平。

1. 落实安全生产责任，夯实安全基础工作。一是严格落实“党政同责”“一岗双责”安全管理职责，鞍山钢铁各级领导层层签订安全生产责任状，全员签订了安全承诺书；二是全面推行安全责任区域管理，实行安全生产检查量化指标，强化安全管理点检工作，推行各部门、作业长按专业、包保区域进行安全检查，提高了各级管理人员的安全管理责任意识；三是完善安全管理基础工作，强化作业过程管控，组织制定了《鞍山钢铁集团公司危险作业安全管理办法》等安全生产规章制度，编制《危险作业警示卡》，制度体系得到了进一步的夯实与完善。

2. 推进安全生产标准化建设，全面提升企业安全管理绩效。一是组织炼铁总厂等单位开展安全生产标准化一级企业自评。组织化工事业部、鲅鱼圈分公司炼焦部通过省安监局危险化学品安全生产标准化二级企业复审。二是全面开展安全管理绩效评价。公司每季度组织对鞍山钢铁各单位进行管理工作绩效评价、打分、排序，并将评价结果作为年终总评的依据。

3. 加强安全风险管控，保证依法合规生产。一是组织对鞍钢股份重大危险源进行评估，完成了鞍钢股份安全生产许可证年度审核及危险化学品经营许可新办工作，保证公司依法合规生产。二是强化新、改、扩建项目“三同时”管理。组织对鞍钢股份五炼焦大修工程等建设项目进行安全、职业卫生评价，通过省安监局评审。三是新建鞍山钢铁安全生产预警系统，实现各类隐患及风险实时监控，及时预测预警安全生产薄弱环节，持续降低和管控安全风险。四是组织开展安全生产专项检查。天津港“8·12”爆炸事故发生以后，鞍山钢铁立即组织开展安全生产大检查，各级领导对重大危险源、关键生产工艺和设备设施进行分组检查，及时发现和消除各类生产安全隐患，保障生产经营稳定运行。五是开展隐患排查治理奖励，全年共计投入隐患排查治理奖励 115.82 万元，提高全体员工参与隐患排查治理的积极性和主动性。

4. 进一步完善安全管理模式，提升全员安全素质及安全技能。一是继续丰富“0123”安全管理模式内涵及方法，以“一月一课堂、一月一主题、班前五分钟”为重点，开展多种形式的教育培训活动，提高全员安全培训实效性。二是全面完成 2015 年全员安全生产持证上岗工作。三是组织鞍山钢铁各单位主要负责人、安全生产管理人员安全资格取证、换证和续期培训。

5. 强化应急培训和演练，提高应对突发事件的实战能力。一是制定了《鞍山钢铁集团公司重特大突发事件应急管理办法》，明确各部门职责，建立、完善公司综合应急体系，组织建立岗位应急处置卡。二是按市安监局要求，组织耐火公司、股份炼铁、炼钢等 14 个单位应急预案备案。三是组织大型综合实战演练，提升应急实战能力。安全生产活动月期间，鞍山钢铁以煤气中毒事故为背景，开展应急演练。公司各单位共组织应急演练 780 场，其中综合演练 61 次、专项演练 647 次，总计参演 12250 人次。通过各层次的演练，提高各专业应急组织协调、应变能力和岗位应急处置能力，防止各类次生、衍生事故的发生。

6. 强化相关方安全管理，落实准入和人员素质评审。一是会同各业务主管部门对相关方安全准入实行严格管理，组织实施了各单位相关方安全资质能力及安全生产条件的评审，共有 24 个工程类相关方、48 个保产服务类相关方符合安全准入条件。二是始终坚持将相关方员工等同于自己的员工进行管理，加强对相关方员工的日常检查及培训，提升相关方自主管理能力。

7. 关注员工职业健康，提升职业卫生基础建设水平。一是组织开展职业健康体检及职业病危害因素检测。组织 47137 人次进行职业健康体检，体检率达到 100%。组织对 6964 个职业危害因素检测点进行检测，检测结果向岗位职工公布。二是组织开展职业卫生基础验收，炼铁总厂等 3 家单位被评为示范单位、冷轧厂等 18 家单位为达标单位。

（鞍山钢铁集团公司安全环保部　苗小雨）

**【环保工作综述】** 2015 年是新环保法实施的第一年。鞍山钢铁高度重视环境保护工作，以推进生态文明、建设美丽鞍钢为中心，以适应新环保法、守法合规为主线，建立环境保护管理体系，强化过程管理，环境保护工作取得明显成效。

1. 实现了重大环境污染事故为零的目标。

2. 放射源安全转移，危险废物合规处置，消除了环境风险。

3. 环境空气质量持续改进。环境空气指标 $SO_2$、$NO_2$、PM10 均优于上年。

4. 环境管理执行力显著提升，厂容厂貌明显改观，厂区生态性公园初步建成。

5. 污染物减排成绩斐然。与 2014 年相比吨钢 COD、氨氮、二氧化硫、烟粉尘、氮氧化物和外排水分别削减 80%、50%、25.5%、20.0%、33.3%和 60.3%。

**【全面控制环境风险】** 2015 年，鞍山钢铁全力围绕防控环境风险这条主线，在解除化工挂牌督办、建设项目环境保护管理、环保设施提效达标、危险废物管理、放射源及射线装置管理 5 个方面做出大量工作，有效控制环境风险。

1. 全力组织环保“摘牌”。鞍山钢铁积极主动与国家、省、市环保部门沟通、协调，全力推进化工总厂挂牌督办解除工作。通过公司上下不懈努力，新 5 号、6 号焦炉顺利通过辽宁省环境保护厅竣工环保验收，于 9 月 30 日取得了环保验收批文，2015 年 11 月通过了东北督查中心对鞍钢环保挂牌督办解除工作的验收检查。2015 年 12 月 14 日，国家环境保护部解除了鞍钢化工总厂环保挂牌督办。

2. 建设项目环境保护管理。2015 年，鞍山钢铁高度重视建设项目环保“三同时”工作，全年共开展六万制氧机、西大沟深度处理工程、能源管控中心二加压改造项目、二发电三台锅炉环保改造项目等 10 多项环评工作，取得了神户高强钢、鞍钢展览馆、炼铁三个料场改造等近 10 个项目的环评批复。全力组织推进鲅鱼圈一期钢铁项目、新 5 号、6 号焦炉工程、西区建设和老厂改造工程、一发电中央电站改造工程等竣工环保验收工作，取得了辽宁省环境保护厅对新 5 号、6 号焦炉竣工环保验收批复，为企业守法经营创造了良好环境。

3. 以提效达标为重点，加速实施环保改造。2015 年，鞍山钢铁全力推进西大沟深度处理工程、烧结机尾电改袋工程、能源管控中心燃煤锅炉脱硝工程、耐火石灰窑除尘改造等环保提效达标项目的实施，确保了污染物达标排放，为改善鞍山市区环境质量、造福市民作出了重要贡献。

4. 合规处置危险废物。2015 年，鞍山钢铁按照国家规定委托有资质的单位依法合规处置危险废物，累计转移废矿物油 225.18 吨、废油泥 1068.66 吨、精馏残渣 47.02 吨、废油桶 45665 个、废铅酸蓄电池 28.2 吨、废树脂 210 吨。

5. 强化放射源及射线装置管理。2015 年，鞍山钢铁依法合规引进和处置放射源及射线装置。取得了新增 5 台射线装置的审批手续，协调省市环保部门完成了炼铁总厂和冷轧厂 11 枚退役放射源的送储工作，消除了环境风险。组织完成了 8 个辐射项目（共涉及 116 枚放射源、77 台射线装置）的竣工环保验收工作，确保放射源及射线装置使用合法化。

**【强化环境管理，为实现环保目标提供保障】** 1. 制定污染物排放指标体系。污染物排放指标体系涵盖污染物总量控制标准、废水总口排放标准以及废水和大气污染源排放限值，将污染物总量指标分解落实到各单位工序，实现总量和浓度双控制，为全公司总量控制提供了保障。

2. 建立环境综合管理平台。2015 年，为树立钢铁企业环境治理典范，满足企业污染排放在线监测执法要求，鞍山钢铁投入巨资初步建成了环境综合管理平台，实现了污染物全天候连续监测、环保在线数据管理、环保实时数据查询、环保在线监测报表、地理信息地图管理、视频管理、报警管理等功能，进一步提升了公司环境保护工作的信息化、智能化水平，增强环保管控能力，防范环境风险，促进企业可持续发展。

3. 针对烧结烟气脱硫设施运营单位变更，组织炼铁总厂、实业公司开展设备问题排查、人员交接等移交工作，确保平稳过渡和脱硫系统稳定运行；对炼焦总厂、炼铁总厂、炼钢总厂、能源管控中心、化工事业部、二发电等单位环保设施运行、污染物排放情况进行重点监控，设立废水排放口标识牌197块，废气排放口标识牌548块；加大对鞍山冶金厂区日常环保监督检查和考核力度，全年开展环保管理专项评审，专项评价和环保事故考核共279项。

**【推进生态文明，建设美丽鞍钢】** 1. 加快绿化步伐，美化环境，开展以鞍钢展览馆和“耀秀园”建设为重点的冶金厂区绿化工作。共栽（移）植乔木97464株、灌木284788株、绿篱178172株、栽植地被花卉17500株、栽植草坪18287平方米。形成草、树、花多层次绿化格局，厂区空气质量得到进一步净化和生态性调节，极大地抑制粉尘对市区居民的污染。

2. 强化日常监督，确保厂容厂貌整洁、美观。2015年，通过组织协调、落实区域责任、制定整改措施、日常监督检查，共整改厂容环境“脏乱差”问题290处，促进重点区域厂容厂貌明显改观。

（鞍山钢铁集团公司安全环保部　李文博）

## ·财务审计·

**【财务工作综述】** 2015年，钢铁行业全面进入“冰冻期”，鞍山钢铁生产经营承受巨大压力。计划财务部积极应对，根据公司生产经营目标调整，迅速制定新版预算，分解落实责任，加大考核力度；大力开展降本增效活动，严控费用支出；研究制定鞍钢天冷、鞍钢莆田停产、股权划转系列方案，并贯彻实施；严控资金风险，降低资金成本。为公司“勇战寒冬渡难关”作出了重要贡献。

**【开展纳税筹划，实现税管增效】** 配合国税稽查局做好2010年省局检查资料的补充与核对工作，少缴滞纳金500多万元；指导房产物业公司就房产出租涉税问题处理方案的制订及协调工作，少缴营业税等1500多万元；利用税收优惠、免税政策，节约土地使用税、房产税、土地增值税等缴税额7682万元，向鲅鱼圈区政府催要回其欠付鞍钢的税收返还款740余万元；打破常规，潜心研究，实现集团内部委托贷款利息纳税为零。

**【强化预算管理，推进降本增效】** 为应对严峻市场形势，以持平不亏为底线，重现编制下发下半年新版预算，严格监督、考核；组织开展“降本增效、提质升级”及非常规降本增效活动，严控费用支出，实施费用预警管理；加强生产经营分析工作，开展定期及专项经营分析，反映生产经营中存在的问题，建议、制定整改措施；坚持对大宗原燃料产品价格根据市场变化进行月度调整，对生产中出现的关联交易及时定价，保证生产经营有序进行。

**【严格资金管理，控制资金风险】** 全面清理应收款项、存货占用，提高资金运转效率，确保完成两金压缩目标；加大票据集中管理，在管控范围内对票据实行调拨和调剂使用，节省货币资金支出；理清担保责任风险，降低或有担保损失。协助完成了鞍钢天冷股权处置对资金影响的测算，梳理了鞍钢为天冷担保的银行借款合同条款，对或有担保责任风险条款进行了补充签订，进一步明确责任，降低担保风险；结合国家汇率改革，迅速启动外汇风险防范预警机制，贸易融资采用锁定汇率等方式，外汇债务实行分类管理，严控美元债务额度，最大限度降低美元预期风险。

**【实施多项举措，降低财务费用】** 紧跟外部金融市场变化，抓住央行降息契机，实施银行贷款提前倒贷和争取浮动利率方式，全年节约财务费用约2.24亿元；根据外币市场利率变化，动态调整外币借款负债结构，年节省财务费用4869万元；适机发行中期票据、超短期融资券等，年降低利息支出合计约0.9亿元；开展商票保贴新型融资业务，年节约财务费用360万元；启动含权中期票据注册工作，有利于公司逐年降低融资成本，避免固定利率的市场风险。

**【加强资产管理，理顺产权关系】** 完成蒂森长春两公司收购工作，制定莆田公司从鞍钢国贸划转方案，并于5月划转完成；推进鞍钢天冷、重庆汽车钢股权转让及组织广州汽车钢增资扩股工作，其中天冷的长投核算将由权益法改为成本法，每年为鞍山钢铁减亏约5亿元，重庆汽车钢股权转让工作已于5月结束；完成海南鞍钢工贸有限公司清算注销工作，收回海南工贸剩余资金2475万元及海南高速股票15.75万股、西班牙币11.55万元；组织协调发蓝公司的股改工作。

（鞍山钢铁集团公司计划财务部）

【鞍钢股份公司财务工作综述】 2015年，鞍钢股份有限公司计划财务部围绕鞍钢集团首次党代会提出的奋斗目标和鞍钢股份生产经营目标，继续践行“六种发展理念”，坚持“九个两手抓”的工作思路，以效益为中心，充分发挥财务管理职能作用，有序推进各项财务工作的开展。在钢材价格大幅下降的情况下，2015年鞍钢股份有限公司实现营业收入527.6亿元，控亏37.6亿元，每股净收益完成-0.635元，流动资金周转次数2.1次/年，资产负债率完成50.7%。

【预算管理】 以实现公司预期效益为目标，强化财务管理价值引导和管控职能。强化经营预算编制与调整，指导各单位制定非常规降本增效措施，努力实现全年效益控制目标。提高预算执行力，突出强化月预算指标过程执行与控制。组织每月按照三种方法进行品种效益排序测算，反映公司各产线品种盈利情况，指导公司优化资源配置，做到效益最大化生产组织。围绕公司生产经营活动，组织开展各类分析工作，为生产经营提供决策支持。

【成本管理】 以创新指标评价体系为手段，推动降本增效工作深入开展。在能源管控中心推行模拟市场化运行管理，鼓励其外部创效，内部降能、降费，拓展盈利空间；在资源储运经营中心推行模拟市场化运行，提升增值创效能力；眼睛向内降成本。全年实现公司工序成本、费用同比降低26亿元。深化内外对标分析，查找差距，总结先进经验，加快提升公司经营管理水平。参与中国钢铁行业成本核算制度编写制定，为钢铁行业成本核算制度的形成提供现实案例。积极应对反倾销工作。为律师提供翔实的财务成本应诉数据。

【资金管理】 以保障资金安全低成本运行为核心，多措并举高效管控资金。强化货币资金预算管理，加大无息债务资金规模，全年节约货币资金支出10亿元左右，降低财务费用3000万元左右；择机调整负债结构，降低资金成本，全年利用票据贴现偿还银行借款13.5亿元，同口径降低财务费用3800万元左右；运作贷款提前倒贷，降低贷款利率水平，全年实现贷款提前倒贷35亿元，降低利息支出660万元；巩固、拓展融资渠道，保障资金来源；大力压缩流动资金占用，应收账款资金占用较年初下降7.12亿元，预付账款资金占用较年初下降10.95亿元；库存资金占用较年初下降28.69亿元。

【会计管理】 以完善基础工作为支撑，推动财务管理水平提升。组织完成年度财务决算、国家监事会年度工作报告和其他监管资料编制及提报。充分发挥政策创效作用，完成年度所得税纳税汇算工作，年度安全生产、节能节水专用设备和研发费用加计扣除共抵免、减所得税0.83亿元。出口免抵税额为9.25亿元。规范子公司财务制度体系，组织制定12项子公司财务管理办法模板。强化基础工作检查，防范财务和经营风险。

【队伍建设】 以打造一流团队为愿景，不断深化财务系统队伍建设。组织计财系统员工培训，实现人员财务知识更新和业务素质的综合提升；组织员工积极参加各项体育竞技活动，增强团队向心力和凝聚力；开展计财系统优秀员工评选活动，树立业务精干、素质精良的标杆，有效调动了计财员工工作的积极性、主动性和创造性。

（鞍钢股份有限公司计划财务部
车成伟　郭　武　马振民）

## ·审计监查·

【审计工作概述】 1. 审计项目情况。2015年共完成审计项目27项，其中经济责任审计11项，工程审计8项，经营管理审计3项，工程跟踪审计2项，财务收支审计1项，资产负债审计1项，后续审计1项。审计发现和披露各类问题139个，提出审计意见和建议150条。生产经营方面发现问题涉及金额44718.18万元，审计工程投资额21.51亿元，审减工程费用2585.37万元。

2. 内部控制评价情况。完成了2014年度鞍山钢铁和鞍钢股份两级公司的内部控制评价工作。

3. 固定资产投资项目后评价情况。完成了1个固定资产投资项目的后评价工作。

【开展经济责任审计】 根据公司干部管理权限，按照《鞍山钢铁集团公司经济责任审计管理办法（试行）》（鞍山钢政发〔2014〕46号）文件规定，对鞍山钢铁所属单位行政负责人进行经济责任审计，推动领导干部守法、守纪、守规、尽责。

通过经济责任审计，查出和披露各类问题49个，涉及问题金额33776.79万元，提出审计意见和建议48条。促进被审计单位健全内部控制、强化风险管控、提升管理水平，同时为公司正确评价和使用干部提供了重要参考依据。

**【开展财务收支审计】** 2015年开展了财务收支审计，共发现和披露问题11个，提出审计建议11条，为公司堵塞漏洞、防范风险、提升管理水平作出了贡献。

**【开展经营管理审计】** 2015年对合资公司和驻外分公司的经营管理情况予以了重点关注，对3家合资公司和驻外分公司的经营管理审计，揭示了3个公司在生产经营管理过程中存在的问题及鞍钢在对合资企业和驻外分公司在公司治理、内部控制、风险管控等方面存在的问题，并对鞍钢今后加强对合资企业和驻外分公司强化管理提出了诸多建议。

**【开展资产负债审计】** 为适应公司实行承包经营试点改革发展需要，2015年开展了资产负债审计。通过审计，明确了资产、负债等财务状况的真实性，也发现了该单位在采购业务中，采购的备件形成损失等诸多问题。

**【开展工程审计】** 2015年继续对重大基建、技改、年修等工程项目进行审计，重点关注工程项目中工程造价、工程财务结算、决算和竣工验收管理等关键环节，以为公司节省工程投资，提高工程管理水平为目标，重视审计技术创新，加大责任追究，勇于负责，敢于担当，保障企业利益。

2015年共完成工程审计项目7项；审计工程投资额19.64亿元，审减施工单位工程费2146.38万元。

**【加大工程跟踪审计力度】** 积极促进审计关口前移，将事后审计向事中、事前审计转变。通过对工程项目的全过程跟踪审计，及时发现、纠正工程管理过程中存在的问题，堵塞管理漏洞，消除隐患，促进企业提高风险防范能力，避免经济损失，为被审计单位规范工程管理提供服务。

2015年共完成工程跟踪审计项目2项；审计工程投资额1.87亿元，审减施工单位工程费438.99万元。

**【坚持开展后续审计】** 为保证审计建议的整改落实，对2014年完成的审计项目开展了后续审计，对审计发现问题的整改进行了跟踪、督促和确认。后续审计结果表明，被审计单位对审计发现问题和审计建议高度重视，对审计发现问题认真整改，对审计建议积极落实，工程审减额也全部进行了账务处理，对相关问题的责任人也进行了考核和处理，审计作用得到了有效发挥。

**【发挥内部审计警示作用】** 以下发审计简报方式，将2014年审计项目中发现的问题进行了整理、汇总，包括三大方面、19个明细项目内容，要求各单位举一反三，吸取教训、完善制度、提升管理，加强警示教育，整肃违规违纪行为，提高各单位对审计发现问题重要性以及整改的必要性的认识，增强整改的自觉性和主动性。

**【开展内部控制评价工作】** 通过认真准备、精心组织，完成了鞍山钢铁和鞍钢股份2014年度内部控制评价工作。促进两级公司内部控制的持续改善，有效规避上市公司经营风险，提高企业风险防范能力。

**【固定资产投资项目后评价工作】** 完成了对鞍钢股份西部电站锅炉改烧混合煤气工程投资项目的后评价工作。通过对项目的立项决策、施工过程、收益等情况的分析评价，检查是否达到项目的预期目标，进而达到规范工程管理、提高投资效益的目的。

（鞍山钢铁集团公司审计部 孙 齐）

## ·人力资源管理·

**【人力资源管理】** 2015年，鞍山钢铁集团公司人力资源管理工作进一步加强。

1. 人力资源优化。推行人力资源优化改革，制定并下发了《鞍山钢铁集团公司员工岗位变动管理办法》《关于做好2015年员工岗位变动管理工作的通知》《对外技术支持人员管理暂行规定》《鞍山钢铁集团公司退休人员返聘管理办法》等相关管理办法，同时，为保障职工权益，按照集团公司部署，按流程开展了职工离岗居家休息审批工作。

2. 毕业生引进。2015年，鞍山钢铁集团公司引进毕业生270人，其中，博士生2人，硕士研究生31人，本科生54人，专科生183人，并编制了《鞍山钢铁集团公司2015年引进毕业生计划》。

3. 人力资源配置。为363人办理了调转手续。按照鞍钢集团公司要求以及鞍山钢铁实际情况，形成了人力资源现状分析报告，编制了鞍山钢铁关键生产和服务岗位人力资源规划、2015～2017年人力资源规划及“十三五”人力资源规划，对未来3～5年的劳动效率指标、人员退出和引进情况进行了初步规划。

（鞍山钢铁集团公司人力资源部
黄　亮　屈年富）

**【薪酬分配制度改革】** 坚持单元绩效靠效益，个人收入凭贡献。以薪酬分配为导向，继续提高重点关键创效岗位收入，引导员工向核心岗位归集，促进人力资源从“点缺失向阵缺失”转变。以业务整合，功能外包为辅助措施，持续运用“立体ABC人力资源优化模型”，促进劳动生产率达到行业领先水平，实现吨钢人工成本降低、员工收入提高的目标，不断增强企业竞争力和凝聚力。

继续实行在岗工资总额与公司效益联动机制，严格按照《关于加强子企业工资总额调控的通知》（鞍钢人发〔2015〕28号）要求，根据公司效益情况，加大工资调控力度，保证工资发放水平与企业效益状况相匹配。

根据鞍钢集团公司党委常委扩大会议讨论通过《关于开展非常规降本增效专项工作的通知》的意见，为积极应对当前严峻的生产经营形势，企业领导人员在危机面前，主动降薪，降薪幅度在20%以上。

加强制度建设，制定并下发了《关于印发〈鞍山钢铁集团公司薪酬管理办法〉的通知》（鞍山钢政发〔2015〕15号）、《关于印发〈鞍山钢铁集团公司子企业负责人绩效考核及薪酬管理暂行办法〉的通知》（鞍山钢政发〔2015〕37号）、《关于印发〈鞍山钢铁集团公司各单位负责人履职待遇、业务支出管理办法〉的通知》（鞍山钢政发〔2015〕35号）、《关于印发〈鞍山钢铁集团公司机关工作人员履职待遇、业务支出管理办法〉的通知》（鞍山钢政发〔2015〕36号）。

（鞍山钢铁集团公司人力资源部　孙洪刚）

**【深化干部人事制度改革】** 1. 完成2014年度直管领导班子和领导人员考核评价工作。按照鞍钢集团年度考核的相关规定，制定了《2014年度鞍山钢铁集团公司直管领导班子和领导人员考核评价办法》和《2014年度鞍钢股份有限公司直管领导班子和领导人员考核评价办法》。会同纪委（监察部）完成了鞍山钢铁和鞍钢股份2014年度直管领导班子和领导人员的考核工作，对鞍山钢铁下属21个基层单位、14个机关部门和鞍钢股份下属20个基层单位、5个机关部门，合计60个单位（部门）的领导班子及领导人员进行考核评价。同时，对部分合资公司的外派领导人员进行了考核评价。根据年度考核结果，提出领导班子、领导人员调整意见和加强领导人员队伍建设的措施，调动和激发了领导人员工作积极性，引导和激励各级领导班子干事创业的热情。

2. 通过中央、鞍钢巡视组专项检查工作。对2013年以来鞍山钢铁/鞍钢股份的选人用人工作进行梳理，制定24个方面的自检自查内容、责任人、时间节点等，高质量地完成了所有领导人员管理环节的迎接检查工作。对鞍钢巡视组检查发现的问题，严格督促指导基层单位完成整改，对负有领导或管理责任的28名党员干部进行了诫勉谈话或问责处理，1名党员干部调整职务，责成2家问题较多单位的党委做出深刻检讨。

3. 按照标准、结合实际完成鞍山钢铁所属各单位纪委书记调整配备工作。根据《鞍钢集团公司党委关于落实两个责任，充分发挥纪委监督保障作用的指导意见》（鞍钢委发〔2015〕7号）等文件精神，结合鞍山钢铁实际情况，按照政治可靠、忠诚干净；坚持原则、威信较高；敢抓敢管、勇于担当；思维敏捷、善于团结的原则，从岗位实际需要出发，按照经历、专业、性格、能力等因素考虑，严格遵循程序、严格考核、层层把关，将合适的人配备到合适的岗位上，一次性调整配备了59名纪委书记。

4. 高标准、严要求选拔配备领导人员。坚持以能力、凭业绩为导向选拔配备领导人员，坚持以培养锻炼、合理使用为原则交流领导人员，改善领导人员队伍年龄结构、专业结构。2015年对鞍山钢铁直管领导人员进行14次集中调整，其中提职8人，平职交流50人，降职1人，免职16人（含提前离岗和调出鞍山钢铁），兼职34人。此外，加强对基层单位领导人员选拔任用的指导工作，对沟通备案管理领导人员认真审查分析，提出公开选拔、竞争上岗或组织选拔意见。

**【专业技术人才队伍建设】** 1. 推进四支人才队伍建设。严格把握流程和标准，指导各基层单位完成首席工程师评聘工作，评聘产生46名首席工程师，其中任职期满到届续聘28人，新选聘18人。2015年，总计评聘四个序列的各层级人员

1485人。

2. 开展优秀专业技术人才推荐工作。组织完成辽宁省“百千万人才工程”人选推荐工作，共推荐百层次人选4人，千层次人选5人，万层次人选5人。发放国务院政府特殊津贴证书4人，津贴8万元。

（鞍山钢铁集团公司人力资源部　史新旸）

**【劳动合同管理】** 各单位在SAP系统中上报2015年“职工劳动合同期限情况年报表”。截至2015年12月31日，鞍山钢铁集团公司在职职工56623人（含改制企业2991人），劳动合同签订率为100%。其中劳动合同期限三年及以下663人，占1.17%；三至五年2695人，占4.76%；五年及以上3544人，占6.26%；无固定期限49721人，占87.81%。同时，加强对不辞而别、判刑等人员的清理工作，2015年解除劳动合同111人。

（鞍山钢铁集团公司人力资源部　屈年富）

**【职工培训工作】** 2015年，公司计划完成培训39084人次，实际完成35967人次，计划完成率为92.02%，全面实现培训计划完成目标，荣获第三届钢铁行业教育培训工作先进单位荣誉称号。

1. 深化改革促转型，创建培训工作新局面。以开展战略领导力提升培训带动创新力、执行力和协同力培训为突破，精心策划了公司培训工作的五个培训重点项目，起到了示范引领作用。为进一步调动员工创新积极性，形成有效的岗位创新机制，下发了《关于鞍山钢铁集团公司开展员工创新支持计划的实施意见》，组织全体员工申报厂级创新项目451项，评审公司级申报项目150项，不断提升员工创新实践能力和发明创造能力。针对公司培训重点项目制定详细的培训方案，采取与教育培训中心联合组织实施的方式，与专业教师成立了培训项目调研组，详细制定了培训实施方案，布置了培训班学习成果发布和结业考试，保证了培训效果。

2. 立足岗位促发展，优化人才培养新途径。为全面践行“六种发展理念”，充分发挥领导人员在生产经营主战场上的战斗力和凝聚力，开展提升战略领导力系列培训，组织安排部级领导人员、处级领导人员、科级岗位人员三个层级培训班，开办11期培训3751人，培训学员分小组撰写出学习报告66篇，评选出35篇优秀学习报告进行了学习成果发布，并汇编成集下发各单位进一步学习落实，有效促进了学习成果转化。为了深入推进公司人力资源优化改革，加快转型升级步伐，组织开展人力资源优化改革宣传贯彻轮训，组织编写《鞍山钢铁集团公司人力资源优化改革教育读本》下发各单位组织全体员工培训学习，对人力资源优化改革的重要性和必要性宣传到位，将员工岗位技能提升与竞岗升级关系讲解到位，通过培训全面培养、全员提升员工精湛的专业技能，助力人力资源优化改革的顺利实施。启动关键技术领军人才研发攻坚项目专题培训，聘请国内外技术专家举办技术讲座8次，培养具备技术领军能力的专业技术人才，提高技术理论水平和专业技能，增强科技研发、技术创新、技术改造能力。启动蓝领技能人才创新增效攻关项目，以员工创新支持计划创新项目团队研发攻关为牵引，以实施高技能人才先进操作法总结推广培训和技师攻关项目指导培训为前提，带动生产操作岗位人员岗位技能和解决实际问题能力提升，实现岗位技能再上新台阶。

3. 夯实基础促提升，实现培训管理新突破。认真落实月计划、季度例会、半年检查、年度评比要求，对2015年委托基层单位实施一类岗位培训按规定规范实施，提升服务意识，针对性指导基层单位培训项目实施工作，不断增强培训实效性。科学应用培训效果评估方法，提升重点项目培训效果，在提升战略领导力学习活动中，采取处级及以上培训班进行学习成果发布，科级人员培训班进行闭卷考试的形式检验培训效果，科学检验培训实施的实效性。组织开展2015年鞍钢集团（鞍山区域）职工技术竞赛，本年度职工技术竞赛共涉及16个工种，其中理论考试1872人，实际操作考试320人，有效选拔和培养了生产操作岗位优秀人才。组织评审2014年度技师技术攻关创新成果及培训管理创新成果，其中技师技术攻关成果共申报216项，评奖60项；培训管理创新成果共申报99项，评奖30项，促进培训成果的有效提升。

（鞍山钢铁集团公司人力资源部　成　强）

**【博士后工作站】** 2015年，博士后工作站根据研究课题，利用网络信息平台等多种形式加强对外宣传，赴多地高校组织博士后招收工作，并对有进站开展研究工作意愿博士个人材料及研发能力进行初审，确定初步人选。博士后工作站根据公司组织架构调整情况，在征求了博士后管委会成员单位意见后，提出《鞍钢博士后工作管理暂行条例（试行）》修订意见及相关工作流程，规范相关协议文本，做好博士后招收准备工作。

（鞍山钢铁集团公司人力资源部　赵　翔）

## ·房地产管理·

**【住宅大修工作】** 1. 2015年职工住宅大修项目计划投资4147万元，经过深入细致的勘察、研究、论证、审核，最终压缩至3100万元。涉及屋面防水、墙体裂缝、给排水、钢窗、电气、抢修等项目。

2. 铁西一道街33甲煤气爆炸楼重建工程于2015年开工建设，现已竣工派户使用。经审计部审计，最终审定工程费用649万元。

**【供暖年修工作】** 2015年民用供暖设施年修项目房产物业管理中心申报5097万元，通过对申报项目逐项勘察、筛选，编制完成立项申报、审批、实施等项工作，实际完成投资3000万元，全部项目按期完成，验收合格，投入使用运行正常。

**【住房补贴工作】** 为有效化解矛盾，维护企业和社会稳定，逐步消化解决住房方面的历史遗留问题，集团公司研究决定对鞍钢集团鞍山区域离休人员及家住农村退休人员发放住房补贴，计划用3年左右时间完成离休人员、5年左右时间完成家住农村退休人员住房补贴发放工作。2015年完善了“鞍钢职工家庭住房信息管理系统”、对各单位工作人员业务培训、组织对家庭住房情况审核认定。2015年度特殊群体住房补贴于2015年12月起开始发放。

**【房产管理】** 1. 为应对公司严峻的生产经营形势，盘活资产，尽快回收货币资金，组织房产物业管理中心、资产经营中心对太平、友好的闲置商业网点公开拍卖，共出售2188.37平方米网点，实现销售收入784.23万元。

2. 为规范职工住宅大修管理工作，制定并发布了《鞍山钢铁集团公司职工住宅修缮工程管理办法》。

（鞍山钢铁集团公司规划发展部　宋国强）

## ·企业内保工作·

**【中央巡视组驻地安保工作】** 中央第十三巡视组在鞍钢巡视期间，鞍山钢铁保卫部站在讲政治、讲大局、讲担当的高度，制定了《安全维稳工作应急预案》，主要领导干部率先垂范，坐镇指挥，全体参战人员发扬特别能吃苦、特别能战斗、特别能奉献的精神，战高温、顶酷暑、守纪律、讲文明，全力做好安保维稳工作。共协调部署警力7270人次、保卫人员2400人次、信访人员2040人次、车辆940台次，开展24小时安保维稳工作，建立信息共享平台和每日工作总结汇报机制，共编发信访维稳信息55期，安全维稳信息61期，确保了信息沟通渠道的畅达。协调信访和公安部门对不稳定因素进行拉网式排查，对不稳定群体、重点人员到家中进行劝诫，共分流个体上访1422人次、群体访81批1833人次，有效化解了3起百人以上的群体性上访事件，实现了巡视组驻地和相关活动场所重大治安刑事案件为零、交通火灾和安全事故为零、危害巡视组人员人身和财产安全事件为零、重大群体性冲击事件为零，有力保证了巡视工作的顺利开展，受到了鞍钢集团公司主要领导的肯定和表扬。

**【治安保卫工作】** 充分发挥三位一体“大保卫”格局优势，每季度召开鞍山钢铁集团公司与鞍山市公安局联席会议，对各类偷盗国有资产违法犯罪保持高压严打态势，共破获刑事案件2起、治安案件5起，打掉盗抢团伙4个，向公安机关移交案件50起，移送犯罪嫌疑人43人，治安形势达到近年来最好水平。全面加强门卫“三检”工作，认真贯彻落实公司新出台的物资持出管理规定，大力开展专项整治活动，在厂内拆扒排废、八家子料场搬迁、鲅鱼圈返矿接收、灵山备品备件修复等重点持出中实现了零流失。提高“三检”效率，在产品销售等方面简化审批流程，为保市场创造了有利条件。全年累计查处违规问题1167起，收缴废钢铁25.95吨、有色金属1235千克、电缆2484千克，有效保护了国有资产流失。

**【废钢铁效能监察】** 受鞍山钢铁纪委委托，依据鞍山钢铁集团公司2015年效能监察工作安排，鞍山钢铁保卫部协同鞍钢股份公司产品制造部对废钢铁管理工作进行了专项效能监察。本着“发现管理问题，提高管理效率，挖潜降本增效，防控企业资产流失”的工作方针，采取自上而下梳理完善制度体系、检查制度落实和执行情况、推行应收尽收测算和大数据分析、落实废钢铁定置定位管理和规范废钢铁回收送缴流程等具体措施，对25家基层单位、4家集团直属板块单位开展监督指导，印发了《关于开展厂内废钢铁管理专项效能监察的通知》《废钢铁管理专项效能监察工作指导意见书》和《检查评价表》，下发整改通知书12份，进一步提高废钢铁管理水平。通过开展废钢铁管理专项效能监察，健全完善了鞍山钢铁集团公司和下属基层单位两级废钢铁管理制度，运用大数据分析等方式推进了废钢铁管理创新，及时发现废钢铁回收和管理中存在的问题，加强了现场废钢铁存放地定置定位管理，基本消除了厂内违规存放废钢铁和防范不到位的管理死角，使得各类废钢铁回收数量明显提升，共增收生产废钢18000吨，为公司降本增效作出贡献。

**【备品备件库房治安防范专项整治】** 积极开展备品备件库房及临时存放地治安防范专项整治行动，按照多部门参与，清理整顿相结合的原则，有效组织各基层单位对备品备件库、机旁备件库和临时存放地进行了全面排查，深入摸底，彻底清理和分级管控，全公司各单位在自检自查阶段共清理整顿备案备品备件库房、机旁备件库和临时存放地1084处，整改存在管理及治安隐患的库房和临时存放地113处，取缔159处，为进一步加强厂内备品备件管理，有效防控企业资产流失创造了有利条件。

**【7号高炉焖炉期间安保工作】** 2015年11月19日，鞍钢股份炼铁总厂7号高炉开始焖炉。为确保7高炉设备资产安全，鞍山钢铁保卫部与市公安钢都分局、炼铁总厂通力协作，抽调警力，派驻警车，组建起由40多人组成的护炉队，实行24小时巡逻巡防。建立了巡防、护炉、区域自防三级守护机制，对厂房、各站所室、皮带通廊等重点防范部位的门窗、通道、桥架封堵封闭96处，在重点区域部位安装监控摄像镜头17个，在为期53天的焖炉过程中，鞍山钢铁保卫部共与公安机关和炼铁总厂共开展联勤联防20余次，对可疑人员进行严格盘查驱离，确保了7号高炉设备备件无一流失，电缆系统完好无损，为高炉顺利开炉和扭亏增效创造了有利条件。

**【防火管理工作】** 加强消防安全标准化体系建设，全年共修订两级公司防火管理制度文件5个，鞍山钢铁33家基层单位消防安全标准化工作全面达标。持续推进防火“一月一主题”活动，对生产电缆系统、工业建筑可燃保温材料进行了彻底整改，对重点工程和生产作业现场动火情况进行严格监管，为生产经营创造了良好的消防安全环境。深刻吸取天津港“8·12”瑞海公司危险品仓库特别重大火灾爆炸事故惨痛教训，下发了《关于加强危险化学品运输管理的通知》，主要领导带队，深入到鞍钢集团化工事业部、鞍钢股份炼焦总厂、炼铁总厂、炼钢总厂、冷轧厂、能源管控中心等重点单位，针对危险化学品生产、存储、运输和易燃易爆重点生产部位进行安全生产专项检查，对鞍山钢铁主厂区内在途运输危化品车辆进行了专项检查和重点整治，确保了重要部位和危化品运输安全。做好春节、国庆长假和季节性防火工作，下发了厂区重点部位烟花爆竹禁放令。积极开展培训演练，组织培训821场，举办应急演练642场，参训参演职工达3.92万人次。

**【交通管理工作】** 深入开展交通安全普法教育，拍摄了鞍山钢铁首部交通安全电视教育宣传片，围绕如何防范车辆“内轮差”、车辆“右转弯”注意事项及安全操作技巧等专题，在广大职工中开展了5项警示教育大讨论活动。建立基层单位车管干部月例会制度，促进基层单位加强自主管理。加大纠规检查力度，下发考核通报12份，纠正违章车辆5800多台次，强制报废不合格车辆124台。强化路面隐患排查整改，督促相关责任单位整改道路隐患110多处、维修故障路灯400盏。增加道路基础设施建设投入，在厂区主干道安装了雷达测速仪。做好交通服务保障工作，为重点工程押运备件，规范施工占道管理，完成各类警卫任务115次。

（鞍山钢铁集团公司保卫部　陈家壮）

## ·法律事务·

**【持续推进法律管理，发挥支撑保障作用】** 加强企业法律管理制度建设。在对鞍山钢铁法律管理现状进行深入调研的基础上，全面梳理修订原有法律管理规章制度，重新下发《鞍山钢铁集团公司法律事务管理办法》《鞍山钢铁集团公司合同管理办法》《鞍山钢铁集团公司法律纠纷案件管理办法》《鞍山钢铁集团公司商标及标识产品承制单位入围管理办法（试行）》。同时，进一步完善对上市公司的法律监管，完成鞍钢股份《合同管理办法》《法律纠纷案件管理办法》《专用章管理办法》《工商登记管理办法》等规章制度修订工作，并发布运行。推行法律标准化管理。对项目法律服务、合同审查、法律纠纷处理、工商及商标等法律事务工作进行系统研究，着手编制业务标准化操作流程，制定各类法律文件格式文本，推行法律管理标准化工作，以解决系统内人员少、专业性强、业务普及难度大等问题，提高法律服务的效率和质量。建立重大疑难法律问题研讨制度。组建重大疑难法律问题应对专家库，在法律事务系统内选取一定数量的资深专业法律人员，同时邀请法院、科研院校等外部法律专家学者参加。涉及重大疑难法律问题，由法律事务部门召集具备相应专长的法律专家共同研讨，制定应对方案。

**【强化法律审核工作，保障企业运营顺行】** 全面落实企业规章制度、经济合同、重要决策三项法律审核工作。在鞍山钢铁法律审核工作相对规范的基础上，要求下属单位尽快建立和完善本单位三项法律审核制度，规范法律审核的介入方式、审查程序、审查内容、法律意见落实与反馈、重要事项上报审批程序等，把法律审核工作作为企业运营管理的必经环节予以固化。落实横向部门间专业联审制度和上下层级间纵向复审制度，为实现企业依法科学决策、合法安全经营和规范有序管理发挥法律保障作用。建立并运行法律审核工作检查督促制度，不定期对下属单位的三项法律审核工作进行抽检，促进法律审核工作得到全面落实。2015 年，鞍山钢铁的企业规章制度、经济合同、重要决策三项法律审核率均达到 100%，其中，审查、修改规章制度 17 件；审查重大合同 44 份，出具书面法律意见 50 份；审查日常生产经营合同 1051 份，金额 6.41 亿元。此外，工商、商标、专用印章的管理和服务工作得到全面落实，组织完成 2014 年度企业信息工商申报工作，办结工商登记事宜 34 项。刻制专用章 115 枚，办理商标事宜 8 项。

**【加强法律纠纷管理，维护企业合法权益】** 随着全国法院系统立案制度改革的落实，法院受理案件由原立案审查制调整为登记立案制度，即只要当事人向法院提出立案请求，法院应一律登记立案。立案制度改革导致企业案件数量大幅度上升，特别是劳动争议案件更呈现井喷状态。2015 年，鞍山钢铁和鞍钢股份两级公司共发生各类案件 75 件，其中劳动争议案件 40 件占 53.33%，连同前期未结案件，两公司涉诉案件累计超过 100 余件。面对巨大的案件压力，法律事务部门坚持落实重大案件提前介入、案件统管备案、对基层单位自办案件全程监管和畅通司法联系渠道四项制度，充分利用法律管理信息系统对法律纠纷案件的指导和监管功能，采取部内业务交叉、岗位协同配合等方式，集中力量应对法律纠纷案件处理工作，发挥诉讼维权的保障功能。同时，加大胜诉案件执行力度，对尚未执结的胜诉案件进行全面梳理，查找财产线索、加强与法院沟通推进案件执行，使一些已经被法院裁定终结执行的案件重新启动进行执行程序，全年为公司收回货币 451.1 万元。一年来，法律事务部门充分发挥诉讼维权保障及避损创效功能，全年为公司避免或挽回经济损失合计 3081 万元。

**【依法化解上访矛盾，妥善应对居家诉讼】** 为保障公司相关部门依法合规处理各类信访案件，维护企业和职工的双重权益，法律事务部门积极介入信访维稳工作，通过研究相关政策法规、依法论证上访诉求合法合规性、评估重大上访事件法律风险、参加信访会议、接待解答上访法律咨询、沟通协调涉访外部单位等方式，为企业维稳工作提供法律支持。2013 年以来，鞍钢集团居家群体持续围访法院要求立案，提出鞍钢履行居家协议违约欺诈要求赔偿、确认居家协议违法无效等诉求。为依法化解矛盾，维护职工和企业的双重利益，鞍钢集团指定由鞍山钢铁法律事务部门牵头组织处理居家应诉工作。按照集团要求，鞍山钢铁法律事务部组织两级公司相关部门对居家问题进行深入研究论证，组建应诉工作团队，制定应诉工作方案，组织调查收集相关证据材料，指导案件代理人参与案件庭审工作。截至 2015 年末，法院已登记案件 1000 余件，正式送达 90 件，开庭审理 8 件。从已开庭案件的庭审情况看，应诉工作基本上实现了全面客观阐明事实、依法依规宣传解释、维护权益化解矛盾的预期目的。

（鞍山钢铁集团公司法律事务部　史广娟）

# ·医疗卫生·

**【卫生系统概况】** 2015年末，鞍钢总医院集团共有在职职工1693人，专业技术人员1321人。其中高级专业技术人员307人，医疗床位总数2286张。总占地面积33.57万平方米，建筑面积12.63万平方米。主要承担鞍山及周边地区的城镇职工、城市居民、农村合作和沈铁医疗保险及鞍钢职工职业病治疗、职工健康和职业病体检、鞍钢集团鞍山区域各生产厂矿以及一些外部单位职业病危害评价项目检测等业务。2015年共收治住院患者37748人次、门诊患者829473余人次、手术患者10988人次。

**【制定计划与组织调整工作】** 一是制定完成了《鞍山钢铁集团公司计划生育管理办法》《鞍山钢铁集团公司食品安全事故应急处理预案》和《鞍山钢铁集团突发公共卫生事件应急处理预案》；二是制定下发了《2015年计划生育工作重点》《2015年爱国卫生工作要点》和《2015年红十字会工作要点》。与相关单位签订了《2015计划生育目标管理责任书》《企业补充医疗保险定点医院协议书》《离休定点医院协议书》；三是重新调整了鞍山钢铁集团公司爱国卫生运动委员会、计划生育领导小组和红十字会组织机构。

**【医疗卫生工作】** 一是转发鞍山市卫计委《关于进一步做好由韩国入境发热病例医疗救治管理及信息报送等工作的通知》，密切关注中东呼吸综合征疫情通报，及时向两级机关外事部门进行通报情况，做好疫情防控工作。二是根据《城市公立医院综合改革试点指导意见》，汇总鞍钢集团各医疗单位基本情况，围绕鞍钢集团各医疗单位分析当前情况乃至未来所面临的问题。三是与鞍山市疾控中心联系，就建设公司汽车吊装公司生活饮用水检测事宜进行沟通和咨询。四是为建设公司驻伊朗职工就当地猪流感疫情引发恐慌提供相关预防知识咨询。

**【企业医疗费的审核及征缴工作】** 1. 坚持实行履约保证金制度，为公司离休医疗费及企业补充医疗险的合理使用提供保障。一是2015年初召开鞍钢离休医疗费及企业补充医疗险定点医疗服务机构会议，总结2014年工作，分析存在的问题，提出2015年管理工作要求。二是重新完善了鞍钢离休人员定点医院医疗服务协议书、企业补充医疗保险定点医疗机构医疗服务协议书，按照集团公司领导要求，及时调整补充医疗保险定点医疗机构名单，坚持实行离休人员定点医院履约保证金制度，取得定点医院的积极配合，为鞍钢职工提供优质高效的医疗服务。

2. 依据定点医院医疗服务相关协议，加大离休医疗费及企业补充险的管理力度。在保证鞍钢离休老干部就医服务质量的同时，为避免基金的过快和不合理增长，卫生处坚持定期深入到鞍钢总医院等9家鞍钢离休人员离休医疗费定点医院和20家企业补充医疗保险定点医院进行检查，对检查中发现的问题提出要求和处理意见。

**【卫生防病工作】** 1. 职工健康体检工作。鞍钢总医院体检中心2015年共完成职工健康体检87835人次，其中男职工72823人次，女职工15012人次。注射乙肝疫苗17502人次，下厂矿注射流感疫苗102人次。体检共查出疑似肿瘤326例，病理证实恶性肿瘤38例。其中肺肿瘤4例，肾肿瘤6例，肝肿瘤1例，乳腺肿瘤27例。复查CT316人次，CT增强201人次，MR 122人次，钼靶复查720人次。通过体检确诊住院治疗136人次。

2. 鞍钢劳研所2015年共完成职业病体检73894人次。其中，高温14732人次，噪声12865人次，粉尘20529人次，高处作业2166人次，外照射1560人次，毒物10970人次，特殊工种体检10659人次，其他413人次，较上年增加了8000人次。

**【食品安全工作】** 1. 加强对鞍山区域食品安全重点单位的食品安全巡视工作。一是对涉及职工健康疗养和体检的天座餐厅、千疗职工度假餐厅、总医院和劳研所食堂定期进行检查。二是对生活后勤协力中心6辆餐车和生活后勤协力中心及矿业集团生产服务中心中晚班食堂的食品安全进行抽查。针对上述检查中发现问题及时下发限期整改通知书。三是对鞍钢展览馆所属烧烤大排档食品安全进行检查。8月21日下午4点，卫生处对鞍钢展览馆所属烧烤大排档的食品安全进行了检查，对该食品生产经营场所无照经营、从业人员健康证不全、衣帽不整、加工场所环境卫生脏乱、加工和储存食品不规范等11项不符合食品安全相关规定的情况，向该场所主管单位鞍钢展览馆下发整改通知书，并进行复查。四是制定中央巡视组在鞍巡视期间食品安全、环境卫生和医疗保障方案，并先后3次对中央巡视组驻地餐厅的食品安全、环境卫生进行检查。

2. 陪同公司主管领导检查食品安全工作。5月8日下午，鞍山钢铁办公室卫生处、行政事务室陪同公司主管领导对鞍钢面食加工中心、炼铁、炼钢综合服务区的食品安全进行了检查。针对其存在的许可证、食品加工、储存和环境卫生等问题，以鞍山钢铁办公室名义下发整改通知书。并按照公司领导加强暑期食品安全工作的指示精神，坚持在每周定期对厂区内有中晚班职工就餐所有食堂的食品安全进行严格检查。

3. 召开鞍山区域2015年暑期食品安全工作会议。一是通报全国2014年食物中毒情况，吸取以往的教训，对如何做好2015年暑期食品安全工作提出具体要求。二是围绕新的食品安全法和《鞍山钢铁集团公司公共卫生管理办法》有关食品安全的相关规定，对鞍山区域所有食品生产经营单位业务负责人进行培训。三是安排部署鞍山区域暑期食品安全大检查活动。

4. 认真开展暑期食品安全大检查活动。一是制定并下发暑期食品安全大检查通知和日程安排。二是召开暑期食品安全检查小组会，对相关人员进行业务培训，明确检查内容、要求和检查纪律。三是从6月29日开始至8月31日结束，依据《鞍山区域食品安全检查考核标准》，围绕管理制度、环境卫生、食品采购、储存、加工和销售6个方面，由鞍山钢铁办公室卫生处组织有关人员对鞍钢集团鞍山区域所属188个食品生产经营场所暑期的食品安全工作进行了全面检查，并下发了《2015年鞍山区域暑期食品安全检查情况通报》。

5. 开展鞍山区域食品安全管理专项检查。按照《关于开展鞍山区域食品安全管理专项检查的通知》要求，从8月20日开始至8月末，由鞍山钢铁分管食品安全工作的领导带队，鞍山钢铁办公室卫生处、行政处和公司工会共同参与，对鞍山区域位于城区的鞍钢生活后勤协力中心等10家食品生产经营单位的食品安全管理制度进行了专项检查。结合当前食品安全严峻形势及检查发现的问题，围绕食品生产经营单位的食品安全制度提出了更加严格、更加规范的要求，进一步完善鞍山区域食品安全管理体系。

6. 参与"十佳红旗食堂"评比活动。参与鞍山钢铁工会创建"十佳红旗食堂"活动方案食品安全检查标准的制定及"十佳食堂"评比检查活动。

7. 明确鞍山钢铁生活饮用水日常管理相关要求。听取鞍钢股份能源管控中心有关市卫生监督局对该中心四水站检查情况汇报，了解国家对生活饮用水管理要求和能源管控中心生活饮用水管理的现状及存在的问题，先后到三、四水站进行调研，到市卫生监督局生活协调鞍钢生活饮用水水质监测事宜，明确鞍山钢铁生活饮用水日常管理相关要求，协调质检中心做好能源管控中心所管辖生活用水的日常监测计划。

**【职业病防治工作】** 1. 职业病治疗及职业健康体检工作。2015年完成职业病门诊量4506人次。完成各类职业健康体检73894人次。其中高温环境作业职工体检14732人次，接触粉尘职工体检20529人次，特种作业职工体检10659人次，接触噪声职工体检12865人次，接触射线职工体检1560人次，接触毒物职工体检10970人次。体检结果显示：2015年全公司新增职业病28例。其中，硅肺14人、晋级9人，一氧化碳中毒1人，焦炉逸散物所致肺癌3人，职业性皮肤病1人。此次职业病体检职业病罹患率为0.42‰。

2. 劳动卫生、放射卫生监测。2015年共完成粉尘监测3702点次，噪声监测4871点次，毒物监测3597点次，高温监测1433点次。

**【医疗卫生科研工作】** 2015年各医疗单位十分重视人才培养和技术创新，据统计，全年外送省级以上医院进修17人次，举办各类继续教育学习班87个，参加人数达17952人次。全年立项科研项目25项。获省部级科技进步三等奖1项；获市级科技进步一等奖3项、二等奖8项、三等奖12项。全年开展三新项目34项，其中新手术5项、新技术10项、新疗法19项。鞍钢总医院和劳研所还参加了2014年度鞍钢集团公司重大科技技术奖终审分别获得2项三等奖。卫生系统医务人员2015年在国家级刊物上发表论文150篇。

**【计划生育工作】** 1. 组织开展计划生育"科普知识宣传周"活动方案。在鞍山区域所属单位中组织开展了2015年计划生育"科普知识宣传周"活动。全公司范围内征集简报123幅，共评出优秀奖40名，纪念奖83名。

2. 组织开展庆祝“六一”儿童节活动。据统计，各单位共举办活动110余次。其中趣味活动15次、幸福家庭活动9次、游园42次、书画摄影展39次和读书活动8次等。此次活动受到了广大职工普遍欢迎。

3. 举办计划生育政策法规培训班。召集鞍山区域60余家单位参加，围绕新修订的《辽宁省人口与计划生育条例》中与职工切身利益密切相关条款进行了培训。

4. 组织开展“9·25”公开信纪念活动计划。为纪念中共中央《公开信》发表35周年之际，结合新形势下计划生育工作实际，在鞍山区域开展了丰富多彩的简报展纪念活动并进行了评比表彰。共评选出一等奖18个，二等奖33个，三等奖62个。

5. 组织开展“10·28男性健康日”活动。此次活动有40余家单位举办了男性生殖健康、心理健康讲座，深受广大男职工好评。

6. 2015年为鞍山区域所属单位发放各类计划生育药具200箱。

7. 组织年度计划生育工作检查评比活动。一是依据《鞍山钢铁集团公司计划生育管理办法》，完善《计划生育工作考核评比标准》，制定下发2015年计划生育考核评比方案。二是通过听取计生专干全年工作汇报，查阅档案资料，对所属单位进行全年工作给予初步评价。三是深入基层单位与主管部门领导交流，明确新时期计划生育的工作内涵，调整工作思路，探讨做好计生工作方法，为鞍山区域各单位的计生工作做出全面客观的评价。四是下发2015年鞍山区域计划生育考核评比结果。

**【爱国卫生工作】** 1. 召开鞍山区域2015年第一次爱国卫生工作会议。一是传达全国爱国卫生电视电话会议精神；二是对《国务院关于进一步加强新时期爱国卫生工作的意见》进行解读和相关业务培训；三是围绕贯彻落实《意见》精神，在鞍山区域内下发《关于转发〈国务院关于进一步加强新时期爱国卫生工作的意见〉的通知》，对鞍山区域的爱国卫生工作进行部署。

2. 认真组织开展爱国卫生清洁月活动。一是下发2015年第27个爱国卫生清洁月活动通知。二是召开鞍山区域爱国卫生清洁月工作会议，组织所属单位认真学习《鞍山钢铁集团公司公共卫生管理办法》，并就2015年爱国卫生清洁月进行提出具体要求。三是就职工如何养成良好的生活习惯确保身体健康举办健康教育讲座。四是制定2015年爱国卫生清洁月检查计划，组织对鞍山区域清洁月活动情况进行了检查。并下发了鞍山区域78家受检单位爱国卫生清洁月检查情况的通报。据统计，此次清洁月共组织义务劳动1127次、职工参加义务劳动3.62万人次，粉刷墙壁8.63万平方米，平整场地约15.64万平方米，清除卫生死角2645处，清理垃圾3575吨。累计培训灭鼠人员9814人次，维修防鼠设施2291处，设置毒饵盒10763个，投鼠药4.26吨。

3. 积极参与配合鞍山市迎接国家卫生城市的复审工作。一是5月4日，参加鞍山市国家卫生城市复查工作迎检推进会。二是6月25日，在鞍山市胜利宾馆参加了鞍山市迎接国家卫生城市初审汇报会。并参加了环境保护组对鞍钢环境保护日常监测情况的检查和鞍山市迎国检初审结果通报会。三是参加鞍山市迎接国家卫生城市暗访工作布置会议并协调有关单位落实鞍山市提出的创城整改建议。四是召开鞍钢迎接国家卫生城市暗访复查工作会议，传达鞍山市政府召开的国家卫生城市暗访复查工作会议精神。重点就此次暗访涉及鞍钢的沙河北出口商业网点卫生死角、十六层对过拆扒工地围挡、眼镜湖对过鞍钢预留地的乱搭乱建、鞍钢展览馆大排档及做好单位的环境卫生、食品安全和禁烟等工作进行了安排和部署。五是组织开展国家卫生城市复查迎检工作。召集鞍山区域所有单位安排部署国家卫生城市暗访迎检工作。就此次迎检工作的重点单位：接待服务公司、总医院、房产物业公司及房产建设公司的环境卫生及控烟工作进行检查。

4. 安排部署鞍山区域2015年秋季要害场所防灭鼠工作。一是制定下发《鞍山区域2015年秋季灭鼠实施方案》。二是召集鞍山区域所属单位就如何做好秋季统一灭鼠及要害场所防灭鼠工作进行业务培训，并提出工作要求。三是开展鞍山区域2015年秋季要害场所防灭鼠检查工作。10月12~25日，鞍山钢铁爱卫办对鞍山区域所属28家单位60余个要害场所防灭鼠活动情况进行检查。检查结束后，对存在问题较多的能源管控中心、冷轧厂和线材厂三家单位下发限期整改通知书。

**【健康教育工作】** 1. 参加《鞍山市公共场所控烟规定》出台两周年纪念活动。1月13日，卫生处组织鞍钢劳研所参加了鞍山市爱卫办、卫生监督局和健康教育所在四隆广场联合举办的《鞍山市公共场所控烟规定》出台两周年纪念活动。

2. 积极参与"无烟城市共创无烟企业项目"申报活动。作为美国艾默瑞大学和中国新探公司联合举办"无烟城市——盖茨中国控烟项目"的延续，也是该项目的合作伙伴和积极参与者，鞍钢集团2015年6月8日共有股份公司炼焦总厂等10家单位参与了鞍山市"无烟城市共创无烟企业项目"申报活动。

3. 参加鞍山市"无烟城市共创无烟企业"现场经验交流会。5月28日，鞍山钢铁爱卫办、鞍钢股份公司炼焦总厂等十家单位的主管领导受邀参加了在鞍山市房产交易大厅会议室举办的鞍山市"无烟城市共创无烟企业"现场经验交流会。会上，鞍钢股份鲅鱼圈分公司炼钢部综合室李士福主任代表鞍钢集团公司以"履行社会责任，创建无烟工作"为题做了控烟工作经验介绍，受到了与会领导和代表高度评价和充分肯定。

4. 鞍钢股份鲅鱼圈分公司炼钢部获最佳无烟企业奖。2015年中美合作——无烟城市共创无烟企业项目优秀无烟企业颁奖会于11月11日在北京举行。会上，鞍钢股份鲅鱼圈分公司炼钢部获最佳无烟企业奖。鞍钢作为鞍山市优秀企业代表应邀参加会议，并作为唯一企业代表在会上发言介绍开展控烟企业的经验。

5. 组织医学专家开展健康教育讲座活动。一是组织医学专家深入到弓矿公司、股份公司炼铁总厂、技术中心、鞍钢物流管理中心、弓矿公司灯塔石灰石矿五家单位开展七场健康教育讲座活动。二是由鞍山钢铁爱卫办对矿建公司和弓矿公司等两家单位共500多名职工举办"生活习惯与健康"的健康教育讲座。

6. 完成无烟城市共创无烟企业后测工作。6月19日，鞍山钢铁爱卫办组织鞍钢股份炼焦总厂等10家单位参加了鞍山市健康教育所主持召开的"无烟城市共创无烟企业研讨会暨项目后测培训会"。并于8月在上述单位的2000多名职工完成了无烟城市共创无烟企业项目后测工作。

**【红十字会工作】** 1. 组织开展2015年红十字博爱送万家活动。一是春节前夕，响应鞍山市红十字会的号召，公司在所属会员单位中组织开展了博爱送万家活动。所属会员单位累计救助特困职工1338人，发放救助物品和慰问金总共折合人民币586899元。二是由鞍山钢铁红十字会直接对各会员单位开展博爱送温暖活动。尤其是对生活后勤协力中心等十家单位因病致贫和因学致贫困难职工加大了救助力度，共计救助职工46人，累计发放慰问金21400元。三是积极争取了鞍山市红十字会对炼铁总厂等五家困难职工救助支持，救助职工5人，发放价值500元的大礼包5件，折合人民币2500元。

2. 组织开展鞍山区域第四次无偿献血活动。2015年初，各红十字会会员单位进行了紧急动员，克服生产任务重、岗位人员紧张等重重困难，不计报酬，踊跃报名，组织开展鞍山区域第四次无偿献血活动。2015年6~10月，矿业公司、汽车运输有限责任公司、铁运公司、股份公司热轧带钢厂等39个会员单位，共805名职工，参加了此次献血活动。累计献血22.07万毫升，创鞍山区域四次无偿献血最好水平，彰显了央企无私奉献和强烈的社会责任感。

3. 获得2012~2013年度全国无偿献血促进奖荣誉称号。2015年3月10日，根据《中华人民共和国献血法》《全国无偿献血表彰奖励办法（2014年修订）》的规定，国家卫生计生委、中国红十字会总会和中国人民解放军总后勤部卫生部联合下发了《关于表彰2012~2013年度无偿献血奉献金奖等奖项获奖者的决定》，鞍山钢铁集团公司作为辽宁省申报的十家单位之一位列其中，这在鞍山市也是首次有企业获得该项全国无偿献血荣誉称号。

4. 参加鞍山市红十字会2015年工作会议。5月29日，鞍山钢铁红十字会参加了鞍山市红十字会2015年工作会议。会议首先传达了中华人民共和国红十字会第十届全国代表大会会议相关情况，习近平主席出席本次会议并做重要讲话。郭明义作为唯一一名红十字会志愿者受到习近平主席的表扬。其次，会议回顾了鞍山市红十字会2014年的工作，对鞍山钢铁红十字会以往在造血干细胞的捐献和博爱送万家活动中的表现给予了充分的肯定，对今年鞍山市的红十字会工作进行安排和部署。

5. 召开鞍钢集团（鞍山地区）2015年红十字

会工作会议。11月26日，鞍山钢铁红十字会在鞍钢职工俱乐部组织召开由各会员单位参加的鞍钢集团（鞍山地区）2015年红十字会工作会议。会议首先对2015年鞍山钢铁红十字会工作进行回顾，其次就各会员单位如何做好2016年的三救三献（救灾、救助、救护和献血、献造血干细胞和捐献遗体器官）工作进行了部署，并宣读了《关于表彰2015年度鞍山区域无偿献血先进集体和优秀组织者的决定》。会议还邀请了鞍山市红十字会“跟着郭明义学雷锋——造血干细胞捐献者事迹报告团”的成员：蒋贵宝、孙智勇同志发言，介绍他们捐献造血干细胞的心得体会。

6. 鞍钢的红十字工作受到表彰。鞍山市红十字会第七次会员代表大会于2015年12月24日在鞍山市政府后二楼会议室召开。此次会议上，鞍山钢铁集团公司党委副书记、工会主席林大庆当选为鞍山市红十字会第七届理事会副会长。鞍山钢铁集团公司被评为鞍山市红十字工作先进集体，鞍钢汽车运输有限责任公司谢新范等六名同志被评为鞍山市红十字工作先进个人，蒋贵宝等六名同志被评为鞍山市红十字工作优秀志愿者。

（鞍山钢铁集团公司办公室卫生处　徐静滔）

## ·组织工作·

**【党内统计】** 2015年末，鞍山钢铁集团公司有党委60个，党总支47个，党支部731个；有党员24511名，其中在岗党员22072名，离退休职工党员1935名（党组织关系留在鞍山钢铁集团公司的人数，其中离休党员520名、退休党员1415名），居家休息职工党员376名，其他党员128名。全年发展党员441名，有申请入党人3864名，入党积极分子1473名，重点发展对象448人。有党务工作人员229名。

**【“三严三实”专题教育】** 按照姚林董事长关于专题教育要“紧跟集团，提早部署，精细安排，解决问题”的要求，鞍山钢铁党委组织部多次主动向集团党委组织部询问鞍钢开展专题教育的思路和安排，力争在第一时间掌握信息。结合鞍山钢铁实际，制定了《鞍山钢铁集团公司党委开展“三严三实”专题教育方案》，确保了专题教育的高质量启动、高标准开局。制定并形成了鞍山钢铁和基层单位领导班子两个层级的《“三严三实”专题教育日程安排表》，同时把各部门的工作都紧紧围绕“三严三实”目标和重点内容去分解，做到了既有分工又相互协同。在党课教育上强调“两个敢于”“两个检验”和“两个解决”。一是在党课的撰写方面，要求做到“两个敢于”，即敢于暴露问题，敢于对事又对人。二是在党课的效果方面，要求达到“两个检验”，即让党课成为对党委书记个人能力的检验，也要成为对党组织发挥作用的检验。三是在党课的作用方面，要求实现“两个解决”，即既解决思想认识问题，又解决现场实际问题。为确保党课不走过场、不走形式，党建处对基层各单位上党课情况进行了分片包保，现场聆听，跟踪检查。同时，开展了专题党课评比活动，较好地提升了党课的质量和效果。按照集团公司党委的总体部署，分别制定下发了鞍山钢铁、鞍钢股份领导班子《党风廉政建设专题民主生活会方案》和《关于召开基层单位领导班子党风廉政建设专题民主生活会的通知》，指导各基层单位按照时间进度要求，在8月底前完成召开专题民主生活会的工作目标。8月26日，召开了鞍山钢铁领导班子党风廉政建设专题民主生活会。同时，对各基层单位专题民主生活会工作方案和班子成员的对照检查材料进行认真审核，提出修改意见，并组织部内13名同志参加了各基层单位的专题民主生活会。9月初，对各基层单位上报的专题民主生活会会议原始记录、情况报告和整改方案进行认真审核，共梳理存在的问题和不足1032项，制定整改措施1283项，使领导班子成员对作风之弊、行为之垢进行了一次大排查、大检修、大清扫。

**【换届改选】** 按照中央巡视组和集团公司党委关于基层党组织换届选举的工作要求，形成了《鞍山钢铁基层单位应换届单位情况统计表》，详细掌握了基层党委换届时间和班子成员配备等情况，对拖期换届和应换届党组织下发了督办通知和工作提示，并分点包片对各直管单位进行督办，确保基层党组织换届改选工作按计划有序进行，对符合换届条件的基层党委，指导、督促其按期召开党代会。鞍山钢铁所辖基层党委已全部完成了换届选举工作。

**【党建联盟】** 与中国社科院马研院党建党史研究

室进行了深入的交流和探讨，在开展党建联盟工作的现状和今后发展方向做好进一步深化。与鞍山市民政局交流探讨了党建联盟的功能和定位，为党建联盟工作的下一步开展奠定了基础。新签署党建联盟协议5份，其中外部2份，内部3份。汽车公司与原燃料采购中心建立党建联盟合作关系，通过该平台，双方畅通沟通渠道，由以往“开会旁听”变为“随时交流”，信息交流更加频繁密切。在获知原燃料采购信息后，汽车公司积极参与到鞍山钢铁沿海物流优化项目中，为公司降低物流成本700余万元。

**【基层组织建设】** 为深入贯彻落实《鞍钢集团公司党委关于加强基层服务型党组织建设的实施意见》，在基层单位开展了专题征文活动，共征集各单位上报的征文177篇。召开了三次基层单位组织员业务培训会，深入学习了党建联盟、挑战项目等业务知识，对基层单位在推进活动过程中遇到的问题，进行了细致解答，提升了基层党务干部的业务能力。特别是对换届选举工作进行了专题培训，讲清了换届选举的工作流程和注意事项，为基层各单位换届选举工作的顺利进行打下了知识基础。为准确掌握困难党员的基本情况，进一步完善了困难党员信息库，全面梳理了困难党员数量、困难原因、职工岗位工作情况及家庭情况等信息，对梳理出的1073名困难党员，做到了及时调整更新，确保信息准确、完整无误。及时、准确、细致地做好了七一困难党员走访慰问工作，确保每一分慰问金都落在实处、用在困难党员身上，保证职工群众生活安定，保证公司和谐稳定。按照“控制总量、优化结构，提高质量，发挥作用”的总要求，加大对入党积极分子和预备党员的培训力度。全年共培训入党积极分子600余人，预备党员500余人。

**【样板党支部建设】** 开展了基层党支部建设调研。按照年初计划，开展了鞍山钢铁基层党支部建设情况调研。制定下发了《鞍山钢铁党支部建设工作调研方案》，采用调查问卷、召开座谈会、访谈等方式，广泛听取基层党委书记、党支部书记、组织部长、党员与职工的意见建议。先后深入30多个基层党支部，访谈150多人，下发调研问卷3000多份。开展了党支部晋位升级评选活动。学习掌握集团公司对党支部示范基地和样板党支部评选的新标准、新要求。并到基层单位进行了为期一个多月的检查和复检，在检查过程中，对基层提出的硬件投入、基础记录、特色展示等问题，及时与集团组织部沟通，迅速整改落实。2015年度，鞍山钢铁共有3个党支部被评为鞍钢集团党支部工作示范基地，17个党支部被评为鞍钢集团样板党支部。

**【“三先两优”评比】** 大力选树基层党组织和优秀党员、优秀党务工作者典型，推进基层党组织和党员队伍建设。鞍山钢铁集团公司共有7个先进党委、77个先进党支部、119个先进党小组、126名优秀共产党员、58名优秀党务工作者受到鞍钢集团公司党委的命名表彰。

**【共产党员工程活动】** 采取多层多样式培训。分别在基层党政主要领导和机关部门负责人、基层单位组织部长和组织员、基层党支部书记三个层面开展培训。共培训基层单位组织部长、组织员、党支部书记500多人次。同时采取征求意见、召开现场会、专题培训等多种方式，大力宣传“挑战项目”活动的意义和目的，为扎实开展好“挑战项目”活动统一思想。根据公司党委《关于在全公司开展共产党员“挑战项目”攻关活动的决定》，制定下发了《2015年“挑战项目”攻关活动规划》，根据全年6个阶段的45个重点工作，制定了“挑战项目”推进时间表，进一步规范了每个阶段的具体内容、时间节点、责任人。建立“挑战项目”月例会制度、月点评制度、调查研究制度、月简报制度和月报表制度，形成固定的工作模式，有力地促动了基层单位组织部门扎实推进“挑战项目”，有效地推动了基层单位“挑战项目”活动落到实处。根据各基层单位“挑战项目”的组织开展情况和项目推进完成情况，开展了综合评比，以调动工作积极性为主导，带动各基层单位在“挑战项目”活动中取得更大的成绩。召开了鞍山钢铁/鞍钢股份共产党员“挑战项目”工作推进会。8月25日，组织基层单位党支部书记、组织员召开了鞍山钢铁/鞍钢股份共产党员“挑战项目”工作推进会，按照党委、党委工作室、党支部、党员四个层次，选取了5个单位，通过播放电视专题片和现场报告相结合的形式，做了经验介绍，取得了较好效果。2015年，全公司共确定“挑战项目”2618项，其中国际一流“挑战项目”7项、国内一流176项、鞍钢历史最好709项，已完成“挑战项目”634项。

（鞍山钢铁集团公司党委组织部　杨　松）

**【老干部工作】** 2015年，鞍山区域共有离退休老干部3815人，其中：离休1129人，退休2686人。基层单位52个。

2015年，鞍钢老干部工作在鞍钢公司党委、行政的正确领导下，认真贯彻落实全国“双先”表彰大会和全国老干部局长会议精神（以下简称“两会”），结合鞍钢实际，公司党委组织老干部开展了“讲述两个故事，释放正能量”为主题的系列活动，不断加强老干部党支部“两项建设”，搭建老干部发挥作用释放正能量的平台，充分调动了鞍钢离退休干部为实现中国梦和为鞍钢扭亏为盈作贡献的积极性。

1. 贯彻落实全国离退休干部“双先”表彰大会精神。1月，制定下发了《2015年鞍钢老干部工作要点》，明确提出要把学习宣传“两会”精神作为老干部工作今后一个时期的重点任务来抓。制定下发了《2015年老干部党支部理论学习安排意见》，并印发了300份《学习贯彻习近平总书记等中央领导同志在“双先”表彰大会上重要讲话精神宣传提纲》，为鞍山区域的每个老干部党支部增订了《离退休党支部学习参考》、为每个单位关工委增订了《中国火炬》杂志。为进一步加强老干部工作，鞍山区域制定了《鞍山钢铁集团公司政治工作卓越绩效评价办法（试行）》，进一步细化组织部门和老干部工作部门的具体职责，将老干部工作纳入各单位组织工作考核体系，做到与在职人员党建工作同部署、同规划、同考核。为加强对各单位老干部工作指导，坚持每季度邀请有关专家为基层老干部党支部书记、关工委常务副主任作一次理论学习辅导报告，并通报鞍钢生产经营情况。同时，加大调研力度，对全公司老干部党支部建设情况开展了调查，并形成了老干部党建工作调研报告。

2. 开展“讲述两个故事，释放正能量”主题活动。年初下发了《关于开展“讲述两个故事，释放正能量”主题活动的通知》，一是讲述鞍钢改革发展故事，弘扬鞍钢英模精神；二是讲述美好前景故事，唱响奋斗中国梦精神。主题活动重点围绕以下三方面开展：

（1）围绕纪念抗战胜利70周年开展主题活动。先后开展了以歌颂祖国在党的领导下发生翻天覆地的变化和实现中国梦的美好前景为内容的征文活动。鞍山区域共收到征文108篇，公司党委组织部对优秀组织单位和个人进行了表彰；有1000名老干部参与了以“铭记历史、缅怀先烈、珍爱和平、开创未来”为内容的学习答题活动；以唱响共产党好、社会主义好、改革开放好、伟大祖国好、各族人民大团结好和实现中国梦的时代主旋律为内容的文艺演出活动，组织100余名、平均年龄80余岁的老干部精心编排了一台精彩的文艺节目。在演出当天，集团公司党政主要领导出席并致词，为抗战老同志、老兵代表佩带纪念章、颁发了慰问金，受到观众们的一致好评，反响强烈；以开展“讲述历史、勿忘国耻、立足岗位、振兴中华”为内容的座谈会等系列活动，得到各单位老干部的积极响应。

（2）围绕注重发挥关工委组织作用开展主题活动。一是以“讲述鞍钢改革发展故事，弘扬鞍钢英模精神”为重点，各级关工委充分利用鞍钢自身英模的品牌基地，对青工和新入厂员工开展“三热爱”革命传统教育，先后组织青工参观了鞍钢雷锋、孟泰展览馆、郭明义爱心工作室等，引导广大青年职工牢固树立正确的世界观、人生观、价值观。组织老科技工作者与青年科技人才开展科技攻关、创新登高、导师带徒等活动。在鞍钢极其困难的情况下，这些老鞍钢积极为鞍钢扭亏增效建言献策、提合理化建议，释放正能量，共提合理化建议228条。二是以“讲述美好前景故事，唱响奋斗中国梦精神”为重点，充分发挥老同志在培育和践行社会主义核心价值观方面的重要作用。如鞍钢矿业公司大孤山铁矿关工委，针对矿区居民特点，创建特色矿区文化，在青少年教育上求突破，走出了一条以国学经典培育时代新苗的特色育人之路，建设起融展示、晨读、活动为一体的国学经典传承教育阵地，多家媒体进行了采访和宣传报道，收到明显效果。2015年，鞍山区域关工委组织开展了第19次捐资助学活动，共捐款3万余元，资助33名鞍钢困难职工子女就学。19年来，关工委的老同志们累计捐款106.8万元，帮助1412名贫困学子圆梦校园，对促进鞍钢职工队伍的稳定起到了积极作用。

（3）围绕开展网上正能量开展主题活动。按照中组部文件精神，制定下发了《关于组织老干部开展网上正能量的通知》。各级党组织做到了“四个到位”，即理解到位、宣传到位、动员到位、监督到位，引导广大老同志积极参与到这项活动中来，使活动开展规范健康、有声有色。

3. 认真落实“两个待遇”，不断丰富老干部晚年生活。2015 年，根据中组部《关于提高抗战时期参加革命工作的部分离休干部医疗待遇的通知》（组通字〔2015〕34 号）文件，落实办理了 1 人享受副省级医疗待遇，33 人享受按副省级医疗待遇标准报销医疗费。为纪念抗战胜利 70 周年，由各单位领导带队走访慰问了抗日老干部，共为 171 名抗日老干部颁发了纪念章，发放慰问金 85.5 万元。各单位领导主动在春节、十一等重大节日走访慰问老干部和看望患病的老干部，共走访慰问老干部 2459 人次，看望患病老干部 895 人次。公司加大对困难老干部救济力度。2015 年共救济困难老干部 68 人次，计 2.69 万元；各单位救济慰问了 1435 人次老干部，慰问金达 70.83 万元。不断丰富老干部晚年生活，每个季度结合季节变化和老年疾病请专家进行保健讲座和咨询服务，受到老干部的欢迎。组织 1600 余名老干部参观了新建的鞍钢展览馆；为体现党组织对老干部的关怀，组织鞍山区域 507 名老干部进行为期一周的健康疗养；组织全公司老干部开展了乒乓球、舞蹈、庆八一、重阳节等十余项大型文体活动，共有 2432 人次老干部参加了活动。同时配合六个协会组织了 1068 人次的各项活动。完善了六个协会的基础建设，建立了会员电子信息档案，定期召开协会例会，征求意见和建议；为给老干部创造一个优美、干净的活动场所，对鞍山区域的三个活动场所维护大修项目修缮一新，组织 60 余名青年志愿者为鞍山区域的老干部活动场所进行室内外卫生大清理。

（鞍山钢铁集团公司人力资源部老干办
李　伟）

## ·宣传工作·

**【强化理论学习，用先进理论助推企业科学发展】** 深入开展党的十八届三中、四中、五中全会精神和习近平总书记系列讲话精神的学习研讨。承办了公司党委中心组集中学习 18 次，编发了《党委中心组学习参考》21 期。认真落实中央和集团公司党委开展“三严三实”专题教育的部署，严格按照要求完成了 7 次专题学习。围绕《鞍钢扭亏增效、转型升级的六个发力点》开展研讨。公司党委成立 32 个调研组，参加各单位党委中心组专题学习。开展“六种发展理念”故事和感言征集，征集理念故事 56 个、感言 180 余条。

**【深入开展形势任务教育，增强思想政治工作作用力】** 一是通过文件、电子刊物、微信、视频等平台，下发了各类形势任务教育宣传提纲、宣讲材料 130 多份。特别是下半年以来，先后编发紧急宣传提纲 3 篇，面对面向全员宣讲，到达率接近 100%。在鞍钢视讯开办了《“打胜攻坚战　争做排头兵”——鞍山钢铁纵横谈》形势任务教育专栏，录制了 10 期专访，使全集团 10 多万人次职工受到教育。组织公司机关干部到一线面对面向职工宣讲 60 多次，听讲职工超过 8000 人次。通过电子媒体、微信等，介绍了宝钢、武钢、首钢等迎接生存挑战、全面改革创新宣传材料 80 多篇，在全公司上下营造改革创新保生存、万众一心渡难关的浓郁氛围。二是开展思想政治工作调研，先后到 30 多个单位召开专题座谈会，下发调查问卷 4500 多份。三是积极开展思想政治工作课题攻关，有 3 篇论文荣获国务院国资委思想政治工作研究成果一、二等奖，有 45 篇成果被集团公司作为典型案例。

**【打造特色文化，凝聚职工情感】** 全力总结提炼鞍钢精神文化，历时近 8 个月时间完成了鞍钢核心价值理念体系的表述语与基本内涵的阐述。组织指导各单位为 2800 多名退休职工，举办了 50 多场规范庄重的离职仪式。党委宣传部、人力资源部和团委联合下发了《关于规范举行新入厂职工入职仪式的通知》，分两批为 267 名新入厂职工举办热烈隆重的入职仪式。组织近 9000 多名职工参观了鞍钢集团展览馆，增强了全员对鞍钢精神、文化的归属感、荣誉感。同时，承接鞍钢对外重点接待任务 120 余次，接待人员 5 万余人次，进一步扩大了鞍钢的知名度和影响力。先后 3 次参加了全国企业文化研究会成果评选，有 20 余篇论文获奖。在二一九公园、厂区主要建筑物、主干道等，展示公司企业文化成果、标志等 40 余处。

**【精神文明建设取得丰硕成果，鞍山钢铁被评为全国文明单位】** 一是广泛开展“跟着郭明义学雷锋活动”，鞍钢股份公司被中央文明办授予首批全国学雷锋示范点。炼焦总厂被授予全国学雷锋示范基地，中厚板厂张传玉等 5 人被授予中央企业优秀志愿者。二是组织各单位成立郭明义敬业奉献团队355支，8086名志愿者加入，攻关立项868项，义务献工32210人次，突击会战522次，保产抢修676次。三是推进郭明义爱心工作室建设，打造爱心团队管理中心和鞍钢窗口单位。全年新增志愿者4万余人，接收各种求助1000余件次，完成对外捐款745553元，接待群众来访2000余人次，完成救助鞍钢线材厂患白血病的大学生职工赵得明等困难群众500余人次。协调安排及陪同郭明义赴四川、甘肃、青海等地参加重大会议和活动100余次，编发工作室每月工作汇报11期，6万余字。四是大力开展文明单位、文明集体创建，炼焦总厂荣获2012~2014年度辽宁省文明单位。鞍山钢铁郭明义爱心团队被国资委授予中央企业优秀志愿服务团队，被中国志愿服务协会授予全国志愿服务示范团队。

**【壮大典型群体，弘扬英模文化】** 2015年，重点培养宣传了以李超为代表的一批重大典型。李超先后荣获全国"时代楷模"、全国劳动模范、全国道德模范提名奖、中央企业道德模范、辽宁省道德模范等荣誉称号。2月4日，辽宁省委召开学习李超先进事迹座谈会，省文明委下发了《关于开展向李超同志学习活动的决定》，在全省掀起了学习李超热潮。组建了李超先进事迹报告团，应邀为省、市和集团各有关单位做了30余场报告，听众达7000余人。2月11日，在胜利宾馆举办了孙利东同志见义勇为先进事迹报告会，省见义勇为基金会领导、市委市政府领导和来自全市各个部门、单位的400余人参加了报告会。市政府授予孙利东同志"鞍山市见义勇为模范"荣誉称号。大力选树推介了荣获"辽宁好人·最美人物"称号的炼钢总厂林学斌、荣获"辽宁好人·最美职工"称号的炼焦总厂张允东、荣获"辽宁好人最美技术能手"的线材厂高级技师王广军、荣获冶金科技进步奖二等奖的热轧带钢厂1780设备作业区点检员王国光等一批先进典型，形成由80多个先进集体和个人组成的公司级典型群体，英模文化建设取得新成果。

**【创新宣传载体，拓展舆论影响】** 一是借助国家级媒体，开展重点宣传。在新华社、《人民日报》、中央电视台等发稿件280余篇（条）。接待中央、省级媒体采访50余次，记者160余人次。新华网、《焦点访谈》等媒体和栏目，对李超事迹进行深入报道。央视《新闻联播》《新闻直播间》等栏目在庆祝"五一"特别节目《工人诗篇》中，以《劳动是一首美丽的诗》为专题，用4分30多秒的超长篇幅，推出了炼钢总厂"工人诗人"田力和他的经典诗作，同时配发了短评。当天，在央视各新闻栏目中播出12次，时长超过1小时。二是在《鞍钢日报》《鞍钢视讯》刊发新闻稿件800余篇，其中，重要位置稿件达100余篇，遥遥领先其他区域公司和板块。三是加强微平台建设。公司官方微信发布新闻资讯、产品研发、行业动态等信息近1300条，单篇最高阅读量达34857人次，每日阅读量超过12000人次，居于央企前列。公司官方微博发布改革发展、转型升级、技术创新、扭亏增效等方面信息680多条。四是做好舆情应对管理工作。全年对网络舆情做到实时监控，及时应对，全年共处理重点、重大舆情5次，编发《网络舆情简报》8期。

**【扎实推进统战工作，充分发挥统战人士智慧力量】** 按照集团统战工作会议精神，细化了基础工作，摸清底数，突出重点。汇总统战工作的主要对象、各民主党派在鞍钢的情况、省市区政协委员的履职情况等，实现统战队伍全覆盖。创新活动形式载体，组织优秀统战对象积极参与"网络问企"、合理化建议、课题攻关等活动，积极发挥统战成员人才和智力优势，凝聚思想力量；开展统战人士岗位建功立业竞赛活动，调动其争当各条战线的排头兵的积极性；开展走进展览馆，为公司发展进言献策座谈会等活动，统战各界人士全年通过"爱献做"、专项攻关等载体，实现创效1000余万元。

**【扎实推进史志编纂工作】** 一是克服两级公司分立后人员调离造成的单位供稿、组稿困难，积极承担集团公司重组后首部《鞍钢年鉴》编纂任务。2014《鞍钢年鉴》征稿、收集资料、编辑、终审工作，交付出版社出版，计60余万字、70余张图片。为鞍钢集团的科学发展积累和提供翔实的资料和科学的依据。二是认真完成上级史志资料和年鉴供稿工作。为配合国家外专局"中俄两国关于世界反法西斯战争暨中国抗日战争胜利七十周年纪念活动"，提供前苏联专家在鞍钢工作事迹及图片资料；为鞍山市史志办编辑出版的2015《数字鞍山》等提供文稿及图片近10万字；为《国资年鉴2015》《中国钢铁工业年鉴2015》提供文稿及资料 1.8 万字。

**【展览馆规范管理运营取得进展，提升了鞍钢品牌影响力】** 组织展览馆制定了 29 项规章制度，填补了制度空白。开展了李超事迹专项展览、鞍钢著名书画家董洋作品展等专展 8 次。开展了鞍钢宪法、鞍钢文化、鞍钢英模等专题研讨 20 余次。完成重大接待任务 100 余次，收到了各方面高度评价。商务运营开发取得新进展，新开辟了草坪婚礼、老火车餐厅等项目，使其功能更加完善。

**【加强队伍建设，夯实工作基础】** 组织宣传干部开展新媒体、形势任务教育、深化改革宣传、企业文化、思想政治工作等专题培训 10 余次，有效提升了工作质量。组建了新闻联络员、宣传报道员、网络信息员队伍，总人数将近 100 名，为公司加强宣传报道和网络传播发挥了重要作用。建立鞍山钢铁宣传系统 3 个微信群，增强了宣传工作信息传递的及时性和到达率。

（鞍山钢铁集团公司党委宣传部　黄　辰）

## · 纪检监察工作 ·

**【深化管党治党责任】** 根据鞍钢集团党委、纪委要求，开展“一诺三书”签订工作。组织 65 名党委书记签订主体责任书、65 名纪委书记签订监督责任书，全面深化“两个责任”落实；组织 595 名副处级以上领导人员签订“一岗双责”和廉洁承诺书，确保党员领导人员严格“一岗双责”，带头遵章守纪。严格推进“两个责任”落实，组织各级党委及领导班子成员签订党风廉政建设责任状近 1500 份，明确党委管党治党主体责任，深入推进党风廉政建设责任制落实。听取下级党委、纪委汇报党风廉政建设工作 25 次，有 15 名纪委书记按照规定进行了述职；约谈下级单位领导人员 10 人，对领导人员谈话提醒 13 人次，对落实“两个责任”不到位的 5 名领导人员实施了问责处理。

**【做好中央巡视问题线索核实】** 根据鞍钢集团纪委、鞍山钢铁党委要求，做好中央第十三巡视组在鞍钢巡视反馈问题线索核实工作。抽调 40 人成立 8 个纪律审查小组，从线索反映领域、被反映人员层级、单位分布、查结情况等方面将巡视线索分成 A、B、C、D、E 五类进行处置，重点查办了“11 · 16”上海某公司向鞍钢销售假冒进口备件等案件。截至 2015 年底，鞍钢集团纪委转办的 136 件中央巡视线索，已完成审查 128 件，立案调查 10 人，给予党政纪处分 2 人，通报批评、诫勉谈话、提醒谈话等 10 人。针对发现的管理问题，对 3 个单位下发监察建议书，提出加强和改进管理建议 8 项。

**【推进纪检监察体制机制建设】** 严格落实鞍钢集团《关于加强党风廉政建设，深化纪检监察体制改革的意见》和《关于鞍钢集团各级党委、纪委领导岗位设置的决定》等规定，集中配备专职纪委书记 59 人，实现了所属单位全部配齐配强纪委书记的工作要求。实施专职纪检监察员派驻模式，共派驻专职纪检监察员 2 人，强化对重点领域、关键环节的监督。推动完成 30 个单位纪委班子换届工作，健全组织设置和人员配备。落实纪委书记、副书记提名考察办法，新任职纪委书记原则上不在本单位产生，严格交流任职要求。

**【构建大监督工作格局】** 为充分整合监督资源、形成监督合力，组织制定修订《鞍山钢铁集团公司监督委员会工作管理办法（试行）》等监督体系制度 27 项，为监督体系有效运行提供了制度支撑。充分发挥鞍山钢铁监督委员会作用，统筹协调纪检监察、党委组织、法律事务、审计、监事会等监督力量，开展线索核查、问题整改、预警信息审查等工作，对鞍钢集团内部巡视反馈的 24 类问题、14 项整改建议，研究制定并落实整改措施 74 项，形成监督合力。纪委书记全程参与了 358 人次领导人员选拔任用、职务调整，防止“带病提拔”。严格所属单位党委、纪委换届选举审查工作，已换届单位的两委班子成员全部经由纪委审查把关。对 59 名新任职纪委书记、2 名专职纪检监察员进行了任职前谈话，强化纪律要求。配合党委组织部对鞍山钢铁 557 名领导人员实施年度考核评价。

**【严格纪律审查工作】** 严格落实“把纪律和规矩挺在前面”的要求，综合运用监督执纪“四种形态”，加大问题线索审查力度，集中力量开展问题线索初核工作。以查办案件协作区为单位，对受理的重要问题线索进行审查，重点查办了鞍山市某公司向鞍山钢铁销售假冒伪劣洗涤用品案件，共封存价值 7 万余元的涉案产品；查处了“5 · 15”

烧结矿被盗案、“12·7”伪劣焦煤案以及所属个别单位管理人员违规操办婚丧喜庆事宜等违反中央八项规定精神案件，给予党政纪处分25人。2015年共受理信访举报、中央巡视、鞍钢党委巡视转来线索320件，查结223件。共批评教育17人、诫勉谈话30人，问责考核5人、组织处理1人。

**【深入开展效能监察】** 坚持把效能监察作为党风建设和反腐败工作融入生产经营管理的有效切入点，深入开展效能监察工作。全年确立监察项目132项，重点开展了债权清理、招标管理、原燃材料及辅助材料验质验收管理、废钢管理等专项效能监察，共避免和挽回经济损失6210万元，提出管理建议188项，建章立制120项。在债权清理效能监察工作中，共清理一年以上历史债权4.5亿元。编印了《鞍山钢铁集团公司效能监察工作读本》，对效能监察工作开展的基本程序和要求进行了规范。

**【加强反腐倡廉教育】** 以“坚持廉洁从业，推进改革创新”主题教育活动为载体，系统开展理想信念、党规党纪、案例警示、岗位廉洁等教育，强化纪律要求。召开了有鞍山钢铁副处级以上领导人员、关键重要岗位人员近600人参加的警示教育大会，通报26起典型案例，责成2家问题突出的单位党委做出深刻检讨。举办了为期10天的党风廉政建设典型案例专题警示教育展，组织鞍山钢铁、鞍钢股份领导班子成员以及各级领导人员、关键重要岗位人员2350余人次参观学习。组织650余名党员干部参观鞍钢集团反腐倡廉教育展览馆，促进廉洁氛围的形成。

**【加强纪检监察队伍建设】** 按照鞍钢集团深化“三转”要求，集中调整了所属单位纪委书记岗位设置，配齐配强了纪检监察干部。组织召开了纪委书记、纪检监察干部参加的“全面从严治党，深入落实两个责任”工作研讨会，就深入推进党风建设和反腐败工作提出要求。结合问题线索核实，采取“以案代训”等形式，集中开展纪律审查工作培训，强化审查组人员业务能力、提升办案技巧；开展集中业务培训，组织鞍山钢铁155名纪检监察干部参加鞍钢集团纪检监察业务培训，选派4名纪检监察干部参加中央纪委业务培训。鞍山钢铁各级纪委共组织纪检监察业务培训8次，培训纪检监察干部300人次。

（鞍山钢铁集团公司纪委监察部　王玉鑫）

## ·工会工作·

**【鞍山钢铁集团公司第十届职工代表大会第十四次会议】** 鞍山钢铁集团公司第十届职工代表大会第十四次会议于2015年1月16日在鞍钢会展中心召开。会议由鞍山钢铁集团公司党委副书记、纪委书记、工会主席林大庆同志主持，鞍山钢铁集团公司总经理唐复平同志作行政工作报告，鞍山钢铁集团公司党委书记杨华同志讲话。会议主要议程为：审议公司行政工作报告、2014年福利费使用情况和2015年福利费使用方案（草案）、2015年绩效考评与薪酬分配实施办法（草案）、薪酬管理办法（草案）、安全生产禁令及实施办法（草案）、集体合同（草案）、女职工权益保护专项集体合同（草案）、2014年企业年金运行情况报告、2014年集体合同履行情况报告、2014年社会保险缴费情况报告、2014年业务招待费使用情况报告、第十届职工代表大会第十三次会议提案处理情况报告、2014年教育经费提取使用情况报告、2015年员工教育培训实施计划、2015年财务预算报告；投票表决公司2015年福利费使用方案（草案）、公司2015年绩效考评与薪酬分配实施办法（草案）、公司薪酬管理办法（草案）、公司安全生产禁令及实施办法（草案）、公司集体合同（草案）、公司女职工权益保护专项集体合同（草案）；签订《鞍山钢铁集团集体合同》和《鞍山钢铁集团公司女职工权益保护专项集体合同》；民主评议、民主测评鞍山钢铁集团公司领导班子和领导班子成员；审议通过《关于鞍山钢铁集团公司行政工作报告的决议（草案）》。

**【鞍山钢铁集团公司第十届职代会第四十二次主席团（扩大）会议】** 鞍山钢铁集团公司第十届职工代表大会第四十二次主席团（扩大）会议于2015年4月10日在鞍钢工人文化宫二楼文化厅召开，主席团成员、代表团团长、工会委员会成员、职代会专门委员会负责人、公司部门负责人参加了会议。会议通报鞍山钢铁领导班子和领导班子成员民主评议测评结果，听取十届十四次职代会各代表团分组讨论情况。

**【鞍山钢铁集团公司第十届职代会第四十三次主席团（扩大）会议】** 鞍山钢铁集团公司第十届职代

会第四十三次主席团（扩大）会议于2015年7月28日在鞍钢工人文化宫二楼文化厅召开，主席团成员、代表团团长、公司部门负责人参加了会议。会议听取《鞍山钢铁集团公司人力资源服务中心业务运行管理办法（试行）》（草案）说明，审议投票表决通过《鞍山钢铁集团公司人力资源服务中心业务运行管理办法（试行）》。

**【专门委员会工作】** 2015年3月11日，召开鞍山钢铁集团公司第十届职工代表大会提案审查委员会会议，对鞍山钢铁集团公司第十届职工代表大会第十四次会议职工代表提案进行了审查，共立案9件，按照职工代表大会有关规定，转交公司办公室处理，并将提案处理情况提交职代会审议。

**【集体合同】** 在2015年1月16日召开的鞍山钢铁集团公司第十届职工代表大会第十四次会议上，鞍山钢铁集团公司总经理唐复平代表公司、鞍山钢铁集团公司工会主席林大庆代表职工，签订了《鞍山钢铁铁集团集体合同》（2015~2017）和《鞍山钢铁集团公司女职工权益保护专项集体合同》（2015~2017）。

按照鞍山钢工发〔2015〕31号文件《关于开展集体合同履行情况检查的通知》要求，于9月14~23日，分别对公司所属的股份公司炼焦总厂等26个单位，就《鞍山钢铁集团公司集体合同》和《鞍山钢铁集团公司女职工权益保护专项集体合同》履行情况进行了检查。检查组通过听取汇报、查阅资料、询问情况、召开座谈会等方式，重点对劳动用工、安全卫生等7个方面，按照合同条款逐条检查，对在检查中发现的问题责成各单位落实整改时间、责任人，及时进行整改。

**【民主评议工作】** 按照集团公司工会关于开好年度职工代表大会的要求，各单位严格按照《鞍钢民主评议干部办法》规范操作，并实行了民主评议工作事先、事后报告制度，保证了评议工作质量。各级评议委员会成员参加民主评议的全过程，对被评议干部述职、职工代表民主测评、评议结果反馈等关键环节进行严格把关。各级领导干部在广泛征求职工群众意见的基础上认真做好自我评价，民主测评则全部采取无记名投票的方式进行。对机关部门负责人的民主测评，由被评议干部所在部门的全体职工和部分基层代表参加。由于准备充分，组织周密，广大职工较好地行使了民主权利，实事求是、公正客观地评价了领导班子和领导干部。

在鞍山钢铁职代会期间，组织开展民主评议公司领导班子和领导班子成员，领导班子和领导班子成员进行述职，接受职工代表的评议。鞍山钢铁领导班子综合评价为“好”的438票，占90.3%。召开公司民主评议干部委员会会议，通报民主测评情况，审议公司领导班子及成员民主评议材料。

有35个直管基层单位及其所属单位开展了民主评议领导班子工作，占94.6%。共评议副处级以上领导干部451人，占87.9%，其中优秀率大于或等于90%的334人，占74.1%。评议科级领导干部1045人，占88.3%，其中优秀率大于或等于90%的675人，占64.6%。民主测评厂务公开职工满意率大于或等于90%的有29个单位，占78.4%。

**【工会组织建设】** 深入开展“建家”活动。按照鞍钢集团公司工会《关于鞍钢集团公司工会系统2015年度总结评比工作的通知》要求和《鞍钢集团公司工会系统绩效考核办法》规定，在“基础绩效考核”“互检考核”“否决项目考核”“创新绩效”和“卓越绩效”考核等方面，通过划分考核区域、自评、互评、部门评议等方式，评选推荐35个基层工会（含二级公司所属基层工会）为2015年度鞍钢集团公司先进工会，占58.1%；同时推荐64名工会干部为鞍钢集团公司2015年度优秀工会干部、441人为鞍钢集团公司2015年度优秀工会积极分子。

开展会员评家工作。各单位在职代会期间，开展了会员评家，有32个单位职工满意率均大于或等于90%。

鞍钢股份冷轧厂工会荣获全国模范职工之家称号，鞍钢股份炼焦总厂荣获辽宁省模范职工之家称号，铁运公司机车厂李明荣获辽宁省优秀工会工作者标兵称号，鞍钢股份能源管控中心董波荣获辽宁省优秀工会积极分子称号。

**【网络问企】** 大力弘扬“鞍钢宪法”精神，深入持续推动“网络问企”活动。鞍钢股份鲅鱼圈钢铁分公司等4个单位获得鞍钢集团“网络问企”优秀组织单位，鞍钢股份炼钢总厂臧绍双等11名职工获得优秀建议者一等奖，鞍钢股份炼铁总厂胡攀等23名职工获得优秀建议者二等奖，朝阳钢铁有限公司陶崇民等59名职工获得优秀建议者三等奖，铁路运输公司李春等270名职工获得优秀建议奖，铁路运输公司徐仲凯等29名职工获得优秀组织者。

总结公司各单位“网络问企”活动先进经验，鞍钢股份鲅鱼圈分公司和资源储运经营中心，分别在鞍钢集团公司纪念“鞍钢宪法”诞生55周年论坛和“网络问企”活动表彰会上做经验介绍。

按照鞍钢集团公司统一部署，在全公司范围内开展“献良言、渡难关”“网络问企”专项活动，各单位充分认识开展专项活动的重要性和紧迫性，按照集团公司要求，建立健全活动组织机构，制订活动方案，积极营造活动氛围，完善激励机制，动员和引导广大职工积极参与到活动中来。2015年职工通过鞍山钢铁“网络问企”活动平台共提出各种问题建议71746条。

（鞍山钢铁集团公司工会　张　宏）

**【群众性经济技术创新活动】** 2015年，鞍山钢铁工会坚持面向生产经营主战场，组织引导职工岗位创新、岗位创优、岗位创效，充分发挥广大职工主力军作用，群众性经济技术创新工作取得了喜人的成绩。一是深入开展劳动竞赛活动。以关键控制点为抓手，以系统思维为方法，围绕工序成本、产品质量、促销降采、节能环保四个主攻重点，采取“4+X”形式开展劳动竞赛活动。公司层面相继开展了“重点经济技术指标对标”竞赛、“节能达标、减排对标”竞赛、“全面营销、降采增效”竞赛和双增双节四个主题竞赛；在炼铁总厂4高炉、炼钢总厂三工区2号连铸机和热轧带钢厂1780线改造性重点年修工程开展“四比四赛”立功竞赛等五个专项竞赛。全年共有16项重点经济技术指标、70条产线实现了进档升级；共有14个单位完成的指标进入优秀值，有8个单位完成的指标进入达标值；共有16座高炉、转炉、烧结机分别荣获大型耗能钢铁生产设备节能降耗、减排对标竞赛“冠军炉”和“优胜炉”称号；涌现出“全面营销、降采增效”竞赛优胜单位41个，先进个人353名；以降本增效为主线，与鞍山钢铁所属基层单位工会签订“实施全员成本目标管理，深化双增双节活动”责任状，确定群众性攻关项目1060个，全年实现创效1.57亿元。基层单位以班组对标、岗位对标等形式组织开展劳动竞赛260项，解决现场难题765个，表彰立功集体677个，表彰先进个人13675名。二是开展群众性提合理化建议“金点子”评选活动。围绕安全、生产、经营、技术、管理、改造等方面在一线职工中广泛征集合理化建议“金点子”活动。共征集合理化建议816项，评选出“金点子”109项、“银点子”160项、优秀建议282项，实现创效5.43亿元。三是举办职工技术竞赛活动。为不断推进高技能人才队伍建设，公司创新竞赛模式，将技术竞赛分为公司层面组织16个竞赛工种及基层单位承办33个委托工种竞赛的两级竞赛体系。通过理论考试、岗位操作知识和实际操作考试，历时7个月，从2173人中选拔出技术状元49名、技术能手358名。四是不断深化职工自主创新活动。新命名大型厂王军等6个公司级职工创新工作室，并分别拨付专项经费3万元；举办创新工作室科研管理知识培训，组织工作室带头人分别到广州中国创新科技成果交流会及上海冶金工业展览会参观学习；会同鞍山钢铁人力资源部和鞍钢股份科技质量部为职工创新工作室“量身定做”工作计划；鞍山钢铁人力资源部把公司级职工创新工作室培训纳入公司职工培训计划，13个创新工作室攻关项目进入“员工创新支持计划”项目；鞍钢股份科技质量部开通绿色通道，实施职工创新工作室快速立项，10个职工创新工作室快速确立29个科研项目；先后组织推荐了54项职工优秀创新成果参加第二十一届全国发明展览会，共荣获金奖9项，银奖11项，铜奖13项。

**【先进操作法推广活动】** 为全面释放职工的智慧和力量，让职工发明创造成果成为鞍山钢铁打胜扭亏增效攻坚战的合力，鞍山钢铁工会以“全员登高、万众创新”为主题，开展“百岗千法创效，万人竞技登高”先进操作法拉练季活动。为推动活动扎实开展，鞍山钢铁工会筹划并召开了“百岗千法创效，万人竞技登高”拉练季暨“员工创新支持计划”启动仪式，并以创新为主题作了经验交流。鞍山钢铁人力资源部及鞍钢股份科技质量部分别发布了“员工创新支持计划”项目和职工创新工作室快速立项科研项目计划，并对优秀组织单位进行了表彰。全年，公司推广先进操作法265项，其中新命名197项，优化68项，近万人次参加培训，实现创效2.5亿元。

**【工会劳动保护工作】** 2015年，鞍山钢铁工会以强化工会劳动保护工作为抓手，增强职工监督维护能力，促进了公司安全生产。一是扎实有效地组织开展“安康杯”竞赛活动。通过健全组织网络，强化班组书面报名参赛程序，坚持检查表彰等形式，使“安康杯”竞赛活动扎实有效。通过与鞍钢股份各基层单位工会签订2015年“工会劳动保护责任状”、开展“群安之星”评选活动、对工会劳动保护监督检查员进行年度考试考核、征集评选“安康杯”优秀论文和劳动保护工作经验等系列举措，强化了责任落实。调动了群众监督安全生产的积极性和主动性。2015年，有5个基层单位、20个班组、23名个人分别荣获鞍钢集团“安康杯”竞赛优胜单位、优胜班组及先进个人称号；有5个单位、7个班组、6名个人分别荣获鞍山市“安康杯”竞赛优胜单位、优胜班组及先进个人称号；鞍山钢铁集团公司荣获了2014年度全国安康杯竞赛活动优胜单位。二是积极参与“安全生产月”活动。组织广大职工广泛开展学习新《安全生产法》、事故隐患和职业病危害因素排查、征集安全生产、职业健康论文警句等活动；举办了鞍钢股份班组安全知识过关挑战擂台赛；以班组为单位，组织全公司4244个班组职工参加全国新《安全生产法》知识普及竞赛答题活动；在工会系统开展群众性危险化学品安全生产监督检查活动，总结评比出先进个人20名和优秀合理化建议50项。三是深入开展“送清凉、保安全、促发展”活动。本着“为一线职工送最需要物品”为出发点，根据各单位实际工作环境特点，分别发放了价值60余万元的冰柜、风扇、药箱药品、盐汽水、洗衣粉等物品。

**【劳动模范管理】** 充分发挥鞍钢典型群体的优势、典型工作的方法，在强化思想引领、筑牢思想根基、增强主人翁责任感上下功夫，加强放大先进人员的典型示范引领效应。一是加强日常管理，注重把劳模的基本信息建档与日常考核动态结合。对劳动模范信息库进行了重新梳理，梳理内容涉及近60个信息条，特别是按照省总工会要求，对省部级以上的劳动模范现有信息进行了全面、细致的调查摸底，以保证劳模管理的准确性和动态化；按照集团公司总评文件要求，经基层单位推荐，总评委员会考核、测评，鞍山钢铁共有35人被评为2014~2015年度鞍钢集团公司劳动模范；鞍钢股份能源管控中心刘加纯、鞍钢股份热轧带钢厂姜海获得辽宁省五一劳动奖章。鞍钢股份炼钢总厂“李新林创新工作室”、鞍钢股份冷轧厂“李超创新工作室”、鞍钢股份热轧带钢厂“张福多创新工作室”被辽宁省总工会命名为“辽宁省劳模创新工作室”。二是加强服务管理。鞍钢股份组织在岗劳模开展疗休养和体检活动。五一节前夕，走访慰问了6名离退休和在职的省部级以上劳模；先后组织了18名劳模参加上级工会组织的休养活动。

（鞍山钢铁集团公司工会　王剑峰）

**【困难职工帮扶工作】** 2015年，按照集团公司党委要求，坚持以人为本，关爱职工，以实现“三不让”为目标，积极协助党政解决职工群众最关心、最直接、最现实的问题。广泛开展“温暖送万家”大走访活动。各级工会组织按照教育实践活动要切实解决职工突出困难的要求，坚持履行“第一知情人”“第一报告人”的职责，积极拓宽扶贫帮困渠道，不断探索包户扶贫的新思路，广泛开展“温暖送万家”大走访活动。据统计，全公司4700人参加走访活动，走访救济特困、困难职工2.1万余人，发放救济金1505万元，发放慰问品价值123.7万元。建立完善困难职工档案。公司各单位对职工困难情况进行摸底调查，将978名特困、困难职工信息输入鞍钢困难帮扶管理系统，困难边缘户信息输入本单位困难帮扶管理系统，分门别类建立困难职工档案。全面推进“一帮一”“群帮一”帮扶活动，倡导职工互助互济。全公司有2300多名干部和骨干参加包户扶贫活动，重点帮助职工解决医疗、子女就学、突发事件等诸多临时生活难题，建立“一帮一”帮扶对子720余个，“群帮一”帮扶对子260余个，特困、困难职工包保率达100%。

**【医疗救济】** 为做好鞍钢职工医疗救济资金审核发放工作，依据集团公司工会《关于审核发放2014年医疗救济资金的通知》要求，各单位深入到住院职工和退休人员家庭，宣传政策，搜集医疗救济需要的相关材料，保证医疗救济资金在春节前发放到职工手中。公司工会、卫生处、居退管办的有关人员组成专门审核小组，全面审查住院就医自负医疗费情况，确定救济人员和救济金额。在医疗救济金初审后，各基层单位工会对救济人、救济金额、救济原因张榜公示。全公司符合救济条件的有2846人，使用救济总额1341.8万元。

**【金秋助学】** 以不让一名困难职工子女因家庭困

难上不起学为目标，开展“金秋助学”活动。为确保活动全覆盖，采取逐一入户走访的形式对困难职工家庭及子女上学情况进行摸底调查，做到学生考试情况清、家庭收入情况清、困难程度情况清，确保了助学对象的准确性，不漏一户、不忘一人。全年“金秋助学”活动共救济困难职工子女144名，使用救济款25.2万元。

（鞍山钢铁集团公司工会　项东生）

**【职工体育文化活动】** 2015年，鞍钢职工体育工作始终以提高职工综合素质为中心，开展群众性健身活动，引导职工积极参与喜闻乐见的体育活动，相继开展棋牌、乒乓球、五人制足球、长跑、拔河、羽毛球、趣味健身班组行、篮球、毽球、排球、游泳等项目比赛。鞍钢全民健身活动的开展与职工积极参与形成良性循环的局面，职工综合素质得到全面提高。

2015年，鞍钢在参加全国、省、市各类比赛中，共获得27金1银3铜的优异成绩。在山东德州举行的全国拔河锦标赛中夺得五项冠军、一项亚军、一项季军。在第五届全国冶金职工运动会“包钢杯”五人制足球比赛获第三名。

职工文化活动丰富多彩。2月，鞍钢工会、鞍钢文联组织鞍钢的艺术家、演员一行50余人先后到鞍钢矿业集团弓长岭选矿厂、鞍钢工程铁路运输设备制造公司、鞍钢股份大型厂举办为期3天的迎新春送文化下厂活动，为一线职工赠送1000余册职工创作的图书和1100余幅春联、福字、书画等作品，深受一线职工欢迎。9月，举办纪念中国人民抗日战争暨世界反法西斯战争胜利70周年书画作品展。此次展出以中国人民抗日战争暨世界反法西斯战争胜利70周年为主题，作品从不同角度，不同侧面歌颂中国共产党的伟大领导，弘扬民族精神、爱国主义精神和抗战精神，激发广大职工民族自尊心、自信心和自豪感。2015年，鞍钢文联荣获“大唐杯”第二届“中国梦·劳动美”全国职工诗词创作大赛优秀组织单位奖。鞍钢职工朗诵协会在第四届“夏青杯”朗诵大赛鞍山赛区取得佳绩，在18名参赛选手中有16人进军决赛。

（鞍山钢铁集团公司工会　冯　昶　张金铃）

**【女职工工作】** 各级女工组织加大选树和宣传女职工先进典型力度，激发和调动女职工为企业奉献的积极性，激活和传递蕴藏在女职工中的正能量。2015年，有77名同志获得鞍钢“巾帼建功标兵”荣誉称号、34个集体获得鞍钢“巾帼文明示范岗”荣誉称号、29个“三八”班组荣获鞍钢“三八”红旗集体称号、72名同志荣获鞍钢“三八”红旗手称号、30个工会女职工委员会荣获鞍钢先进女职工组织称号、30名同志荣获鞍钢先进女职工工作者称号。鞍钢集团公司工会女职工委员会荣获2015年度辽宁省五一巾帼建功先进集体称号，鞍钢股份冷轧硅钢厂化检验作业区甲班荣获2015年度辽宁省巾帼文明岗称号。

认真履行维护职能。针对身患重大疾病、单亲特困女职工和生活特殊困难的女职工家庭，开展帮扶行动。在三八节、六一儿童节期间鞍钢工会共走访慰问特困女职工和患病儿童162人次，发放慰问救济金10.7万元。认真贯彻落实《女职工劳动保护特别规定》《妇女权益保障法》《婚姻法》《劳动法》等国家法律、法规，增强女职工的法律意识和自我保护意识。组织女职工妇科专项体检，为16018名女职工办理女职工团体安康保险，有38名女职工出险，共获得赔偿金180万元。关注女性健康，与光大永明人寿保险有限公司联合举办“关于女性健康及重大疾病预防”专题培训讲座，有65个基层单位2940名女职工参加讲座。开展鹊桥联谊活动，组织60名未婚、大龄、单身职工参加市总工会举办的鹊桥联谊活动，各级女工组织为解决未婚职工后顾之忧，常年坚持提供“红娘”服务。

开展弘扬家庭美德、树立良好家风，培育和践行社会主义核心价值，弘扬夫妻和睦、尊老爱幼、促进家庭和睦活动。2015年，有20个家庭荣获市妇联评选的五好文明家庭及各类特色家庭称号。广泛开展丰富多彩的文化活动。组织开展2015年鞍山市“晒家风家训·讲我家故事”和“家庭·家教·家风”主题作品征集等活动，共征集180个家风作品；组织开展第三届书香“三八”——健康女性·幸福中国征文活动。

（鞍山钢铁集团公司工会　刘　飞）

**【居家职工、退休职工管理服务工作】** 2015年，公司各级居退管组织以保证居退职工队伍稳定为重点，认真履行职责，不断推进思想教育常态化、生活保障制度化、作用发挥实效化、文体活动多样化、管理服务规范化，较好地完成了全年居退职工管理服务各项工作任务。

坚持将思想教育融入居退职工管理服务全过程，先后开展了“鞍钢振兴我有责，鞍钢发展我受益”和“回顾发展历程，回眸光辉岁月”等专题教育活动，增强了居退职工与企业之间的思想感情和维护企业稳定的自觉性。2015年，各级居退管组织共开展宣传教育活动447次，受教育面达3.7万余人次。自觉履行稳定工作职责，与信访部门建立了稳定工作信息沟通及处置联动机制，做到上访人数清、上访诉求清、思想状况清、帮教措施清，实现了不稳定苗头早发现、早报告、早控制、早化解，没有发生大规模群体访。完善居退职工困难帮扶微机操作系统，健全困难群体信息档案，广泛开展“送温暖大走访”活动。2015年，走访居退职工9721户，慰问住院居退职工6936人次，发放救济金970万元，救济困难居退职工30050人次，向2121名符合条件的居退职工发放医疗救济金1022.06万元。组织3700名退休职工到鞍钢千疗进行健康疗养。建立居退休职工管理片组1273个，举办居退职工片组长培训班226次，培训4889人次，提高了居退职工参与自主管理、自我服务的工作能力。组建老年志愿者服务小分队499个，帮助老同志办实事、办好事、解难事7889件。开展“余热建功”活动，居退职工全年捐献小布垫39.2万块，有148条合理化建议被采纳。鞍钢股份公司炼铁总厂“夕阳红”老年志愿者服务小分队被鞍山市授予“老有所为先进集体”称号。股份公司炼铁总厂张贵良等2人被鞍山市授予“老有所为先进个人”。重视退休职工活动站建设，为鞍钢股份炼焦总厂、大型厂等单位活动站更换了活动设施。开展“六好活动站”评比活动，有16个活动站被评为“六好活动站”。举办门球、象棋、乒乓球、垂钓等比赛及重阳节专场慰问演出。结合居退职工特点，成立太极扇、合唱团、摄影书法绘画等兴趣小组193个，组织文体娱乐活动313项次，参与人员达11.62万余人次。

（鞍山钢铁集团公司居退管办　关炳刚）

## ·共青团工作·

**【青年思想教育引领】** 开通微信平台，开展主题活动，青年思想引导工作扎实有效。

1. 开通“鞍山钢铁青春舞台”微信公众平台。下发《关于推广关注“鞍山钢铁青春舞台”微信公众平台的通知》，开设青春关注、青春实践、青春风采和青春动态四大品牌栏目，将企业近期生产经营形势、重大事件和团组织工作动态等信息及时传递给青年职工，得到广大青年一致好评。全年共推送信息37期，刊发稿件233篇，关注人数2890人。

2. 深入开展“跟着郭明义学雷锋”主题实践活动。该公司各级团组织以“郭明义青年敬业奉献团队”为载体，积极开展“跟着郭明义学雷锋”主题实践活动，全年开展青年敬业奉献活动361次，参与青年人数达5420人次。该团委组织200余名青年志愿者对鞍钢老干办活动中心和白楼食堂进行卫生清理，共清理活动室8个，擦洗门窗290扇，清洁地面卫生2000余平方米；参与组织了擢秀园景观清理维护活动，参与青年达200余名；针对废钢铁资源紧张局面，组织开展了回收废钢铁活动，共回收废钢铁294.82吨，参与青年达971名。

**【青年创新实践活动】** 加强选题立项，丰富工作载体，青年创新实践助力企业发展。

1. 抓核心，开展创新项目攻关。以立足岗位寻、上下工序提和市场客户需三个层面为出发点，开展选题立项工作，所属各级团组织共申报青年创新登高项目417项，其中“立足岗位寻”369项、“上下工序提”26项、“市场客户需”22项。为青年技术人员开展项目研讨搭建网络交流平台，组织建立“青年创客空间”45个、“青年创客联盟”21个。注重创新成果推广与应用，收集并整理近年来具有推广价值的青年创新攻关成果288项，形成《青年创新登高项目成果》电子书，下发至所属基层团委，开展青年创新成果推广工作。

2. 强根本，实施创新人才培养。对创新人才信息库实施动态管理，将559名创新能力强、业绩突出的青年职工纳入青年创新人才信息库，作为重点培养对象。深化“导师带徒”活动，将首席、主任、主管工程师与青年技术骨干、青年技术人员结成“三人两师两徒”师徒对子，建立师徒对子213对。开设“青年创客大学”，将鞍山区域403名青年专业技术人员，分为12个班次，进行了为期三个月的创新培训；组织开展“青年创客讲堂”活动，促进创新成果的推广和应用，各级团组织共开展“青年创客讲堂”548次，推广创新成果723项，培训7496人次。组织开展寻找“鞍山钢铁最美青年创客”活动，召开了纪念五四运动九十六周年暨最美青年创客表彰大会。

3. 重保障，健全创新工作机制。依托员工创新支持计划，积极争取资金支撑和技术支持，该团委共推荐创新项目81项，经专家组评审，最终确定公司级资助项目23项，为青年营造更好的创新工作环境。进一步扩大表彰范围、加强表彰力度，从团的活动经费中列支专项资金，对2015年度做出成绩的青年创新登高项目给予表彰，并为十余名青年创新典型优先提供外出学习考察机会。

**【服务青年职工需求】** 满足个性需求，竭诚服务青年，服务青年需求工作落到实处。

1. 服务新员工入厂需求。全面统筹新入厂大学生服务工作，组建青年志愿者服务队，为新员工入厂提供为期18天的志愿者服务；编印《新入厂员工通用知识汇编》《鞍山钢铁集团公司欢迎您》报道宣传卡片，发放日常生活用品271份；与公司组织部联合举办通用知识竞赛，与公司党委组织部、党委宣传部共同为鞍山钢铁271名新入厂员工举办了入职仪式，开展了入厂参观、“拥抱鞍钢”征文活动，加速新员工由学生到员工的角色转变。

2. 服务青年婚恋需求。完善单身青年婚恋需求信息库，全面掌握745名单身青年信息，同时将外部单身青年资源纳入信息库管理，为广大单身青年提供交友资源；举办“我们的白色之恋”“相约青春”等大型单身青年联谊交友活动三次，参与青年达160人次；强化单线介绍模式，组建“红娘帮帮团”，为单身青年提供交友机会共计576次。全年共有82对单身青年牵手成功。

3. 服务青年文化需求。举办“绽放青春、羽你共享”青年羽毛球赛、青年篮球赛、“青春、梦想、鞍钢”迎新文艺汇演，丰富了青年职工的业余文化生活；针对住宿青年对中国传统节日的实际需求，组织开展了住宿青年元宵节主题观影活动，参与青年达1000余人，开展节假日走访慰问活动，所属各基层团委全年走访青年945人次。

**【加强团的自身建设】** 加强队伍建设，优化考评制度，团的自身建设工作不断夯实。

1. 完善绩效考评制度。以季度为节点召开绩效工作会议，从达标检查、业绩评价和效果评估等方面对基层团组织的工作绩效进行量化考评，对排名靠前的团委进行奖励；新增亮点工作评选激励机制，鼓励规模较小、团员数量较少的基层团委创新性的开展工作。

2. 实施项目组工作模式。结合该团委人员配备情况，成立网络新媒体、创新实践、品牌活动等7个工作项目组，承办公司团委专项工作，通过对基层团干部的实践锻炼，在有效提升团干部自身综合素质和工作能力的同时，也进一步提高了该团委的工作质量和效率。

3. 开展专项调研工作。到炼钢总厂、冷轧厂、铁路运输公司等11个基层团委开展“创新工作载体、提升履职能力”专项调研工作，进一步丰富共青团工作的活动载体，提升共青团组织的履职能力，切实提高团组织服务青年的能力和水平。

（鞍山钢铁集团公司团委　王　洋）

## ·人民武装工作·

**【调整鞍山钢铁国动委内设机构和组成人员】** 2015年，鞍山钢铁党委加强对鞍山钢铁国防动员工作领导，对鞍山钢铁国防动员委员会组成人员及内设机构人员进行了调整。调整后，鞍山钢铁国动委依然与中共鞍山钢铁党委武委会、鞍山钢铁优抚委员会和鞍山钢铁国防教育领导小组实行一个机构四块牌子。内设综合、武装动员、经济动员、人民防空、交通战备、信息动员、政治动员等7个办公室。新一届委员会明确了组成人员及内设机构人员的工作职责和业务分工，为各职能业务的有效开展和任务落实提供了组织保证。

深入贯彻习近平总书记“总体国家安全观”战略思想，5月上旬，鞍山军分区组织召开全市国动委第四次全体会议，传达了沈阳军区国动委第八次和辽宁省国动委第四次会议精神，总结了全市近年国防动员工作，部署了今后一个时期国防动员工作任务，通报表彰了一批关心支持国防动员建设的先进单位和个人。鞍山钢铁人武部被评为“鞍山市国防动员建设先进单位”。鞍山钢铁人武部部长顾颜、鞍钢矿业集团武装保卫部部长李增光被评为“鞍山市国防动员工作先进个人”。

**【国防动员潜力调查统计】** 根据省军区《关于

2015 年军队建设发展综合统计工作安排》，要求逐级统计国防后备力量建设领域基础数据，为加强战备指导、搞好规划评估和编制“十三五”规划提供支撑。鞍山钢铁人武部根据两级军区《关于深入做好人民武装动员潜力调查和实力统计工作的通知》和市国动委工作会议精神和鞍山区域国防动员潜力情况进行了调查统计，统计中结合市国动委综合办下发的《人民武装动员潜力调查》系统数据光盘，严格按照要求填写统计表格，严禁私自对统计项目、格式进行改动，保证内容格式统一规范，力求信息真实准确。鞍山钢铁人武部先后分板块公司和直属单位、股份公司两次召开工作会议，对鞍山区域 94 家编兵单位部署了工作任务。历经一个月的时间、经近 200 名各单位武装干部的共同努力，最终按照时间结点，收集、排查、整理、统计、汇总、上报了 8735 名转退军人各类表格 10 种共计十几万条人员信息，全面完成了本次省军区和市国动委赋予的工作任务。

**【民兵预备役整组】** 为做好 2015 年度民兵预备役整组工作，3 月上旬至 5 月底，鞍山钢铁人武部根据鞍山军分区指示，组织开展了 2015 年度鞍山区域民兵预备役组织整顿工作。今年民兵预备役整组任务主要是突出抓好民兵防空团和预备役部队编组，确保重点骨干队伍编组落实。整组前期，对鞍山区域 29 家编兵单位适龄职工及复转军人进行了情况摸底，通过基层单位汇报、板块组建和运行、武装部门设置和武装干部配备、板块民兵编训任务、武器装备管理、优抚对象和人防管理等 6 个调研题目，重点围绕基层单位机构设置、职工规模、武装干部情况、编兵情况、人防工程、人防装备、优抚对象等情况进行调研，为圆满完成民兵预备役整组任务奠定基础。先后组织两期编兵单位武装干部业务培训，培训重点以武装工作专业基础知识为主，结合当前武装工作实际及民兵组织整顿重点和难点问题集中展开，鞍山区域所属编兵单位 30 多名武装干部参加。经调整，目前鞍山区域现有编兵单位 94 个，编有基干民兵 2347 人、预备役部队 403 人、人防专业分队 415 人；服预备役退伍军人 1815 人、地方与军事专业对口技术人员 636 人。

**【军事训练】** 1. 民兵预备役专业训练。根据鞍山军分区《2015 年鞍山市民兵预备役部队、现役部队预编预备役人员军事训练工作》指示，6 月上旬，拟制了鞍山区域年度民兵预备役军事训练方案，部署落实年度民兵预备役军事训练任务。共同完成民兵预备役训练任务为 329 人。其中民兵防空（高炮）分队 10 人、勤务保障分队 100 人、储备队伍 50 人、人防专业分队 20 人、预备役部队 149 人。

（1）民兵训练。2015 年鞍钢民兵训练任务主要是按照上级军事机关的指示，围绕民兵防空团指挥所及高炮连训（演）练任务展开的。

一是选派民兵指挥专业技术骨干完成参加全省民兵预备役部队防空兵空情标图员骨干集训任务。在参加集训考核的 18 个团（营）中，鞍钢民兵防空团取得团体成绩第二名、民兵个人成绩第三名的好成绩。

二是民兵高炮专业骨干完成参加全省民兵预备役部队高炮营（连）长集训任务。

三是组织完成鞍钢民兵防空团高炮连及指挥分队训练与考核任务。

四是根据鞍山军分区要求，鞍山钢铁人武部选派 13 名防空指挥分队和高炮专业人员完成了保障配合立山武装部民兵高炮连训练并参加省军区组织的大连高炮实弹演习考核任务以及提供武器装备及相关器材任务。

（2）预备役训练。年初，鞍山陆军预备役通信团组织全团预备役官兵进行了野营拉练式冬训。预备役三营（鞍钢营）共抽调鞍钢股份公司等 3 家单位 20 多名预备役人员参加此次冬训。此次冬训目的是强化走、打、吃、住、藏能力养成，完成通信环境下性能指标实验、通信数据采集、通联状况测试及野战环境下团指挥所开设、通信枢纽各要素演练等科目的训练任务。此外还完成了为军分区司令部组织现役军官防空指挥所冬训训练器材的保障任务。

完成鞍钢预备役通信营接力连野外驻训及预任军官集训任务。6 月和 10 月，鞍钢预备役通信营组织接力连及预任军官 69 人赴岫岩县进行野外驻训，接力连共完成 4 个科目的操作手训练任务，了解并掌握了岫岩地区夏令时电磁环境概况，圆满完成了上级赋予的训练任务。

2. 职工训练。组织教员完成参加部内军事化队列训练指导及会操考核评审任务。4 月末开始，保卫部以内保小队为单位，开展了军事化队列训练，此次军事化队列训练科目内容包括：立正、稍息、报数、敬礼、礼毕、停止间转法、齐步、跑步、正步行进与立定、指挥手势等。组织军事训练教员参加了各大队训练指导工作，并圆满完成了会操考核评审任务。此次训练提升了保卫部各大队执岗人员的形象和精神面貌，为保卫部在鞍钢实现“两个升级”保驾护航中努力争创一流工作业绩奠定基础。

另外组织完成鞍山钢铁2015年220余名技校学生入学前军训任务（两期）。

3. 军事活动。为进一步增强和提高武装干部、民兵预备役人员的军事技能，8月8日，鞍山钢铁人武部组织鞍山区域所属编兵单位举行了庆“八一”轻武器实弹射击竞赛。本次竞赛活动共有80个单位、240人参加，每个单位代表队由主管武装工作的领导（部长）、基干民兵、普通民兵组成。活动期间，聘请了部队专业人员授课，此次活动历时1天，取得了较好效果。竞赛后，鞍山钢铁人武部下发了鞍山区域各编兵单位庆“八一”轻武器实弹射击竞赛成绩通报。

**【武装工作管理与考核】** 制定并下发《鞍山钢铁2015年武装工作要点》。明确年度武装工作总体要求、工作目标和主要工作任务。加强武装工作管理与考核。结合武装工作实际，（制）修订下发了6个方面35项鞍山钢铁武装工作考核评价内容和评价标准，并逐项抓落实。各基层编兵单位严格执行鞍山钢铁年度武装工作部署和考核标准，积极制定上报本单位武装工作年度规划和安排，完善工作措施，确保武装工作各项任务落实。同时严格按照鞍山钢铁政治工作卓越绩效评价实施意见规定，明确了公司政治工作卓越绩效评价中人民武装工作的评价内容、标准、依据、分值、周期以及主管部门责任，为公司武装工作发展提供了制度保证。认真总结了近年来鞍钢集团国防教育、双拥工作经验与做法，并向国资委群工局进行了上报。组织编纂了鞍山钢铁2014年《军事年鉴》。组织完成了鞍山区域武装部和武装干部基本信息采集任务。

**【民兵政治教育和职工国防教育】** 2015年，鞍山钢铁人武部为纪念中国人民抗日战争胜利70周年，与鞍钢日报社联合在鞍钢集团公司所属鞍山区域内举行纪念中国人民抗日战争胜利70周年国防知识竞赛活动。此次活动采用在《鞍钢日报》上出题（《鞍钢日报》8月28日第三版）。鞍山区域所属各编兵单位、领导干部、机关、基层干部、基干民兵和集团公司机关各部门、板块公司机关所属二级公司等99家单位776人参加。经过答卷收集、整理、严格评卷、评比，及时将竞赛成绩进行了通报。同时，鞍山区域所属编兵单位各级武装部门采取多种形式，积极组织开展民兵政治教育和形势教育活动，将民兵政治教育融入到企业职工思想政治教育工作之中。股份公司、板块公司、直属单位等相继组织开展“弘扬伟大抗战精神，同心共筑强大国防”主题系列活动。广泛开展宣讲辅导、影视巡播、书画展览、座谈会、知识竞赛等系列纪念活动，大力宣传抗战胜利伟大意义，凝聚强国强军正能量。各基层武装部通过组织参观爱国主义教育和国防教育基地等多种形式，深入进行爱国拥军光荣传统教育，强化全体职工的国防观念和双拥意识，营造出爱国拥军的浓厚氛围。通过以板报、电子大屏幕、宣传海报、电视片展示国防教育宣传口号，以史实和国防法律法规为基本内容，组织开展的国防教育活动。使广大职工增强了民族责任意识、大局意识、忧患意识，进一步提高了广大民兵预备役人员的思想政治素质，2015年，鞍山区域实现了全年基干民兵犯罪率为零的目标。

**【民兵武器装备管理】** 2015年，根据上级军事部门的相关规定，结合今年鞍山钢铁民兵整组及武器装备管理的实际，组织对武器装备及相关专业训练器材进行春季普查登记，对重武器所属部分单位维护与管理状况进行了调整，规范了高炮装备库房建设标准。每季度“炮场日”期间，集中组织高炮分队所属编兵单位基干民兵对火炮进行了换季擦拭保养，武器装备始终保持“四无”标准，符合上级军事部门要求，确保了民兵武器装备管理安全无事故。

全年保障公司民兵轻武器实弹射击竞赛任务，动用各类枪支16件，消耗弹药5000发；保障民兵防空团高炮连（训）演练及考核任务，动用牵引火炮12门，确保安全无事故，实现了鞍钢民兵武器装备管理工作连续54年无事故。

**【民兵参建】** 鞍山区域各级民兵组织结合本单位生产经营实际，发挥民兵组织优势，深入开展以“民兵号”评比竞赛为主要形式的降本增效活动。各单位“民兵号”组织积极响应公司要求，将打胜扭亏增效、转型升级“两大战役”作为首要任务，把广大民兵预备役人员的思想和行动统一到公司的决策和部署上来。积极组织开展劳动竞赛和修旧利废活动，群策群力，降低生产成本和管理费用；突出安全生产、节能减排和增收节支；集中力量解难题，努力完成扭亏增效任务。8月1日，《鞍钢日报》综合新闻版整版宣传了鞍钢部分基层优秀民兵号及荣复转退军人先进事迹，宣传他们敢打硬仗、善打硬仗，敢于担当、勇挑重担，反映他们脱下军装，走进鞍钢，依然保持军人本色、军人的作风，为企业改革发展贡献力量。截至目前，公司150个民兵号集体，平均每年为公司多创效益1000多万元。

**【拥军优抚】** 一是积极协调推动开展军企共建活动。春节前夕，经过多次协调，鞍钢集团公司领导先后走访慰问辽阳39集团军、海城39集团军116师、鞍山航空兵1师、鞍山军分区等5家驻军部队，并送去慰问金。积极协调鞍钢集团公司为鞍山陆军预备役通信团拨付训练费事宜，确保及时定额到位，极大地支持了部队训练。

二是接待优抚对象上访。元旦、春节、“两会”及“八一”期间是各类优抚对象上访的敏感时期，公司相继下发关于做好拥军优抚工作的通知。全年公司共接待优抚对象上访约50多人次，对他们所提出的问题做到耐心细致的答疑解惑，努力使优抚对象满意而归，确保了公司优抚对象无集体越级上访事件发生。

三是搞好优抚慰问活动，认真落实拥军优抚各项法规政策。鞍山区域所属单位根据公司要求，积极组织开展“八一”优抚慰问活动，全公司共走访慰问优抚对象7631人次，发放慰问品价值65余万元。走访慰问残疾军人、烈士遗属、现役军人家属、复退军人以及优抚对象特困户等，听取他们的意见，力所能及地为他们办实事，给他们送去温暖，帮助优抚对象解决生活中的实际问题。

四是搞好优抚对象情况统计。8~10月对全公司优抚对象情况进行了调研统计，经统计鞍山区域优抚对象共有30581人，其中在岗18887人、居家767人、离退休10753人。经过分析，形成了优抚工作报告，对存在的问题提出整改建议，从基础上强化优抚工作。

五是组织召开纪念建军88周年优秀退伍军人座谈会。来自鞍山区域各条战线的13位优秀退伍军人代表齐聚一堂，畅谈在本职岗位上发挥主力军作用，针对当前鞍钢的生产形势，代表们发言表示，要充分发挥我军光荣传统，以“握指成拳，共克时艰”的精神，战胜当前企业所面临的困难。座谈会的新闻在鞍钢视讯上播出。

**【人民防空】** 2015年，鞍山钢铁人武部以人防工作与民兵工作相结合、人防分队编组与民兵整组相结合、人防专业分队训练与民兵专业分队训练相结合、人防教育与职工国防教育相结合、平时与战时相结合为原则，认真落实工作目标，圆满完成了市防办赋予的各项任务。

一是完成人防专业分队的整组验收任务。按照市防办整组检查验收要求，组织完成了人防专业队（炼焦总厂20人）集结点验任务，由于在市防办点验任务中完成任务出色，成为省防办集结点验免检单位。

二是人防工程管理安全无事故。鞍山区域现有人防工程79处，总面积为99348平方米。其中鞍山钢铁人武部直管人防工程14处，面积为69829平方米；其余65处人防工程为鞍山区域所属单位自管。今年对鞍山区域79处人防工程进行了常态化管理，工作中克服了点多、面广、情况复杂等诸多困难，对所辖人防工程实施不定期巡视。落实了人防工程水泵维护包保单位，对发现的隐患问题进行了跟踪处置，实现了人身安全、人防设施、安全防火事故为零。

三是完成公司所属人防警报设施自查，并配合市防办对鞍钢人防警报设施进行了检查维修与更换，全部实现电控操纵。目前，鞍山区域共有人防警报设施29台。认真落实市防办关于加强人防警报设施管理的规定，强化对各单位人防警报设施的管理，确保时时监控，遇有问题及时解决。此外，全年维修警报器2台、改造安装升级控制系统27台，有效提升了警报器的安全警示作用。在警报设施管理中，采取平战结合的方式，在企业安全生产和工作中发挥了重要作用。在“九一八”纪念日，组织警报设施单位进行了警示鸣响，并通过各方媒体（鞍钢视迅、鞍钢日报社）广泛宣传，得到了上级部门的充分肯定。

四是组织开展了人防法宣传周活动。今年是《中华人民共和国人民防空法》颁布19周年纪念日，根据市防办安排，结合鞍山区域实际，组织开展了《人民防空法》应急周宣传活动，充分利用鞍钢媒体，在各有关单位展示人防宣传板，组织鞍钢职工观看。

此外，完成了鞍钢防空预案的修订完善工作任务，得到市防办的充分肯定。

（鞍山钢铁集团公司保卫部（人民武装部）
吴洪刚）

# ·所属单位简介·

## 钢铁板块

### 鞍钢股份有限公司

**【概述】** 2015 年，鞍钢股份有限公司（以下简称“鞍钢股份”）认真践行“六种发展理念”，坚持“一个重点、两个转移、三个转变”的工作思路，大力实施市场化运营，不断深化改革创新，持续优化产品结构，积极应对严峻的市场形势，打下了求生存、促发展的根基。

1. 坚持市场化运营，成本竞争力持续增强。

把握市场变化，持续降本增效。一是针对钢铁行业严峻的市场形势，以市场需求为导向，按照适度经济规模要求，适时调整高炉系统生产方案，确保经济效益最大化。二是坚持“效益优先”原则，根据各产线盈亏状况，合理安排产线集约开停，优先组织高效产线生产。三是建立市场倒逼机制，严格控制各项费用。根据市场变化调整预算指标，做到刚性执行，大幅压缩费用支出，三项费用同比降低 1. 8 亿元。四是实现了矿石现货采购，进口矿采购价格为行业第 3 名，同比上升 18 位，比行业平均水平低 56. 3 元/吨。全年外购成本同比降低 59. 5 亿元。其中，铁矿石实现降采 31 亿元，煤炭实现降采 22. 6 亿元。五是加大公开招标采购力度，本着应招尽招的原则，设备工程、资材备件公开招标比例达 68. 4%，实现降采 7. 36 亿元。六是实施集约高效经营的物流管理模式，提升了物流效率，降低了物流成本。七是加强能源管理，提升创效能力。2015 年各项能源指标均创历史最好水平，鞍山地区、鲅鱼圈分公司自发电比例分别完成 60%、66%。鞍山地区同比降低能源采购费用 4. 4 亿元。实现能源产品收入 6. 55 亿元，同比增长 0. 5 亿元。合同能源项目实现创效 2. 2 亿元。

深化对标管理，降低工序成本。一是成立市场化运营小组，建立了完善的对标体系，以先进国企、地企、民企为对标目标，按月发布模拟市场化成本目标值，以市场目标倒逼成本，促进各产线成本持续降低。二是以大高炉委员会为平台，每周分析预判原燃料市场变化，运用期货、现货和长协多种采购手段，优化炉料结构，提升市场快速响应，实现当期原料当期使用，规避了大宗原料下跌的风险。2015 年，炼铁、炼焦成本低于或逼近先进民营企业水平，实现工序降本 34 亿元。三是精细管理，精心操作，技经指标全面提升，在 31 项关键 KPI 指标中，鞍山地区、鲅鱼圈分公司分别有 9 项、10 项指标创历史最好水平。

2. 坚持优化产品结构，市场竞争力持续增强。

落实精品战略，调整品种结构。围绕市场需求，通过调整品种结构提升市场竞争力，坚持“品种钢+服务+研发”，提升鞍钢产品的品牌化、差异化价值。国家海洋装备用金属材料及其应用的重点实验室落户技术中心。百米钢轨热处理线具备大批量生产能力。率先实现工业化生产第二代超高强冷轧汽车用钢 TWIP1180，并成为第三代汽车用钢国家标准起草单位。Q500qE 钢板供货世界最大跨度公铁两用斜拉桥——沪通长江大桥。核电用钢首次走出国门，用于巴基斯坦卡拉奇核电机组。2015 年开发新产品 145 个，战略产品、独有领先产品和新产品比例分别达到 62. 85%、28. 8%、8. 9%。

注重科技进步，以创新促发展。一是继续完善科研创新体系，将职工创新纳入体系，营造了全员创新的浓厚氛围。二是成功制定了行业认可的企业标准。国内最先进 27 吨轴重通用敞车 C80E 通过中国铁路总公司评审，首次采纳鞍钢企业标准作为供货技术条件。起草 2 项国际标准，修订 16 项国家及行业标准。三是加强科研项目管理，全年立项 343 个课题，承担国家项目 10 项，集团重大项目 10 项，争取并获得“三新”减免税及政府科研类拨款 8508 万元，实现科研创效 3. 63 亿元。四是实施技术输出战略，完成对外技术输出 14 项，实现技术创效 326 万元，开创了技术输出先河。五是突出知识产权地位，完成专利申请受理量 646 件，获得国家授权专利 566 件，其中发明授权专利190件。

强化营销服务，扩大市场份额。一是公司主要领导带头走访重点战略客户，大力开拓市场。全年实现汽车钢销售314万吨，重轨销售58.6万吨。二是推进技术营销、服务营销、商务营销，深入挖掘行业客户的个性化高端需求，营销技术支持与服务能力持续增强。三是充分发挥各销售分公司的桥头堡作用，驾驭市场、服务客户的水平不断提升。四是实施“量价挂钩、创效提成、上不封顶”的激励机制，实现了销售人员与工作绩效联动。五是加强内、外贸系统协调互动，扩大出口规模。2015年，钢材出口装船量287万吨，同比增长13.9%。

3. 坚持改革创新，企业管控能力持续增强。

优化体制机制，激发企业活力。一是推进鞍山钢铁与鞍钢股份两级公司一体化运行，做实鞍钢股份管理平台，实现管理层级压缩，管控效率提升。二是完善营销体制，设立市场技术总监，跟踪用户需求，导入市场信号，统筹协调产销研各环节，有效提升快速响应市场的能力。三是创新运营模式，对无缝钢管厂实施承包经营制改革，封闭责任，激发活力。四是坚持用世界眼光谋划企业未来，组团赴日本新日铁和神户制钢学习考察，从管控模式、定员效率、技术研发等方面进行全方位对标，引导广大干部职工进一步坚定深化改革的决心。

加强企业管理，提升运营效率。一是加强投资、技改管理。重点安排、精心组织，按期完成了大连铸、热轧1780线、冷轧1号线酸轧联合机组和五炼焦等22项重点工程，为公司调品降本增效奠定了基础。二是以提高设备精度为核心，开展了完善设备功能活动，提升了设备保障能力，鞍钢股份获得“第十届全国设备管理优秀单位”称号。三是优化负债结构，降低资金成本。拓展多渠道融资，开展了商票保贴、发行短融等工作，有效提高了资金保障能力。四是全面压缩“两金”占用。盘活存量，释放增量，全面超额完成了集团公司下达的“两金”控制目标，全员的资金成本意识显著增强。五是积极推进财务共享平台建设，已在鞍山本部正式运行。六是加强涉密人员和秘密载体管理，确保国家秘密和鞍钢商业秘密安全，实现保密管理升级。

坚持依法治企，保障合规运营。一是不断强化法律风险意识，完善法律管理制度体系。二是发挥法律维权功能，依法应对各类案件。三是严把合同审查的法律关口，确保经营活动合法受控。全年挽回经济损失1434万元。

4. 坚持以人为本，安全和谐氛围持续增强。

强化安全环保，推进绿色发展。一是始终坚持安全“零”事故管理目标。创建实施“0123”安全管理模式，探索建立安全生产预警系统，全面开展“一月一主题、一月一课堂”活动，常态实施安全管理点检、量化式安全检查，不断夯实安全管理基础。全年排查安全隐患33621项，整改完成33430项，开展安全专题培训1479人次。二是加强生态文明建设。累计实施西大沟废水深度处理等蓝天工程43项，投资44亿元，全面完成国家及辽宁省责任书项目。2015年，二氧化硫、氮氧化物、氨氮以及COD污染物排放量分别削减22.1%、24.5%、54.7%和78.5%。三是强化治安消防工作。深化防火标准化体系建设，完善立体监防体系，实现厂区重大火灾事故为零，重大治安案件为零。

培育和谐文化，汇聚发展合力。坚持开展服务职工活动，完成了焦化综合服务区建设，扩建修缮了炼铁总厂等单位的综合服务设施，整合了服务资源，改善了职工生活条件。各级组织全年走访慰问困难职工、困难退休人员、劳动模范等13884人次；持续开展“金秋助学”和各项困难救助活动，累计发放852万元。持之以恒地开展“百岗千法创效，万人竞技登高”活动，推广厂级以上先进操作法217项，提升了职工技能。命名了以林学斌工作室为代表的第二批职工创新工作室5个，已形成职工创新工作室27个。团委在青年员工中实施创新登高项目293项，开展“青年创客、青年讲堂”等活动，有力地激发了青年职工创新工作热情。

（邢明贺）

**【市场营销中心】** 2015年末，鞍钢股份市场营销中心共有职工312人，其中在岗职工275人。在岗职工中，高级职称33人，中级职称175人，初级职称42人。市场营销中心是鞍山钢铁集团公司营销管理和客户协同的管理部门，是鞍钢股份有限公司的品种销售部门和主要的国内营销平台，负责统筹协同鞍山钢铁各销售单元和品种销售部的营销业务。同时，按照公司要求，完成各自所辖区域的销售任务及客户服务等工作。中心下设人力资源部（党委组织部）、监察部（纪委）、工会、行政事务部等4个党群管理部门；运营管理部、营销管理部、售后服务部、加工线管理部、分公司管理部、大客户管理部等6个业务管理部门；热轧销售部、冷轧销售部、镀锌销售部、现货销售部等4个专业产品销售部；沈阳公司、天津公司、上海公司、烟台公司、宁波公司、广州公司等6个国内销售子公司；在天津、潍坊、上海等地设有3条钢材加工线，在广州设有1个物流园。在严酷的市场环境下，市场营销中心全体职工奋力开拓市场、创新管理、提升服务、提高客户满意度，为建设一流钢铁营销中心而奋斗。

1. 主要指标完成情况。2015年，销售钢材1888.6万吨，产销率99.89%，直供销售及战略产品实际完成1199.72万吨，钢材出口装船290.86万吨，钢材销售平均价格2550.38元/吨。

2. 提升融入中心能力，不断夯实党建基础。2015年，市场营销中心党委正式成立。该中心党委充分发挥党组织的政治核心作用，为建设一流钢铁营销中心提供有力保证，团结和带领全体党员干部、职工群众，逐步建立和完善符合市场需要的营销管理体系和产销研协同配合的营销服务体系，坚定不移地贯彻落实党的十八大和鞍钢集团首次党代会精神，切实把“六种发展理念”全方位融入营销中心的各项工作中。以“三严三实”专题教育作为有力抓手，自上而下整顿作风、严明纪律，查找、整改不严不实问题，提升管理、树立形象，推进市场化机制，提高运营效率；把进一步完善党的基层组织建设，不断夯实党建基础作为工作主线，针对中心机构点多线长面广的特点，创新“三会一课”制度，充分利用互联网的优势，拓展组织生活新模式；不断清理、建立、完善各项党建工作制度，创建样板党支部，加强对基层党支部工作的指导和管理；深入推进创先争优活动，大力表彰先进、选树典型；紧紧抓住创新创效的需要，开展共产党员挑战攻关活动，立项39项，创效720万元；进一步增强与8家战略客户党建联盟的协同效应，共同促进党建和业务工作的开展；全面推进党风廉政建设，逐步健全三级廉政责任体系，围绕重点区域和环节开展效能监察，为企业健康发展起到应有作用。

3. 奋力开拓市场，增强营销服务能力和水平。以市场为导向，充分发挥营销平台的职能，紧抓客户需求，科学研判、灵活应对，着力增强产品价格的主导权、控制力和竞争优势；不断加大调品力度，完善调品模式，千方百计增加钢材销售量，在品种拓展、客户开发、区域投放、产品出口等方面取得进展。2015年，钢材销售高于钢铁行业平均价格292元/吨。同时利用营销团队专业化销售优势，积极开拓市场，全年开发新客户270家。

4. 完善制度建设，加强风险管控。履行鞍山钢铁营销管理职能，规范业务运行，防范销售风险，不断完善三级制度体系建设；制定并完善鞍山钢铁层面的《钢铁产品销售计划管理办法》《钢铁产品价格管理办法》；不断依据市场需要修订并细化了鞍钢股份层面的《产品要求确定、评审及合同签订管理程序》和《顾客投诉管理程序》等8个程序文件及管理办法；制定了营销中心层面的《现货销售管理实施细则》等7个管理细则。

5. 注重团队业务能力提升，打造一流营销队伍。开展分级营销培训，加强营销队伍建设，利用双休日，邀请国内知名营销专家开展鞍山钢铁销售系统高层管理人员专项营销培训，系统了解营销理论知识及实战工具，指导实际营销工作；邀请鞍钢技术专家开展一线营销人员业务知识培训，不断提高营销队伍整体素质；招聘多名具有生产、科研一线技术工作经历的青年员工，充实到营销一线培养锻炼，加快营销队伍结构调整和优化。

6. 推动营销管理升级，激发内部活动。进一步完善统分结合的营销管理体系，加强产销研协同配合的营销服务体系；深化三项制度改革，加大竞争性人员流动力度，强化业绩晋升导向；完善薪酬分配，用好激励机制，薪酬向销售一线倾斜，通过实行“量价挂钩”考评方式，将销售数量、价格、品种钢比例、新客户开发、销售回款等指标与销售人员收入相挂钩，同时设立客户开发、难销品种、现货销售等专项奖励，鼓励销售人员积极开拓市场、抓合同、抢订单，充分调动职工的积极性和创造性。

7. 充分发挥群团工作特点，奠定企业和谐发展基础。工会组织突出履行维护职能，完善民主管理，推进厂务公开，组织385名职工进行健康体检；走访、慰问困难职工 12 人次，发放救济金 1.35 万元；开展“金秋助学”活动；组织开展职工喜闻乐见的文体活动丰富业余生活。共青团组织在不断加强自身建设的同时，营造浓郁的家文化氛围，在思想引领、创新实践、生活服务等方面全方位搭建满足青年需要、符合青年实际的成长平台。以创新工作室为依托，深入开展“青年创新登高”活动，三个项目共创效 60 万元；推出展现营销一线青年职工在扭亏增效、转型升级攻坚战中奉献青春的系列微视频《语行青春Ⅱ》再次获得集团公司团委微视频大赛二等奖；营销中心团委被评为鞍山钢铁五四红旗团委。

（张　阳）

**【原燃料采购中心】** 2015 年，该中心实现原燃料采购总量 5110 万吨，与 2014 年同期采购价格相比，外购原燃料降采 68.69 亿元，与市场同期价格相比，外购原燃料差异化降采 16.76 亿元，为公司实现扭亏为盈目标作出了贡献。

成功培育港口现货矿市场，迈出历史性的第一步。2015 年年初，原燃料采购中心凝聚变革创新，一改以往长协进口矿的采购模式，充分利用鞍钢分公司料场和临近港口的优势，成功培育进口矿现货市场，大胆迈出了超乎于其他企业求生存、增效益、降成本的第一步。新的采购模式，实现当期用料匹配当期价格，有效规避市场风险。采购价格由 2014 年行业排名第 21 位上升至第 3 位。

优化配煤、配矿品种结构，推进使用高性价比资源，有效降低采购成本。权衡外部资源及内部需求，尽最大可能获取、占有高性价比资源，通过资源替代、优化采购结构及配煤结构降低公司成本。根据价格变化，对现国有重点煤矿高度依赖的煤种进行有效替代，在焦炭质量满足炼铁总厂要求的前提下，全力降低高成本焦肥煤比例，提高高硫煤、瘦焦煤的使用比例，加强性价比高的炼焦煤对原配置煤炭资源的替代；以推动使用高性价比的低品位矿为重点，利用公司自产高品位铁精矿的资源优势，加大非主流低品位矿石的使用，合理配矿，有效降低了配矿成本。

推进原燃料外销工作，开辟增收创效新途径。在市场需求萎靡不振的情况下，原燃料采购中心积极开拓外销市场，既有效解决了公司大宗原燃料资源过剩的问题，又满足了鞍钢未来实施其他原燃料差价销售的战略需要。矿石方面，通过市场调研、实地考察、成本对比、查摆优势，确定了立足于以大连为主的东北市场的销售策略，成功开通了球团矿的外销渠道，实现历史性零突破。同时，在球团矿的销售方式上勇于创新，敢于承担，满足了需方交款即能实现当日 24 小时发货的需求，体现了鞍钢的服务优势。坚持服务客户的理念，多次到需方单位走访，了解需方的需求及供料使用情况，以保持与需方友好、持久的合作关系。

推进原燃料招标采购，提升招标采购竞争力。高度重视地方煤矿在鞍钢煤炭降采、保供中起到的重要作用，对具备条件的地方煤炭实施招标采购，引进更多的供应商参与投标，形成有效竞争。为降低铁合金采购成本，本着应招尽招、首选公开招标采购方式的原则，以公开招标为主，广泛寻源、广开渠道，积极引进新供方，按最低价评标法进行评标，实现有效竞争。

提升队伍素质，抓好党建工作，营造浓厚的降采增效氛围。为打造一支业绩一流的学习型、创新型、效能型团队，中心坚持“学无止境”的理念，组织党员重温党章，认真学习党的路线方针政策，学习党的十八届三中、四中、五中全会精神，学习习近平总书记系列讲话精神，提高党员干部的政治素养和理论水平。中心党总支扎实、有效开展了“三严三实”专题教育活动，充分征求中心全体职工对副处级以上领导干部在“三严三实”方面存在的“不严不实”问题，组织中心副处级以上领导干部召开以“严以修身”“严以用权”“严以律己”为主题的学习研讨会，对每名领导干部在思想、作风和党性上补了“钙”。中心工会为增强职工的主人翁意识，激发职工降本增效工作的积极性、主动性和创造性，以保供降采为主线，以提高职工队伍素质为重点，以发挥榜样激励作用、争创最佳集体为途径，持续开展劳动竞赛活动，引导职工立足本职、爱岗敬业、刻苦钻研、不断创新，促使职工自身素质上层次、业务技能上等级，促进降本增效取得新成果，为中心全面完成降采工作目标奠定基础。

（朱　勇）

**【设备资材采购中心】** 2015 年末，鞍钢股份有限公司设备资材采购中心有在岗职工 325 人，其中管理和专业技术岗位 172 人（高级职称 27 人、中级职称126人、初级职称18人），居家休息职工9人，编外5人，离退休职工497人。机构设置为“六部一作业区”。拥有固定资产原值7605.25万元，净值2507.94万元。仓储用库房23座，大型露天货场2个，总计仓储面积22.33万平方米，主要设备有各类吊车46台、货运电梯4部。

2015年，该中心广大干部职工深入践行“六种发展理念”，坚持“抓降采、保供应、促管理”的工作思路，大力推行阳光采购，拓宽降本增效途径，不断提升管理水平。全年，设备资材同比实现降采7.36亿元，综合降采率13.73%。其中，设备备件同比实现降采3.14亿元，综合降采率14.43%；资材吨钢综合消耗134.76元，同比每吨降低19.71元，综合降幅12.76%，均完成了公司年初下达的考核指标，经受住了严峻形势和艰巨任务的考验。

降本增效能力持续增强。转变采购策略，坚持公开招标采购为首选，做到能招必招，实现阳光采购，扩大社会参与面，引入充分竞争。资材除固定渠道采购品种外，全部实现公开招标，占其品种的92.47%，占其采购总金额的95.3%。设备备件公开招标比例稳步提升，四季度公开招标占比26.95%。公开招标是当前采购“新常态”模式的工作理念已经形成。大力推行功能承包，在耐材、轧制液、热电偶品种进行功能承包基础上，积极与使用单位配合，重点推进炼钢转炉本体承包、转炉出钢口滑板挡渣承包、中间包本体承包等项目，促进供方降价提质，保证了生产需求。采取“无库存”“产量承包”等方式，推进备件协议采购，同比实现降采6400万元。实施贵重金属备件抵价采购，实现降采4500万元。

降库控库能力持续增强。与公司设备保障部联动，将降库指标按产线分解到各生产厂，按月进行通报考核。坚持先利库后订货的原则，严格控制新品采购计划审批，推进在库备件消耗。扩大备件直付现场范围，减少库存资金占用，方便生产厂领用，全年为公司节约二次运费60余万元。下发库存清理专项通知，组织各生产厂到库房查看备件库存状态，为利库降库创造条件。开展“一控一降一消除”劳动竞赛，全年盘活5年以上老库存5600万元。推进供方回购超储积压设备备件，完成进口力士乐阀等价值40余万元的备件回购。截至年末，备件库存10.95亿元，完成公司控库指标。积极探讨资材辅助品种无库存管理，主动与生产厂、资源储运经营中心和供应商设计、研讨，制定了钢材、有色、劳保等12大类辅助材料零库存运行规则，并加强实施过程的检查督导，及时解决运行中存在的问题。目前，辅助材料新品采购实现了资金占用为零目标。

保产保供能力持续增强。落实“两头延伸”服务体系，抢先抓早，精心组织，定期召开内部设备供应例会，密切跟踪合同执行情况，做好与指挥部和生产厂的沟通协调，抓好关键设备制造进度跟踪，及时派人驻厂监造催交，保证了冷轧1号线、炼钢2号连铸、1780三电等210余项工程按期竣工投产。强化现场服务，主动跟踪运行情况和供应质量，及时协调解决问题和处理质量异议，做到快速反应，满足需求。定期召开供应例会，先后答复、落实生产厂提出的意见和建议100余条。党政主要领导带队先后走访二发电、炼钢总厂、大型厂等重点单位，征求意见和建议。仓储配送作业区继续坚持24小时服务，做到及时供应。

企业管控能力持续增强。适应公司管理变化要求，编制、修订鞍山钢铁和中心层面核心管理制度11个。选派骨干参与鞍山钢铁采购管理体系建立和采购业务上划归整工作，明确集中采购范围和授权单位授权采购品种。积极推进信息化建设，资材ERP初步上线运行。参与鞍钢集团“电子超市”信息化建设，提供1433个电气二类物料品种信息，推进了阳光采购。修订供方准入条件，明确供方准入标准，资材修订了12000个品种的质量标准。通过集中评审，对设备备件物料组项下少于5家供应商的进行增补，为招标采购奠定基础。制定《关于公开招标供方管理的暂行规定》，规范供方评审标准和程序。全年，新增合格供方172家、临时供方49家。加强供应质量控制，积极处理质量异议，加大质量抽检频次，全年抽查29家供方，41个批次，对出现质量问题的供方严格按规定进行处罚。全年，全品种取消供方52家，单品种取消43家，对质量出现问题的供方罚款223.9万元。成立综合督查工作小组，强化制度执行情况督查，全年发出通报18期，提升了管理执行力。

互为营销能力持续增强。完善互为市场营销制度，规范管理。发挥中心作为鞍山区域互为市场办公室的作用，合理确定各单元营销指标和确定转化客户目标，定期总结营销情况，加强信息收集，沟通、协调采购单元和销售单元之间联系，保证互为市场营销工作有效开展。坚持以打开市场为主，以量为辅的营销策略，努力开拓新市场，新增客户 15 家。2015 年，鞍山区域互为市场销售钢材 70.12 万吨，同比增加 6.26 万吨。

从严治党能力持续增强。加强班子建设，坚持党要管党、从严治党，严格执行中央八项规定，扎实推进“三严三实”专题教育，采取座谈、下基层调研等形式，广泛征求职工群众意见，认真查摆问题，主动整改，着力解决“四风”等职工群众关注的热点问题，切实改进作风，提高了班子成员履职能力。深化“四好班子”创建活动，认真贯彻执行集团公司党委议事规则，坚持党管干部原则，做到重大事项有效参与，把关定向。召开中心首次党代会，确定了“推行阳光采购，加快变革创新，争当鞍钢集团降采排头兵”的今后三年奋斗目标，充分发挥了党委政治引领作用。严肃党内生活，严格执行民主集中制，班子的凝聚力得到进一步提升。落实“一岗双责”党建工作责任制，建立联系点制度。加强党支部建设，按照“基础工作扎实、作用发挥有力、活动富有特色、工作效果明显”的思路，进一步建立健全党建工作制度和评价标准。加强党支部工作管理和指导，采取业务培训、互学互评等方式，规范了“三会一课”等基础工作。深化共产党员“挑战攻关”工程内容，围绕管理难点，采购重点，发挥党员先锋模范作用，完成党员工程和挑战攻关项目 137 个，做到党员百分之百参与，有 10 个项目被公司评为“挑战之星”。以党支部工作晋位升级为目标，深化党支部工作示范基地创建活动，加强组织领导，抓好顶层设计，对标先进找差距，提升软硬件标准。2015 年，仓储配送作业区党支部被鞍钢集团公司党委命名为“党支部工作示范基地”。加强形势任务教育，2015 年 7 月，面对钢材价格大幅下跌，公司生产经营急转直下的严峻形势，中心班子精心研究、精心部署，深入部门、深入班组讲清形势、讲清目标、讲清任务，设立三大战区，开展百日攻坚，落实挑战指标，营造“千方百计保生存、万众一心渡难关”的浓厚氛围，调动了广大干部职工积极性。百日攻坚期间，设备备件降采 20%以上，资材吨钢消耗降到 118 元。强化典型宣传，挖掘典型人物事迹，总结出“433221”现场点交工作法，开展最佳实践者、季度先进个人等评选活动，进一步激发广大干部职工的创造性。充分利用党员活动室、文化长廊、微信群等阵地和载体，传递正能量，凝心聚力，助推工作开展。加强党风廉政建设。贯彻落实“两个责任”，签订党风廉政建设责任状，明确“一岗双责”，做到守土有责、守土负责、守土尽责。采取召开警示教育大会、学习警示案例、参观鞍钢反腐倡廉教育展览馆、鞍山市反腐教育基地等方式，进一步加强廉洁从业教育，筑牢拒腐防变的思想防线。加强廉洁从业风险防控，强化对权力运行监督，以“管人、管钱、管物”有重要业务处置权为重点，实施风险防控排查工作，确定廉洁风险岗位。聘请党风廉政建设监督员，进一步拓宽监督渠道。推进“关口前移”，从验收管理、预付款管理、采购管理、库存管理四个方面开展效能监察工作，挽回和避免经济损失 182.18 万元。

服务职工能力持续增强。改善职工生产生活环境，完成了 11 项内部工程，解决了职工浴室更衣箱等问题。帮扶困难职工，发放救济款、慰问品 8.37 万元。重大节日，中心领导班子成员分别带队，到家庭、到岗位，进行走访慰问。开展“业务知识讲堂”系列培训，提高了职工业务技能。开展职工创新活动，成立“创新工作室”，仓储配送作业区现场点交班总结提炼出“433221”现场点交管理法。积极组织开展“降采、降库”群众性劳动竞赛活动，调动广大职工的积极性和创造力。加强班组建设，开展红旗班组竞赛活动。在“鞍钢股份班组安全知识过关挑战擂台赛”活动中，参赛职工勇夺擂台赛第一名，实现历史性突破。落实安全管理责任，推进“0123”管理模式，修订各类制度 28 个。强化季节性专项检查，加大技防投入，落实整改安全、消防隐患 236 项，实现了轻伤及以上事故、盗窃事故、火灾事故为零的目标。

（李永华）

**【物流管理中心】** 物流管理中心是鞍钢股份有限公司国内物流业务的管理和运行平台，是协调铁路、公路、港口的归口管理部门。该中心下设综合管理部、物流计划部、运输管理部、发货中心，代管鞍钢营口港务有限公司和营口新港矿石码头有限公司。2015年末在岗职工304人，其中，干部152人（高级职称11人，中级职称80人，初级职称61人），工人152人。

2015年，物流管理中心积极应对市场变化带来的新挑战，坚持变中求新、变中求进、变中突破，在保产保供、降本增效、减量攻关、创新发展、提升效益、优质服务、精益管理等方面狠下功夫，吨材物流成本完成383元/吨，与2014年同比下降38元/吨，降幅9%，完成降本增效任务6.2亿元，为公司打胜扭亏增效、转型升级攻坚战作出了突出贡献。

全面完成企业保产保供目标。在鞍山区域内，物流管理中心在生产任务紧、保产任务重、市场形势多变的情况下，凭借专业的物流协调组织优势，充分发挥公司赋予的物流管理职能，积极主动调整鞍山区域内物流保产保供运输方案，较好地完成了采购、销售、厂内各工序间保产保供工作。在鞍山区域外，物流管理中心以铁运为“有轨平台”、以汽运、海运为“创效平台”、以港口为“辐射平台”，大力实施沿海物流项目，不断优化公、铁、海运输方案，增加多式联运一口价运营方案，各项物流费用大幅降低。

构建物流通道完善网络布局。推进物流通道建设，港口原燃料回运通道增至6条，钢材输出通道增至68条航线，在全国设立了62个物流节点仓库，形成了华东、华南、东北、华北四大片区的货畅其流、经济便捷的跨区域物流网络布局，在此基础上实施多式联运一口价运营方案，满足了不同客户的需求，提高了服务效率和质量。

强化业务创新实现降本增效。供应物流方面，依托2015年煤炭、铁矿石等产品现货市场特点，结合鞍钢本部大宗原燃料需求，开辟了丹东港、长兴岛港、盘锦港、鞍钢自有港等多条新的回运物流通道。销售物流方面，开辟了营口至南京集装箱运输航线，营口至佛山高明战备散杂货航线，上海至长兴岛、外高桥、江苏国联皋桥、南通河帅龙码头、农场中心河码头等多条过驳航线，满足了客户的不同需求。

推进港口建设提高增收能力。中心推进自有港改造升级工作，坚持眼睛向内，查找存在的问题和差距，深挖潜力，调动一切积极因素，采取所有可能的措施，补齐短板、突破瓶颈、创新发展，加强基础设施建设，增加理货吊装设备，提高了自有港码头产成品运力，同时开拓中厚船板运输业务，共创效3575万元，超额完成公司下达的利润指标。

发挥专项运输优势推行项目服务。物流管理中心针对客户特殊需求，提供了货权管控有力、物流成本降低、物流服务优质的全程供应链服务。针对江南造船厂需求实施分段配送；针对中石化需求定制9Ni钢物流方案；针对汽车、家电等高端产品运输，与中海集团、中集集团合作开发卷钢专用折叠集装箱项目；针对鞍钢联众及本部客户策划并实施了“门到门”“港到门”“港到港”等多种菜单式服务，创新了“单线标”“组合标”“航次标”“航线标”等服务手段，实现了到货及时，成本经济的目标。

整合物流资源拓展城市配送。该中心加快整合与布局物流园区，推进现代化仓库、信息化平台建设，完善了物流园区功能，拓展了城市配送等服务项目。2015年，鞍钢股份达道湾物流园实现吞吐量246万吨，城市配送量232万吨；广州物流园实现吞吐量68万吨，城市配送量由原来的2.4万吨增加至79万吨；灵山物流园仓储重轨达8万吨，螺纹钢0.5万吨。

加强全程管控提升服务水平。通过狠抓物流各环节作业质量，编制和贯彻《产品存储、装卸、运输物流手册》《钢铁产品运输质量管理细则》等管理制度，抓完善产品包装质量等措施，实现物流异议量从成立之初的全年400多件降低至2015年全年28件。加强风险识别，提高货权把控能力。该中心通过分析物流风险的成因与征兆，构建风险预警机制，落实基于供应链管理的企业物流风险管理内容，设定物流风险管理流程，安排风险管理规划进程，降低供应链故障带来的损失，物流管理水平明显提升。

加强企业管理提升管控能力。优化制度建设，按照卓越绩效目标要求，制修订相关管理制度，其中鞍山钢铁制度7项，股份公司制度2项，物流管理中心制度14项，涉及物流管理、安全管理、财务管理等多方面，既规范了物流流程管理，又为严格执行绩效考评提供了依据。整合优化现有人力资源，通过功能外包，整合物流园业务，通过竞聘方式将物流园富余生产岗位人员转岗至新增设的冷轧高强钢线成品库，大型线、中型线和小型线成品库调度岗位。

注重加强领导班子和干部队伍建设。认真组织学习《鞍钢扭亏增效转型升级的六个发力点》一文，领导班子和党员干部带头学习研讨、带头查找问题、带头制定整改措施。进一步深化“四好班子”创建活动，在公司党委三次评比中均被评为“四好班子”。抓好干部培训，利用多种形式不断提高干部素质，全年培训干部906人次。

注重加强党支部建设和党员队伍建设。认真实施《物流管理中心党支部工作评价办法》《物流管理中心党员目标管理实施办法》，有效规范中心党支部管理和党员目标管理。组织开展“三严三实”专题教育活动，要求党员干部做到严以修身、严以用权、严以律己、谋事要实、创业要实、做人要实。积极开展党内主题实践活动，以共产党员挑战项目攻关活动为载体，确定28个攻关项目。其中，党委层面项目4个，党支部层面12个，党员层面项目12个，均完成预期目标。

注重抓好党风廉政建设和反腐倡廉工作。深入开展“坚持廉洁从业，推进改革创新”主题教育活动，注重主题教育活动的针对性和实效性，积极开展党性教育、党纪法规教育、案例警示教育、岗位廉洁教育、廉洁文化建设。做好廉洁风险防控工作，以制约和监督权力运行为核心，以岗位风险防控为基础，以加强制度建设为重点，逐步构建权责清晰、流程规范、风险明确、措施有力、制度管用、预警及时的廉洁风险防控机制，不断提高预防腐败工作科学化、制度化和规范化水平。开展效能监察，提升履职水平，坚持将效能监察融入物流运营管理全过程，组织实施了1个公司级效能监察项目，4个中心级效能监察项目。通过实施规范工作程序、理顺业务流程、拓宽招标范围、专项监督检查、定期库存盘点等管控措施，促进了业务人员遵章守纪、正确履职，累计节约资金5980万元，创造效益3285万元。

（朱　宏）

**【能源管控中心】** 2015年末，有职工2833人，其中管理和专业技术岗位367人（高级职称42人，中级职称218人，初级职称106人，副厂处级及以上干部10人，科级干部153人），生产、服务岗位2466人；离退休职工4591人。中心机关设置为“七部、一会、一中心”，即党委工作部、综合管理部、生产技术部、节能管理部、产品销售部、设备保障部、安全保卫部、工会（含居退管办公室）、能源调度中心，基层作业区机构设置汽机作业区、锅炉作业区等29个作业区。厂区占地总面积2757435.3平方米，固定资产原值70.27亿元，净值26.08亿元。拥有发电机组17台、锅炉10台、鼓风机组81台，制氧机组7套、各类气体压缩机89套；56个水站；3套湿法高炉煤气洗涤系统、5套干法高炉煤气除尘系统、8套TRT发电装置、8座煤气柜；管辖运行变电所52座。设备总重497892吨。

经济技术指标全面完成。2015年能源管控中心以集团公司新版预算为标尺，以赢取最大利润空间为准绳，勇挑重担，主动作为，强化能源系统生产运行精细管理，全力提高二次能源回收利用水平，助推主要能源指标再上新台阶。吨钢综合能耗等10项指标均创历史最好水平，模拟市场化利润实现16.6亿元，全年外购能源成本同比降低3.7亿元。

降本增效工作成效显著。坚持“多发电、少放散，精管理、细核算”的工作思路，紧密配合公司生产调整，科学高效组织生产，合理安排产线检修计划。深化全员目标值管理，紧紧围绕指标提升，开展月指标滚动对标、“三地”对标、吨钢外购能源成本研讨、严控自身能源使用标准等工作，有效改善了各项指标。深挖市场潜力，拓宽销售渠道，实现能源产品销售收入6亿元，同比增加0.99亿元。通过推进炼钢四分厂铸坯清理供气项目、降低鞍钢彩涂煤气过网费、减少付市政府排污水费等举措，实现降采创效。

节能管理水平不断提高。继续实施能源阶梯价格管理，持续降低各类能源实物消耗。加强节能监察管理，开展用能“随手拍”、用水管理“回头看”、加强照明和冬季采暖管理等工作，提升能源管理水平。推进节能技术进步，全年完成厂级节能项目5项，实现节能创效921万元。加强二次能源回收和综合利用管理，增创效益，二次能源回收水平均持续提升。

环保减排举措稳步实施。加强烟气排放管理，实施中央电站新1号、2号锅炉和北区电站2号炉脱硝改造，完成北区电站1号炉全烧煤气项目改造，实现氮氧化物达标排放。加强外排水管理，开展超标排放监察及氨氮排放来源专项监察。完成部分高炉、转炉煤气水封水改造，降低了南大沟外排水污染物的排放浓度。以BOT模式新建一套2000立方米/小时深度处理设施，为鞍钢环保摘牌工作提供保障。

设备保障能力持续增强。创新管理方式，严格执行三级检修计划，计划检修完成率提升到95%以上。开展重点设备缺陷整治攻关活动，解决4号鼓风机振动等重大生产和设备难题7项。开展绿色再制造活动，完成公司下达的备件库存管控指标。开展进口备件国产化、长寿化活动，对制氧机组外送氧泵开展国产化研究试用，效果显著。严控维修费用，备件费用分解到基层，对库存消耗指标给予评价，推进资材管理向资源全利用模式转变。

安全管理模式不断创新。完善制度体系，修订安全技术规程、作业标准等639条，建立危险作业警示卡196个，修改完善岗位应急处置卡270项。加强相关方管理，组织培训相关方68家2356人次，签订安全防火综合管理协议190份，考核48个相关方单位违章违纪621项。加大隐患排查治理力度，开展防火隐患专项整改及重大危险源、危化品隐患整改。开展“六打六治”专项整治、百日安全无事故等活动，全年整改安全消防隐患831项，获得“鞍山钢铁消防先进单位”称号。创新安全教育管理模式，将安全生产协会活动与“网络问企”、“刘加纯创新工作室”有机融合，出版《平安简报》9期，征集班组建设论文73篇，形成具有中心特色的安全文化，获得“辽宁省企业安全文化示范企业”称号。

企业管理水平不断提升。建立健全规章制度体系，开展规章制度专项审核，共修改、发布实施规章制度63项、废止2项、新增9项。对与生产经营管理紧密联系的49项细则及预案开展宣贯培训，进一步强化制度执行力。优化人力资源结构，通过优化岗位设置、改进操作方法、加强区域巡检、合并站所室等方式，积极消化岗位缺员造成的影响，保证生产顺行。进一步加强保密工作，全面提升保密管理能力，实现泄密事件为零的目标。

职工队伍建设和谐发展。加强民主管理，坚持厂务公开，维护广大职工的合法权益，共征集职工代表提案6件、意见37条。为职工创造良好的生产环境，更新饮水机等生活用具49台，发放岗位操作椅199把，立项维修了发电、供电浴池。扎实推进送温暖工程，走访、救济在岗困难职工1441人次，救济金额40余万元。关心职工身心健康，组织职工度假疗养、健康体检，积极开展拔河、羽毛球、跳绳、乒乓球等文体活动。

党组织战斗力持续提升。成功召开能源管控中心第一次党员代表大会，明确今后三年的指导思想和工作方针。坚持“践行六种发展理念，内树队伍正气，外塑企业形象”的总体思路，推进群众路线教育实践活动长效化，不断拓展“三严三实”专题教育的广度和深度。完善修订《党支部工作评价细则》，不断改进党支部评价方式。坚持“三会一课”制度，完善各项制度，创新党课形式。深入推进“我为党旗添光彩，降本增效创一流”共产党员工程和共产党员“挑战项目”攻关活动，提升党员对生产经营的贡献度。全面推行党员退出机制，增强了党员队伍“新陈代谢”能力。

企业文化建设深入推进。开展“心存感恩，珍惜拥有”主题教育，激发职工对企业的认可和感激之情。坚持每年为新职工举办入职见面会，每季度为达龄的退休职工举办离职仪式，多次组织职工到鞍钢展览馆进行参观，升华职工对企业的归属感。开展形势任务“走基层，面对面”活动，组织支部书记深入到班组，与所有岗位职工进行面对面的形势任务宣讲，累计宣讲1870人次。建立党支部竭力为职工排忧解难、班组千方百计降本增效、岗位职工忠诚精湛敬业奉献三个方面的宣传维度，传播好声音，传递正能量，累计在《鞍钢日报》上刊登稿件78篇，在《辽宁日报》《辽宁电视台》《中国冶金报》等新闻媒体上刊发稿件12篇。

纪检监察工作持续加强。将党风廉政建设与反腐败工作和群众路线教育实践活动紧密结合，以作风建设为主线，开展“落实两个责任，狠刹‘四风’，树立勤政廉洁的形象”主题教育活动，征集廉政建设方面的短信、格言、警句、楹联800余条，组织中层及以上党员干部、关键重点岗位人员共计126人分批到孟泰纪念馆和公司反腐倡廉展览馆进行参观学习。开展多种形式的效能监察，重点围绕能源跑冒、用能手续不全、设备缺陷不及时处理等问题，加大检查和考核力度，从根源上杜绝能源浪费。强化正风肃纪，围绕落实中央八项规定，大力加强了监督检查工作，营造风清气正的工作氛围。

（赵　贺）

**【中厚板营销（服务）中心】** 中厚板营销（服务）中心组建于2013年6月，组建之初为中厚板事业部，2014年10月，根据工作需要，鞍钢股份将中厚板事业部机构调整为中厚板营销（服务）中心。中厚板营销（服务）中心主要业务范围是负责鞍钢股份鞍营两地3条产线中厚板产品营销及服务。

该中心下设市场开发部、合同管理部、营销管理部3个部门，并在上海、广州设立销售部。2015年末，该中心共有在岗职工38人。其中，高级职称2人，中级职称34人，初级职称2人。

2015年，该中心贯彻落实两级公司工作部署，面对钢铁行业"冰冻期"的严峻形势和艰巨的生产经营任务，全面践行"六种发展理念"，以"九个两手抓"为行动指南，鼓足干劲，创新工作方法，树立信心。围绕中心年初确定的"销量和价格双提升"工作目标开展工作，即"销量提高靠渠道，价格提升靠调品"。继续坚持"领导带队、技术支持、销售冲锋"的营销方针，中心领导率先垂范，带头坚持走访客户，融入客户，稳定现有客户的基础上，开发新用户群。2015年，中厚板产品实现订货量305.2万吨，结算量301.57万吨。中厚板营销（服务）中心结算量、平均价格在全国中厚板企业中排名分别为第4、5名。

针对能源用钢类多是重点工程项目，而且多采用入围招标方式采购，改变以往被动投标为主动找项目，发挥营销人员敏锐的市场嗅觉，发挥EVI机制，与工程项目各层级对接，第一时间掌握信息，从工程项目先期设计即介入；同时，中心领导带队走访，积极与高端品种用户接触，把握一切机会。2015年，共计参与沪通长江大桥、孟加拉帕德玛大桥、虎门二桥、中石油鞍大管线、缅甸上耶崖水电站、三峡集团白鹤滩水电站、大连港原油储罐、长春国际金融中心大厦、上海合景广场、盘锦文化中心、清华大学光华路新建校区、辽宁忠旺集团厂房建设、锡林郭勒风电项目、巴基斯坦大沃风电、大唐昌图风电项目等重点工程投标70余次，中标30余万吨。

面对经济下行、产能过剩、市场竞争无序、客户不稳定的营销局面，该中心要求全员销售，即所有人员都直接或间接参与营销。市场开发人员多数时间都出差在外，熟悉行业、约见客户，目标就是开发新客户。2015年，开发中国通用机械研究院、合肥通用机械研究院、中铁大桥局集团物资有限公司、中建安装工程、中国石油天然气七建、中国水利电力物资北京公司、沈阳中辰钢构、蓬莱巨涛海洋工程、辽宁广厦钢构、广州海瑞克隧道机械有限公司、东红集团有限公司、江苏新时代造船、佛山佳骏等新客户89家，累计订货31万吨。其中，主要直供客户49家，累计订货14万余吨。

（段春雨）

**【汽车钢营销（服务）中心】** 2015年末，汽车钢营销（服务）中心（以下简称中心）现有职工48人，其中高级职称9人，中级职称21人，初级职称18人。2015年实现汽车钢销量436.1万吨，其中鞍山区域汽车钢销量320.4万吨。汽车钢销售价格比钢铁行业平均价格高出986元/吨。

1. 快速响应，大力开拓市场。2015年，该中心推进高层互访，强化战略合作。鞍钢集团、鞍山钢铁两级公司高度重视汽车钢销售工作，成立了"鞍钢集团汽车用钢领域领导小组"，鞍钢集团董事长、党委书记张广宁担任组长，关注重点客户，带队先后拜访了广汽集团、东风集团、一汽集团、长安集团、北汽集团和东风日产等汽车用户，签署战略协议，加强战略合作。中心积极贯彻落实高层领导互访成果，做到"上签协议，下签合同，占领市场，巩固阵地"，跟紧用户有效推动合作进程。通过努力，广汽乘用车2015年订货量实现飞速增长，新车发包鞍钢冷轧汽车钢平均占比30%以上，2015年订单增量同比增加650%，其中高强产品占总订货比例约为48%；广汽丰田2015年订货同比增幅71%；广汽三菱2015年7月新发包车型，实现鞍钢材料在三菱汽车上的首次应用；销售核心客户东风日产汽车钢产品销量达42037吨；上海通用与鞍钢汽车钢成立合作项目组；华晨汽车实现首次供货；江淮汽车2015年主要MPV车型M3整车材料由鞍钢独家供应。

加快汽车钢出口布局和营销策划。中心领导带队汽车钢中心、技术中心、冷轧厂、香港公司、攀钢国贸组团共同走访欧洲市场，对潜在客户进行拜访，推介汽车钢产品，成功促成鞍钢汽车钢出口"第一单"，共计39个规格2900吨，全年累计出口3150吨。

细分目标市场，扩展销售渠道。中心销售团队采取细分市场手段，将市场分为主机厂、配套厂、近域企业、关联公司四类，构造客户关联网络，横向稳定老客户份额，纵向以老客户为纽带深入挖掘新客户。销售人员主动跑市场、访客户，2015年在汽车钢全体营销人员的共同努力下共计成功开发新客户41家，其中包括2家主机厂、39家零部件企业，实现新增销售量共计3.02万吨。

调整品种结构，提高利润水平。针对汽车用钢高强化、轻量化的发展趋势，采取“强化高强钢销售力度，固化深冲压钢市场份额，满足客户个性化产品的性能需求”的营销策略，提高高附加值产品的利润水平。中心从市场角度出发，及时转变观念，由过去的关注销售总量细化到现在的关注单车型用钢量和高强钢应用比例，进一步促进高强钢产品的销售工作。2015年，中心联合日本神钢对日系车企进行走访，夯实高强钢产品的合作基础，实现酸洗材料销量同比增长23%。

推进产品认证，加快合资品牌市场进入步伐。以主机厂和合资配套厂主要用户，通过开展全系列产品认证工作加快进入市场步伐。本年度共针对12个重点用户、55个钢质开展产品认证工作。

推进重点品牌认证工作。本田全球认证全部完成，冷轧和酸洗汽车板共五个牌号通过认证。北美通用认证完成了烘烤硬化钢、低合金高强钢和DP钢三个钢质的实验室评价工作，目前待泛亚技术中心进行最后评价。上海大众HSLA冷轧全系列产品及规格的产品认证工作稳步推进，目前HC340LA、1.5毫米厚度规格产品已经通过认证评价，其他15个认证样卷均在认证评价过程中。

推进镀锌汽车板和酸洗汽车钢认证工作。以长城和北汽为目标用户，开展软钢、高强IF钢和低合金高强钢等镀锌产品的认证，其中长城汽车四冲压用钢的材料认证工作已完成并进入试模阶段。北汽共开展17个钢质规格的产品认证，其中13个钢质的材料通过认证评价，其余产品在进行检测评价中。正式启动上海汇众、佛吉亚和本特勒等重点汽车配套厂的酸洗产品认证，正在认证中的酸洗产品达11个钢质规格。

统一集中管控，统筹协调全集团汽车钢产品的资源优化配置。统筹协调全集团汽车钢资源优化配置，围绕集团公司“六个统一”，着力发挥协同效应，实现优势互补。结合地理分布优势，降低物流成本；利用各销售单元品种结构差异，形成产品结构高低搭配、价格定位高低互补的低成本竞争优势。本年度，中心围绕集团各区域汽车钢营销工作，在营销策划、技术服务、产线认证、钢加配送等方面提供有力支撑，2015年攀钢汽车钢销量115.7万吨，同比提高1.8%。

2. 深化EVI工作模式，推动产销研一体化协同发展。汽车钢中心不断加强EVI工作管理，推动汽车钢产品生产体系、营销体系、研发体系“三系合一”。

深入用户解决问题。汽车钢EVI团队围绕客户需求提供个性化服务，通过主动联系客户、深入用户现场以及开展技术交流对标等方式切实解决用户在生产中的技术和材料问题。2015年，EVI团队先后完成用户模具调试工作和量产稳定性分析工作30余次，为10余家客户解决了实际冲压问题，为长城汽车、佛吉亚座椅、东大恒丰等用户提供了铝材高速拉伸、材料判定、材料冷却工艺分析等技术支持，同长安、长城、广汽、一汽、东风等多家用户开展技术交流与技术对标工作，获得了用户的一致好评和认可，为EVI项目研发以及汽车钢销售奠定了良好的技术服务基础。

先期介入技术研发。开展联合研发工作，与江淮、一汽等用户共同建立了零部件联合研发项目，实现了从车型纵向介入向平台化零部件横向介入的转变。开展个性化产品攻关，为用户提供了以侧围用宽幅高延伸DC06产品等一系列个性化产品。开展中高端EVI技术服务工作，在完成一汽集团自助SUV车型模具调试同步工程的基础上，开展BYD新MPV等车型的高端EVI先期介入项目；与广汽集团达成了新型A+级车型的高端先期介入项目的合作意向，为鞍钢后续新车型供货提供了完善的技术保障。

3. 加强管理，提升服务水平。加强质量管理，质量缺陷率持续下降。转变质量统计模式，由传统缺陷率按吨数百分比统计转变为按件数ppm值统计，同步市场，科学准确，促进作用明显。坚持“零缺陷”管理，发挥公司汽车板产销研一体化质量攻关团队作用，针对夹杂、酸洗板黄斑等缺陷，协调生产厂上下游联合开展专项攻关，稳定表面质量控制水平，坚决避免不合格品流向用户，有效降低产品质量缺陷率。目前，鞍钢外制件ppm平均为1766，达到日产对于质量缺陷率小于2000ppm要求。

加强供应链管理，合同执行率稳步提升。汽车钢中心在供应链管理方面围绕产品生产流程、物流、配送等方面进行专业管控，实现汽车钢产品订单从录入到成品持出全流程监控，有效提高合同交付率。通过合理确认产线分配原则和梳理规范认证试模订单等措施保障合同生产、交付，减少合同带出。积极发挥协调作用，协调制造部根据同品种生产工艺和生产周期制定排产计划；协调产品发展部根据品种实绩合格率调整原品种合格率，保证一次性合格率；协调物流中心解决用户个性化物流问题；协调本中心销售与市场部构建用户信息绿色通道，及时向有关部门传递用户需求信息。适当备坯备料保障合同交付，针对原品种相对不稳定品种适当备坯，针对设备改造调试进行备料。建立合同交付应急机制，满足客户紧急需求。2015 年，共计完成丰田、一汽轿车、上海大众、比亚迪、北汽、长城汽车、黑龙江至信、厦门金龙等用户 26 个钢种试模料 104 个规格的排产取样工作；处理紧急订单 86 份，全部满足用户需求；合同执行率稳步提升，特别是冷轧 30 天合同执行率提高到 84. 85%，同比提高 10. 07%，45 天合同执行率为 95. 82%，同比提高 0. 22%。

加快钢加中心建设，全力提升最后一公里竞争力。深化钢加中心布局，加强钢加中心建设，对于新建成钢加中心，如大连、广州、武汉三条钢加线，加大力度扩展客户范围，使其尽快进入服务角色；对于在建钢加中心，如郑州钢加中心，加快建设进度，注重初期客户联系工作，为投产做好前期准备。开展重点用户配送服务切换工作，2015 年成功实现东风日产、广汽乘用车配送服务向广州钢加中心的切换，长城汽车向大连钢加的切换，东风商用车向武汉钢加的切换。发挥钢加中心近地优势，属地化招聘销售和客户服务员工，通过人员培训、适度授权、风险管控等措施提供贴近服务，极大缩短服务距离，提高市场响应速度。通过一系列措施，充分发挥钢加线作用，打造汽车钢市场最前沿强有力的作战部队。

加强技术属地化服务，提高客户服务响应速度。2015 年，按照中心计划全面开展汽车钢技术服务属地化工作，依托钢加中心建立了鞍钢汽车钢属地化服务台体系，设计并下发相应管理制度。一季度组织长春蒂森、广州钢加等单位在本部进行属地化服务业务培训，成立了包含产销研一体化技术人员的技术服务小组，为钢加中心提供了强大的总部支持，促进钢加中心快速进入角色，实现价值延伸，有效提高客户服务响应速度。

4. 抓好综合管理工作，为各项工作提供有力的服务支撑。一是抓好党建和党风廉政工作，增强组织凝聚力和战斗力。落实两个责任，做好党风廉政建设和反腐败工作。中心党委筹建组积极落实党委主体责任和纪委监督责任，按照集团公司要求积极配合中央第十三巡视组在鞍钢的专项巡视工作，聚焦全面从严治党，重点针对中心领导人员开展党风廉政建设和反腐败工作。开展领导人员个人事项报告工作，领导人员违反廉洁从业规定和八项规定专项治理自检自查工作，领导人员及其亲属、特定关系人违规经商办企业自检自查工作，进一步明确党的政治纪律和政治规矩，规范领导人员的履职行为。召开基层单位领导班子党风廉政建设专题民主生活会，结合中央巡视组发现的问题，以案为鉴，深刻吸取经验教训，坚持问题导向，紧密结合自身工作实际，对个人存在问题进行认真查摆、分析和整改。积极筑牢不想腐、不能腐、不敢腐的防线，不断提高领导人员思想自觉和行动自觉。

加强组织建设，增强组织活力。为确保钢加中心党员过好党的组织生活，中心党委筹建组组织各钢加中心建立属地化党支部，并挂靠在当地政府或其他部门的上级党组织中，目前已有 5 个钢加中心成立了属地化党支部。为提升中心全体党员群众工作积极性和创造性，发挥共产党员先锋模范作用，中心党委筹建组结合公司党委要求开展了共产党员“挑战项目”攻关活动，围绕营销工作实际共建立挑战项目 17 个，其中党委层面项目 5 个、党支部层面项目 6 个、党员层面项目 6 个，完成项目 15 个，申报先进典型 2 个。

注重学习教育，加强思想建设。开展“三严三实”专题教育党课，精心准备党课教案，并要求领导人员撰写学习笔记，党课教案和学习笔记择优参与公司评选，分别获得一等奖和二等奖的好成绩。开展形势任务教育，面对钢铁行业“冰冻期”的严峻形势以及职工降薪现状，及时向中心广大职工宣传公司下发的形势任务教育年终紧急宣讲提纲，引导职工增强危机意识和责任意识，激励职工增强信心、顶住压力、迎难而上、敢于担当，为鞍钢集团打胜扭亏增效和转型升级攻坚战提供坚强的思想保证。

二是抓好工会工作，切实发挥服务职工职能。开展“全面营销、降采增效”劳动竞赛活动。围绕产品销售量、吨材销售利润、品牌塑造、客户服务等方面开展竞赛评比，促进广大职工树立营销成本控制意识，提高客户服务水平，提升盈利空间、努力降低营销成本，为实现中心既定销售目标作出贡献。

搭建帮扶工作平台，关心困难职工群体。中心工会筹建组采取各种办法解决困难职工实际问题，帮助他们渡过难关。重点关注大病常病职工和家庭困难职工，通过发放慰问金的方式解决职工实际困难。

三是抓好人力资源管理工作，为中心各项工作提供保障。制定和完善绩效考评制度，发挥薪酬激励作用。制定和完善《汽车钢营销（服务）中心绩效考评办法》和《汽车钢营销（服务）中心子公司绩效管理办法》，围绕汽车钢产品销售量与对客户技术服务等指标，将销售业绩同职工薪酬挂钩，并向一线销售职工倾斜。通过薪酬调整激发销售人员工作的积极性和主动性，促进职工主动跑市场、跑客户，主动想问题、找办法，千方百计解决工作难题，自发创造性地开展工作。

（胡　刚）

**【鲅鱼圈钢铁分公司】** 2015年末，鲅鱼圈钢铁分公司有职工5302人，其中在岗职工5257人，管理及专业技术人员共987人（高级职称119人，中级职称531人，初级职称285人），工人4270人；居家职工15人，编外人员16人；离退休职工165人。该公司机关设置综合管理部、人力资源部（党委工作部）、工会、监察部（纪委）、安全环保部（武装保卫部）、制造管控中心、计划财务部、设备保障部、能源动力部9个部门；设置炼焦部、炼铁部、炼钢部、热轧部、厚板部、设备检修中心、化检验中心、物流管理中心、铁路运输管理中心9个基层单位。厂区占地总面积8320平方米。固定资产原值为294.22亿元，净值为176.18亿元。拥有能源动力、焦化、烧结、炼铁、炼钢、轧钢以及公辅配套设施，主要装备有6.98米52孔焦炉4座、405平方米烧结机2台、4038立方米高炉2座、260吨顶底复合吹炼转炉3座、双流1450毫米板坯连铸机2台、单流2300毫米板坯连铸机1台、1580毫米热轧带钢生产线1条、5500毫米宽厚板生产线1条，以及原料仓储、成品码头、铁路运输、理化检验等辅助设备，其中5500毫米厚板轧机为世界之最。

2015年，该公司深入践行“六种发展理念”，坚持“全员目标、创新突破、优势培育、定位发展”的工作方针，以钢铁般的意志克难攻坚、奋力拼搏，经营管理工作取得显著成效。上半年，应势而动，抢抓机遇，实现月月盈利。下半年，形势巨变，多措并举、市场倒逼、迎接挑战，并成功实施1号高炉序列年修，全年实现降本增效8.9亿元、逆境控亏7.9亿元。剔除年修，产品销售利润率-4.5%，高于行业平均47%，位于钢铁企业一流水平；资产负债率25%，优于行业64%，达到钢铁行业领先水平。

生产经营取得新成绩。坚持市场准则，积极应对经济环境和行业形势变化，不断提高驾驭市场的经营能力。把握市场需求，调控生产节奏，年产铁、钢、材分别是490万吨、491万吨和474万吨。利用港口优势，研判资源趋势，铺现货停冬储，构筑结构经济成本。采购现货粉矿589万吨、进口焦煤35万吨，实现降采1.3亿元；坚持优配适采，停用高价位、高品位巴西粉矿，加大褐铁矿等低价矿配比达33%；减肥提瘦，进口煤代替国内煤，开发使用低价汽煤，实现降本9385万元。采取多维调品策略，大幅提高品种质量效益。配合销售部门，全面统筹产线资源配置效率、单位品种边界利润排序，实施优势品种增产、弱势品种减产，实现卷板和厚板售价，分别高于市场基价252元、712元。强化资金管控，择机还贷6亿元，财务费用同比降低0.5亿元，大幅提升企业资产运营质量。

生产经营取得新突破。坚持眼睛向内、自我加压，以综合成本最佳、整体效益最优为目标，深入推进目标成本管理，不断提高市场倒逼应对效率。铁前坚持以成本为中心，稳顺行、降消耗，焦铁联动保障高炉平稳经济运行。炼焦、炼铁加工成本分别同比降低10.3%和11.9%，再创历史最好，铁成本达到行业一流水平。钢后优工艺、调结构，钢轧协同保品种、控成本。炼钢、热轧和厚板工序加工成本分别同比降低17.3%、12.2%和8.2%，均实现历史突破。大力拓展创收创效空间，焦化副产创效4100万元，外销煤气、工业纯铁、球团、钢渣等创效8050万元。12项主要技经指标创历史最好，8 项指标达到行业先进水平。吨钢外购能源成本 136 元，吨钢设备维修费 99 元，吨钢运费 12.1 元，均实现历史超越。

品种结构调整取得新成果。坚持走品种效益发展道路，深化服务型企业建设，不断提高产品价值创造力。热轧深耕细分市场需求，开发生产 75CrV、2.0 毫米薄规格 65Mn 等 20 个新产品，形成 15 个独有领先产品系列，实现集装箱、中高碳、超低碳、优质冷轧用钢四大主打产品系列，专用材比例达 52.3%，在行业赢得客户广泛赞誉。厚板着重高端调品，试制开发抗氢止裂纹高端锅炉、压力容器用钢和 36.3 毫米厚壁大口径高级别管线钢等 156 个新产品，形成 32 个独有领先产品，高效产品比例达 41.5%，产品广泛应用于孟加拉帕德玛大桥、沪通长江大桥等国内外重点工程。成功开发试验印度威尔斯班管线，攻克十余项难题，使工艺技术控制达到国际一流水平。全年生产新产品 86 万吨，出口产品 90 万吨，领先和独有产品比例达到 31%，实现调品创效 1.35 亿元。

绿色钢铁建设取得新发展。坚持节能减排，着力推进循环经济，不断提升绿色钢铁建设水平。一是强化能源高效利用。优化能源检修平衡模型，实施炼铁总降 1 号主变电源点迁移改造，投运制氧机组冷凝水回收系统，实现 CCPP 入口空气冷却器项目投入运行，不断提升能源利用功效。成功办理炼铁炼钢总降主变停运，年减少电费支出 1195 万元。全年发电 19.6 亿千瓦时，吨钢综合能耗 561 千克、吨钢取水 4 吨，达到行业先进水平。二是深化生态文明建设。探索创建"三体系""六要素"环保管理体系，完善环境综合监测防控体系，系统推进实施球团脱硫、焦化废水整治、烧结机尾除尘等改造项目，烟粉尘、$SO_2$、COD 等主要环保指标，全部达到清洁生产一级标准，实现重大环境污染事故为零。雾霾响应预案，获得政府充分肯定。

管理提升取得新进展。坚持效率就是效益，不断提高企业管理水平。全面深化安全生产标准化体系建设，严格落实"党政同责、一岗双责、齐抓共管"责任机制建设，全年实现安全事故为零目标。坚持市场准则，系统构建三维绩效评价体系，持续深化全员目标管理，激励创新突破，不断提高现场创造力、市场竞争力。充分发挥设备一体化管理优势，不断优化人员配置效率，生产设备协同并进，有力保障生产稳顺运行。大力推进技术创新，全年完成科研课题 20 项，获得专利 63 件、认定专有技术 103 项。有序开展岗位人员优化和劳务清退工作，清退劳务人员 1000 余人。认真履行党风廉政建设监督责任，深化"三转"职能，强化风险防范，实施效能监察 22 项，避免和挽回经济损失 688 万元。

企业和谐发展再上新水平。坚持依靠职工办企业方针，深入开展群众性建功立业活动，解决生产难题 43 项，双增双节创效 2023 万元。畅通合理诉求渠道，解决职工提案 9 项。切实关心职工实际困难，全年走访慰问职工 314 人次，发放慰问救济金 50 余万元。注重职工职业发展，组织各类培训 67963 人次，创建厂级职工创新工作室 14 个，1 个工作室分别被评为辽宁省及鞍钢集团公司级职工创新工作室。积极组织青年联谊活动，增强青年职工的归属感。丰富职工业余文化生活，广泛开展乒乓球、羽毛球等寓教于乐的文体活动，有力地增强了企业的凝聚力。

（潘迎军）

**【炼焦总厂】** 2015 年，炼焦总厂共有职工 2034 人。其中在岗职工 1907 人，管理及专业技术人员 185 人（高级职称 12 人，中级职称 104 人，初级职称 63 人），生产操作人员 1722 人；离退休职工 2739 人。总厂机关设置"五室一会一办"，即生产技术室、安全环保室、设备管理室、综合管理室、党委工作室、工会和改造办。基层设 3 个备煤作业区、6 个炼焦作业区、1 个原料作业区、1 个综合检修作业区及 1 个煤焦研究中心。

炼焦总厂现有大型焦炉 12 座，其中 6 米焦炉 8 座，7 米焦炉 4 座，处理能力为 190 吨/小时的干熄焦装置 2 座，处理能力为 140 吨/小时的干熄焦装置 3 座和处理能力为 125 吨/小时的干熄焦装置 1 座，以及与之相配套的配煤系统。焦炭设计生产能力 730 万吨/年，干熄焦蒸汽回收 780 万吉焦/年，年消耗洗煤 1020 万吨。主要产品是为炼铁生产焦炭，回收焦炭显热产生蒸汽用于发电，同时为化工事业部提供荒煤气。

2015 年，面对严峻的生产经营形势，炼焦总厂认真践行"六种发展理念"，坚持"一个重点、两个转移、三个转变"的工作思路，全面落实公司的工作部署，快速适应公司要求，着力开展降本增效工作，采取非常规措施，实现了生产稳定顺行和降本增效目标，全年降成本1.54亿元，为公司扭亏增效起到了关键作用。全年生产焦炭728.63万吨，超公司计划26.61万吨，焦炭质量等6项指标均创历史最好水平。其中，M40比公司计划提高0.2%，M10比公司计划改善0.05%，硫分比公司计划改善0.09%，灰分比公司计划改善0.33%，CRI比公司计划改善1.56%，CSR比公司计划提高2.20%。

安全防火工作进一步强化。严格落实“党政同责、一岗双责”，规范各级管理人员对1~4级风险管理，细化检查区域、检查频次及检查标准，完善安全管理运行体系。加大隐患查改力度，提高现场本质化安全水平。采取定期检查、专项检查和综合性大检查相结合的方式，全员参与隐患排查，全年查改隐患6724项，隐患整改率达99.9%；2015年获公司安全投资71.9万元，解决了西部炼焦拦焦车高轨外侧安装检修安全通道及安全围栏、全厂各处电葫芦吊增加检修平台、安全通道及安全防护围栏等70余处。强化对重点区域、重点部位和重要作业的安全防火管控，2015年厂领导先后带队11次对6套干熄焦锅炉进行了检查，先后整改等问题60余项；对五期干熄焦工程开展安全评价，及时跟踪整改现场问题，顺利完成三炼焦、南煤等区域拆扒工作。开展安全达标示范班组建设活动，召开班组安全文化建设推进会、班组安全管理经验讲评会，选树了14个班组从不同角度介绍了班组安全文化建设的具体做法，共组织学习班组安全文化建设推进会材料汇编84场次，形成浓厚的安全文化氛围。对103名基层安全管理人员（班组长、安全员）进行安全管理能力评价，全年90个班组72次荣获“红旗班组”。全年实现安全防火事故为零目标，五炼焦作业区甲班荣获鞍山钢铁“十佳”安全生产标准化班组，总厂获得鞍山钢铁安全先进单位、防火先进单位荣誉称号。

环保现场管理水平明显改善。下发《环保管理责任制》，落实环保责任，形成作业区区域负责、各室齐抓共管的管控体系。成立环保委员会，强化对根源性问题的联合检查和评审。加大环保缺陷整治和达标提效改造，全年共整改各类环保缺陷140项。细化修订环保制度和考评办法，通过实施挂牌督办等做法，加强过程管控，提高考核的有效性。加强现场环境质量改善，通过实施炉门定期倒换、制定炉窑整治推进计划、恢复清门清框装置等多项措施，改善现场作业环境。全厂粉尘、$SO_2$、$NO_x$等有组织污染物排放总量持续削减，焦炉逸散物等无组织污染物指标稳定下降，实现全年无重大环保事故。推进环保验收备案工作，顺利通过三期工程六炼焦5号、6号焦炉环保验收，并于年底前完成摘牌。彻底拆扒三、五炼焦老焦炉，提前完成辽宁省“蓝天工程”计划要求。

降本增效取得显著成效。开展与先进企业对标，推进全员目标值管理。优化配煤结构，焦肥煤配比由68.86%降至56.5%；开展来煤水分攻关，全焦耗洗煤定额由1345千克/吨降至1329千克/吨，共计降低配煤成本7475万元。加强生产过程管控，焦炭产量超产26.61万吨，降成本3052万元。干熄焦系统稳定运行，增加干熄焦蒸汽量41万吉焦，降成本1246万元。全年累积实现降成本1.54亿元，在公司4次绩效排序中分别取得第一名2次，第二、三名各1次的可喜成绩。

生产运行水平稳步提高。严格控制来煤质量，提高配煤准确度，开展配煤细度攻关，提高装煤堆比重，强化焦炉温度压力制度管理，提高K2系数，全年焦炭质量、产量稳定提高。强化调火系统管控，调整空气过剩系数，有效降低耗热量。加强干熄焦锅炉来水指标管理，制定给水标准，锅炉水各项指标持续改进，实现干熄焦锅炉稳定运行，逐步提高干熄率。全年各项生产指标均优于公司计划。

设备保障能力持续提升。在设备管理标准化、制度规范化方面下功夫，完成年度定修、预修计划，定修率完成99.5%，预修率达到60%以上。组织完成1次干熄焦年修工作，检修项目162项，干熄焦年修更加模式化、规范化、系统化、标准化，一岗双责体系效果突显。积极开展“设备四项活动”，全年整改设备缺陷85项，上报公司厂级项目4项，公司级项目1项。解决疑难问题60余项。加强重大危险源管理，有效控制事故风险。组织实施技术攻关，解决10余项历史遗留问题，实现三级以上事故为零。扎实开展降库存工作，提高机旁备件管理水平，现场标准化和可视化管理提升显著，备件库存实现历史新低。全面完成公司下达的各项费用指标，全年降费用10%。五期干熄焦顺利开工，并在一个月内完成达标达产工作为公司降低成本作出贡献。

五期干熄焦工程提前达标达产。建立有效的工程管理体系，完善质量检查体系，全面优化施工组织，制定科学合理的施工网络计划，加强施工过程管控，稳步推进五期干熄焦工程实施。严把工程质量关，修改设计缺陷10余项，提前发现并解决干熄焦炉壳、框架等重大施工缺陷15项，查改隐患110余项，实现五期干熄焦顺利开工投产。各专业、部门抢先抓早提前介入，各相关作业区全力配合，五期干熄焦提前1个月达标达产，实现年初职代会提出目标。

企业基础管理工作得到强化。组织推进全员目标值管理工作，制定全员目标值管理工作管理手册、操作手册及绩效分配手册等3个手册，从指标分配体系建立、日常管控评价、绩效考评分析等方面展开，并推广至全厂，为总厂降成本工作打下良好基础。完善制度管理体系，重新梳理制度体系中118项管理细则、14项应急预案、138项生产岗位作业标准，识别法律法规清单及文本488项，各项规章制度得到进一步完善。突出过程管理，在月经济活动分析会上对各项管理行为进行分析、点评，并提出整改建议，确保管理的有效性。强化日常管控，各部门按照专业检查计划，每日下发考核通报，确保考核的时效性。企业基础管理工作得到进一步提高。

党建工作取得新进展。落实《关于进一步加强雷锋文化建设的决定》，成立了雷锋文化研究会，总厂被授予“全国学雷锋示范基地”。张允东被评为“辽宁好人·最美工人”，荣获辽宁省“五一”劳动奖章。总厂郭明义爱心团队和敬业奉献团队开展捐资助学和奉献活动，为四炼焦作业区职工李克斌捐款10.6万元，为24名困难职工子女上大学资助助学金2.1万元。炼焦总厂被辽宁省委、省政府授予“2012~2014年度文明企业”称号。开展“样板党支部”创建活动，西部炼焦作业区党支部已进入鞍钢样板党支部示范基地审核阶段。扎实推进共产党员“挑战项目”攻关活动，完成“挑战项目”95项，实现效益2700余万元，总厂班子连续四个季度被公司评为“四好班子”，总厂党委被评为鞍钢先进党委，总厂服务型党组织建设经验在全集团进行交流。坚持职工代表大会制度，实现重大决策审议率100%，职代会提案和“一日厂长”提出问题处理率100%，创新网提报问题回复率100%，厂务公开满意度测评达100%。依托“创新网”和李晏家创新工作室，开展群众性技术创新、合理化建议、先进操作法推广等活动，完成技术创新成果600项。开展青年“创新登高”主题实践活动，成立12个青年创新攻关小组，完成20个攻关项目，创效667.3万元。关心困难职工生活，全年走访慰问困难职工548人，发放救济金15.2万元，为119名退休职工举行离职仪式，职工利益得到切实维护。

（刘　嵩）

**【炼铁总厂】** 2015年末，炼铁总厂共有职工3873人，其中在岗职工3675人，管理及专业技术人员428人，生产操作人员3247人；离退休职工4657人。总厂机关设置为“五室一会”，即生产技术室、安全环保室、设备管理室、综合管理室、党委工作室和工会，下辖27个作业区。固定资产原值为101.2亿元，净值为51.3亿元，设备总质量74.9万吨。主体设备有大型现代化烧结机6台、带式球团焙烧1台、大型现代化高炉8座。主要产品是人造富矿和制钢生铁，副产品主要有水渣、高炉煤气、炉尘等。

2015年，面对钢铁行业产能严重过剩、企业生存极其艰难的严峻形势，炼铁总厂认真践行“六种发展理念”，将“降本增效”作为工作主线，以降低燃料消耗、优化配料结构、控制各类事故为主攻方向，不断挑战极限成本。2015年生铁最低月份成本1316元/吨，全年累计降成本4.15亿元，为公司扭亏控亏作出了重要贡献。

全年完成生铁1589万吨，综合焦比489千克/吨，入炉焦比308千克/吨，煤比162千克/吨，生铁一级率89.5%，生铁40S率3.3%，高炉矿耗1672千克/吨；人造富矿2103万吨，烧结碱度稳定率95.7%，品位稳定率98.2%，一级品率94.8%，合格品率98.1%。

1. 优化生产，长期稳定，持续低耗成为新常态。一是效益优先组织生产。在应对外部市场严峻的形势，通过灵活组织生产，不同时期分别“以焦”“以矿”“以煤”“以材”定产，找到生产组织的黄金分割，合理控制生产规模，保证成本最低。优化生产结构，通过高焦比低产能和低焦比高产能的差异化生产，实现了消耗最低。

二是稳定顺行，持续低耗。通过对“12345”

操作理念的融会贯通，使操作人员技能得到全面提升。科学调整各项操作制度，完善各类应急预案，保证了高炉群的长期稳定顺行。通过调整风口布局，匹配适宜风压，改善了煤气流的初始分布；通过控制小时料批和调整起始布料角度，改善了煤气流的二次分布，实现了高炉精准布料，有效提高了煤气利用率，降低了燃料消耗，全年综合焦比489千克/吨，同比降低5千克/吨。

三是大修开炉快速达产达效。通过对高炉开停炉规程的不断完善，探索出了一套科学实用的开停炉方案和操作模板，做到了“停”则安全停炉，“开”则快速达产。4高炉、11高炉大修开停炉均按模板操作，效果良好。尤其4高炉大修开炉，更是实现了31小时全风，48小时达产，利用系数2.2吨/(立方米·日)，再次刷新了鞍钢高炉开炉达产达效最快纪录。

2. 经济配料，降低能耗，降本增效取得新佳绩。一是烧结稳质提产。严格贯彻烧结“20字”操作方针，补充、修订、完善了烧结工艺技术规程，进一步提高了可操作性。细化混匀料场管理，量化堆料标准，达到了TFe、$SiO_2$标准偏差低于国内同行业水平。探索混匀料场熔剂外配，有效规避外部熔剂质量波动对烧结生产的影响。强化烧结工艺管控，优化调整工艺参数，深挖烧结机运行潜力，在保证烧结矿质量稳定的同时提高了产量。

二是持续优化配矿。实时跟踪粉矿市场价格变化，动态调整配矿结构，实现“精品料”与“经济料”的有机结合，确保效益最大。通过降低烧结矿碱度，减少球团用量，进一步降低高炉用料成本，创效2432万元；用低价石灰石代替高价生石灰，生石灰单耗同比降低4千克，创效2618万元。低镁烧结技术联合攻关，目前已取消外配镁石，创效920万元。2015年通过优化配矿，降低成本2.67亿元。

三是持续低价配煤。通过改进煤粉装备，开展氮气喷吹技术攻关，进一步提高了烟煤使用比例，烟煤比例已达43%；通过寻找新的低价煤源，提高低价煤配比，低价煤配比已达8.2%，大幅降低了配煤成本，目前配煤成本由年初的681元降低至514元，全年创效1.05亿元。

四是节能减排成效显著。通过提顶压、高风压操作，TRT吨铁发电量大幅提高，累计完成35.8千瓦时，创效2918万元。通过提高烧结机作业率和降低环冷漏风率，加大了烧结余热回收，创效819万元。通过工艺技术改进，冲渣水已达到零减排，吨铁净环水单耗减少了1.1吨，创效1390万元。

3. 强化预防，全员行动，事故掌控达到新高度。树立“杜绝事故就是最大的降本增效”理念，开展“未遂事故也是事故”大讨论，推进生产运行、设备保障、安全环保等事故管控上水平。实现了事故管控由末端处理向预防控制转变，提升了职工对各类事故的防控能力，大幅降低了各类事故发生。通过对装料制度和操作参数的不断摸索和研讨，已经彻底解决了炉况失常现象，杜绝了恶性崩料、悬料事故。通过加强工艺纪律巡检，强化皮带运行，整改生产隐患，大幅降低了烧结机事故停机。通过强化事故目标管控，实现了关键设备预防检修，减少设备故障，设备事故大幅降低，同比事故频次减少60%，事故时间减幅81%。通过创新安全管理、隐患排查整治、事故应急演练等工作，夯实了安全基础管理，全年总厂实现了安全、环保、设备、生产、质量等方面3级以上事故为零目标。

4. 完善制度，改善装备，高炉长寿取得新成效。依据长寿理论计算结合炉缸破损调查，确定环炭温度与砖衬厚度对应关系，修改环炭预警温度，完善了高炉长寿制度。停止钛矿护炉，优先采用调控高炉强度来控制砖衬温度，达到护炉效果的同时降低护炉成本。六座高炉炉缸泵站陆续投入运行，实现炉缸单独供水，冷却能力大幅提升，环碳温度大幅下降。自主研发破损铜冷却壁上安装微型冷却器，延长了冷却壁使用寿命，保证了炉身安全。优化、改进高炉大修设计方案，炉缸砌筑全过程视频监控，确保砌筑质量。2015年，长寿管理工作稳步提升，长寿技术长足发展，长寿制度进一步完善，各高炉炉缸状态安全受控。

5. 强化管控，逢修必改，设备保障再上新台阶。促进高炉、烧结工艺设备持续改进，全面提升设备保障能力，确保了生产稳定运行。强化三修管理，优化定修模型，高炉年修周期已延长至24个月，其中10高炉年修周期更是达到了创历史的31个月。强化项目管理，4高炉大修工程按工期保质保量一次性投产运行成功；逢修必改，彻底解决了1高炉矿槽除尘风机振动超标、三制粉1

号废气风机易烧损等难题。健全维修费用预算管控，完成了费用整体下浮 34.5%的情况下设备正常检修。强化备件使用全过程质量管理，完善了关键备件信息平台建设。推行“一季一专项检查”，实现春检、防汛、秋检、防寒的预防管理；开展“一月一缺陷整改”，实现重点难点问题集中整治；发起“一周一主题管理”达到问题面对面、效果点对点过程跟踪，全年设备管理行为评价 39 类 520 项，解决专项问题 153 项。

6. 深化改革，精准激励，企业管理发挥新作用。一是提升劳动生产效率。推进体制创新，优化组织机构，通过对设备系统的优化整合，实现了管理的集中化、专业化，扁平化，简化了工作流程，提高了工作效率。进一步优化人力资源，精干人员配置，压缩岗位定员；通过兼岗并岗，值守变巡检，烧结系统核减定员 149 名，高炉系统核减定员 32 名。推行岗位竞聘，激发岗位活力，采取公开招聘方式，实现了人员的优化配置。制定人力资源优化方案，平稳推进各项改革举措，清退劳务用工 831 人，精干生产主体，进一步降低了人工成本。

二是建立健全激励约束机制。全面运行基于价值创造的单元战略绩效管理体系，认真落实以业绩考核为依据的用人和分配制度，实施精准激励。围绕“效益”和“效率”两个关键要素，完善经济责任制考核，注重考核的整体性、联动性、有效性、及时性、严肃性，确保收入分配机制公平合理，激发全体职工创新创效的动力。

三是强化企管规章制度体系建设。梳理现行有效制度 327 个，确定核心制度 29 个，制定主要工作流程 36 个，实现了岗位职责梳理明晰，流程管理高效准确，制度执行严格彻底，不断提升企业管理水平。

7. 以人为本，绿色制造，和谐氛围再谋新发展。一是推进隐患辨识常态化。强化安全生产管控，针对有限空间、易燃易爆、有毒有害气体、高温液体等开展常态化安全生产大检查；加强安全基础管理，推行专项检查工作，查找问题，整改闭环。通过隐患量化考评和下发隐患整改通知书，隐患整改力度大幅提升，集中整治了“三铸铁地坑积水”“氧气、乙炔存放点违规”“危险路段视线死角”等十大隐患整治项目，解决了 20 枚放射源无合法手续不能送储等问题。通过公司安全立项，更换了冲渣区域腐蚀严重的平台、走梯和护栏。2015 年共辨识隐患 7288 项，整改 7104 项，整改率达 97.5%，安全措施进一步完善，本质安全进一步提升。

二是美化环境，绿色发展。推进烧结机尾除尘器电改袋项目，新烧目前已经改造完毕。单体除尘器功能包保，解决了全厂 50 处岗位粉尘污染严重问题。喷雾抑尘，解决了全厂 67 处无组织扬尘污染。减排工作取得新成效，减少烟粉尘排放量 1003 吨、$SO_2$ 1590 吨。全年治理卫生死角 142 处，清运工业垃圾 1.25 万吨，回收废钢铁 1.45 万吨，创效 2913 万元。2015 年烧结工序、炼铁工序排放分别达到国家清洁生产一、二级指标。

三是依靠职工办企业，关心关爱职工。弘扬“鞍钢宪法”精神、开展“网络问企”活动，收集意见建议 3101 条，办结 2996 条。开展“冠军炉和最佳烧结机竞赛”等活动，凝聚了职工智慧，调动了工作热情。深化群众性创新活动，“高德库创新工作室”累计创效 896 万元。筹建“祝宝君班组长示范基地”，促进班组标准化管理。关爱职工生活，为职工办实事、解难题，推进浴池、食堂、休息室改造。为职工过生日、送清凉、送温暖，完善困难职工档案，走访慰问 950 人次，发放救济金额 37.33 万元。

（付桦楠）

**【炼钢总厂】** 2015 年末，有在岗职工 5580 人，其中管理、专业技术岗位人员 460 人（高级职称 85 人，中级职称 215 人，初级职称 108 人），在职职工 5756 人。离退休人员 5607 人。厂机关设五室一会，即综合管理室、党委工作室（含纪委、团委）、生产技术室、安全环保室、设备管理室、工会；划分四个分厂一个工区，即一分厂、二分厂、三分厂、四分厂和设备保障工区；下设二十七个作业区，即炼钢一作业区、连铸一作业区、转炉点检一作业区、连铸点检一作业区、吊车一作业区、炼钢二作业区、连铸二作业区、转炉点检二作业区、连铸点检二作业区、吊车二作业区、炼钢三作业区、连铸三作业区、转炉点检三作业区、连铸点检三作业区、吊车三作业区、炼钢四作业区、连铸四作业区、转炉点检四作业区、连铸点检四作业区、吊车四作业区、钢包整备作业区、转炉检修第一作业区、转炉检修第二作业区、连铸检修第一作业区、连铸检修第二作业区、机电作业区、筑炉作业区。

鞍钢股份有限公司炼钢总厂成立于2011年4月23日。由原第一炼钢厂、第二炼钢厂、第三炼钢连轧厂（炼钢、连铸部分）、热轧带钢厂连铸部分整合组建而成，设计年产钢、坯1800万吨。主体装备有公称100吨转炉6座、180吨转炉3座、200吨转炉2座、260吨转炉3座，8台板坯连铸机、5台方（圆）坯连铸机，形成了“铁水预处理—全转炉—炉外精炼—全连铸”等装备一流的现代化生产工艺格局。

坚持稳顺生产，全面提高质量，规模质量实现新突破。面对公司合同不足、铁水供应不均衡、小浇次计划频繁等诸多不利因素，紧紧抓住不同时期的生产关键，完善调度管控一体化，推进生产组织“列车时刻表”，制定并实施重点工作日生产组织预案，严格按照公司计划组织生产。全年共产钢1560万吨，其中一分厂268万吨、二分厂方圆坯113万吨、二分厂薄板坯232万吨、三分厂375万吨、四分厂572万吨；开发新钢种191个。坚持“品种质量是企业生命”，以质量保证一体化管理团队攻关活动为载体，建立重点品种质量攻关组8个，形成厂级指令性攻关课题64项；全面推进上下工序质量监督制约机制，强化成分精确控制。多项质量关键指标创历史最好水平，铸坯质量合格率完成99.83%，原品种合格率完成99.61%；高强船板钢拉力分层缺陷率由2.52%降至1.46%；冷轧夹杂缺陷率由0.49%降至0.42%；取向硅钢泡疤率由1.96%降至0.76%；重轨伤轨率由0.37%降至0.34%，创造了取消钢轨缓冷工艺以来的最好水平。作为公司重大技改工程项目，5号线D、E转炉分别于1月16日和3月27日相继投产，双炉投产后，仅用两个月零三天，就实现双炉日产73炉、班产27炉的规模化达产目标，创造了鞍钢产线最快达产纪录。2月15日，张广宁董事长赴D号转炉慰问调研，并亲手冶炼了D号炉第369炉钢。

加快改革创新，深化成本控制，创新创效取得新成效。2015年初，该厂共有职工10506人，其中，主体职工5832人，劳务职工4674人。一年来，该厂先后制定出台《炼钢总厂产能激励方案》等5项人力资源管理办法和制度，通过整合外委劳务业务、清除现场保洁作业等方式，共精简人员1274人，其中清退劳务1004人，占职工总数的13.8%，全员劳动生产率由1531.1吨/(人·年）提高到1742.4吨/(人·年）。充分发挥技能大师站和创新工作室技术攻关有效作用，搭建全员创新平台，改创新课题每年评选一次为每年两次，形成了认知度高、参与性好、研发力强的创新工作体系。以林学斌、李新林创新工作室为带动的全厂36个创新团队，全年共实施“涌动扒渣”“自动推渣布料机”等技术创新494项，创效1.29亿元；申请专有技术171件，通过公司认定90件；申请专利109项，被国家知识产权局授权59件。“ASP中薄板坯铸机生产高品质、经济型超低碳汽车钢板炼钢、连铸关键技术集成开发”等5个创新项目获省、市及公司科技进步奖，“李新林创新工作室”被市总工会命名为“鞍山市劳模创新工作室”，林学斌被评为全国劳动模范。2015年，成本指标一降再降。面对困难，该厂进一步对标挖潜，深化全员目标值管理，推进模拟市场运行，完善成本控制体系，先后实施“深化少渣冶炼、耐材整体承包、加强材料消耗管理”等10项强力降本措施。加工成本完成541元/吨，较2014年降低58元/吨，累计降本9亿元。能耗成本完成90.2元/吨，较上年降低1.67元/吨，能耗成本累计降低1.74亿元；吨钢综合能耗完成-4.98千克标煤，转炉工序吨钢能耗完成-19.34千克标煤，转炉煤气回收完成109.14立方米/吨，新水消耗完成0.83吨/吨，各项能耗指标均较上年降低近20%，继续保持全工序负能炼钢的良好势头。

强化基础管理，严控环保风险，企业管理迈上新台阶。严格落实“党政同责、一岗双责”安全生产责任制，完善安全管理制度体系，重新评审编制《炼钢总厂安全技术规程》，新增和修订安全技术规程478条，修订《有限空间安全管理细则》等管理制度27个。深入开展安全教育培训和事故应急预案演练，强化安全文化建设，推进现场安全目视化管理。加强安全生产标准化建设，大力开展危险源辨识评价和隐患排查治理活动，共辨识危险源点590个，排查治理各类安全隐患9794项。完善制度体系建设，重新编制现行有效文件清单，修订管理细则125个，专业管理评价标准40余项，编写完成转炉炼钢、炉外精炼和连铸《设备故障速查手册》。完善薪酬分配机制，制定下发《2015 年经营绩效评价办法》，坚持将职工收入向重点、关键岗位和一线艰苦岗位倾斜。强化卓越绩效管理体系运行，对重点场所进行体系运行检查，共曝光不合格项 70 余项，将精细化管理贯穿于生产环节的全过程。落实环保责任，层层签订环境保护责任状，加强日常排放的监管与检查，严控超标排放，对全厂 58 台除尘设施、51 个外排水口实施挂牌管理。推进环保设备改造，完成三分厂转炉环保工程，老线 1 号、2 号转炉炉后封闭等多项环保项目改造，采用了 LT 干法除尘、电袋除尘等多项国内先进环保技术。全年共回收粉尘 34.1 万吨，转炉跑渣率由年初的 4.43%降至 2.83%；除尘设施运行达标率由去年的 47.9%提高到 72.4%。全年实现重大环境污染事故为零，除尘器粉尘排放合格率达 100%、低于国家现行环保标准。

实施设备改造，强化设备运行，设备功能得到新提升。坚持“逢修必改”，先后实施重大技改工程 9 项。新建的二分厂脱硫设备，实现了脱硫工位由 1 个增加到 3 个，极大地提高了铁水预处理能力。新安装的 40+40 吨吊车，实现了兑铁与加废钢同跨进行。四分厂 1 号、2 号去毛刺机改造后去毛刺率同比提高 35%。历经 39 天奋战的 2 号板坯连铸机改造工程，创造了鞍钢同类设备改造工期最短的纪录，新增了轻压下和电磁搅拌等先进工艺，与 1 号线板坯连铸机相比，冷轧夹杂缺陷率降低 0.30%，IF 钢夹杂缺陷率降低 0.94%，原来全部需要下线清理的 45 个钢种热送率达 86.6%，该连铸机整体技术装备已达到国际先进水平。加强设备基础管理，修订设备管理标准 30 个，完善设备管理细则及应急预案 23 个。深入开展“三地”设备对标、完善设备功能、提高设备精度专项整治活动，持续推进“管理者点检”和吊车系统“操检合一”管理模式。全年杜绝四级及以上设备事故，转炉和连铸系统平均设备可开动率达 89.82%和 94.14%。大力开展站所室专项整治活动，共评选星级站所室 24 个、星级吊车 33 台。

关心职工生活，激发职工活力，和谐发展呈现新气象。持续开展“面对面、心贴心、实打实服务职工在基层”活动，落实职工代表提案、劳动保护巡视和厂长联络员信息反馈制度，处理职工代表提案、意见和建议 103 件次。结合生产经营重点，开展了“百佳岗位能手、大型耗能设备对标和十项重点指标攻关”等竞赛活动。围绕查找成本控制出血点，发起了《致全厂职工的一封信》活动，收到职工建议 4355 条，采纳实施 1182 条。

党建工作呈现新优势。12 月 18 日召开了炼钢总厂第二次党员代表大会，回顾总结了上次党代会以来取得的成绩，提出了今后三年要努力把炼钢总厂建设成为国内外最具影响力的现代化精品钢生产基地的奋斗目标。选举产生了新一届炼钢总厂党委和纪委领导班子。进一步加强领导干部作风建设，该厂领导班子成员、分厂（工区）与作业区领导班子成员分别采取“挂点”和“蹲点”的方式，重点解决存在的瓶颈、短板问题，保证生产顺行，实现全年生产经营目标；组织机关干部利用工余、业余时间参加现场劳动，既在广大职工中树立了干部的良好形象，还起到了带头示范作用。转变思维方式应对挑战，提出了“六种工作观念”，即：出问题不找借口，遇到困难多想办法；只有落后的领导，没有落后的群众；要具体抓，抓具体，关注现场，关注细节；管人要关注事，管事要关注人；对标超越，向低水平循环宣战；领导者只有思想艰苦，才能赢得工作主动。“六种工作观念”转变了思维方式，让“六种发展理念”落地生根。

（李红颖）

**【热轧带钢厂】** 2015 年末，热轧带钢厂有职工 2084 人，在岗职工 2021 人，其中管理及专业技术岗位 287 人（具有高级职称 38 人，中级职称 177 人，初级职称 61 人），生产及服务岗位 1734 人；离退休职工 2038 人。全厂设“六室一会”（生产技术室、安全环保室、销售室、设备管理室、综合管理室、党委工作室、工会）和 15 个作业区。厂区占地总面积 51.88 万平方米，建筑面积 32.83 万平方米。固定资产 71.69 亿元，净值 19.39 亿元。拥有 1780、1700ASP、2150ASP 三条热轧带钢生产线。

主要生产设备有：

（1）1780 线。步进梁式加热炉 4 座，板坯高压水除磷箱 1 台，定宽侧压机 1 台，E1 立辊轧机 1 架，R2 四辊可逆粗轧机 1 架，保温罩 1 套，边部加热器 1 台，转鼓式切头飞剪 1 台，精轧高压水除磷箱 1 台，精轧立辊轧机 1 架，四辊精轧机 7

架（F2~F4 为 PC 轧机），ORG 在线磨辊装置 4 套（F4~F7），层流冷却装置 1 套，地下卧式卷取机 3 台，检查线 2 条，分卷平整机组 1 套，横切机组 1 套，以及相应的辅助配套设施等。

（2）1700ASP 线。步进梁式加热炉 2 座，板坯高压水除磷箱 1 台，大立辊轧机 1 架，二辊可逆粗轧机 1 架，四辊可逆粗轧机 1 架，热卷取箱 1 台，转鼓式切头飞剪 1 台，精轧高压水除磷箱 1 台，四辊精轧机 6 架（F3~F6 为可窜辊轧机），层流冷却装置 1 套，地下卧式卷取机 2 台，以及相应的辅助配套设施等。

（3）2150ASP 线。步进梁式加热炉 3 座，板坯高压水除磷箱 1 台，带有前后立辊的四辊可逆粗轧机 1 架，保温罩 1 套，转鼓式切头飞剪 1 台，精轧高压水除磷箱 1 台，四辊精轧机 6 架（预留 F7 机架），层流冷却装置 1 套，地下卧式卷取机 3 台，分卷平整机组 1 套，以及相应的辅助配套设施等。

三条线可生产集装箱、管线钢、汽车梁、船板等 25 个系列、487 个品种、一万多个规格的钢板产品。

优化生产组织，超额完成生产任务。通过完善工艺参数，提高轧制节奏，实现均衡生产；通过完善设备功能，提高设备精度，满足极限品种规格要求；通过集中生产，减少冷热料混装，削峰填谷；通过优化物流和信息流，提高成品库发货能力；以市场需求为导向，克服品种结构影响，优化轧制计划，最大能力发挥产能。全年完成产量 1063.76 万吨，超计划 13.26 万吨；商品材产量 438.91 万吨，其中出口材产量 54.14 万吨。

向品种要效益，提升高效品种比例。按价格、成本及盈利情况确定五类主要调品方式，即品种大类调品、地域调品、新产品开发调品、产品间调品和国外国内调品。实时跟踪合同结构和利润排序，大力提升高效品种比例。每周通报合同到位情况、产品价格走势等信息，使全厂及时掌握和了解合同执行进度，指导调品和生产，向品种要效益。1700 生产线持续推进 SPHC 置换 Q235B 工作，并成功试轧 65Mn 高强钢，改善了 1700 生产线产品结构；1780 生产线试制工业纯铁取得良好效果，产品规格已拓展至 1.4 毫米×1100 毫米；2150 生产线将工作重点放在创效较高的低合金宽厚规格产品上，突破 25 毫米×1500 毫米、24 毫米×1800 毫米规格，实现稳定生产。重点开发了镀锌基板 SPHC-F、双相钢 DP600、中俄管线钢 X80M 和工业纯铁 ABCT 等四个品种。全年完成战略产品共 17 类钢，239.98 万吨；独有领先产品共 13 类钢，111.68 万吨；新产品共 8 类钢，完成 39.06 万吨。实现调品创效 1.16 亿元，吨钢调品创效 27 元。

深挖内部潜力，千方百计降低成本。降本与增效齐头并进，开源与节流并驾齐驱。通过“日油品消耗分析”“周油品消耗分析”、新增蓄能器缓解管路冲击、加装“接油盘”、改进接轴润滑方式等措施提升职工节约意识，从根源上降低油脂的非正常消耗；坚决执行“以用为耗”的工作要求，减少资金占用；申报 23 个进口备件国产化项目和 2 个绿色再制造项目，增加降本点；自主完成测宽仪、高温计、变压器安装工程及伺服阀调试工作，完成 1780 生产线新老二级设备平行运行，提高改造期间自主降本能力。加强成本的控制，细化分解原料损失、能耗、辊耗、油脂消耗和物流指标。“以快打慢”，加大考核力度，对现货实施严格管控，降低库存。1700 线、1780 线和 2150 线吨钢加工成本分别控制在 223 元、267 元和 231 元，其中 1780 线和 2150 线分别比 2014 年降低 27 元和 16 元；吨钢辊耗成本分别控制在 8.83 元、8.70 元和 6.37 元，比 2014 年降低 0.61 元、1.45 元和 1.79 元；备品备件库存降低 1934 万元，轧辊库存降低 2621 万元，加工成本费用比计划降低 2711 万元。

推进产业升级，实施 1780 线三电改造工程。该工程于 2015 年 6 月 16 日开始实施，计划工期 20 天。1999 年投产的 1780 生产线，是从日本引进的轧机成套技术，是鞍钢高端热轧产品的重要生产线，曾被誉为鞍钢的“希望工程”。由于电气系统老化、电器关键备件缺乏，这条服役 16 年的生产线难以适应鞍钢产业升级、提升市场核心竞争力的要求。本次 1780 生产线“三电”改造工程主要围绕电气传动、基础自动化和过程控制模型等三部分，是对电气系统整体进行升级改造，直接关系到产线的“中枢神经”健康与否。为了提升 1780 生产线的生产技术水平，改造期间，该厂打破产线界限，秉承严谨的工作态度，集中三线技术力量全力攻坚，对自动化系统、过程控制系统、生产管理系统进行更新，对部分传动设备也相应进行更新，热轧控制模型采用当今世界领先技术。此次“三电”改造工程共历时 17 天 8 小时，比计划提前 2 天 16 小时，创造出国内外同类型热轧产线改造的最短时间纪录。1780 生产线三电改造后，各项指标得到了有效控制，煤气空燃比、热值等能耗均有大幅降低，设备功能得到了恢复和提升，实现了品种全覆盖，满足了用户用钢需求。业内人士对热轧“三电”改造工程取得成功给予积极评价，认为这次改造有利于更好地掌握 1780 生产线的核心技术，为提升热轧产品市场竞争力奠定了基础。

构建安全屏障，营造安全生产环境。完善安全管理制度，以安全生产标准化建设为基础，修订《安全生产责任制》《有限空间安全管理细则》，结合公司《液压设备检修安全技术规范》，明确了液压检修安全规定，增设了能源介质安全牌。开展全员全过程的风险识别，确定工作环境中的危险源，制定作业预防措施。全年组织安全专项检查 49 次，检查曝光违章、隐患等 628 项。排查治理安全隐患 1985 项，其中申报公司隐患治理奖励项目 154 项；纠正安全违章行为 1456 人次，整改安全管理缺陷 109 项；安全投入 77.705 万元，充分调动了职工参与隐患排查治理的积极性，及时消除安全隐患。开展厂级安全培训 16 次，组织厂级安全考试 4 次，全员持证上岗培训考试 1862 人次；完成特种作业操作证、特种设备作业人员资格证培训。

强化质量管理，满足用户个性化需求。实施了“全流程网格化质量管理”。全流程，即将产线按工序分成“五关”：加热炉岗位把好“温度关”、粗精轧岗位把好“精度、料形关”、卷取岗位把好“卷形关”、质量检查岗位把好“检查关”、班组长把好“管控关”。网格化，即同一操作室内的岗位人员实施每两小时轮岗作业，如装钢、烧钢、出钢岗位轮换，粗轧、精轧岗位轮换等，防止因人员责任心、技术水平的差异而产生批量质量事故或异议。开展质量攻关，重点在 1700 线开展试轧硅钢攻关，推进外销可行性；在 1780 线开展汽车黑皮钢卷取不良、头部压痕和 O5 级别汽车钢表面氧化铁皮等缺陷攻关；在 2150 线开展试制高强车轮用钢 LQ590、21.4 毫米管线钢 X90、宽幅冷轧汽车面板用钢等品种攻关等。申报公司科研课题，组织实施含磷 IF 钢热轧稳定性、高强钢内应力、热轧深冲压板制耳缺陷等研究项目，效益达到 1371.8 万元。持续关注合同质量评价，跟踪用户使用反馈，实时调整工艺参数，优化导尺控制模型，制定控制标准，改进导尺刮边裂缺陷，推进表面质量检测仪功能改进。与重点客户签订个性化技术协议，满足个性化需求，提供个性化服务。按计划走访华南、华东及东北地区重点用户，坚持“服务零距离”的服务理念，提高服务质量。

完善设备功能，提升设备管理水平。及时更换 1780 线表面检测仪照明装置，恢复下表面检测仪功能，解决 1780 线加热炉热值仪互备，推进 4 号炉实现自动烧钢。完成 1700 线辊缝冷却机械设备安装调试。组织 2150 分卷线设备能力调试及 PDA 设备安装，解决分卷线生产张力不足问题，提高张力控制水平；组织投入 2150 线超快冷设备，修复设备缺陷；组织研究 2150 线 F7 轧机改造，释放产能。重点完善设备基础管理，推进设备管理点检，开展“三地三点”对标，制定 1780 线改造设备四项标准；组织核定关键备件库存定额及机旁备件消储定额，推进工艺点检电子信息系统；承接公司“完善设备功能　提高设备精度”“设备现场整治”“冶金设备绿色再制造”“设备系统利库降库”四项活动，制定相关实施方案；实施严控非计划排水的专项整治，提高节能环保意识。开展修旧利废工作，减少新品采购数量，同时为降低库存创造条件；调整备件消耗指标，制定相应评价制度，提高主动管理积极性；开展绿色再制造及进口备件国产化工作，申报 2 项绿色再制造项目、23 项进口备件国产化项目，进一步拓宽降低成本新渠道。

优化管理创新，促进企业健康发展。进一步规范组织架构，对原设备检修协力中心划拨人员的组织机构和岗位编制进行了重新调整，成立了检修工区，下设东部检修作业区和西部检修作业区，明确了工作职责，清晰了管理界面。优化定员编制，成立热轧带钢厂深化改革领导小组，明确深化改革的职责分工、主要目标及遵循原则。确认生产服务岗位编制，合计调整 15 个单元 39 个岗位，共减少定员 85 个。制定员工培训实施计划，有针对性地开展岗位技能及新知识、新技术培训，提高员工的技术水平及创新能力；深入开展导师（师傅）带徒弟活动，签订《师徒培养协议》11对；组织岗位技能达标考评，参评人数达到1722人，全部达标。在两级公司技术竞赛中，4人获得技术状元、15人获得技术能手称号；深化“网络问企”活动，征集合理化建议761条；总结推广先进操作法41项，职工双增双节活动实现价值837.22万元。多角度开展科研立项，全年申请发明专利56件、专有技术84件，申报公司QC成果11项，其中被推荐到冶金行业优秀成果1项，省优秀成果1项。完成公司级科研课题6项，参加公司优秀论文评比获奖2篇、公司优秀专有技术评比获奖3件，征集钢铁年会论文12篇，集团重大合理化建议通过公司鉴定22项。

开展形势任务教育，凝聚攻坚克难正能量。2015年，钢铁行业进入“冰冻期”，热轧板卷价格跌至20年来的最低谷，企业生产经营遭遇了前所未有的困难，处在“滚石上山，爬坡过坎”的关键阶段。该厂党委针对严峻形势，转发了鞍山钢铁形势任务教育材料，撰写了《千方百计保生存，万众一心渡难关，以壮士断臂，破釜沉舟的勇气和决心，为坚决打胜扭亏增效攻坚战而努力奋斗》《认清严峻形势，迅速采取行动，全力以赴完成新版预算目标》等宣传提纲，并通过班前会、职工大会、座谈会、简报等形式向职工宣讲企业生产经营所面临的严峻形势，引导员工增强危机意识和忧患意识，增强战胜困难的信心和决心，凝聚攻坚克难正能量，与企业同舟共济、共渡难关。

发挥政治优势，助推企业生产经营。抓班子，带队伍，践行“六种发展理念”不折不扣。该厂党委以提高两级班子的贯彻执行能力、决策指挥能力、组织协调能力和解决问题能力为重点，努力加强队伍建设，各级班子成员综合能力得到进一步提升。抓服务，转作风，党建科学化水平与时俱进。坚持落实厂长与一线职工交流座谈制度。开展党员工程和对标活动，确定“挑战项目”182项，其中党委级立项52项，党支部级立项46项，党员级立项84项，累计创效8000余万元。召开了中共鞍钢股份公司热轧带钢厂第四次党员代表大会，党支部进行了换届改选；构建党群工作网，实现信息资源共享；优化了党支部工作评价内容、规范了评价流程。抓氛围，鼓士气，思想宣传工作有的放矢。加强正确的舆论引导，号召各级党组织、工会和共青团想方设法营造和谐稳定、积极向上、创新创效的企业氛围。以真挚的情感为59名职工举办了退休离职仪式，增强了职工的归属感和自豪感。抓协作，聚合力，政治资源整合贡献凸显。组建了16支“郭明义敬业奉献”专项攻关团队，为企业献计出力；关心职工生活，走访慰问职工411人次，发放救助金16.43万元；开展党员干部献爱心救助身边困难职工活动，捐款5.33万元。

（侯永利）

**【冷轧厂】** 2015年末，冷轧厂在岗职工总数2960人，其中干部405人（其中高级职称26人，中级职称229人，初级职称74人，员级36人，无职称25人，未评审15人），工人2555人。居家职工51人，列编外职工39人；离退休职工1516人。冷轧厂设五室一会，作业区19个；党委下属支部22个，党员1317人；团委下属团支部15个，团员68人。2015年，冷轧厂全体员工凝心聚力，通过调品创效、创新创效等多种手段，力保企业效益最大化。在残酷的市场竞争面前，冷轧厂又一次经受住了考验，较好地完成了各项生产经营目标，全年实现毛利润15.1亿元。冷轧厂工会荣获全国模范职工之家荣誉称号，李超获得全国时代楷模和中央企业道德模范荣誉称号。

竭尽全力创效益，精益生产组织。2015年，面对合同总量严重不足、品种极不均衡的困难，为确保企业效益最大化，冷轧厂坚持“效益优先”的原则，一是科学评价各机组品种生产及盈利能力，根据各产线盈亏状况，合理匹配产线产能，采取产线专业化生产、集中开停、躲峰生产等方法，提升产线创效能力；二是以连续机组优化排产为核心，通过紧凑安排检修项目和工艺调整，牵动解决瓶颈问题，提高连续机组经济运行效率；三是强化调度职能，通过建立调度微信平台和梳理调度系统管理界面，完善生产调度管理评价机制，加强调度系统对现场管控能力。通过努力，确保了冷轧厂生产精益顺行。

全面压缩成本。加强成本管理体系建设和过程控制，持续降低生产运营成本。通过效益指标周分析、费用进账严把关等管理措施，精算费用开支。着力控制加工成本，通过优化工艺剪边路径、提高连退直下比例等方法，提高产品成材率，指标同比提高0.24%；通过费用指标层层分解，强化过程管控，精细材料管理，2015年降低辅材费用 8288 万元；通过开展能效对标、实施 2 号线罩式炉排烟风机变频改造、3 号线连退煤气计量仪表改进等措施，2015 年能源成本降低 857 万元，其中联合机组工序成效显著，实现降耗降本 150 万元。

提质调品树品牌，加大调品力度。围绕市场需求，进一步通过调整品种结构提升鞍钢冷轧产品品牌价值，着力在产品个性化、差异化方面下功夫，2015 年调品工作成效显著。联合钢铁研究院和产品发展部，成立个性化产品研发一体化团队，推进冷轧产品由统订统制向个性定制转型，2015 年累计成立 23 个项目组，开发个性化产品 1.9 万吨，新增创效 280 万元。在生产汽车常规单面 O5 板的基础上，全力推进表面质量最高要求的双面 O5 板生产技术的攻坚，并取得突破性进展，形成产品差异化新竞争点。

加大服务力度。一是组建技术服务一体化团队，建立用户质量异议分级预警机制，对用户感知分级管理，重点关注，快速响应；二是开展技术服务大走访专项活动，已走访用户 38 家，收集落实用户个性化需求 57 项，召开用户服务视频会议 5 次；三是推进用户代表定期来访机制，邀请大连日产、沈阳华润等用户代表到冷轧现场交流，实现面对面双向双流，推动营销服务。2015 年，用户满意度大幅提升，用户抱怨率为 0.20%，降幅达到 26%，质量缺陷不良 ppm 值（1766ppm）同比（2213ppm）降低 20%。

全员创新求发展。发挥创新工作室引领作用，强化技术创新，解决生产经营难题，为冷轧厂发展提供动力之源。完成公司科研项目 8 项，创新项目 481 项、专有技术 29 件、专利 51 件、QC 课题 9 个，完成公司六西格玛项目 7 项，共创效 3250 万元。全面开展先进操作法的推广培训活动，完成厂级先进操作法 45 项、公司级先进操作法 2 项的推广培训。

全面提升职工技能，为创新提供扎实基础。冷轧厂有 20 个工种、2399 名职工参加技术竞赛活动，其中，1 人获公司技术状元，11 人获公司技术能手，冷轧厂命名技术状元 13 名、技术能手 45 名。

精心管控稳运行，推进设备升级改造。科学组织，通力协作，历时 43 天，比计划提前 7 天完成冷轧厂 1 号线联合机组升级改造，并迅速达产。该项目实施后，机组整体装备达到国内先进水平，可生产 DP 高强、0.3 毫米极薄等极限品种，丰富了鞍钢冷系产品供料路径，为拓宽市场奠定基础。完成冷轧高强连退线公辅（含主厂房）、3 号线连退清洗段、2 号线焊机增加后退火功能等十余个大修或技措项目，推动冷轧厂装备水平不断升级。

提升设备运行效率。一是整合设备人力资源，实施点检员绩效评价及升降级管理；二是优化定修模型，充分利用各种停机时间做好设备维护保养工作，及时调整检修周期和作业时间，各主线机组年均增加了 84 小时的有效运行时间；三是加强设备基础点检工作，2015 年共排查出重大设备隐患 7 次，有效避免了重大事故发生。

精细管理控风险，强化安全管理。梳理完善安全管理流程，修订安全管理制度 14 个，新建应急预案 106 个。通过与作业区、班组层级签订安全防火责任状和安全生产承诺书、建立副职人员安全履职评价机制、深化“一岗双责”等措施，落实安全责任。通过采取日检查、日通报、周评价等方式，督导规范相关方作业行为，为改造、年修等工程项目顺利竣工提供安全保障。通过每季度组织开展“群安之星”评比和安全隐患项目整改奖励等工作，以正激励方式鼓励员工积极参与安全管理活动，营造良好的安全文化氛围。2015 年，冷轧厂荣获公司安全生产优胜单位称号。

强化环保管理。结合新环保法的要求，在不断完善环保管理体系的基础上，加大环保投入，防控环保风险。重点推进 2 号线、3 号线废水处理系统升级改造，增加生化系统、深度处理系统，实行分类处理，该项目可保证 2 号线实现 COD 达标排放，3 号线既可实现 COD、氨氮达标排放，还可以回收利用 50%废水；推进再生机组设备升级改造，降低了氧化铁粉中氯含量，减少氯污染。

温暖职工促和谐，努力提升职工幸福度，关心职工生活。开展送温暖救助活动，2015 年共发放救济金 36 万元，救济困难职工 629 人次，走访困难职工 230 人次，发放慰问品 380 份。改善职工现场作业环境，修缮改造各产线浴池并更换更衣箱 340 个，整缮现场卫生间 32 个，更换现场操作椅 200 个，更换或维修现场饮水机 90 余台。高温季节慰问一线职工，发放防暑降温用品。跟踪检查评价食堂服务，提高职工的就餐质量。丰富职工业余文化生活，先后举办了象棋、乒乓球、足球等比赛。

（于　游）

**【冷轧硅钢厂】** 截至2015年末，冷轧硅钢厂共有职工1269人，其中管理岗位49人，专业技术岗位146人，生产岗位1074人。全厂具有大学本科以上学历的413人，具有专科以上学历的868人。全厂职工平均年龄40岁。厂下设工会（居退管）、党委工作室、综合管理室、生产技术安全室、设备管理室、研究所、改造办、销售室8个部门，东区轧钢、东区热处理、西区轧钢等11个作业区。

开发了无取向硅钢50A-HE4专用新产品，满足了海尔四大专用钢需求。结合品种结构调整开发工业电机行业的方向，研制出了50A-DJ1、50A-DJ2、50A-DJ3系列新产品。无取向中低牌号典型产品50AW1300、50AW800电磁性能达到了国内外领先水平，获得了市场广泛认可。典型中高牌号产品50AW600、50AW470及部分高牌号产品正结合鞍钢连铸工序改造寻求技术突破，技术指标向国内外领先水平靠近。2015年，无取向硅钢获得辽宁省名牌产品称号。无取向硅钢发明成果获全国发明展览会银奖一项，获公司优秀专利二等奖一项，获公司优秀专有技术三等奖一项；学术论文获省自然学术成果三等奖一项，获电工钢学会优秀论文奖一项。

自主集成渗氮工艺及参数，完成新增渗氮工艺装备改造，取向硅钢自主研发和技术引进获得同步推进；对外引进及消化吸收、转化高磁导率取向硅钢新技术取得新进展，实现了Hi-B钢30AG120产品的批量生产，完成了27AG系列产品和23AG系列产品的小批量试制，创效能力得到提升。

销售服务工作持续改进。推行了客户技术服务代表制，做到了异议信息到厂后24小时内服务人员到达客户现场快速解决问题，提高了核心用户的满意度。

发挥近域销售优势提高销售比例。做实、做大东区主销售区的市场，2015年，东北地区销售比重由过去的10.45%提升到12.29%。

努力开发工业电机直供客户。2015年，工业电机销售比重由原不足10%提升到15%左右，全年累计订货21960吨，有效弥补了市场下滑造成的合同不足。

加强产品出口的组织。全年实现出口共计38570吨，创2010年以来的最佳出口业绩。

面对合同不足，生产计划波动大和市场形势恶化带来的生产组织难题，根据合同到位情况，最大限度地保证机组连续生产，降低成本。建立库存预警系统，避免了因库存不足造成机组停机。充分发挥东西区设备功能互补，利用西区拼焊机组处理东区缺陷料，进一步降低原材料损失、降低成本。组织西区重卷机组生产东区原料，弥补了东区特定时期生产能力的不足。严格执行生产现场起停炉定额指标，控制机组起停次数，减少了因起停炉造成的能源消耗，实现了低成本生产。

牢固树立质量第一思想，开展质量问题案例教育，安排关键岗位人员走访用户，组织质量问题大家谈，强化质量管理行为评价等，员工质量意识进一步提高。开展质量大讨论、全员质量风险辨识、质量活动月等活动，完善质量管理制度，强化管理和技术人员质量责任落实，抓好事前及过程质量管理，及时发现趋势性问题，产品实物质量不断提高，达到了同行业领先水平。

强化点检定修组织管理，优化定修模型，充分利用停产待料时间组织定修，减少停机时间。加强对设备老化严重区域的集中治理，利用年修对主电机、液压管道等关键设备进行出厂检测维修，保证了设备功能状态。加强备件管理，积极推进“三化一降”活动，2015年完成备件国产化项目53项，绿色再制造项目1项，备品备件利用率不断提高。加强机旁备件管理，盘活现存机旁备件，减少备件采购量，2015年，备件库存比去年降低124万元，生产工具库存比去年降低573万元。

加强能源管理，组织了节能宣传周及节能主题月活动，收集合理化建议132项。实施空压站区域汽暖改水暖等节能项目，年节能降耗280万元。

加强环保管理，严格执行废水、废气、粉尘等设施日常运行维护点检制度和停运报告制度，环保设施稳定高效运行，同步运行率100%。加强对各类污染废弃物的合规处置，全年有效处理含油废物27.54吨，废矿物油204.28吨，含铬污泥

119.7 吨，酸碱泥 3865.02 吨。

加强体系运行管理。对厂管理体系文件进行重新梳理完善，制度的系统性、有效性和可操作性进一步提高，2015 年 QEO 外审无一不合格项。

强化班组成本目标值管理。在班组成本目标值管理实现常态化的基础上，进一步探索实施全员、全方位、全链条、全要素成本目标管理可行性，成本目标值管理实现了向深度和广度推进，全员成本管理的能力得到持续提升，“连续化大生产工业企业推行班组成本目标值管理的实践与探索”获得鞍山钢铁现代化管理成果二等奖、鞍钢集团现代化管理成果三等奖。2015 年，东区完全成本同比降低 719.33 元/吨，西区完全成本同比降低 844.53 元/吨。

稳步推进三项制度改革。优化机构设置，在公司内部率先进行了点检和检修队伍整合，通过合并成立机械和电气作业区，合理配置专业力量等，进一步突出了专业分工，点检、检修的组织更加规范；通过组织厂内招聘选拔、配置了消防值班人员，完成了自动消防系统的顺利接管，确保了消防安全；通过削减现场保洁、消防协力等劳务用工，降低企业人工成本，提高了劳动生产率。2015 年，厂多次通过公开竞聘配置专业技术人员和生产操作人员，形成了内部人力资源的良性流动。

（李兴昌）

**【中厚板厂】** 2015 年末，中厚板厂职工总数 1307 人，其中在岗职工 1244 人，管理及专业技术岗位 183 人（高级职称 14 人，中级职称 96 人，初级职称 56 人，无职称 7 个），生产及服务岗位 1124 人（高级技师 30 人、技师 95 人，高级工 398 人，中级工 301 人，初级工 245 人，无证 5 人）；离退休 994 人。厂下设一会、四室及 10 个作业区。固定资产原值 23.61 亿元，净值 5.20 亿元。厂区占地面积 41.01 万平方米，建筑面积 17.56 万平方米，设备总重 5.16 万吨。

主要设备：

（1）厚板线。最大轧制力可达 8000 吨的 4300 四辊可逆轧机 1 台，额定矫直力达 3400 吨的热矫直机 1 台，推钢式、步进式加热炉各 1 座，4300 毫米轧辊磨床 1 台，组合剪 1 台，2 座罩式炉，直燃式常化炉 1 座和无氧化常化炉 2 座，还有抛丸机 1 套，重矫直机 1 台，切头剪 1 台，喷打字机 2 套，千吨压力矫直机 1 台，年探伤 20 万吨钢板探伤机 1 台，高压水除鳞设备 1 套，自动控制层流冷却设备和超快冷设备 1 套，γ 射线测厚仪设备 1 套，等离子切割机 1 套，冷矫直机 1 套，热矫直机 1 套。目前生产工艺及产品质量达到国内一流、国际先进水平，成为目前国内最先进的宽厚板生产企业之一。现生产能力达到 120 万吨/年。

（2）中板线。推钢式汽化冷却加热炉 3 座，二辊可逆式轧机 1 套，四辊可逆式轧机 1 套，矫直机 3 台，切头剪 1 台，圆盘剪 1 台，滚切剪 1 台，辊底式常化炉 1 座，喷打字机 1 台，高压水除鳞设备 1 套，自动控制层流冷却设备 1 套，X 射线测厚仪设备 1 套。现生产能力达到 90 万吨/年。

主要产品分为十二大类：普通碳素结构钢、低合金高强度结构钢、锅炉板容器用钢、优质碳素结构钢、造船用钢、桥梁钢、工程机械用钢、管线钢、军工钢、汽车钢、刃模具钢、新产品等。广泛应用于造船、桥梁、工程机械、锅炉压力容器制造、电站、海洋采油平台、石油与天然气输送和军工等行业。产品规格为厚度 5~180 毫米、宽度 1200~3950 毫米。所能生产的钢板品种规格可达 1000 多种。

2015 年该厂主要生产经营指标完成情况：全年实现人身伤害事故和重大生产、设备、质量、火灾、环境污染事故为零的目标。完成产量 161.8 万吨，超计划 3.6 万吨；全年亏损 5.2 亿元，其中中板线亏损 2.59 亿元、厚板线亏损 2.63 亿元。综合成材率 90.47%、综合原品种成材率 89.7%、吨钢质量损失 6.4 元，吨钢综合能耗 72.6 千克标煤，同比均有较大改善。

生产运行平稳高效。全面落实安全生产责任制，实施三级安全管理点检，有效履行安全管理职责。持续开展安全管理提升年活动，将安全领航班组评选范围扩大到长期相关方。通过开展安全生产标准化岗位达标建设、事故应急演练等专项活动，实现了班组自主安全管理和职工安全素质双提升。实施常态化安全大检查，实行安全防火关键点信息通报制度，共排查整改问题 3302 项，及时消除了各种安全隐患。全面做好厚板线年修工程及冷、预矫技改工程的危险预测、安全交底、现场防护工作，对施工全过程进行管控，保证了安全施工。

大力推行精细化生产。抓好两线满负荷状态下的原料保供工作，改善中板线上料和厚板线原料切割等薄弱环节、扩大“托坯”轧制比例，开展提高小时轧制块数生产竞赛，促进了两线整体生产效率的提升。按用户要求组织生产，逐步适应用户的个性化交货期要求，细化轧制、剪切、热处理等重点环节的生产安排，克服订单批量小、规格多、时间紧等困难，实施高效有序管理，提高物流效率，促进合同执行率的提升，尤其是11月，厚板线合同执行率达到了100%，创近年来最好水平。

品种结构不断优化。坚持以市场为导向，以满足用户需求为目标，大力实施精品战略和品种结构优化调整，不断提高产品品牌化、差异化价值，战略产品、独有领先产品、新产品比例均有新的提升。厚板线F级超高强海工钢应用于全球最深半潜式钻井平台，成功替代进口；高效完成中石油输油管线L450M窄薄极限规格管线钢板合同，为用户解了燃眉之急；成功研发国内最高级别铁路桥梁用钢Q500qE，应用于世界最大跨度公铁两用斜拉桥——沪通长江大桥；首次研制的800兆帕级水电用ADB790E钢板顺利通过评审，具备了向大型水电站和抽水蓄能电站供货的能力；核电钢15MnNi工艺技术得到很大提升，重新夺回市场。中板线开发了4毫米极限规格产品，具备批量供货能力；国内独家供货的高铁机车转向架用钢S355J2W(H)产品规格从20毫米扩大到80毫米，实现产品全覆盖。积极对接国际市场，加大出口产品研发力度，X60M管线钢首次供货印度；风电用钢成功供货巴基斯坦大沃风电工程项目；孟加拉帕德玛桥用70毫米厚S420M和S420ML钢板通过认证并实现首次供货。

产品质量持续改善。完善全流程质量控制体系，把质量精细化管理贯穿于从原料验收、生产加工到成品发货的全过程。积极做好与国际行业最高标准对标，充分发挥攻关团队的作用，深入研究和解决工艺问题。对重点产品实施全流程工艺质量跟踪控制，超高强海工钢、高强度桥梁钢、军工钢等产品表面质量、性能指标均有较大提高，吨钢质量损失有较大降幅。重视成品标识质量，中板线改进标签质量，提高粘贴水平；厚板线改进侧喷系统功能精度，钢板标识质量改进得到用户认可。认真做好产品认证工作，顺利通过出口欧洲的容器用钢板PED认证，LT-FH36低温TMCP船板一次通过LR船级社认证，“油船货油舱用耐腐蚀钢板工业生产技术”通过由中国钢铁工业协会组织的预验收。全面开展质量管理活动，该厂荣获辽宁省质量管理小组活动优秀企业称号；厚板线生产作业区轧钢剪切丙班获得中国质量协会质量信得过班组殊荣。完成股份公司六西格玛黑带项目1项，综合成绩名列第一。

设备保障能力不断提升。完善设备点检定修制，强化设备精度和可靠性管理，重点对轧机、加热炉、高压水除鳞系统、剪切机组、喷打字机等重要设备进行维护，保证了主体设备的稳定运行。针对设备运行“瓶颈”环节进行专项检查和整治工作，加强对设备操作、运行、专业点检标准的准确性进行连续跟踪检查，即时整改落实。全年设备有效作业率90.51%，同比提高了2.5%。加强设备技术创新，重点实施设备精度改善项目24项；加快技术改造步伐，顺利完成厚板线设备技术改造工程，按时完成了冷、预矫直机及附属设备的安装及预调试工作，为提升产品实物质量，拓宽产品结构提供了设备保障。

降本增效成果突出，把降低成本作为主攻方向，坚持向深挖内潜要效益。持续开展加热炉煤气竞赛和班组目标值管理工作，有效降低了能耗占比最大的加热炉煤气单耗和热处理工序能耗。贯彻“避峰填谷”用电原则，灵活把控轧制和热处理生产节奏，恢复了厚板线轧机一、二段动态补偿装置，电耗同比降幅达到3.9%，全年降低电耗成本292万元。加强两线蒸汽回收管理，将厚板线加热炉烟气余能回收再利用，使蒸汽回收量同比大幅增加。全年中板、厚板工序吨钢能耗分别达到59.9千克标煤、83.1千克标煤，全厂工序能耗同比降幅为5.59%，创历史最好水平。开展设备漏油专项治理工作，两线油脂消耗同比降幅分别为26.42%和27.14%。大力实施备品备件降库利库，鼓励备品备件修配改代，开展降库存竞赛，全年降低库存288万元、降幅4.97%。强化现货管理，采用成品现货兑正品合同的方式，开辟了降低现货新渠道，全年两线现货兑正品2056吨，减少现货损失70万元。

综合管理水平逐步提高。开展规章制度专项检查工作，加强制度建设，制（修）订管理细则

11 个。开展全要素全过程对标活动，确立 22 项对标攻关项目，15 项达到攻关目标，7 项取得明显进步。加强技术人才队伍建设，评聘工程技术岗位等级序列 7 人。重视员工岗位培训，完成公司培训计划。完善《中厚板厂员工素质提升奖励办法》，8 人次获得奖励。实施员工创新支持计划项目 12 项，其中公司级创新项目 8 项，全部实现计划目标。堵塞管理漏洞，完成废钢铁管理专项效能监察工作，管理流程进一步规范。完善档案、保密、治安管理等工作。开展岗位技术练兵活动，共评选岗位技术状元 58 人、技术能手 120 人，1 人获鞍钢集团公司技术能手称号。强化职工创新工作室建设，共立项 22 项，创效 538 万元。

职工队伍和谐稳定。坚持以职工为本，服务职工群众。落实依靠职工群众办企业方针，深入开展弘扬“鞍钢宪法”精神、实名制“网络问企”活动，收集意见建议 316 条，已办结 222 条，其余正在办理之中。坚持厂领导班子定期与职工座谈制度，收集意见和建议 83 条，解决 62 条，答复率为 100%。关心职工生活，持续开展“面对面、心贴心、实打实”服务职工在基层活动，积极为职工办实事、办好事、解难事，重视职工工作场所硬件设施维修、现场环境治理、厂容厂貌绿化美化等工作，切实改善了职工生产、生活环境。加大困难职工帮扶力度，深入开展大走访、大下访等活动，共救济困难职工 439 人次，发放慰问金、救济金 20.74 万元。

（梁　爽）

**【无缝钢管厂】** 2015 年末，无缝钢管厂共有职工 1687 人（在岗 1560 人），其中干部 231 人（在岗 211 人），高级职称 18 人，中级职称 128 人，初级职称 49 人，无职称 16 人；工人 1456 人（在岗 1349 人）。离退休职工 2215 人。该厂设有营销研发中心、运营管控中心、综合管理部、党委工作部、工会、159 分厂和 177 分厂。固定资产原值 14.77 亿元，净值 6.74 亿元。厂区占地总面积 31.1 万平方米，建筑面积 17.84 万平方米。该厂现拥有 2 条热轧生产线和 2 条管加工生产线，即：$\phi$159 MPM 限动芯棒五机架连轧管机组、$\phi$177 PQF 三辊五机架连轧管机组、管加工一生产线和管加工二生产线。设备总重 2.86 万吨，具有 46 万吨年设计生产能力。

$\phi$159 MPM 限动芯棒五机架连轧管机组主要设备有：YJQ-270 数控硬质合金卧式圆锯床、环型加热炉、小角度锥形辊穿孔机、德国西马克米尔公司 MPM 五机架连轧机、三辊机架方形脱管机、中频电感应再加热炉、十四架微张力减径机、步进式冷床、奥地利 MFL 排管锯、$\phi$168 七辊矫直机、ZGL68 液压快开式十辊矫直机、涡流与漏磁探伤机及辅助设备。

$\phi$177 PQF 三辊五机架连轧管机组主要设备有：两台 YJQ-270 数控硬质合金卧式圆锯床、环型加热炉、锥形辊穿孔机、德国西马克米尔公司 PQF 五机架连轧机、三辊机架方形脱管机、中频电感应再加热炉、十四架微张力减径机、步进式冷床、奥地利 MFL 排管锯、JGLC-180 十辊矫直机、漏磁+四探头超声波测厚探伤机、双径通径机、测长称重机、7″×80 兆帕两台水压机、涂油机及辅助设备。

管加工一生产线主要设备有：日本 KY-4012N 接箍车丝机、沈阳及埃马克接箍车丝机、日本 5B 矫直机、油管外加厚机、比利时高力耐 MPM-T7 管体车丝机、法国克立丹 NO-TUBING 管体车丝机、美国 OMC 拧接-通径机、日本山本水压机、7″×110 兆帕水压机、淋涂方式 SZT 型涂油机、SI-184 切管机、CH-013 接箍镗孔机及辅助设备。一套感应热处理线、超声探伤机及辅助设备。

管加工二生产线主要设备有：一整条由西安重型研究所设计的热处理线，主要设备含淬火、回火加热炉、高压水除鳞、水淬设备、5 台冷床、热矫直机、端头及在线超声波探伤机及辅机。比利时高力耐 RPP07-5 管体车丝机 2 台、NJJA-7 拧接机、140 兆帕高压双管水压机、自动测长称重、喷字、涂色环设备、淋涂方式涂油机、蒸汽烘干机、PACD 钢管自动倒棱机及辅助设备。

主要产品分为四大类、18 个系列。四大类为：油井管、管线管、合金管、普碳管。18 个系列产品为：油井管 8 个系列（API 油井管系列、隔热石油管系列、非 API 热采油井管系列、非 API 抗 H2S 腐蚀油井管系列、非 API 经济型抗 $CO_2$ 腐蚀油井管系列、非 API 高抗 $CO_2$ 腐蚀油井管系列、特殊扣油井管系列、石油钻杆料）、管线管 4 个系列（API 管线管系列、酸性服役条件管线管系列、高强结构管系列、起重机臂架管系列）、合金管 6 个系列（地质钻探管系列、非开挖钻杆用管系列、高压气瓶管系列、油缸管系列、耐磨管系列、军工管系列）。

1. 实施承包经营改革。2015 年 11 月，无缝厂率先在鞍钢范围内实施了承包经营改革。一是建立了“采销研产服”协同联动的对市场快速反应体制。按照短流程、扁平化、专业化原则，将组织机构设置从原来的 8 室 1 会 11 个作业区，优化为“两厂、两部、两中心、一会”。全面实行按市场需求配置资源的灵活的生产组织模式，优化劳动组织，提高劳动生产率。减少机关管理和专业技术岗位人员 43%。二是构建了包括指标体系、责任体系、跟踪体系、评价体系、考核体系在内的“五位一体”承包经营管理体系。三是创新薪酬分配机制，发挥薪酬导向作用，实行分配制度改革。增强绩效奖金调控力度，加大岗位之间收入差距。彻底打破以责为中心，以岗定责，以责定利的分配方式。使员工从传统被动的岗位职责执行人，转型成为有自主愿力的真正价值创造者。从岗位创造价值角度诠释“大众创业，万众创新”，构筑全员创新平台，激发员工在岗创造价值的动力、活力和潜力。全年共实现产量 24.74 万吨。在市场产品平均售价同比上年吨钢下降超千元的严峻市场形势下，成为在股份公司主要成材厂中完成全年控亏指标较好的单位之一。战略产品、独有领先产品、新产品产量分别实现 17.47 万吨、6.35 万吨、3.46 万吨，全部完成公司计划指标。

2. 生产管理模式得到改进。打破传统的作业区式管理模式，建立全工序分厂制管理体制；创新生产运营机制，成立运营管控中心；在全公司率先实行“三二制式躲峰生产组织模式”；全面推行以分厂作业长为中心的全工序全链条、工序服从的一贯制管理。

3. 营销管理得到改进。成立营销研发服务中心，提高市场响应速度和客户服务质量。实施“量价挂钩、创效提成”的激励机制，实现了销售人员与工作绩效联动。成功中标中石油 7.26 万吨油井管产品，实现首次向新疆油田供货。油井管、管线管、合金管系列的订货比例大幅增加。全年订货量前十名用户订货比例达到总量的 62.44%。主销售区东北、华北订货比例达到 85.60%，超计划 9.28%。加强了对市场原料信息的调研分析。不断加大逾期欠款清收力度，资金风险得到有效管控。

4. 研发能力得到提升。在无需求、无信心、无刺激的“三无”市场形势下，成功开发并批量生产多规格 AG80S、AG110S 级别非 API 抗 $H_2S$ 腐蚀油井管，标志我厂的热处理技术水平已经达到国内领先水平。成功开发 AG80H、AG90H、AG100H、AG110H 热采油井管，AGV140 H 超临界超深井隔热管，L80-1Cr、L80-3Cr 非 API 经济性抗 $CO_2$ 腐蚀油井管。成功开发钻杆用全系列产品。用 Q345B 调质生产 Q460C 低合金高强度结构管取得成功。采用一次加工成型生产方式，调试生产 $\phi$73.02 外加厚油管取得成功。此外，热采用耐热油井管、隔热石油管、N80-1 非调质套管、抗酸性无缝管线管等产品研发均取得不同程度突破。战略产品、独有领先产品、新产品比例分别达到 70.6%、25.7%、14.0%。全年共计开发新产品 22 个，研发创效 1100 余万元。

5. 设备状况得到改善。优化设备定修模型，建立事故时间目标管理体系。实施设备区域维护检修包保方案。强化资材备件管理，加强对采购计划关键环节的管控。制定并实施设备系统利库降库推进计划及措施。组织开展设备四项活动，提高了设备功能精度，保证了高技术质量要求的产品生产。推进实施操检合一、点检合一，设备管理体制改革取得积极成效。2015 年设备维修费与上年同比降低 14.39%。油脂消耗实际与上年同比降低 44.14%。

6. 企业管理水平得到提高。刚性落实新版预算目标，倒逼全厂各项工作。围绕“效益”和“效率”建立量价精准激励机制。开展行业对标，提高成本管控能力。不断加强体系运行管理，通过 QEO 管理体系的外部审核。制定并全面实施厂承包经营改革方案。坚持集体决策、规范程序、科学操作、协调有序的原则，开展全员竞聘上岗、清退劳务用工、人员转岗安置等各项工作，取得了设计最早、行动最快、过程最稳、创效最大的阶段性成果。自愿申请办理居家 256 人，清退劳务用工 508 人。成立厂人力资源服务中心，先后有 25 人次进入该中心，其中，管理和专业技术岗位人员 6 人次，生产岗位人员 19 人次。深化干部人事制度改革。严格制定和规范实施《鞍钢股份公司无缝钢管厂承包经营实施方案》《鞍钢股份公司无缝钢管厂实施承包经营制改革后人员管理办法》以及《鞍钢股份公司无缝钢管厂实施承包经营改革——管理、专业技术岗位人员竞聘实施办法》，坚持公开、公平、竞争、择优的原则，通过全员公开竞聘共有 119 名同志走上管理、专业技术岗位，打造了一支信念坚定、敢于担当、勤奋务实、业绩突出的高素质干部队伍。加强涉密人员和秘密载体管理，实现保密管理升级。严格贯彻落实新安全生产法，强化安全生产主体责任和体系建设，推进安全管理升级。

7. 职工生活得到改善。维护好职工合法权益。开展“走百家　进千户”主题活动，全厂各级党员领导干部深入一线，走进家庭，始终做到“深化改革手牵手，和谐稳定心连心”，为深化改革创造良好的先决条件，确保承包经营取得预期目标。坚持以人为本，为职工谋福祉，提高倒班职工夜班津贴。密切关注并突出抓好职工群众冬季取暖、夏季防暑等工作。开展降本增效活动。围绕“双增双节”制定措施 88 项，创效 634.24 万元；征集合理化建议 486 项，创效 169.4 万元。为困难职工送温暖。全年共救济困难职工 1343 人次，发放救济费 57.9 万元；为 65 名职工发放医疗救助金 31.08 万元。坚持开展乒乓球、拔河等丰富多彩的文体活动，受到广大职工的欢迎和喜爱。

（李　丹）

**【大型轧钢厂】** 2015 年末，大型轧钢厂在岗职工 1407 人，其中管理、技术岗位 181 人，具有高级职称的 23 人，中级职称 103 人，初级职称 55 人；生产、服务岗位 1226 人。下设党委工作室、工会、综合管理室、居退管办、销售室、生产技术室、产品开发室、设备管理室、安全环保室等 9 个管理部门，以及轨梁、连轧、大型、中型、小型五个分厂和轧辊、热处理两个直属作业区。固定资产原值总值为 25.93 亿元，固定资产净值总值为 14.19 亿元。

2015 年全年实现总产量 184.17 万吨，其中轨梁分厂生产高效材百米重轨 61.39 万吨，连轧分厂生产方圆钢 100.45 万吨，大、中、小型分厂生产型材 22.33 万吨。轨梁分厂综合成材率 91.1%，百米轨合格率 87.7%，原品种合格率 95.6%，能源指标完成 140.4 元/吨，超额完成全年利润指标，实现了重大安全、质量、火灾、设备、环保事故为零的目标。

2015 年大型厂认真践行“六种发展理念”，在五线并举和产销研一体化的新格局下，通过对外积极面对市场，对内挖掘各种潜能，实现了生产经营运行平稳，降本增效成果丰硕。企业荣获了鞍山市先进企业、鞍钢集团先进单位、鞍钢集团先进党委、鞍山市五一劳动奖章等荣誉称号。

优化生产组织。全力实施改造后各产线达产达效的全过程管理。根据改造产线的施工进度，对生产全局进行综合、系统管控，编制合理的达产阶段目标，制定有针对性的措施，强化上下工序衔接的跟踪和调度力度，加快了产线的达产达效速度。万能线于 2015 年 1 月先后实现班达产、日达产，迅速做到了均衡稳产。面对新设备、新工艺、新产品的变化，克服困难、精心组织、精细操作，使全新的小型线于 4 月先后实现班达产、日达产。中型线、大型线于 3 季度先后实现班达产。坚持工艺稳定、生产均衡、物流紧凑、库存合理的生产组织原则，发挥调度协调作用，合理安排检修，精细生产组织，加强各工序间相互配合，减少了各类事故时间，释放瓶颈工序产能，最大限度地提升小时生产能力，实现了生产效率高、合同执行及时准确的目标。

严抓技术管理。全厂开展了“产品一致性”活动，成立了七个攻关小组，按照 PDCA 循环方法开展活动。工艺技术人员，自主研发完成了对 BD2 轧机工艺调试和导卫系统的改进等重要项目的攻关与优化工作，使重轨等产品质量有了大幅度的提高。

在“合作共赢”的思路下，成立了“型材生产技术应用研究中心”，开发出新品种 9 类 21 个，并成功生产出 U78CrV、U77MnCr 等全长热处理钢轨，钢轨各项指标均满足产品标准要求，通过了热处理钢轨 CRCC 认证，已成功在沈阳局、太原局和兰州局上道试铺。通过改进孔型设计，优化矫直速度、矫直压力等工艺参数，槽型轨的产品质量达到欧洲标准要求。随着大、中型线陆续投产，先后设计开发了 U 型钢、铁塔角钢、耐大气腐蚀桥梁用型钢、热轧槽钢等 8 个品种 14 个规格的型材产品。为了拓宽型材产品的市场销售渠道，在大、中型线进行了 43 号、16 号球扁钢的试制工作，为九国船级社认证通过现场审核打下坚实基础。为了扩大小型线产品结构，满足市场需求，研制开发了国标 $\phi40$ 螺纹钢、$\phi45$ 矿山球料用圆钢、$\phi$30纯铁和NL10冷墩钢等新产品以及英标螺纹钢穿水工艺试验。为了降低小型线产品成本，完善了工艺轧制控制技术、配合炼钢工序采用“直上”工艺和降合金措施，加工费用得到有效控制，小型线一次成功通过了英标认证现场审核和英标螺纹钢香港注册工作，为鞍钢螺纹钢产品进入国内、国际市场赢得了入场券。

加大营销力度。坚持“北轨南调”“东轨西调”的营销策略，加强与铁路物资总公司及代理商战略合作，以稳定沈阳铁路局和哈尔滨铁路局为主线，加大上海、郑州、北京和兰州铁路局路内钢轨市场的开发力度，2015年较上年同期路内钢轨分配额提高1%。同时，大力开发路外钢轨市场，依靠自己的力量先后中标苏州有轨电车2号线、石家庄地铁等项目，合同量5766吨，路外钢轨销售较上年同期增加17个百分点。随着全长在线热处理钢轨顺利投产，为尽快通过CRCC认证，按照认证机构要求，积极协调公司相关部门、中国铁路总公司以及相关铁路局，在太原、沈阳、兰州铁路局成功实现试铺。下半年，试铺在线热处理钢轨总量达1万余吨，为在线热处理钢轨正式上道铺设奠定了坚实基础。

型材产品市场以东北为主要目标市场，兼顾华东、华南市场，共开发型材产品客户23家；针对螺纹钢市场严重供大于求的现状，开发新客户12家、跟踪销售重点工程8项，为收复鞍钢型材销售市场提供了保证。

通过积极走访客户，成功销售厂内库存的25米钢轨约3万吨；分阶段降库销售螺纹钢12万吨，其中部分品种以高出鞍钢价格政策进行结算，多创效益57万元。

夯实设备管理。完善设备功能、优化设备状态、提高设备精度。修旧利废，初现成效，累计完成了58个修复项目，节省采购费用约85万元。能源管控效果显著，万能线、连轧线综合能耗较去年同期分别下降7.6元/吨、9.76元/吨。改造工程顺利收尾，大、中、小型线以及万能项目完成转固工作，各条产线运行稳定。

强化安全管理。按照“一岗双责”的原则落实安全生产责任，安全管理模式由厂集中一贯制管理转变为分厂（作业区）集中一贯制管理，进一步落实了“谁主管、谁负责”的管理原则。承接制订了各类安全管理文件及各类预案并组织宣贯和演练，组织应急演练62场次、开办培训班435个。扎实推进本质安全工作，大力开展动态危险辨识活动，共排查出隐患2939项，全部录入安全管理网，实施分级、封闭管理，隐患得到及时整改。强化现场危险源风险防控、排查作业活动，共查出危险源2055个；加强对外委方管理力度，严格审核外委方安全资质，将外委方的安全管理纳入厂日常检查之中，全年共检查外委方问题152项，并得到全部整改。

关爱职工生活。重视职工代表提案，解决职工关注焦点信息，强化与职工的沟通与交流，做到了职工意见和建议收集及时，问题解决及时。扎实推进“网络问企”活动，发挥职工聪明才智，鼓励广大职工踊跃参加“献良言、渡难关、做贡献”网络问企专项活动，进一步调动职工为企业发展建言献策的热情。认真做好困难职工的帮扶工作，全年共救济在岗职工212人次，救济居家退休职工2358人次；关心职工身心健康，活跃职工业余文化生活，举办了各种比赛活动，营造了和谐的工作氛围。2015年，在集团公司举办的技术竞赛中，有5名同志荣获集团公司技术状元或技术能手称号。

（韩雨桐）

**【线材厂】** 2015年末，线材厂职工总数532人，在岗职工510人，其中，管理及技术岗位88人（高级职称13人，中级职称40人），生产及服务岗位422人。下设5个科室，5个作业区。固定资产原值12.74亿元，净值7.15亿元。厂区占地面积12.58万平方米。主要设备：摩根高速线材轧机1套，达涅利高速线材轧机1套，步进梁底组合式加热炉1座，步进梁式加热炉1座，PC-2500打包机2台，PHC-4SBH5/5500打包机2台。2015年，累计完成产量119.89万吨，其中，新产品开发量17.05万吨，实现边际利润1300.3万元。

生产组织保持稳定运行。全面修订《生产组织管理细则》，明确生产运营指挥中心管理职责，完善生产组织管理流程，严抓工作质量和标准执行，严肃落实工作责任，发挥生产作业区自主管理及设备作业区的保障作用，实现生产组织效能最大化。一季度1号线实现了达产目标，日产量达到2900吨以上水平；完善成本管控模式，实时收集数据并动态跟踪，每天评价公示成本完成情况，提高成本控制能力，推进全员经营管理，全面分解生产成本指标，明确层层管理责任，落实相应完成措施，有效控制生产成本，强化对轧机空转时间、钢坯热装热送、新水消耗和水站跑水、蒸汽产出和使用量等环节的管理及评价，能源成本比 2014 年降低 789.8 万元，综合能耗实现 51.86 千克/吨，创造历史最好水平。

品种结构调整取得进展。实现产销研一体化开发，共开发新品种 93 个，形成钢帘线用钢、高强冷镦钢、合金弹簧钢、焊接用钢、PC 用钢、钢丝绳用钢六大产品系列；合金冷镦钢产量月销售量达到 3000 吨以上，同比提高 200% 以上，15B25、10B33 实现大批量出口；汽车用 40Cr 和 SCM435 首次批量供货到汽车配件厂，成为鞍钢首批应用于汽车安全紧固件的钢种；高强度 $\phi$5.5 LX70C 帘线钢盘条在普利司通进行外绕丝生产试制获得成功，实物质量达到日本神户水平；导电钢 AGM6-2、气保焊丝 AER70S-G、低硅焊丝 AEH14、桥索钢 QS、铁路机车用钢 AH550 等的开发也取得了相应成功；2015 年线材产品平均售价比同行业高 176 元/吨。

质量管理工作持续强化。全面修订工艺技术规程，优化加热、轧制、吐丝、风机等工艺参数，实施轧辊轧槽、导板导卫、1 号线喷雾冷却、2 号线水冷等工艺改进，实现设计、订货、试验、使用全流程跟踪，进一步提高产品实物质量；运用热眼、测径仪、冷镦机、喷丸机等先进检测设备，强化在线控制，提升质量管控水平；制定下发《质量关键点管理实施细则》，对运行状态进行专项检查，确保质量关键点处于受控状态，提高现场标准执行力；针对冷墩钢顶锻不合、帘线钢网碳超标、1 号线吐环乱等难点问题开展质量攻关，通过优化加热、轧制工艺，规范操作标准，使上述问题得到了有效解决。

全员创新工作不断深化。完善创新管理机制，搭建创新活动平台，调动职工创新积极性，提高创新项目实施效率，加快技术向效益转化。“一种高速线材在线韧化处理的方法”获第二十一届全国发明展览会金奖；“鞍钢精品线材生产线工艺开发及自主集成创新”项目获冶金科学技术二等奖；“冷镦用碳素钢 SWRCH8A-22A”及“8.8 级冷镦用含硼钢 10B21”热轧盘条获 2015 年冶金实物质量金杯奖，“高韧性、高疲劳寿命橡胶骨架增强钢丝用盘条开发项目”荣获冶金科学技术三等奖及辽宁省新产品三等奖；全年申报公司专有技术 29 项、专利 18 项、合理化建议 21 项，其中“关于‘立活套辊冷却水管改型及结构简化’的建议”等 14 项科研成果荣获重大合理化建议和技术改进成果奖；召开厂创新大会，表彰 122 项创新成果，累计创效 3571 万元。

市场营销体系逐步建立。建立健全《产品销售管理细则》《现货管理细则》等制度，规范了营销体系运行；实施灵活的定价机制，保证价格更贴近市场，有利于合同组织及抢占市场份额；实行一票制管理、目的港交货、异地配送，建立合同执行、物流服务平台，为客户提供更贴心购买服务；推行营销人员“两表、两制度”绩效评价模式，充分调动工作积极性；细化生产组织，合理匹配资源，做到刚性管理和柔性调解相结合，确保合同执行到位。实现了销售由被动变主动、合同由不足变饱满，全年完成合同 121.68 万吨，合同执行率 98.23%，其中，出口材销量 43.14 万吨，比计划增加 14 万吨，同比增幅达 282%，占总销量的 35.98%。

企业管理水平得到提高。通过实施安全生产专业化管理，有效运行“0123”安全管理模式，扎实推进安全生产标准化建设，实现了重伤以上事故为零；以价值创造为目标，建立市场化绩效考评机制，加强对员工岗位增值及适岗能力的综合评价，保证了关键重要岗位职工收入；修订完善规章制度体系，通过了 TS16949、QEO 体系认证；开展多角度、多层次培训，完成一类培训 6624 学时，二、三类培训 13296 学时，提高职工队伍素质，满足当前生产经营形势需要。

职工生活福利切实保证。开展了平安日、家庭日、敬老日、过生日等“文化日”系列活动，弘扬线材“家”文化，职工归属感、感恩度不断增强；实现了考入大学职工子女奖励常态化，运用“家庭”爱心慈善基金帮助困难职工，奖励及救助 6600 元；改善通勤乘车条件，全面更换浴池水箱、水龙头，增加浴室置物架等设施，优化饭菜品种质量，发放免费菜汤，为职工提供良好福利条件。此外，计生、信访、保密、保卫等工作也取得了新成绩。

（刘　丹）

**【冶金运输厂】** 2015 年末，冶金运输厂共有在岗职工830人，其中管理和专业技术岗位72人（高级职称5人，中级职称43人，初级职称24人），生产操作岗位758人（高级技师5人，技师42人，高级工238人，中级工337人，初级工122人）；退休职工1132人。该厂机关设四室一会，即生产技术安全室、设备管理室、综合管理室、党委工作室、工会；基层设六个作业区，即烧结作业区、炼铁作业区、炼钢作业区、内电作业区、内燃作业区、信号作业区。房屋建筑总面积9187.5平方米，固定资产原值5.25亿元，净值1.99亿元。主要运输设备：内燃机车57台，电力机车6台，普通车辆299辆，6502控制的铁路站场1个，微机连锁控制的铁路站场7个，电动道岔512组，铁路道口116处，铁道总长140.19千米。

2015年主要经济技术指标完成情况：总货物周转量完成3.16亿吨·千米，超计划2600万吨·千米；总运量完成6071万吨，超计划291万吨；机车运用率完成77.49%；成本费用实际发生1.88亿元，比预算降低429.48万元。

运输组织方面，灵活调整运输作业方式，积极应对公司生产变化。在公司整体钢铁物流不平衡情况下，调度系统根据铁水流向，打破作业调别界限，超前预判，保证铁水列车正点率100%；围绕五号线生产运输组织相继制订方案12个，保证五号线投产后按计划达产；缩短一工区渣罐列车在途时间，优化渣罐调车作业计划；灵活运用同类型渣罐，实现炼钢三分厂与五号线渣罐满轴混编运行，满轴率达到92.7%。

认真开展运输对标，制定《机车作业效率对标实施办法》《运输系统机车作业效率对标考评管理办法》，机车作业效率提高2.91%；优化运输生产组织，实现新一号高炉减一台铁水机车；实行跨站、跨调运输作业，适时动态调整运用机车上下调等措施，累计减少机车运用1.56万台时。

安全管理方面，以PDCA循环管理方法系统评价安全管理制度22个，修订和完善《安全生产责任制度》《安全操作牌、标志牌管理细则》等安全管理文件4个，新制定《安全生产费用管理细则》《危险作业管理细则》等安全管理制度3个，辨识处理安全隐患等各类问题1428项。

推进企业安全文化建设。开展一月一课堂，培训288场次，9056人次；利用多媒体教学，拍摄标准化作业教育录像片22集；编辑典型违章违纪案例教育片304场，累计播放时间1638分钟；利用班前五分钟，提升员工的安全意识和技能；高技能人才、工人技师开展安全教育培训3870人次；新入厂职工三级安全教育培训30人次，转岗人员二级安全教育培训94人次；厂班子成员每季度到作业区参加四班班前会，全年共参加60场次；实行对违章作业职工发送“违章作业通知单”81封，利用移动短信、微信等方式向职工家属发送职工违章作业信息20条；以安全承诺、“致职工家属一封信”、安全漫画等方式方法，宣传安全生产政策，传达安全生产信息，全面提升员工的安全素养。

治理现场安全隐患，安装区域道岔集中控制装置11组；对铁路沿线影响行车的树木进行修剪，消除行车安全隐患；新建排水渠400多米，清理排水渠280米，砌筑挡土墙35米，更换线路渣石560立方米；更换铁水罐罐标126处，新增设40处；对曲线、道岔等事故易发地段采取增加轨距杆1187根、铸铁垫板改为铸钢垫板1614套等措施，确保鱼雷罐安全运行，为实现本质安全奠定基础。加强相关方安全管理，落实相关方管理制度，全年共对4家施工单位提出考核意见7次，下发整改通知单6份，实现相关方安全生产。

设备管理方面，建立健全各项规章制度，修订《机车点检管理细则》《内燃机车点检标准》等8项管理性制度和35项技术性制度；新制定《道岔融（溶）雪设施管理细则》等3项管理性制度，保证制度具有时效性和可操作性。提升设备系统对标指标，加强5S管理检查力度，2015年评选出典型机台119台次，达标机台336台次；2015年厂平均怠速时间由2014年的4.7小时/班下降到4.24小时/班，降幅达到9.8%，累计降低燃油消耗103吨，节约费用66.95万元。

做好设备检修维修工作，制定实施《关于加强机车检修质量管理》的通知；完成新五高炉铁路及排水渠，炼铁、炼钢整备库地面等大修工程；铺设线路2142.8米、铺设渣粉630.8平方米，道岔换渣160立方米，基本解决了线路和道岔在夏季排水不畅和冬季翻浆冒泥隐患；检修电气道岔996组次、信号机1842架次、轨道电路区段1920个次，有效地提升了设备适应恶劣环境下的运输保产要求。

科技创新方面，开展科研及“双革一化”工作。制定铁水调度系统信息化建设方案，制定YZM-95电脑升级及仪表数字化技术方案，新装电除雪装置66组，机车耐腐蚀胶管375根，机车加装总风缸自动排水阀8台，厂调监系统实现技术升级，设计钢水渡车与铁路列车共用双控互锁道口信号，部分平面调车装置更新升级，区域控制道岔装置加装抗电磁干扰电路等。2015年鉴定重大合理化建议12项。信号作业区QC小组的降低轨道压不死故障率获2015年省质量科技成果三等奖，信号作业区QC小组被评为2015年辽宁省优秀质量管理小组，内燃作业区QC小组被评为鞍钢优秀质量管理小组一等奖。

人力资源管理方面，持续推行兼工作业，炼铁作业区一分厂渣罐机车实行调车员兼副司机的兼工作业，优化人员配置；全员劳动生产率（运输量）从上年的7.05万吨/(人·年）提高到了7.68万吨/(人·年)。

实施职工素质工程，参加两级公司培训310人次，完成厂级培训项目41个、培训人员10344人次，年度岗位技能达标考评合格率达到100%；持续推进调车员实作考评工作，全年对42名调车员进行考评，纠正问题15个；职业资格等级证书持有率比去年同期提高0.2个百分点；评选考评样板员工59人、高技能人才等级序列人员18人、优秀班组长6人；开展职工技术竞赛和劳动竞赛，1人获得鞍钢集团信号员工种技术状元，5人获得其他工种技术能手称号；开展“百岗千法创效，万人竞技登高”先进操作法推广活动，共征集先进操作法3个。

为职工办实事。两级领导班子全年共走访慰问特困及长病人员124人次，共救助困难职工289人次，发放救济款9.56万元；暑期开展了为一线职工送清凉到现场活动，为全体一线职工发放茶叶等物品，寒冬时节为每名职工发放棉马甲，受到了职工的好评；开展金秋助学活动，对18名考入大学的职工子女给予了奖励，同时对3名往届困难职工家庭的大学生办理了温暖工程基金救济；开展大众文化体育活动，组织在岗一线职工进行了暑期快乐度假，开展了丰富多彩的大众文化体育活动，满足了职工的精神需求。

（陈　东）

**【资源储运经营中心】** 2015年末，资源储运经营中心（以下简称中心）有职工739人，其中：生产和服务岗位570人，管理和技术岗位130人（高级职称7人、中级职72人、初级职称39人、无职称12人），居家职工30人，列编外9人。机构设置为“六部一会”、9个作业区和一个代管单位（原料回收加工厂）。固定资产原值1531.36万元，净值606.35万元。主要设备有1250吨液压冷剪机、1000吨液压打包机，吊车58台（其中：桥式起重机33台、门式起重机13台、坦克吊2台、抓钢机10台），电动单梁机3台，地上储油罐32座、地下储油罐10座，高位槽7个。

2015年，中心在落实鞍钢集团公司首次党代会精神中，解放思想，转变观念，坚定信心，落实责任，通过加强管理，苦练内功，更好地适应了中心转型发展、管理升级的需要。在推进专业化管理的“六型物流”企业建设中，各项生产经营工作都取得了新成绩。其中动力煤防自燃、废钢铁防流失、物料降耗，保值型物流逐步显现；提高加工、分类质量，增值型物流取得成效；减少倒运、增加直付，简捷型物流雏形初具；提高装卸、加工、运输速度，效率型物流逐渐形成；均衡配送、节能降耗、优化流程，低耗型物流优势更加明显；满足生产厂需求，服务型物流使中心的价值更加突出。2015年，中心废钢铁加工53.67万吨；输出废钢165.19万吨；废钢料槽单重合格率达96.14%；加工原料27.33万吨、燃料12.96万吨、合金18.73万吨；全年收发原燃料531.9万吨，材料配送价值9441万元，收发业务价值（含入站材料）54.71亿元；全年实现节省各类费用开支3095.99万元，降幅达11.1%；实现再生资源销售收入2.19亿元，全年销售总收入达25.2亿元。

降本增效工作成绩卓著。为应对严峻的生产经营形势，中心人勇挑重担，以钢铁般的意志打响扭亏增效的攻坚战。通过加强管理，严把大宗原燃料、废钢质量关，全年累计废钢扣废物19422.02吨，节约价值1193.28万元；累计合金、原料返厂74车，3557.96吨，节约原燃料合金总价值1494.47万元。从废钢中挑选分离出有色金属（合金钢、不锈钢、阀门、电机等）1136.4吨，从拆卸汽车中回收废旧轮胎、橡胶156.06吨，汽车水箱6.3吨；回收塑料（吨袋）等233.76吨，共计创效141.58万元。全年节约公路、铁路运输费用905.58万元，降低保产作业费和劳务费用支出合计230.86万元。大力推进维修费用预算管理。中心2015年维修费预算774万元，比2014年减少689万元，降费达46.5%。通过对维修项目按轻重缓急排序，严控维修项目立项，扩大自主检修，减少外委立项，充分发挥检修作业区、两级点检以及维保单位的作用，削减工程立项6项，压缩维修工程费80.4万元。大力推进能源管理体系建设，采取各种措施达到节能减排，降本增效的目的，全年能源费用实际发生1161.08万元，比计划降低85.14万元。

再生资源业务拓展显成效。为适应公司内部市场化改革的需求，中心以为公司创造新的效益增长点为目标，对再生资源进行统筹规划、系统开发，不断挖掘再利用资源潜在的价值。加强了制度体系建设，组建了再生资源组织机构，制定了内部运行制度，起草了《再生资源管理办法》，确立了业务流程和管理体制，加快了推进再生资源经营业务。强化了信息管理，积极深入现场调研，完善再生资源基础数据。以2014年计量、财务等数据为基础，分析再生资源的分布，组织专业人员深入产权单位，逐项核对信息，初步形成了113个品种，涉及鞍山钢铁公司25个产权单位的再生资源信息表。创新了销售模式，通过公司各产权单位申报和现场落实资源申报的合理性，精确统计、合理预测，形成了再生资源销售计划系统运行固化模式。建立了销售经营激励考核评价机制，明确业务流程和职责分工，极大地调动了销售人员工作积极性、主动性。拓展了新渠道，通过开拓再生资源市场，发展用户群，拓展宣传渠道，实施公开招标销售，保证了再生资源销售利润的最大化；积极开发再生资源深加工项目，最大限度地挖掘再生资源增值空间。2015年，实现再生资源销售收入2.19亿元。

设备管理水平显著提升。不断完善设备管理制度，强化设备基础管理，提高系统管控水平，实现设备基础管理和运行保障能力的双提升，为生产的高效运行提供了强有力的支持和保障。大力推进点检标准化管理，推进设备四项标准修订、完善及换版工作，共完善设备点检标准、设备给油脂标准、设备检修标准、设备维修技术标准41个，重新识别设备管理相关制度18个；有效的约束了点检行为，实现了被动约束点检向主动习惯点检的转变。大力推进设备管理行为评价工作，全年专项检查曝光共39期，曝光主题11项，共检查曝光了94项不合格项，全部得到封闭整改，有力促进了制度的贯彻执行。设备隐患或问题得到了及时解决，收到了“防患于未然”的效果。继续开展了“完善设备功能，提高设备精度”活动，在活动中共发现缺陷131项，解决72项（其中自己解决70项，立项解决2项），全年实现设备定修准确率100%，实现了中心设备可开动率98%的既定目标。

安全管理工作得到强化。安全管理扎实有力，保障水平持续提高。一是以安全生产大检查为载体，强化主体责任，落实“一岗双责”，有效推进了隐患排查、整治和危险源辨识工作。中心对各类安全管理岗位、专职防火等岗位46人实施安全管理目标承包奖惩制度，全年安全管理目标承包管理人员检查各类隐患317项。在开展安全生产大检查中，全年查出各类安全隐患及管理漏洞956项，全部实施封闭整改处理，全年有21项隐患整改项目34人次受到公司奖励。二是强化安全风险控制，推进安全预警防范。围绕作业环境、工序过程、人的操作行为等确定中心危险源及作业风险217个，其中一级风险126个，二级风险89个，三级风险2个，对排查的风险制定了相应控制措施。三是以安全生产标准化达标普级为抓手，全面推进安全标准化工作，夯实了安全基础管理，完善了安全管理制度体系，强化了作业过程管控，建立B级危险作业警示卡5项、C级危险作业警示卡8项。中心对36个安全管理制度进行了评审与修订。四是加强相关方安全管理，明确安全生产主体责任。中心针对涉及保产作业相关方单位较多及作用区域较为分散的特点，按照“同时、同步、同理念”的要求，将相关方日常安全管理工作纳入作业区的绩效考核，统一标准、统一管理。五是有效组织开展了安全生产月活动，开展各类应急演练13次；在公司组织开展的班组安全知识过关挑战擂台活动中，中心荣获三等奖。

防范保卫能力进一步提高。完善保卫管理制度体系建设，中心与各基层单位签订了综合治理承包责任状，制定、修改完善了4项管理制度。加大隐患排查整改力度，全年共组织治安防范检查76次，查出隐患43项，全部得到整改。拓宽治安综合治理及保卫工作的新路子，充分发挥巡逻队巡查作用，形成综合预防的态势。安全保卫部巡逻队对各库房、料场全天候24小时不定期进行巡逻、蹲守，驱散偷窃废钢、煤、焦炭5起，抓获偷盗人员6人，收缴废钢铁3000余千克。中心在公司保卫部组织召开的鞍钢与鞍山市公安局治安保卫联席会议上介绍了工作经验。规范人员、车辆、物资管理，严把“门卫出入关”，进一步加强内部治安防范，为防止物料流失，采取了停止夜间跨区域倒料的防范措施；加强钢厂提废钢车辆出门过磅途中的管理，采取门卫、磅房验质员向监控室提报进出车辆时间、车号，保卫部门对计量信息网、计量票据、监控影像进行核对的监控措施，防止了生产组织链条存在盲区造成物料流失案件的发生；针对外来施工单位采取治安预防工作机制，对施工人员进入重点部位、要害部门进行审查，并与之签订治安防范协议，车辆进入库区、料场按票持出，严格执行门卫持出制度，对出门人员进行检查，使中心的治安秩序明显改善。中心还组织开展了“平安建设宣传月”“大干四季度，全年保平安”厂区治安专项整治等活动，通过各类专项活动的开展，消除了治安隐患，推进了中心治安保卫工作水平的不断提升。2015年，中心荣获辽宁省冶金企业保卫工作先进集体的荣誉称号。

企业管理跃上新的台阶。持续改进管理，企业管理基础进一步夯实。梳理、评审、修订完善了《经营绩效评价实施办法》《专项管理内审实施细则》等153个核心管理文件，使制度体系完成了全面修订、换版升级，中心计划管理和绩效管理两个体系得到补充、细化、改进和提升，2015年中心顺利通过了公司内审和军工钢外审；深入开展了全员目标值管理活动，促进了降本增效各项措施的有效落实；制定了中心全面风险管理工作计划，形成风险管理人员网络和风险事件库以及风险清单，实施了风险辨识、分析和评价；针对三项制度改革工作的推进，结合中心经营职能的转变，对前期形成的组织机构进行了重新梳理、完善，组织设计完成中心机构职能和岗位管理要素模板，完成了中心12000余项工作流程的编写、梳理、汇总、审核，初步形成了岗位管理模型；设计制定了针对相关方的管理模式，界定了相关方区域管理责任归属，规范了相关方协议文本内容，明确了相关方区域管理职责；深入开展了“网络问企”专项活动，畅通合理诉求渠道，鼓励职工建言献策，全年“创新网”共提出各类建议2708项，实施并完成605项，中心在集团公司会议上介绍了开展“网络问企”专项活动的工作经验。2015年中心荣获了鞍钢集团公司网络问企优秀组织单位、鞍山钢铁计划生育先进集体、鞍山钢铁无偿献血先进集体等荣誉称号。

职工利益得到进一步关注。坚持以人为本，提升和谐发展能力。在提升员工素质和职业技能方面，全年组织管理技术岗位及生产服务岗位750人次参加了相关培训，共举办了165个培训班，参加培训4474人次。关心职工生活，开展送温暖、献爱心活动，全年走访慰问困难职工（含居退）169人次，救济困难职工（含居退）868人次，发放救济款21.64万元（含居退）；发放大额医疗救济资金13.64万元（含居退），救济14人次。持续改善职工工作、作业环境；对食堂、浴池、卫生间进行了维修维护和改造，进一步完善职工生活福利设施。群团组织以凝心聚力、鼓舞斗志、打造中心文化、促进生产经营为目的，开展形式多样的文化体育活动，丰富职工业余文化生活。其中在参加2015年全国拔河新星系列赛（鞍钢站）暨鞍钢职工“股份炼钢总厂杯”拔河比赛中，喜获男子640公斤级第四名；在参加鞍钢股份班组安全知识过关挑战擂台赛中，获得股份19个参赛单位中理论考试总成绩第四名，最终取得总决赛三等奖的好成绩。

（马文莉）

**【计量厂】** 2015年末，计量厂有职工579人，在岗职工534人，其中管理和专业技术人员110人（高级职称21人，中级职称56人，初级职称33人），离退休人员1096人。机构设置为党委工作室、综合管理室、生产技术安全室、设备管理室、工会。下设6个作业区（中心）。厂占地面积3.36万平方米，建筑面积1.99万平方米。

2015年计量厂各项生产经营指标均完成目标计划。计控设备准确运转率目标计划99.5%，实际完成99.99%；能源结算仪表与结算衡器准确运转率目标计划99.6%，实际完成分别是99.83%、99.82%。

计量厂以扎实推进集中点检、集中计量、远程点检、远程故障诊断为中心，2015年完成衡器集中计量的项目建设，完善关键系统调试程序的编制，着手实施CNAS校准实验室的认证工作，实现衡器集中点检，完成PLC部分维护业务转移的技术培训等工作，坚定依靠自己的力量和战胜困难的决心，实现计量工作的创新发展。

加强基础管理，保证计控设备的稳定运行。针对计控系统3691个关键点建立个性化点检标准，完善了“关键系统作业调试程序”。全年评价管理问题279项，完成自主维修2481项，处理“跑冒滴漏”和废弃点17个，实施定修项目2068项。以推广“炼钢班”经验为载体，完善设备功能，提高设备精度。

强化技术管理，加快计量工作发展。对能源仪表的数据传送网络全过程进行排查分析，建立部门、作业区、班组三级审核体系，实现能源结算数据全过程分析和管理。开展CNAS国家实验室认证工作，按照ISO/IEC 17025《检测和校准实验室能力的通用要求》，编制质量体系文件、建立量值溯源体系、开展内部质量控制、能力验证和比对等技术活动，逐步满足17025质量体系认可。将工控系统的维护工作转移到仪表作业区，打破岗位壁垒，实现职工“一专多能”。以“关键计控系统作业调试程序”“关键系统故障描述”为主要内容，对点检员进行业务培训，不断提高点检员的技术技能水平。

推进创新管理，提高设备保障能力。2015年申报专利9项、专有技术13项、完成创新项目104项，创效近800万元，职工通过创新网提出建议280项。2015年，计量厂获得技术改进和重大合理化建议一等奖3项，二等奖6项；“讲、比”活动优秀项目一等奖1项，二等奖4项，三等奖8项；炼钢班荣获辽宁省质量信得过班组荣誉称号；炼铁QC小组“新5冲渣冷水池液位取压方式优化”、化工QC小组“化工厂三炼焦11号高炉机侧压力调节系统完善”获得鞍钢优秀质量管理小组二等奖。

实施全员成本目标管理，落实降本增效措施。深入开展计控系统岗位对标活动，激发点检员责任心。加强机旁备件的管理，实现ERP与实物的统一。增强设备修复能力，降低采购成本。抓好绿色再制造，通过内部挖潜，提高仪表检修的能力，减少外委修复计控设备，为公司节约资金。全年修复仪表379台，节约资金600万元。

加快安全生产标准化建设，提高班组安全管理水平。全年修订安全管理制度18项、安全条款117条。开展安全生产标准化要素评审，评审出问题69项，全部整改完成。组织召开班组长安全工作座谈会，征集意见13项、提出问题10项，全部落实解决。全年组织各类演练61场次。开展安全防火隐患排查专项整治活动，共查出隐患91项，全部整改完成。修订《安全、环保、防火、治安、现场管理协议》，明确对相关方的要求。

充分发挥工会组织的桥梁纽带作用。开展先进操作法征集活动，《露点分析仪改进与故障快速处理操作法》和《传感器信号电缆接头防水处理方法》已经纳入厂维修作业标准。组织职工开展双增双节活动，创效7.28万元。2015年，救济在职职工141人次，救济金额5.89万元。全年走访慰问36人次，看望大病特困职工18人次。为5名困难职工建立档案并签订《包户扶贫合同》。实施金秋助学工程，发放助学救济金1万元，组织531名职工参加健康体检。

（张绍林）

**【质量检验中心】** 鞍钢股份有限公司质量检验中心（以下简称“中心”）主要承担股份公司大宗原燃料入厂质量检验及验收、厂际间半成品质量检验、出厂成品质量检验和生产厂内部部分工艺流程控制检验。检验品种涵盖钢铁产品、铁合金、冶金辅料、焦炭、煤、生铁、精矿粉、人造富矿、炉渣、药剂、水质、油质、煤气、含铁废料、成品材等十五大类，238项国家实验室认可检验项目。中心机关设有五室一会，基层设有化验室5个、检验室2个、点检维护室1个。2015年末，该中心有在岗职工583人，居家职工22人，编外职工15人，离退休职工1560人。在岗职工中管理和专业技术人员115人（副高级职称19人，中级职称71人，初级职称25人），生产操作人员468人（高级技师8人，技师38人，高级工185人）。党员331人，其中在岗党员296人。团员37人。工作面积约3万平方米，其中试验场地1.88万平方米，拥有冶金企业最大的洗精煤全深度取样车、冲击试样加工中心、各类先进光谱仪、ZWICK全自动拉伸试验机等取制样、化检验设备745台（套）；其中具有国际先进水平的进口检测设备162台（套）。固定资产总值1.88亿元。

夯实管理基础，指标稳定提升。完成检验件数978.6万件；超计划6.6%，检验抽查准确率99.82%，超计划0.09%；抽查检验及时率98.5%，超计划0.8%；抽查炼钢在线及时率94.1%，超计划0.6%。满足了各产线对产品调整和新增项目的检验需求。中心全体员工秉承“不准确不发报告”的宗旨，严格把控质量检验关，发现不合格洗精煤233.28万吨、动力煤13.02万吨、合金2.3万吨、炼钢辅料1219.24吨、地产石灰石3.94万吨，为公司避免和挽回经济损失4816万元。严格设备管理，全年设备综合故障停机时间8192小时，比计划降低18.15%；设备定修计划实现率、计量检定率100%，设备维修费支出555万元，节约62万元；材料费用支出817.9万元，节约30.1万元。其他各项费用支出均控制在预算范围内。实现了生产、设备、质量、安全、火灾事故为零的目标。

履行把关职责，提供有效服务。加强外购洗精煤、动力煤、合金、炼钢辅料、石灰石等物料的质量把关，确保炼焦、炼铁、炼钢用原燃料质量稳定，质量效益显著。加强洗精煤质量把关，将岩相分析结果作为重要的质量指标，全年发现地产洗精煤复杂混煤47批，扣款近200万元。加强洗精煤、铁精矿水分检验，坚持冬季打车门取样。全年地矿洗精煤平均水分11.86%，同比增长1.7%，全年多扣水分20689吨，折合金额1345万元。通过对国矿洗精煤实行全断面机械化采样，比2014年人工采样水分平均值的9.9%上升近2个百分点，为公司降低全焦成本作出贡献。完善《质量证明书管理程序》《样品管理程序》等6个程序文件和《外购料非常规取样管理细则》等3个管理细则，对化验样品的保管周期、质量证明书管理纳入程序文件。规范外购物料验收流程，确保质量把关过程有法可依。针对公司开拓海外市场过程中采用的不同标准，加强对不同国家、组织检测标准差异点的研究和辨识，提高标准的执行能力。加强关键工艺点控制，通过铁精矿熔融方法开发，提高铁精矿、人造富矿仪器与化学法比对的准确性和快捷性。在物理性能检验中，重视取样位置控制，确保取样方向、取样位置符合标准。强化试样加工和传递过程中样品标识控制，确保全流程试样可追溯。推进和完善摩擦焊机使用，提高 $Z$ 向拉力试样加工能力和精度。加强低温试验保温时间、试样摆放方式等控制，提高冲击试验的准确性。新增重轨夹杂物K3值检验，填补鞍钢重轨钢该检验项目空白。加强质量控制，组织内部抽查和工艺纪律检查，每月抽查化验和检验结果300件以上，全年发现各种问题近50项，考核44项，奖励51人次，奖励金额2.2万元；与鞍钢钢铁研究院、北京铁科院等科研机构及贝卡、丰田等重点用户进行数据比对，作为加强管理，提高能力的契机。圆满完成了海工钢、汽车用钢、螺纹钢筋等多项认证工作，配合公司完成QEO体系等外部审核。

加强设备维护，提升保障能力。加强基础建设，完善相关制度，修订设备使用维护规程168个，修订《设备点检定修管理实施细则》《备品备件管理实施细则》等6项管理制度，建立设备维修技术档案。梳理《设备功能状态管理实施细则》，调查设备功能状态，按计划完成荧光仪等42台（套）设备的零固更新工作。强化备件管理，严格控制备件计划，编制常耗备件消耗储备定额，控制备件库存指标，截至2015年12月底，备件库存22.6万元，比公司制定库存预算指标的89万元降低66.44万元，降库幅度74.6%。利用现有国产备件进行修改替代，实现自主维修。组织中心化验室和八家子取样点整体搬迁。完成齐宝数控加工中心、原料煤采样车冷却系统、化工四期自动转鼓筛分系统改造等15项检修工程；开展水质自动黏度仪故障自主维修、西部国产硬度计工作台设计改造等工作。加强资本性项目管理，提升设备装备水平。完成炼钢五工区炉前化验室建设；小型线改造项目涉及的100吨拉伸试验机、200吨拉伸试验机、反复弯曲试验机，冷轧高强线项目涉及的荧光分析仪、15吨全自动拉伸试验机的采购、安装、调试以及扩孔机改造；鞍千管道铁精矿皮带自动取样机安装、调试；炼焦J306项目施工等工作。引进英斯特朗全自动拉伸试验机，开启物理性能检验机器人时代。原料ERP系统实现化验岗位检测数据自动采集、自动计算、自动录入，解决运行中发现的问题，保证检验结果真实、准确。

创新督查方式，注重实际效果。完善质量督查制度，坚持管理、技术人员每天跟班督查，对地产原燃料取样、制样、化验过程实行24小时全天候监督。该中心两级督查圆满完成工作目标，全年抽查样品45565件，其中中心督查3868件，基层督查41697件。通过督查，全年发现并纠正各类问题60余项，考核35项，对工艺过程中出现的差异，及时发现并给予纠正，从而保证了化检验数据的准确、及时、可靠。全年处理外购物料质量异议179起。通过督查，多次发现洗精煤、高碳锰铁、硅铁、铁水预处理保温剂等物料质量异常现象。根据督查结果，及时向公司反馈洗精煤存在的灰分、水分超标现象，并建议取消了灵石伟鑫洗精煤的供货资格。

坚持变革创新，实现自我突破。申报专利10项、专有技术28项，获公司重大合理化建议一等奖3项、二等奖7项。设立公司级科研项目4项，“提高Zwick全自动进口试验机引伸计测量精度”“荧光法测定杂铁料检测工艺的改进”等QC项目被评为2015年省质量科技成果三等奖。“润滑油中金属杂质分析方法研究”项目获公司讲比活动一等奖，“提高ICP法测定低碳硅铁中铝、钛、钙方法的准确性”获公司讲比活动二等奖。开发汽车钢波纹度、湿法化学自动滴定等新的检验工艺方法，动态满足产线生产需求。优化人力资源，通过劳务置换，解决新建炼钢化验室操作人员12名。在保证生产稳定的前提下，有序清退劳务人员92人。根据化检验工作实际需要，通过与公司相关部门反复沟通，对炼钢总厂所属7个化验室共74名管理、操作人员进行整合。完成原燃料化验室、炼焦化验室ERP系统开发并投入运行。组织炼铁化验室ERP系统方案设计，实施调试。按照公司两化融合管理体系要求，建立中心两化融合文件体系，配合股份公司通过体系审核。

夯实基础工作，提升党建水平。成功筹备召开第三次党员代表大会，选举产生第三届党委委员和纪委委员，总结党委三年来所取得的成绩和经验，提出未来三年的总体思路和主要工作，为今后一个时期的党建工作指明方向。坚持党支部工作每月自查、季度集中检查制度，定期召开党群工作例会，总结党支部工作亮点，促进共同提高。完善党员活动室基础设施，为基层党支部设计、更换展板、党员名牌。该中心党支部建设工作调研汇报得到公司主管部门充分肯定。点检维护室党支部被评为2014年度鞍钢样板党支部。“开展‘共产党员诚信监督岗’活动”，被评为鞍钢集团党建工作创新品牌。全年发展党员9名，预备党员转正11名。党内建功活动效果明显。扎实推进“挑战项目”攻关，围绕质量把关、提升检验能力、设备功能完善三条攻关线设立的61个攻关项目，已完成56项，创效2884.2万元，5次在公司共产党员“挑战项目”月工作例会上交流经验，得到公司有关领导充分肯定，获“挑战项目”攻关活动组织二等奖。扎实开展创新支持计划，确立创新项目33项，其中3项评为公司级实用项目。成立郭明义敬业奉献团队14个，郭明义爱心团队12个，利用工余时间自行组织清理工作区域内外环境卫生、擦玻璃、整理备件仓库、清洁保养设备等活动。党建联盟工作取得新进展，原燃料化验室党支部与资源储运经营中心合金作业区党支部就履行联盟协议情况进行自查和互查，共同探讨存在问题，制定解决方案。

把握思想脉搏，政治工作成效显著。开展“加强制度建设，狠抓标准落实”大讨论。通过从人、机、料、法、环各个环节梳理制度、规程，循环往复地发现问题、分析问题、解决问题及检验效果，深入分析影响数据准确的各种因素，进一步规范标准、制度的有效性，共修改完善制度40项，发现问题186条，全部落实责任，完成整改。有针对性地开展形势任务教育，将关乎企业改革发展和个人切身利益的各项信息，公司生产经营和中心检验工作压力传递给每名职工，增强职工危机意识和主人翁意识。加强企业文化建设，组织百余人参观鞍钢展览馆，重温鞍钢辉煌的发展历程，坚定职工与企业同呼吸共命运的必然信心和决心。加强内外宣传，在《鞍钢日报》发表《确立“三条攻关线”专攻瓶颈问题》《树“先锋人物”促质量提升》等宣传报道14篇，编发形势任务、安全环保、先进人物事迹、健康知识等《班前五分钟》专题简报32期。开展优秀思想政治工作方法及其案例征集，《深入践行“六种发展理念”，推动检验工作创新发展》编入鞍钢集团《基层思想政治工作优秀案例选编》。为35名退休职工和14名新入厂大学生分别举办退休职工离职仪式和新入厂职工见面会。加大先进典型选树宣传力度。举办“六种发展理念先锋人物”事迹巡回展，扩大先锋人物事迹的影响力和覆盖面。开展“学李超，做李超式好员工”主题实践活动，编辑李超同志先进事迹专刊5期，开展学李超征文比赛，掀起新一轮学习李超活动的热潮。

推荐出席公司先进党支部 1 个、先进党小组 2 个、优秀共产党员 2 名、优秀党务工作者 1 名。中心党委表彰党员先锋岗 92 名、模范党员责任区 12 个。

实施人才强企，提升队伍能力。加强两级班子建设，开展“三严三实”专题教育，制定详细日程安排，严格按照规定时间、规定动作开展活动。党委书记带头集中讲、班子成员为联系点分别讲“三严三实”专题党课。坚持组织生活，召开“严格党内生活，严守党的纪律，深化作风建设”和“党风廉政建设”专题民主生活会，坚定领导人员理想信念。中心领导班子两个季度被评为公司“四好”领导班子，8 个实验室 17 次获得中心“四好”班子称号。强化干部队伍建设，推进“三项制度”改革，整理中心干部岗位设置、类型、定员及职级情况，重新核定管理技术岗位编制。梳理近五年人员流动情况，做好人员预测，编制“十三五”人力资源战略规划。健全工程等级序列和补充序列人员管理制度，制定《质量检验中心工程等级序列年度考核细则》，完成主任工程师、主管工程师年度考核和首席工程师选聘工作。对区域工程师、技术协理职责履行情况开展调研和考核，根据实际需要修改岗位设置，完成重新选聘。举办工程师论坛 4 期。对 16 名公司级技师进行年度考核，重新评聘中心级技师 17 名。

筑牢思想防线，加强纪检监察。强化诚信意识教育，继续开展“坚持廉洁从业，推进改革创新”主题教育活动。下发《以案说纪》《见德思义》读书思廉专刊。深化“诚信讲台”和“共产党员”诚信监督岗活动，扩大“诚信讲台”宣讲人员范围和宣讲频次，规范宣讲流程。根据岗位性质细化 53 个诚信监督岗类别，亮监督岗党员身份，赋监督岗党员职责，不断发挥党员在检验一线的带头和监督作用。推进廉洁风险防控体系建设，重新排查廉洁风险岗位，完善廉洁风险防控信息库。针对岩相分析结果作为洗煤结算依据等新变化，将岩相分析等 6 个关键岗位纳入中心廉洁风险防控体系。该中心党委与基层 19 名中层正职签订《党风廉政建设责任状》。班子成员签订党委主体责任书、纪委监督责任书、“一岗双责”承诺书、领导人员廉洁承诺书和《党风廉政建设责任状》。组织 62 名管理岗位人员和 289 名关键重要操作岗位人员分别签订廉洁承诺书。坚持重点岗位轮岗制度，交流管理人员 4 人、督查人员 3 人，分别进行上岗前廉洁谈话。加大效能监察和举报信查处力度，承办公司委托的原燃材料验质验收专项效能监察，加强对地产洗精煤、动力煤、烟煤、合金等重点物料的效能监察。自立《外购焦炭验质验收专项效能监察》《化检验仪器设备管理专项效能监察》等 5 项效能监察项目，避免和挽回经济损失 1457 万元。针对检验过程中发现的灵石伟鑫地矿洗精煤水分超标问题，配合公司纪委开展调查取证。独立查处举报信 2 封，配合公司纪委查处举报信 2 封。

服务职工群众，发挥群团作用。牢固树立“人的生命大于天，安全责任重于山”的理念，学习贯彻“0123”安全管理模式，推进安全标准化管理，积极开展宣传教育和培训活动，全年组织安全培训 111 次，培训率 100%。组织安全防火应急演练 33 次，参与人数 1627 人次，参演率 100%。关心职工职业健康，全年组织 131 人参加职业卫生体检。发挥工会组织作用，开展“成本效益纵深行”活动，完成双增双节指标 42.5 万元，超额完成了公司下达的指标。通过各种形式虚心听取职工意见和建议，解决职工群众实际困难，全年召开主任联络员会议 2 次，收集意见和建议 50 条，已全部解决。高温季节，组织人员清洗、保养、维修空调近 100 台次，新换饮水机 6 台，为室外作业岗位人员送西瓜和绿豆。完善浴池、卫生间设施，尽最大努力改善职工工作生活环境。开展“班组达标升级”“安康杯”、专项生产、“巾帼建功”等竞赛，激发职工工作热情。开展送温暖工程，全年救济各类困难职工 607 人次，发放救济金 22.18 万元。搭建青年职工成长平台，结合“诚信至尊，质量至上，创新无限，服务永恒”核心理念，评选中心第八届“‘五四’杰出青年”。推进青年创新登高计划，14 项公司级创新攻关项目全部验收完成，实现创效 35.92 万元。举办“书香质检”读书活动，为青年职工统一办理鞍钢技术图书馆借书证，畅通青工阅读渠道。开展青年敬业奉献活动，残煤清理 3 车厢，43 人次参与。回收废钢铁 7 次，合计 20.12 吨。

（王诏静）

**【技术中心】** 2015 年末，鞍钢股份技术中心（鞍钢集团钢铁研究院）有在岗职工 410 人，岗位、年龄、学历、职称结构见下表。

**岗位、年龄、学历、职称结构表** （人）

| 岗位分布 | | | | | |
|---|---|---|---|---|---|
| 研发岗位 | | 管理岗位 | | 工人岗位 | |
| 335 | | 38 | | 37 | |
| 年龄结构 | | | | | |
| 35 岁以下 | 36~40 岁 | 41~45 岁 | 46~50 岁 | 51~54 岁 | 55 岁以上 |
| 154 | 65 | 51 | 65 | 55 | 20 |
| 文化程度 | | | | | |
| 博士 | 硕士 | 本科 | 大专及以下 | | |
| 43 | 146 | 154 | 67 | | |
| 职称情况（研发管理） | | | | | |
| 正高 | 副高 | 中级 | 初级 | 无职称 | |
| 40 | 112 | 143 | 46 | 32 | |

该单位设 4 个机关部门，分别为科研管理部、条件保障部、人力资源部（党委工作部、工会）、综合管理部，各部门负责人按处长岗位层次管理。设 9 个基层研究所，分别为钢铁产品研究所、冶金工艺研究所、汽车与家电用钢研究所、军工产品研究所、控制技术研究所、环境与资源研究所、科技信息研究所、理化检验研究所、中间试验研究所。中间试验研究所负责人按副处长岗位层次管理，其余各所负责人按处长岗位层次管理。

中心全年创新成果丰硕，获得各级科研成果奖励 22 项。其中，省及行业科技进步奖 3 项，市科技进步奖 8 项，鞍钢重大科学技术奖 11 项（其中一等奖 2 项，占全集团的 50%）。2 件发明专利荣获第十七届中国专利优秀奖，10 件专利分获全国发明展览会金、银、铜奖。1 项成果获得中钢协 2015 年冶金产品实物质量“金杯奖”。

产品研发与技术创新方面取得新业绩。中心 2015 年共承担国家级课题 18 项，其中，新立 4 项、按期结题 6 项；公司级课题 354 项，均按计划完成任务，其中，106 项具备结题条件；中心级课题 34 项，完成率 100%。制修订标准 41 项；完成发明专利 214 件，超额 33.8%，专有技术 126 件，超额 57.5%；理化分析检验及时率达到 100%；推广民用钢材新品种 138 个，试制量 102.6 万吨。

国家课题和集团重大项目稳步推进。“电渣重熔 980 厚板坯的工艺技术研究”通过国家课题验收，评价优秀；“高炉富氧喷吹焦炉煤气技术”等 5 项课题按期完成任务，具备国家验收条件；装甲钢 3 个新品种通过用户鉴定；5 项国家储备课题进展顺利。10 项鞍钢集团公司重大项目均取得良好成绩，通过阶段验收。

关键重点课题取得新进展。超厚料层烧结工艺研究创新工艺技术实现突破性进展；高品质管线钢打通印度 welspun X70M 的工艺路线，完成认证，出口印度 MAN 管线钢 2.65 万吨，创效 333 万元；超高强冷轧汽车用钢 TWIP1180 国内率先实现工业化生产，产品性能达到国际先进水平，与一汽合作应用于新车型；阻尼钢取得阶段成果，已提供用户进行测试。

产品开发取得新业绩。目前国际最大厚度的 90 毫米厚（浦项 85 毫米）超大型集装箱船用止裂钢板通过 7 国船级社认证，鞍钢高技术船舶用钢生产技术国际领先；250 毫米厚高强大厚度耐低温海洋平台用特厚钢板通过了 DNV 船级社认证，鞍钢海工钢产品技术能力进一步提升；自主研发的动车组转向架用钢厚度规格拓展到 50 毫米，成功替代进口，实现中国标准动车组转向架用钢独家供货，创效 1500 万元；核电用钢获中广核设备鉴定和关键部件制造工艺评定许可证书，实现阳江 6 号核电机组钢板独家供货，鞍钢成为国内唯一具备此类核一级产品生产资质和能力的钢铁企业；桥梁用钢应用于孟加拉帕德玛大桥、沪通长江大桥等国内外重点桥梁工程，全年供货 15 万吨，其中 Q500qE 桥梁钢成功中标 1.3 万吨，首次实现高钢级桥梁钢国内大批量使用，耐候桥梁钢配套用 10.9 级耐候螺栓、螺母、垫片成功试制，填补国产空白。

工艺技术应用助力降本。低品质铁矿资源高

效利用技术、低品质高效益铁矿烧结技术、煤岩配煤技术、烧结不添加氧化镁熔剂技术、烧结机扩容研究与应用、烧结燃料粒度研究、冶炼工艺综合测试技术等新技术的推广应用，降本增效成效显著。鞍钢高炉长寿管理标准，纳入高炉日常管理制度；自主设计及组建铁水脱硫处理涌动式微损扒渣装置，铁损减少 1～2 吨/罐、取消聚渣剂，已在本部、朝阳和鲅鱼圈建设 5 套；完成多功能粉末带材轧机设计；提高冷轧带钢表面清洗质量的机械消泡装置应用于冷轧 3 号镀锌线，填补国内空白。

节能环保技术推广成效凸显。推广应用鞍钢矿焦槽除尘灰高炉喷吹技术、冷轧厂 2 号线罩式炉节能技术、高热阻节能材料应用技术、水资源经济环保可持续利用技术、石灰石尾石再资源化技术等节能减排新技术，助力“蓝天工程”建设。

信息研究支持决策创新。完成综述、技术报告 130 篇，重要专项信息调研 61 项，为公司决策、技术改进和研发等提供了强有力的信息参考。

科研管理体系更加完善，转换管理机制，释放创效活力。顺应公司对钢研院绩效评价指标的改革，围绕基础性、关键性、支撑性、效益性和技术贸易五大指标，在大力推进技术创新的同时，全面推动科研创效。9 月份，制定下发《技术中心绩效奖计发管理细则的补充规定》，逐步建立以创新创效业绩为评价重点的绩效评价机制，科研人员创效积极性显著提升。技术支撑工作由原 4 个研究所覆盖到 9 个研究所，全力支撑公司生产经营，全年完成 EVI 技术服务项目 114 项、产品开发项目 289 项、产品认证项目 34 项、技术支持项目 576 项。10 月，承接公司管理办法，制定下发《技术输出管理细则》，全年签订合同 14 项，创效 340.6 万元；仅后四个月就签订合同 8 项，创效 178 万元，开创了科研创效工作新局面。

优化产销研衔接，转换科研运行机制。在现行编制 33 个研究室基础上，根据各生产厂品种结构及实际需要，形成研究室与生产厂对接关系，建立了运行管理制度，全面开启“一厂一室”工作。

完善制度，规范管理。以检测中心国家实验室认可复评审为契机，修改完善管理文件，规范检测中心的运行和管理；完善 QEO 管理体系，修订《科研创新管理细则》《理化检验管理细则》等管理细则 8 个，完善结题验收、开放实验室和检验绿色通道等科研基础管理；围绕科研经费管理模式变化，建设科研课题费用管理系统。

条件保障工作取得新进展，高端研发平台建设实现新突破。依据国家科技部批布的《科技部关于批准建设第三批企业国家重点实验室的通知》（国科发基〔2015〕329 号文件），标志着“海洋装备用金属材料及其应用国家重点实验室”正式落户钢研院。

耐蚀钢联盟工作获得广泛认可。制定耐蚀钢联盟技术发展方向，编制 23 个近期可实施的“十三五”工作规划，召开联盟二届二次理事会暨专家委员会工作会议，形成《联盟科研项目管理办法》《联盟经费管理办法》等管理制度，进一步完善联盟产学研用链条，盟员单位由 4 家增加到 23 家，上述大量工作得到专家委员会和各联盟单位的广泛认可和高度评价。

科研手段不断完善。动态机械分析仪、烧结杯系统等一批新设备投入研发试验，全年手段建设投资 713.3 万元，固定资产总原值达到 3 亿元。完成试样制备、焊接、热处理试验室的整体搬迁；实施 QUATNT 扫描电镜、EDAX 能谱仪系统升级，电子束焊接机等 6 台设备改善性大修；实现高速拉伸试验机夹具等 3 项备件国产化。

试验检验分析为科研提供保障。为科研课题分析检验 389 项，为仲裁、比对、船板认证等分析检验 218 项；完成试验钢冶炼 445 炉、轧制 1204 块。

信息化建设助力管理创新，完成研发数据检索系统、创新联盟网站等 5 项网络信息管理系统的开发。

人才队伍建设不断加强，探索建立与高校联合培养研究生工作制度；选派 8 名优秀科研人员作为访问学者出访美国、西班牙、巴西、瑞典、德国，拓宽科研视野，提升研发能力；20 人到生产厂挂职，对 28 人实施导师带培；聘请 4 名知名专家到中心讲学，组织 78 次内部技术讲座和交流，进一步浓厚学术氛围；开办全外教英语口语培训班，培训 14 人，提高员工对外交流能力。周明顺、侯华兴获得国务院政府特殊津贴，王勇荣获辽宁省百千万人才工程百人层次人选，郭晓宏荣获鞍山市十大杰出科技工作者。

薪酬实现更精准激励。2015 年股份公司确定技术中心绩效考评指标为基础性、效益性、支撑性、对外创效、关键课题等五类。技术中心内部严格分解落实，制定《技术中心绩效奖计发管理细则》，逐步建立了以课题业绩为评价重点的绩效奖评价机制，对激励科研人员为公司创新创效起到了重要引导作用。特别是赋予项目（课题）组等团队负责人分配权限，赋予基层研究所调整权限，切实调动了科研人员的积极性。今年以来，相关激励政策的落实，使广大科研人员积极转变思维观念，改进工作作风，由过去局限于完成课题计划任务转变为全方位技术支撑公司生存与发展，由过去被动接受上级部门工作安排转变为主动出击寻找创新创效增长点。同时，调整管理和技术支持岗位职级，进一步调动了管理岗位人员积极性。

企业管理水平进一步提升。以检测中心国家实验室认可复评审为契机，修改完善管理文件，规范检测中心的运行和管理；完善 QEO 管理体系，修订《科研创新管理细则》《理化检验管理细则》等管理细则 8 个，完善结题验收、开放实验室和检验绿色通道等科研基础管理；围绕科研经费管理模式变化，建设科研课题费用管理系统。同时在现行编制 33 个研究室基础上，根据各生产厂品种结构及实际需要，形成研究室与生产厂对接关系，建立了运行管理制度，全面开启“一厂一室”工作。

教育培训工作扎实开展。不断改进培训工作，组织员工参加教培中心或高校举行的新技术、新工艺培训；根据公司贯标要求，举办验证岗位、规章制度等岗位培训，组织专家骨干进行科研培训，加强技术交流，强化科研技能培训，组织英语口语培训班。

党组织建设工作不断加强，加强基层党支部建设。一是修订完善党支部工作评价办法，开展党支部季度和全年评价工作。每季度采取不同形式对党支部进行评价考察，根据每季度评价情况，形成全年排名结果。二是开展党内“双评”工作。汽车与家电用钢研究所党支部等 5 个党支部被评为先进党支部，汽车用钢与用户应用技术党小组等 10 个党小组被评为先进党小组。王长顺等 30 名党员被评为优秀共产党员。三是开展党员挑战项目工作。按照鞍山钢铁党委要求，鞍钢集团钢铁研究院党委决定，在全钢研院范围内开展共产党员“挑战项目”攻关活动。全院立项 12 项，均提出了较高的挑战目标。其中国际一流 1 项，国内一流 2 项，历史最好 9 项。12 项挑战项目均按期完成挑战，创效 3000 多万元，2 个项目获得公司最佳挑战之星项目。四是成功创建集团公司党支部工作示范基地和样板党支部。在中心党委的领导和指导下，基层党组织建设进一步取得突破。汽车与家电用钢党支部被评为集团公司党支部工作示范基地，控制技术研究所党支部被评为集团公司样板党支部。示范基地全年接待鞍钢内外 20 几家单位 1000 多人次参观交流，其中钢研院内部党支部和党员全覆盖到示范基地参观交流。

领导班子和干部队伍建设取得新进展。加强领导班子建设，扎实开展“三严三实”专题教育。按照公司党委统一部署，结合我们的实际情况，2015 年 5 月 7 日，中心党委制定印发了《“三严三实”专题教育实施方案》，对工作做出总体部署。同时，制定了实施计划表，对每一步骤工作进行细化，明确责任领导和时间进度，并提出具体要求。按照计划，“三严三实”专题学习教育各项工作扎实推进，取得阶段进展。一是组织学习研讨鞍钢集团董事长、党委书记张广宁同志“三严三实”专题教育党课教案，深刻认识开展“三严三实”专题教育的重要意义；二是党委书记为全体副处级以上领导上了一次“三严三实”专题党课，准确点明中心整体上存在的不严不实具体表现，分析了主客观原因，提出了贯彻落实“三严三实”五点具体要求；三是中心组举行 3 次扩大学习会，从严以修身、严以用权、严以律己三个方面，班子成员和部分部门、研究所领导作重点发言，谈认识，摆问题，表决心，全体副处级以上领导积极参与交流研讨；四是全体副处级以上领导撰写个人对照检查材料，坚持问题导向，边学边查边改，立行立改，并上传党群工作网接受全体党员职工群众监督；五是组织全体副处级以上领导人员和廉洁风险岗位人员参观鞍钢展览馆和鞍山市英模纪念馆，开展反腐倡廉和革命传统教育。

纪检监察工作取得新业绩。以贯彻落实纪委监督责任为根本，扎实推进腐败预警防控工作。一是全面学习贯彻落实《中国共产党廉洁纪律准则》和《中国共产党纪律处分条例》，制订了学习方案，并召开党支部书记专题会议做出部署，以中心组扩大学习会、党支部支委会、党小组会等形式，分层次组织全体党员认真进行学习。购买《准则》和《条例》单行本400多本，每名党员人手一册；购买中纪委印发的处分条例《学习辅导》《学习问答》《有关规定速查》几十套，发放到领导班子成员、党支部、党委工作部及每名副处级以上领导人员。二是结合2014年自主采购专项效能监察提出的5条监察意见，自主采购主管部门重新制定印发了自主采购有关文件，工作组对贯彻落实情况进行跟踪监督，并以此作为2015年效能监察项目，进一步提高采购管理制度的执行水平，确保自主采购专项效能监察工作取得实效。三是根据公司文件要求，制定印发《关于开展“坚持廉洁从业　推进改革创新”主题教育活动的通知》（钢研院纪发〔2015〕1号），并制定了详细的全年活动推进计划表，为教育活动的开展提供了制度保障。2015年通过钢研院内网办公系统邮件以及党群网发布消息等形式，对钢研院副处级及以上领导干部和关键重要岗位人员开展了主题为“强化监督执纪问责，坚决防止四风反弹”“心中有党　心中有民　心中有责　心中有戒”的党风党纪教育；印发《廉洁自律　警钟长鸣——警示教育案例汇编》《警言常省　党性长存——警示教育案例汇编》《关于八起违反中央八项规定精神问题的通报》等案例警示材料；建立重大节日廉洁提醒制度，在国庆、中秋、元旦、春节等重要节日到来前，专门制定廉政通知，重申有关纪律要求，召开专门会议做出传达部署，并畅通监督举报渠道，有效增强了党员领导干部和关键重要岗位人员的拒腐防变能力，关口前移，防患于未然。四是为进一步规范领导人员的从业行为，维护正常生产经营管理秩序。召开了领导人员及其亲属、特定关系人违规经商办企业专项治理工作专题会议，组织各级领导填报报告表，并提出了四点要求，规范领导人员的从业行为。在2014年廉洁风险岗位排查的基础上，钢研院纪委协同有关部门对各基层研究所中涉及大型设备采购的人员进行了新一轮的排查，新排查出廉洁风险岗位人员7人，将其作为各类教育活动的重点，规范廉洁风险岗位人员的权利运行。召开专题会议，组织各级领导干部以及新排查出的关键重要岗位人员签订《党风廉政建设责任状》4份、《领导班子成员落实“一岗双责”承诺书》5份、各类《廉洁承诺书》31份，增强党员领导干部和关键重要岗位人员遵章守纪的自觉性。

宣传统战工作取得新提高。组织统战人士代表开展“迎中秋、庆国庆、献良策”活动。为庆祝新中国成立66周年，喜迎中秋佳节，在统战人士中举办“迎中秋、庆国庆、献良策”活动，收集合理化建议并组织集体观影。

共青团工作发挥积极作用。该单位团委积极开展季度和全年共青团系统绩效评价工作。按照《鞍钢集团钢铁研究院团支部工作评价办法》要求，每季度开展团支部考核评价工作。在团组织各类荣誉称号的申报工作中取得突出成绩，院团委获鞍山钢铁五四红旗团委荣誉称号；爱心助学集体获中央企业青年文明号、鞍钢青年文明号荣誉称号；冶金工艺研究所团支部被评为鞍钢集团样板团支部。

开展青年创新登高活动。全年开展青年创新登高项目申报14项，从选题立项开始，每季度进行跟踪调研，定期开展交流，主动培育青年的创新意识，激发青年创新热情。

建立钢铁研究院“青年论坛”。开展横向到边、纵向到底交流活动。以主题创客讲堂吸引有共同爱好的青年，广泛培育青年的创新意识；以深度论坛吸引有需要的青年，在交流中拓展视野，增长青年的创新能力，全年开展各类主题创客讲堂30余次。

升级完善青年微信平台。为更好地通过新媒体服务青年、凝聚青年，在广大青年中传播好声音、传递正能量。以增加青年的互动性、趣味性和生活性为主要工作思路，对青年微信公众平台进行了升级，升级后的微信公众平台增加了“自定义菜单”等功能，让大家“动动拇指”就能获得生动有趣的站内信息。发布各类信息14期，语音信息20余条。拍摄劳模宣传片，以微电影形式进行宣传，从脚本制定，到拍摄，再到后期剪辑共花费1个多月时间，制成《钢研院劳模礼赞》，组织全院党员观看。

编辑印制新入职职工成长手册。为使入场新生尽快融入企业，打造特色企业文化，团委决定制作“青年成长掌中宝”。从角色转变，成长之路开始，对青年的思想症结进行导航，有针对性地引导大家对自己职业开展规划，同时也涵盖了休闲娱乐，成长热线等大家喜闻乐见的内容。

组织团员青年开展系列活动。开展“五四”青年节系列活动。以“弘扬英模精神，立足岗位奉献”为主题开展活动，组织全体青年参观鞍山市英模纪念馆，通过参观调研、座谈讨论、征文、宣誓签名等形式，营造节日氛围，传递形势任务，弘扬担当精神。召开新入职职工见面会。为新入职14名新员工举办入职仪式。清理厂容厂貌活动。开展清洗大楼，清洁乒乓球场地等美化厂容奉献活动。举办青年联谊会。协调内外资源，携手冷轧硅钢厂共同为院内单身青年举办大型联谊活动。组织100多名青年职工及部分老职工参加“奔跑吧，青春!”主题联欢活动。

和谐企业建设呈现新局面，工会发挥了群众之家作用。结合技术中心工会工作实际，明确工作标准，落实工作责任，细化工作内容，组织开展基层工会工作目标承诺和《基层工会工作绩效考核》评价工作，按月对基层工会工作开展情况进行考核。完成技术中心10个基层工会换届改选工作。开展建功竞赛活动。围绕科研工作主线，引导职工为鞍钢实现扭亏增效目标做贡献，全年评选15个课题组获得一等奖，17个课题组获得二等奖，180多人获得优秀奖。以提升能力素质为目的，举办了科研人员基本实验技能竞赛，并对成绩优异人员进行了表彰。认真组织由中国发明协会主办的第二十一届全国发明展览会项目的申报工作，会同科研部门进行审核确定10项参展项目，最终获4项金奖、2项银奖、4项铜奖的优异成绩。全年努力完成公司工会下达的30万元的指标，实现完成双增双节创效51万元。

营造“企业关爱职工，职工关心企业”良好氛围。2015年，为全院职工发放节日慰问品，为新婚或过生日职工送祝福，开展暑期送清凉、送安全、送健康活动。举行新毕业生见面会、退休职工离职仪式，走访慰问、救助困难职工77人次，发放救助金3.65万元，让职工切身感知企业的人文关怀。

2015年，该中心荣获鞍钢集团公司先进单位、中央企业青年文明号称号。

（陈国一）

## 朝阳钢铁有限公司

**【概况】** 鞍钢集团朝阳钢铁有限公司前身是由鞍钢集团与凌源钢铁集团有限责任公司共同出资组建的合资公司——鞍钢集团朝阳鞍凌钢铁有限公司，简称“鞍凌公司”。占地面积367万平方米，企业注册资本28亿元，鞍钢和凌钢分别持有75%和25%股份。2014年9月15日凌源钢铁与鞍山钢铁签署了《国有股权无偿划转协议》，凌源钢铁将其拥有的25%全部股权无偿划转给鞍山钢铁。2014年9月26日，经鞍山钢铁党政联席会议讨论决定，“鞍钢集团朝阳鞍凌钢铁有限公司”更名为“鞍钢集团朝阳钢铁有限公司”，简称“朝阳钢铁”。朝阳钢铁作为鞍山钢铁全资子公司管理。

截至2015年12月末，企业总资产44.14亿元。在职职工人数2309人，其中管理技术岗位人员519人，岗位操作人员1790人；退休职工人数27人。公司机关设11个职能部门，分别为人力资源部（党委工作部）、市场营销部、物资采购部、生产制造部、设备保障部、安全环保部、计划财务部、综合管理部、纪委（监察部）、工会和团委。下设6个基层单位，分别为炼铁厂、炼钢厂、热轧厂、能源动力厂、计量化检验中心、加工储运中心。

规划规模年产400万吨钢，一期产能200万吨热轧板材。现拥有1座综合原料场，2座50孔焦炉及干熄焦等配套设施。1台265平方米烧结机，1座2600立方米高炉，2座120吨顶底复吹转炉及2座LF炉、2台单流板坯连铸机，一条1700 ASP连轧生产线，3台10000立方米/小时制氧机，1座容量为3×25兆瓦的热电站，以及供电、供排水、燃气、热力、制氧、石灰、总图运输等配套设施。

2015年，朝阳钢铁在两级集团公司正确领导下，广大职工坚定信心，迎难而上，积极应对挑战，认真履行职责，努力践行“六种发展理念”，坚持“抓两头，控中间”工作思路，较好地完成了鞍山钢铁下达的生产经营任务。全年生产焦炭93.3万吨、烧结矿265.9万吨、铁208.7万吨、钢208.6万吨、钢材207.5万吨，实现了轻伤以上安全事故和火灾事故为零，生产、设备、质量、环保七级事故为零目标。全年实现销售收入43.3亿元，亏损65567万元，较2014年减亏14427万元。

**【强化过程控制，生产运营保持稳定顺行】** 一是优化产量规模，过程管控能力进一步增强。2015年朝阳钢铁按照“以铁定钢、以钢定材、产量规模经济适度”的原则，制定有效措施。通过加强生产组织，强化计划执行与过程管控，结合市场形势变化，动态调整产量规模。上半年市场形势相对较好，全力放大高炉产能，实施三台制氧机运行或两台制氧机加外购液氧模式，提高高炉富氧量，生铁日产达到6200吨以上。下半年，市场恶化，钢材价格断崖式下跌，根据产品边际利润预测情况，公司及时收缩产能，降低或停止高炉富氧，四季度只有一台制氧机保炼钢运行，生铁日产降至5200吨。通过产量规模的有效控制，防止了亏损扩大，实现了经济规模下的稳定运行。二是稳定产品质量，主要技经指标进一步提升。梳理26个关键工序控制点，对62项控制指标实施按月考核，在鞍山钢铁31项关键绩效指标中，朝阳钢铁13项指标创历史最好水平。在不断加强产品质量控制基础上，针对产品硬、有边浪、表面氧化铁皮洗不净、断带等问题组织技术力量进行专题攻关，通过反复试验，分析生产过程，和本部、鲅鱼圈进行工艺比对，请专家帮助分析，制订整改方案，解决了关键质量问题，提升了客户满意度，增加了订货量。三是加强品种开发，产品盈利能力进一步提升。与东北大学合作，经过多次工艺和成分优化，Q345B钢种已全部完成了合金减量化工作，510L、610L的产品工艺设计及试制工作也已全面完成，待批量生产后固化工艺；以市场为导向加大新钢种开发力度，满足用户差异化需求，全年同用户签订11份个性化产品供货技术协议，完成了10个钢种的自主开发工作。四是强化设备管理，设备保障能力进一步提高。通过优化主体产线和重点设备定修模型，推进“3+1”点检管理模式，五级以上设备事故为零，设备事故时间降至219小时，同比2014年降低28%，主要设备可开动率达96.7%，较计划提升1.3个百分点，实现吨钢修理费90元，创历史最好水平和“三地”最低水平；通过改变管理思路，化年修为定修，维修工程费得到了有效控制。2015年8月以工时制取费方式实施的全线设备同步检修工程，精减外委工程项目较2014年节约设备维修费957万元，检修效果良好，保障了周期内设备功能精度。五是全面落实责任，安全环保工作再上新水平。坚持贯彻“全覆盖、零容忍、严执法、重实效”总要求，严格落实安全生产责任制，强化安全培训和事故案例教育，加大日常检查的频次和力度，全年共排查安全隐患6387项，全部整改完成，有效提升了职工的安全意识，规范了职工的安全行为，职工的隐患排查和事故预防处置能力进一步增强。通过强化污染源管理，保证环保设施正常投运，实现了烧结脱硫系统的稳定运行，完善了重点环保指标的在线直报制度，环保管理水平得到了有效提升。

**【狠抓供销市场，采购销售达到预期目标】** 一是紧跟采购市场变化，降采增效能力进一步增强。在原燃料采购上，面对价格下行的总体趋势，及时调整采购策略与节奏，保持库存低位运行，有效规避减值风险。通过优化品种结构、优选近域资源、实施差异化采购降低采购成本，2015年同比上年降采12.4亿元；在备件采购上，通过扩大招标采购品种，减少单一来源采购，招标比例同比2014年提高了11.8%，平均降采10%以上。二是坚持产品市场导向，驾驭市场能力进一步提高。以产品订货、合同执行、产品输出、调品增效为工作重点，优化内部工作流程，全面开展与本部2150产线和鲅鱼圈1580产线销售对标工作。针对市场下行趋势，果断停止现货销售后结算模式，建立期货销售为主，锁价销售为辅的销售模式。加大近域市场资源投放力度，扩大华北市场份额，资源量由2014年的32%提高到39%，提高了细分市场占有率。加大完善华北市场价格体系，形成集团内部华北市场销售主导权。通过调整销售政策、优化产品流向、创新销售模式、完善价格体系、开发新客户、提升服务水平等措施，努力克服市场形势持续低迷和公司采取经营性减产带来的不利影响。在钢材综合售价同比2014年降低832元/吨的情况下，全年销售钢材207.2万吨，实现销售收入43.3亿元。三是创新物流管理模式，物流成本达到“三地”最低水平。加强与铁路部门的沟通协调，落实定线定点运费优惠政策，实现承兑汇票支付铁路运费的新突破。加强与鞍钢汽车公司的物流合作，在华南、华东方向形成汽运、海运、港口一体化管理，在华北方向形成公铁联运、一站式服务深度合作共赢新模式。通过强化物流管理，全年累计创效6231万元，其中销售业务钢材发运物流创效5203万元，采购业务回运物流创效1028万元，实现吨钢物流成本298元。

**【完善经营机制，企业管理迈上新台阶】** 一是加强制度建设，提升管理水平。按照“专业对接、落实职责、全面覆盖、有效推进”的原则，全面修订、完善制度体系，修订、制定管理制度209个，规范核心业务流程111个，编制形成《鞍钢集团朝阳钢铁有限公司规章制度汇编》，管理职责、工作界面更加清晰，科学化、规范化水平进一步提升。二是加强财务管理，提高对生产经营的指导作用。强化全面预算管理，建立完善旬预测、月评价、季分析的经济活动分析制度，财务管理的指导性作用得到了有效发挥。2015年朝阳钢铁三次修订年度预算，为及时调整生产经营方向提供了有力支撑；强化对标工作，在与鞍钢股份全面对标的基础上，到国丰钢铁进行考察对标，查找自身短板，制订赶超措施。强化成本控制，铁、钢、材成本同比2014年分别降低606元/吨、718元/吨和753元/吨。加大资金占用管理力度，全年资金占用较年初降低3.13亿元，全面完成集团公司下达的压缩“两金”占用目标。三是加强绩效考核，做到精准激励。实施目标值管理，层层分解指标、传导压力，每月按照生产经营计划完成情况严格考核兑现。结合不同单位的工作特点，设置不同的关键绩效指标，在市场营销部实施绩效奖励的零起点考核模式。针对下半年调整产量规模的实际，动态调整成本与产量的权重，真正体现关键绩效指标精准激励，有效调动了各单位、各部门的工作积极性和主动性，提升了管理水平和经营绩效。

**【谋划变革自救，构建体制机制全新模式】** 一是改革管理体制，实现专业化深度管理。在机构设置上进一步优化，基层设五厂两中心，机关设九个部门，解决“头重脚轻”问题。机关部门内部和基层单位机关不设室，基层不设作业区，全部取消内设机构，实现了高度扁平化和深度专业化。二是优化定员编制，提高全员劳动生产率。按照精干高效原则重新定岗定编，裁减冗员，管理技术岗位编制精简47.6%，生产服务岗位定员精简30.2%。同时最大限度地减少外委项目，清退协力单位和人员。改革后，朝阳钢铁全员劳动生产率由374吨/(人·年)提高到600吨/(人·年)以上，劳动生产率达到“三地”最高水平。三是改变运营机制，经营自主权进一步扩大。朝阳钢铁实施整体承包经营。焦化厂、炼铁厂、炼钢厂、热轧厂、市场营销部、物资采购部实施内部承包经营，能源动力厂、加工储运中心、计量化检验中心实施经营业绩责任考核，其他机关部门实施管理业绩评价。同时，充分利用鞍山钢铁简政放权政策，从采购、销售等六个方面扩大朝阳钢铁的经营自主权，运营效率和决策周期将会得到进一步的改善，市场适应性、灵活性和针对性也将进一步提高。

**【关心职工生活，和谐共建彰显人文关怀】** 一是坚持依靠职工办企业，创新创效取得新成果。大力开展攻关劳动竞赛活动，其中“双增双节”创效800多万元，修旧利废创效2700多万元，回收废钢铁200余吨，多个集体、个人在各项活动中受到集团嘉奖；109项“百岗千法创效，万人竞技登高”先进操作法按照先进性、可操作性、时效性原则推进纳标；“网络问企”共收集5107条建议，有3923条得到了有效落实和整改。二是关心关注职工生活，企业关系更加和谐。深入践行党的群众路线和“三严三实”要求，以“责任工会、服务工会、文化工会、活力工会”为目标助力企业和谐共建。先后组织了足球、篮球、排球等文体活动；坚持为职工做好事，办实事，解难事，走访困难职工30人，救济困难职工373人，累计发放救济金35万余元。

**【朝阳钢铁炼铁厂概况】** 拥有2座6米50孔焦炉；1套125万吨干熄焦装置，年生产干熄焦100万吨；1台265平方米烧结机，年生产能力为262.35万吨；1座2600立方米高炉，年生产能力为200万吨。2015年末，炼铁厂有在职职工591人，其中：管理人员22人，专业技术人员52人，生产操作岗位517人；本科及以上学历人员152人，大专学历171人，其他学历268人；高级工程师8人，工程师职称27人，助理工程师职称53人，员级22人；技师4人，高级工74人，中级工95人，初级工418人。下设4个职能室、4个作业区，分别是：综合管理室、生产安全室、技术质量室、设备管理室、烧结作业区、焦化作业区、高炉作业区、高炉设备点检作业区。

坚持以高炉为中心组织生产，生产经营任务超额完成。全年生产铁208.7万吨、焦炭93.26万吨、烧结矿265.93万吨，分别比去年同期提高11.97万吨、2.27万吨、19.65万吨，创历史最好水平。高炉利用系数平均达到2.199吨/(立方米·日)，比去年同期提高0.094吨/(立方米·

日）。高炉实现了长周期稳定顺行，高炉稳定性指标在集团内部同级别高炉中属于较好水平。

推行安全生产岗位负责制，安全管理水平显著提升。安全生产实现“轻伤及以上事故（含职业病发病率）和火灾事故为零，环境污染因子排放达标”的总体目标。

加强设备点检定修制，设备作业率明显提高。通过推行点检定修制，设备管理得到明显改善，烧结作业率不断升高，由从 2014 年的 91.74%提高至 2015 年的 97.2%，高炉休风率从 2014 年的 2.92%降到 2015 年的 1.58%，实现了高炉长周期稳定顺行，为高炉降本奠定了坚实的基础。

完善成本管理体系，成本指标显著提升。建立 38 项工艺成本控制点和 25 项能源成本控制点，每天做到日清日结，每月召开一次厂级的成本分析会，对所出现的问题及时解决和确定下一步工作方向。生铁成本平均完成 1381.79 元/吨，比去年同期降低了 606.69 元/吨，12 月生铁成本已降至 996.9 元/吨。生铁成本多次创集团鞍山区域三地最低。

加强基础管理，提升管理水平。推动 QEO 体系的全面有效运行，完成现行 114 项规章制度和三大规程的换版。推行工作“模板化”“痕迹化”，固化工作制度，引入工作计划目标管理体系，注重工作结果的评价和考核。进一步完善经济责任制考核体系，基本完成全员目标值体系制定，重新优化三级绩效考核评价指标，加大成本考核力度。结合岗位区域负责制优化岗位绩效管理体系，形成了科学合理的岗位考核制度。

加强党群基础工作建设，为企业发展营造氛围。夯实党建工作基础，加强作风建设，全面落实“两个责任”，扎实开展“创先争优”“样板党支部创建”“全员目标值”等活动。炼铁厂党委下设 5 个党支部、15 个党小组，184 名党员。完成党员纳新 27 名，预备党员转正 24 名。围绕生产经营中心，厂党委组织实施 25 项共产党员挑战项目，完成项目 21 项，创效 7750 万元，创历史最好水平的项目 12 个，其中 4 个项目指标优于鞍钢本部和鲅鱼圈。开展 22 项员工创新支持计划项目，其中鞍钢集团重点项目 1 项、专题项目 2 项、实用项目 1 项。创建“朝阳钢铁炼铁创客空间”和“朝阳钢铁焦化创客空间”，开展“青年创客讲堂”，并为创新项目购买专业知识书籍，不断推进创新成果。全年完成创新项目 9 项，创效 4134 万元。

荣获 2015 年度鞍钢集团先进单位，朝阳钢铁先进党委，朝阳钢铁先进单位。

**【朝阳钢铁炼钢厂概况】** 2015 年是炼钢厂组建后正式完整运营的第一年，面对市场“新常态”和日益艰巨的降本任务，全厂上下齐心协力，攻坚克难，深入贯彻落实公司职代会精神，践行“抓两头、控中间”的经营战略，坚持“成本唯先、设备保障、按需调品、提升质量”工作方针，全面完成了公司下达的产量和成本指标，部分技经指标处“三地”领先，实现了安全生产事故为零的目标。

安全发展能力得到有效提升。按照年初制定的工作计划，以“增强安全意识，加强安全教育”为主导思想，以推行安全生产制度，加强安全检查，消除各种安全隐患为安全生产管理方针，以深刻剖析和整治既往身边发生的违章典型案例为重点内容，采取抓班组长带动班组成员的形式不断推进安全管理。一是利用多种形式增强职工安全意识，强化周安全例会制度，广泛宣传各类案例，使职工的安全意识入口入心；二是深入细致开展安全检查，做到预防为主，开展全员排查安全隐患奖励活动，职工每发现一条隐患，奖励 10 元，全年共发现安全隐患 3716 条；三是贯彻落实安全标准化工作，提高安全管理水平，依据安全管理标准化 15 个要素 60 个子要素，梳理整合现有制度，系统修改安全技术规程，增补规程 42 条、专项管理规定 5 个，完善了安全管理标准化制度体系；四是加强安全现场考核力度和频次，规范日常生产行为，全年共考核主体作业区 96000 元，相关方单位 84000 元；五是全面推行 QEO 管理体系，建立安全管理长效机制，实现了全年安全生产事故为零的目标。

生产管控能力得到有效提升。坚持“低能耗、快节奏、高效率”原则组织生产，推行双炉双铸机生产减少一个钢水罐，单炉单铸机生产减少 3 个钢水罐生产模式，提升生产节奏，降低温度损耗。进入下半年，针对公司低负荷生产、铁水来量有限的实际，转炉生产实施单炉交替，连铸实施铸机高拉速生产模式。与此同时，强化生产过程管控，降低絮流率，减少传隔时间，降低过程温度损失，其中 SPHC、Q235B 钢种平均浇铸周期分别降低到41.4分钟、38.8分钟，收到了可观的经济效益。优化生产组织，在保证生产顺行的前提下，安排铸机节能停机553.87小时，降低费用45.67万元。科学控制浇次间隔，为铸余渣回收创造条件，全年平均回收率达到67%以上，创效1600多万元。组织渣道渣回吃，提高产量规模，每个月都完成了公司下达的指标，全年共生产钢208.64万吨，产量超公司计划1.99万吨。成本10个月完成或超额完成公司绩效考核指标，从公司多拿回奖励71万元。

主要技经指标得到有效提升。通过完善工艺制度，规范钢包整备人员以及加砂工操作，改善引流剂储存条件，提高引流剂质量等措施，使自浇率达到98.13%，同比去年提高1.28%。开展絮流控制措施攻关，强化操作和检查考核，SPHC钢种絮流率降低到0.04%，同比去年降低0.15%。严肃考核精炼出站温度，中包温度合格率达到73.85%，同比去年提高了3.36%，解决了因中包温度过高引起铸坯偏析轧材产生冷弯裂纹的问题。通过更改各钢种入精炼成分范围，重新下发合金加入量的计算方法，使转炉入精炼的成分含量更加精确，精炼成分合格率达到99.98%，同比去年提高了0.06%。通过提高操作能力，强化渣罐状态监控，严肃考核大包剩水。同时，提高设备精度，降低假拉漏预报的产生次数，提高水口使用寿命，降低每浇次换水口次数，使钢水收得率达到99.43%，同比去年提高了0.83%。

成本控制能力得到有效提升。充分发挥技术创新、指标提升、严细管理“三驾马车”作用力，拉动降本增效。在技术创新上，采用了4项新技术。实施转炉半镇静出钢，降低钢水氧值；实施系统控温，在大罐和中间包使用新型隔热材料，减少热能损耗；推行脱氧后移，将钢水脱氧由吹氩站后移至精炼，降低钢水氧含量，减少脱氧合金使用；将除尘风机改为变频控制，降低电耗。4项新技术累计创效258万元。

在指标提升上开展技术竞赛，取得显著效果。转炉终渣FeO含量由20.04%降至16.32%，降低钢铁料消耗3.17千克/吨，成本降低4.49元/吨；转炉留渣比例由28.83%提高到46.17%，减少冶金石灰消耗2.11千克/吨，吨钢成本降低0.88元；SPHC类钢种终点C含量提高0.01%，降低氧值$46.4\times10^{-4}\%$，脱氧合金成本降低0.78元/吨，精炼终点$Al_s$由0.028%降至0.0258%，吨钢合金成本降低0.47元；钢水罐使用寿命由100回提高到150回，成本降低1.24元/吨；炼钢合金化使用高C锰铁替代中C锰铁使用量由24.15吨/月提高到36.69吨/月，吨钢成本降低0.46元；SPA-H钢种窄幅下限控制，吨钢成本降低1.58元；铸余渣回收比例由42.27%提高到67%，吨钢成本降低4.99元；SPHC钢种低过热度浇铸比例由24%提高到52%，吨钢成本降低0.35元；氩站到精炼传隔时间由23.4分钟缩短至20.2分钟，吨钢成本降低1.22元；浸入式水口使用寿命由8小时提高到8.5小时，吨钢成本降低0.13元。

在严细管理上，采取3项措施，完善工艺技术规程和现行受控文件，技术人员对过程指标进行跟踪管理，保证成品质量，全年原品种合格率完成99.88%、铸坯质量合格率完成99.99%，在本部对标中处于领先地位；严把入厂原燃材料质量关，对不合格物料进行追责处理，上报物料不合格品种8类，不合格反馈单51份，追回损失约20万元；加强治安防范，建立治安防范联防联动机制，设置兼职巡防员，重点时期联系公司保卫部门安排专人现场24小时蹲守，有效遏制了盗窃行为，确保国有资产不流失。

2015年炼钢厂工序成本从年初预算508元/吨降至457.56元/吨，硬碰硬降低了50.44元/吨，累计降低成本9737.44万元。其中7月实现了吨钢工序成本404元的历史最好水平。

产品研发能力得到有效提升。以客户需求为导向，发挥自身优势，对SPHC钢种成分进行探索和优化，在锰硫比满足工艺要求的前提下，科学降低锰金属含量，改善了钢质的屈服强度和抗拉性能，产品质量和性能得到客户高度认同，该客户减少了与其他钢铁企业的订单，增加了朝阳钢铁的订货量，全年共生产该钢种13445吨。

针对出口含低碳含硼钢表面裂纹问题，围绕ASP铸机无缺陷板坯生产技术开展工作，系统优化了低碳含硼钢的转炉生产控制技术，彻底解决了低碳含硼钢热轧后表面裂纹问题，实现无缺陷板坯的稳定生产，为公司产品出口提供了保证，塑造了朝阳钢铁产品形象。

设备精度管理水平得到有效提升。针对过去转炉定修造成现场压铁以及由此导致的诸多不利情况，将定修模型由原来的8+8+8小时（转炉+

精炼+连铸），调整为厂内控制的6+4+6小时，保证不压铁。设备系统与生产系统通力合作，不断优化定修项目，通过增加日修安排，实现合理控制定修时间，做到定修时不仅不影响生产，而且还可以实现当日超产。全年共减少定修时间129.86小时。坚持设备专项检查常态化，先后开展了机旁备件等9项专项管理，查出问题536项，并全部整改，考核责任单位及责任人24118元。开展设备专项整治，排查整治转炉双车系统缺陷23项、LF炉系统25项，减少了设备事故时间，设备运行日趋稳定。针对转炉钢车及渣车电缆故障率居高不下、LF炉钢包车电控系统经常发生开关跳电等问题，系统组织开展恢复设备功能精度活动，全年共整改设备功能缺陷10项，有效遏制了设备事故的发生。

创新管理能力得到有效提升。创新才有竞争力，创新才能使企业战胜困难，走出困境。2015年炼钢厂以创新创效为目标，开展全员创新活动，共提报创新项目63项，公司级创新项目43项，生产技术类18项，设备管理类19项，管理类6项；厂级创新项目20项。为确保创新项目能按计划实施，专门成立组织机构，按月组织创新推进会，聘请专家开展创客讲堂，对重点项目成立攻关组，培育创新人才。为引导创新工作深入开展，鼓励职工勇于创新，7月自筹资金对已完成且取得经济效益的10个项目进行了表彰。创新活动不仅给炼钢厂带来了可观的经济效益，也为炼钢厂可持续发展平添了动力和活力。

员工队伍素质得到有效提升。2015年全厂共开展自主培训18项，涵盖生产、技术、设备、安全、环保等专业，参培人员1000余人次。设备系统开展了“每日一问、每周一讲、每月一考”，重点加强点检人员对基础知识的认知和掌握，积累经验，提升解决技术难题的能力。开展导师带徒活动，聘请本部技术专家来朝交流及现场指导，组织桥式起重机故障处理智能化仿真实训，提升员工解决问题的能力。对有前途的技术工人“量身定制”，重点按个性需求培养。全年新晋升工程师1人，助理工程师1人，高级工2人。在公司举办的技术竞赛等活动中我厂均取得了较好的成绩。

党建工作水平得到有效提升。通过“七个抓好”，全面加强党建工作。抓好“四好班子”建设，领导班子带头坚持每周三政治学习，扎实开展领导密切联系群众“四个一”活动，开设两次“厂长接待日”，现场解答职工提出问题101项，提高了职工群众的满意度。抓好党支部建设，建立了支部书记月例会制度，狠抓“三会一课制度”的落实，组织党员定期开展党课教育。完成了机关和连铸党支部党员活动室建设，开展党员捐书活动，共计捐书71本。抓好党员队伍建设，落实共产党员挑战项目8项，全部完成，创效631.65万元，为降本增效作出了积极贡献。“七一”前夕组织全体党员重温入党誓词，开展党员建功立业活动，组织厂和作业区两级机关党员进行义务劳动，清理转炉一次除尘污水泥槽100多米，清淤泥近3000千克。开展“双增双节”，创效33.7万元；“修旧利废”创效392.84万元。在纪念抗日战争胜利70周年之际，组织歌咏比赛，激发职工的爱国主义热情。按照“双培养”的原则，全年发展新党员32名，转正24名。抓好形势任务教育，面对严峻的市场形势和越来越艰巨的减亏任务，全方位、多角度开展形势任务教育，统一思想，凝心聚力。抓好舆论阵地建设，自创了《炼钢厂报》，全年出刊8期，刊登职工来稿82篇。抓好机关作风建设，发挥机关人员引领作用，在两级机关开展“四讲四比”活动，评选出优秀人员4名、先进人员6名。抓好“两个责任”落实，组织领导干部和关键岗位人员观看《案件警示片》和法制教育，签订《廉洁从业承诺书》，筑牢反腐大堤。推进效能监察，全年立项8个，实现创效476万元。

服务职工能力得到有效提升。全心全意依靠职工办企业，开展合理化建议征集活动，评选并奖励“金点子”17条。深化“网络问企”，共收集建议2227条。加强困难职工的帮扶，厂领导走访慰问职工45人次，为职工送去了米面油等生活用品，发放慰问金23000元。以评选明星员工为载体，深化生产劳动竞赛，共计评选出明星员工79人，一星级39人，二星级25人，三星级15人，奖励金额31890万元。以全员目标值管理为核心内容，促进班组建设，连铸丙班被评为鞍钢集团标杆班组，其经验在全公司推广。开展群众性文化活动，组织开展了“跳大绳”比赛，积极参加公司举办体育活动，足球和女子拔河获得了公司第一名。2015年该厂连铸作业区党支部荣获鞍钢集团样板党支部称号。

**【朝阳钢铁热轧厂概况】** 2015年末，热轧厂共有职工248人，其中女职工20人，管理技术岗位职工51人，生产服务岗位197人。设综合安全室（工会）、生产技术室、设备管理室共3个职能科室，轧钢作业区、精整作业区、设备作业区共3个作业区。

该厂现有主体设备为一套拥有完全自主知识产权的1700ASP热轧生产线，和一套年处理能力30万吨平整分卷机组等。主要包括2座步进式加热炉、1架粗轧机、1台热卷箱、1台切头剪、7架精轧机、2台卷取机及平整分卷机组等相关的辅助配套设施。全线由鞍钢自主设计、自主集成、自己施工，设备国内制造，从规划设计到建设投产的全过程，遵循经济效益与环境效益、社会效益的和谐统一，融入了现代循环经济的崭新理念，配套了当今世界最先进的环保设施和能源回收设备，是高效、紧凑、节能和生态保护型的现代化短流程生产线，设计年生产钢材200万吨。

2015年，面对持续恶化的市场环境和必须完成的成本、产量指标，厂领导班子认真分析形势，积极采取应对措施，在生产组织上积极探索新方式，在成本控制中努力实现新突破，在产品质量上不断提升新指标，各项基础工作均取得了可喜成绩。全年生产钢材207.5万吨。

加强基础管理工作，提高责任心和执行力。该厂2015年基础管理工作以QEO体系建设为框架逐步展开，以承接公司各级管理体系文件、制（修）订厂级管理体系文件为重点，以工作实际需要为原则制定管理细则，最终形成厂级管理体系文件65个，实现了管理制度为生产实际服务的宗旨。

安全工作以开展安全标准化为契机，以“安全、现场、操作”3个标准化为框架，建立了危险辨识与风险评价的机制。2015年该厂实现轻伤及以上事故为零，获得鞍山钢铁集团2015年度“安康杯”竞赛优胜单位，鞍山钢铁集团“安全生产先进单位”。

强化降本意识，细化工序间成本控制。随着生产的稳定，该厂针对轧钢、分卷工序特点，抓住成材率、能源、材料备件消耗等重点环节，制订了一系列的降本方案。通过努力，全年的各项成本指标呈逐月向好的趋势。

建立健全质量体系，各项指标实现新突破。为保证优质的产品质量，该厂结合生产初期的实际情况，制定了包括10个关键工艺质量控制点，有效的保证工序质量。轧钢系统各项主要精度指标综合排名集团前三，厚度指标和CT温度指标达到了行业一流水平。

积极组织开展科技攻关，共调试新产品层别1378个，产品族系高达10个，钢牌号54个，产品厚度规格覆盖1.5~12.7毫米。利润空间大的薄材产品比例持续上升，最高达到41.70%，超极限规格的轧制量达到历史新高，实现集团最高。

以“共产党员挑战”等活动为切入点，党、工、群、团工作成绩斐然。热轧厂各级党组织以“围绕中心，服务生产经营”为主线，紧紧围绕降本增效、提升产品质量和加强管理开展了各项活动，全面促进全厂各项工作的提高。设立了党员责任区和先锋岗，大力推进“修旧利废”“员工创新扶持”等活动，全年累计创效500万余元。

**【朝阳钢铁能源动力厂概况】** 2015年末，能源动力厂在职职工439人。女职工62人；管理技术人员32人（高级职称2人，中级职称28人，初级职称2人），生产操作人员407人（技师3人，高级工77人，中级工149人，初级工161人）。各系统主要设备及生产能力如下。

发电系统：2台JG-130/5.30-Q型次高压煤气锅炉，2台C25-4.90/0.981型抽凝式汽轮发电机组，1台N25-4.90型纯凝式汽轮发电机组；1台高炉鼓风机，额定送风量6255立方米/分钟。

供电系统：建有炼铁、炼钢、热轧、制氧66千伏总降压变电所4座，由220千伏柳城1次变供电，龙城1次变提供1路保安电源。

燃气系统：有高焦加压站、转炉加压站、煤气净化和TRT系统以及各类煤气管网组成。其中15万立方米高炉煤气柜、5万立方米焦炉煤气柜、8万立方米转炉煤气柜各1座，TRT发电机组1台，额定发电能力为16兆瓦。

给水系统：建有新水站1座（负责工业新水、软化水、生活水的生产与制备）、污水站1座（负责生产废水处理及二次回用水配送），新上生活水超滤装置1套，产量140立方米/小时。生产消防水1500立方米/小时，生活水80立方米/小时，软化水150立方米/小时，二次回用水400立方米/小时。

制氧系统：3套10000立方米/小时制氧机组，氧气生产能力32000立方米/小时，氮气生产能力

32000立方米/小时，氩气生产能力为640立方米/小时，普压空气生产能力1740立方米/分钟，高压空气生产能力为60立方米/分钟。

能源动力厂通过强化生产运行管理，长周期地保证了生产安全稳定运行，为公司能源动力高水平稳定供应提供了保障。

加强运行管理，保证系统经济运行。重点对影响汽轮机发电机组安全稳定运行因素进行管控，2015年锅炉综合作业率98.27%、汽轮机综合作业率为99.35%，全年发电机组实现了高产、高效运行，最大限度的多发、超发，同比增加发电量4506万千瓦时，减少外购电费2140.40万元。

狠抓安全生产，为公司主体生产提供可靠的保障。制定保证汽轮机发电满发以及事故状态下12种快速调整方案，加大"两票三制"执行情况的检查力度，不断发挥"样板票"管理创新成果，2015年电力系统大型运行方案调整近200余次，操作事故率为零。

创新攻关，突破制约生产瓶颈难点。完成1号锅炉省煤器过热本体缺陷改造，消除了设备安全运行隐患；完成干法除尘卸灰系统加湿改造，彻底解决了卸灰过程中现场扬灰以及瓦斯灰自燃的问题；对制约制氧系统安全运行的瓶颈问题制氧机组电磁阀阀门进行彻底改造；大胆地对TRT发电机组的静叶调节机构升级改进，彻底消除了TRT发电机组两侧调节机构不同步而导致系统不能安全稳定运行的问题，实现了TRT发电机组长时间的稳定高效运行。

坚持思想政治工作与生产经营的有效融合，为生产经营提供保障。开展共产党员工程和共产党员"挑战项目"活动，立项22项，累计创效3200多万元。开展员工创新支持计划活动，立项59项，完成42项，其中获公司级项目28项，厂级项目31项，集团公司实用1项，完成42项，累计创效1183.44万元。

2015年度能源动力厂荣获朝阳钢铁先进单位，冯志超、武立军同志分别荣获鞍钢集团先进生产者，刘丽丽同志荣获鞍钢集团优秀党务工作者，王晓雪荣获鞍钢集团巾帼建功标兵，发电作业区武立军获朝阳市五一劳动奖章，发电作业区王永超荣获辽宁省优秀共青团员称号，王永超在2015年度集团技术竞赛锅炉运行值班员取得第三名的好成绩。

**【朝阳钢铁加工储运中心概况】** 加工储运中心承担朝阳钢铁石灰、磁选、原料场和铁路运输生产作业及各种资材备件的实物验收、仓储、保管、配送任务。负责废钢、可利用含铁物料加工工作；负责冬储物料防寒工作；负责原燃材料、设备资材等物资的实物状态验收和统计核算工作；负责各类存储物资定置定位、保养、盘点管理等工作。拥有1座机械化综合原料场，配备2台翻车机和4台堆取料机，年吞吐物料量1181.8万吨，输入和输出能力分别为590.9万吨；建有年产20万吨冶金石灰回转窑生产线。

2015年末，加工储运中心在职职工210人，其中：女职工21人，管理技术人员38人，生产操作人员172人。下设3个室4个作业区，分别是综合管理室、仓储管理室、生产运行室、原燃料仓储作业区、资材备件仓储作业区、加工作业区、铁运作业区。

夯实基础管理，落实"一岗双责"，安全工作进入常态化。加工储运中心全面落实"一岗双责"制度，围绕"强化红线意识，促进安全发展"的主题开展安全工作。通过编制安全活动方案，组织各类安全培训、完善安全基础台账、检查、整改安全隐患、落实检修安全措施等工作，有效地提高了全体职工的安全意识，对安全工作起到了重要作用。加工储运中心成立至今，全面实现了人身轻伤及以上事故为零、火灾事故为零、特种作业人员持证上岗率达到100%的目标。

构建生产运行控制体系，全面完成保产保供任务。加工储运中心始终将保产保供工作作为首要任务。加工储运中心从捋顺信息流程、管控生产关键环节、规范运行管理入手，全面构建生产组织核心，逐步做到信息顺畅、反应迅速、步调一致，实现生产经营高效运行。特别在2015年上半年大宗原燃料市场价格大幅度波动的情况下，大宗原燃料库存控制和生产组织发生了较大变化，加工储运中心迅速建立了生产预警系统，时时关注物料库存及到货计划，确保信息准确、畅通，经受住各种因素考验，全面完成了保产保供任务。

设备管理迅速融入生产，成为高效生产的有力保障。在设备管理上，确定了夯实设备基础管理的工作思路。从捋顺制度入手，组织专业人员完善各种痕迹化管理台账，规范点检员点检路线、点检行为，保证设备管理有章可循；通过培训和考核，增强了设备管理人员点检意识和力度，有计划完成了各种点检和检修任务；优化设备定修模式，强化“5S”管理工作，加快了设备管理工作进入常态化。通过建立“三位一体”责任体系，促进了生产系统、设备专业点检与设备维护协调统一。初步实现了事后维修到事前预知维修的转变。加大过程控制力度，严控设备维修质量和事故时间，既保证了生产，又使设备维修费用逐年降低，完成了公司下达的指标任务；推进的“操检合一”设备管理模式，将使岗位运行人员真正发挥设备点检第一人的作用，生产运行与设备管理工作更加协调、完善。

仓储、铁路运输管理更加规范，保供水平有效提升。随着管理工作不断细化，加工储运中心完善了《备件材料验收管理办法》，制定了《备件材料验收管理细则》《机旁备件及废旧资材回收管理办法》《二级库设备、材料管理办法及实施细则》，规范了备件、材料的出入库的管理，实现了账物相符；建立废钢入、出库台账，优化废钢验质程序和细节，对杂质和超尺量进行标定并详细记录，实现可追溯管理。不断强化库存盘点，对货位不准、备件规整不到位、标识不全等各类问题进行了彻底的整改，彻底解决了一些历史遗留问题。

优化铁路运输管理，对《安全操作规程》《岗位作业指导书》进行了重新修订，实现了与加工储运中心整体管理工作平稳过渡。结合春检、年修等工作，对各站内设备进行全面检查、系统性保养维护；2 年来组织机车做检 80 余台次，整备机车 520 余台次，按期完成了干线串轨和枕木更换工作，进一步稳定了线路状态，为保供工作提供了坚实保障。

加强党建和思想政治工作，为实现中心发展目标提供政治保障。加工储运中心党委紧密围绕生产经营中的难点、重点开展工作，深入开展共产党员攻关活动、共产党员“挑战项目”活动。截至目前，共产党员“挑战项目”活动立项 42 项，其中 5 项已达到历史同期最好水平。项目参与党员 83 名，优秀共产党员、先进典型人物参与挑战项目 8 项。创效达 520 万余元，为公司扭亏增效工作作出了应有的贡献。

**【朝阳钢铁计量化检验中心概况】** 2015 年底，计量化检验中心在职职工 177 人，其中：女职工 61 人，管理技术人员 13 人（高级职称 2 人，中级职称 3 人，初级职称 8 人），生产操作人员 164 人（技师 4 人，高级工 25 人，中级工 29 人，初级工 100 人）。下设 2 个室 3 个作业区，分别是：综合管理室、生产运行室、中心化验站、煤焦炼钢化验站、计量作业区。2015 年计量化检验中心的工作方针是保生产、保稳定、促改革、求发展，为公司扭亏作贡献。

统一思想认识，形成先进理念。通过形势任务教育全体员工达成共识：只有发展，只有改革，个人理想和目标才能实现；打铁就得自身硬，提高能力更重要；只有依靠自己的力量才能解决计量化检验中心存在的问题；产品质量是企业的生命。计量化检验中心的产品就是“数据”，优质的产品就是及时准确的“数据”。通过实施 10 项共产党员挑战项目和员工创新项目 17 项，增进员工的责任感、紧迫感，上下团结一心，增强了企业的凝聚力和战斗力。

狠抓基础管理工作。从企业基础管理入手，解决管理松懈，制度不完善，流程不顺，责任不清，考核不严等问题。先后系统地开展了制度体系和管理流程建设，应用制度体系软件，实现规范管理。开展技术等级序列延伸工作。开展“标准化作业达标考评”活动，主题是“为打造学习型团队，营造学习氛围，树立技术榜样，巩固标准化作业成果，延伸技术等级系列，铺垫‘三项制度’改革”，第一季已经圆满结束。通过活动增强了员工“比、学、赶、帮、超”的热情，提高了员工技能水平，技术等级序列延伸，初步形成内部技术骨干团队。开展特色培训活动。5 月开始，开展“管理大讲堂”活动，目的是系统培训员工基础管理知识，打造学习的氛围，提高员工业务水平。实行设备“三位一体”管理，有效开展设备点检维护运行管理工作。确立 2015 年是设备管理年，主题是“我的设备、我爱设备、我懂设备”，通过设备说明书及操作要领的培训、考核，使员工对设备有了更深的认识，实现了目标管理。推进技改技措工程项目实施，提高整体装备水平。自动取样机的投入使用，实现了全断层取样更具代表性，规避了供货方以次充好现象，为公司降本带来极大的利好；员工的安全得到了保障，实现本质安全。拓展新业务，为公司生产经营提供强有力的支撑。2015 年初炼钢反馈钢水残余元素含量偏高，个别钢种成分性能不符合客户需求。针对此问题对炼钢用原料，高炉铁水中残余元素进行统计分析。并对生产高炉铁水的各种原燃料进行了全品种、全成分分析，得出正确结论，为公司提供了强有力的技术支撑。

加强人力资源管理，盘活现有人力资源（含协力岗位人员），重新对岗位职责进行梳理整合，实行岗位优化和业务流程优化。分配向一线岗位人员倾斜，提高一线员工收入。岗位人员加强流动。对协力人员定岗定薪，理顺了分配关系，稳定了员工队伍，调动了员工积极性，规范了管理，提高了组织的协同性。在公司内部率先对部分协力岗位进行岗位测评，实行岗位绩效工资制，使协力岗位人员工资分配得到有效理顺，管理过程得到控制，职工的积极性得到调动。开展信息化管理，提高效率，规范管理操作流程组织，推进入厂车辆一卡通信息管理系统建立，保证入厂送料车辆有序运行。实施计量和检验信息整合，实现信息1次采集，1次录入和1次自动判定。开发应用公司物料计量信息系统和制度体系文件管理系统，提高效率、效能和规范化管理。

建立“赵忠朋创新工作室”。在全体员工中起到引领示范效应。整合开发利用内部信息网络，提高效率，实现资源共享，解决人力资源不足问题；提高管理效能和信息的准确率，实现管理创新。

生产技术指标：计量准确率100%，及时率100%；化检验准确率100%，及时率100%。费用预算指标：实行全员费用预算管理，加强各费用单元控制，全年各月费用预算完成率100%。全面完成费用预算压缩计划。全年实现人身、设备、安全、火灾和环保事故为零。综合治理、盗窃案、作弊事件为零。职工队伍稳定，人心向上，变化巨大，上半年未出现1起群众上访事件。全年在公司的战略绩效考核中，名列前茅，领导班子多次被公司评为“五好班子”。

（鞍钢集团朝阳钢铁有限公司　刘　卫）

## 钢铁紧密协作板块

### 第二发电厂

【概况】 2015年末，第二发电厂共有职工665人，其中干部103人（高级职称10人，中级职称62人，初级职称31人），工人552人。离退休职工630人。下设党委工作部、综合管理部、生产技术部、设备部、工会5个职能部门，北部、运行、机械、电气、燃料、热工、化学、综合8个作业区。厂区占地面积63.11万平方米，建筑面积14.56万平方米，装机总容量645兆瓦。主要设备有2台110兆瓦纯凝汽式发电机组，1台125兆瓦带抽汽的凝汽式发电机组，1台300兆瓦蒸汽-燃气联合循环发电机组；2台370吨、1台480吨电站锅炉；4台150兆伏安、3台180兆伏安、1台300兆伏安电力变压器。2015年实际完成利润5.87亿元，再创历史新高；4号机组顺利实现检修周期由一年到两年的跨越，机组发电潜力进一步得到挖掘；先后完成1号炉脱硝、2号炉煤改气、3号炉脱硫脱硝环保改造工程，按期完成省政府蓝天工程项目；安全生产基础更加巩固，顺利完成消防安全标准化达标晋级工作；实现南北两个变电所安全稳定运行；进行了设备点检和检修体制改革。

【安全生产基础进一步夯实】 安全是最大的效益，安全不是零，一切都是零。以宣传贯彻落实《安全生产法》为契机，推动安全生产责任体系建设，实现责任体系“横向到边、纵向到底”的全覆盖。结合案例开展培训，强化“红线”意识，使“禁令”入脑入心，切实提高职工的安全防范意识。吸取内外部事故教训，开展“安全生产大检查”，认真排查安全隐患；充分运用奖惩机制，增强职工对安全隐患的重视程度，提高隐患整改的覆盖率和及时率。针对现场设备改动大的现状，组织开展危险源辨识工作，提高职工的危险源辨识能力。在全厂范围内推广实施《现场安全标准化作业卡制度》，转变职工管理理念，使职工主动提高安全管理意识，关注安全管理细节，实现作业的全过程监管。结合电厂实际深入开展“安全主题月”活动，使职工在强烈的安全氛围中增强安全意识；有针对性地开展应急演练，提高应对突发事故的组织、协调、处置能力。对照行业标准，完善消防设施，顺利完成消防安全标准化达标晋级工作。建立从入厂培训到现场作业的一系列管理流程，保证相关方作业行为可控，保证现场安全文明施工。

【机组经济运行上新水平】 细化绩效考核指标，促使基层单位由生产型向生产经营型转变，工作重心转移到高效运行、经济运行上来；在固化已有科技攻坚成果的基础上确定24项科技攻坚项目，2015年新老厂机组部分指标创历史最好水平。克服3台机组环保改造、公司四季度减产和雾霾限产等不利因素影响，深挖各方面潜力，强化各项降本增效措施，老厂全年完成发电量18.14亿千瓦时。通过采取技术、管理措施，4号机组顺利实现两年长周期的运行目标；通过与三菱公司共同努力，成功将4号机煤压机燃气旁路流量调节A阀开度由22.9%关至10%，减少煤压机做功而增加机组出力3兆瓦，进一步提高机组发电能力，4号机组全年完成发电量21.52亿千瓦时。开展磨煤机、给水泵等主要转动设备节电劳动竞赛，厂用电率稳中趋降；实施煤质闭环管理，根据化验分析结果选择性价比高的煤种，2015年来煤平均热值再创历史新高。

**【设备保障能力进一步提升】** 继续开展"完善设备功能，提高设备精度"等专项活动，发动职工深入查找设备缺陷，坚持逢修必改原则，力争使设备处于最佳状态。强化变电所检修作业管理，落实检修作业全程监护制度，保证作业安全；针对变电所设备老化现状，组织开展隐患排查，定期召开推进会，明确责任，落实整改，为南、北变电所安全供电提供设备保障。进一步完善点检"四大标准"，学习借鉴先进维修理念，落实检修工艺标准的执行和控制，提高设备维护水平，全年因设备原因影响机组负荷量降至历史最低。继续开展锅炉防磨防爆、四管漏泄等专项整治工作，2015年非计划停机8次，降至历史较好水平。组织开展绿色再制造活动，延长备件生命周期，减少新品采购；积极开展利库降库活动，清理"死库存"，按专业分解降库指标，降低资金占用。

**【环保工作取得新成绩】** 随着"史上最严环保法"实施，环保指标大幅提升。为达到新环保法的要求，积极开展环保改造，严控排放指标，努力化解电厂面临的环保风险。认真开展新环保法的宣传贯彻工作，使广大职工充分认识到违规排放的巨大代价，增强职工对环保工作的重视程度。以"污染物达标排放"为契机，以污染治理为重点，细致严谨论证改造方案，先后完成了1号炉脱硝、2号炉煤改气、3号机组脱硫脱硝改造等治理工作，按期完成省市政府及公司环保达标要求，使老厂3台机组重获新生。对老厂3台机组环保在线监测设备进行更换，保证上传数据准确，满足政府要求。按照公司统一部署，启动应急预案应对雾霾天气，主动承担社会责任。强化环保设备管理，保证环保设备投运率和脱硫、脱硝效率，严控各项环保排放指标；强化环保指标实时管理，实现环保指标联动机制。针对4号机组外排水超标的问题，积极查找污染源头，新建沉淀池，处理受污染泥土。对危险废物进行安全处置，避免产生新的污染源。

**【企业管理不断加强】** 按照全面清退劳务人员要求，对所有劳务业务进行梳理，现已清退劳务人员100余人；按照检修业务回归要求，整合成立机械、电气作业区，更好地发挥点检及检修人员的作用，实现自主检修，目前已经平稳过渡。完善规章制度，重新修订管理制度100余项，加强监督检查，提升企业管理水平。规范完善全厂系统图，夯实管理基础。扎实推进"五好班组"达标升级，增强了班组的凝聚力、执行力和创新力，发挥最基层单位作用。签订名师高徒58对，促进职工技能提高；组织开展职工技术竞赛，促进职工自我提高。组织开展工作票填写、背画系统图竞赛活动，通过模拟实战演练，增强对设备系统的掌握。阶段性完成生产管理信息系统，目前物资管理及安全监督模块已开始试运行。

**【和谐发展共建共享】** 坚持以职工为本，关心职工生活，全心全意为职工办实事、解难事、做好事。组织学习《劳动合同法》，切实维护职工合法权益，建立和谐稳定的劳动关系。进一步畅通职工诉求渠道，充分发挥职代会在民主管理中的作用，倾听职工心声，确保"事事有着落，件件有回音"。坚持依靠职工群众办企业的方针，深入开展群众性合理化建议征集活动，征集建议760条，完成423条，实施中337条。进一步完善燃料上、卸煤通廊水冲洗系统，减小职工劳动强度，创造良好工作环境，保障职工身体健康。坚持定期救济与突发性临时救济相结合，切实为困难职工和突发事件的职工家庭排忧解难送温暖。全年共走访慰问困难职工257人次，发放困难救济金10.3万元。积极开展"平安度夏"活动，为一线职工送"送清凉"。关心重视女职工，安排女职工"两病"普查，普查率达100%。走访慰问单亲困难女职工人19次，发放救济金5800元。关心居家职工、退休人员基本生活，帮助他们解决实际困难，走访慰问居退休职工 139 人次，发放救济金 4.25 万元。围绕重大节假日、纪念日，广泛开展了羽毛球、足球、排球、钓鱼等主题鲜明、内容丰富、形式多样的文体活动，凝聚职工的向心力，创建和谐电厂。

（齐金龙）

## 铁路运输公司

**【概况】** 鞍山钢铁铁路运输公司始建于 1949 年，是鞍钢集团钢铁紧密协作板块大型物流企业。公司主要承担鞍钢原燃材料输入、产成品输出及部分主体厂矿工序链接任务，同时也为市政部分单位提供运输服务，是鞍钢生产工艺的重要组成部分。公司主厂区位于鞍钢东南，建国路西侧，厂区占地面积 28.77 万余平方千米。公司下设运输总站、机车厂、电务修建厂、铁路修建厂、机械化装卸厂五个厂级单位。所属运输总站为货运行车组织实体，为鞍钢和市政 50 多个工矿企业服务；机车厂主要为铁路运输生产提供牵引动力和车辆设备，同时具备电力机车、内燃机车大中修能力；电务修建厂是公司电力、电路、通信、信号设备的维护、检修单位；铁路修建厂是公司铁路设备的维护、检修单位；机械化装卸厂主要承担原燃料装卸车保产任务。

2015 年末，该公司机关分设生产经营部、安全环保部、技术设备部、物资保障部、综合管理部、人力资源部、党委工作部和工会 8 个职能部室，为直线职能部门制组织机构。公司全民职工 3831 人，在岗职工 3688 人，其中：在岗干部 368 人（高级职称 57 人，中级职称 209 人，初级职称 82 人），生产服务岗位 3320 人。拥有固定资产原值 13.1 亿元，净值 1.39 亿元，利润 0.25 亿元。

**【安全生产】** 2015 年，公司依据《铁运公司安全生产标准化评价管理办法》，采取季度抽查、全年普查的方式，对各厂和全部作业区的安全工作进行了全覆盖的系统绩效评价。各单位对安全管理绩效评价 13 要素本着“简单、全面、具体、闭环”的原则，实施全过程的安全管控，促进了安全管理制度、安全措施的有效落实。

在全体职工中树立“隐患可控、事故可防”的思想，充分利用鞍山钢铁隐患排查奖励机制，发动和引导全体职工积极参与隐患排查治理。全年共投入安措资金 260 余万元，完成了道口、站场监控装置等设施隐患整改 9 项。2015 年，公司所属单位全部达到了安全标准化二级企业的要求。

2015 年，铁路运输量计划 5981 万吨，实际完成 5316.97 万吨；局车停留时间计划 26.5 小时，实际完成 26.5 小时；厂车停留时间计划 20.5 小时，实际完成 19.9 小时。全年实现千人负伤率 0.2‰、工亡事故为零的目标。

**【技术设备】** 公司是我国冶金铁路运输龙头企业，不仅肩负保鞍钢大生产顺行的生产经营任务，同时在过去的几十年里，从设备、技术、管理等多方面为国内同行业发展提供了有力支持。伴随鞍钢的发展，近几年铁运公司设备总量、整体装备水平迅速提升，目前公司共有电力机车 35 台、内燃机车 47 台，各种车辆 2236 辆，铁路线路 527.76 千米，单开道岔 1123 组，特种道岔 99 组，铁路桥涵 258 座，大型调车场 7 座，全自动化驼峰一座，电力、通信线路 824.6 千米，接触网 256.83 千米，自动化调度指挥中心一个。

**【科技工作】** 2015 年完成了灵山物流园工程，配合完成了三冷轧高强连退铁路相关配套工程，为铁运公司增加了利润增长点。

完成第二批机车空调安装工作，制定了《机车空调使用管理办法》，在改善乘务员作业条件的同时，最大限度地控制能源消耗。

完成了 5 组 40 辆百吨平板车的改造，为百米重轨厂内运输提供了条件。开展了第二轮车轴探伤与烧结车轴温探测工作。制定并实施两机车一、二级预备管理，定期将预备机车进行运用，使机车处于可用状态。

完成了机车厂机车设备履历系统与 ERP 系统合并方案的调研、设计等工作，实现了机车检修业务电子化管理；完成了铁运公司 ERP 与股份公司计量厂的系统接口，进一步拓展了系统功能；完成了铁运公司各单位网站系统和 OA 系统的整合工作。

完成集团公司“双革一化”成果 17 项，其中获一等奖 6 项，二等奖 11 项，创效 1002 万元；国家授权专利 6 项；集团公司认定专有技术 5 项；铁运公司攻关课题“降低接触网负极回馈故障率”被评为冶金行业优秀质量管理成果，“电力传动内燃机车启动变速箱试验台的制作”等两项QC成果被评为辽宁省优秀QC成果奖。“降低底开门车辆瓦座故障率”等两项QC成果被评为鞍钢优秀质量管理成果一等奖，“提高道岔尖轨防磨可调护轨安装合格率”等三项QC成果被评为鞍钢优秀质量管理成果二等奖。

**【能源指标】** 2015年能源指标完成情况：工序能耗实际完成188.47千克标煤/(万吨·千米)，比同期增加22.25千克标煤/(万吨·千米)；工序水耗实际完成3.33吨/(万吨·千米)，比同期增加0.14吨/(万吨·千米)。

**【拓展市场】** 作为鞍钢生产的大动脉，经过几代铁运人励精图治，顽强拼搏，取得了辉煌的业绩。近几年，在新一届领导班子的带领下，公司坚持科学发展观，增强市场竞争意识，树立“优质高效，为厂矿提供无可挑剔的运输服务”的经营理念，在激烈的市场竞争中不断赢得主动地位。除大力拓展运输主业外，公司积极寻找新的利润增长点，已经建成的内燃机车检修中心，具备年100多台系列内燃机车大修能力；电务工程施工自主知识产权项目和技术能力不断提升，也必将成为公司后续支柱产业。

2015年，公司所属电务修建厂荣获年度鞍钢集团公司“先进单位”称号，机车厂南部列检作业区站修线班获鞍钢集团公司“五好班组”标杆称号，铁路运输公司工会获年度鞍山市厂务公开民主管理工作“先进单位”，铁运公司获鞍山钢铁教育培训先进单位、鞍山钢铁技能鉴定先进单位等荣誉称号。

（麻 威）

**【运输总站概况】** 2015年末，运输总站在岗职工1147人，其中在岗干部69人（高级职称6人，中级职称47人，初级职称12人），在岗工人1078人。下设四部一会，7个车站。运输总站是鞍山钢铁铁路运输公司运输保产主体单位，主要承担鞍钢各生产厂矿所需原燃材料的输入、产成品输出及部分厂矿工序链接任务。

2015年，运输总站面对外部市场冰冻严寒、内部结构性缺员的恶劣局面，采取多种方式多点出击，在夹缝中求生存，在波动中求发展。总站从大局出发，深挖内部潜力，抽调三大系统三十六人，组建一个全新保产作业区，成功接受铁石桥的保产作业。以此为契机，优化运输组织，真正实现跨站、跨区作业，释放每个作业调的剩余能力，相互补位，共削减六台运用机车，实现了降本增效。制定相关规定与措施，强化小运转列车开行秩序，为灵矿保产料的落地与回装输出创造条件，确保八家子货场整体搬迁至灵矿运输保产组织工作的顺行。定期走访用户，掌握大型、2150等成材厂的生产销售信息，及时调整保产方案，确保钢材输出。积极配合物流园建设和投产后的保产工作，全力以赴为灵山物流园利润增长保驾护航。

经过全体职工不懈努力，全面完成各项生产经营指标，全年实现总运输量5316万吨，货物周转量58915万吨·千米；局车在厂停留时间26.5小时，与计划持平，厂车一次作业时间19.9小时，比计划压缩0.6小时；运营收入4.14亿元；用户满意率100%。

2015年，鞍钢铁路运输资源管理系统GPS项目通过验收，铁路运输信息化水平进一步提高。积极调整、优化运输组织方案，确保接收铁石桥作业区、保证炼钢总厂三工区改造、五炼焦改造、关宝山精矿输出及灵山物流园等新增、改造区域运输保产顺行。修订运输岗位作业标准16项。“一种解冻库大门固定装置”获国家知识产权局实用新型专利。

2015年，运输总站围绕鞍钢生产大局，各项工作均取得良好成绩，荣获鞍山钢铁计划生育红旗单位、档案管理先进单位、无偿献血先进单位、信访工作先进单位；孙晓三、王辉等六名同志被评为鞍钢集团先进生产（工作）者。运输总站西部站丙班、丁班等10个班组被授予鞍钢集团“五好班组”荣誉称号。

（徐秀华）

**【机车厂概况】** 2015年末，机车厂在岗职工1202人，其中在岗干部86人（具有高级职称8人，中级职称48人，初级职称23人），在岗工人1116人，下设四部一会，6个作业区。拥有内燃机车47台、电力机车35台，普通车辆2236辆。该厂为鞍山钢铁铁路运输公司提供运输保产动力和负责机车、车辆的检修任务。

抓降本增效。克服设备老化、检修费用不足等困难，强化机车维护保养、提高乘务员自检自修和处理故障能力，全年整修内燃机车311台次、电力机车223台次、车辆5755辆次。全年点检机动设备251台次、整改故障隐患144项，设备点检工作实现了执行、监督、反馈、改进的“闭环”管理，既保证了设备运用状态，又降低了成本消耗。

在李国刚创新工作室的基础上，成立了王恩刚、王海创效攻关团队，三个团队全年共创效232万元。

管理上台阶。建立机车厂有效制度清单，编制管理岗位说明书，完善规章制度和业务流程体系，开展规章制度梳理整合，实现了动态管理，达到了横向覆盖全部管理要素，纵向承接有序。建立了管理人员节假日检查机制，促进了规章制度贯彻落实。继续推进“六位一体”管理工作的延伸，持续开展厂容卫生、现场管理跟踪督查制度，现场治理整顿、厂容、厂貌都发生了较大变化。全年完成国家专利1项、专有技术2项、厂内双革技术57项、自主管理成果23项。其中“9005~9008电力传动内燃机车电气配线图的测绘”成果被鞍钢公司评为“双革”一等奖，“关于改进内燃机车柴油消耗计量与统计系统的建议”“精矿车组钩缓装置防脱改进”“车辆车轴探伤标准化、规范化研究推广使用”等三项成果被鞍钢公司评为“双革”二等奖，“电力传动内燃机车启动变速箱试验台”被评为辽宁省优秀QC成果奖。

安全促生产。深入推进安全生产标准化评价工作，完善、整改管理问题60余项，建立完善厂、作业区二级消防安全管理平台，安全、防火管理水平不断提升。连续31年实现无企业工亡事故，被评为鞍山钢铁集团公司安全生产先进单位。

强化生产协调、统一指挥和保产预案的落实，及时反馈和解决制约运输生产的各类问题，全年完成机车运用37.32万台时，受到铁运公司保产命令表扬62个，用户满意率100%。

2015年是鞍钢全面打胜扭亏增效攻坚战的决战之年。机车厂生产经营任务十分艰巨，广大干部职工统一思想，明确目标，坚定信心，迎难而上，全面完成生产经营任务，为鞍钢打胜“两大战役”作出新贡献。

（徐立言）

**【电务修建厂概况】** 2015年末，电务修建厂共有在岗职工481人，其中在岗干部45人（高级职称9人，中级职称26人，初级职称8人），生产服务岗位436人。厂机关设四部一会，4个作业区。该厂是铁路运输电力、接触网、信号、通信设备维护、检修单位。

安全管理水平上台阶。健全各项安全管理制度体系，落实安全生产“一岗双责”责任制，建立完善了具有自身特色的“321安全管理模式”，安全自主管理能力明显提升。全面推进基层班组安全标准化管理升级达标工作，顺利通过了安全标准化二级企业资质的评审验收。

保产工作积极主动。全面践行“先处理、后论理”的保运保产理念，建立健全生产信息采集传递反馈流程，增强生产指挥的时效性，适应快节奏运输生产需要；健全完善各类保产应急预案，切实加强培训和实战演练，实战演练面达到了100%，提高了全员处理各类突发事件的应急能力。

设备运行质量显著提升。以提高设备点检定修质量为目标，改进“三级点检”维修方式，逐步构建了点检、巡检、维修“三位一体”的区域化、精细化管理模式，实现了“预防式维修”与“状态性维检修”紧密结合。加大设备技改力度，整改驼峰、耐火、八家子等重点地区的信号设备隐患，提升了信号微机连锁设备的运行稳定性。2015年全厂设备故障同比下降16.14%，故障时间同比下降33.71%。

科技促生产。自主创新步伐扎实稳健，全年制定并实施技术攻关课题21项、“员工创新支持计划”创新项目7项。素质工程建设持续推进，2015年有17人通过了信号工晋级技师考评，技师和高级技师人员比例达17.7%，高技能人才队伍的引领、带动作用日渐突出。

全年实现人身伤害、重大行车、环境污染、火灾、交通事故及相关方各类安全事故为零的目标，荣获鞍山钢铁集团公司先进党委、先进单位称号。

（关　宁）

**【铁路修建厂概况】** 2015年末，铁路修建厂共有在岗职工282人，其中在岗干部45人，（高级职称6人，中级职称21人，初级职称17人），生产服务岗位237人。下设四部一会，4个维修作业区，1个储运作业区。主要负责鞍山钢铁铁路设备的日常点检维护和事故、故障的抢修任务。2015年，紧密围绕“安全畅通、降本增效”的工作主线，深入践行“六种发展理念”，强化管理、增收节支、攻坚克难，全面完成了保运保产各项工作任务，为鞍钢铁路运输提供了优质服务和坚实保障。

安全标准化管理进一步深化。建立健全安全生产标准化责任体系、制度体系，实行全员安全风险目标责任承包，完善、修订安全标准化管理文件33个。细化岗位和班组的安全评价要素和办法，推进了作业区、班组、岗位安全管理达标晋级。重新确定了危险源（点）、危险作业区域及A、B类安全管理的作业项目，制定落实相应的管控措施和作业方案，查改安全隐患970项。

设备质量状态达到新水平。坚持“抓小防大、精检细修”原则，加大线路点检维修、质量状态评定的检查和考核力度。全年完成点检工时1.01万个，共处理非责任事故30起、非责任故障32起；责任故障6起，比上年减少了25%。围绕提质降耗，全力组织各项大修、维修、抢修工程，投入线桥大修费用103.3万元，完成大修线路1.12千米；投入全面修及抢修费用140.47万元，维修木枕线路16.6千米、混凝土枕线路41.9千米、道岔297组；大力开展自修工程，依靠自己力量独立承担自修工程42项，节省工程费用102万元。

科技创新取得新进展。完成专利“改进型公铁两用钢筋混凝土整体道口板”1项，完成专有技术2项，上报QC成果4项，其中“提高道岔尖轨防磨可调护轨安装合格率”获鞍钢优秀质量管理成果二等奖。针对耐火下线铁路曲线木枕线路水平高低不良，铁水罐、渣罐运输存在安全隐患等现场难题，通过轨型升级并自行设计混凝土枕曲线加强轨撑及矩形排水槽等措施，消除了行车安全隐患。

降本增效获得新成果。深化全员目标值管理和班组模拟市场核算工作，抓好“厂—部门—作业区—班组”四级成本指标分解和考核工作，坚持“月控制、季评价、半年阶段性总结、年终核算”管理模式，实现了对成本目标项目实时监控和常态化管理。加强全面预算管理，全年盘活生产周转物资207.33万元。严格控制可控费用支出，累计节约182万元。实施效能监察创效108万元。组织开展“保、创、降”竞赛，挖掘内部潜力，节省材料费用71.55万元。

（毕立刚）

**【机械化装卸厂概况】** 2015年末，机械化装卸厂在岗职工506人，其中干部46人（高级职称6人，中级职称25人，初级职称15人），工人460人。该厂机关设综合管理部、生产经营部、设备技术部、工会四个职能部门，下设4个作业区。固定资产原值1.05亿元，净值1993万元。主要装卸设备有液压挖掘机14台、电动抓料机2台、装载机19台、推土机27台、松动机2台、桥式起重机2台。

生产管控能力得到新提升。通过运行和不断完善“经济化装卸生产”模式，加强过程管控，保产效率得到进一步提高。推进“一站式”装卸作业，实施“全程作业标准化、装卸作业完美化”，特别是在突击性保产增多的新常态下，实施跨区域无界面作业。全年启动保产预案3次，突击保产82次，设备抢修6次，确保了炼铁高炉用料和大型厂重轨生产顺行，受到物流中心、铁运公司命令号表扬325班次。保产及时率和服务满意率100%，车辆破损率低于1‰，实现了安全、快速、高效保产任务目标。

企业转型升级取得新突破。坚持转型升级战略，在做好装卸主业的基础上，该厂不断提高钢材仓储配送的能力，在资金极度困难的形势下，灵山物流园一期顺利投产，实现装卸仓储配送能力高于原设计标准。一是各部门全力协调、支持和配合物流园一期工程施工，确保了2015年3月27日投入试生产。二是依靠自主能力对吊车吊具进行技术改造，实现由单一装卸仓储配送重轨到多种型号重轨和型材的保产能力。初步建成了重轨固定转向架自主安装能力，为不断完善灵山物流园功能探索出了一条新路。

开展科技攻关和技术创新。2015年科技攻关10项，获得集团公司一等奖一项、二等奖两项。申报专利1项，创效270万元。质量管理获得鞍钢优秀质量管理小组二等奖。沃尔沃维修班获得辽宁省质量信得过班组称号，填补了该厂此项工作的空白。同时依靠自主力量，充分发挥和挖掘自身技术潜能，实行自主维修，减少维修费用支出。

（孙胜波）

## 汽车运输有限责任公司

**【概况】** 截至2015年末，该公司在岗职工4014人（含矿汽等分公司人员），其中技术管理人员321

人（高级职称14人，中级职称92人，初级职称144人）。有托管人员1744人，其中居家休息职工75人，离退休职工1654人，列编外15人。公司机关设：企业规划部、人力资源部、市场营销部、设备保障部、物资采购部、技术质量部、计划财务部、安全保卫部、企业文化部、办公室、工会和托管中心；基层单位有：鞍钢矿山汽车运输有限公司（独立法人单位）、鞍钢汽车检测有限责任公司（独立法人单位）、中石油鞍钢油气销售有限公司（合资单位）、三个运输分公司（一公司、二公司、三公司）、鲅鱼圈分公司、朝阳分公司、天津分公司、两个汽车修理场（修理一场、修理二场）、供销分公司、仓储配送分公司、综合服务站。总资产6.36亿元，净资产3.87亿元。厂区占地面积共45.2万平方米，房屋建筑面积10.27万平方米。有各种运输设备及工程机械1667台，其中货运车辆1307台，载重吨位2.08万吨。主要经营业务有：综合物流服务、公路运输、汽车性能检测、汽车及工程机械维修、汽车销售、汽车备件及轮胎经销、汽车美容后市场服务、仓储服务、钢材销售、油品经销、货运代理、快递等，业务辐射华北、华东、东北等地区。

**【勇于担当，尽心竭力为钢铁主业降本增效】** 2015年以来，钢铁行业持续低迷，鞍钢面临着严峻的考验，鞍钢汽运公司经营压力也在不断增大。该公司以钢铁主业优化物流为契机，通过发挥自身物流资源优势，积极为钢铁主业降本增效发挥作用。一是参与沿海物流优化项目。鞍钢汽运公司发挥自身和社会运力作用，在参与疏港原料运输的49天里，最高日运量达2.5万吨，为钢铁主业降低物流成本700余万元，提高了鞍山钢铁与铁路局的议价能力，迫使沈阳铁路局以“一口价”方式，同意按汽车运费标准承担鞍山本部的疏港原料运输业务，大幅降低了本部原料铁运成本。二是参与“散改集”销售物流优化项目。该公司物流综合产业园设施启用后，着手与中海集运研究“散改集”方案，采用汽运方式在物流园装箱后集港，直接到港上船方案。2015年7月6日“散改集”项目正式运行以来，截至年末共发运集装箱8669箱，完成运量23.8万吨，为鞍钢股份节约物流成本约395万元。三是参与朝阳钢铁物流优化项目。为降低朝阳钢铁物流成本，通过共享股东中海集运海运资源，发挥自身专业管理优势，主动承担其第三方物流业务，经多方努力，使其港杂费用降低了38%。

**【加快转型，积极探索发展对外多元产业】** 在探索发展多元产业方面取得了突破，为该公司下一步实现多维驱动创效，规避运输主营业务风险，奠定了坚实基础。一是油品经销业务实现良好开端。创新商业运营模式，通过与中石油合资成立了中石油鞍钢油气销售有限公司，实现供应链业务整合，使鞍钢汽运公司物流运营优势与中石油油品营销优势有效融合，在为鞍钢降低油品采购成本同时，不断扩大鞍钢汽运公司多角化经营领域，全年实现营业收入2.24亿元，成为新的效益增长点。二是汽车商贸业务实现锦上添花。通过深化与中国重汽、一汽、山工等汽车及工程机械制造企业间的合作，全年实现销售收入1.12亿元，其中外部收入比例达95%以上，市场影响力仍在不断扩大。2015年11月22日广达汽车服务产业园正式开业，面向社会陆续开展了汽车后市场等服务业务，运行效果良好，影响也在逐渐扩大。三是物流综合产业园业务全面铺开。8月1日，新建的汽运公司物流综合产业园正式运营。至年末，已入驻各类商户14家，出租房屋创效67万元；利用园区资源平台，开发联运客户95家，运行线路69条，还开辟了陆海联运方式，较好地满足了全国各地钢贸客户的物流需求。园区通过开展快递邮政业务，目前已开发同行业合作方11家，合作客户56家。另外，物流园区还以“互为市场”方式，通过在用户中推行“订货代理”协议模式，全年完成钢材销售5399吨，实现营业收入1177万元。

**【内抓管理，不断增强企业内部管控力】** 深化管理提升工作。加强制度体系建设，修订流程文件63个，提出管理建议32项，管理创新成果再获殊荣，“冶金道路运输企业实施国企混合所有制改革的探索与实践”管理成果获得鞍钢集团2015年度管理创新成果二等奖，并被鞍钢推荐到辽宁省和中国钢铁协会参评，分获二等奖。

优化人力资源管理。与矿业技工学校联合办学，选拔48名优秀学员入公司进行岗前培训，全年调整交流中层干部28人次，在全国各类技术竞赛中屡获佳绩。加强内部信息化建设。全年组织更新12吨以上货车和牵引车的行车记录仪763台，完善了MIS物资、生产管理子系统的升级应用等。

深挖降本增效潜力显著。全年轮胎消耗同比下降206万元。深化修旧利废工作，全年实现降本增效约349万元；实行招标和功能性承包方式，全年设备维护、维修成本同比降低200余万元。

**【顺势而为，积极寻求政府优惠政策支持】** 结合物流新业务的开展，将“物流配送体系建设项目”上报省政府，现已通过审核与公示，或将获得物流综合试点扶持资金。抓住国家大力支持发展现代物流业的有利时机，争取到继续享受土地使用税减免政策，2015年减免土地使用税142万元。根据国家对老旧汽车报废更新的补贴政策，经与政府沟通，符合条件的14台报废车获得补贴款共计24.8万元。自2014年10月组建汽运天津分公司以来，通过利用天津武清区给予的优惠财税政策，共享受税收返还和财税补贴合计172万元。公司近年来的经营业绩还获得了行业协会的关注与认可，被中国物流与采购联合会授予“2015年中国物流社会责任贡献奖”。

**【以人为本，努力营造和谐企业氛围】** 以构建“实力汽运、活力汽运、和谐汽运、幸福汽运”为目标，坚持“依靠职工办企业”，用和谐的人文环境，不断汇聚企业发展正能量。在外部环境低迷状况下，全力维持了在岗职工收入的稳定。继续加大对困难职工的救济力度，全年走访慰问困难职工1896人次，发放各类救济金合计61.55万元；对孩子应届考入大学的在岗职工给予了优教奖励，向18名困难职工子女发放“金秋助学金”1.8万元。关心职工身心健康，继续为特殊工种人员进行了职业病健康检查，为全体在岗职工进行了健康体检，为在岗女职工进行了专科体检。为所有在岗职工赠送了生日礼物，向光荣退休的职工发放了“职业生涯鉴定”和退职纪念品。各类兴趣协会全年组织开展了形式多样、健康向上的文体活动，丰富了职工业余文化生活。

**【鞍钢矿山汽车运输有限公司概况】** 2015年末，该公司总资产1.29亿元，净资产1.12亿元。厂区占地总面积5.9万平方米，房屋建筑面积1.52万平方米。有各种运营运输设备526台，其中载重汽车294台，载重吨位3105.5吨。公司在岗员工834人，有干部92人（高级职称2人，中级职称31人，初级职称48人）。机关设7部1会，基层单位有6个运输大队、1个危化运输大队、1个检修中心。公司主要从事汽车运输、汽车修理、土石方工程、吊装工程。

2015年，该公司面对矿山运输市场活源大幅萎缩、运输价格持续下调的不利局面，一是积极保产，体现服务生产主体的大局意识，稳定了矿山运输市场份额。二是积极沟通协调，努力开发鞍钢运输市场。2015年吊板运输实现产值701.84万元，比去年增加266.29万元。危化品运输全年增收568.56万元，在矿业公司大幅压减运费的情况下，该公司全年实现营业收入1.25亿元，利润117.12万元，运量348.78万吨，周转量8896.49万吨·千米。

加强服务质量管理，扎实开展客户走访工作，内外部运输市场进一步巩固。全面实施了预算管理和定限额成本控制措施，四项可控费用比上年同口径降低620.75万元。加大了设备整治力度，全年设备返修率比计划降低了2个百分点，全年设备完好率达到98%以上；大力开展双增双节和修旧利废等活动，年度创效99.22万元；实施轮胎功能性包保，年度节约成本50万元；继续在汽柴油采购价差和储备量上下功夫，年节约12万元。盘活存量资金，年实现收益35.92万元。优化人力资源配置，提升工作效率，推行“一人双机”“一机双线”“多面手”等并岗兼职方式，年度累计优化定员36人。实现人才培养与激励的有效结合。全年共举办各类培训35项次、培训2998人次。

**【鞍钢汽车运输有限责任公司鲅鱼圈分公司概况】** 该公司位于营口市鲅鱼圈区临港工业区平安大街北段，占地面积6万平方米。有各种保产运输设备398台，载重吨位3973吨。公司在岗员工1017人，有中层以上管理干部21人，一般管理及技术人员61人。分公司机关设6室1会，基层单位有6个运输车队，1个修理场（含2个修理段）、1个仓储配送中心和1个综合服务站。

2015年，在面对由于钢厂减产带来的活源减少且活源结构不合理的情况下，通过深挖钢厂原燃料和成品材的运输潜力，并加强调整自身运营管理，全年实现营业收入1.4亿元。

加强实时信息沟通，通过无线电对讲机、微信等方式实现生产信息的及时共享，并逐步推进运输车辆专业化，实现专车专用，提高生产效率。加强设备管理，通过以保代修降低车辆故障率。

全年投入设备整治费用230余万元，整治车辆99台。全年设备完好率达到86%以上。通过合理科学的制定定额，使百公里油耗比去年同期降低了7.7%。通过严格执行备件领用制度和计划管理，备件费用比去年同期降低240余万元。狠抓安全管理工作，全年共举办了4次关于安全技术操作标准、冬季安全行车、视线盲区、内轮差的大型安全培训，培训人数达到2100余人次；并增设专职路检人员每天24小时对违章违纪行为检查纠正。

**【鞍钢汽车运输有限责任公司仓储配送分公司概况】** 2015年末，该公司总资产8320万元，净资产6853万元。厂区占地总面积11.28万平方米，房屋建筑面积2.42万平方米。有各种运营运输设备40台，其中载重汽车36台，载重吨位1224吨。公司在岗员工226人，有干部16人（中级职称4人，初级职称11人）。机关设有市场营销室、综合管理室。基层单位有1个行车队、2个仓储作业区、1个快递项目部。分公司主要从事汽车运输、仓储、货运代理、快递、钢材销售、招商租赁等业务。

2015年该公司克服钢铁行业经济萎靡的不利因素，开展多元化业务，呈现多点创收的良好态势：一是积极推进“散改集”物流优化项目，2015年共发运集装箱8669箱，总重23.8万吨，为鞍钢股份公司节约物流成本约395万元。二是积极开发市场，全面打造第三方物流模式，2015年共计开发客户95个，运行线路69条，实现运量69.66万吨，实现产值6872.73万元，实现利润282万元。三是深挖潜在市场，积极开展钢材销售业务，2015年实现钢材销售5399吨，实现产值收入1177多万元，实现利润31.84万元。四是紧抓市场机遇，开展为鞍钢职工提供方便优质的快递业务。2015年7月，“鞍钢快递”正式挂牌成立运营，半年时间里共开发同行业合作方10家，合作客户56家，收发快件包裹8056件。

重视提高产品质量，加强服务理念，把好产品质量关，认真听取客户建议，及时反馈客户意见，打造企业品牌形象。通过细化设备管理，建立设备维修保养档案，严抓设备保养维护工作，以养代修，全年吨公里油耗和百公里配件消耗分别比上一年度降低了12%和27%；结合自身实际情况，通过制定各岗位操作标准，定期开展职工技能培训，落实岗位职责、问责制度等方式，逐步提高基础管理工作；创建和谐氛围，切实为广大职工谋福利，为树立青年职工良好的人生观、世界观、价值观，定期组织专家对青年员工进行思想及业务培训，时刻做好人才储备和人才输送工作，截至2015年共为公司输送各类人才10人。

**【鞍钢汽车运输有限责任公司供销分公司概况】** 2015年末，该公司总资产2509万元，净资产799万元。在岗员工119人，干部6人。设重汽4S店、综合性能检车线、广达汽车服务等部门。主要从事汽车及工程机械销售、备件、轮胎、润滑油销售、汽车维修保养、车辆保险检验等业务，业务辐射鞍山城区、海城、台安、岫岩等地区。

2015年，在整车市场严重下滑的情况下，以企业用户为主要目标客户群体，并通过发展二级经销网络进行产品推广、市场培育，在有限的资源投入下取得了较好效果，实现整车销售近300台。

结合现有厂房、场地实际情况，于11月22日建立了乘用车后市场综合服务园区，联合中国人保、博士汽修、长春广达等多家合作机构开展快修快保、汽车清洗、美容装饰、精品百货、轮胎养护、机电维修、保险代理、事故理赔等汽车后市场综合性服务业务。

通过政府资产竞拍，已取得两条汽车安检检测线的经营资质，并且正在申请汽车环检资质，力争依托现有资源，在下一年度建成机动车检测基地，进一步提高鞍钢汽车运输有限责任公司多角化经营业务的收入比例。

**【中石油鞍钢油气销售有限公司概况】** 该公司由鞍钢汽车运输有限责任公司与中国石油天然气股份有限公司合资成立，鞍钢汽车运输有限责任公司持有51%股份。公司有危险化学品运输车辆10台。在岗员工61人。机关设运营部、计财部和综合部，基层设2个加油站（铁东区和平路加油站和鞍钢厂区内外运路矿渣加油站）、1个危险化学品运输车队、1个昆仑好客超市。主要从事成品油、润滑油、日用品、烟、酒、轮胎、防冻液、汽车装饰用品的销售及成品油的仓储配送等业务。

2015年5月，该公司正式运营。截至2015年末，实现营业收入2.24亿元。其中为鞍钢供给燃油3.37万吨，累计为鞍钢节省燃油采购成本600万元。

公司强化现场安全管理，建立并执行每日对加油站和危货车队的循环点检制度。组织员工参加鞍山市安监局、鞍山市消防队和股东方组织的各类安全教育培训及消防演习，提高了全员安全意识和遇险应急能力，实现全年零事故目标。

**【鞍钢汽车检测有限责任公司概况】** 该公司是鞍钢汽运公司全资子公司，固定资产总值217万元。2015年在岗员工21人，有主要检测配套设备17台，总占地面积1800余平方米。主要经营项目：承担鞍钢集团公司及中国三冶集团公司所属各交通运输企业营运车辆综合性能的定期检测及维修车辆的竣工质量检测等，检测车型为汽油、柴油货运车辆。

2015年，本着“按规检测，科学公正，实事求是，热情服务”的质量方针，共检测各种汽柴油等货运车辆6060台次，比去年同期增长4.2%。适时修订了《检测站设备维修保养计划》，落实了设备责任制，对不同的设备按不同的周期由专人进行保养维护，做到了日记录、周维护、月保养、季检修。通过完善的制度、得力的措施，设备技术状况明显好转，设备突发性故障明显下降，创历史最好水平。加强制度建设，进一步完善了车辆检测的各项规章制度，做到了车辆检测“公开、公平、公正”，使车辆检测工作更加制度化和规范化，受到了广大用户的一致好评。强化检测人员业务素质教育，组织检测人员学习业务并进行技能考试，促进了检测人员学习积极性。目前，检测一线已有17人取得省级机构核发各类检测员证20本，一线检测人员持证率达100%。

（宫志宇）

## 耐火材料公司

**【概况】** 2015年末，耐火材料公司有职工1272人，在岗职工1177人，其中干部163人（高级职称14人，中级职称64人，初级职称61人），工人1014人（高级技师5人，技师35人，高级工209人，中级工271人，初级工356人）。离退休职工2950人。公司下设生产质量部、设备部、财务部、劳动工资部、综合管理部、党委工作部、工会7个部室。石灰一分厂、石灰二分厂、石灰三分厂、设备检修分厂、运输分厂、原材料分厂、后勤服务中心7个基层单位。实业分厂、机电分厂2个实体单位。拥有固定资产原值6.5亿元，净值2.7亿元，厂区占地面积21.83万平方米，建筑面积10.02万平方米。主要设备有4座机械化石灰竖窑、4座气烧活性石灰竖窑、6条活性石灰回转窑，年产一级冶金石灰、三级冶金石灰等熔剂材料196万吨。

2015年，该公司生产冶金石灰150万吨，其中一级冶金石灰62万吨，三级冶金石灰88万吨；实现销售收入6.9亿元，完成利润2348万元，超集团公司计划目标13.5%；降低生产成本1245万元，成本控制率98%；产品能耗指标完成109.6千克标煤/吨；实现污染因子合格率100%。

**【提升技术改造水平】** 2015年是耐火材料公司技术改造史上又一个极其重要的年份。气烧活性石灰竖窑达产达效。全年生产三级冶金石灰44.2万吨，平均日产530吨，达到设计要求日产500吨能力；产品质量完全满足炼铁要求；能源消耗指标达到设计标准要求；粉尘排放通过辽宁省环保部门审核验收。气烧竖窑的生产能力、产品质量和环保排放全部达标，“蓝天工程”取得了预期效果，为耐火材料公司全年利润目标的实现作出了贡献。

继续“蓝天工程”致力于环境保护，活性石灰回转窑电除尘改造取得阶段性成果。该工程于2015年5月17日施工，全年完成1号、2号、4号三座活性石灰回转窑电除尘改造，且全部调试完毕投入使用，粉尘排放达到设计要求。

活性石灰回转窑窑尾烟气除尘普遍采用电除尘器，受电除尘器能力的限制，目前已经不能满足新的国家标准排放要求。耐火材料公司积极响应国家号召，致力于环境保护，把回转窑烟气排放作为发展循环经济、节能减排的突破口，对回转窑烟气电除尘改造，治理污染，使企业的发展建立在节能减排和环境保护的基础上，实现协调和可持续发展。

耐火材料公司石灰二分厂回转窑电除尘改造工程，是鞍钢集团公司继续深化“蓝天工程”，加大环境保护力度，造福子孙后代的民心工程；是鞍山钢铁集团公司2015年的重点环保工程；也是耐火材料公司继21座老竖窑异地改造成功后又一力作。改造项目总投资1700万元。将原有四座活性石灰回转窑电除尘全部改为脉冲式高温布袋除尘。改造后实现粉尘排放指标达到小于或等于每立方米30毫克的环保要求，实现在线检修和离线清灰，具有大幅度提高活性石灰回转窑生产效率，改善劳动条件，提高劳动生产率等优势和特点。是“蓝天工程”的又一有效尝试。

**【提升生产管理水平】** 科学、合理安排生产，努力寻求产量、效益、能耗的最大收益点。实行生产计划动态管理，进一步加强与股份公司的生产联动，钢铁产量波动时，及时调整石灰生产节奏，逐渐摸索出低位生产时的炉窑间歇运行规律。加强售后服务，做好石灰生产组织。以鞍山钢铁需求为中心组织生产，优化产品结构，石灰保产保供能力进一步增强。加强工艺控制，严把原燃料质量关，加大成品抽检力度，加强燃料使用测算，不断规范窑炉设备的科学管理，实现了一级冶金石灰硫含量小于或等于0.022%达标率86.15%，超计划1.15%，三级冶金石灰一级品率70.6%，超计划5.6%。另外，开发朝阳钢铁石灰市场，全年销售一级冶金石灰1.6万吨，增加销售收入880万元。

**【提升资金管理水平】** 加强资金管控，实施全面预算管理，制定全面预算管理方案，公司将各项预算指标层层分解，实行月中预测，做到各项预算指标有计划、有落实、有监督、有考核。将费用完成情况纳入绩效考评，按比例增提工资总额。全年增加经营性货币资金流1696万元，压缩两金占用10%，处理不良资产283万元。争取国家有关政策支持，退税68万元。开展非常规降本增效活动，压缩办公费用和管理费用，减少非生产性支出。全年降低办公费用和管理费用993万元。

**【提升安全管理水平】** 完善安全生产责任体系。层层签订安全生产责任状和安全生产承诺书，落实“一岗双责”和“党政同责”；完善制度体系，实现制度到岗三个100%；强化安全风险防控和隐患排查。全年共排查隐患279项，实施公司、分厂、班组三级管理，形成月、周、日评价制度；抓各层级应急管理，提升处置能力。全年开展各种形式应急演练5次；开展全员安全教育培训，实现100%持证上岗；强化相关方安全管理，提高相关方作业准入条件，严格执行安全作业协议；加强消防工作管理，提高消防安全“四个能力”建设水平。更换、配备消防器材882套，排查隐患79处，整改65处。连续473天实现轻伤以上事故为零。

**【提升设备管理水平】** 全年共完成石灰二分厂1号活性石灰回转窑大修、2号、4号活性石灰回转窑年修及石灰三分厂1号活性石灰回转窑中修等大中修工程7项。完成设备日常维检修48项，保证了设备安全稳定运行；加强备品备件管理，有效利用库存资金，做好重要备件的计划管理。加大备件修复利用率，全年备件修复再制造达78万元；加强除尘设备管理，将除尘设备等同于生产设备管理，实现开动率98%。开展耐火公司春季、秋季设备专项检查2次，评比优胜单位2家。

**【提升技术创新水平】** 根据新建气烧竖窑自动化程度高、生产工艺复杂等特点开展技术攻关，总结归纳气烧竖窑“525”操作法。编制完成《TGS480气烧活性石灰竖窑生产操作手册》；在鞍钢集团公司（鞍山赛区）竖窑工种职工技术竞赛活动中，1名职工获得技术状元、5名职工获得优秀操作能手荣誉称号。石灰一分厂气烧活性石灰竖窑烧成丙班，因在“稳定三级冶金石灰氧化钙波动范围”课题研究成就突出，被评为辽宁省质量信得过班组。石灰二分厂QC小组完成5项技术改进，其中“减少预热器挂料处理次数”课题成果，获得“辽宁省优秀质量管理小组”称号；投资27万元，新建化验室投入使用，购进先进检验设备，提高了耐火材料公司化检验硬件设施。全年提出合理化建议50项，推广应用先进操作法1项，建立创新工作室3个，获得国家授权专利2项。修订完善活性石灰回转窑工艺技术规程，并通过鞍山钢铁集团公司组织的专家评审。

**【提升职工队伍素质】** 按照鞍山钢铁统一要求，完成耐火材料公司岗位定员编制。制定岗位分类和岗位归集计划，优化组合行政班组3个，合并岗位5个，兼工作业45人。全年选派216人参加鞍钢集团公司组织的各类培训，118人参加专业技术培训，6个班组共480人参加鞍山钢铁集团公司委托实施的一级培训。按季度组织主、副烧工种进行理论和实际考试。开展五好班组创建活动，全年创建五好班组16个，25名班长接受培训，班组管理水平得到进一步提高。

**【提升为职工办实事能力】** 坚持把职工利益放在第一位，维护职工切身利益。健全完善特困职工档案，确定帮扶对子16个。深入开展“温暖工程”“金秋助学”活动，加大困难职工帮扶力度，全年发放慰问金、救济金等31万元；走访慰问困难住院职工和离退休人员946人次。全年支出职工就餐补助192万元。组织全体员工到鞍钢总医院和天座宾馆进行健康体检和度假。为全公司接触粉尘岗位的637名职工进行健康体检。

（李绍银）

## 维苏威耐火材料有限公司

**【概况】** 截至2015年末，维苏威耐火材料有限公司有在岗职工782人，其中管理和专业技术岗位人员112人。公司设置生产部、技术质量部、销售部、安全监察部、设备部、采购部、财务部、综合管理部、研发中心、人事党务部、工会。公司有不烧砖、铝硅质不定型、镁质不定型、铝硅质预制件、镁质预制件、透气砖6条生产线。主要生产转炉、钢包、中间包以及炼铁用各种定型及不定型耐火材料，产品主要销往鞍钢股份公司。固定资产原值1.43亿元，净值0.6亿元。主要设备有60米隧道干燥窑、DDWK-1000全自动配料车、HC2100液压压砖机、J67系列摩擦压砖机、R19倾斜式混炼机、RV15倾斜混炼机、干式筒磨机等。

**【生产经营】** 2015年该公司共生产耐火材料11.7万吨，其中机压耐材制品4.3万吨，散料产品6.1万吨，预制产品1.3万吨。实现销售收入4.33亿元，完成了安全生产事故、环境污染事故、火灾事故为零的任务目标。

**【安全管理】** 2015年该公司签订《实现安全目标承包书》，进一步明确了奖惩机制，宣传贯彻新《安全生产法》，营造安全生产法律意识，开展安全培训，提升员工安全工作技能，贯彻落实新《安全生产法》要求，建立安全隐患排查治理长效机制及安全风险防控体系，开展职业危害控制工作，创建良好工作环境，推进安全生产标准化企业达标晋级工作，提升公司安全工作管理水平，实现进入二级安全生产标准化企业的目标。

**【制度建设】** 积极推进贯制升级工作，针对公司的实际问题，进一步理顺了各项管理流程，制定、修订管理制度80项。

**【招标采购】** 通过扎实推进招标采购工作，2015年大宗原材料和外购产成品的平均采购价格低于2014年，采购成本比2014年节约1340万元。

（刘翰林）

## 营口市鞍钢水业有限公司

**【概况】** 2015年，营口市鞍钢水业有限公司在岗职工92人。公司设有综合管理部、生产运行部、技术设备部和财务部四个部门及玉石水库、杨家店净水厂两个基层单位。玉石水库位于盖州市矿洞沟镇，汛限水位201.7米，最大库容8852万立方米；杨家店净水厂位于盖州市徐屯镇，设计日净化水能力为12.6万吨。水库水厂自2003年6月开始向营口市及鲅鱼圈区供水，2015年平均日供水8.26万吨，满足了营口市及鲅鱼圈区钢铁分公司的供水需求。2015年实现销售收入5860万元，至年末水库蓄水达到4583万立方米。

**【保产保供工作】** 保产保供一直是水业公司各项工作中的重点，而重大节日期间的供水更是重中之重。2015年春节期间，确保了城市居民日均供水量不低于2万立方米/天，增量期间水厂的最大日处理量达到7.8万吨/天，因调度合理、调配得当，在超负荷供水期间即保证了水质的各项指标也最大限度地满足了用户的用水需求，保证了市区居民过上了安定祥和的春节。

**【度汛防洪工作】** 根据水库现阶段的运行情况及对2015年以来水量及雨情的分析，组织编写了2015年《玉石水库防洪抢险应急预案》，指导全年的防汛工作。强化设备的点检、维护与检修，保证全部设备完好率100%。对防汛所需的物资进行了提早储备，提高对突发事件的应对能力。最大的连续降雨出现在8月3日期间，各个观测站累计平均降雨为80.4毫米，最大入库洪峰为146.8立方米/秒，由于组织得当，措施得力，方法科学，水库水位控制在汛限水位以下，满足了市防汛指挥部的要求，安全度过了汛期。

**【设备日常管理】** 理顺、健全设备的基础管理工作，强化设备管理秩序，做好设备的日常检查维护，做到及时发现问题、及时解决问题，预防设备突发故障，并在日常工作中注重总结设备管理经验、探索设备管理方法、提高设备管理能力，保证设备的安全运行。

**【加强管理体系建设工作】** 2015年修订规章制度19个，新增规章制度28个，其中管理方面制度10个，生产方面制度12个，纪检监察方面3个，党群方面3个。制度进行上墙明示，制作20块新修订的《安全生产禁令》标牌，另外，对涉及15个相关制度和操作规程内容的老旧、褪色的标牌又重新制作了49块，全部及时安装上墙。

（张媛媛）

# 钢铁相关产业板块

## 钢绳有限责任公司

**【概况】** 2015年末，钢绳有限责任公司有在职职工844人，其中管理人员138人，生产服务706人。公司占地12.98万平方米，建筑面积6.15万平方米。总资产3.54亿元，所有者权益为1.4亿元。公司设综合管理部（党委工作部）、供销管理部、安全生产运行部、产品发展部、钢绳研究所、计划财务部6个部室，拉丝、制绳、生产服务3个作业区及工会、质检中心。可批量生产的产品有三角股钢绳、电铲用钢绳、面接触钢绳、扁钢绳、不旋转钢绳（包括多层股、椭圆股、三股、四股钢绳）、索道用钢绳、胶带运输机牵引用钢绳、特殊用途高强度镀锌钢绳、电梯用钢绳、钢芯铝绞线用镀锌钢丝和镀锌钢绞线等14大类、60余个品种、1000余种规格的产品，广泛用于矿山、石油、冶金、化工、船舶、桥梁、电力、橡胶、旅游、军工、国防、水利等行业。主要设备有拉丝机65台、股绳机53台、卷线机36台，串联机组12组、成品机12台、热处理炉7座、镀锌机组3组。另外，还有200吨钢绳预张拉力机、300吨整绳拉力试验机、X70锻打机等设备。

**【生产经营】** 2015年完成钢绳生产2.28万吨，全年完成钢绳销售量2.24万吨，销售收入1.65亿元，实现利润25万元。

**【创新销售模式】** 充分利用鞍钢大平台，积极开展互为市场工作，取得理想效果。在鞍钢股份原燃料采购中心的协助下，公司多次与淮北矿务局沟通，达成了1000万元/年钢绳采购协议，包括大部分国产钢绳及部分替代进口钢绳。全年增加钢绳合同量1298吨，同比增加55%。

与辽源、抚顺、阜新、淮北、铁法、沈阳等矿业集团、山西焦煤集团、阳泉煤业集团等互为市场用户办理了煤款顶账钢绳货款事宜，有效缓解了钢绳公司资金紧张的压力。

在高产量、低价格、低利润成为钢铁行业新常态的形势下，实施产品差异销售策略，不同产品实行不同的价格策略。在产品销售价格上，对于国内领先地位的品牌产品，实行品牌价格，保持价格上的优势。电子商务工作积极推进。全年注册及维护相关电子商务网站45个，其中注册B2B类网站平台共计11个，包括阿里巴巴国际网站、商务路路通网站、慧聪网、中国金属商贸网等外贸平台。注册及维护相关招投标网站34个，包括中国招投标及拟在建项目网、中国国际招标网、神华集团询价系统、华能招标网等招投标导航网。

**【高附加值产品开发】** 索道钢绳将亮相2022年北京冬奥会。“鞍钢牌”钢绳凭借良好的品牌信誉、丰富的索道钢绳生产经验和过硬的产品质量从国内外众多钢绳企业中脱颖而出，一举中标万隆滑雪场索道钢丝绳订单。这是鞍钢钢绳继2008年北京奥运会后再次助力国际重要体育赛事，体现了企业核心竞争力的不断增强。

成立对外贸易出口工作推进组，积极推进钢丝绳出口，增加企业产品销售渠道、提升产品盈利水平。成立了煤炭行业替代进口绳攻关组，为北京昊华能源股份有限公司大安山矿生产6V×37S-37毫米钢绳替代了英国布顿钢绳。为中冶华冶北京贸易有限公司生产6V×37S-40毫米-1100米×4替代英国布顿公司产品。为山西潞安屯留煤业生产镀锌线接触替代进口钢绳。与华亭矿务局新庄矿达成6×K41WS-68-1250米替代进口钢绳试制协议。为淮北矿务局芦岭矿和邹庄矿生产了替代进口三角股钢丝绳。2015年共为煤炭、冶金行业用户生产替代进口钢绳225吨。

**【降本增效工作】** 2015年订购线材原料2.48万吨，通过采购性价比高的线材品种降低采购成本600万元。与鞍钢股份公司置换废钢材用于铁轮制作，置换冷轧板48吨，节约采购成本10万余元。

在拉丝工序对部分半成品实现一次性拉拔，

从6.5毫米直接拉拔到1.6毫米，这是对过去传统做法大胆尝试，减少了中间道次和热处理的次数，在保证质量的前提下，大幅降低了产品成本，同时提高了生产效率，缩短了交货周期并实现了人力的节省。

在拉丝作业区投入45万元改造部分拉丝机工字轮收线，使其变成工字轮直接下线。将制绳作业区卷线人员由36人减到26人，最终仅留12人。全年人工成本较2013年节省1500万元，在2014年“三项制度”改革取得成效的基础上，保证在岗职工工资没有降低，还有3.04%的增长。拉丝工序率先利用峰、谷、平用电制度，在保障劳动者权益的同时，调整班次，改四班三运转为三班二运转工作制，生产时间由24小时减少到18小时，由于峰时电费为谷时电费的三倍，这样可大量节省电费，也为人员优化创造了基础。

**【企业管理上台阶】** 积极推进机构体制改革，深挖人力资源潜力。合并安全生产部和设备部为安全生产运行部，优化了生产组织模式，提高劳动生产率。成立了钢绳研究所，加强企业研发力量。科学制定《计件工资制度》《钢绳公司绩效评价考核办法》，为战略绩效考核的全面实施奠定了基础。加强规章制度体系建设，全年审核修订管理制度共计140项，夯实了管理基础。起草的《矿井提升用钢丝绳》国家标准通过审定，通过了“高新技术企业”重新评定和所得税加计扣除评审。全年申报专有技术6项，专利10项，其中发明专利4项。全年共进行了6次船用产品检验申请工作；87条船用钢绳通过中国船级社产品检验；进行了8次安标检验申请，获得121个安标证书和矿标证书。

（李　涛）

## 钢铁服务板块

### 工程质量生产监测管理中心

**【概况】** 2015年在鞍山钢铁集团公司和机关党委的正确领导下，鞍山钢铁集团公司工程质量生产监测管理中心（以下简称管理中心）广大干部职工紧紧围绕鞍钢集团公司开展的“一个重点、两个转移、三个转变”和降本增效总体目标要求，引领广大职工爱岗敬业、诚实做人，圆满完成了管理中心的各项工作，为鞍钢公司扭亏增效、转型升级作出了贡献。

**【生产经营】** 1. 全年承担在建和建成的重点工程项目有：外埠工程：鞍凌公司265平方米烧结机烟气脱硫工程，鞍钢广州高强钢热镀锌线工程。鞍山本部工程：股份公司化工总厂五炼焦大修工程化产回收系统和备煤筛焦、炼焦、干熄焦系统项目，股份炼铁总厂2号、3号、4号、5号高炉炉缸水冷工程，炼钢总厂二工区1号、3号铸造机改造、三工区改造工程、四工区新建表面修改磨工程，矿渣公司70万吨矿渣粉生产线工程，冷轧硅钢厂激光刻痕机组新增AA3渗氮工程、硅钢厂试验室工程，大型厂型钢580、800生产线搬迁改造工程、BD2轧机改造、100米钢轨在线热处理项目，无缝厂$\phi$177机组挖潜增效改造工程，厚板厂4300新增预矫直和冷矫直工程，冷轧厂高强连退线改造和公辅工程，鞍钢股份增建40吨板坯点渣炉改造工程，耐火桥洞改造、老竖窑改造及老竖窑配套风机和输气管线工程，能源管控中心6万立方米制氧机组工程，鞍钢展览馆工程，生活后勤协力中心服务设施升级改造工程，铁东医院新建医疗大楼工程，灵山物流园工程，鞍钢矿山精矿管道输送（厂内部分）工程。

全年共组织在建工程施工质量大检查两次，供鞍钢商品混凝土搅拌站专项检查一次，共发出质量通报9份，质量情况汇总12次，编写监理月报12期，检查出各类质量隐患186项（均已在指定时间内整改完毕），发出整改通知27份，涉及施工单位9家，工程17项。重大质量事故为零，2015年签订监理合同额134.4万元，收取监理费用189.7万元（含前期）。

2. 空气子站自动监测。鞍钢冶金厂区，目前安装2个空气子站，1号和2号子站，主要监测的项目有$SO_2$、$NO_2$、CO、PM10等，全年约获得有效监测数据629.13万个。

1号子站共获得有效监测数据338.31万个，其中：$SO_2$有效监测数据41.65万个数据、NO有效监测数据41.65万个数据、$NO_2$有效监测数据41.65万个数据、$NO_x$有效监测数据41.65万个数据、CO有效监测数据42.96万个数据、PM10有效监测数据42.85万个数据、$O_3$有效监测数据

42.89 万个数据、PM2.5 有效监测数据 42.96 万个数据。

2 号子站共获得有效监测数据 290.82 万个，其中：$SO_2$ 有效监测数据 41.63 万个数据、NO 有效监测数据 49.96 万个数据、$NO_2$ 有效监测数据 49.33 万个数据、$NO_x$ 有效监测数据 49.96 万个数据、CO 有效监测数据 49.96 万个数据、PM10 有效监测数据 49.96 万个数据。

3. 废气在线自动监测。废气在线自动监测今年对管控的炼铁总厂二烧机尾、球团机尾、西区烧结 1 号和 2 号机尾，一炼钢厂 5 号转炉二次，耐火公司活性 2 号回转窑共 6 套子站进行了整体更新；对新三烧 1 号、2 号机尾、三烧机尾测尘仪进行了更新。主要监测项目有烟尘、流量、温度、$SO_2$、$NO_x$ 等，全年共约获得有效监测数据 4217.13 万个，其中：烟尘有效监测数据 1076.85 万个数据、$SO_2$ 有效监测数据 888.68 万个数据、$NO_x$ 有效监测数据 887.28 万个数据、烟气流量有效监测数据 237.98 万个数据、烟气温度有效监测数据 1097.09 万个数据、含氧量有效监测数据 29.21 万个数据。

4. 外排废水在线自动监测。外排废水在线自动监测子站有省控西大沟监测子站，主要监测项目有 COD、氨氮和废水流量。因其系统变化，经与其沟通几次均没有将数据上传到中心服务器，目前都是利用省环境平台；公司管控子站有北大沟给水监测子站，主要监测项目有 COD 和废水流量。全年共约获得有效监测数据 98.84 万个数据，其中：COD 有效监测数据 47.75 万个数据、废水流量有效监测数据 51.08 万个数据。

5. 污染源烟尘、烟气、噪声监测。污染源烟尘、烟气监测主要对鞍钢公司 21 个生产单位 215 个（含 2 个无组织原料开放尘）污染点位按月、季、半年、年进行监测和无组织原料开放尘测试。2015 年烟尘（含盐酸雾和铬酸雾）监测 4012 个数据（其中：烟温 1003 个数据、静压 1003 个数据、烟气流量 1003 个数据、烟尘浓度 1003 个数据），$SO_2$ 监测 242 个数据、$NO_x$ 监测 242 个数据；无组织原料开放尘监测了 2 个生产厂的开放料场，每个料场监测了 3 种原料，共 30 个数据。

厂界噪声主要对鞍钢冶金厂区和股份公司中厚板厂厚板线、线材公司的厂界昼夜噪声进行监测，全年测定 308 个点位，报出监测数据 3080 个。

6. 废水监测。2015 年鞍山钢铁集团公司面临两项环保部挂牌督办的摘牌工作，因此对外总排水口西大沟的监控成为今年的重点监测工作。所有废水采样人员和实验室检测人员克服人员少、任务重的困难，按照鞍山钢铁集团公司安全环保部的工作要求和管理中心的工作部署，全年 365 天对西大沟废水中悬浮物、化学需氧量、总氰化物、氨氮及石油类等项目进行采样监测，在日常工作中同时监测西大沟来水、西区大沟、耐火大沟、化工二期、三期、四期外排等排水点位。每月进行一次夜间废水抽检，全年抽检 12 次。全年废水监测取样 1379 组，取得监测数据 5580 个。

根据安环部安排，与省环保部门、市环境监测站对西大沟外排水进行同步监测比对 6 次。为了完成安环部的临时水质监测任务，采样人员和实验室检测人员全年共有 67 人次在节假日及晚上加班，及时准确出具相关监测数据，保证了安环部对环保监测管理需求。

7. 能源测试。2015 年度共测试加热炉热平衡及热效率 36 台次，共获得有效测试数据 1296 个，其中：环境数据 144 个、炉体表面温度数据 720 个、钢坯数据 144 个、烟气数据 144 个、冷却水数据 144 个；发出加热炉热平衡及热效率测试报告 108 份。

2015 年度共测试高炉炉体散热损失 24 台次，共获得有效测试数据 144 个，发出高炉炉体散热损失测试报告 72 份。

2015 年度共测试热风炉炉体散热损失 24 台次，共获得有效测试数据 144 个，发出热风炉炉体散热损失测试报告 72 份。

8. 环保监察工作。环保监察通过调查、抽检、夜检、拍照、取样等方式对环保设备、脱硫设施、水处理设施运行情况进行重点监察。具体监察情况如下：

（1）监察污染物排放情况 192 次（包括节假日、夜间检查）。

（2）针对除尘器及脱硫设施（二发电 1 号、2 号、3 号锅炉，炼铁总厂二烧、三烧、新三烧、西区烧结，能动中央电站、北区电站）运行情况检查 316 次。

（3）针对净环、污环水处理设施运行情况检查 205 次。

（4）检查 17 家单位废气、废水排放口台账建立及污染源排放口标志牌设立。

（5）完成大型厂、热轧厂、厚板厂等12家单位检修时排水情况调查，炼铁总厂单体除尘设备改造情况及实际运行情况调查，鞍山钢铁各单位铵盐使用情况，及一发电、二发电厂脱硝过程中使用尿素及排水情况调查。

（6）协助安环部调查鞍山钢铁各单位废水排放口氨氮、总氮等指标排放情况。

（7）完成鞍钢房产物业公司供暖锅炉房锅炉除尘脱硫设备运行情况调查。

（8）完成炼铁总厂皮带通廊无除尘点位调查统计工作。

（9）完成各单位环保设备台账专项检查，环保三级管理落实情况专项检查，监察西大沟水系、北大沟水系排水情况。

9. 完成安环部下达的各项环境监测临时工作。在完成日常监测工作同时，本着为基层服务、为主管部门服务的精神，环境监测人员多次占用休息时间及时完成集团公司安环部下达的各项监测任务，共上报监测数据679个。

（1）计划外受鞍山钢铁集团公司安环部委托对炼铁西区烧结1号、2号机尾、1号、2号整粒，二烧机尾、二烧整粒，球团机尾，三烧机尾、新三烧1号机尾、新三烧1号、2号、3号整粒，共12个点位进行了监测，取得监测数据42个。

（2）炼铁总厂烧结机尾和整粒除尘排放的烟（粉）尘12个点位42个数据。

（3）炼焦总厂装煤、炉顶、厂界苯并芘80个数据。

（4）炼焦总厂焦炉炉顶、装煤、推焦、干熄焦除尘排放的颗粒物、二氧化硫、氮氧化物、苯并芘及煤化工事业部颗粒物、氨气、硫化氢245个数据。

（5）对炼铁11号高炉出铁场、主矿槽2套除尘系统进行了性能验收监测，包括工作场所粉尘18个点位，报出监测数据40个；炼铁新三烧烧结机尾1号、2号、11号主矿槽3套除尘系统进行了性能验收监测，包括工作场所粉尘15个点位，报出30个数据。

（6）对炼钢四分厂火清机1套除尘系统进行了性能验收监测，包括工作场所粉尘2个点位，报出监测数据20个数据；炼钢三分厂5号线整体7套除尘系统，8个点位工作场所粉尘的验收测试。

（7）炼铁总厂三烧脱硫系统测试温度、压力、流量二次10个点位180个数据。

10. 环境监测资质认证工作。为了保证监测数据结果的准确性、可靠性，2015年加大力量采用各种质量控制方式对环境监测人员的业务培训和考核：

（1）为更好地了解大型仪器使用原理和提高实际操作能力，2015年6月安排仪器分析工程师2人次去北京参加美国赛默飞世尔的ICS900离子色谱集中培训；10~11月安排仪器分析工程师4人次去上海参加德国斯派克公司的Spectro Blue EOP等离子发射光谱的集中培训；通过培训极大提高了仪器分析人员的理论知识和实际操作能力，6人次均取得了培训合格证。

（2）为整体提高检测人员承担多种检测项目的能力，从5月开始共组织6次实验室检测人员实际操作的集中培训，共学习了总磷、硫化物、铬酸雾、汞系物等项目的检测方法，全体检测人员共24人次参与了药品配置、仪器调试，最终完成曲线监测及密码样考核。通过学习，检测人员拓展了检验能力，丰富了检验知识。

（3）为提高实验室人员的检测能力，全年共组织进行了9个项目、25人次的国家标准样品考核，25人次的监测结果均合格。

（4）2015年7月实验室共有6人次参加了辽宁省质量技术监督局组织的水中硫酸盐、氯化物能力验证，所报出的检测结果一次性合格，通过了考核，实践证明了环保监测实验室的检测人员的理论和实际操作水平是过硬的。

（5）对岗位人员现场质量监督检查9次。

（6）为保证频繁使用仪器设备的稳定性，进行期间核查12台次。

（7）全体人员进行集中反商业贿赂、诚实敬业等教育培训2次。

所有以上措施保证了监测数据的科学性、准确性。

11. 环保收费情况。全年环保计划监测收费328万元，能源监测收费20.88万元。

12. 特种设备检验工作。2015年定期检验起重机械1360台，其中：合格1340台，不合格20台。对于未安装起重量限制器的20台起重机出具了检验结论为不合格的检验报告。全年锅炉内检

126台，允许运行125台，因水冷壁管有裂纹停止运行1台。锅炉外检94台，全部允许运行。锅炉水压试验16台。压力容器定期检验344台，对于安全阀、压力表超期未校验等一般性问题在出具报告过程中提出了处理意见。对于安全附件超期未校验、安全阀整定压力大于设计压力等问题的207台压力容器出具了特种设备检验意见书。压力容器年度检验473台，压力管道检验8条，共2100米。通过对特种设备定期检验计划的落实和实施，使特种设备存在的缺陷得以及时发现和整改，全年无一例特种设备安全事故发生，保证了集团公司特种设备的安全运行。

13. 安全教育培训指标完成情况。2015年安全教育培训101期，共培训1.01万人。其中：桥门式起重机司机1928人、起重机械指挥5200人、电梯操作人员69人、升降机操作人员350人、电工557人、煤气工310人、电焊工458人、气焊工310人、架工96人、危险化学品474人、司炉工87人、管理干部299人。全年事故现场勘查录像20次，安全工作会议录像1次，安全活动录像6次，编辑各类录像片10期。根据政府部门对培训机构理论考试机考化的要求，对机考教室及设施进行了进一步完善，新增设机考教室监控摄像头4个，空调两个，解决了机考教室监控出现死角及夏天闷热的问题。为网上机考创造了一个既严格又舒适的考试环境，保证机考能够顺利进行。

14. 顺利完成检验检测人员的取、换证培训和相应法规学习，提高检验检测人员的业务素质。为适应特种设备检验检测未来发展的需要，特种设备检验培训部新引进一名工作人员，为了使新同事能尽早进入角色，安排专人为该同志进行理论知识和现场检验指导。根据国家特种设备检验人员的取证要求，对其进行了特种设备取证培训前检验技能实习培训并做了记录。为新员工能够顺利取得相应检验资格打下了良好的基础。同时对在职检验人员也进行认真考前准备，起重机械检验师2人，锅炉检验师1人，容器检验师2人，容器检验员2人也顺利通过复试。

15. 逐步开展工业压力管道定期检验。对鞍山钢铁内部工业压力管道进行了初步调研，掌握登记使用注册及检验情况。对各单位报检的压力管道认真审阅相关资料。根据国家特种设备相关管理规定，结合压力管道使用现状积极和市特种设备管理处进行沟通，确认检验条件。组织相关检验人员认真学习工业压力管道检验规程，反复研究讨论检验报告中的各项内容。确定检验报告格式，制定检验方案，为工业压力管道的检验工作打好理论基础。本着逐步开展、由易到难、严格把关的原则，今年共检验工业压力管道8条，共2100米。

**【降本增效】** 2015年，管理中心生产经营指标是：全年费用计划为1710万元，实际完成1585万元，比计划少用费用125万元，少用7.3%；全年计划收费为600万元，实际收费690万元，比计划多收取90万元，多收15%，为管理中心提高职工收入降低企业成本提供了更广阔的空间。

**【新建安全环保监测系统】** 根据鞍山钢铁集团公司规划发展部《关于放行鞍山钢铁集团公司环境综合管理系统投资计划的要求》（鞍山钢规发〔2015〕37号）放行计划要求，并以管理中心为中心成立了工程建设指挥部，管理中心主任、副主任分别担任工程项目的总指挥、副总指挥。按照建设工期和时间的安排指挥部每周召开会议，从基础工作到监测子站的选址、监测平台的设置，到监测设备的选型、技术参数、性能到设备的招、投标的前期准备以及系统中心装修的设计、颜色搭配、配套系统UPS电源、大屏幕的选型等项工作都尽心尽力，并放弃了个人的休息时间，按时、按质地完成了公司交办的前期筹建工作。

**【完善制度文件】** 2015年，管理中心涉及修订的监督、监理8个制度文件及流程图。制度修订后经请示鞍山钢铁集团公司企业管理部，负责制度修订的领导提出了需要调整和完善的部分，经管理中心领导及工程监督、监理和有现场经验的专家进行沟通，并邀请企业管理部负责同志进行现场授课和互动，为下一步制度的修订和完善，接近实际工作需要打下良好的基础。

**【关心培养年轻职工】** 2015年，管理中心为了企业今后长远发展，做了大量的细致工作。在培养和选拔年轻管理人员工作中，中心主任组织多次办公会议部署管理和专业技术岗位人员调整方案、条件、原则，特别是对环保节能部和监督、监理部门人员的调整工作中，使更多的年轻同志走上了领导岗位，为今后管理中心的长远发展和提升企业管理及企业竞争力，打下坚实的基础。

（梁希为）

## 房产物业公司

【概况】 2015年末，房产物业公司共有职工1901人，其中干部337人（高级职称34人，中级职称160人，初级职称124人）。离退休职工3887人。设党委工作部、纪委（监察审计部）、工会、综合管理部、财务部、安全环保部、规划部、物业管理部、供暖管理部、物资保障部、工程管理部、经营管理部、资源治理部13个部室，下设22个基层单位。负责对集团公司1204.2万平方米各类房屋进行冬季供暖服务和采暖费收缴工作，服务用户18.5万户，对1114.39万平方米房屋进行管理、维修和收费，服务用户20.51万户。

【生产经营工作】 2015年，公司生产经营创历史最好水平，实现“两费”收入（不含税）3.44亿元，其中采暖费2.62亿元、房费8227.83万元，减少集团公司补贴3511万元。该公司以市场化为导向，合理推进网点租金提价工作，累计实现租金增收1383万元。全年收入超计划2739.47万元。通过开展对标挖潜活动，细化节水、节电措施，推进余热开发利用，实现东门锅炉房余热置换，生产成本大幅降低。2014～2015年度采暖期主要能耗指标分别是煤单耗23.33千克/平方米、水单耗69.73千克/平方米、电单耗2.82千瓦时/平方米，同比上个采暖期煤、水、电单耗分别降低1.37千克/平方米、8.69千克/平方米、0.17千瓦时/平方米。强化工程管理，精心规划，科学施工，合理组织，严把质量、进度关，圆满完成9000余万元工程任务，实现工程创效708万元。

【企业管理工作】 开展基础数据普查工作，采集了全体用户的房屋、供暖数据和资料，建立了基础信息管理系统，实现业务办理信息化，极大地提高了业务办理的准确性和时效性。加强费用管理，严控各项办公费用支出，使可控成本降至最低。开展效能监察3项，避免和挽回一定经济损失。定期进行能源消耗点评，督促各单位及时解决能耗问题。严格落实安全生产责任，制定了《鞍钢房产物业公司安全生产事故隐患排查奖励办法》，深入开展隐患排查治理工作，排查出各类生产事故隐患195项，已全部整改完毕。组织开展了断点停供专项检查，查出问题17户，已实施了费用清缴和断点处理，切实维护企业权益。

【服务工作】 2015年，公司开展了面向全体用户的“文明服务进万家”大走访活动。全年走访供暖用户13.61万户、房产用户19.12万户，征求用户意见、建议2615条，解决用户问题6044件，收到用户锦旗26面、感谢信185封。通过入户走访，推动了以往“被动”服务向“主动”服务转变，提高了企业核心竞争力和经济效益。改进投诉管理，2015年8月投诉报修系统投入上线运行，统计报修信息，对用户进行电话回访，结果录入系统，实现了报修闭环管理，进一步推动了服务作风的改进。

【和谐企业建设】 针对鞍钢和房产物业公司生产经营实际，认真抓好形势任务教育，下发4期宣传教育提纲和20期《学习广角》，通过干部大会、调度会、理论学习等方式，使广大干部职工充分认识新常态下鞍钢发展面临的前所未有的压力和挑战，引导全体员工解放思想，更新观念，积极面对。加强职业价值观教育，组织100名中层干部和班组长参加集团公司员工职业态度、创新思维专题培训。推进厂务公开，在公司OA办公系统建立厂务公开专栏，将公司人员、资产、设备、设施等信息向职工公开，并统一为基层单位制作了厂务公开板，将职工关心的考核、分配等内容公开，接受职工监督。

【维护职工利益】 在鞍钢生产经营形势非常严峻的情况下，房产物业公司克服各种困难，改善职工工作和生活条件，对班组用房、浴池、食堂等进行了修缮，更换发放了更衣箱500余套，为每名职工发放了就餐盒和水杯；加大对各类困难职工的救助力度，走访困难职工764人次，发放救济金29.8万元；支出2.5万元，发放慰问品130人次；为50名职工子女发放了“金秋助学金”2.75万元。

（李海鹰）

## 房地产经营中心

【概况】 2015年末，房地产经营中心有职工15人（全部为在岗职工），其中高级职称6人，中级职称9人。鞍山钢铁集团公司房地产经营中心内设机构有经营部、房改售房部、住房补贴业务部和集团公司计财部驻在组。拥有固定资产原值453.87万元，净值158.13万元。

**【业务范围】** 房地产使用权转让、差价换房，房地产交易政策信息咨询等。此外，该中心根据主管部门安排，还承担着办理集团公司房改售房、集资建房、鞍钢住房货币化补贴审核等项业务。

**【主要工作】** 1. 公有住房交易工作。受公房存量逐年减少，公房交易的活跃度逐年下降的不利因素影响，全年完成公有住房交易业务450户，建筑面积1.96万平方米，实现公有住房交易收入134.72万元。

2. 公有住房租赁证管理工作。共办理租赁证856户，其中租赁证更名办证405户，交易办证404户，互换办证4户，租赁证补发办证35户，租赁证换发办证6户，合户办证1户，办理鞍钢拍卖公房租赁证1户。完成动迁区域5栋房屋租赁情况统计及汇总工作。修改完善租赁证信息184户。配合房改划价查询更名信息59户。接待法院和律师事务所调查住房更名情况10人次，协助有关单位查阅个人住房情况3人次。

3. 房改售房工作。完成房改售房业务808户，建筑面积4.09万平方米，实现房改售房收入1337.63万元。其中办理现住房出售（含部分产权补购全部产权）802户，建筑面积4.06万平方米，实现房改售房收入1298.33万元；办理集资房出售手续6户，建筑面积0.03万平方米，实现房改售房收入39.3万元。完成产权证办证审核819户。

4. 住房货币化补贴工作。根据《关于印发〈鞍钢集团鞍山区域离休人员发放住房补贴实施办法〉的通知》（鞍山钢政发〔2014〕43号）和《关于印发〈鞍钢集团鞍山区域家住农村退休人员发放住房补贴实施办法〉的通知》（鞍山钢政发〔2014〕44号）的文件精神，组织鞍钢各相关单位对离休人员和家住农村退休人员的自然情况和家庭住房情况进行了审核，通过不断完善《鞍钢职工家庭住房信息管理系统》，各单位相应建立了住房补贴管理系统，公示并上报了符合条件人员的自然情况和家庭住房情况。经克服时间紧，情况复杂以及历史信息不完整等困难，顺利地完成了信息审核、反馈和修正等项工作。目前已通过审核并具备补贴资格的人员（含矿业公司）共计11663人，其中：离休人员1358人，家住农村退休人员10305人。在确定审核信息准确的基础上，汇同鞍钢信息化公司测算了补贴金额，确定此次鞍山区域特殊人员补贴总金额8.03亿元。

5. 认真开展好党群工作。根据机关党委要求，认真组织开展了“三服务”竞赛活动，选树先进个人和先进集体典型；加强党员教育、监督、管理，通过违规违纪党员典型案例教育，引导党员对党诚实和透明，做一名忠诚合格的共产党员；以深入学习《中国共产党廉洁自律准则》《中国共产党纪律处分条例》和《关于党员、干部操办婚丧等事宜的暂行规定》为契机，引导党员守纪律、讲规矩，进一步提高了党员的思想政治素质。按照机关工会部署，积极参加机关工会组织的春季踏青和趣味运动会等项活动，取得了较好成绩，进一步增强了集体荣誉感；组织开展帮扶送温暖工作，切实为困难职工解决实际问题，增强了组织凝聚力。

（孙琳琳）

## 托管中心

**【概况】** 截至2015年末，托管中心下设综合管理部（党委工作部）、业务运行部和人力资源服务部，现有管理人员28人，托管人员共有4.37万人。其中：委托管理3.65万人、拨款管理1949人、直接管理5255人。居家1286人、工伤大病584人、离休359人、退休3.74万人、遗属3072人、退养104人、五七工143人、六十年代精简748人。

**【严格执行各项政策，服务管理工作取得新成效】** 该中心始终践行“规范、高效、热心、稳定”的服务宗旨，并用实际行动兑现服务承诺，不断提高服务质量。一是按时、准确完成待遇调整，保证足额发放。2015年调整退休基本养老金4520人次；调整居家职工待遇133人次及2014年效益补贴；调整离休人员基本离休费待遇147人次；调整参战参试人员生活补助金27人次；调整离退休遗属生活救济费253人次，在职遗属生活救济费46人次；为7名企业退休教师补发了2014年工资待遇差等。对1994年1月1日以后退休的人员进行特殊工种工龄折算，已审核通过203人。二是开展走访慰问及扶贫帮困工作。全年走访救济困难退休人员1332人次，发放救济费33.79万元（含公司下拨救济费）；居家职工106人次，发放救济费3.06万元；列编外人员68人次，发放救济费3.79万元；老干部78人次，发放救济费1.56万元。三是开展推进优质服务、争做星级服务标兵活动，对在活动中业绩突出、表现出色的管理者，命名为星级服务标兵以示激励，有效提升各级管理者的管理能力、服务能力及保持队伍稳定能力。四是特殊群体住房补贴工作按时完成。在时间紧、任务重的情况下，按照好事要办好的原则，做好特殊群体住房补贴政策宣传、认定、发放工作，按时按质将公司审核认定的348名离休人员和家住农村退休人员自然情况、家庭住房情况和补贴金额进行公示并发放，保持了总体工作的平稳进行和该群体稳定。五是组织老同志健康疗养和多种文体娱乐活动，实现“老有所乐”。全年组织220名老同志去千疗健康疗养；承办集团公司退管办举办的退休职工麻将比赛，参赛者达3000余人。组织参加公司老干办、退管办、居管办举办的乒乓球、象棋、门球等比赛活动，极大地丰富了广大托管人员的文化生活。

**【夯实基础管理，管理服务能力稳步提升】** 一是调整内部组织机构。结合托管体制与机制多年运行的实际，中心对内部组织机构进行了适当调整，在不增加编制定员指数的情况下，将原综合管理部中的待遇保障职能独立划分出来，成立待遇保障部，使其能够更加专注于准确完成调整待遇等相关业务，将原业务运行部更名为服务保障部，强化以服务托管群体为主要工作职责的业务功能，实现了部门和岗位职责的职业化、专业化。二是加强制度体系建设。遵照“管用、有效”的原则，按照业务模块、制度重要程度、类别等制定完善各项规章制度46项，梳理规范业务流程20项。形成了以制度管人、靠流程办事的高效管理运行机制。三是完善绩效考核办法。结合中心服务工作的特点，确定部门绩效考核指标，修订完善单元绩效考核办法，在科学分配和界定部门职责基础上，梳理和界定岗位职责，明确责任内容，以岗位主要职责为参考依据，建立全员岗位绩效考评细则，完善奖惩机制，有效调动了职工的积极性。全年降低可控费用35万元。四是强化学习培训。举办了关于法律、规章制度管理、住房补贴、应用文写作等8个专题的讲座，学习国家法律法规、企业规章制度、业务知识、先进管理方法，增强中心广大管理人员的党性意识、责任意识，提升业务水平，促进中心各项管理工作的有效开展。五是加强资产管理。2015年，对托管中心固定资产进行盘点、账物核对，并对已完全丧失使用功能，且无法修复使用的13项固定资产，履行报废手续进行了报废处理；对中心三项土地资产的具体位置，每项土地原值、总值进行盘点，建立起土地资产档案。六是加强档案基础管理。完成中心室存放的435件改制单位2001~2005年永久文书档案及82件托管中心2005~2010年永久文书档案进馆工作；清理、核对水泥、铸管等解体单位的各类人事档案材料4.12万份、文书档案1200卷，解决了历史欠账的问题，使档案的规范性和利用效率不断提升，2015年度被公司评为档案系统红旗单位。七是加强与各改制托管办业务的沟通与协调。一方面规范托管费用的预算申报、审核、审批、拨付和使用，另一方面做好检查和指导工作，保证了费用指标的有效管控；注重发挥托管系统“SAP-HR人力资源系统”管理信息平台及委员会的有效作用，实现了托管系统信息、业务的共享和有效沟通与协调，精准服务水平不断提高。

**【落实工作责任，托管队伍持续稳定】** 一是全力化解历史积案。以落实集团公司确保中央巡视组在鞍钢巡视期间正常生产经营秩序工作部署为契机，下大力气排查和化解历史积案，对所有可能围堵鞍钢集团办公场所及滞留巡视组驻地的上访案件进行全面深入的排查梳理，排查不留死角、不留盲点，并对尚未息访的积案全部纳入包案范围，确定重点人员13人。按照“谁主管、谁负责”的原则，由主管领导、信访人员、专管员三级联包，制定具体包案措施，全部得到了有效控制。先后化解历史积案5案次。二是加强信息收集与反馈。中央巡视组在鞍钢巡视期间，实行信访信息零报告制度。通过片组长网络、定期走访、信访办反馈信息、不同群体利益诉求时段信息等多种渠道及时掌握托管人员思想动态，摸清信访信息，制定解决方案。确保中心没有重大群体性事件和极端事件的发生。三是耐心细致做好信访接待工作。2015年，该中心领导专门召开维稳工作会议9次，直接接待上访群体5批次，听取群众意见10次，具体解决群体上访实际问题会议5次，接待个人访26人次。在全国两会、纪念抗战胜利70周年纪念活动、党的十八届五中全会等特殊时段、敏感时期，根据集团公司要求，该中心三次派人赴京参与信访接待、现场处置和劝返等工作。实现了托管人员集体和个人去省进京上访为零的目标。

（尚　峰）

# 攀钢集团有限公司

## ·概　　述·

【生产】 2015年，攀钢集团有限公司（简称攀钢）铁、钢、钢材分别完成945.4万吨、896.82万吨、821.03万吨，铁、钢、钢材产量同比减少16.79%、16.59%、15.57%；铁精矿、钛精矿分别完成1080.03万吨、63.55万吨，同比减少17.5%、6.79%；钒制品完成3.51万吨，同比减少10.84%；高钛渣、钛白粉、海绵钛、钛材分别完成10.78万吨、9.98万吨、0.84万吨、0.26万吨，高钛渣、海绵钛、钛材产量同比减少8.88%、0.98%、11.37%，钛白粉产量同比增长18.47%。2015年，攀钢钢铁重点效益产品重轨、攀成钢专用无缝管、攀长特自炼钢材分别完成126.39万吨、51.94万吨、12.93万吨，同比分别减少4.23%、54.26%、21.32%。

【经营】 2015年，攀钢实现工业总产值405.19亿元，比上年减少19.33%；实现工业增加值87.25亿元，比上年减少23.69%；实现营业收入466.48亿元，比上年减少25.87%；亏损48.36亿元，同比增亏12.3亿元。

2015年，攀钢钢材综合产销率为99.82%，各主要产品产销率均在98%以上。热轧板卷、冷轧板卷、轨梁材、建材、无缝管产销率分别完成100.29%、99.69%、98.9%、115.69%、102.78%；钒铁、钒氮合金、钛白粉、高钛渣产销率分别完成100.09%、98.39%、100.44%、115.84%。

2015年，攀钢实现出口销售收入4.57亿美元，同比减少13.61%，其中钢材出口35.02万吨，同比减少0.39%，钒钛产品出口3.17万吨，同比减少2.46%。

2015年，攀钢主要产品结算价格同比大幅下滑，钢铁产品下降685元/吨，降幅19.07%；钛精矿下降269元/吨，降幅27%；高钒铁下降25791元/吨，降幅24.13%。

【技术改造】 2015年攀钢固定资产计划投资9.71亿元，实际完成投资11.27亿元。

1. 已基本建成的重点项目：

（1）发电厂新建1×300兆瓦煤矸石综合利用自备电厂工程：项目总投资为13.19亿元，2015年计划投资2.08亿元，年累计完成投资2.93亿元；2013年3月开工，已完成单机试车。

（2）950生产线技术改造工程：项目总投资3.79亿元，2015年计划投资1988万元，年累计完成投资1.18亿元；2014年3月开工，已建成投产。

（3）达海工业科技综合产业园钢材加工剪切配送中心（B地块一期工程）：项目总投资7997万元，2015年计划投资2710万元，年累计完成投资3525万元。2014年7月开工，已建成投产。

（4）机电学院工程训练中心项目：项目总投资2000万元，2015年计划投资1200万元，年累计完成投资1838万元。2014年10月开工，已建成投入试运行。

2. 正在实施的重点项目：

（1）重庆钛业75千吨/年硫酸法钛白技术改造升级搬迁项目：项目于2014年6月开工，总投资11.24亿元，2015年计划投资5亿元，年累计完成投资5.11亿元。建设进度：土建施工完成，已全面进入设备安装阶段。

（2）钒氮合金扩能改造工程：项目于2014年12月开工，总投资8000万元，2015年计划投资2000万元，年累计完成投资4049万元。建设进度：6条钒氮合金生产线改造工程已完工并投入试生产。

【科技开发】 2015年，攀钢大力实施科技强企战略，扎实推动重大技术研发和成果转化。全年共计承担国家和攀西试验区科研课题20项，获省部级科技奖23项。入选国家级知识产权示范企业，获得国家发明专利权424项，国际专利权11项。举全公司之力抓好重轨、汽车板、高炉渣提钛产业化等三大科研项目，已取得阶段性成果。其中，以大生产组织和工厂化管理的模式推动高炉渣提钛产业化攻关，高温碳化环节技术经济指标全面突破设计水平，低温氯化环节实现连续稳定生产，全工序低成本产业化曙光初现；热处理贝氏体钢轨通过第三方型检并获得上道试铺资格，过共析钢轨、深硬化层钢轨等研发工作进展顺利；西昌钢钒冷轧项目达产达效成效显著，创造了当年投产、当年形成高级别汽车板批量供应能力的业界奇迹。此外，氧化钒清洁工艺生产线、海绵钛厂达产达效技术攻关取得长足进步，钛合金石油管具备批量生产能力，四川高速重载钢轨开发工程实验室、钛钢联合实验室建设稳步推进，科技引领支撑作用进一步增强。

**【管理创新】** 2015 年，攀钢启动基础管理能力和经营决策能力“两个能力”建设年活动，全面提升企业精细化管理水平。在攀钢钒、西昌钢钒、攀长特等单位全面推行以作业长制为中心的“五制配套”基层管理模式；深化精益六西格玛管理，共计实施六西格玛项目 90 个，通过注册六西格玛黑带资格考试 204 人。2015 年初发布规章制度制修订计划，要求做好对鞍钢集团《采购管理办法》《招投标管理办法》等制度的承接、转化工作，全年发布规章制度 37 项。组织子分公司（单位）申报管理现代化创新成果，集团公司优选 16 项成果进行培育并推荐上报。其中：1 项获全国企业管理现代化创新成果奖，2 项获冶金企业管理现代化创新成果奖，10 项获鞍钢集团管理现代化创新成果奖。

**【战略管理】** 2015 年，在充分研讨攀钢战略管理的现状、问题和改进思路，总结执行鞍钢集团战略绩效管理的经验，引入战略评估和战略管控环节的基础上，制定了《攀钢集团战略管理办法》。

根据鞍钢集团下发的《鞍钢集团公司境外产业类长期股权投资管理暂行办法》及《鞍钢集团公司境内产业类长期股权投资管理暂行办法》等，起草攀钢集团长期股权投资管理标准。

完成了《攀钢与中建三局战略合作协议》起草、修改和报批工作。完成了《攀钢集团与徐工集团战略合作协议》修订和报批工作。

参与修改《鞍钢集团公司与中国广核集团战略合作协议》《鞍钢集团与中国中铁战略合作协议》《鞍钢集团与中集集团战略合作协议》《鞍钢集团与中交建战略合作协议》征求意见修改以及推进协议落实等工作。

**【信息化管理】** 开展攀钢财务 NC 系统升级改造。完成攀长特约 40 个账套与集团账套的整合、3 万多客商代码的全面清理、NC 系统升级 5.7 版本、攀长特相关接口调整、基础数据及授权用户的清理以及数据库服务器内存升级等工作。

推进鞍钢集团电子商务平台一期项目在攀推广工作。召开鞍钢集团电子商务平台在攀推广项目推进会，3~4 月集中开展需求差异分析及评审工作，5 月完成系统设计，6 月初完成系统调整，开展上线开发、测试、培训，编制了上线方案和用户手册；6 月 30 日系统按照计划上线运行。

加速推进达海电商项目。4 月下达《推进达海电商项目的实施意见》，成立了项目组织机构，5 月《达海电子商务项目建设总体实施方案》获批，按照公司要求全力组织达海电商项目按计划推进，7 月 1 日积微电商上线试运行，9 月积微运网上线试运行。

积极配合鞍钢集团公司开展信息化建设。协助鞍钢集团推进视频监控项目、资产管理平台、决策支持系统、审计系统、集团采购平台信息化及“电子超市”系统、科技创新系统、集团网络问企系统试点推广等项目建设工作，其中决策支持系统、审计系统、电子超市、科技创新系统、集团网络问企系统已经在攀投运。

优化调整攀钢主干网网络结构。组织攀钢钒等有关单位优化调整攀钢主干网网络结构，完成攀钢主干网网络结构优化调整方案设计，更换已运行多年的核心交换设备，保障网络稳定、可靠、安全运行。

参与鞍钢集团信息化水平评价。4~5 月按照鞍钢集团公司 2014 年信息化水平评价工作计划，参加鞍钢集团信息化管理部组织的《鞍钢集团公司信息化水平评价办法（试行）》和数据采集表填写学习培训，组织相关单位填报数据采集表，经汇总核实后上报，准备水平评价相关支撑材料；6 月鞍钢集团信息化部组织了信息化水平评价视频会议。10 月评价结果公布，攀钢为 B 级水平。

**【设备管理】** 强化设备基础管理，大力推进装备技术攻关。完善以点检定修制为核心的设备管理体系。进一步完善设备四大标准，优化设备管理流程，培育设备管理团队，形成了职责清晰、责任明了、目标明确的绩效考核机制，为设备管理深入推进提供了有力保障。

梳理制度流程，适应集团管控新要求。根据鞍钢集团管控模式新要求，对设备管理流程进行了全面的梳理，对需优化的管理制度制定修订计划，2015 年已完成《特种设备事故救援应急预案》的新订发布，《供应管理标准》修订发布。

根据钒钛资源综合开发利用新趋势，大力推进装备技术攻关。公司提出了高炉渣提钛新战略，成立了高炉渣提钛产业化设备组，组织专人密切跟踪并参与中试线设备运行管理，推动产业化设备技术验证与设计。结合公司钒钛资源综合开发利用新要求，以提升现有设备实际运行效果为重点，有针对性地实施装备技术攻关，积极开展新技术、新材料、新装备的应用。2015 年共实施公司级装备技术攻关项目 5 项。

**【质量能源管理】** 2015 年，攀钢质量安全责任体系、质量计量和实验室管理体系、质量指标控制体系、质量评价考核体系建设不断推进和完善；建立质量对标体系并稳步推进各项工作。开展以“强化基础管理，提升企业竞争力”为主题的“质量月”活动，开展上下工序互访、QC 小组、质量信得过班组成果发布、基层优秀质量人评比和质量经验交流等活动。开展新常态下的质量经营、TS16949 五大工具应用、精益六西格玛管理知识培训，大力推进精益六西格玛管理，强化基础管理水平。积极组织推动知识产权体系认证，确保各项工作有序展开。深化和完善供方质量外延服务工作，完善功能性承包项目原材料使用标准，强化原燃料质量控制，持续提升供货质量。

能源管理方面积极争取电力降本政策，大力降低公司生产用电成本。10 兆瓦发电机组关停、30 兆瓦发电机组未投产期间实行水火电置换政策，2015 年全年水火电置换 12 亿千瓦时，并以略低于自发电供电成本的价格执行结算，降低了公司用电成本。积极协调省、市政府部门给予攀钢直供电政策，除继续保留攀成钢、攀长特网购电量全部执行直供电政策外，增加矿业公司为直供电用户，2015 年，攀成钢直购电量 5.2 亿千瓦时，降低用电成本约 3739 万元；攀长特直购电量 1.89 亿千瓦时，降低用电成本约 1250 万元；矿业公司直购电量 6.19 亿千瓦时，降低用电成本约 3500 万元。积极协调省、市政府部门给予西昌钢钒民族地区留存电量 6.87 亿千瓦时，降低用电成本约 1.09 亿元。积极协调市政府及电力部门将高炉渣提钛高温碳化中试线用电纳入攀枝花钒钛园区供电，自 2015 年 11 月起享受攀枝花钒钛园区供电优惠政策，每千瓦时降低用电成本约 0.28 元。组织相关单位继续深入开展充分利用国家电价政策，进一步降低峰谷用电量比例进而降低公司用电成本工作。深入细致做好攀钢外转供能源专项治理工作。巩固并扩大工作成果，将出血点变成造血点，持续降低外供能成本。

**【安全环保】** 工业生产安全事故：2015 年攀钢共发生 20 起，造成人身伤害 20 人，其中死亡 2 人，重伤零，轻伤 18 人，千人负伤率 0.29‰。同比，事故减少 16 起，降幅 44.4%；伤害人数减少 17 人，降幅 45.9%。其中死亡增加 1 人，增幅 100%；重伤减少 1 人，降幅 100%；轻伤减少 17 人，降幅 48.6%。

交通安全事故：共发生 3 起，其中重大道路交通事故 1 起，死亡 1 人，轻微道路交通事故 2 起，轻伤 2 人，无直接经济损失。同比事故增加 1 起，死亡人数持平，轻伤减少 1 人。

危险化学品与核辐射事故：无事故，同比持平。

火灾事故：无事故，同比持平。

相关方事故：共发生 7 起，造成人身伤害 7 人，其中死亡 6 人，重伤零，轻伤 1 人。同比，事故减少 2 起，降幅 22.2%，伤害人数减少 2 人，降幅 22.2%。其中死亡增加 3 人，比 2014 年翻一番；重伤减少 1 人，降幅 100%；轻伤减少 4 人，降幅 80%。

2015 年，攀钢杜绝了较大以上事故和特大交通事故，与省政府下达的控制指标相比，工亡减少 2 人，重伤减少 7 人；与攀枝花市政府下达的控制指标相比，工亡减少 1 人；与 1 号文提出的五项奋斗目标相比，实现了四项奋斗目标，工亡事故零和重大交通事故零目标没有实现。

2015 年攀钢主要节能环保指标：吨钢综合能耗完成 649.96 千克标煤，较 2014 年降低 19.4 千克标煤，降幅为 2.98%。万元产值能耗完成 1.74 吨标煤，较 2014 年高 0.13 吨标煤，主要受产品市场价格下降幅度较大影响。$SO_2$ 排放量为 1.96 万吨，较 2014 年削减 1.83 万吨，削减率为 48.26%；COD 排放量为 376 吨，较 2014 年削减 121 吨，削减率为 24.34%。

**【财务管理】** 2015 年，为完成控亏目标，攀钢从规模增利、降低采购成本、优化品种结构、优化技术经济指标、人力资源优化、物流优化等八个方面分解落实降本增效措施。根据各单位净资产、总资产及上年利润完成等情况，以净资产回报率 6%、变动费用压缩 5% 为目标，对单位利润预算指标进行分解下达，督促各单位制定和细化保障措施。

突出价值导向，在“事先算赢”上下功夫。完善投入产出回报机制，加强对效益水平、投资资本回报率、经济增加值等关键绩效指标的分析论证和预算约束，推动资源投向回报水平高、盈利能力强的领域，对无前景、无效益的项目坚决不予实施。

合理设定绩效目标，引导单位重视现金流。为充分调动职工的积极性和主观能动性，2015年单位绩效考核采取利润与工资联动的考核办法，同时为引导各单位重视资金在企业管理中的作用，将经营性现金流、流动资产周转率和外部应收款项等指标纳入领导班子绩效考核指标体系，与单位领导班子年薪挂钩。

定期落实预算执行情况，强化预算分析与考核。适时监控预算执行情况，提出盘活土地等存量资产、改变资产计量模式等革命性措施弥补经营缺口。通过定期召开总经理办公会、生产经营例会、财务例会通报预算执行结果，研究、解决预算执行中存在的问题，提出改进措施，确保公司全年预算受控。

拓展融资渠道，加强债权清收。大力拓宽资金渠道，保障资金链安全。努力拓宽海外融资渠道，加强进出口贸易融资管理。加大直接融资和融资租赁力度，拓宽证券市场债券发行和资产证券化融资渠道。强化债权债务管理，控制清收风险。积极清收老欠，杜绝新增风险欠款，提高不良债权债务的风险防范能力。

加强经营现金流量督导，增强资金意识。在日常管理中，加大了对各单位经营现金流量的管控力度，促使各单位重视经营现金流量，加强债权债务及存货管理清理，盘活存量释放增量。

**【审计监察】** 2015年，攀钢进一步加强和改进审计体系建设，完成审计一体化改革，由两级内部审计管控模式改为内部审计一体化管理模式，同时注重审计项目全过程管理，加强审计计划统筹协调，优化审计资源配置，提升审计项目质量。2015年，从围绕集团公司扭亏增效目标，提升效益、促进管理，审计关口前移，进一步深化“希望工程”过程跟踪审计，把好工程投资控制的最后关口，做好工程项目审计，推动管理流程再造、在内部控制评价等六个方面开展了审计工作。集团公司两级内部审计机构共开展审计项目64项，发现问题347个，提出审计建议248条，涉及金额3.98亿元，其中：管理不规范金额3.24亿元、损失浪费金额4149万元、促进增收节支1272万元、审减工程投资1971万元。集团公司审计部完成审计项目24项，发现和披露各类问题147个，涉及金额3.72亿元，其中：管理不规范金额3.04亿元、损失浪费金额4069万元、促进增收节支金额1123万元、审减工程投资金额1654万元，集团公司采纳审计意见和建议102条。

**【人力资源管理】** 2015年，攀钢结合公司2013~2015年人力资源规划和优化工作思路，以及鞍钢集团公司相关要求，组织开展岗位及特殊工种清理工作，分单位发布了《岗位目录》，规范了岗位管理，对特殊工种进行了清理确认，进一步规范完善了特殊工种名称、范围及目录等，为今后规范退休办理流程打下了基础。

按照国资委《关于中央企业开展亏损企业专项治理工作的通知》（国资发改组〔2015〕68号）要求，编制完成了2015~2017年人力资源规划，提出在2017年底前在册人数控制在5万人以内的规划目标。同时依照国家有关协商一致解除劳动合同规定及本企业标准、当地社平工资标准、攀钢标准对攀钢解除劳动合同经济补偿金、一次性企业补助、增发的医疗补助费、一次性伤残就业补助金，离退人员辞退福利、经济效益等进行了测算，为争取国家相关政策支持提供了数据支撑。

根据鞍钢集团人力资源部《关于编制2015~2017年人力资源规划工作的通知》（鞍钢人发〔2015〕37号）中提出的“全面推行ABC人力资源优化配置模式”要求，在认真梳理岗位设置、人员现状的基础上，结合岗位重要程度、人员实际配置等情况，完成了ABC类岗位的划分，并对下一步ABC类岗位人员配置提出了目标规划。

按照鞍钢集团优化机构编制工作会议精神和《攀钢机构编制优化工作安排意见》相关要求，通过与行业内先进企业对标，按照新的岗位划分标准，对管理岗位、技术岗位定员及占企业编制总量的比例情况、副处级及以上领导职数及岗位设置情况、各级机关部门设置情况等进行了重新清理核定，完成了攀钢机构编制优化工作情况报告。

根据国家、省市淘汰落后产能，实现环保关停的相关要求，为尽快止住出血点，促进重点亏损企业早日实现扭亏为赢，积极稳妥地推进了攀成钢公司转型升级、淘汰落后产能职工分流安置工作，制订了《攀钢集团成都钢钒有限公司职工分流安置方案》及配套《问题解答》，在充分征询职工意见基础上，经攀成钢公司职代会审议通过后组织实施。以开展青白江医院与武汉和润合医院管理公司合资合作为契机，通过与武汉和润合医院管理公司合资合作谈判，确定青白江医院人员划转范围及薪酬福利待遇保障等事宜。

加强劳务用工管理工作。为切实加强和规范劳务用工管理，有效降低劳务费用，降低人工成本，提高劳动生产率和劳动效率，继续深入开展清理清退劳务用工，有效降低劳务费用工作，提出了2015年各单位指标内劳务在2014年实际发生基础上降低5000万元左右工作目标，并分单位下发了《2015年降低劳务费用目标通知书》。继续推行“一年一签审”富余人员短期息工制度，并对各单位推行的短期息工进行规范，明确可办理短期息工的人员范围为男工龄年满30年、女工龄年满22年的职工，有效降低人工成本。

**【组织工作】** 2015年，攀钢全面深化“四好”领导班子创建活动，坚持把思想政治建设放在首位，举办党的十八届四中全会精神学习班七期共培训844人，提升了各级领导班子依法治企的意识和能力。坚持和完善党委中心组学习制度，坚持开展领导干部读书活动，将党委中心组学习情况纳入领导班子和领导干部的考核内容，着力提高领导干部的理论素养。持续推动领导班子民主集中制建设，坚持集体领导、民主集中、个别酝酿、会议决定的原则，建立和完善党委议事规则和决策程序，巩固靠制度管人、按程序办事的工作机制，发挥领导班子整体功能。坚持领导班子民主生活会制度，先后开展党风廉政建设和“三严三实”专题民主生活会，广泛听取职工群众意见，班子成员深入交心谈心，积极开展批评和自我批评，查找领导班子及班子成员思想政治建设方面存在的问题和不足，深刻剖析思想根源，制定整改方案，落实整改措施，把创建活动的过程作为不断发现和纠正领导班子自身问题的过程。加强领导人员能力建设，举办了三期“能力·素养”领导人员高级研修班，培训了处级领导人员140余名。

持续深化干部人事制度改革。落实纪委书记单独配置要求，完成17家单位纪委书记调整配置工作，实现了纪委书记单独配置的全覆盖。加强干部选任交流，全年选任领导人员69人次，其中交流29人次，交流面42.02%。进一步加大竞争性选拔领导人员工作力度，公开招聘直管单位和机关部门负责人6人。突出经营绩效导向，加强领导人员考核和结果运用，6个“好班子”和25名优秀干部受到表彰奖励，4名“基本称职”或“不称职”领导人员被免职降职，并相应扣减年薪。加强干部监督，全面清理核查领导人员干部人事档案，审核领导人员个人有关事项报告91人，4人因瞒报漏报受到诫勉谈话、撤销任职决定等处理。加强优秀年轻干部培养，在西昌钢钒冷轧厂等6家基层单位领导班子开展了公开选拔配备35岁以下优秀年轻干部试点工作，公开选拔10名同志参加鞍钢集团第九期北京青年干部培训班学习、1名同志到贵州对口扶贫县挂职任村党支部第一书记，选派1名优秀基层党支部书记到攀钢对口帮扶村盐边县温泉乡担任村第一书记，2名同志入选第三期攀枝花市公开遴选优秀干部培养对象。

**【宣传工作】** 强化政治理论学习。认真抓好党的十八届三中、四中、五中全会以及习近平总书记系列重要讲话精神学习，加强对经济“新常态”的学习宣传，先后编发《50句话读懂中央经济工作会议精神》《2015年国家经济形势》《2015年钢铁行业形势》解读文章；抓好党委中心组学习，组织集团公司党委中心组学习19次，做到学习有主题、有辅导、有讨论。编发《中心组参考》9期。

明确形势任务教育主题。结合中心任务，先后开展了“以革命性举措保命经营，誓夺攀钢战区决战胜利”“大力弘扬攀钢精神，全力推进扭亏脱困转型发展”等主题教育。丰富形势任务教育内容。以危机教育、信心教育和目标教育“三个教育”为抓手，编发了以两级职代会精神、张广宁董事长“7·17”讲话等为主要内容的系列形势任务教育材料。创新形势任务教育载体。开展全过程、全媒体形势任务教育活动。编发《宣传工作信息》13期，刊物实现图表化、条目化；加强经验交流，开展专题调研5场，编发经验交流专刊5期，召开交流会2场。

加强新时期职工思想动态管理。聚焦深化改革，以“双向进入、交叉任职”为切入点，不断完善“思想政治工作一岗双责”，坚持职工思想信息分析预警机制、职工思想教育疏导机制，确保了职工队伍稳定。做实做细思想政治工作，为攀成钢顺利关停冶炼区、人员成功分流安置夯实了思想基础；深入贯彻《关于加强和改进新形势下鞍钢集团思想政治工作的指导意见》，召开加强和改进新时期宣传思想政治工作座谈会，对当前攀钢思想政治工作存在的问题和对策进行了深入研究。加强新时期内外部舆论引导。重点关注职工反映的热点问题，充分发挥职工在线、网评员作用，加强舆情监控和引导，全年编写《攀钢舆情动态》19期，《攀钢舆情专报》4期；加强与政府网信办的沟通与协调，建立了舆情内外信息传递机制和处置机制。在攀成钢人员安置期间，指导攀成钢成立了网络舆情信息小组，24小时监控网络舆情并进行舆情引导。

**【纪检监察工作】** 专项监察。开展领导人员及其亲属和特定关系人违规经商办企业专项监察，调整岗位1人，诫勉谈话2人，通报批评1人；开展私设“小金库”专项清理，查出私设“小金库”5个，金额246万余元，行政警告1人，行政记过1人，通报批评9人；开展个人事项申报专项清查，对6名没有如实填报个人事项的人员撤销提拔任命。围绕生产经营重点难点，开展债权及应收账款清收、库存清理、来料设备备件验收等专项清理，完善管理；开展钒钛特钢普钢技术“双定密”、集团领导人员编制配备等专项检查。攀长特公司开展不合理中间商清理工作，清退不合理中间商41家，节约采购资金104万元。

做好巡视移送问题线索查处工作。按照“事事有回音、件件有着落”的工作要求，认真初核中央、鞍钢巡视组移送的问题线索，立案4件，给予党政纪处分2人，移送检察机关2人，收缴违规发放资金300余万元。

查办领导人员违纪违法案件。查办了特种分公司重大塌方式腐败窝案串案，移送司法14人，32人受到党纪处分和组织处理。查办了某领导人员受贿案、公款为个人购买保险和理财产品案、私设“小金库”案等大案要案，发挥了惩治腐败的震慑作用。

严肃查处发生在群众身边的腐败问题。先后查办了某单位违规购买购物卡，乱决策、乱作为给企业造成损失，领导人员违规经商办企业等案件，赢得了职工群众的信任。

2015年，攀钢两级纪检监察组织共受理信访举报156件，立案51件，结案51件，给予党纪政纪处分51人、组织处理18人，移送司法机关21人，收缴违纪违法所得300余万元。

**【统一战线工作】** 党外知识分子工作。制定下发《关于进一步深化统战成员“爱攀钢、献良策、做贡献”主题活动的通知》，引导基层单位和统战成员紧密围绕本单位的中心工作，把“爱献做”主题活动具体落实到基层党支部，将“爱献做”主题活动具体化。全年共征集统战成员“我为企业献一言（计）”活动成果166项，有10项受到鞍钢集团“爱鞍钢、献良策、做贡献”优秀成果表彰。

政协委员工作。组织全国、省、市、区县政协委员积极参加各级政协全委会，指导政协委员围绕攀钢生产经营中心撰写相关提案。1月中旬，组织召开公司机关相关部委室、各相关单位、各级政协委员、人大代表参加的征集提案、议案协商会，经参会人员共同协商，征集到提案、议案共32件，并落实政协委员、人大代表将提案议案带到“两会”上去，其中在市政协八届五次全委会上，攀钢学习组作了《盘活攀钢非钢产业　助力资源型城市战略转型》的大会发言，获得优秀大会发言；在市政协八届五次会议期间，攀钢学习小组围绕攀钢实际情况提交了《充分挖掘现有资源，做大做强密地铁路物流园》《扶持攀钢食品龙头企业做大做强，保障市民食品安全》《加强对钒钛装备制造业的扶持，促进本地企业产业链、价值链的提升》《推进攀钢符合棚户区改造政策的职工住宅实施改造》等集体提案8件，34名市政协委员共提交提案45件。政协委员在“我为扶贫攻坚做件事”活动中，捐资助学、帮助贫困职工共捐款3.94万元。

民主党派工作。抓好民主党派基层组织班子建设，根据民主党派攀钢基层组织换届要求，配强配好民主党派基层组织班子，提高班子成员的思想政治素质和组织协调能力，使致公党攀钢支部、农工党攀钢总支、九三学社攀钢四支社顺利完成了换届工作。协助民主党派基层组织做好组织发展工作，向民主党派攀钢基层组织推荐优秀无党派成员4人，帮助民主党派考核拟发展对象13人，保证了民主党派成员发展的质量。

**【精神文明建设】** 社会主义核心价值观教育。强化主流导向，引导干部职工知荣辱、讲正气、做奉献、促和谐；推动“跟着郭明义学雷锋”活动岗位化、全员化、规范化、常态化；深入开展

“学李超，做李超式好员工”主题实践活动。

道德实践和道德养成。建成公司级标准“道德讲堂”2个。积极推荐评选道德模范，丁爱谱获攀枝花市第三届道德模范。制定《攀钢保护和奖励见义勇为管理办法》，授予杨万隆“见义勇为”先进个人。2015年攀钢连续第四次获得“全国文明单位”称号。

**【工会工作】** 劳动竞赛及群创工程。开展“扭亏增效做贡献，转型升级促发展”劳动竞赛，确定了16项集团公司级劳动竞赛项目，全年各级工会累计开展劳动竞赛800余项。组织开展了职工自主管理创新活动，全年共完成自主管理创新课题4849项，开展了群创工作调研，召开群创工作推进会，选送了14项群创成果参加2015年浙江永康市第21届中国发明展览会，获得金奖2项、银奖1项、铜奖4项。完成网络问企系统开发建设，开展了“建言献策”暨征集“金、银、铜”点子活动，全年共收集职工建议3.6万条，实施1.7万条。

温暖工程。春节、国庆等节日共走访各类职工家庭7230户，送去慰问金、慰问品共计252万元。为省级劳模78人发放四川省总工会慰问金10.9万元，下拨集团公司困难职工慰问款11.9万元。完成省总国企改革、送温暖专项拨款22.56万元的发放；为341人办理集团公司帮困救助金的审核及拨付，救助金额共计83.3万元；开展2015年度“金秋助学”活动，共56名攀钢低收入职工家庭子女纳入救助范围，共资助4.86万元。

职工素质工程建设。组织开展了攀钢第六届职工技术运动会，其中省总领导亲临指导女化学分析工比赛。共设置了通用工种10项，专用工种47项，共有1.1万余名职工参与了此次技术运动会，10名职工被授予攀钢技术状元称号，50名职工被授予“攀钢技术能手”称号，47名职工被授予“攀钢复合型（专业）工种技术状元”称号，95名职工被授予“攀钢复合型（专业）工种技术能手”称号。总结提炼推广职工先进操作法200项，其中命名集团公司级5项、子分公司级102项、厂（矿）级93项，推广应用职工先进操作法146项。抓好劳模选树工作，陶功明被评为全国劳模，选树省劳模8名，市劳模16名。组织了劳模、优秀班组长到钛业公司海绵钛厂等单位“传经送宝”。举办了攀枝花、成都两个片区的劳模先进座谈会，开展了劳模先进建言献策活动，提出建议共96条。制定下发了《劳模创新工作室管理暂行办法》，成立了陶功明、张邦志等11个劳模创新工作室。

**【共青团工作】** “双争双创”活动。2015年，攀钢“双争双创”活动组委会评选表彰了攀钢钒等8家“双争双创”活动先进集体、西昌钢钒公司炼铁厂回收团支部青年集体等10个攀钢“十佳”（优秀）青年文明号、研究院韩振宇等10名攀钢杰出青年岗位能手、攀成钢公司涂强等65名攀钢青年岗位能手、攀长特公司朱莉等55名攀钢青年创新能手；全方位深入开展“青年创新登高”活动，各单位共计上报项目228项，其中58项被立为鞍钢级项目，170项被立为攀钢级项目，同时对2014年度攀钢创新登高35项优秀项目和10家优秀组织单位进行了表彰。

青年文化建设。深化“跟着郭明义学雷锋”活动，大力弘扬“奉献、友爱、互助、进步”的志愿者精神，组建了40人的教育志愿者、25人的卫生青年志愿者、22人的文化青年志愿者、22人的法治青年志愿者，为推动全市青年志愿服务工作制度化、常态化贡献力量；雷锋月期间，在五十一阳光家园组织开展了“我爱我家、我兴我家”志愿者便民服务活动，来自攀钢各单位60多名志愿者为攀钢职工、家属和社区居民义务提供了寸照拍摄、磨刀剪、维修小家电、写对联、修鞋、理发等热情周到的便民服务；组织开展了“快乐微公益、阳光小梦想”圆梦活动，通过网络和社区便民服务活动，寻找社会各界爱心人士及爱心企业伸出援助之手，帮助50名攀枝花市贫困儿童和40名攀钢困难职工学生子女实现了小梦想。

密切关注青年文化需求，在“攀钢青春在线”开设“微交友”栏目，不定期发布单身青年交友信息；五四青年节，组织开展了手机团委团购活动，团购了购机优惠券、旅游套票、电影票、书券等56种商品，为团员青年节约生活成本近3万元；组织单身青年参加米易妇联、米易宣传部联合举办的“咱们约会吧”第三季活动；组织攀钢生活公司团委、鸿舰重机公司团委在竹湖园参与现场团购义卖活动。

**【人民武装工作】** 2015年，攀钢按照“建强应急队伍、建精支援队伍、建实储备队伍”的要求，以提高兵员应急应战能力为原则，结合实际，从“实用、管用、好用”的角度进行整组整编，并强化军事训练。整组后，攀钢服预备役人数11873人，基干民兵1800人，退伍军人734人，地专人员1041人，普通民兵10073人。全公司民兵建1个基干团，下设1个防空营，1个步兵营，1个导弹连，1个机枪连，1个迫击炮连，1个担架护理分队，1个伪装防护分队，1个铁（公）路护路分队，1个装备维修分队，1个综合应急连。全年共组织4批130名民兵进行了高机、高炮、防控、通信、应急抢险救援训练，训练考核成绩全部达标。开展了人防整组工作，组建了抢险抢修、医疗救护、防化、通信、运输5个专业中队共228人的攀钢人防专业大队。对各厂矿单位的27台防空警报器、39个人防工程的管理情况进行了全面普查，发现问题及时整改，排除了安全隐患。防空警报器试音鸣响率达到100%。

武器装备管理。按照有利于战备训练，有利于应急处突，有利于日常管理的原则，严格执行民兵武器装备管理制度。按照《民兵武器装备库管理条例》要求，按时对武器装备进行维护保养，切实把人防、物防、技防设施落实到位，武器装备维护做到勤擦拭、勤保养，达到“四无”标准（无丢失、无损坏、无锈蚀、无腐烂变质）。

**【企业文化】** 举办纪念攀钢成立50周年系列活动，突出攀钢精神的传承与弘扬，确立了“永远的攀钢精神”活动主题，开展了十大攀钢品牌产品、十大攀钢技术、十大感动攀钢人物评选，举办了“永远的攀钢精神大家谈”，攀钢50年感言征集，“追梦·前进的足音”诗歌朗诵会，“奋斗的青春最美丽——永远的攀钢精神”演讲等一系列活动。3月3日，举办了纪念攀钢成立50周年晚会。10月，编辑出版《永远的攀钢精神——纪念攀钢成立五十周年系列活动汇编》一书，刻录50周年晚会光盘。

传承弘扬攀钢精神。召开攀钢精神专题研讨会，围绕攀钢精神在新形势下应赋予哪些新内涵，如何弘扬攀钢精神等进行了深入研讨；积极选树先进典型，促进攀钢精神人格化。在报、刊、台、网集中宣传十大感动攀钢人物的先进事迹。集中宣传张邦志、陶功明的典型事迹，让他们走上主流媒体，《工人日报》以《曾梦想制造导弹的炉长》为题，对张邦志的典型事迹进行了报道。《中国冶金报》以《爱“泡”现场的钢轨行家》为题，对全国劳模陶功明进行了专版报道。

企业文化体系建设。积极参与鞍钢企业文化体系建设，承担了《鞍钢员工行为规范》初稿制定；强化网站建设管理，修订《攀钢集团有限公司网站管理办法》；指导各单位开展各具特色的文化建设，进一步提升了文化软实力。研究院深化“学习、创新”文化建设，其《钒钛院以文化力激发科技人员的创造力》文化案例获中国企业文化建设科研成果二等奖。西昌钢钒获“十二五”中国企业文化建设优秀单位。

形象宣传和品牌建设。坚持重大事件、重大活动、重大主题、重要媒体“四重并举”，通过各级政府、行业组织、展览展示，全方位展示攀钢形象。2015年，以“做民族钛工业发展领军者”为主题参加了中国钛谷（宝鸡）钛展，以“特色钒钛、绿色钢铁、美好生活”为主题参加了重庆第十八届渝洽会和重庆汽车钢展。

## ·主要生产单位简介·

**【攀钢集团攀枝花钢钒有限公司】** 2015年，攀钢集团攀枝花钢钒有限公司（简称攀钢钒）总资产为189亿元，净资产67亿元，实现营业收入221.7亿元，完成报表利润8675万元。2015年，公司产品累计降价40.3亿元。为最大限度减少由此带来的亏损，全公司各系统、全员、全过程深挖降本增效潜力，在近3年累计降本62亿元基础上，以及部分产线限产后降本难度进一步增加的情况下，全年降本25.7亿元，其中：工序降本4.6亿元，采购降本21.1亿元。公司全年完成铁562万吨、钢509万吨、钒渣23万吨、重轨126万吨。

2015年，公司狠抓市场开拓，抢占成都、昆明区域市场，公司产销率达到99.8%。在停一座高炉、950线停机技改、三台老发电机组全部关停等严峻形势下，虽然整体规模下降，但重轨等效益品种实现放量生产，重轨产销规模居全国第一，出口重轨25.03万吨，余热淬火轨、百米轨分别比上年提高了2.33万吨、7.05万吨。

金属损失率、钢铁料消耗、热轧成材率、冷轧成材率等10项指标屡创历史最好水平。其中：

钢铁料消耗和热轧成材率5次刷新历史纪录、五氧化二钒耗钒渣6次刷新历史纪录、三氧化二钒耗钒渣9次刷新历史纪录。

仅用70天完成轨梁厂950线改造，创造了国内同类机组建设“速度最快、投资最省、工期最短”的奇迹，新增重轨产能45万吨；发电厂300兆瓦煤矸石综合利用项目顺利推进，即将试运行发电；2号方坯、3号方圆坯连铸机新增断面改造等技改项目顺利竣工投产；二次能源利用项目20万立方米高炉煤气柜建成投运；采取BOO模式完成新2号烧结机烟气脱硫系统改造，公司$SO_2$全面实现达标排放，并受到新华社、中央电视台等主流媒体的肯定，国家环保部于2015年11月3日对公司烧结烟气脱硫整改挂牌督办正式摘牌；进一步加强技改项目管理，全面推行项目部制和项目责任书制管理模式。

公司“新产品开发”“降本创效”等8个科技攻关队加大攻关力度，推动科技成果转化，全年科技创效3.3亿元，通过科技成果鉴定182项，获专利授权135项（其中发明专利76项）。成功开发了贝氏体钢轨、铝锌合金镀层钢板等多种新产品，公司独有和领先产品占比达到35.51%。开展一批“短平快”降本增效科技项目攻关，创效300万元以上项目有30项。煤粉预热及低炉温冶炼、高炉渣高温碳化、万能一线达产达效等工艺技术攻关取得了新突破，创效显著。其中高温碳化项目碳化率、TiC含量、冶炼电单耗、物耗成本等指标快速提升，已达到或超过原设计水平。

**【攀钢集团成都钢钒有限公司】** 2015年，攀钢集团成都钢钒有限公司（简称攀成钢）全年累计生产无缝管72.58万吨，销量74.7万吨。其中无缝管生产比上年减少16.35万吨，销量比上年减少11.36万吨。2015年度公司实现营业总收入40.35亿元，其中，主营业务收入34.32亿元，利润总额-24.91亿元（包含转型升级人员安置支出13.06亿元）。

根据各级政府淘汰过剩产能、实现环保关停的要求，公司冶炼区域除电炉外的所有机组于2015年3月27日实现停产。关闭机组主要包括：烧结机、高炉、转炉、高速线材连轧机组、棒材连轧机组及配套辅助设施。淘汰落后炼铁产能180万吨、炼钢170万吨、棒线材产能125万吨。在产能严重过剩的残酷竞争环境下，成本劣势突出的冶炼和建材系统渐次关停也减轻了公司的经营压力，并为下一步经营转型升级创造了条件。

公司启动了人员分流安置工作。截至2015年5月31日（人员分流安置政策的时间节点），公司在册职工中，协商一致解除劳动合同近9200人，内部退养和轮岗息工近1600人，最终竞聘上岗3900余人，成为公司未来发展的依靠和保障。积极争取地方政府支持，建立相关机构和工作机制，开展了维护稳定和帮助职工再就业等一系列重点工作。联络成都市总工会、市人社局、青白江区政府，先后两次在公司组织大型招聘会，近200多家企业提供应聘岗位1.20万余个，累计办理求职登记5200人次。积极筹办专业技能培训，陆续开办了叉车、汽车维修、中式烹饪、物业管理等培训班，累计帮助1000余名离职职工提高再就业工作技能。

按照鞍钢集团开展亏损企业专项治理的部署，公司于11月下旬启动了以架构重建、流程再造为重点的深化改革工作。按照精干高效的原则，结合现有业务特点和产线布局，将攀成钢分立整合为钢管业务、非钢业务、存续业务三大板块。大力精简机构、压缩干部职数，构建新的组织架构。公司二级机构由35个减少到22个，处、科级干部职数分别压缩了33%和15%。同时，适时开展以内部管理优化、流程再造为核心的制度清理；启动了以激发基层活力、提升精细化管理水平为主旨的五制配套和六西格玛管理推进工作；年底又成立非钢产业发展推进领导小组，设立专门机构和人员，推进非钢产业发展。

**【攀钢集团江油长城特殊钢有限公司】** 2015年，攀钢集团江油长城特殊钢有限公司（简称攀长特）在册员工9365人，在岗员工8395人，其中大专以上学历2500人，中专以下学历5895人。2015年，公司全年累积产钢16.4万吨，产材33.2万吨，主营业务收入21.51亿元，实现考核利润-5.29亿元，存货占用下降2.33亿元，应收账款较年初下降762万元，全面完成了集团公司下达的存货占用、应收账款、考核利润三项考核指标。

全面落实降本责任主体，强化过程控制，细化降本措施，降低两金占用，严控费用开支，通过狠抓集中高效生产、节能降耗、工艺优化、质量提升、交货期保障等，深化了供销联动、工序物耗、科技攻关、工序费用等降本增效措施，降本工作取得明显实效。2015 年降本增效 7755 万元，同比增加 5591 万元。

加快向工模具扁钢、特殊钢锻材、不锈钢棒线材、特种材料等优势产品集中，提高了自炼钢成材比重，重点品种效益贡献明显。2015 年，公司自炼钢成材 12.93 万吨，占全部成材产品的 39%，同比提高 1.4 个百分点。其中：高温（耐蚀）合金 1069 吨，钛及钛合金 2955 吨，不锈钢线材 6.97 万吨，高合金工具钢 3.2 万吨。自炼钢销售 14.4 万吨，占总量的 41%，销售收入 16.8 亿元，占总收入的 83%，实现了正边际贡献。

加强市场开发，拓展销售渠道，全年新开发用户 154 家，新增用户销售额 7129 万元，中国航天西南公司、重庆峥嵘机械、四川明强实业等多个重点企业已纳入公司重点培育客户进行管理。整合供销平台，完善管理制度体系，优化管理流程，提升供销效能。统一供销经营平台，集中供应和销售职能，优化供应和销售机构设置及运营机制，建立适应市场竞争和快速响应客户需求的供销运营体系。调整销售职能，建立大销售“管理科室+营销中心+区域公司”的营销架构，发挥整体优势。对重点产品的重要客户实行一对一服务，强化技术营销，做好售前、售中、售后服务，全年实现模具钢销售 4.27 万吨，同比增加 883 吨；在不锈钢整体需求萎缩的情况下，战略品种洗衣机轴用不锈钢稳中有升，市场份额进一步提升；气阀钢战略销售力度加大，气阀钢、9Cr18 系列盘条销量分别达 2624 吨、3629 吨，同比小幅增长；锻件、模块实现销售 5482 吨，同比增长 30%；钎具钢得到顾客广泛认可，能源用管坯、海天塑机公司用 4145H、陕汽公司车用 42CrMo、株齿公司用 22CrMoH 等产品逐步打开了市场空间。

**【攀钢集团西昌钢钒有限公司】** 2015 年，攀钢集团西昌钢钒有限公司（简称西昌钢钒）实现营业收入 84.91 亿元，完成了集团调整后的控亏目标。全年完成铁 367.5 万吨、钢 335.3 万吨、热轧材 330 万吨、冷轧材 81.6 万吨、发电量 14.6 亿千瓦时、五氧化二钒 1.61 万吨、50 钒铁 1.67 万吨。面对残酷的市场环境，公司将控亏指标层层分解，落实到各个厂（部门）、作业区和班组，落实到产供运销各个环节，以市场价格倒逼采购成本、工序成本、物流成本，其中，采购成本全年降低 11 亿元，生产工序降本 3.27 亿元，物流降本 1.18 亿元。炼焦煤、喷吹煤和国产铁精矿价格降幅分别优于行业 3.86%、2.6%和 3.02%，均优于西南钢企；公司 11 项重要技术经济指标中，8 项指标全面优化，创历史最好水平；平均生铁成本由 2014 年 1958 元/吨降至 2015 年 1564 元/吨，降幅达 20%，最低降至 1425 元/吨，生铁成本西南区域实现最低，2015 年公司实现产销率 101%，直供比例 55%，较目标高出 13 个百分点；炼钢全流程钢铁料消耗稳步降低，最低达 1110.33 千克/吨，创历史最好水平；政策创效 1.63 亿元，特别是争取留存电量政策优惠 1.03 亿元，较 2014 年增加 1745 万元。

通过加大机关改革力度，职能部门内设机构由 44 个优化整合为 32 个，核减管理技术岗位人员 60 余人，减幅达 25%；公司 21 处铁路道口 50 道电动栏杆全部拆除，同时取消 26 个道口值守岗位，开创冶金行业铁路道口无人看守先例；通过推行职能部门业务总监制，进一步理清管理职责，优化管理流程，提升管理效率与执行力，激发企业活力；在钒制品厂和炼钢厂开展“人力资源蓄水池”试点，以市场化机制实现人岗匹配，少量引进劳务派遣职工，注入“新水”，让技能水平差、工作质量差、责任心不强的“死水”进入“蓄水池”再造；托管攀钢工程西昌分公司，成立维修中心，逐步完善设备维修体系建设，建立横班点检、检维修工时定额和维修中心工资零预算管理体制与机制，提高了设备检修质量和效率；持续推进人力资源优化，通过整合外协单位机构及业务，大幅压缩外协费用，降幅持续降低达 19.42%。

狠抓产品研发升级，加快产品结构调整，基本建立起以 O5 板为代表的连退汽车系列产品、以 X80 管线钢为代表的热轧高强高韧钢系列产品、供重庆高强镀锌基板以及高表面质量酸洗板产品 4 大系列品牌。生产的汽车面板已在一些微型车上试用，已向重庆高强供货 2.5 万吨，全年共生产汽车钢 46 万吨；X80 管线钢正式通过中石油认证，进入中石油物资采购系统；汽车车轮用热轧钢带、大梁用热轧钢带 2 项产品获冶金产品实物质量“金杯奖”；为积极应对钢铁市场下滑，公司加大产销无缝衔接力度，针对品种规格、用户需求、生产实际等环节，加强沟通协调，努力拓展市场；热轧产品价格与鞍钢股份比，从2014年低110元/吨，缩小到2015年低51元/吨；冷轧产品全年销售80万吨，销售价格降幅低于行业0.55个百分点。

**【攀钢集团矿业有限公司】** 2015年，攀钢集团矿业有限公司（简称矿业公司）认真落实“控制规模、以销定产、有保有压、经济保供”的生产组织原则，克服采场条件变化、矿石性质变差等影响，结合攀钢铁精矿需求减少、变化较大的实际，及时调整生产组织方式和主要生产指标，有力保障了攀钢冶炼需要。兰尖铁矿完成采剥总量148万吨，输出铁矿石120万吨。朱矿完成采剥总量3677万吨，输出铁矿石1536万吨。密地选矿厂生产铁精矿520万吨，品位54.02%。白马铁矿完成采剥总量5287万吨，输出铁矿石1551万吨。白马选矿厂生产铁精矿464万吨，创历史最好水平，品位56.03%。不断优化选钛生产线技术经济指标，大力提高钛精矿产能，选钛厂生产钛精矿52万吨，品位47.62%。江南选钛厂生产钛精矿12万吨。外委完成铁精矿56万吨。石灰石矿狠抓辅料矿生产组织，满足了冶炼生产需要。兴茂公司、物资处、能动中心、设备修造总厂、质计量中心、矿研院等单位围绕生产经营目标，认真做好规格矿生产，物资、水电供应，设备检修，质量计量检测，技术服务和研发等工作，为公司实现生产经营目标作出了贡献。

2015年，矿业公司完成铁矿山采剥总量9112万吨，输出铁矿石3207万吨，生产铁精矿1080万吨、钛精矿64万吨、石灰石粉矿34万吨、生石灰粉49万吨、高镁灰6万吨。实现销售收入36.44亿元，报表利润-7.4亿元，较集团公司下达的控亏7.8亿元目标减亏4000万元，顺利实现了生产经营目标。

**【攀钢集团钒业有限公司】** 2015年，攀钢集团钒业有限公司（简称钒业公司）固定资产原值11.45亿元，净值6.46亿元，建筑面积7.77万平方米，在册职工1116人，现有氧化钒生产线3条，钒铁、钒氮合金生产线各2条，是世界单体最大的钒制品生产企业。

2015年，钒业公司结合工艺流程的整合，对人力资源配置及时做了调整，对三个氧化钒作业区的废水处理工序、五氧化二钒作业区和新三氧化二钒作业区沉淀、钒铁作业区新老线大规模进行了整合，对岗位人力资源进行优化配置，并用优化出的人员置换外协人员，做到人力资源的高效利用，降低了企业的劳动用工费用。同时根据新的生产组织方式，对班组和岗位进行整合，积极探索设备维护与操作岗位的大工种作业，推行操维合一管理模式，班组数由63个减至54个，降幅14.28%；在岗劳动用工总量减至1219人，超额完成攀钢钒公司下达的2015年底在岗劳动用工总量不大于1248人目标。

2015年，钒业公司受钒渣资源严重不足影响，全年共加工钒渣23.58万吨，较上年降低11.65%，生产氧化钒1.97万吨（以$V_2O_5$计）、高钒铁7903吨、钒氮合金4063吨。2015年钒业公司物耗成本较目标成本降低1776万元，同比降低5826万元，全年成本费用同比降低7973万元，超额完成攀钢钒公司倒逼降本目标408万元，对外加工创收400万元。全年合同兑现率100%，完成吨袋包装4921.15吨，超额完成年初计划14.5%。在钒产品市场价格平均下滑37.9%，利润同比下降3.88亿元的背景下，通过低成本生产，全年实现利润-2.05亿元。氧化钒系统收率首次突破81.8%，最高达到81.82%，钒铁收率达95.31%，钒氮收率达98.5%，较2014年分别提高0.89、0.35和0.1个百分点。

通过实施氧化钒球磨系统优化、精渣焙烧优化试验、浸出与沉淀系统工艺优化、APV洗涤工艺优化、沉淀带式过滤机回收APV、钒铁喷吹冶炼、双通道推板窑达产达效等攻关项目，氧化钒钒渣单耗逐步降低，各项经济技术指标不断刷新纪录，实现科研创效3842万元，其中科技攻关创效2416.4万元，科技项目创效1068.72万元，成果应用与推广创效357.22万元。2015年开展了4种钒的新产品项目产业化研究，其中3种产品实现销售。“粉状五氧化二钒产业化技术研究”项目通过了四川省组织的科技鉴定，获得了2015年度攀枝花市科技进步三等奖，年累计销售量183吨。电池级高纯钒项目完成了攀研院工艺与钒业公司工艺的对比分析，确定了以钒业公司工艺为主线的设备改造方案；完成了120吨/年试验线改造设计与改建；现场进行了70批次连续试验，制备了约27吨高纯$V_2O_5$（其中6吨满足日本银河标准）、2吨高纯AMV。销售4.6吨，其中电池级2吨，非电池级2.6吨，达到了钒电池、彩色玻璃、钒锂电池等高新尖化工行业要求。高纯偏钒酸盐产业化研究项目被列入第二批攀西试验区重大科技攻关项目，已正式启动相关工作并签订招标合同。钒铝合金实现了规模生产与批量销售，产品质量稳定，符合用户需求，2015 年共生产钒铝合金 7.57 吨（折合 AlV50），销售 5.87 吨（折合 AlV50）。打通了氮化钒铁生产工艺，进行了 336 炉 44 千克炉料级试验，共制得 FeV55N11 合金 11 吨，产品质量稳定，符合标准要求。

**【攀钢集团钛业有限责任公司】** 攀钢集团钛业有限责任公司（简称钛业公司）注册资本 16 亿元人民币，2015 年资产总额 73.65 亿元，负债率 79.37%；在岗职工 2626 人（不含东方钛业）。2015 年实现营业收入 14.43 亿元（不含海绵钛 2.79 亿元），利润 -0.95 亿元。

2015 年，钛业公司推进了一系列改革与管理措施：一是在钛冶炼厂试点实行“承包经营”管控模式，充分放权，全面推行“一厂一策”改革措施。二是建立各具特色岗位绩效量化考核体系，初步建立起差异化收入增长机制，科级及以上干部建立起既有共性也有个性的 KPI 指标体系；技术人员、研发人员、技能人员实行任期目标责任制考评模式；一线职工以岗位作业指导书、明星员工评选、绩效积分作为绩效考核的基础和支撑。三是强化技术营销，设立专职技术营销岗位，实行了钛渣、钛白、海绵钛技术总监制，从无到有培养技术营销人员，在技术与销售结合上进行有益尝试；钛业公司领导带队有针对性地走访了钛白粉、海绵钛、钛合金客户 86 家，在不断地走访中看到了产品差距、制定了整改措施，也锁定了目标客户，2015 年开发新客户 26 家（其中包括神户制钢等国外新客户 5 家）。四是强化基础管理工作正式启动，总体规划、局部示范推进五制配套和精益六西格玛等成熟管理体系。钛冶炼厂作为五制配套工作推进试点单位，为钛业公司其他单位启动五制配套摸索了经验；以海绵钛厂为主的 8 个精益六西格玛项目也完成了项目筛选，进入导入阶段，有序推进。

2015 年生产钛白粉 9.98 万吨，同比增长 18.7%；钛渣 10.78 万吨，同比降低 8.88%；海绵钛 8386 吨，同比降低 0.8%；生铁 5.32 万吨，同比降低 14.4%，经营钛精矿 64.07 万吨。2015 年，出口钛白粉 1.77 万吨，出口创汇 2569 万美元；海绵钛出口 140 吨，出口创汇 85 万美元。

围绕“科技强企”战略大力开展重大科学技术攻关，2015 年申请专利 20 项，其中发明专利 11 项，全年专利授权 19 项。争取各级政府政策资金到账 455 万元。开展集团公司及以上重大项目 9 项，继续承担“攀西高钙镁钛渣熔盐氯化技术开发”等 4 项国家级及省部级科研项目；10 矿钛渣炼技术取得重大突破，实现了全 10 矿直接入炉冶炼，吨渣电耗降低 300 千瓦时，冶炼周期缩短 1.5 小时；打通了钛精矿氧化焙烧冶炼钛渣工艺流程，初步测算吨渣冶炼工序成本降低 300 余元。全年合理化建议实施 402 条，命名钛业公司级先进操作法 5 项。

（黄长银）

# 单位简介

# ·板块公司·

## 矿业公司

**【概况】** 2015年末，矿业集团有在岗职工22535人，其中在岗干部4399人（高级职称554人，中级职称2270人，初级职称1557人），生产工人18136人；离退休职工32776人。拥有固定资产原值226.77亿元，净值57.81亿元，新增值27.77亿元。占地面积1.36亿平方米，房屋建筑面积325.61万平方米。下设38个基层单位。机关按照“大部制”模式，设立董事会办公室、决策支持部、海外事业部、生产运营部（安全环保部）、工程设备保障部、计划财务部（资本运营部）、纪委（审计监察部）、党务工作部和工会共计9个部门。

2015年，面对史无前例的困难局面，公司顶住巨大压力，采取超常规措施，全力降本增效，深化改革创新，各项工作取得了新成绩。

生产经营稳中有进。全集团累计生产铁矿石10159万吨、铁精矿3575万吨、钛精矿64万吨、烧结矿299万吨、球团矿495万吨、石灰石718万吨。面对国际矿价大幅下滑的空前挑战，一切以市场和效益为标准，大幅压费节支，优化产线运行，实施“全成本指标评价”，全方位推进系统创新，全年落实344项超常规降本增效措施，实现降本增效35.6亿元，硬碰硬完成了利润考核指标。矿业超常规降本增效成果受到集团公司领导和各方面的充分肯定。

矿业集团上下深入贯彻新《安全生产法》，认真践行“以人为本，安全发展”理念，以实现“双无”为目标，以推进安全标准化建设为主线，深入开展隐患排查整治，狠抓安全责任落实，夯实安全管理基础，实现了安全生产持续稳定发展，安全生产综合指标创历史最好水平。

开展安全标准化创建工作，安全管理基础进一步夯实。强化安全标准化企业、作业区、班组和岗位创建工作。鞍山地区在创建安全标准化作业区基础上，深入开展了“安全标准化星级作业区”创建活动，有37个作业区通过“星级作业区”现场达标评审。攀矿公司有7个单位晋级国家安全标准化二级企业，实现了国家安全标准化二级企业全面达标。矿业集团有32家单位晋级国家安全标准化二级企业。

加快绿色矿山建设，环境治理工作进一步加强。大力推进矿区复垦和生态恢复，完成对关宝山工业景观55万平方米的复垦工作。对排岩场、采场、料场、尾矿库等无组织排放源进行治理，减少了扬尘污染。攀矿公司强化环境污染治理，完成了密地选矿厂除尘改造和噪声治理，以及石灰石矿竖窑电除尘改造工作。

和谐发展实现共建共享。践行“三严三实”要求，认真落实密切联系职工群众“四个一”制度。经积极争取，大连地区棚户区纳入政府改造计划。进一步加强帮扶工作，发放救济款547万元，救助困难职工4003人次。安排10000余名先进模范人物、一线职工和离退休职工进行了健康疗养。

**【矿山项目有序进展】** 经不懈努力，铁矿山后续规划项目获得发改委核准批复，为矿山后续发展奠定了基础。眼前山转井下、弓长岭井下延伸、齐矿二期、鞍千二期等续建项目有序推进。攀矿白马铁矿选钛工程实现联动试车。密地选矿厂铁精矿管道输送系统全面投入运行。西鞍山铁矿、张家湾地下采选、东部矿区尾矿再选等后续项目前准工作全面展开，完成3项采矿权办理，为项目实施创造了条件。

**【改革管理持续升级】** 在全国铁矿山企业率先打造财务共享平台，管控模式实现与国际百强企业接轨。完成了大连两矿整合、瓦矿关停、撤销实业留守处等改革工作。推行“操检合一、操检联酬、专组专列、大工种作业”等用工机制，显著提高了劳动生产率。进一步优化人力资源配置，大幅压缩劳务用工，降低劳务费用3091万元。以“双无”为目标，以安全标准化为主线，深入开展安全评价和现场隐患排查整治，夯实了安全管理基础。智慧矿山建设获得新成果，被工信部评为全国智能制造示范企业，并在第十七届中国国际工业博览会集中展示，受到与会专家的高度关注和一致好评。

**【科技创新成效显著】** 完成科研项目33项，3项成果通过省级鉴定，4项成果获省部级科技进步奖，实现科技增效2.4亿元。“无底柱分段崩落法理论创新与核心技术工程应用”项目获冶金科技一等奖，“矿山数字爆破技术研究与工程应用”项目获辽宁省科技一等奖。完成了国家科技支撑项目“鞍山式极贫赤铁矿高效开发利用新技术研究与示范”申报及研究，获国家专项资金支持。完成11项国家标准、5项行业标准的制定和发布。取得国家受理专利230件，国家授权专利187件，认定专有技术102项，获第21届全国发明展览会金奖2项、银奖2项。

**【产业化经营取得新突破】** 通过拓展高端代理、互为市场、工程配套、多产品营销及贸易业务，实现销售收入1.4亿元。通过推广AMC-1破碎机整机和零部件的应用和外销，开展H8800液压联轴器等部分备件工业试验，实现了备件产业化创效。成功完成铁尾矿改良盐碱地工业实验，进一步延伸了产业链，实现了产业化创效的重大突破。

**【基层党组织建设取得丰硕成果】** 制定下发了《矿业集团党委关于加强基层服务型党组织建设的安排意见》，开展了“四好”班子创建和季度先进党委评比活动，提升了基层党委工作的科学性和实效性。开展了争创“样板党支部”和共产党员工程活动。16个党支部被命名为鞍钢样板党支部，5个党支部被命名为鞍钢党支部工作示范基地。齐大山选矿厂管理计财党支部成为鞍钢唯一机关党支部工作示范基地。完成共产党员工程项目485项，24个项目获集团公司奖项。攀矿公司党委成立六个攻关队全力推动降本增效。供销公司党委开展的共产党员工程项目创效3.77亿元。鞍千矿业公司党委开展的全员创新攻关、齐大山选矿厂党委开展的“四个强化保双无”、东鞍山铁矿党委开展的党员义务奉献、关宝山矿业公司党委筹建组开展的“四保一创”、生产服务中心党委开展的党员目标承诺、动力厂党委开展的全系统创新创效等各具特色的共产党员工程活动，都取得了明显成效。齐大山铁矿党委开展共产党员工程活动的经验在集团公司交流。

强化党建思想政治工作课题研究。完成课题研究成果51项，27项党建工作成果被鞍钢集团党委评为党建工作品牌。矿业集团1项成果获冶金矿山企业文化年会一等奖。攀矿公司党委1项成果获中央企业思想政治工作研究成果三等奖。矿业集团获中央企业党建思想政治工作研究先进集体称号。

**【“三严三实”专题教育扎实深入开展】** 把“三严三实”专题教育作为一项重要政治工作来抓，建立了专题教育实施推进机制，党委中心组召开5次专题学习研讨会。矿业领导班子成员坚持带头开展查摆问题、问计职工活动，累计开展各类调研活动69次，征求各方面意见建议77条，目前正逐步整改落实。矿业两级领导班子成员通过开展对照检查和召开党风廉政建设专题民主生活会，查摆“不严不实”问题1315项，制定整改措施1443项，目前已整改完成1135项。

**【人才队伍建设实现重大突破】** 建立健全领导人员管理相关制度，进一步规范选人用人工作程序，全年交流领导人员133人次，选拔领导人员5人。举办青年干部培训班，对40名优秀青年人才进行了综合能力培训。畅通人才发展通道，在弓长岭球团厂等六家单位开展了工程技术岗位等级序列评聘工作。特别是总经理邵安林同志当选为中国工程院院士，成为鞍钢本土培养的首位院士，这是矿业集团的一件大事喜事，鼓舞士气、振奋人心、催人奋进！

**【宣传思想文化建设取得显著成效】** 加强形势任务教育，下发宣传提纲36篇，编发教育材料2300余份，利用微信平台每天将矿石价格信息发送给全体职工，广泛开展矿业生命线教育，营造了攻坚克难的浓厚氛围。矿业思想政治工作经验在鞍钢集团公司交流。大孤山球团厂党委创建的“五小”思想政治工作模式、东鞍山烧结厂党委实施的思想政治工作闭环管理、大孤山铁矿党委实施的“354”思想政治工作法、弓长岭井下铁矿党委建立的“五百一办”工作机制、眼前山铁矿党委实施的“三化”教育法、武装保卫部党委实施的“三必到五必访”工作制度，都各具特点并取得显著成效。加强信访稳定工作，努力解决职工关注的实际问题，超前化解矛盾，保持了大局稳定。

开展向郭明义、李超、孙利东学习活动，加大典型人物和典型群体选树力度，建立136个先进典型事迹档案。组建郭明义敬业奉献团队54支，组织32场孙利东先进事迹报告会。孙利东同志被评为辽宁省第六届道德模范。推进矿业品牌建设，畅通主流媒体宣传渠道，全年在《辽宁日报》《中国科学报》、中央电视台等省级以上新闻媒体报道稿件346篇。矿业集团形象片《创新之旅》获全国第二届微影视大赛金奖。

**【纪检监察工作得到新加强】** 狠抓压力传导，落实“两个责任”，将“两个责任”落实情况纳入政治工作考核评价。深化纪检监察体制改革，配备专职纪委书记42名。组织协调鞍钢党委专项巡视问题整改工作，17项问题全部整改。根据鞍钢集团公司纪委统一部署，认真落实中央巡视组要求，开展领导人员违反廉洁从业规定和中央八项规定精神等专项治理工作，对3名亲属违规经商办企业的领导人员进行了诫勉谈话，对小食堂、小浴池、小车场等问题进行了全面治理。集中力量查办中央巡视组移交的问题线索，实现了速查速结，圆满完成了上级纪委交办任务。加大执纪问责力度，处分违反党政纪人员20人，组织处理51人。强化效能监察，开展效能监察96项，创效1.1亿元。

**2015年矿业公司通过鉴定的科研成果**

| 序号 | 项目名称 | 完成单位 | 推广效益 | 鉴定级别 | 项目水平 |
| --- | --- | --- | --- | --- | --- |
| 1 | 大型矿山生产优化智能控制系统 | 矿业公司 | 1440万元 | 辽宁金属协会 | 国际先进 |
| 2 | 冶金智能矿山开发技术研究与应用 | 矿业公司 | 10.36亿元 | 中国冶金矿山企业协会 | 国际先进 |
| 3 | 矿山开采工艺过程粉尘控制与治理技术研究 | 矿业公司 | 社会效益巨大 | 中国再生资源回收利用协会 | 国际先进 |

（温熙鑫）

**【齐大山铁矿概况】** 2015年末，齐大山铁矿有在岗职工1990人，其中干部262人（高级技术职称29人，中级技术职称179人，初级技术职称54人），工人1728人。拥有固定资产原值54.6亿元，净值5.52亿元。

2015年该矿各级组织和广大干部职工面对前所未有的压力和挑战，坚持以确保完成产量任务和降本增效为主线，加大生产组织管理和各项降本增效措施的落实力度，努力克服各种费用大幅压缩、人力资源紧张、产品输出压力增大等困难，安全环保、生产经营、企业管理等各项工作仍然保持稳步发展的好势头，为矿业集团生存发展作出了积极贡献。

全年完成采剥总量3896万吨，铁矿石1592万吨；铁精矿395万吨；发电量1.01亿千瓦时；蒸汽量80万吉焦。完成原矿品位28.40%，精矿品位66.91%，输出一级品率达99.32%。实现利润7.21亿元。

生产实现经济运行。生产系统坚持低成本高效率原则，以“优化生产组织、实施经济运行、推进科技创效”为主线，实现了经济、高效、稳定运行。采矿系统通过深化准时化生产，提高了单机台和系统设备效率；通过实施躲峰生产，降低了峰值用电比例；通过优化采场公路，降低了汽车运输成本；通过加强综合配矿，提高了原矿入选品位。选矿系统通过改善破碎产品粒度，稳定磨机运行，提高了磨机台时；通过优化工艺指标，强化生产操作，实现了稳质降尾；通过对新药剂、新设备试验应用，降低了工序成本。热电系统通过保供汽、降煤耗，实现了经济运行。

设备实现高效顺行。通过加强日常点检、维护，合理安排计划修，使设备故障率大幅降低。通过对5台MT3600电动轮汽车、矿破碎站电控系统、选破皮带和振动筛系统、磨磁高低压电控柜、粗细分级系统、过滤真空泵系统等一系列设备改造，以及两台PH电铲和10台NT200电动轮等新设备投入运行，解决了生产的瓶颈问题。

管理水平显著提升。全面挖潜、精细管理，推进管理创新，各项管理工作保持在矿业集团前列。细化单元绩效和岗位绩效管理，提高了管理执行力。优化人力资源管理，降低人工成本，全员劳动生产率处于集团领先水平。采矿文明生产、选矿工艺纪律始终保持公司一流行列。TnPM管理全年度在公司排名第一。

降本增效成效显著。年初确定16项降本增效措施，并细化为101条具体方案，为完成全年利润指标奠定了坚实的基础。为进一步抓好全员修旧利废活动，确定了每月第一周周六为“全员修旧日”，增强了全员降本增效意识。从作业区到部门严把物资消耗关，使全年物资采购成本大幅降低。通过实施岩石内排、应用选矿低温药剂、降低选比等颠覆性措施，全年实现降本增效8044万元，铁精矿成本大幅降低，在目前国际矿价处于40美元/吨左右的情况下，仍有较强竞争力。

职工利益得到维护。坚持把改善职工生产和生活条件，增强企业荣誉感作为企业管理的一项重点工作来抓。通过发挥合理化建议、网络问企、职工代表视察和优秀班组长协会的主渠道作用，保障职工知情权、参与权和监督权。通过采取一系列措施，保证了职工全年收入尤其是生产一线职工没有明显降低。积极为职工解决实际困难，推动扶贫帮困及送温暖工程，全年共救济困难职工449人次，发放救济金23.95万元；为1912名职工办理重大疾病团体保险；积极开展金秋助学活动，奖励22名大学生1.89万元。荣获2015年度辽宁省模范职工之家红旗单位和辽宁省五一劳动奖状等荣誉称号。

党委政治核心作用进一步增强。积极落实党委主体责任，充分发挥党委政治核心作用，认真遵守党委议事规则，党委中心组深入学习贯彻党的十八大、十八届四中、五中全会和习近平总书记系列重要讲话精神，紧紧围绕“打胜降本增效攻坚战，全面提升竞争实力”两条主线，研究推动深化改革和降本增效的思路及措施，提升了破解发展难题的能力。矿党委成立了党建课题攻关小组28个，实施“126”工作模式课题荣获中央企业优秀党建课题研究成果二等奖。创建党员攻关室10个，取得明显成果。

干部作风建设进一步深入。认真开展“三严三实”专题教育，建立了专题教育实施推进机制，党委中心组先后召开了五次专题学习研讨会。班子成员带头开展查摆问题、征集各方面意见、建议64条，全部整改落实。严格执行选人用人的各项规定和程序，选拔交流副科级以上干部3人。认真抓好干部教育培训，全面完成鞍钢、矿业和自主培训计划。加强干部动态管理，深入开展“四学习、四提高”主题实践活动，实施机关干部网上工作写实，机关干部“下基层、察实情、解难题、办实事”实现常态化。

党员先锋模范作用进一步凸显。全面推行政治工作考核评价，深化细化党支部、党小组、党员“三承诺”工作模式，通过开展“当先锋、做模范”等主题实践活动，党员攻关创效2600万元，党员“七个一”活动增加效益980万元，党员在“三无”活动中整改安全隐患756项，“共产党员工程”创效3960万元。开展党建理论研究与实践活动，有2部党员教育片获得鞍钢一等奖，艾喜民同志荣获辽宁省“服务群众好党员”荣誉称号。

党风廉政建设进一步推进。该矿党委认真履行“两个责任”，并在鞍钢介绍了《构筑三道防线，推进关口前移，真正把党委主体责任落到实处》的工作经验，开展“学《准则》、学《条例》、懂规矩、守纪律”活动，全体党员写出心得体会750篇。签订党风廉政、矿产资源、柴油管理责任状22份、廉洁承诺书88份，组织“三管六外”人员培训，梳理人财物等重点廉洁风险岗位161个，加强效能监察工作，杜绝了矿产资源流失。聘请千山法院领导和鞍钢党校教师讲课，组织观看廉政教育片，参加主题教育实践活动达180人次，征集书记上“廉政党课”教案22个、作风建设建议63条、助廉贴心话122条。

企业思想文化建设进一步拓展。紧紧围绕企业降本增效中心任务，引导广大职工积极践行“六种发展理念”，实施心理疏导、人文关怀、解决问题“三位一体”思想政治工作机制，建设特色企业文化，全年编发《齐矿风貌》10期、宣传提纲12期、宣传稿件190余篇。认真贯彻习近平总书记给“郭明义爱心团队”回信精神，大力开展“跟着郭明义学雷锋”活动，不断扩大学习郭明义活动“三化”成果，不断拓展敬业奉献团队，该矿荣获辽宁省文明单位荣誉称号。

（王晓双）

**【大孤山铁矿概况】** 2015年末，大孤山铁矿有在职职工1153人，其中，干部158人（高级职称10人，中级职称92人，初级职称39人），生产工人995人，居家休息职工11人；离退休1800人。矿下设“四室一会”（生产技术室、综合管理室、设备管理室、党委工作室、工会），12个作业区。矿区占地面积1058.6万平方米，建筑面积5.89万平方米。拥有主体设备电铲11台，电机车12台，自翻车85台，牙轮钻机8台，生产汽车29台，推土机8台，破碎机3台。全员劳动生产率达到2.58万吨/(人·年)。

2015年面对前所未有的生产经营压力，该矿干部职工以“素质提升”为工作主线，坚持不躲、不等、不靠的思想，依靠自己的力量战胜困难、攻坚克难，全面完成了生产经营任务。

生产指标持续高水平运行。坚持准时化生产，提高两井系统瞬时流量，固化了以提质增产降耗为重点的精益化生产模式。严格执行采掘计划，加强边坡、挡墙和公路整治力度，促进了生产的良性循环。强化矿石跟踪管理，最大限度提高输出品位，实现了销售收入增长。2015年完成采剥总量3029.45万吨，超计划244.45万吨；自产总量1950.05万吨，超计划165.05万吨；矿石完成605.86万吨；矿石输出品位27.26%，比计划提高0.7%。

安全实现“双无”目标。通过推行专业管理服务、干部绩效评价、组织作用发挥“三到位”管理模式，强化了全员安全责任落实。坚持实施“安全标准化、现场规范化、区域一体化”管理，进一步夯实了基础工作。加大事故案例教育警示宣教力度，扎实开展岗位作业指导书培训考试，有效提升了职工素养。积极推进安全标准化星级作业区创建工作，2015年该矿55个班组、93个岗位全部达到标准化行列，采矿、穿爆两个作业区在现场验收检查中达到星级安全标准化作业区标准，为实现“双无”目标奠定了坚实基础。

设备设施稳定高效顺行。扎实推行设备零故障管理，通过加大岗位自检维护、检点巡查维修、部门监管督办工作力度，提升了设备运行质量，最大限度地压缩了机旁备件，2015年设备综合故障率为2.01%，比公司最优值指标低0.99个百分点，零故障机台月平均达到24台，西井连续90天实现零故障运行。深化设备TnPM管理活动，通过组织示范机台评比等措施，调动了全员参与设备管理工作的热情。从小事细节入手，加大能源监察、工序对标等活动，2015年生产工序能耗0.8千克标煤/吨总量，比计划降低25.9%，生产电单耗2.29千瓦时/吨，比计划降低5.9%。

综合管理能力显著增强。细化完善各项规章制度，修订并推行有效制度137个，为提高制度执行力提供了理论支撑。加大全员综合素质提升工作进度，通过理论培训、实操演练、一对一导师带徒等各种载体，培育职工自主学习意识，为深入开展大工种作业、高等级序列和高技能人才聘用奠定了坚实基础。发挥骨干典型的引领作用，通过组织技术攻关、提出合理化建议、总结先进操作法、申报专利、专有技术及网络问企等各种创新创效平台，累计创效约1071.22万元。发挥集中库房优势，强化物资领耗管理，保证了物资的全寿命追溯。加大法制、防火、保卫、交通专项教育管理工作力度，实现了“物资无流失、职工无违纪”的工作目标。

成本管控取得骄人业绩。从年初起步就广泛开展节能降耗大讨论活动，牢固树立全员过“紧日子”思想。从预算编制到实施，最大限度地压缩各类可控费用。紧紧围绕“优化生产组织、降低备件损耗、强化资源管理、科学调配人力资源、提升技术装备水平、确保安全生产”六大方面打响降本增效攻坚战，广大干部职工集思广益献计献策，共推出17大项45个子项100余个单项具体措施并取得巨大成效，2015年物资累计消耗同比降低35%，提前两个月完成公司成本利润考核指标。

（唐　磊）

**【东鞍山铁矿概况】** 2015年末，东鞍山铁矿有在岗职工849人，其中，干部110人（高级职称11人，中级职称60人，初级职称34人），工人739人；离退休职工1603人。矿下设“四室一会”（生产技术室、综合管理室、设备室、党委工作室和工会），11个作业区。固定资产原值8.17亿元，净值为15万元。矿区占地面积1117万平方米，建筑面积5.6万平方米，主要生产设备有钻机5台，电铲20台，电机车20台，大型生产汽车28台，岩石破碎胶带排岩系统1套，振动放矿系统2套。从业人员劳动生产率达到1.4万吨/（人·年）。

2015年，面对国际矿价持续下跌的巨大市场冲击，东矿广大干部职工坚持以“六种发展理念”为统领，紧紧抓住降本增效这一主线，广泛发动职工，细化工作措施，积极应对成本大幅压缩、生产模式调整的挑战，较好地完成了降成本、保供矿任务，各项工作也都取得了可喜成绩。

生产经营平稳有序。全年采剥总量完成1253.87万吨；输出铁矿石完成483.5万吨；重点部位完成149.42万吨，超计划29.42万吨；矿石输出品位完成31.16%，超目标计划0.36%。结合产量调整，灵活实施停开设备、巷运夜班单班生产和计划阶段性停产等经济运行模式，生产组织效率大幅提高。强化采场循环调整，积极应对矿石输出结构变化，加强综合配矿，满足了东烧选矿需求。强化重点工程施工组织管理，岩破系统1号胶带机生产延伸顺利完成；矿破胶带系统完成了4号胶带机斜井掘进，破碎站建设完成了-24米至-19.5米钢筋混凝土浇筑。

设备保障坚实有力。以深化TnPM管理为主线，严格按照“六个维度”标准，扎实开展设备检查评价，设备基础管理水平稳步提升。强化主体设备计划检修、岗位自检自修和星级评价，设备检修质量和维护水平得到提高。贯彻集团“完善设备功能，提高设备精度”活动要求，加强设备故障管理和设备设施隐患整治，设备技术状况不断改善，主体设备完好率、故障率均好于公司计划。深化设备零故障管理，主体设备保障能力进一步增强。理顺备件管理流程，备件闭环管理机制更趋完善。

企业管理更加规范。强化基础管理，全年修订完善管理制度35项，形成21个专业314项管理制度体系。深化管理创新活动，征集管理创新论文9篇，其中《基于提升全员执行力的星级文化管理》获鞍钢集团管理现代化创新成果二等奖。优化人力资源管理，将实施经济运行模式节约人员调整到生产辅助和检修岗位，取消破碎机隐患整治和皮带清扫等30余项外委包保项目的工作任务，全部由本矿职工自行承担。加大职工技术技能培训力度，全年举办各类职工培训131期，培训人员达2445人次。广泛开展“网络问企”活动，职工提出建议1124条。严密防控，盗采矿产资源和矿区盗窃案件得到有效遏制。

经济运行提档升级。层层细化分解成本费用指标，充分调动全员降本增效的积极性。强化材料备件盘点，改进库房管理方式，突出月材料备件集中审核，进一步盘活了资产，降低了成本。强化预算、物耗和工序成本分析，生产运营成本管控能力得到加强。通过实施经济运行模式、加强物资管控、加强能源监察、应用节能新技术、开展双增双节活动等措施，确保了降本增效目标的实现。铁矿石完全单位成本65.46元/吨，比计划降低2.23元/吨；实现销售收入3.89亿元；利润完成1.45亿元，超计划1175万元。

科技创新助推发展。“大型矿山矿石智能配矿动态优化系统研究”完成验收、评议，通过了省级科研成果鉴定；“东鞍山铁矿天空地一体化边坡监测与安全预警系统研究”完成申报，2个科研项目均已在生产中发挥了重要作用。开展科研攻关与合理合建议征集活动，申报国家专利13项、专有技术9项；征集合理合建议115项，实施79项。注重工艺纪律日常化管理，采场工艺纪律状况得到改善。

安全环保扎实推进。逐级落实安全生产管理责任，安全监管工作进一步加强。深入开展职工安全教育培训、事故案例讨论，增强了职工自我约束和安全防范能力。深化危险辨识、安全评价和安全大检查活动，查处现场隐患、职工违章815项，全部做了整改。强化相关方安全监管，区域一体化管理水平得到提升。加强安全标准化建设，推动了“双无”目标的实现。加大采场扬尘治理和矿区绿化复垦力度，矿区环境得到美化。

职工生活持续改善。较好地完成了生产经营任务和公司绩效考核指标，职工收入在严峻的生产经营形势下保持了稳定，该矿职工对此感到非常满意。修缮职工浴池、休息室、作业厂房等设施，职工工作、休息环境和洗浴条件得到改善。实施“温暖工程”，救济困难职工161人次，发放救济金12.65万元。安排612名一线职工、先进模范和患病职工健康疗养。

党建工作取得新进展。发挥党组织的战斗堡垒作用，为打胜降本增效攻坚战提供组织保证。以党支部创标为载体，加强基层党支部和党员队伍建设。以党建创新为载体，落实党建责任制。注重矿领导班子成员抓党建工作的落实，要求班子成员在做好分管工作的同时，要抓好所在党支部和包保作业区党支部的党建工作。开展了“共产党员工程”活动，全年共确立共产党员工程62项，创效800余万元。在全矿党员中开展“义务奉献从我做起，绿地管护由我负责”的党员义务奉献活动，负责全矿区草坪维护、防洪沟清理和矿区道路及机关大院的清扫工作，共节约管理费用220余万元。以形势任务教育为平台，加大宣传力度，统一了职工思想认识，增强思想政治工作的群众基础。以“三四六”星级文化建设为平台，深入践行“六种发展理念”。以典型选树为平台，为员工树立学习的标杆和榜样。孙利东同志已先后获得鞍山道德模范、鞍山市见义勇为模范和“辽宁省道德模范”荣誉称号。扎实开展“三严三实”专题教育，为打胜降本增效攻坚战营造勇于担当、务实创新的良好氛围。共青团组织扎实推进“青年创新登高”“跟着郭明义学雷锋”等活动。组织部分团员承担机关楼周边的草坪维护及修剪工作，定期到大屯福寿缘敬老院开展助老公益活动。

（由继宏）

【眼前山铁矿概况】 2015年末，该矿有在职职工661人。在岗职工637人，其中干部133人（高级职称11人，中级职称56人，初级职称52人），工人528人。该矿下设四室一会、10个作业区。固定资产原值6.58亿元，企业占地面积1334.7万平方米。主要生产设备共有50台，其中1354凿岩台车、掘进台车、铲运机、重型卡车等井下生产设备处于世界先进水平。

2015年，全矿干部职工攻坚克难，全面完成了生产经营计划和各项任务。采掘总量、铁矿石、铁矿石输出分别完成141.2万吨、107.3万吨、111.2万吨，分别超计划4.58%、1.23%、1.1%；掘进完成22.14万吨，超计划2.14万吨；中深孔完成21.56万米，超计划1.16万米；铁矿石输出品位完成22.98%，超计划0.48个百分点；实现人身轻伤以上事故、重大设备、火灾、交通、环境污染事故为零。

持续生产能力显著提高。针对西端帮缓采、掘进滞后、-141米主运输巷道不畅等问题，开展巷道环境专项治理，采取有效措施，保证了产量计划完成。突出提高矿石产量和矿石品位，加强中和配矿，满足了集团不同时期对矿石的需求。强化三级矿量均衡，合理安排采掘部位，有序均衡组织生产，提高了持续生产能力。提高设备运行质量，建立设备故障专项分析制度，加强设备点检维护和计划检修，开展设备集中整治和操作技术培训。主体设备综合完好率98.2%，甲级维护率100%，综合故障率降低6.8%。设备TnPM管理继续保持集团先进。

安全生产长周期持续稳定。强化安全管理观念转变，创新安全管理方式，坚持问题导向和问题整改，推进安全6个管理观念的转变，促进了安全“双无”措施有效落实。强化安全责任落实、强化隐患查改、强化安全标准化建设。

降本增效攻坚取得新成效。实行全员降本增效攻坚，层层落实成本指标和责任，形成全员变降成本压力为动力。双增双节、修旧利废创效448万元。开展全员杜绝浪费活动，查摆浪费问题213个，避免浪费86万元。增产矿石1.3万吨，创收96.85万元；提高矿石输出品位创效345万元；开展设备技术改造创效52万元；改进井下采掘工艺技术，创效280万元；清仓利库创效401万元；设备部件外委转自修45项，节约290万元。躲峰生产节约电费194.5万元；强化电能监察减少损失70万元；优化井下巷道运输车辆配置和运距，根据季节变化调整柴油标号等，节约柴油95万元。

管理升级再上新台阶。深化精细化、对标管理，新建制度48个，修改完善17个。统一规范生产统计和各种记录台账，强化机旁库存物资治理整顿。有4个管理创新成果在省、鞍钢、矿业集团获奖。深入开展对标活动，考核地下铁矿的11项技经指标，该矿有3项进入全国36家重点井下矿前10名。优化人力资源管理，有11个井下岗位人员竞聘上岗，12人竞聘到班长岗位。优化劳动组织、实行大工种作业，调剂52人次；深挖内部潜力，调动职工积极性，承担外委转自营项目7项，节约包保费用202.26万元。加强职工培训，举办各种技术培训班48个、1680人参加，20个工种170人通过职业技能鉴定，通过率64.29%。获得鞍钢技术状元1人，矿业技术状元5人。

工程建设实现新突破。完善工程网络计划，优化工程设计及施工方式。全面落实工程区域安全管理责任，严格工程质量监管。实行工程建设与生产准备一体化管理，提前配置井下岗位人员，加强上岗前培训。提前参与井下工程和设备、设施安装调试，为投产奠定了基础。到年末，已完成全部井下掘砌工程总量的86.59%，在建地表工程按目标工期顺利进行。设备到货60%，其中有30%设备进入安装调试阶段。关键工程项目节约投资442.77万元。

职工生活和工作环境有新改善。改造职工休息室和工作室6处，增加井下防烟尘设施24个，开展职业病体检344人，健康体检685人，538人健康疗养；走访慰问312人次，发放救济款14.3万元，救助困难职工408人次。加大工资奖励向井下单位和职工倾斜，在完成任务基础上和生产经营极其困难的情况下，保证了全矿职工工资收入。

（李　娜）

【大孤山球团厂概况】 2015年末，大孤山球团厂共有职工1111人，其中管理技术岗位140人（具有高级职称18人，中级职称84人，初级职称30人），生产服务岗位971人，长病职工3人，居家休息职工24人；离退休职工835人。下设4室1会、10个作业区、1个分厂。固定资产原值13.13

亿元，净值3.63亿元。球团生产线采用目前国际较为先进的链箅机-回转窑氧化球团生产工艺，其设计能力为年产酸性氧化球团矿200万吨。全厂占地总面积354.78万平方米，建筑面积20.74万平方米。主要设备有球磨机34台、破碎机11台。由于受鞍钢需求减少及球团、三选停产等原因，全年铁精矿完成212.46万吨，球团矿完成153.95万吨，分别比计划欠产2.54万吨、55.05万吨；铁精矿、球团矿单位完全成本分别达到433.1元/吨、575.78元/吨，分别比计划降低18.59元/吨、20.2元/吨，总成本降低7059.1万元；实现利润3.93亿元，比计划多完成510.3万元。全员劳动生产率选矿区域8941.05吨/(人·年)，球团区域4736.82吨/(人·年)；千人负伤率为零。

2015年，该厂干部职工围绕“两抓两保两实现”工作主线，深入践行六种发展理念，积极落实降本增效措施，克服了外部矿源条件差、生产组织难度大、降本增效压力大等困难，各项工作取得了来之不易的成绩。一是生产经营在困境中实现了稳中有进。加强矿石性质跟踪指导，优化生产组织模式，调整操作方法，合理组织转车，狠抓稳质降尾攻关，适时启动保产应急预案，有效应对外部供水、供矿紧张的突发情况，克服了大量难选矿入选带来质量指标难达，生产成本升高的巨大困难。搞好产销平衡，在球团矿需求量减少，尤其是11月以来球团生产线计划停产，产能受限的情况下，合理调整产能，优化系统运行，以销定产，有计划组织设备检修，有序安排球团矿落地，加强矿石储备，搞好平衡，实现了效益最大化。二是设备运行总体稳定。围绕确保设备经济稳定运行的主线，适时组织开展了设备设施缺陷专项检查治理活动；坚持以专业点检为核心，充分发挥三级点检作用；从规范基础工作抓起，有计划、有重点推进了TnPM管理工作；以节能降耗为重点，制定了压费、外委转自营、利库修旧等降耗措施，尤其是严把外委立项关，自修比率达62.37%，比上年实际提高16.85%。大幅压缩备件和材料库存，降低了资金占用。统筹安排球团、选矿区域设备定修，实现两线联动检修，组织实施了历时一个月球团生产线年修，共完成检修项目404项，为增产创效创造了有利条件。三是“双无”工作取得新进展。以推进“双无”为主线，全面开展了季节性安全防范、安全主题论坛、全员持证上岗、防触电、防中暑、“6·26”警钟长鸣等安全教育和培训；以消除现场隐患，实现本质安全为目标，先后开展了春季安全大检查、七个方面专项整治、相关方管理、安全员互检、日常安全检点和各类检修作业过程控制，及时消除了安全隐患；制定实施了操作和现场标准化实施方案，加大了安全标准化创建力度，厂获得了省安全标准化二级企业资格。围绕防火安全、厂区交通管理、治安防范等重点工作，加大了专项检查、防范和管控的力度，保证了厂区稳定。四是科技创新获得显著成果。全年完成降本增效项目38项，创效2978.42万元。共完成双革项目147项、技术攻关8项，累计创效1100万元。完成鞍钢级重大合理化建议和技术改进项目9项，创效益854.97万元。获得国家知识产权局受理专利8项，授权专利6项，经评审认定专有技术8项。重点完成了入选矿石性质及操作策略研究、再选尾矿工艺流程改造、提高中破机效率、喷吹煤和动力煤混合使用试验、过滤滤液水回收再利用、三选实施“三对一”转车和半场检修、磁选优化生产组织模式、全磁精矿球团生产试验等较大技术攻关项目。其中再选尾矿工艺流程优化改造成果显著，既简化了流程，改善了技经指标，降低了尾矿磁性铁，又实现了节能降耗，年创效100万元以上。利用全磁精矿生产球团矿，仅节省运费就达295万元，煤耗由21.05千克/吨，降至19.17千克/吨，创效130万元。五是企业管理水平有了明显提升。加强规章制度建设，修改完善了作业区管理模块，优化厂规章制度体系框架，保证了制度体系有效运行；加强班组建设，组织开展了样板班组创建和岗位达标评选活动，坚持每个季度综合检查、评定和考核，全年有29个班组晋级为样板班组，达标率55%，全厂118个岗位共评出23个达标岗位、72个基本达标岗位，进一步提高了班组建设水平；深入开展网络问企活动，共提合理化建议1799项，实施1757项，获得鞍钢集团网络问企优秀组织单位；组织了职工技能培训和全员技术大练兵考试，获得厂技术状元22人、技术能手232人，获得鞍钢技术状元2名、矿业集团技术状元1名，技术能手24名。组织开展了高技能人才聘任工作，共聘任69名，进一步调动了职工学技术、练技能的积极性。六是和谐企业建设得到进一步加强。组织开展了以

“两抓两保两实现”为专题的形势任务教育，深入开展了“五小”思想政治工作活动，营建了稳定、和谐、向上的人文氛围。通过开展“三严三实”专题教育，进一步改进了领导干部作风，营造了风清气正的政治生态。坚持以人为本，注重关心职工生活。全年共走访慰问困难职工320人次，救助469人，发放救济金19.07万元。组织职工健康体检1170人次，安排720名一线职工、先进模范人物健康疗养，为1184名职工过主题生日。开展了“金秋助学”活动，为13名职工子女发放助学奖励金8000元。举办了丰富多彩的文体活动，活跃了职工业余文化生活。

（张明洪　张绍平）

**【齐大山选矿厂概况】** 2015年末，齐大山选矿厂有在职职工924人，其中管理专业技术人员134人，生产服务人员790人。该厂下设四室一会、8个作业区。固定资产原值9.45亿元，净值2.45亿元。主要设备有：1350/180毫米旋回破碎机1台，H8800中破机2台，HP800细破机5台，$\phi$5030毫米×6400毫米球磨机1台，$\phi$3600毫米×4000毫米球磨机14台，$\phi$2700毫米×3600毫米球磨机10台。

2015年，面对生产经营前所未有的挑战，该厂以降本增效为核心，用颠覆性、创造性思路谋划工作，采取超常规措施，千方百计降成本，不断提升降本增效能力，超额完成了2015年全年各项生产经营任务。

生产经营实现了大跨越。依靠科技攻关降本增效，综合技经指标，定性、定量评价矿石的可选性和经济性，创建了P指数模型，并用于生产实践，生产经营取得了突出业绩，2015年，该厂原品完成28.05%，精品完成67.44%，尾品完成10%，收率完成83.36%，2015年全年生产铁精矿313.5万吨，比年初计划多完成18.5万吨，铁精矿产量超计划、超同期、超该厂2007年313万吨的历史最好水平。

降本增效成绩显著。该厂以降本增效为核心，坚持“技术优先，管控并举”的降本工作思路，千方百计降成本，2015年全年铁精矿完全成本降至376元/吨精矿，比2014年降低45元/吨精矿，达到该厂历年来最低水平。按照矿业集团考核口径，2015年全年利润超计划4890万元。

管理进一步升级。从“避免事故就是最大的降本增效”出发，强化设备管理，实施“一一二三”管理模式，实现了设备稳定、高效、长周期、零故障运行目标。推行精细化管理，组织申报管理创新成果14项，全年申报受理专利12项，认定专有技术8项，推荐鞍钢重大合理化建议8项。在鞍钢和矿业集团技术大练兵中，夺得状元2名、技术能手31名。深度推进信息化管理、自动化操作和大工种作业等措施，有效解决了职工退休自然减员问题。

党组织的政治核心和保障作用充分发挥。以“融入进入”的党建工作思路为指导，大力实施“四个四”工程，推进党建工作与生产经营深度融合；以强班子、打基础、选载体、激活力为内容，全面加强党支部建设，促进党支部战斗堡垒作用发挥。该厂管理计财党支部被授予“鞍钢集团党支部工作示范基地”称号，成为鞍钢首个机关党支部工作示范基地。

职工利益得到切实维护。不断改善职工作业环境，定期开展职工代表视察活动，2015年全年共解决职工诉求16项，视察出的问题全部得到解决。依靠职工群众办企业，持续开展合理化建议征集活动，征集可行性措施487项。加大困难职工帮扶力度，使用救济款7.16万元，救助困难职工266人次；发放医疗救助资金5.74万元，救助大病职工6人。2015年评选优秀员工178名。

（穆余利）

**【东鞍山烧结厂概况】** 2015年末，东鞍山烧结厂有职工1411人，其中干部岗位197人，工人岗位1167人，居家休息职工37人，列编外10人。离退休职工1861人。

该厂下设四室一会，9个作业区。拥有固定资产原值14.86亿元，净值4.2亿元。厂区总占地面积为475.6万平方米，总建筑面积26万平方米。

2015年，该厂面对全年需降本增效3.7亿元的生存挑战，创新工作思路，深入推进对标挖潜、管理提升、科技创新三条主线工作，实施了一系列超常规、颠覆性措施。全年铁精矿、烧结矿、活性灰生产量分别完成173.73万吨、299.15万吨、20.37万吨，实现销售收入14.8亿元。全年铁精矿、烧结矿、活性灰三大产品单位成本比上年分别降低53.07元/吨、154.66元/吨、94.73元/吨。

该厂通过精益生产组织，实施了选矿“2对3”生产模式，选矿比累计完成2.66倍，创效1.44亿元。优化烧结铁料、原燃料结构与熔剂配比，实现了生产效益最大化。实施了破碎系统躲峰填谷准时化生产、输送半厂生产、活性灰“两提两降”等经济运行模式。

大力推进科技创新，实施了选矿再磨系统闭路改造、强磁机自循环改造，应用了浮选低温药剂、絮凝剂等新型药剂，开展了中磁机替代弱磁机、全赤铁精矿烧结、活性灰小粒度煅烧等工业试验。污水回收泵站、浊环水泵永磁调速装置等节能减排项目投入使用。8项专利获国家授权受理，5项专有技术获集团公司认定。全年科技创效2亿元。全厂职工共提出“网络问企”合理化建议1094项，实施946项，创效1200余万元。该厂被鞍钢集团评为网络问企优秀组织单位。

大力推进管理升级，建立了目标化管理绩效考评体系。实施了检修“区域包修制”，完成外委转自修152项，创效510万元。开展“全员算细账反浪费”活动，共查摆105种浪费现象。深入开展安全标准化创建活动，深化TnPM管理，现场设备设施和作业环境得到持续改善。选矿仇肇胜、高尚宝夺得鞍钢集团技术状元。

坚持为职工办实事，共救助困难职工625人次，发放救助金22.39万元。为32名职工子女发放金秋助学金2.92万元。

该厂党委深入开展“三严三实”活动，建立了领导班子沟通、学习、表率和责任倒查四项工作机制，制定了班子成员包片联点工作细则和工作值班日制度，切实转变工作作风。实施了干部工作业绩评价制。实行了思想政治工作闭环管理机制，受理解决112项思想问题。开展了“创新创效降成本、爱岗敬业当先锋”为主题的共产党员工程活动，完成党员工程项目217项，创效2900万元。原料作业区党支部被命名为鞍钢样板党支部。

（张仁友）

**【鞍千矿业有限责任公司概况】** 2015年末，鞍千矿业有限责任公司共有职工957人，其中干部86人（教授级职称2人，高级职称12人，中级职称51人，初级职称17人），工人871人。下设四室一会，11个作业区。该公司实行精干高效的扁平化管理体制，检修、后勤服务、保卫等实行协力机制。企业固定资产原值18.54亿元，净值6.29亿元。厂区占地面积460万平方米（选厂44万平方米），建筑面积5.42万平方米。主要设备有4立方米电铲14台，10立方米电铲8台，牙轮钻机11台（YZ35型9台，YZ55型2台），生产汽车92台（斯太尔2台，沃尔沃30台，卡特30台，小松10台，TR100 20台），推土机16台，PXZ1216粗破机3台，H8800中碎机2台，H8800细破机3台，HP800细破机1台，$\phi$5030毫米×6400毫米球磨机6台，SLon立环脉动磁选机18台，过滤机12台。

2015年，面对前所未有的生产经营压力，鞍千公司干部职工不等、不靠、不要，紧紧依靠自身力量应对困难，全年完成采剥总量5408万吨、铁矿石1244万吨、铁精矿238万吨，二期扩建完成剥岩2099万吨。原矿入选品位26.01%，精矿品位67.6%，产量、质量均超额完成年度计划。全年实现利润3.23亿元，多上缴利润3109万元。铁精矿产量达历史新高，单位成本创历史最低。

降本增效成果显著。成立管理创新、技能攻关、科技创效、降耗节支、建言献策五个创新攻关工作室。五室互动，攻关立题125个，全年创效1.7亿多元。开足马力最大限度挖掘增产效益，精矿超产13万吨增创利润4050万元；超常规调整采场布局和产量结构，在保证原品增加1个百分点基础上，又降低剥岩成本4450余万元。在严格落实矿业集团下达的公路运费等可控费用降低幅度基础上，按照“内部单位承揽压缩合理、外部承揽‘零’‘微’利润”的原则，进一步压缩定额、限额成本和保产作业费1720万元，取消马路清扫、边坡维护等外委项目20余个，压缩费用1340万元。全年实现降本增效2.8亿元。

生产管理进一步提升。充分发挥采选联合优势，突出各工序的协调配合，准时化生产执行率和采掘计划执行率达到90%以上。采矿系统按照设备能力上限规划布局，一次性封停设备20台，阶段性封停设备5台，最大限度发挥设备效率。加大山正、许东沟六采等重点部位采掘，强化输出组织，全力保地区供矿平衡。选厂提高设备技术状况，优化工艺操作，进一步稳质降尾。强化生产动态调整，有效化解工艺改造、试车调试对生产组织的干扰，实现平稳运行。强化工艺纪律管理，采矿文明生产、公路管理、选矿作业环境明显改善，全年工艺纪律排名位居集团前列。

设备技术状况明显改善。扎实推进设备零故障管理。实施采掘设备故障专项整治，取消了采场夜间机械检修作业。探索协力辅助点检机制，弥补内部点检人员技术上的不足。强化设备问题责任追究，实行管理人员连带考核，全年分析考核故障和事故500余项，考核直接责任者331人次，连带考核管理者18人次。利用信息化手段推进备品备件全寿命周期管理，有效堵塞了管理漏洞。全年采、选主体设备故障率同比下降23%和2%。采矿工序能耗、选矿工序能耗分别比计划降低12.98%和16.42%。

企业管理再上新水平。整合两个汽运作业区职能，促进运输车辆和工程机械的保障能力进一步提升。实行物资集中管控，有效降低了流失和资金浪费。对各部室、作业区业务职责、流程、区域进行重新梳理划分，消除了管理盲区。优化岗位设置，推行大工种作业和巡检制，合并岗位46个，缓解了人员不足压力。完善激励机制，对创新创效突出贡献职工进行奖励，推行机台长负责制，通过提高待遇和反向考核等措施，提升机台长责任意识。强化法制、防火、保卫、交通专项教育管理工作，综合管理水平明显提升。

"三严三实"专题教育活动扎实有效。把开展"三严三实"专题教育活动作为加强领导班子和党员干部作风建设的重要抓手，认真制订活动方案，扎实推进活动开展。领导班子及成员坚持以问题为导向，认真开展调查研究、学习研讨和专题民主生活会，查找和整改不严不实问题。同时，积极开展主题党课活动，引导广大党员干部增强党性观念和责任意识，树立"严"和"实"的作风，推动了专题教育活动的有效开展。

宣传思想工作紧贴生产经营实际。结合钢材和铁矿石价格双下降的严峻形势，以"形势怎么看、成本怎么算、工作怎么干"为主题，组织中层干部和生产骨干编写43期班前5分钟宣传提纲，下发形势任务教育材料32期，中层干部跟班讲形势108人次，营造了拼搏进取、共克时艰的氛围。坚持"抓住10个时候、关注15种人"的安全思想工作方法，发现并化解矛盾26个，消除思想隐患34起，助推了安全生产。

基层党组织建设取得新成果。深入开展党支部达标创先和季评党员责任区、先锋岗活动，激发了支部工作活力。加强党员教育管理，开展"立足岗位学李超，为打胜降本增效攻坚战作贡献"等主题党课教育，征集党建和思想政治工作论文17篇，7篇文章在鞍钢和矿业集团获奖。深入开展党员奉献、"保双无"特色共产党员工程和共产党员微项目征集活动，全年共确立共产党员工程项目59个，创效2344万元，6个项目被鞍钢和矿业集团党委评为优秀共产党员工程项目。

党风廉政建设把握关键起作用。认真落实党委主体责任、纪委监督责任和两级班子成员"一岗双责"，进一步树立起"抓不好党风廉政建设是失职"的理念。与14个党支部签订《党风廉政建设责任状》，推动了党风廉政建设责任层层落实。深化廉洁风险防控体系建设，排查确定廉洁风险岗位86个，制定防控措施59个。组织党员干部深入学习中国共产党《廉洁自律准则》和《纪律处分条例》，增强了廉洁从业自觉性。扎实开展效能监察，重点组织实施矿产资源保护、废旧物资管理、能源管理、柴油管理、协力合同履行等5个监察项目，创效393万元。

（潘　洋）

**【关宝山矿业有限公司概况】** 截至2015年末，关宝山矿业有限公司共有职工202人，其中管理技术岗位35人（高级职称9人，中级职称25人，初级职称1人）。公司机关设"四室一会"，下设6个作业区。拥有固定资产净值19.74亿元。主要设备有PXZ-1216悬挂式旋回破碎机1台、H8800中破机2台、HP800细破机4台、2YAH2460圆振动筛8台、$\phi$6.2米×9.0米溢流型球磨机2台、VTM-1500立磨机6台、$\phi$3000立环脉动高梯度磁选机7台、浮选机34台、$\phi$50米浓缩机4台、$\phi$38米浓缩机2台、$\phi$60米浓缩机2台、$\phi$38米机械加速斜板澄清池2台、VPA 2040-54压滤机3台、35吨锅炉3台。

生产经营趋于稳定。在停产调整6个多月的情况下，全年完成采剥总量413.5万吨，铁矿石178.8万吨，生产铁精矿60.5万吨。四季度恢复生产以来，各项生产经营指标稳步提升。满负荷生产期间，平均日产精矿达到5838吨，超设计，铁精矿品位达到64%~66%。矿石的可选性明显改善，选比降低 23.2%，铁精矿单位成本降低了 123.77 元/吨。

工程建设积极推进。绿化工程、装饰工程等如期完工。工程建设遗留问题逐步得到解决。完成工程购置设备未达到保质期而损坏的 14 种、共 24 件的索赔，挽回经济损失 403 万元；督促整改 26 项工程施工质量问题。关宝山采选项目工程荣获 2015 年度全国冶金行业优质工程奖。

安全管理不断提升。制定下发《鞍钢集团关宝山矿业有限公司关于对相关方实行一体化安全管理实施办法（试行）》《关宝山矿业有限公司生产经营管理问题问责制度》等管理制度 80 余项，不断健全安全管理体系。严格落实安全生产责任制，深入开展隐患排查整治工作，实现轻伤以上事故为零。

技术改造成效明显。完成一段弱磁磁系由 240 毫特斯拉更换为 400 毫特斯拉，增加一段弱磁精矿产率 3.77%，降低一段弱磁尾矿品位 1.47%；改造二次旋给泵池混矿箱，保证了二次旋给泵给矿条件均匀；改造尾矿溜槽等 15 个改造项目，为稳定精矿指标，实现降本增效提供了保障。

设备管理不断夯实。完善了“三大规程”和“四大标准”，形成了近 35 万字的设备标准、规范资料。完成了工程决算工作，形成固定资产总值 19.7 亿元。进行立磨机衬板、过滤布的国产化试验、球磨机衬板长寿化试验，并完成了对中、细破碎机和粗破机衬板进行长寿化试验前的各项准备，为设备稳定运行奠定了基础。

企业管理逐步规范。通过岗位职工业务界定、大区域巡检、检修维护项目重新整合、外委费用重新核定等措施，不断优化人力资源管理。建立绩效评价考核体系，实施《2015 年绩效评价考核办法（试行）》，充分发挥绩效考核的导向作用，促进了各项管理工作有效贯彻和落实。

职工素质稳步提升。紧密围绕生产经营重点、难点开展全员参加的技术培训、岗位练兵和技术竞赛活动，将技术练兵与日常教育培训相结合，理论培训与实际操作演练相结合，做到自下而上、全面覆盖，实现整体提升的目标。职工技术大练兵活动全面展开，有 1 人获得鞍钢集团公司技术状元称号。

群众工作持续深入。践行“三严三实”要求，认真落实密切联系职工群众“四个一”制度。抓好困难职工帮扶救助工作，发放救济款 1.7 万元，救助困难职工 47 人次。安排 60 余名一线职工进行了健康疗养。

（王忠宇）

**【大连石灰石矿概况】** 大连石灰石矿是我国大型石灰石露天矿山，是鞍钢重要石灰石原料基地之一。该矿位于辽东半岛南端的大连市甘井子区，矿山占地面积 343 万平方米，建筑面积 3.31 万平方米。

2015 年末，大连石灰石矿共有职工 403 人，其中干部 75 人（高级职称 3 人，中级职称 35 人），工人 328 人，居家离岗 32 人。离休人员 14 人，退休职工 1320 人。设有采矿、运行、输出、检修协力中心等 4 个主体作业区，另有生活协力中心 1 个辅助作业区，机关设党委工作室、综合管理室、生产技术室、设备室、财务室、武装保卫队、供应站、工会等部室。矿山党委属地化归大连市经济和信息化委员会党委管理，下设 11 个党支部，有党员 211 名，矿山纪委属地化归大连市经济和信息化委员会纪委管理，矿山工会属地化归大连市总工会机械重工电子信息工会管理。

截至 2015 年末，拥有固定资产原值 1.06 亿元，净值 2100.29 万元，现有 4 台 WK-4 电铲、2 台十五番破碎机、9 台 ND-135 机车、49 台 KF-20 矿车、1 座 66 千伏变电所等主要生产设备。

2015 年 4 月 13 日，根据鞍钢集团和鞍钢矿业集团总体部署，大连石灰石矿开始实施全面停产，并正式启动闭矿程序。鞍钢集团和鞍钢矿业集团根据国家、大连市企业关闭人员安置相关政策，下达了《关于鞍钢矿业集团大连地区石灰石矿改革方案的批复》（鞍钢政发〔2015〕72 号）和《关于鞍钢矿业集团大连地区石灰石矿改革的决定》（矿业政发〔2015〕135 号）等文件，同时，该矿在鞍钢矿业集团的领导下，组织制定了《鞍钢矿业大连两矿整合人员安置实施细则》。11 月 17 日，大连石灰石矿召开了“大连矿十四届十二次职工代表大会”，审议讨论了《矿业集团大连两矿整合人员安置实施细则（草案）》，并全票通过了该细则，为大连矿特殊时期平稳过渡、顺利完成大连地区两矿整合打下了基础。

启动闭矿程序后，该矿党政工领导集体从关心职工家庭生活和职工队伍长久稳定出发，建立职工思想政治工作网络体系，通过多方位耐心细致的思想工作和及时解决职工的实际困难，向职工交底，让职工安心、暖心。在征求全体职工意见和听取多方建议的基础上，设置了“协商一致解除劳动合同”“离岗居家休息”和“竞争上岗”等五种职工安置渠道，得到了全体职工的充分理解和有力支持，为成功实施大连地区石灰石矿改革，为矿业集团“止住出血点”作出了积极贡献，也为落实鞍钢产业退出政策，树立了改革成功范例。大连地区两矿改革的顺利实施，是“我靠矿山生存，矿山靠我发展”核心价值观的真实体现，是和谐矿山建设的又一硕果。

至2015年12月31日，大连地区两矿全面完成了整合工作，实现了平稳过渡的目标，没有发生职工上访、群访案件。大连矿共有204名职工竞聘到大连新矿工作，另有4名职工办理了“协商一致解除劳动合同”、191名职工自愿办理了“离岗居家休息”。同时，该矿按集团要求，完成了设备等资产的划拨、封存等工作，1台WK-4电铲，1台YZ-35牙轮钻，1台SWDA165潜孔钻机，1台沃尔沃360BL1.T液压挖掘机、1台沃尔沃EC460BLC液压挖掘机等设备调往大连石灰石新矿，为大连石灰石新矿持续发展提供了支持。

（陈兴林）

**【大连石灰石新矿概况】** 2015年末，该矿有职工445人，其中在岗406人，居家休息28人，列编外11人，在岗人员中干部74人（中级职称41人，高级职称3人），工人332人。离退休职工659人。矿机关设生产技术室、设备室、综合管理室、财务室、党委工作室、工会及供应站和武装保卫队，下设6个车间级单位。产品主要有四个品种：小优（15~35毫米）、大优（30~55毫米）、碎石（0~15毫米）、粉矿（0~3毫米）。现有YZ-35牙轮钻1台，SWDA165潜孔钻3台，SWDE120边坡钻机1台，WK-4电铲5台，EC290BLC、EC360BLC液压挖掘机各1台，EC460BLC液压挖掘机2台，VOLVO A40F矿用生产汽车6台、3307B矿用生产汽车2台、TR50矿用生产汽车2台，H8800圆锥破碎机、PX1200/180旋回破碎机各1台。固定资产原值为3.47亿元，新增值4107万元，固定资产净值664.8万元。工业占地193.5万平方米，建筑面积3.18万平方米。

2015年，该矿完成采剥总量453.8万吨，原矿410.1万吨，石灰石输出283.9万吨，石灰石综合质量合格率达到99%以上，全年实现销售收入1.16亿元，实现利润1498万元。

深化改革方面。2015年，该矿在矿业公司的领导下，成功实施大连地区石灰石矿改革方案，完成大连两矿整合工作。该矿依据《关于鞍钢矿业集团大连地区石灰石矿改革的决定》（矿业政发〔2015〕135号），组织制定了《鞍钢矿业大连两矿整合人员安置实施细则》，设置了“协商一致解除劳动合同”“离岗居家休息”和“竞争上岗”等五种职工安置渠道，该细则分别获得了两矿职工代表大会全票和95.5%高票通过。截至2015年12月31日，两矿人员安置全面结束。本次改革，实现职工信访案件、群体事件为零的目标，成为鞍山区域首个改革成功范例。改革整合后的大连新矿实际在岗人员将为499人，在岗职工总数下降41.4%，较改革确定的目标定员下降16.8%，全员劳动生产率提高24.86%，年人力资源成本预计降低1700余万元。

安全环保管理。该矿以安全标准化建设为抓手，全面推进“职工无违章、现场无隐患”双无目标的实现。通过持续推行安全基础工作真实性、规范性“两个百分之百”“干部网络化安全点检”“较大危险源点检”、作业现场“动态安全评价”等措施，安全管理基础进一步夯实，全员安全责任意识进一步强化。2015年共查出隐患418项，职工自主辨识隐患300余项，新增作业指导书16份，完善应急预案24个。运矿作业区通过矿业集团“安全标准化星级作业区”现场评审。

该矿依靠自己的力量组织实施破碎系统除尘改造工作，改造除尘管道230余延长米，新增洒水点41个，实施4号单体除尘器移设，完成粉矿系统除尘器重大改造任务，使岗位环境质量根本改善。矿区环境文明水平和全员环境意识进一步提升。

生产设备管理。坚持“高效、低耗”的生产方针，成果显著。该矿坚持“以销定产、以销促产”初见成效。全年石灰石输出日均123车，创造了单日231车的最高效率。其中粉矿输出日均26车，单日最高达47车，粉矿生产效率实现171吨/小时，达到68万吨/年水平。在鞍钢市场需求大幅下降的情况下，实现石灰石销售283.9万吨，超年计划4%，增加销售收入172万元。

该矿通过完善设备基础管理，实现节能降耗、清除六源。全年设备平均故障率2.18%，较2014年降低22%，其中电铲降低0.99%，破碎生产系统降低1.18%，粉矿系统降低0.71%；计划检修执行率达到98%，甲级维护率达到97%，设备完好率100%，生产车实现七个月零故障运行。全矿职工共提出改善项目156项。

降本增效工作。2015该矿不断深化管理创新，降本增效成果明显。通过深化精益生产管理，降低采场爆破结存量23万吨，降低穿爆费用25.65万元；能耗管控取得了积极成果，钻孔电单耗11.82千瓦时/米，破碎电单耗1.74千瓦时/吨，柴油1068千克/(万吨·千米)，分别比计划指标下降1.7%、2.2%、7.1%，粉矿系统电单耗5.07千瓦时/吨，较上年降低42%。同时，积极争取用电优惠政策，细化用电负荷，2015年节约电费13.8万元；深挖物耗潜力，废旧物资回收创效30万元，一二级库降低存货资金占用70万元，采购资金较上年同口径降低70.83万元。

（刘敬俊）

**【瓦房子锰矿概况】** 截至2015年底，瓦房子锰矿有职工678人，其中：在岗职工637人，居家职工36人，编外职工5人；离退休职工1395人。企业占地面积40.3万平方米，房屋建筑面积为32.3万平方米。固定资产原值2.63亿元，净值1.45亿元。

该矿下设5个采矿作业区和冶炼、运输、机修、房产、医院等5个基层单位；设质检站、物资供应站、武装保卫部等3个辅助单位（部门）。矿机关由工会、党委工作室、综合管理室、矿长办公室、财务室、生产技术室、设备室、安全监察室等8个部门构成。

全年生产锰矿石1.2万吨，采掘总量达到6.04万吨，主要生产设备有冶炼锰铁高炉（114平方米）一座，电力机车20台，空气压缩机9台，提升机5台，生产汽车30辆，工业总产值为825.3万元。

困难中探索，曲折中解决矛盾。2015年4月14日企业全面停产后，生产和经营一线的职工全部离开了工作岗位，闲置在家，造成部分单位组织有名无实。短时间内，职工还能接受现实，时间一长，不仅职工情绪波动，就是干部、班子成员也存在着困惑、疑虑和畏难情绪，认为：企业生产正常时，各种各样的历史遗留问题都很难解决，现在企业都这样了，各种困难问题就更难解决了。尤其是停产过渡期间，工资的分配问题尤显突出，在公司没有成文的规定、其他厂矿也没有现成的案例，针对这种情况，结合瓦矿现实，多次调研，反复测算，经过近一个月的时间，制定出了符合瓦矿大多数职工利益的分配方案，消除了因工资分配引发的矛盾。

强化班子建设，确保矿区稳定。瓦矿领导班子明确要求，不管企业是停产还是破产，党的组织不能涣散，各级领导班子不能涣散，各项工作不能停。瓦矿根据企业停产后出现的新情况、新问题，积极尝试，采取措施，为下一步工作创造条件。瓦矿下属10个作业区，除了房产和医院外，其他8个作业区已全部停止运作，为加强看护，增加了看护人员，对各作业区的设备登记入账，要求班子成员各负其责，分兵把守，教育干部党员坚守岗位，积极主动做职工的思想工作，确保矿区的稳定。

因势利导，做好思想政治工作。加强了形势教育。停产企业一个突出问题就是人心散。职工队伍的稳定面临许多前所未有的新矛盾、新问题。部分职工利用微博、微信等传播途径串联，扩大社会影响，一旦有风吹草动，职工从个人利益出发纷纷响应附和，引发群体事件。矿党委把职工的思想动态和呼声作为思想政治工作的第一信号，突出重点，把握热点、找准难点。在此基础上，分层次、分类别多次召开职工座谈会、研讨会，深入开展形势任务教育，编写宣传提纲和致职工、家属的一封信，发到每名职工手里。一向职工讲形势，让职工明了鞍钢和矿业的困难；二向职工讲优势，让职工知道公司对瓦矿的关爱；三讲挑战，让职工坚定信心，达到凝聚人心，稳定队伍的目的。

（阎　晗）

**【动力厂概况】** 2015年末，动力厂共有职工514人，其中管理技术岗位99人（高级职称9人，中级职称78人，初级职称13人），生产服务岗位415人。下设7个作业区，机关“四室一会”。该厂主要担负矿业集团电网、信息通信网、计量网运行维护和电机、变压器检修及电力试验等任务，同时承担着弓长岭地区通信、自动化及计算机维护任务。厂区占地面积 11.65 万平方米，房屋实有建筑面积 3.36 万平方米。固定资产原值 2.57 亿元，净值 4890.56 万元。

2015 年，在严峻的生产经营形势面前，该厂调整工作思路，采取有力工作措施，克服了指标压力大，新增检维、信维业务重等困难，全面完成了各项生产经营任务。全年完成配电量 22.5 亿千瓦时，实现电量产值 1.02 亿元，利润 1628 万元。劳动生产率达到 27.61 万元/(人·年)，比上年增加 9.65 万元/(人·年)。设备完好率、供电损失率、电网力率均优于公司下达的指标计划。

安全管理工作持续强化。按照“三位一体”安全管理模式组织实施“双无”企业创建，维检作业区、电力 08 号变电所等 4 个班组、电讯作业区外部架设工等 3 个岗位通过矿业集团 2015 年度“星级安全标准化作业区”和“百强安全标准化班组、岗位”达标评审，3 个作业区通过复检。开展了多层次的安全教育培训活动，累计培训职工 1966 人次，提高了职工的安全意识和防护能力。

电网创效能力显著提升。动态优化运行方式，全年共计报停变压器 5 台，减少电费成本支出 785 万元；强化日常巡检和专业点检，加大用电监察力度，通过更换、加装用户计量装置组合计量装置和电能表等有效措施，使外转供电损失率由年初的 9.8%下降到 1.26%。减少电费损失 80 余万元。在春检中实施了设备状态检修试验模式，在保证了电网稳定运行的同时，减少春检项目 2400 余项，检修成本节省 30 余万元，有效提高了检修效率，降低了人力资源需求和设备材料消耗。

精细化管理不断增强。根据业务需求，新成立信维作业区，承接矿业集团信息化设备维护工作，业务范围拓展至弓长岭地区。同时，依靠自己的力量建立了电力调度模拟系统，实现了对 12 个变电所的远程视频监控。在 127 和 08 变电所试行了远动控制方案，既优化了人力资源，也为实行变电所集控站运行方式进行了有益尝试。同时，全面加强基础管理工作，制定、修改、完善各类制度 39 项，进一步健全了制度体系。

（丁伟伟）

**【设备检修协力中心概况】** 2015 年末，设备检修协力中心共有职工 883 人，在岗职工 854 人，其中干部人数 105 人（高级职称 6 人，中级职称 75 人，初级职称 24 人），工人 778 人（高级技师 28 人，技师 101 人），离退休职工 490 人。中心下设“三部一会”（生产经营室、党委工作室、综合管理室、工会），12 个工区。拥有固定资产 1.52 亿元，净值 6854 万元。主要设备有机械加工车床 52 台，起重设备 28 台，动力设备 95 台，检验检测设备 10 台，运输设备 17 台。

2015 年，面对钢铁行业矿价低迷、复苏艰难的新常态带来的严峻挑战，全中心广大干部职工群策群力，奋力进取，按计划完成了公司下达的经营指标，各项工作取得了积极成效。主要表现如下。

降本增效工作取得显著成效。2015 年，中心执行集团降本增效压缩各项费用措施后，全年减少经营收入 8872.2 万元（占 2014 年中心收入的 45%）。为此，中心广开活源，先后承接集团 128 项外委转内包项目，各项收入全年实现 3989 万元。AMC-1 破碎机正式通过中国钢铁协会的行业鉴定，实现生产销售 AMC-1 破碎机 1 台，每台节省采购成本 525 万元。H8800 液压联轴器、大小螺旋伞齿的备件工业试验，均通过集团科技认定，为公司节省采购成本 69 万元。首次承修外部市场矿用生产汽车艾利逊变速箱 2 台，增加经营收入 8 万元。重新核定、削减各类驻在车辆 22 台次，减少运费 178 万元。内部 5000 平防水维修项目全部转为自修，维修工程项目较 2014 年减少 442 万元。

基础管理工作得到进一步夯实。以检查、整改促基础管理工作提升。中心每半年组织一次对中心所属 12 个工区及各部室的综合检查评价，共提案问题 186 项，按立案销号制管理办法予以立案，限期达标整改。部室对各工区问题整改情况予以跟踪监督，确保整改结果达标，同时对工区管理中的亮点及时通报表扬，为管理工作的全面提升打下了坚实基础。

安全“双无”工作实现阶段性目标。在“双无”活动中，明确了所有职工的具体职责、工作目标、量化考核指标和标准，强化考核激励。并且以安全标准化星级评审验收为标准，开展“双无”工作阶段性评价、验收。目前已有 10 个工区通过验收，达到“双无”阶段性目标。2015 年中心通过星级安全标准化工区验收 2 个，星级安全标准化班组 2 个。“双无”活动的有效开展，保证了中心安全工作的平稳顺行。

检修效率实现持续提高。2015 年中心写实系统检修工艺标准数据库新增工艺工序标准 398 项，各工区使用写实系统下达作业票 4.47 万张，使中心形成了统一的检修生产管理模式。根据承修集团工程任务需要，完善修订了《设备检修协力中心承修集团检修项目（包保、工程、信维）管理办法》《设备检修协力中心承修专项检修任务领导责任分工》等生产管理制度，强化了部门管理的掌控力与执行力。加强检修车辆管理力度，实行集中管理，统筹用车，为检修效率提高提供了有力保障。

技术型团队建设保持稳步推进。内外培训结合学技术。内部培训：全年有 12 个工区参与培训，参与培训人数约 1560 人（含在岗及劳务），培训 31 个工种，培训覆盖率 100%。外部培训：参加高技能人才培训 96 人，参加职业技能鉴定培训 312 人。持续推进工程技术等级序列和高技能人才的评聘工作。聘任首席工程师等工程序列人员 14 人。聘任各级操作师 25 人。坚持实行大工种作业制，中心现有大工种人员 183 人，其中复合工种人员 92 人，占检修职工比例 11.25%。全年考核大工种人员 37 人，考核金额 3250 元，并按规定取消了 14 人大工种任职资格。技术型团队建设保证了中心出色地完成了外委转内包等新增维护项目。在矿业公司技术大练兵活动中，中心也获得了冷作工、电工、大型车修理三个工种的状元，技术型团队已形成规模。

科技创新呈现崭新局面。2015 年中心上报专利 4 项，国家受理了 4 项。专有技术上报 2 项，集团受理 2 项。有 2 项合理化建议成果上报集团公司，一篇论文获集团公司二等奖。在全面质量管理（QC 成果）方面，汽修工区液压检修 QC 小组荣获国家级全面质量管理小组优秀奖，大修工区检修 QC 小组荣获省级全面质量管理小组优秀奖。技术的不断创新保证了中心旺盛的发展活力，在中心空调维护中，各工区以技术创新为支撑，对沃尔沃等工程机械的空调、蒸发器进行国产化改造，每年可以降低备件费用 50 万元，现在此项技术已在全中心推广。

人文关怀措施得到有效落实。2015 年救助困难职工 172 人次，发放救济款 9.6 万元。奖励困难职工子女 21 人。安排 763 余名先进模范人物、一线职工和患病职工进行了健康疗养。

（梁　岩）

**【辅助材料厂概况】** 辅助材料厂成立于 1998 年 7 月。截至 2015 年末，有在岗职工 216 人，其中，在岗干部 84 人（高级职称 6 人，中级职称 26 人，初级职称 24 人），工人 132 人。另有居家职工 100 人，离退休职工 720 人。辅助材料厂机关设置为“四室一会”，即：党委工作室、综合管理室、生产技术室、设备室、工会。下设 4 个作业区，即：钻具作业区、制剂作业区、工业用布作业区、机修作业区。

辅助材料厂现有固定资产原值 5370 万元，净值 1780 万元。各类机械设备主要有：钻具作业区：专用加工中心、数控车床、普通车床等机械设备 100 台套；制剂作业区：储罐、反应釜等机械设备 60 台套；工业用布：智能型分条整经机、挠性剑杆织机、烫光机等纺织设备 9 台套；机修厂：普通车床、立式镗床、龙门刨床等机械设备 50 余台套。主要生产矿山专用钻头、钻杆、钎头，产品型号为 KX-255、KX-310 矿用钻头，年生产能力达 6000 支；适应不同矿石性质的 KS 系列选矿药剂、低温药剂，年生产能力 4500 吨。各种高、中、低档有机和无机冷却液，年生产能力 5000 吨。各种选矿过滤机用过滤布编织加工，年生产能力 15 万平方米。具有自主知识产权的“鞍矿牌”矿用车专用冷却液已通过国家权威部门检测，其各项技术指标已处于国内领先和国际先进水平；过滤布编织加工已研制出双层新型选矿过滤布，产品寿命由 200 小时提高到 400 小时。去年 12 月，井下矿柱齿钎头项目通过公司评议，获得一项国家专利和一项鞍钢专有技术，到 2015 年下半年具备年产一万支生产能力。全年申报 3 项专利、3 项专有技术，其中三项专有技术已经被认定备案为集团公司专有技术。2014 年，实现销售收入 1.14 亿元，全面完成了公司下达的各项指标。钻头产销量居全国矿用钻头企业首位。2010 年 5 月 6 日，荣获北京兴国环球认证公司质量体系认证。

（李清峰）

**【复州湾黏土矿概况】** 2015 年末，该矿有在岗职工 99 人，其中工人 67 人、干部 32 人（高级职称 2 人，中级职称 16 人，初级职称 14 人）；列编外 5 人，居家休息 43 人；离休 9 人，退休职工 1154

人，其中离退休干部117人。拥有固定资产原值2309.16万元，净值128.91万元。占地面积158.41万平方米。该矿管理机构设生产技术室、综合管理室、计划财务室、党委工作室和工会共计5个部门。2015年该矿主要工作任务是日常管理和资源看护，因此，没有基层生产车间，只有一个物业管理中心和8个资源看护岗点。

安全管理成果稳定。该矿强化安全管理工作，全员安全意识固化，实现了轻伤以上事故为零的目标。针对不同时期安全工作特点，下发了《2015年安全工作要点》等8个文件，规范安全管理，强化安全意识；针对不同阶段工作重点组织了12次安全工作综合检查，查出隐患43个，均被及时督促整改。

预算指针超计划完成。作为费用单位，该矿始终本着节俭高效的原则落实各项费用支出计划，在保证日常管理和资源看护不受影响的前提下，大力节约费用支出。在资金使用上，实行了每月一次的资金预算平衡会制度，资金预算执行率达95%以上，有效保证了资金支出的整体可控。在管理模式上，严格落实预算、审批、采购、验收、使用的管控流程，建立了降本增效责任体系，实行效能监察，确保资金使用节约、高效、规矩。在节支创效方面，倡导“止住长流水、熄灭长明灯、不费一张纸”，节约创效7万元；在外转供电控制方面，精确计量，杜绝浪费，并采取季节性停供的方法，使六万六变电所节约供电基本费60万元。多措并举，成效显著，年初矿业集团公司核定给该矿的费用预算总额为2907.77万元，年终实际完成支出总额2426.31万元，节约支出481.46万元。

物业管理兢兢业业。全面完成了楼房、瓦房、平台的应急房屋维修以及防水处理工作；完成了对两台锅炉的检修维护，保证了锅炉冬季的正常运行；完成了对矿居民供水管线的所有阀门的拆修、维护、保养以及用户室内问题管线的疏通。大量的日常细节维护工作和突发故障抢修工作，及时细致，矿区居民对物业管理工作满意度较高。历时9个月完成了离休、家住农村退休职工住房补贴的基础资料整理、审核、确认、统计、汇总、报表工作，并本着公开、公正的原则，先后两次对享受住房补贴的519名离退休职工的自然情况、住房补贴面积进行公示，此项工作得到矿业集团公司以及鞍钢房管中心的认可。

职工技能培训持续有效。职工技能培训得到坚持，岗位员工的业务水平有所提高。图书馆新增藏书102册，职工借阅图书300余人册。培训各类人员187人次，受训职工理论水平和业务技能得到提高。2015年，普兰店市地税稽查局，抽查该矿2012~2014年地税所有税种的计算和缴纳，计划财务室人员认真细致、依规依法的工作受到了税务稽查部门的肯定，该矿得到了在此次普兰店地税抽查的数十家单位中唯一一家无税收违法问题的稽查结论。

企业办社会职能摸底工作结束。继2014年该矿职工医院顺利移交地方后，2015年矿业集团公司又安排该矿对企业办社会职能的另外两个主要方面，即“三供一业”和离退休职工管理进行情况摸底工作，该矿综合管理室会同相关部门经过认真研查、反复校核，将相关准确资料及时上报矿业集团公司。

发展红利惠及职工。根据集团公司要求，前后11次分别为离退休、居家、军转等12类人员调整了待遇，受益1833人次。依据邮政储蓄银行统一更换带芯片储蓄银行卡的规定，为退休职工和遗属更换了银行卡1322张。组织在岗职工48人进行了健康疗养，为在职职工160人做了体检，为在职及居家职工175人办理了重大疾病保险，为1名居家职工办理大病保险5万元。全年走访慰问各类困难职工309人次，发放救济费11.08万元；大病医疗救济20人，发放救济费18.75万元；金秋助学5人，发放救济费9000元。

棚户区改造项目推进工作取得进展。在鞍钢集团与矿业集团公司的督导下，经过该矿有关部门同大连市政府、普湾新区政府及复州湾街道近一年时间的反复沟通联系，大连市政府终于在2015年7月17日正式复函鞍钢集团公司，同意将复州湾黏土矿改造地块1298套危旧房屋列入2015~2017年大连市棚户区改造规划；普湾新区土地房屋局也于2015年9月28日正式同意复州湾矿相关地块列为独立工矿区；该矿的基础资料准备工作也已就绪；矿业集团和普湾新区相关部门人员也先后考察了该矿相关地块职工住宅情况。

党建工作得到有效加强。根据新形势下党建工作的要求，矿业集团党委决定由现任矿长姜在征任党委书记兼矿长，该矿党建工作得到有效加强。该矿党委以"走基层、查民情、送温暖、办实事"为载体，将党建工作同党的群众工作有机融为一体，通过对家居矿周围24个自然屯困难职工家庭的"普访"、对离休老干部的重点访、对集团公司重点信访人员孟庆帧的专访、对困难劳模和住院职工的随机访，共走访各类困难职工329人次，发放大病救助款和金秋助学救济金等合计30.73万元，解决了部分职工的实际困难，融洽了党群关系。

退管工作亮点纷呈。一是用公选方式保证骨干权威性。本着公开、公正、公平的原则，选举产生了18个片长，58个片组长（兼信息员），构建了18个居退片组织网络机构，居退工作上传下达迅速流畅。二是用制度约束行动。除规范执行日常退管中心管理制度外，该矿退管中心还每月召开一次居退片组长会，每季召开一次经验交流会，每年召开一次总结表彰大会，广泛释放正能量，传递好声音，树立美形象。三是用正确的言论占领舆论阵地。每周更换一次宣传栏，共刊登宣传稿件685篇，下发居退工作简报16期。四是用行动贴近居退职工。"走千家、坐床前、到医院、入病房"活动，全年共走访慰问各类退休人员235人次，发放救济费8.3万元；大病医疗救济14人，发放救济费14.52万元；尿毒症肾透析4人，发放救济费9300元；组织65岁以上的老工人和配偶530人进行了免费体检；购买了蜂蜜，作为70周岁以上的620位退休人员的生日礼品。五是寓教于乐。业余秧歌队活跃了矿区气氛，融洽了群众感情；五一大型文体活动，检验了居退职工文体爱好者的水平，激发了老职工快乐健康、积极向上的乐观生活情趣。六是余热建功踏踏实实。自发维护公共休闲区环境卫生，修整花木，清理垃圾，全年共参加990人次，清理各种垃圾2吨，清理草坪1000平方米；利用家中旧衣服缝制小布垫，730人筹集了4.23万块小布垫捐送给了矿业集团公司，显示出了困难形势下广大居退职工以厂为家的真情实感；自发组织了丧事帮办队，每丧必帮，送了工友乡亲最后一程，解了群众愁事，融洽了居民关系。七是在离退休居家职工活动中心开展的"让老职工满意、让矿山满意、让退管办满意"竞赛活动，成果显著，2015年末，该中心又获得了矿业集团"模范退休职工活动站"称号，这已是该中心连续第13年获此荣誉。

（王明传）

**【鞍钢矿业爆破有限公司概况】** 2015年末，鞍钢矿业爆破有限公司有在职职工392人，其中干部53人（高级职称12人，中级职称27人，初级职称13人），生产工人339人。下设11个部门，分别是：综合管理部、党群工作部、财务部、生产计划部、工程事业部、安全保卫部、民爆事业部、科技质量部、设备部、物资采购部、营销部，两个分公司（大连分公司、弓长岭分公司）。公司2015年全年实现营业收入5.39亿元，净利润240万元。鞍钢内部营业收入5.29亿元，鞍钢外部营业收入1004万元。

安全实现事故为零。进一步推进安全生产责任制及安全激励机制；制订并实施2015年度安全"双无"工作目标，通过开展全员岗位规程"学、练、用"活动，安全员跨区域互检，组织安全生产月等措施推进"双无"目标；加强安全文化建设，实施目视化管理，开展安全文化周活动，征集安全警句155条，安全漫画36幅，让安全理念进一步深入人心。

"降本增效"效果显著。在2015年各项成本费用大幅压缩的基础上，各单位深入挖潜，制订降本增效措施32条，由8个责任部门、19个责任单位负责监督、落实。采用清渣爆破、间隔装药、优化炸药品种结构、改进水相制备过滤器等措施，全年创效2355万元。2015年主要经济技术指标呈整体改善态势，特别是炸药单耗均达到0.25千克/吨以下，创鞍钢矿山最好水平。

设备运行状况良好。夯实设备管理基础工作，建立设备档案。有序推进TnPM管理工作，通过强化混装车清洁力度，落实"二五"门检，做到"出车即维护，入库即清洁"，有效提高了设备运行效率和设备使用寿命。贯彻"可视化"管理方针，设立"设备注油卡挂板""过滤器周期清洗挂板"，有效杜绝了设备注油及清洗遗漏。强化点检定修工作，着力落实"三级点检"，达到定修准确率、定修实现率"双百"目标。推广"操检合一"管理模式，提高了操作和维护水平，增加了作业效率，降低了设备故障。2015年，设备完好率到达了100%，故障率在3%以内。

营销业务取得较大突破。矿山总承包三级资质已成功申报，待公示后正式发证。通过三大体系认证，完成安全生产许可证申报材料准备工作，提升了公司的市场竞争力。积极拓展外部市场，与金磊石灰石、亨通矿业、东方白云灰、中茨铁矿等签署爆破服务合同，实现鞍钢外部营业收入1004万元。应邀参加5场矿业展会，跟进云南黄金等项目近30个，和恩菲设计院、长沙冶金设计院等国内行业知名设计院建立沟通渠道，为下一步外部市场的开拓奠定了坚实基础。

技术创新推动公司发展。发布了2015~2018年度科技创新计划，为公司未来科技创新工作确定了目标。“高效预裂爆破”“炸药爆轰波压力数值测试”“井下爆破铵油炸药”的研究工作取得初步成果；“乳化粒状铵油炸药敏化速度优化研究”成果具备科技进步奖申报条件。新修订并发布实施《鞍钢矿业爆破有限公司工艺技术规程》《鞍钢矿业爆破有限公司露天爆破设计指导书》《鞍钢矿业爆破有限公司露天爆破作业指导书》《鞍钢矿业爆破有限公司地下爆破作业指导书》等四项企业技术标准，规范了爆破作业。

财务管控细致到位。深入推行全面预算管理，落实预算管理信息化，渗透生产经营各个环节，做到预算管控全方面覆盖。建立预算考核激励约束机制，确保预算执行的落地。加强资金管控，提高资金利用效率，增加收入，制订了《资金管控应急预案》《存货资金专项考核暂行办法》，确保公司现金收支平衡和提高存货周转率。

管理工作稳步提升。完成《鞍矿爆破公司信息化建设五年规划》，财务管理、物资管理、生产、公文管理等系统全面上线，及时掌控生产经营情况、生产现场情况、物品备件、消耗状况、项目进度及财务状况，提高了生产质量、工作效率，降低了运营成本。制定了《绩效管理制度》《项目部技术管理人员考核办法》，在公司机关、项目技术人员推行绩效考核机制，激发员工的主观能动性和积极性；制定了《薪酬福利制度》《加班、加奖管理办法》等制度，调整大连分公司定岗定编，完成社招员工调薪工作，全面提升了公司管理规范和管控力度。

职工幸福感指数提高。全面兑现员工收入不低于矿业收入的承诺。妥善解决职工退休回原单位问题。首设员工考证指引，拓宽职称申报通道，完善证照补贴。组织开展职工岗位技术大练兵活动。开展“送温暖”大走访慰问帮扶活动。2015年全公司共走访慰问困难职工98人，发放慰问救助金6.85万元。开展丰富多彩的群众性文化体育活动。组织一线职工进行健康疗养，为员工发放生日纪念品。

（蔡全超）

**【设计研究院概况】** 设计研究院于2008年由原鞍钢集团矿业设计院和鞍钢集团矿业公司研究所重组而成，是专业从事冶金矿山科研、设计、勘察、监理的工程技术咨询机构。

该院技术力量雄厚，专业配备齐全。具有冶金行业甲级设计资质、地质勘查甲级资质、工程勘察专业类岩土工程甲级资质、矿山工程建设监理甲级专项资质、工程造价咨询乙级资质等。具备开展特大型冶金矿山采选工程设计及总承包、采选工艺技术研究、工程咨询、工程造价、矿用新材料研究、固体矿产勘察、工程勘察、工程监理、电子工程施工及化检验等能力。产品曾荣获省部级及以上优秀勘察、设计、工程咨询成果120余项，省部级及以上科研成果80余项。拥有专利180余项，获国家发明奖10余项。

该院现有职工312人。其中各类专业技术人员252人，享受国务院政府特殊津贴专家11人，教授级高级工程师12人，高级工程师64人，工程师171人；研究生以上学历29人；各类国家注册工程师110人。

2015年，该院广大职工紧紧围绕转型升级这条主线，克服了矿山建设速度减缓、技术服务市场低迷等困难，深挖内部潜力，提升管理水平，增强市场竞争力和创效能力，全面完成了生产经营指标，各项工作取得了新成绩。被矿业集团分别授予红旗党委、先进单位、先进纪委、红旗团委等荣誉称号。

生产经营任务全面完成。开展工程总承包项目3项、完成设计任务44项、承担重点科研项目22项、完成勘察测量项目25项、执行工程监理项目11项、开展探矿业务2项、完成自动化工程46项、完成技术服务项目14项、完成产品开发项目4项。全年实现收入2.94亿元，实现利润2111万元。

技术服务和技术输出卓有成效。

鞍钢矿业。开展了鞍千二期开采、齐矿二期开采、东矿二期、大矿四期开采、弓长岭井下矿深部开采、眼矿露天转井下在建项目的设计、监理工作；完成了东部尾矿回收项目、西鞍山采选项目、张家湾地下采选、大矿排土场规划、大矿胶带排岩机机头除尘、弓井下矿新主井增设干选系统的设计工作；完成了风水沟尾矿库的勘察测量工作；开展了眼矿硐室取样编录、大孤山深部矿体勘探工作；完成了集团公司各厂矿自动化控制的日常维护工作；完成了关宝山矿业选矿工艺生产技术调试、东部尾矿“预富集—悬浮焙烧—磁选工艺”扩大试验研究、关宝山与西大背矿石配矿可选性连选试验等项目，为矿业集团重点项目顺利推进奠定了基础。

攀钢矿业。完成了攀矿密地选厂精矿输送总承包工程，目前系统运行稳定，达到设计指标；攀矿白马三期矿石破碎胶带输送系统总承包工程目前已进入设备安装调试阶段；攀矿白马铁矿1号排土场总承包工程目前正在全面实施中，预计2016年5月末完工。

卡拉拉矿业。编制完成了《卡拉拉项目达产方案说明书》和《卡拉拉项目扩产方案说明书》，为集团开展卡拉拉项目融资再安排提供技术支撑；积极参与对卡拉拉项目实施过程的评价分析、项目处置的相关信息收集、方案制订的论证和组织实施，总结经验、化解风险、减少损失；积极参与卡拉拉项目技术咨询和服务工作，查找影响生产的制约因素，研究论证项目改进方案，2015年卡拉拉生产能力基本达到设计水平。

技术输出。积极扩大技术输出范围，完成了包钢白云鄂博铁矿主矿境界调整初步设计、马钢南山矿业总体规划、海城艾海矿业勘察及设计、金和矿业万利采场境界调整和选厂脱硫浮选方案设计、岫岩富博矿业大营子铜铁矿安全专篇编制、本溪南芬铁矿补勘矿样可选性试验等技术服务工作。

自主创新能力进一步提高。开展了“攀钢钒钛磁铁矿钛铁分离技术研究”“大型地下矿山充填核心材料的研究与应用”“YN红土镍矿选别技术研究”“地下采空区充填注浆加固技术研究”“铁尾矿土壤改良剂治理盐碱地的扩大试验”“KK-2捕收剂的研究”等22项鞍钢集团和矿业集团的重点科研项目，并取得了不同程度的技术突破和研究成果，其中6项通过了公司评议。开展业务建设60余项，编制国家标准2项，制定一批专业技术规定、标准图、通用图、工作模板等，提高了整体技术水平。

2015年共获各类奖项14项。其中“利用铁尾矿改良苏打盐碱地的技术研究与应用”和“用于散装防水炸药乳胶基质的复合油相及其制备方法”分获第二十一届全国发明展览会金奖；“新建关宝山采选联合项目”获全国冶金行业优秀工程设计一等奖；“新建关宝山选矿厂岩土工程勘察”获全国冶金行业优秀工程勘察二等奖；“高性能乳化铵油炸药核心材料的研究与应用”获辽宁省科学技术发明一等奖和冶金矿山科学技术一等奖；“鞍山式微细粒难选铁矿高效利用关键技术研究与实践”获冶金矿山科学技术一等奖；获省部级QC成果一、二等奖各1项；全年受理专利36项，专有技术认定7项。

企业管理水平稳步提升。修订并发布了院管理制度文件63个，并形成《鞍钢集团矿业设计研究院2015年新修（制）订管理制度集》；修订并发布了管理体系文件，完善管理流程、堵塞管理漏洞，并顺利通过了三体系的年度监审；落实安全生产目标管理，深入开展安全检查、危险辨识和隐患排查整改；重新确定院企业秘密具体范围，规范双定密管理流程；开展定员定额管理，合理安排和使用人力、物力、财力；综合治理、档案管理、薪酬福利、教育培训、财务预算、计划生育等专项管理工作平稳推进，实现了企业人身轻伤以上事故为零、重大设备事故为零、火灾事故为零的目标。

制定了《设计产品质量考核办法》和《质量事故考核办法》，提高全员质量意识，规范质量管理流程，明确质量管理目标，落实质量管理责任；每月组织设计项目质量抽查，定期开展各类产品的院审和贯标检查，加强质量管控，严格质量考核，实现了产品重大质量事故为零的目标。

制定《任期目标责任书》，建立责权利对等的工程序列人员绩效考核评价机制；制定《岗位说明书》《员工管理手册》，规范员工岗位管理，提升工作绩效水平；新引进员工5名，新晋升各类注册人员7名，新增加教授级高工3名，缓解了人员短缺的矛盾；完成了工程勘察专业甲级和冶金行业设计甲级等资质的换证和延续工作、完成了工商营业执照和组织机构代码证的年检和更换工作，保证了院生产经营活动的正常运行。

完善中试基地建设，为选矿工艺半工业试验提供了技术保障；完成联选实验室大修、日常维修等工程，改善现场工作条件；加强门禁管理和车辆管理，改善职工工作环境；购置背包式钻机、便携式矿石分析仪、手持式GPS、微电泳仪、加热炉、强磁机等零固设备36项，新增固定资产580万元。

大力开展帮困扶贫、“金秋助学”和送温暖等活动。2015年组织一线职工和各类先进模范人物健康疗养200余人次；走访慰问一线职工和劳动模范156人次，走访慰问离退休职工26人次，发放救济款3.73万元；开展形式多样的文体活动20余次，参加人数达1882人次，极大地丰富了职工业余文化生活，增强了企业凝聚力。

（姚惠文）

**【技工学校概况】** 截至2015年末，技工学校有在岗职工75人（其中干部70人、高级职称34人，工人5人），居家职工3人，党员59人，离退休职工245人。下设党委工作室、综合管理室、教学管理室、学生管理室、招生就业指导室、工会6个部门及基础、专业、实习3个教研室。学校占地面积8.2万平方米，建筑面积3.2万平方米，固定资产原值1747万元，净值116万元，具有一流的教学设施和实习基地。

该校是鞍钢矿业集团职工素质工程建设培训基地，集企业职工职业技能培训、职业技术教育于一体，于1964年建校、1996年晋级为国家级重点技工学校，是鞍山市安全技术培训中心培训基地、鞍山市特种作业人员考核基地、辽宁省冶金技工教育培训集团成员校、中华全国总工会命名的全国职工教育培训示范点，具有丰富的技工教育办学经验，常年开设有矿山设备机械检修、矿山设备电气检修、大型汽车运用与维修、电力机车运输、皮带运输、电铲司机、牙轮钻司机、采矿工艺、选矿工艺、烧结工艺、球团工艺、焊接加工、铆配技术、机械加工、计算机应用等矿山特有专业和通用专业。

2015年，是矿业集团面对史无前例困难的一年，该校在矿业集团的正确领导下，全体教职工团结一致，直面困难，围绕创新培训、推进管理、降本增效努力工作，完成矿业集团鞍山地区102个教学班、4215学时、4113人次，及社招教学三个年级308人、8个教学班，6360学时的教学培训任务。同时，送教到弓长岭，开设一类专项培训9个项目，培训790人次。全年实现克难制胜，完成降费180万元、创效77万元、共培训5211人次。

2015年度荣获矿业集团保密工作先进单位、矿业集团社会治安综合治理工作先进单位、矿业集团防火工作先进单位、矿业集团交通安全管理工作优胜单位、矿业集团红旗团委、鞍钢（鞍山区域）职业技能鉴定先进单位、鞍钢计划生育工作先进单位、鞍钢档案管理工作优秀单位等称号。

（张雅娟）

**【生产服务中心概况】** 2015年末，生产服务中心有在职职工342人，其中干部105人（高级职称14人，中级职称54人，初级职称28人），工人237人。退休人员442人。该中心下设“四室一会”（生产室、设备室、党委工作室、综合管理室、工会），12个基层单位。固定资产原值6885万元，净值1719万元。该中心负责矿业集团的食堂、浴池、绿化、幼教等后勤保障以及保产保洁、公务用车及汽车修理等工作。

2015年，完成经营收入7085万元，成本费用完成1.02亿元，较上年同口径降低2981万元，较集团年计划降低210万元；利润亏损3134万元，较上年减亏1618万元，较计划减亏210万元；服务满意率100%；实现人身轻伤以上事故，重大设备、火灾、交通事故为零；食品污染、食品中毒事故为零；幼儿园内伤害事故为零。

优质服务再上新台阶。该中心食堂系统实行就餐服务与兑换服务相结合，兑换单一品种与多品种相结合，满足了就餐职工多样化需求。改造12家食堂操作间水排烟系统，补充就餐桌椅等设施，提高了食堂环境质量。所属食堂在鞍钢食堂系统优质服务竞赛中持续排名前列，市内服务区集团机关食堂获鞍山市食品药品监督局“食品安全放心食堂”称号。幼教系统全面推行三优管理，开办特色兴趣班教学，家长满意率和入园率不断提高。设备系统严细工作、梳理存量、设备规范化管理水平显著提升。保产保洁和公务车及汽车修理系统，圆满完成服务任务。绿化复垦系统实行责任区和管护项目责任管理，特别是大球尾矿库扬尘治理得到集团领导的好评。新增加的冬季司炉项目，在短时间内，保证了按时开炉供暖。

安全管理水平进一步提升。开展安全第一意识教育，安全新理念得到有效落实；强化各级干部和职工安全责任意识教育，组织各类安全培训

18次，培训2613人次；全年查出隐患237个，整改237个，整改率100%；制定新增项目安全规程12个，作业指导书18个，修改完善安全管理制度6个。该中心开展的安全互动检查，集学习经验、自找不足、点评激励、现场整改为一体，促进了安全“双无”措施落实，全年实现了各类事故为零。

产业化管理实现新跨越。食堂，保产保洁，绿化复垦及道路清扫、司炉，公务用车及汽车修理，幼教，浴池、清扫及洗衣六个产业已逐步形成较为规范的产业化管理模式。食堂具备了元宵、粽子、月饼等节日食品加工能力。绿化复垦形成了管护与种植、养殖为一体的产业。汽车修理承担中心内部公共设施维修，迈出了修理产业化新步伐。该中心产业化管理得到集团的肯定，其管理成果获矿业集团现代化管理创新成果三等奖。

管理和技术创新取得新突破。建立实施职工食堂智能化管理系统，创造了现代职工食堂管理的新模式，获全国冶金行业管理创新成果三等奖、矿业集团一等奖。保产保洁产业系统创造性实施了“125”管理模式。幼儿园产业实行了“四定”管理和教师工资分配两构成、三挂钩及幼儿园盈亏平衡考核模式。齐大山、大孤山幼儿园进入四星级幼儿园，获得市财政支持29.8万元。人力资源管理系统进一步完善，实现了全员岗位科学管理。建立完善六个产业财务管理制度，实行食堂一级核算。发挥生产调度统一协调作用，提高了经营服务管理科学化水平。参与利用铁尾矿改良技术试种水稻成功，获得中国第21届发明展览会金奖。

降本增效取得显著成绩。降低物耗423.6万元，其中，通过严格执行汽油、柴油定额管理，降低费用151.4万元；汽车队科学综合配车，取消精品配备，降低费用4.8万元。优化人力资源管理，减少劳务费400.45万元；绿化服务区、齐矿保产作业区深挖现有人员潜力，做到了增加项目不增人、不增费用，三个保产作业区变弹性工作为8小时工作，提高了劳动效率。封存设备75台，节约维修费50.11万元；各单位修旧利废节约11.72万元；采购供应站优化采购管理，降低采购成本26万元。

职工工作环境和生活质量进一步提高。改造和改善职工工作环境和休息环境6处，增加防寒防暑防油烟设备、设施36台。开展技术培训9次，有2人获得鞍钢集团技术能手，有14人分别获得矿业集团技术状元、技术能手，有8人取得鞍钢技术等级、专业职称，36人取得中心内部厨师和面点工职业技能鉴定等级资格。利用储备的技术骨干，聘用初级工12名，中级工13名，推荐4名技师参加集团评选。对服务项目取消的岗位人员优先调岗安置。走访慰问职工32人次，救济大病、困难职工及突发疾病职工98人，共4.4万元。开展体育健身活动8次，体检366人，安排150人健康疗养。在完成任务基础上和极其困难的情况下，保证了职工工资收入。

（靳秋洁）

**【供销公司概况】** 2015年末，供销公司有在职职工317人。公司现有计划招标、设备采购、材料采购、原料采购、储运管理、纪检监察、综合管理、矿产品销售在内的8个职能处室，下设11个仓储库房和供应站。拥有固定资产原值1亿元，占地面积97.65万平方米，建筑面积6.14万平方米。

2015年，供销公司围绕矿业发展战略，降本增效、创新管理。全年完成生产、维修物资采购23.4亿元，维简工程物资采购3.4亿元；石灰石销售50.3万元，锰矿石销售1286.65万元；完成了费用考核计划。实现了轻伤以上人身事故、设备事故、火灾事故为零的目标。以油库、加油站防火防爆部位为重点，强化了安全隐患的整治工作。强化了现场治理工作，齐大山供应站、大球供应站、中心供应站通过了标准化车间复检验收。

降本增效取得了新成果。着力推进采购全过程管理，实施采购方案优化，形成充分竞争局面。招标室强化供应商管理，清理不合格供应商309家；设备室深入推进进口物资国产化，比上年提高了20%，国产化率已达90%以上；材料室、原料室对柴油、钢球等战略采购物资进行多轮降价谈判，钢球比去年降17%；销售室以高端代理、互为市场、工程配套等营销模式为重点，全年实现销售利润597万元。通过努力，全年实现降本增效3.77亿元，超额完成1.4亿元。

管理职能得到了新体现。专业人员围绕保供服务，督促制造进度和重点环节的质量监督，认真做好生产维修、维简工程、节日生产、防汛、防寒等各项保供服务。强化了库存管理，库龄和库存结构得到了进一步优化。

基础管理进一步夯实。强化了大宗原燃料的质量跟踪；制定了进口物资验收管理办法；完善了采购物资的质量标准体系；改变物资入库验收模式，对质检员集中管理，在库站设立了送货待验区，系统随机抽取质检员参与验收，实行了四个层级的验收模式。

管理创新取得新成效。全年共申报管理创新成果2项、合理化建议成果4项和QC小组课题研究成果3项。其中综合室的“大型铁矿山企业降本增效长效机制的探索与思考”项目分获中钢协管理创新成果三等奖、辽宁省和鞍钢管理创新成果二等奖；销售室的“提高客户满意度”课题小组、原料室的“提高钢球质量合格率”课题小组，分获冶金行业和辽宁省优秀质量管理小组称号。

（郝俊淇）

**【质量计量中心概况】** 2015年末，质量计量中心共有在职职工424人，其中干部人数57人（高级技术职称8人，中级技术职称32人，初级技术职称12人）；居家职工7人；离退休职工361人。该中心机关设五室一会（党委工作室、综合管理室、质量管理室、计量管理室、生产技术室、工会）和东鞍山检查站、大孤山检查站、齐选检查站、齐矿检查站、鞍千矿业检查站、关宝山检查站、输出产品检查站、环保监测站、检定室九个基层站室。拥有固定资产原值4464万元，净值1835万元。主要设备有：轨道衡8台，汽车衡10台，皮带秤5台，荧光分析仪9台，化验设备510件。2015年该中心通过不断强化质量管理工作，铁精矿、烧结矿、球团矿三大输出矿产品6项质量指标全面超额完成年度质量计划，质量创效1928万元。完成化检验件数99.89万件，正检率为100%，外验抽检合格率为99.1%，过磅量4829万吨，过磅率99.6%；环境监测率达100%，质计量等各项收费3839万元，各项财务指标完成矿业集团考核计划。

2015年，国际铁矿石价格断崖式下跌，矿业降成本压力增大，给质量计量工作带来诸多不利因素。中心积极应对各种挑战，全面加强质计量管理和监控，使矿业集团质量检验和计量管理水平进一步提升。

围绕矿业集团生产经营目标开展的质量管理工作取得显著成效。一是完善质量管理制度，制定了《鞍钢矿业集团质量监督管理办法》等五项管理制度。二是开展了质量月活动，在广大职工积极参与，共同努力下，活动取得了显著成效，为实现全年质量工作目标奠定了基础。三是组织开展了全面质量管理小组活动，累计年创效约700万元。四是落实标准修订工作，推进企业升级，2015年有9项国家标准通过审定。

围绕矿业集团生产经营重点，强化了质量管理工作。一是加强了部门质量监督工作。针对矿业集团的生产重点、难点，加强了输出品种质量的监控，进一步严格工序质量检查、验收和考核办法。二是改进检测手段和方法，提高数据准确性。采用荧光分析设备，用于输出产品检验；与股份炼铁化验室进行对标，完善了二氧化硅的检测方法。三是进一步规范了药剂检测工作。四是组建和完善西区、二烧化验室，确保了矿业集团新建项目投产。

对计量工作严格监控、严格把关，较好地完成了全年各项计量任务。在计量基础管理上，重新修订了《鞍钢矿业集团计量管理办法》等四项管理制度。2015年检定计量器具4012台件。在矿产资源和能源计量管理上，充分发挥复检功能，严把矿产品输出计量关。强化了三大产品输出的装车管理，杜绝超吨现象的发生，确保矿业集团效益不受损失。在衡器设备运行上，强化设备点检运行。克服困难自主维修，确保了计量设备的运行率。

加强思想建设，创建学习型党组织。两级班子通过集中研讨、互动座谈、自学辅导等方式组织调研学习，破解生产经营、改革发展、职工利益等各方面的存在难题；加强作风建设，深入开展了“三严三实”专题教育，进一步提高了两级班子服务基层、服务职工群众的能力。开展了“树立六种意识，提高六种能力”活动，即：树立全局意识、树立责任意识、树立服务意识、树立守法意识、树立人才意识、树立和谐意识，提高驾驭全局的能力、提高合作共事的能力、提高推动发展的能力、提高廉洁自律的能力、提高敢于担当的能力、提高贯彻执行的能力。

党建工作实现信息化、规范化、制度化。充分发挥“质计中心党建管理网”在党建工作中的突出作用，中心党委每月通过党建管理网发布党群工作重点，使每名党员及时了解党委的工作，开设党内特色活动擂台栏目，各支部上报特色活动，每季度进行评比，并给予表彰。“质计中心党建管理网”得到上级党委的充分肯定，荣获了2015年首届“鞍钢党建工作品牌”称号。深入开展了“党内积分卡”“五个攻坚、五个模范”“党支部工作对标”“基层党支部、党员承诺”“为群众解难题、办实事”等活动，推动了党组织的工作向正规化、标准化、科学化、制度化方向发展；通过召开“质量工作研讨会”、开展“共产党员工程”等工作提升了各级党组织和全体党员“融入中心做工作、进入管理起作用”的能力和水平。

思想政治工作和精神文明建设取得新成效。全面贯彻落实“一定”“二诊”“三帮”班组思想政治工作模式，营造了关系和谐、团结互助的班组文化氛围，增强了职工对企业的忠诚度和归属感；深入开展以“践行六种发展理念，坚决打胜矿业集团增效攻坚战”为主题的大讨论活动，引导干部职工把“六种发展理念”转化为工作态度和行为习惯，为应对困难想办法、为降本增效作贡献，筑牢共同意志，凝聚力量共识，汇聚攻坚克难的强大力量，推动了质计中心和谐、稳定、健康发展。

群团组织工作在特色活动中得到职工认可。一年来，工会组织开展了双增双节活动，共创效26万元，征集职工合理化建议12条，为质计中心高技能人才协会开展活动提供了有力的支持，组织开展了职工技术大练兵活动，走访慰问困难职工68人次，救助困难职工110人次，发放救助金3.65万元，解难题办实事8件，举办各类群众性体育活动5次。共青团结合青年特点开展了“青年创新登高”“降本增效我先行”等丰富多彩的团内活动。科协、统战、女工等组织做了大量工作，为质计中心和谐发展作出了突出贡献。

（李　凯　洪　冰）

**【弓长岭露天铁矿概况】** 2015年末，弓长岭露天铁矿有在岗职工1139人，其中，干部160人（高级职称8人，中级职称62人，初级职称45人），工人979人。矿下设“四室一会”（生产技术室、综合管理室、设备室、党委工作室和工会），15个作业区。主体设备95台，其中钻机15台、电铲34台、生产汽车46台。

2015年，该矿广大干部职工在上级公司的正确领导下，深入践行“六种发展理念”，齐心协力攻坚克难，打破常规开拓创新，依靠自己的力量圆满完成了各项生产经营任务。

强化生产能力建设。独木扩建工程完成岩石剥离2900万吨；按计划全面完成了何家采区248米铁路线迁移工程，确保了何家采区矿石生产能力的接续；强化采场干选矿石生产，生产干选矿石145.4万吨，超计划15.4万吨。动态调整生产计划，完成采剥总量6760万吨，超计划260万吨；输出矿石991万吨，有效满足了选矿生产需求。

技经指标持续改善。完成采剥比6.71吨/吨，超计划0.52吨/吨；溢流品位26.51%，超计划0.26%；钻机综合效率5.65万米/(台·年)，超计划1.3万米/(台·年)；电铲平均效率179.13万吨/(台·年)，超计划13.13万吨/(台·年)；生产汽车平均效率171.73万吨·千米/(台·年)，超计划11.73万吨·千米/(台·年)。全年实现利润5622万元，超计划完成利润1413万元。

科技工作取得新成果。完成了“排岩场边坡安全监测及预警”和“空区上边坡稳定性与监测预警研究”两项研究工作。“关于回收大阳沟排岩场残矿及综合配矿应用的建议”等6项合理化建议获得鞍钢重大合理化建议和技术改进奖。积极推进科技成果申报工作，认定专有技术8项，受理专利7项，申报软件著作权1项。

生产设备实现高效低耗运行。牙轮钻机、电铲、生产汽车三大主体设备故障率持续下降，较去年同期分别降低7.08%、30.16%和6%；可开动率分别提高了0.15%、0.07%和0.2%；机动备件消耗同比上年下降39.5%，少消耗资金822.16万元；汽运备件消耗同比上年下降38.3%，少消耗资金632.6万元。

安全环保工作取得新进展。大力推进安全标准化建设，14个作业区进入标准化作业区行列，标准化作业区达到了100%；53个班组进入标准化班组行列，标准化班组完成率67%；29个岗位进入标准化岗位行列，标准化岗位完成率56%。环保工作再上新台阶，何家采区水处理厂10月投入试运行，得到省环保部门的充分肯定。

体制机制改革取得新突破。创造性地实施了“操检合一”体制改革，效果凸显，全年创造直接经济效益400余万元。绩效评价考核机制持续完善，对作业区采取了专项考核和关键绩效指标、基础管理工作相结合的考核模式。深入推进“网络问企”工作，征集各类建议415条，其中384条建议被矿山及上级公司采纳。

群众工作取得新成效。技术创新和双增双节修旧利废活动，创效726万元；征集先进操作法17项，1项先进操作法被评为鞍钢级先进操作法。1名职工获得鞍钢技术状元称号，8名职工获得鞍钢技术能手称号；1名职工获得矿业集团技术状元称号，10名职工获得矿业集团技术能手称号。发放救济款及温暖基金21.4万元，救济困难职工390余人次。

党建工作形成新特色。将形势任务教育作为贯穿全年工作的主线，以创建优秀党建工作品牌为目标，以“降本增效”共产党员工程活动为载体，大力开展第二届“最美露天人”先进典型评选活动和群众性竞赛活动，充分发挥党委的政治核心作用，有力促进了生产经营各项工作的顺利进行。

（韩　萍）

**【弓长岭井下铁矿概况】** 2015年末，弓长岭井下铁矿有在岗职工925人，其中，在岗干部144人（高级职称12人，中级职称72人，初级职称33人），在岗工人781人。拥有固定资产原值8.45亿元，净值1013万元。矿区占地面积400.86万平方米，房屋建筑面积3.15万平方米，设备总重1.37万吨。

2015年，该矿以安全生产为中心，以降本增效为主线，采取颠覆性、创造性、超常规措施，全面完成了各项生产经营任务。全年矿石入选量完成218.8万吨，矿石输出品位完成34.81%，完全单位成本完成149.22元/吨，实现降本增效3347.6万元。

安全长周期稳定态势进一步巩固。该矿以实现安全“双无”为工作主线，以“一岗双责”为重点，严格落实各级人员的安全生产责任，坚持不懈地开展教育培训、“安全星级班组”创建、应急救援演练、危险因素辨识及安全文化年等系列活动，采取日常检查与专项检查相结合，治理现场隐患与消除职工违章相结合的方法，加大安全检查力度和频次，全年实现轻伤以上事故为零、重大设备事故、火灾事故和环保事故为零的目标。

降本增效工作成效显著。2015年是矿山生产史上极端困难的一年，面对矿价持续下跌、成本一降再降的巨大压力，该矿自上而下采取指标倒逼的做法，将矿业集团下达的成本指标横向分解到部门、纵向分解到到作业区，千方百计遏制“出血点”，寻找“造血点”，制定了6个方面，22项降本增效措施，并具体落实到责任部门、责任单位和责任人，保证降本增效措施的达到率。全年实现降本增效3347.6万元，完成计划的118.12%；矿石单位成本完成149.22元/吨，比预算降低4.92元/吨；实现利润-3128.6万元，剔除考核因素2053.5万元，实际完成-1075.3万元，比计划亏损3434.2万元多减亏2358.9万元。

企业内部改革有条不紊。按照矿业集团总体改革思路，为进一步破除原有体制对企业发展的制约，该矿因地制宜地进行改革。将生产工艺相同、区域位置相近的负160西作业区和负220米西作业区合并，成立-220米采区，实行区域一体化管理，实现了减员增效；重新理顺工程、设备、供应、保卫等专业部门的管理职能，实现了精干高效；将长期挂靠技术部门的140米火药库划归到+80米作业区，实现了规范管理；将原有的检修保产项目合二为一，不仅减少了保产项目人员，而且降低了保产项目费用支出。

科技创新步伐不断加快。该矿与东北大学、辽宁科技大学和煤科集团沈阳研究院合作推进的“富矿安全高效采矿方法研究”“通风系统优化与智能控制研究”等4个科研项目通过了年度验收（评议）。知识产权保护工作取得了16项成果，其中，矿业专利3项，授权实用新型专利2项，授权软件著作权1项，鞍钢认定专有技术6项。

党建工作硕果累累。负280米东作业区党支部被鞍钢集团党委授予“鞍钢样板党支部”荣誉称号。“构建‘五个一百’党建融入平台　释放党员‘双无’安全正能量”的党建工作创新品牌，被评为首批鞍钢党建工作品牌。《我是共产党员》微视频获鞍钢党建工作评比一等奖，《我是共产党员——唐怀钰》微视频分别在辽宁电视台和鞍山电视台播放。

“构建‘五个一百’思想政治工作模式　提高人文关怀和心理疏导效果”经验材料，入选鞍钢集团思想政治工作文集。《打造特色企业文化支撑力　增强矿山发展软实力》获全国冶金行业协会教育论文二等奖。

群团组织作用，充分发挥。组织参加鞍钢

"印象青春"微视频大赛活动，一部作品荣获二等奖，两部作品荣获优秀奖，一部作品荣获最佳剧本奖。被集团团委授予"十佳创新登高优秀组织单位"荣誉称号。

（刘春刚）

**【弓长岭选矿厂概况】** 弓长岭选矿厂是矿业集团弓长岭地区铁精矿原料生产基地，1957 年 6 月建厂，有三条生产线，其中两条青矿生产线：一选生产线于 1959 年投产；二选生产线于 1975 年投产，二选原来是重选生产工艺，1999 年改为磁选工艺；一条赤铁矿生产线，于 2005 年 5 月建成投产。2015 年末，在岗职工 1570 人，其中干部 170 人，工人 1400 人，居家职工 24 人。拥有固定资产原值 16.22 亿元，净值 5.67 亿元。

2015 年，选矿厂围绕生产经营目标，践行"六种发展理念"，积极应对国际矿价不断下滑的不利局面，消化原品下降、成本压力大、产量受限等不利因素，优化生产组织，推进技术创新，深化对标挖潜，落实降本措施，各项工作稳步推进。

生产经营稳中求进。全年完成铁精矿产量 477.33 万吨。磁铁矿和赤铁矿的精矿品位达到 67.13%、67.50%，分别高于计划 0.13%和与计划持平；磁铁矿和赤铁矿的精矿一级品率达到 98.67%、91.26%，分别高于计划 5.67 个百分点、1.26 个百分点；磁精矿尾矿品位完成 8.79%，低于计划 0.21 个百分点，赤精矿尾矿品位完成 11.47%，高于计划 0.97 个百分点。实现降本增效 5555 万元，完成了矿业集团利润考核指标。

设备运行均衡稳定。破碎、新破的设备可开动率完成 91.06%、93.47%，分别高于上年同期 0.7%、0.17%。一选、二选、三选的设备可开动率完成 95.91%、98.07%、97.51%，分别比上年同期提高 1.43%、0.69%、0.84%，全厂平均设备故障率降到 0.4%，故障费用同比降低 23.55 万元，实现全年重大设备事故为零的目标。完成了尾砂泵站渣浆泵改型、电机增容、多级泵改造；尾矿管道大修；新破 1 号皮带电机、减速机改造等重点工程。电单耗完成 35.41 千瓦时/吨，新水单耗完成 0.08 立方米/吨，中水单耗完成 1.19 立方米/吨，综合能耗完成 4.36 千克标煤/吨。

安全管理不断加强。落实安全管理责任，与 10 个基层作业区签订了安全生产目标管理责任状。明确受限空间作业场所 322 处，确定各类危险源点 1296 项。每月开展"安全主题月"活动，提高职工安全意识，夯实了安全管理基础。开展多种形式的安全教育培训，职工参与率达到 100%。落实安全区域管理责任，推动危险因素辨识活动，排查各类安全隐患 2086 项，整改完成 1916 项，安全奖励 13.97 万元，考核 7.55 万元。一选、二选作业区入围矿业集团"星级作业区"。

科技攻关成效显著。新增两台 72 平方米新型盘式过滤机，单机水分降到 9.2%以下。开展柱式反浮选回收浮尾半工业试验，浮选尾矿品位降到 10.43%。分别在 H8800 破碎机臂架轴承与主轴衬套和振动筛部位开展道达尔润滑油试验，年创效 35 万元。在 $\phi5.03$ 米球磨端部安装辽阳产橡胶衬板，使用周期延长到 16 个月。申报国家专利项目 9 项，认定专有技术 6 项。获得鞍钢合理化建议一等奖 1 项，二等奖 3 项。

管理改革持续升级。深入推进"操检联酬，多元分配"改革，综合效益进一步显现，减少劳务用工 166 人，检修人员承担外委维修、备件修旧等项目，实现创效 1300 多万元。8 个班组晋升为厂样板班组。全厂职工培训完成率达到 96%。聘任高技能人才 17 名。上报创新成果 11 项。

职工利益得到维护。2015 年前 10 个月在岗职工人均收入比上年同期增长 1.48%，11 月、12 月受铁精矿产量输出影响，在岗人均收入比上年同期降低 16.88%，全年在岗职工人均收入仅比上年降低 2.44%。劳动生产率达到 9492 吨/(人·年)，比上年提高 5.05%。积极开展送温暖活动，救助困难职工 510 人次，发放救济金 18.92 万元。认真落实领导接待日和"三深入"制度，收集各类问题 59 项，解决 40 项，处理率 67.8%。开展了毽球、登山、羽毛球、乒乓球等健身活动，获得鞍钢"化工事业杯"职工男子篮球比赛第二名。

党建思想政治工作取得新成绩。党支部建设水平总体提升，检修作业区党支部荣获鞍钢样板党支部工作示范基地称号，一选作业区党支部荣获鞍钢样板党支部称号。完成共产党员工程 35 项，创效 679.27 万元。7 项工作品牌荣获 2015 年度矿业集团优秀党建工作品牌，其中有两项获得首批"鞍钢党建工作品牌"奖。电视片《背水一战之锲而不舍》分别获鞍钢和矿业集团 2015 年优秀党员教育电视片一等奖。获得鞍钢先进操作法奖2项，矿业级先进操作法7项。在技术大练兵活动中，获鞍钢状元1人，能手14人，获矿业状元2人，能手19人。

2015年获得矿业集团先进党委、先进纪委、先进工会、红旗团委等荣誉称号。

（潘　英　刘帮贺）

**【弓长岭球团厂概况】** 弓长岭球团厂两条球团生产线分别于2003年10月和2004年11月投产，截至2015年末，共有在岗职工661人，其中干部116人（高级技术职称10人，中级技术职称63人，初级技术职称40人），工人545人。下设“四室一会”：生产技术室、综合管理室、设备管理室、党委工作室、工会，6个作业区。拥有固定资产原值6.73亿元，净值1.43亿元。厂区占地总面积18.6万平方米，球团矿设计生产能力400万吨/年，全铁品位达到65.54%，生产采用煤基链箅机—回转窑—环冷机工艺，从配料、混合、造球布料到焙烧、冷却全部采用PLC控制系统。

2015年，面对外部生产经营环境持续恶化的严峻挑战，弓长岭球团厂广大干部职工认真践行“六种发展理念”，全面贯彻两级公司职代会精神，紧紧围绕降本增效、提升竞争实力两大任务，采取了强化经济运行、推进技术创新、整治管理短板等有效措施，顶住了用户需求不稳定、生产组织难度大、降本节支任务重等巨大压力，完成了上级下达的各项生产经营任务，积累了抵御风险的经验，提升了打造球团品牌的内生力，并获得了辽宁省思想政治工作优秀单位称号。

经济运行稳中有进，品牌创建落地生根。2015年受鞍钢炼铁高炉减产影响，球团矿需求长期处于低位宽幅振荡状态，为最大限度消化由此所带来的生产组织压力和成本费用压力，弓长岭球团厂坚持双轮驱动的生产组织模式，一手抓满负荷生产保计划求效益，一手抓工艺设备过程管理保能力求质量，实现了两条生产线经济、平稳、受控运行。全年生产球团矿340.70万吨，销售球团矿333.31万吨，实现销售收入21.23亿元，利润2.07亿元，超利928.77万元。球团矿全铁品位、一级品率、合格品率分别达到64.98%、90.64%、99.39%，比计划分别提高0.18%、0.64%、1.39%，实现了重大生产事故、球团矿质量事故为零工作目标。

关键指标持续优化，降本增效成果显著。2015年，弓长岭球团厂把降低皂土、煤、油、电四大关键消耗作为完成降本增效任务的突破口，深挖内部潜力，强化措施执行，取得了可观的经济效益。通过精准配料、强化造球操作、调整辊筛间隙等措施，皂土单耗实现10.67千克/吨，比计划降低0.33千克/吨，年创效95.79万元；通过合理标定低价动力煤与高价煤喷吹煤配比，进一步降低了高价喷吹煤用量，年创效253.70万元；开展了等离子点火技术攻关，并在两条生产线全面推广应用，燃料油消耗比去年少258吨；强化工艺点检工作，通过合理开停设备、精细热工操作、密闭漏风点等措施，电单耗实现30.6千瓦时/吨，比计划降低2.32千瓦时/吨；落实年初制定的提高球团矿品位、压缩可控费用、盘活库存资金等14项降本增效措施，球团矿单位加工费79.9元/吨，比计划降低0.01元/吨。

TnPM工作有效推进，一线年修顺利实施。2015年，弓长岭球团厂以贯彻落实矿业集团“TnPM管理200分标准”为主线，以提高6S、6H、OPL等改善活动质量为重点，以加强作业区检查、考核、评价为抓手，TnPM工作实现了全员参与，有效推进，设备管理水平大幅提升。全年共完成6S 235件、6H提案240件、OPL 172件，每月对各作业区检查考核评价，全年考核问题209项，处罚金额3.07万元，实现了重大设备事故为零的工作目标。2015年3月，进行了以链箅机大修为中心的一线年修工程，为期28天。为确保此次一线年修顺利实施，自2014年11月起就开始着手筹备，制定了年修工程目标和实施方案，对制作周期长、精度要求高的备件提前上报了采购计划，组织部门、作业区对年修项目进行反复论证，把年修重点打在解决制约产能、影响质量稳定的项目上，做到既不失修、欠修，又不过剩维修，确保了年修方案的科学性、准确性。为提高年修费用使用效果，该厂通过挖掘保产单位和作业区的维修潜力，将维修成本压缩至308.92万元，是建厂以来维修费支出最低的年修。为保工期、保质量，实行了检修平衡会制度，确保了年修工作有序推进，提前7天完成了348项年修项目，实现了一次性热负荷转车成功。

安全环保同步推进，“双无”目标全面实现。2015年，弓长岭球团厂重新制定了《球团厂安全生产责任制》，把安全责任分解到每个领导、每个部门，落实到每个环节、每个岗位，形成了齐抓共管的局面；制定了《球团厂职工违章行为和隐患问题安全考核标准》，依托公司开发的安全点检数字化平台，开展了以制煤系统、高温设备和皮带系统为重点的安全隐患专项整治工作，实现了隐患排查全覆盖，年排查各类隐患 486 项，处罚金额 3.82 万元；强化相关方作业管理，制定了《球团厂相关方管理办法》，全年共查处安全隐患 46 项，处罚金额 1.1 万元；加强职业健康管理，配合鞍钢劳研所对全厂 42 个部位进行了粉尘、噪声、毒物的检测与评价，对 340 名接尘、接噪及高温作业人员进行职业健康体检，保障了职工身心健康；加大烟气排放整治工作，制定了《球团厂固体废物排放管理办法》，全面加强脱硫设备承揽方管理，运营后脱硫效率达 80%，每年可减排二氧化硫 2500 吨左右，为辽宁省蓝天工程暨辽阳市“十二五”主要污染物总量减排目标的实现作出了重要贡献。实现了轻伤以上事故为零和环保事故为零的工作目标。同时，该厂原料一作业区通过了矿业集团星级安全标准化作业区初审。

改革创新有效实施，专业管理持续提升。2015 年，弓长岭球团厂进一步细化绩效考核指标，完善了厂部四级绩效考核体系，合理拉开两线之间收入差距，调动了职工积极性，促进了经营绩效的提升。加强职工培训工作，坚持办短班、求实效的原则，突出专项培训和现场演练，提高了岗位实际操作技能。全年共组织参加上级各类培训 193 人次（其中干部 117 人次，工人 76 人次），厂自行培训 2756 人次，完成了年初制定的培训计划。进一步健全管理体系，对照部门工作职责，组织各专业管理部门对现行文件进行了重新梳理和修订，全年共修订管理制度 49 个，提高了制度的严密性和可操作性。挖掘内部人力资源潜力，开展了项目承揽用工专项清理工作，2015 年较 2014 年少用工 151 人，压缩费用支出 636.74 万元。深化网络问企工作，全年收到合理化建议 131 条，采纳实施 126 条，创效 372.86 万元。

职工权益有效落实，主体作用充分发挥。弓长岭球团厂深化厂务公开工作，严格落实职工代表大会、职工代表视察等制度，保障了职工的合法权益。关心职工生活，努力为职工办实事解难题，共征求群众意见 5 个方面 56 条，现已全部解决。积极开展扶贫、帮困送温暖活动，全年提拨救济款 4 万元，发放救济款物 4.16 万元，扶助贫困职工 102 人次；发放温暖资金 4000 元，救助困难职工 5 人次。关心职工健康，先后安排 336 名先进人物、一线骨干进行了健康疗养。积极推进职工素质工程，职工岗位大练兵活动取得新成果，2 名同志获矿业集团大练兵状元称号，15 名同志获矿业集团大练兵能手称号。开展了“双增双节纵深行”活动，全年降本增效 855.3 万元。开展了群众性技术攻关活动，总结推广先进操作法 2 项。开展了“双无”主题系列活动，收集梳理、整改安全隐患 47 项。

（王　霞）

**【弓长岭铁运公司概况】** 弓长岭铁运公司承担着弓长岭区域铁矿石、铁精矿、球团矿和矿山原燃材料的铁路运输任务，具有全天候露天动态作业，点多、线长、面广、管理跨度大的工作特点。截至 2015 年末，该公司有在岗职工 989 人，其中在岗干部 113 人，在岗工人 876 人。下设四室一会和 10 个作业区。铁路总长 73.93 千米，机车总数 33 台，自翻车总数 394 台，拥有固定资产净值 1.84 亿元。

2015 年，该公司上下自觉践行“六种发展理念”，落实“狠抓安全管理，提升运营能力”的工作思路，各项工作取得了一定成绩。实现周转量 1.97 亿吨 · 千米，电机车台年效率达到 1060 万吨 · 千米/台。

安全管理成效显著。深化安全标准化作业区创建活动，4 个作业区通过了安全标准化作业区初审，安平作业区通过了星级作业区初审。严格执行“365 条”考核制度，加大综合监察、夜查、作业区自查和年度大检查力度，全年综合监察 173 次，夜查 28 次，年度大检查 2 次，共发现问题 792 项，保证了安全生产形势的稳定，实现了较大生产设备、火灾和路外交通责任事故为零的目标。

设备保障得到加强。深入推进设备 TnPM 管理，开展周检查曝光和半年内部评价活动，共检查曝光问题 884 项；3 个作业区进入一阶，5 个作业区进入二阶，2 个作业区进入三阶。严格落实点检定修制，完成同步检修 390 项、专项治理 430 项；电机车可开动率同比提高 1.4%；自翻车可开动率提高 1%；内燃机车可开动率提高 0.6%；铁路、接触网、信号完好率提高 0.8%；直流电单耗比计划降低5.6%；柴油单耗比计划降低0.05%。设备技经状况得到全面提升。

管理能力明显提高。修改岗位绩效考核方式，取缔“计分”模式的绩效考核，实行更直观、更公平、更有效的“365条”考核办法。实施“内部大病、长病”管理，保障了25名职工在医疗期间的生活。优化人力资源管理，裁撤辅助岗位人员36名，进行了合理安置。广泛开展岗位技术大练兵活动，在矿业集团大练兵活动中获得状元称号1人，获得技术能手称号6人。

党建工作取得新成绩。深入开展“三严三实”专题教育，先后召开座谈会11次，重点围绕五个方面征求意见和建议25条，制定整改措施9项。完善《党支部工作评价办法》，实现季度评价考核，赋分排序，奖优罚劣，促进了党支部工作的规范化。完成了任期届满的党支部的换届改选工作。开展“平安铁运”系列安全主题教育活动，筑牢安全思想防线。深化“一抓三谈四满意”思想政治工作体系，完善了上下舆情沟通机制，强化量化管理考核，落实思想政治工作责任追究制度。广泛开展典型选树活动，树立评选出以敢打硬仗的东工党支部、模范党员沈志余、技术尖兵周爱勇等为代表安全管理、降本增效、提升效率的典型人物和集体。该公司实施“专组专列”等改革成果的报道，先后在《鞍钢日报》《鞍钢矿业报》头版刊登，并在矿业微信平台进行了转载，极大地振奋了广大职工的士气，激发了积极进取、拼搏向上的工作热情。

（佟中原）

**【弓长岭灯塔石灰石矿概况】** 2015年末，在职职工647人，其中干部93人（高级职称4人，中级职称42人，初级职称45人），工人554人。全矿设四室一会（党委工作室、综合管理室、生产技术室、设备室、工会）、9个作业区（采矿、缸窑碎石、山城碎石、铁运、汽运、输出、检修协力、动力、生产协力）；固定资产原值1.1亿元，净值0.34亿元；矿区占地面积123万平方米，建筑面积9.7万平方米。

2015年，该矿围绕“建设辅料基地，实现矿山持续发展”的总体经营目标，以扭亏增效为着力点，对外积极抢占市场，对内深挖内部潜力。在钢铁行业进入“冰冻期”的大环境下，经过积极沟通与协调，在固化了原有市场的基础上，石灰石产品又开拓了鲅鱼圈、东烧两个市场，新增商品量52.25万吨。全年石灰石商品量实现309.87万吨，较上年净增68.87万吨，创灯塔矿历史新高。石灰石产品输出合格率达到99.2%。实现销售收入2.12亿元，利润与公司计划比减亏48万元，上缴税金3015万元。

安全工作取得新进展。企业安全工作进入国家二级标准化企业，检修协力作业区入围星级标准化作业区行列，铁运、输出、汽运三个作业区在复审标准化作业区过程中达标，六个班组和六个岗位进入矿业集团百佳班组和百佳岗位，全年实现企业责任轻伤以上事故为零目标。

重点工程建设进展顺利。自主设计、自营施工建设锤式粉矿生产线，使山城破碎生产线成品率由原来的65%提升至90%，充分释放山城破碎系统产能，同时投资费用由原来750万元降至75万元，节约投资675万元，并且该工程设计、施工得到矿业设计院的高度评价；自主施工建设铁路调车线，在矿机关、作业区的共同参与下，历经一个多月施工，于6月下旬完成了650米的铁路调车线，使铁路运输能力由原来180万吨提高到240万吨，充分释放出铁路运输能力。

产能得到了充分释放。强化对采场西部岩石的剥离，完成西部剥岩量95万吨，使原来备采矿量70万吨提高到185万吨；挖掘山城破碎生产线潜能并开展生产竞赛，由原来设计能力130万吨/年，提高到150万吨/年；利用地域和资源优势，占领鲅鱼圈和东烧部分市场，全年增加销售产能52万吨。

设备管理有了质的提升。强化设备日常维护保养，延长设备服务周期。山城碎石作业区通过强化对设备润滑的管理，使细破机最高连续运行17个月；稳步推进TnPM管理工作。提高了各级领导干部及职工对TnPM管理工作的认识；加强现场四要素工作的开展，及时对6S和6H工作进行统计分析；加大曝光考核力度，共曝光43次，检查缺陷项目119项，考核8700元。通过上述举措，主体设备可开动率达到了98.46%，作业率达到了94.24%，满足了生产需求。

降本增效措施成效显著。面对成本利润指标的巨大压力，开展了系列“求生存，促发展，深挖潜”降本增效主题实践活动。连续两次推出系列降本增效实施方案。通过优化东大山爆破参数、强化钻机作业组织管理，提高延米爆破量、严细局车装载量考核、油耗管控、技改创新、修旧利废等举措，创效127万元。

企业管理工作进一步加强。开展形式多样有针对性的培训工作，参培1443人次。通过加强培训教育，职工队伍整体素质得到进一步提升；对石灰石成品输出及采场运矿车辆进行了不定期的跟踪检查，杜绝了矿石外流现象的发生；全面落实物资管理责任，强化厂区巡查和门禁管理，保证了物资安全。

企业发展成果惠及职工。加大对困难职工的帮扶力度，“两节”期间走访慰问困难职工119人次，发放救济金3.35万元（含居家职工、退休人员）；开展破碎生产劳动竞赛活动，为完成全年生产经营任务奠定了基础；为进一步营造“技术创新、钻研业务、提高技能、创造效益”的良好氛围，先后组建“李付庆创新工作室”“潘忠刚创新工作室”“王世彧创新工作室”，全年共完成技术革新24项，创效34.5万元；深入开展大练兵活动，在参加集团大练兵活动中，1人入围鞍钢技术大练兵、6人入围矿业大练兵；认真接待和处理职工群众来信来访，保证了矿区生产和生活秩序的稳定。

（袁士杰）

**【弓长岭机械厂概况】** 2015年末，弓长岭机械厂共有职工250人，其中管理技术岗位55人（高级职称5人，中级职称32人，初级职称18人），生产服务岗位181人，居家休息职工14人。下设“四室一会”和7个作业区。该厂是以生产铸钢球、铸钢件、加工件、铆焊件、电机修理等产品为主的机加工企业。占地面积为6.6万平方米，建筑面积为2.62万平方米。固定资产原值6636.8万元，净值1441.9万元。

生产经营指标全面完成。全年完成生产总量2.53万吨，其中：钢球2.14万吨、铸钢件2675吨、加工件934吨、铆焊件273吨、维修电机1193台。全年实现销售收入1.48亿元，剔除考核因素后实现利润1743万元，完成矿业集团下达的成本利润计划。

安全生产实现事故为零。夯实安全基础，强化现场整治，安全问题同比降低65%。开展安全标准化创建工作，一个作业区通过了年度“安全标准化星级作业区”验收，其他作业区全部通过了年度“安全标准化作业区”复审，全年实现轻伤以上事故为零目标。

降本增效措施成效显著。通过“管理升级”“准时化生产”“按质计价”等有效管理手段，全面加强生产过程控制，降低物耗、能耗，降低资金占用。向技术质量要效益，通过“返回法代替氧化法炼钢”“废机铁代替普通生铁再利用”等措施，年创效520万元。向强化管理要效益，通过“全方位压缩可控费用”“铸球模具以旧换新”等措施，年创效580万元。全年实现降本增效1150万元、双增双节110万元。

设备管理水平稳步提升。按照TnPM 200分标准，修订相关制度7项。加强工程管理，将全部外委工程项目转为内部单位承修，独立完成了铸球型砂回收设备研制和锻球冷却水改造项目。开展“热脸工程”，整治隐患240余项，经济考核1.64万元。全年主体设备稳定运行，可开动率达99.5%。

技术质量工作成果丰硕。严控工序质量，严格执行作业票制度和质量跟踪卡制度。开展技术攻关，完成了关宝山和弓一选、三选三个系列球磨机衬板的水淬试验和技术攻关。完成了铸球型砂品种更替及新黏结剂研究与应用。分级开展了时效处理合金球落球实验，完成了铸球时效处理取代热处理工艺的试验研究和应用。

企业内部管理不断增强。推进管理升级，查摆整改各类问题145项，制定、修订管理制度20项。积极推进深化企业改革工作，组织起草了综合性改革方案。加强生产区域大门管理，严格执行物资持出审批制度。开展“全员建言献策”活动，征集合理化建议54条。开展各类职工培训1115人次。

企业发展成果惠及职工。全年累计走访、探望职工88人次，救济金额6.05万元。陆续为作业区班组休息室配备桌子6张、休息椅90人位。根据职工需要，将全厂各办公室撤除的40余张休息床全部发给各作业区困难职工。全面加强浴池管理，更新了浴室更衣柜、维修更换淋浴头、重新铺设防滑垫。为丰富职工业余生活，组织开展了职工趣味运动会和“六一”儿童节书法、绘画征集活动。

（蔡　丹）

**【弓长岭汽运公司概况】** 2015年，弓长岭汽运公司共有职工405人，其中管理技术岗位58人（高级职称1人，中级职称22人，初级职称24人），生产服务岗位347人，居家休息职工12人。下设“四室一会”和6个基层作业区。该公司主要承揽弓长岭区域各厂矿客货运输、选厂舍岩、球团精矿倒运等以保产服务为主的服务性企业。固定资产原值1.11亿元，净值5132.32万元。

2015年，弓长岭汽运公司全面完成了各项生产经营计划。

经营成果再创历史新高。2015年实现产值收入4823万元，比上年同期减亏1938万元；全年报表利润-2310万元，比预算减亏1663万元，全年完成降本增效指标2587万元，超额完成各项考核指标。

企业形象得到明显增强。推进“六种发展理念”行为化，公司紧跟弓长岭区域生产节奏，通过强化服务质量教育，树立了“用户至上，优质服务，工作到位，树立形象”的工作理念，全面完成了各项保产服务任务，尤其是在选厂舍岩、球团厂精矿倒运等工作任务中，面对作业条件恶劣、任务量增加等诸多困难，充分展现了汽运人能打胜仗，善打胜仗的奉献精神。

设备管理水平显著提高。积极开展创建内部TnPM样板作业区评价工作，全年培训人数为265人，共收集一点课176篇，收集清除6源建议896项，收集合理化建议65项。通过强制推行车辆日检、周检和月检制度，杜绝了车辆跑、冒、滴、漏现象的发生，使车辆外观、紧固、润滑和安全设施有了明显改善。全年曝光问题159项，整改159项，考核金额5600元。

企业管理水平取得新成效。对现有制度体系进行了清理整合，全年承接上级文件282个，自制文件100个，使制度体系更加完善，具有实效性和操作性。严格执行各类物资消耗管控制度，强化材料、备品备件计划申报、领用、机旁暂存、审批发放、废旧回收、检查考核等管理程序，全年材料降耗316万元，汽柴油降耗247万元。加大职工培训力度，开展了岗位技术大练兵活动，参加职工180人，21名职工分别获7个工种的金、银、铜牌，2名同志进入综合成绩前10名，在矿业集团组织的业务大练兵活动中，1名同志进入综合成绩前3名。

安全标准化建设效果明显。公司现有6个作业区已全部进入安全标准化车间行列。组织开展了“敬畏生命，远离车辆伤害”系列活动，开展了“驾驶员违章驾驶行为”专项检查，观看了《新交通法规解析专题教育片》和《交通事故警示录》事故案例教育片等，培训职工达750余人次。完成了标准化星级作业区的申报工作，汽运一队作业区以98.2的高分通过评审。继续落实安全生产责任制，发挥部门优势和联动作用，全年安全检查40次，曝光问题112项，考核36人次，考核金额8600元。

职工利益得到切实维护。健全规范了困难职工档案，科级以上干部与困难职工结好帮扶对子实现了全覆盖。全年为102人次困难职工发放救济款3.5万元，组织了各类先进模范人物65人次参加健康疗养。认真落实职代会制度，重大事项均提交职工代表审议，维护了职工的民主权利。

（张宏禹）

**【弓长岭动力厂概况】** 弓长岭动力厂主要承担矿业集团弓长岭地区的生产用水、电、汽的供给任务，组建于2000年6月6日。2015年末，有在岗职工329名，其中干部50人（高级职称3人，中级职称23人，初级职称24人），生产工人279人。设“四室一会”，7个作业区。厂区总占地面积11万平方米，建筑面积3.1万平方米。固定资产1.68亿元，供电系统10个66千伏变电所，总装机容量25.28万千伏安，年均配出电量7.3亿千瓦时；供水系统7个水泵站，设计供水能力5568立方米/小时，年均输送水量1000万立方米；供暖系统生产锅炉总吨位270吨，年均产汽量70万吨。

2015年，该厂广大干部职工认真学习实践科学发展观，紧紧围绕“保产保供保稳定”和“强化系统经济运行”工作目标，全面落实“增强精品意识、提升工作质量、推进经营发展、打造服务品牌”工作措施，各项工作取得了丰硕成果。

经营指标实现了预定目标。在弓长岭区域各单位紧缩产量、压缩成本的情况下，全年完成购电量7.49亿千瓦时，购水量523万立方米，蒸汽产量52.5万吨。供电回收率100%，比考核指标提高1%；供水回收率上半年66%，比考核指标降低4%（主要是供水量比上年减少30%以上，损耗相对增大），下半年73%，比考核指标提高3%

（主要是在供水量不变的情况下，采取了查漏堵漏、精确计量等措施）；电网功率因数94%，与上年持平。

完成销售收入5.41亿元，实现利润3942万元，超利485万元。

安全生产保持了良好势头。以实现“职工作业无违章，作业现场无隐患”的“双无”为工作目标；以推行“三个六”管理模式为主线；以强化职工安全教育培训为依托；以提升职工安全技术技能为手段。各级干部和职工全面履行安全管理责任，深入开展安全标准化建设，狠抓安全隐患查找和整治，实现了上次职代会提出的“人身轻伤以上事故、设备事故、火灾事故、责任事故和鼠害事故为零”的5个零和调度指挥正确率100%、变电倒闸操作正确率100%的目标。

在选厂、井下、露天、球团二线等锅炉房的煤场、渣场安装了抑尘网，强化选厂锅炉脱硫系统运行管理，实现了环境保护事故为零。

保供能力得到了不断增强。在维修费用大幅压缩，设备运行压力不断加码的情况下，依靠自己的力量，强化点检定修管理，发挥岗位自主维修作用，实现了电、水、汽三系统设备的稳定运行。

在供电系统利用“温度在线监测技术”监控电网运行状态，在变电所春检中应用红外线热成像仪，发现并处理了主变二次接手、二次开关及6千伏母线接点等5处发热点，避免了大面积停电事故的发生。

岭东升压及直流改造工程，历经设计变更、撤资缓建等曲折，2015年6月全部竣工，为露天矿扩充产能奠定了基础。

深井升压工程通过主动争取，积极协调，克服了重重困难，提出了最优的路径设计方案，为矿业集团节约了1000多万元的投资，新深井变电所实现了一次送电成功。

岭西直流改造将原有的DS7直流开关更换为DS16，并应用了保护精度更高的综保系统，越级跳闸次数大幅度降低。

积极采取措施，根除了居民区内电杆破损、线路老化和搭接树木等多年积存的老大难问题。

供暖系统通过实施常年炉轮停检修，季节炉大修整备等措施，确保了取暖期准时开拴供暖。

供水系统，因为选矿厂生产变动较大而引起水系频繁波动，及时跟踪调整，加之主管线内衬技术的支撑，没有发生一起爆管事故，保证了供水系统稳定。

降本增效取得了新的成果。通过广泛开展集思广益，我为企业献一策的降本增效活动，全年共节约成本413万元。

根据主体厂矿生产变化情况，做好备用主变暂报停工作，全年节约基本电费110万元；有效控制电网功率因数，全年获得辽阳电业局奖励电费160万元。

实施选矿区域办公与生产差异化供暖改造，年节约成本100万元；35吨锅炉出渣重链实施间歇运行方式，节省备件费10万元；利用井下锅炉余热水给汽运二队供暖，取缔一台燃煤小锅炉，年节约燃煤和人工成本20万元。

认真查找并及时处理了二泵站至岭东大井管路漏点、部分零散全民单位用水未计量等问题，年避免损失26万元。停运何家水泵站，节约成本13万元。

企业管理进一步严格高效。开展了管理制度清理修订工作，修订后的管理制度187项。完善和补充了3项点检标准。在锅炉一作业区实施了设备集中润滑系统、自主研发了自动卸灰系统。

按矿业推进三项制度改革的工作要求，在全民职工自然减员十余人的情况下，优化了司炉和检修岗位的人员配置，减少保产人员116人，精简率达34.3%，提高了劳动生产率。

针对生产经营和降本增效工作重点，开展备品备件、来料验收和物料管理的效能监察，根据上报矿业的“66千伏变电所合理调整负荷，主变压器经济运行”效能监察项目，开展项目跟踪落实，确保节约基本电费110万元。

职工技能进一步适应岗位。在做好常规培训的同时，开展季度技能竞赛，采取“以赛代训”的方式，受到了广大职工的积极响应，取得了事半功倍的效果。

建立职工成长档案，创新人力资源管理。依据职工年度培训总成绩划分为A、B、C、D、E五个类别，2015年取得档级进步的职工有41人。

在矿业集团举行的大练兵竞赛中，取得了优异成绩。变电值班员获得1名技术状元、5名技术能手，泵站操作工和电气点检工两工种分别获得1名技术能手。

职工权益得到了切实保障。坚持落实厂务公开、民主管理和职工代表大会制度，深入开展"三严三实"专题教育活动，党群、干群、劳动关系更加和谐。认真开展职工代表视察，保障了职工的合法权益。

安排一线生产骨干、劳模健康疗养140人次。及时解决了二球锅炉、新选所、三选所等偏远岗位的缺水问题。为一线岗位更换电饭锅、电磁炉等厨房用具59套，为变电所操作室安装了窗帘。

深入开展送温暖活动，救助困难职工111人次，发放救济金7.11万元。

另外，科协、武装、保密、计划生育、信访稳定、档案管理和综合治理等各项工作都完成了各自的工作任务，取得了可喜的成绩，保持了"安全生产文明单位"和"精神文明单位"等荣誉称号。

（朱　哲）

**【弓长岭生产协力中心概况】** 2015年末，弓长岭生产协力中心有职工306人，其中干部120人（其中高级职称4人，中级职称59人，初级职称15人）、工人170人、居家16人；外雇职工1834人。机关设"四室一会"，基层设14个作业区。占地面积79.14万平方米。负责矿业集团各相关单位生产保产、维修工作及弓长岭区域餐饮、保洁、绿化维护养护、森林管护、矿区房屋维修管理及职工活动中心管理等工作。

2015年，生产协力中心面对前所未有的压力，认真分析当前生产形势，明确工作重点，采取有力措施，推进生产、管理，以"颠覆性、创造性和超常规"的工作思路开展工作。全年实现利润指标-7238万元，比计划指标-8394万元减亏1156万元，全面完成了矿业集团下达的费用计划。

深入降本增效，经营管理水平进一步提升。中心全面落实预算管理制度，严控各项管理费用，特别是对占可控费用比例较大的材料、福利费、电费、水费等采取一系列超常规管理措施，降低费用支出，压缩各项成本1700万元。进一步挖掘人力资源潜能，提高劳动效率，努力降低人工成本，全年共削减劳务人员706人，降低劳务费900余万元。

实施精品工程，维修保产能力进一步提升。全年共完成维修工程353项，保产工程11项，实现产值收入7652万元，利润286万元。中心着力提升全员的服务意识和服务水平，坚持在提高设备运转率上下功夫，统筹协调检修资源，进一步完善重大事故抢修及突发性事故应急预案，不断提高生产组织的快速反应能力，圆满地完成了各项设备检修、抢修、维护及保产任务，提高了中心的企业知名度，保证了矿业集团生产单位设备的稳定运行。

推进星级化标准建设，安全管理水平进一步提升。通过推行"五个体系"的管理模式，强化了全员安全责任落实。坚持实施"安全标准化、现场规范化、区域一体化"管理，加大事故案例教育警示宣教力度，扎实开展岗位作业指导书培训考试和安全消防应急演练活动，有效提升了职工素养。目前全中心36个班组和60个岗位全部进入标准化行列，机电维修作业区和餐饮一作业区在现场验收检查中达到星级安全标准化作业区标准，为实现"双无"目标奠定了坚实基础。

强化科学管理，管理水平进一步提升。中心进一步强化后勤服务和工程检修组织管控，合理协调和使用人力资源，发挥整体协同效应，实现人力、技术资源共享，为实施精品检修和后勤服务提供人力资源保证。成立了技术攻关小组，先后攻克自制硫化机配比、新工艺胶接皮带等8项技术难题，年创效32万元。组织中式烹调工、面点工、电工等7个工种的362名职工大练兵考试，产生7名技术状元和14名技术能手。

加强窗口建设，职工群众满意度进一步提升。通过开展"三最佳、两提升、一满意"窗口服务竞赛活动，餐饮、保洁、绿化、房产、职工活动中心等后勤保障单位服务能力和服务水平不断提升。何家住宅楼166户居民喜迁新居，陈家土楼57户居民异地安置工作取得突破性进展。苏北电影院楼和杨木山624楼的楼体鉴定工作完成，通过实施矿区居民楼上水改造、道路维修、绿化养护等工作保证了矿山生产和生活秩序稳定。

关心职工生活，职工凝聚力进一步提升。持续改善职工生产、生活条件，稳步提高职工收入，努力改善作业现场和职工休息环境。加大困难职工帮扶力度，救济慰问困难职工126人次，发放救济款7.38万元。开展职工健步走、登山比赛，丰富了职工的业余文化生活，增强了中心的凝聚力和向心力。

通过实施一系列有力措施，该中心2015年生产经营工作取得显著成效，为开展好 2016 年工作打下了坚实的基础。

（翁晓平）

## 工程技术发展有限公司

**【概况】** 2015 年末，工程技术发展有限公司有在岗职工 12402 人，其中管理技术岗位 4360 人，生产服务人员 8042 人。该公司所属建设集团有限公司、重型机械有限责任公司、工程技术有限公司、矿山建设有限公司、铁路运输设备制造公司五家单元企业。固定资产原值 37.27 亿元，固定资产净值 11.21 亿元。土地总面积 269.3 万平方米。

2015 年是该公司成立的第二年。一年来，该公司广大干部职工在集团公司的正确领导和大力支持下，锐意进取，攻坚克难，深入践行“六种发展理念”，经受住了严峻的市场考验，扭亏增效、转型升级、改革创新等各项工作取得阶段性成果。2015 年，该公司实现销售收入 84.09 亿元，利润 7330 万元（含铸钢公司投资损失 1569 万元）。

**【扎实推进转型升级】** 2015 年，该公司制定了《2015~2017 年三年期发展战略和规划》，明确了企业定位、目标和发展路径。各单元企业通过资源整合、业务重组等措施，加快转型升级。聚焦城市建设业务发展。抓住国家发展新型城镇化建设的大好时机，研究制定了建设集团有限公司城市建设与工业建设“双轮驱动”战略，完成了城建业务发展初步方案、架构设计等筹备工作。实现节能环保技术产业化。工程技术有限公司积极开展脱硫脱硝一体化技术和水处理技术的研发应用。关注专项产品业务增量。为推动气体产业化发展和高附加值的挖掘，合资成立了鞍钢气体公司。

**【不断深化企业改革】** 该公司以《国有企业深化改革指导意见》为指引，制定了《工程技术发展有限公司深化改革方案》，改革创新工作有序推进。工程技术有限公司事业部制改革各项工作稳步推进，机构重组、事业部经理带指标竞争上岗等重点工作已经结束，六个事业部和一个分公司已正常运行。重型机械有限责任公司市场营销和物资采购部门推进公司化改造，组建成立独立核算的经营公司；完成了鞍钢（鞍山）冶金粉材有限公司注册工作。建设集团有限公司特种结构厂、第一建筑工程分公司试行任期制和契约化管理，充分下放人事与薪酬管理、物资招标采购管理等权限，切实建立自主经营、自负盈亏的企业制度。矿山建设有限公司积极引进战略投资者，探索职工股权流通渠道。铁路设备制造公司以“三项制度改革”为突破口，压缩管理人员编制，机关精简 41 人充实到生产一线。

**【积极开拓外部市场】** 该公司采取积极措施，强化市场营销策略，全力开发外部市场，外部市场签约额与 2014 年同比增长 10%，为完成全年生产经营任务奠定了坚实基础。制定了《外部市场营销协同奖励办法》，修订下发了《市场营销管理办法》，对市场营销管理、营销信息分析、内部协同等工作进行整合并制定工作流程，实现经营成果的最大化。重型机械有限责任公司根据区域分布，重新调整了营销机构设置，按区域设立五个市场营销处室，进一步完善了市场布局。工程技术有限公司根据行业产品特点，以事业部为单位，通过完善激励机制建设，外部市场开发成绩显著。建设集团有限公司利用市场营销协同模式承揽广州增城市安置新社区建设工程，中标额 11.32 亿元。矿山建设有限公司为辐射华南市场，在广州注册成立华南分公司；为拓展业务领域，与新疆中德西部能源有限公司合作，中标露天煤矿剥岩项目。

**【推动实施科技创新】** 不断完善制度体系建设，推动实施“科技兴企”战略，制订《工程技术发展有限公司关于国家科研项目实施细则》《工程技术发展有限公司技术创新效益评价及奖励管理办法》和《工程技术发展有限公司“十三五”科技发展战略规划》。2015 年申请国家、集团公司重大科研项目获得突破，以“辽河流域特大型钢铁工业园全过程节水减污技术集成优化及应用示范”课题，申请国家环保部水专项科研课题立项工作获得通过，获得科研经费 2278 万元；“金属带材粉末轧制工艺技术研究”和“粉末轧制中试生产装备设计制造技术研究”被列为集团重大科研项目。积极组织专利、科技创新成果申报鉴定工作：获得国家受理专利 84 项；申报集团公司专有技术 79 项；申报集团公司合理化建议 18 项，申报

2015 年度冶金行业优秀设计 3 项；申报集团公司 2015 年度科学技术奖 1 项；完成单元企业科技创新成果鉴定 2 项。

**【逐步夯实企业管理】** 在重点基础管理领域，设定管理目标，制定管理措施，推进企业管理升级。完善管理体系建设。制定下发了《工程技术发展有限公司核心业务管理权限行使规范》，明确了各层级管理定位与权责要求，进一步简政放权；建立了工程技术发展有限公司统一的采购平台，完善了制度建设和工作流程，使采购工作进一步规范化。安全生产管理水平稳步提升。全年实现了职工工亡事故为零、一般及以上火灾事故为零、新增职业病为零、环境污染事故为零的目标。切实加强效能监察工作。围绕生产经营难点、重点开展效能监察，避免、挽回经济损失和创造经济效益合计 3398.56 万元。

**【持续加强党建工作】** 扎实推进“三严三实”专题教育，召开了“三严三实”专题教育动员会，下发了《工程技术发展有限公司党委筹建组关于开展“三严三实”专题教育方案》。各单元企业同步开展了“三严三实”专题教育，各级党组织把学习贯彻“三严三实”要求作为当前时期的重大政治任务，切实将专题教育各项任务落到实处，真正做到真信真学真懂真用。广泛开展党内建功立业活动，2015 年涌现出公司级“党员工程”43 项，其中有 26 项被推荐到集团公司参评立项。

**【有序推进巡视整改】** 对集团公司党委第四巡视组提出来的 3 个方面、24 个问题进行了认真全面整改，对整改落实情况在工程技术发展有限公司警示教育大会上进行了通报。并于 2015 年 9 月末调整配备单元企业及其所属基层单位专兼职纪委书记 30 名。在办理中央巡视组交办的问题线索中，由纪检监察审计和财会等专业人员 30 余人，成立 7 个专案组高效开展案件审查工作，全年各级纪检监察组织共收到上级转来和自收案件线索 113 件（含中央巡视组转来 37 件），目前已查结 88 件，在查 25 件，取得阶段性成效。

**【切实关心职工生活】** 按照集团公司要求，开展“网络问企”活动，各单元共征集职工意见和建议 240 条，其中办结 220 条，办结率达 92%。开展领导干部、党员大走访活动，深入到困难职工家中，了解和掌握困难职工的实际情况，全年共救济、慰问困难职工 2415 人次，结成帮扶对子 131 个，发放救济金 135.83 万元。开展“金秋助学”活动，发放助学金 9.44 万元。

（马　静）

**【建设集团有限公司】** 2015 年末，建设集团有限公司有在岗职工 6518 人，其中管理和专业技术人员 1536 人（高级职称 142 人，中级职称 625 人，初级职称 594 人），生产服务人员 4982 人。下设 17 家分公司、1 个控股子公司、1 个参股子公司、6 个全资子公司（不包括区域分公司）。机关设“十部一会”。

该公司拥有固定资产原值 12.38 亿元，净值 2.1 亿元。目前，已具备完成企业总产值 200 亿元/年的施工能力。该公司共有各类机械设备 1194 台套。拥有国际先进的德国产 400 吨、280 吨、160 吨履带式和 500 吨、380 吨、330 吨、250 吨、225 吨、120 吨汽车式及国产 600 吨、200 吨、160 吨、150 吨履带式等系列吊装设备；沃尔沃、奔驰、拖车等各类大型运输设备；沃尔沃 EC700BLC、EC460BLC 履带式挖掘机、A40E 铰链式卡车及国产自卸汽车、铲车等土方挖运设备；利勃海尔 HS855HD 履带式地下连续墙抓斗成槽机、瑞典阿特拉斯·科普柯产全液压 ROCD7 顶锤式钻机、HB2200 型液压锤等破碎设备；日产液压打桩机等桩工设备和日完成 10 万立方米岩土工程爆破、挖运作业的施工设备等；伊萨 EXA6000×16000 型数控火焰切割机、EXA4000×27000 型及 IT258 型数控门式焊机、美国培廷豪斯数控钢结构加工设备、LMZ-2500 型 H 型钢自动埋弧焊机、数控平面钻床、1600 吨×3000 型三辊卷板机等钢结构加工制作设备；瑞士莱卡 TDA5005 型三维全站仪及美国天宝 4600LS 型 GPS 测量定位系统等施工测量设备；东北地区最大的年产 280 万立方米流态混凝土生产基地及配套的泵罐车设备。现有 2 条碎石生产线，年总产 54 万立方米碎石。2015 年，新增设备 273 台套，设备原值 2076 万元。

**【经营指标】** 2015 年，完成总产值 41.55 亿元，占年计划的 75.55%；实现销售收入 32.88 亿元，占年计划的 84.3%；实现利润 2086 万元，占年计划的 59.6%。全年清回欠款 43236 万元。在岗职工年人均收入达到 4.58 万元，同比人均下降 600 元。安全工作实现了重伤以上事故为零的目标。

**【企业形象】** 该公司获得 2015 年度中国工程建设

诚信典型企业、2014 年度辽宁省建筑业优秀企业、“十二五”企业文化建设优秀单位。鞍钢股份化工总厂焦炉四期改造 8 号焦炉工程获得 2014～2015 年度国家优质工程奖、鞍钢五炼焦大修 9 号、10 号焦炉工程和太重榆次柱塞泵工程获得 2015 年冶金行业优质工程。混凝土分公司实验室被辽宁省委宣传部、辽宁省妇联联合授予“辽宁好人·最美巾帼人物”；被全国妇联授予“巾帼文明岗”称号。1 人被评为全国施工企业领军人物、2 人被评为全国优秀项目经理、1 人被评为国家级优秀建造师。7 项 QC 成果获得冶金建设行业优秀成果。

**【市场开发】** 全年共承担工程项目 660 项，重点项目合同履约率 100%，一般项目 90%以上。全年实现工程签约额 30.59 亿元，完成年计划的 50.98%。其中：鞍钢市场签约额 12.35 亿元，完成年计划的 72.66%；外部市场签约额 16.66 亿元，完成年计划的 40.63%，外部市场份额占总签约额的 54.46%；国际市场签约额 1.58 亿元，完成年计划的 79%。同时，积极做好印尼、马来西亚等国外工程的准备工作。伊朗球团工程已接近尾声，伊朗高炉工程已经开工。

**【企业改革】** 围绕鞍钢集团关于“一个重点、两个转移、三个转变”的工作部署和《建设集团有限公司深化改革指导意见》，主要开展了以下几方面的工作。

一是加大了亏损单位的改革力度。对所有亏损单位逐一进行调研和诊断，编制了《鞍钢建设集团公司深化改革方案》，制定了“一企一策”契约化经营的改革举措，在第一建筑工程分公司和特种结构厂推行了任期制和契约化经营改革试点工作，分别与第一建筑工程分公司、特种结构厂和伊朗项目部签订了《任期经营业绩承包契约书》。

二是有序推进机构改革。机关部门由 14 个减少到 11 个；完成了基层单位班子成员职数的核定，进一步完善了党委、纪委、技术、财会体系；劳务公司已经完成注册，运行取得良好开端，已置换劳务派遣合同工 1039 人；矿山资源综合利用公司正在积极筹建。在印尼正在筹建具有独立法人资格的工程公司。

三是业务平台建设取得新进展。集中采购平台、人力资源流动平台、工程项目管控及协同平台、绩效考核评价平台建设取得突破，完成了技术标准查询平台的组建工作。市场营销拓展平台、资金集中管控平台也已基本形成，该公司总体管控平台建设同步进行。为进一步简政放权，初步建立了授权体系平台。积极推进城市建设平台的落地，先后对广州、福州、南京、上海等地的项目积极跟踪和落实，取得了较好效果。广州增城项目目前已逐步展开。组建城市建设公司的方案已经形成。

**【综合管理】** 将 2015 年确定为夯实基础管理年，开展全员成本目标管理活动，提高责任成本、作业成本编制的准确度。积极开展税收筹划，合理避税 284 万元。认真做好在手工程预算查、找、算工作，确保企业效益颗粒归仓。完善安全管理体系，下发 5 个规范性文件，推进了安全标准化建设。制定《工程质量管理补充规定》，从质量体系建设、项目质量管理、质量信息反馈、处罚四个方面提出了新要求。获得国家专利 8 件，其中发明专利 4 件。技术人员提合理化建议 49 项，实现科技创效 1120 万元。加强信息化建设，对该公司权限管理系统进行升级改造，实现权限管理系统和人力资源系统的数据对接。机电分公司设计室完成的“华晨宝马大东新五系项目机电施工 BIM 应用”在中国建筑行业 BIM 大赛中获得二等奖。完善标书会审、合同评审、合同交底以及先认可后实施、先报告后实施制度，建立谁施工谁负责、谁创效谁受益的风险控制机制。加强设备维护与保养，满足了施工生产需要。完成采购供应额 6.25 亿元，通过招标、捆绑采购降低材料采购成本 4813 万元，占采购总额的 7.7%；工程分包招标总额 3.66 亿元，降低成本 2916 万元，占分包总额的 7.38%。开展效能监察，挽回和避免经济损失 1420.85 万元。通过各项审计，共发现 54 个问题，提出整改意见 67 条。围绕重点工程、“安全、质量活动月”，共组织各类竞赛 55 项。

**【职工生活】** 认真抓好现场防暑降温和防冻御寒工作，开展捐资助学和走访慰问活动。共走访职工 635 人次，发放救济金 46.97 万元。为 37 名患大病职工办理医疗救济金 19.81 万元。为 6406 名职工进行健康体检，支出费用 98.82 万元。按照上级要求，认真抓好托管中心工作。档案、卫生、计生等工作也全面实现既定目标。

**【第一建筑工程分公司概况】** 2015 年底，在岗职工总数为 597 人。其中：生产服务岗位 449 人，管理、专业技术岗位 148 人。机关定编定岗 37 个岗位（不含公司领导岗位）。机关设置：党群工作部、财务审计部、工程事业部、物资供应部、安全保卫部、作业成本部、综合管理部、人力资源部。下设 24 个项目经理部、1 个中心、1 个独立经营部门。

该公司固定资产原值 1229 万元，净值 155 万元。其中：机械设备原值 285 万元，净值 49 万元；动力设备原值 90.7 万元，净值 6.5 万元；运输设备原值 49.4 万元，净值 0.9 万元；房屋建筑原值 639.8 万元，净值 74.6 万元；仪器仪表原值 57.4 万元，净值 2.2 万元；管理用具原值 12.6 万元，净值 0.9 万元。

2015 年，全年完成总产值 5.27 亿元；实现销售收入 4.76 亿元，实现利润-3647 万元；上交建设集团有限公司管理费 859.7 万元，上交资金占用费 1581 万元。

珠海三一产业园工程“提高大跨度屋面梁一次安装合格率”QC 成果，获 2015 年度全国冶金施工行业 QC 二等奖；鞍钢股份化工总厂焦炉四期改造 8 号焦炉工程获 2014~2015 年度国家优质工程奖；全年各工程的分项工程（检验批）一次验收合格率达到了 95%以上，单位工程合格率达到了 100%。

**【第二建筑工程分公司概况】** 2015 年末，在岗职工 786 人，其中管理专业技术 186 人（高级 12 人，中级 78 人、初级 75 人、无职称人员 21 人），生产服务岗位 600 人（高级技师 4 人、技师 19 人、初级工 255 人、中级工 239 人、高级工 65 人，未有职称人员 18 人）。公司机关设 9 个部室，下设 28 个基层单位（包括劳动力管理中心、物资管理中心、周转材料中心、供应站）。

该公司固定资产原值 1140.09 万元，净值 90.79 万元。其中：机械设备原值 407.68 万元，净值 54.14 万元；动力设备原值 116.31 万元，净值 7.01 万元；运输设备原值 55.67 万元，净值 1.81 万元；房屋原值 388.9207 万元，净值 15.35 万元；建筑物原值 16.5 万元，净值 6.28 万元；仪器仪表原值 133.23 万元，净值 5.48 万元。无固定资产增加。

2015 年，该公司共投标 138 项目，中标 88 项，中标金额 12.8 亿元。其中外埠工程中标 38 项，中标金额 11.8 亿元，占总签约额的 92.1%；鞍钢工程投标中标 50 项，中标金额 0.99 亿元，占总签约额的 7.9%；非冶金行业市场化比率进一步扩大。目前，该公司的经营触角已涵盖 13 个省市区，市场已拓展到机械、汽车、房建、电力和城市建设等行业。完成企业总产值 11.13 亿元；市场开发合同签约额 12.8 亿元；在岗员工年人均收入 4.8 万元；实现了责任范围内企业轻伤以上人身安全事故为零，重大火灾、质量、设备、环境污染和交通事故为零；重点工程工期完成率、合同履约率均达到了 100%。

**【机电安装工程分公司概况】** 2015 年末，在岗职工 1302 人，其中：管理和专业技术人员 223 人（高级职称 6 人，中级职称 86 人，初级职称 105 人），生产服务人员 1077 人。机关设 10 个部门，下设 16 个基层单位。拥有固定资产原值 3151 万元，净值 346 万元。

2015 年，完成施工产值 7.059 亿元，占年计划 88.23%；全年完成销售收入 56115.87 万元，占年计划 102.03%；实现利润 80 余万元；市场签约额 43973.11 万元，占年计划 64.67%；清欠计划 3896 万元，实际完成 1077 万元，完成计划的 28%。2015 年公司市场部共投（议）标 367 项，中标 122 项。中标值 4.397 亿元，中标率为 33.3%。

全年部门共审批作业设计 62 项，编制单位工程施工组织设计 4 项；完成合理化建议 23 项，创效 247.03 万元；完成科研开发项目 5 项；申报鞍钢专有技术 5 项；申报企业级工法 6 项；申报国家专利 2 项；在鞍钢技术发表论文 2 篇；“华晨宝马大东新 5 系项目机电施工”BIM 模型分别参加了 2015 建筑业协会 BIM 大赛、2015 第四届“龙图杯”全国 BIM 大赛，荣获中国建设工程 BIM 大赛二等奖；机电自动化公司与鞍钢股份公司技术中心联合完成的“冷连轧工艺控制核心技术自主研发与工业应用”荣获 2014 年度中国施工企业管理协会科学技术奖科技创新成果一等奖。

该公司全年共完成分项工程 1376 项，分项工程合格率 100%。全年共核验单位工程 33 项，单位工程优良率 100%。参与建设集团有限公司创国家优质工程 1 项（鞍钢化工四期改造工程）；创鞍钢级优质工程 1 项（鞍钢大型厂小型线改造机电设备安装工程）。荣获 2015 年度全国冶金建设行业QC成果一等奖1项、二等奖2项。荣获辽宁省质量管理小组一等奖1项。荣获2015年度鞍山市思想政治先进集体；荣获2015年度，十佳组织单位。

**【鞍钢钢结构有限公司概况】** 2015年末，在岗职工总数778人，其中技术、管理人员189名（高级职称9人，中级职称89人，初级职称78人），生产服务岗位589人。该公司机关设市场开发部、生产运营部、财务计划部、综合管理部和技术研发中心；基层单位有营口钢结构分公司、特种结构厂、结构安装分公司。

该公司通过了AWS（美国焊接学会）认证焊工120名，CCS（中国船级社）认证焊工30名。拥有国际焊接工程师、国家一级建造师、一级注册造价师、一级注册结构师、高级工程师58人，通过了美标AISC认证、欧标CE认证、新加坡S1认证。

该公司拥有固定资产原值3.41亿元，净值1.50亿元。具有房屋建筑、矿山、冶炼、石油化工、电力施工总承包、钢结构制造安装特级资质。继续集工程设计、制造加工、安装施工、技术服务于一体的钢结构系统全流程管控，应用全球最先进的Xsteel详图设计软件进行详图设计、应用FastCAM软件及条码系统进行排版及材料管理；应用BIM系统进行钢结构项目管理。

该公司总占地面积43万平方米，厂房建筑面积10.5万平方米，具备年制作20万吨钢结构、钢板预处理20万吨、制作安装彩色涂层板120万平方米综合生产能力，以及工业厂房和各种管道、冶金炉窑化工设备、工业塔罐、起重设备、余热锅炉、压力容器等工程安装能力。涉足冶金全流程各领域工程、铁矿及煤矿工程、工业厂房建筑、城市建设、公共设施、石油化工、核电工程等多领域。

全年完成产值7.36亿元，实现销售收入4.54亿元、产量7.57万吨，市场签约额5.24亿元。承揽施工的鞍钢股份化工总厂焦炉四期改造8号焦炉工程获得2014~2015年度国家优质工程奖。

其所属三个单位情况如下。

**【营口钢结构分公司概况】** 2015年末，在岗职工144人，其中管理和技术人员36人（高级职称4人，中级职称17人，初级专业职称15人），生产服务人员108人。该公司下设6个部室和2个生产车间。

该公司成功通过美标AISC认证、欧标CE认证、新加坡S1认证，同时培养了面向国际工程的美标AWS认证的焊接工程师、焊接检验师6名，经AWS认证的焊接技工130余名。

该公司固定资产1.73亿元，净资产7520万元。拥有最先进的中国台湾欧粹H型钢生产线及箱型生产线、门型双丝双弧及三丝三弧埋弧焊机、瑞典伊萨数控等离子切割、美国米勒、林肯焊接设备，三维数控钻床、相贯线切割机、数控角钢生产线、大型端铣床等设备。现已具备年产钢结构6万吨的生产能力。该公司应用全球最先进的Xsteel详图设计软件进行详图设计、应用FastCAM软件及条码系统进行排版及材料管理，应用BIM系统进行钢结构项目管理。

2015年完成钢结构总量4.7万吨，实现产值2亿元。先后承揽制作沈阳华晨宝马大东工厂、天津液化气LNG、中天合创鄂尔多斯煤炭深加工、中东某国综合钢厂、神华宁煤、营口忠旺、辽阳忠旺、鞍钢广州汽车钢工程等项目，合同签约额2.2亿元。

**【结构安装分公司概况】** 2015年末，共有职工316人，其中管理技术人员68人（高级职称1人，中级职称39人、初级职称19人），工人248人（高级技师3人、技师3人、高级工16人、中级工76人、初级工134人）。该公司下设“六部一办”、作业层14个项目部。

该公司拥有大型机械92件、动力设备94件、运输设备5辆，共计191件辆。其中，德国利渤海尔280吨履带吊、浦元160吨履带吊、浦元70吨履带吊均为国内最先进吊装设备。固定资产原值3721.22万元，净值5404.09万元，新增进口莱卡高精密水准仪1台，激光垂准仪4台。

2015年，该公司共完成单位工程16项，合格率100%；鞍钢股份化工总厂焦炉四期改造8号焦炉工程获得2014~2015年度国家优质工程奖；完成企业级工法1项；鞍钢专有技术2项；科技创效54万元，全面完成2015年科技工作规划目标。全年共完成产值3.40亿元，实现销售收入1.5235亿元，完成签约额1.512亿元。全年劳动生产率达103.35万元/(人·年)。在岗职工年人均收入达到42294元。

2015年，该公司计划生育工作获鞍钢集团公司先进单位，档案工作获鞍钢集团公司优秀单位。

**【特种结构厂概况】** 2015年末，在岗职工总数318人，其中，管理岗位48人，专业技术岗位37人（高级职称4人、中级职称33人、初级职称44人），生产服务岗位233人。下设永宝、特结、彩板三个分厂；机关职能部门设置“六部一委一会”，即综合管理部、生产运营部、技术质量部、财务会计部、安全保卫部、市场开发部、纪委和工会。

该厂固定资产原值1.31亿元，净值2104.75万元。厂区占地面积18万平方米，厂房建筑面积6.3万平方米。拥有大型加热炉、悬臂压力机、百吨吊车、重型辊床、钢板预处理生产线以及各种先进的数控切割、制孔和焊接设备。

该厂坚持鞍钢、外部、国际“三条线”齐头并进的原则开拓市场。全年先后承揽鞍钢人才公寓、高强钢等33项工程，签约额8081万元。积极开发国际市场，成功签约印度塔塔和京德勒西南钢铁公司焦化工程，签约额近2000万元。所属特结分厂与鞍钢物流园签订为期一年的起重机维护保养合同。全厂中标工程项目共计50项，签约额1.53亿元。

该厂在材料采购供应及过程管理中，实行精细化采购，积极协调采购资金，降低库存占用。全年合计采购资金8000万元，降低采购资金200万元；制定全年清欠4443万元的目标，全年实际回款额2406万元；自行完成了鞍钢公寓、裕景大厦、沈阳南站市政交通工程等深化设计任务，共计1.7万吨，节约深化设计费113万元。

2015年，该厂团委被建设集团有限公司评为“五四”红旗团委；所属特结分厂团支部被评为鞍钢“样板团支部”工作示范基地。发表的“提高退火炉钢结构制作一次合格率”QC成果荣获全国冶金建设行业二等奖。

**【冶金工程技术分公司概况】** 该公司是2015年10月10日由原机械分公司和原协力分公司合并重组而成。是一个以冶金建设为主的集生产、施工、服务多专业于一体的综合性施工企业。2015年末，共有职工686人，其中，管理和专业技术人员151人（高级职称3人，中级职称39人，初级职称87人）。机关设置7部、5个经营中心、10个项目部。

2015年，该公司完成技改工程、大修工程87项，主要工程有炼铁11号高炉炉缸及二次水泵站给排水设备安装、11号高炉炉顶水冷战及压力容器设备安装、新3高炉炉顶、冲渣机械检修、4号高炉炉缸改造性大修给排水安装工程、鞍钢炼铁厂10号高炉年修炉顶机械检修等。协力经过几年的发展，不断摸索和总结出了一整套冶金行业设备维护的先进管理理念和制度：对设备进行周期化的检查、检修管理、对设备进行ABC分类管理、作业指导书制度、事故分析制度、巡检、检点制度、危险点、危险源辨识制度、作业流程图制度。通过这些先进的管理方法，使设备实现既不过修也不欠修，保障了生产的顺利进行。

2015年，完成产值1.10亿元，实现销售收入6672.18万元，实现了降低人工、材料和机械“三大费用”23%的目标。该公司被授予精神文明建设先进单位。

**【机械化运输分公司概况】** 2015年末，在岗职工143人，其中干部52人（高级专业职称5人，中级专业职称21人，初级专业职称21人），工人91人（技师5人、初级工25人，中级工19人，高级工4人）。公司机关设5个部门，分别为综合管理部、市场部、项目管理部、财务会计部、党群工作部。基层设4个项目部2个中心。

企业固定资产原值1.92亿元，净值1752.79万元；全年完成企业总产值7953.5万元，完成年计划的114%，实现利润16.92万元，完成年计划的146%；全员人均劳动生产率为56万元。参与鞍钢工程投标79项，中标15项，中标率为19%，中标金额677万元；参与议标项目46项，金额2473万元；海城“三星农业”工程中标金额2125万元，合同签约总额5275万元，合同履约率100%。累计完成土方挖运8.24万立方米，土方回填3.13万立方米，回填矿渣1.72万立方米，混凝土拆除0.34万立方米，浇注混凝土桩基0.9万立方米，施工厂区道路6.47万平方米，打钢桩350吨，排水管线2.1千米，场地铺装4000平方米，装饰装修1.2万平方米，工程施工节点完成率100%，分项工程质量合格率100%。实现了火灾事故、重大设备事故、质量事故、我方负主要责任的交通事故、环境污染事故“零”的目标。

在国家级专业期刊《城市建设理论研究》杂志发表论文1篇。

**【汽车吊装运输分公司概况】** 2015年末，在岗职工629人。其中，生产服务岗位519人，管理技术岗位110人；下设6个职能部门分别是：党委工作部、人力资源部、生产经营部、安全保卫部、车辆管理部、财务部；下辖10个基层车队。

该公司拥有固定资产原值3.26亿元，净值2602.16万元。新增2台吸排式罐车。全方位参与吊装和运输项目竞标，全年签约70余项，其中，社会1000余万元，与上年持平。全年完成企业总产值1.33亿元，是计划的110%；完成销售收入1.26亿元，是计划的104.9%；实现利润310.29万元，是计划的103.43%；合同履约率100%；全员劳动生产率为17.40万元/(人·年)。

2015年，该公司眼睛向内深入实施低成本运营战略，加大成本管控力度，全方位着手降成本降耗，全年共创效700余万元；建设集团内部和鞍钢保产运输主体地位得到进一步强化，再次确立了“鞍钢吊装”所占市场地位，实现车辆利用率和降本增效的双重提升；深化以燃油、修理配件和轮胎“三项控制”为代表的效能监察力度，全年创效270余万元，取缔传统的燃煤锅炉改用电加热取暖，既杜绝了污染物排放，又大幅降低了支出，节约费用20余万元；规范设备管控程序，强化修旧利废和废旧物资回收创效26万余元；针对车辆任务特性选用轮胎创效50余万元；清退劳务派遣人员，减少人工费支出13.2万元，提高了劳动生产率。

2015年，该公司在承接中铝一项吊装作业，所总结出的工法报建设集团有限公司获得认可，开创了技术进步的先河，标志着机械吊装向高难度作业挑战的开端。“汽运分公司双机抬吊滑移递送吊装施工工法”获得企业级工法；350吨吊车机组获全国青年安全生产示范岗，荣获建设集团有限公司“防火先进单位”称号。

**【混凝土分公司概况】** 2015年末，在岗职工412人，其中管理和专业技术岗位69人，生产和服务岗位343人。机关设置六部二站，即综合管理部、生产管理部、经营销售部、财务管理部、设备管理部、安全保卫部、质量检查站、材料供应站；下辖10个生产经营单位，在辽宁鞍山（鞍钢厂内、铁西区千山西路、千山区汤岗子新城、齐大山樱桃园）、营口鲅鱼圈钢厂、朝阳鞍凌钢厂、黑龙江的富拉尔基等地建有9座流态混凝土搅拌站；在鞍钢大孤山铁矿建有年产近50万立方米预拌混凝土专用碎石生产线。

该公司是鞍山地区建站最早、规模最大、信誉最好的预拌流态混凝土生产企业，是中国混凝土协会理事单位、辽宁省混凝土协会副会长单位，具有国家最高级专业资质，具备日产8000立方米、年产150万方米立预拌混凝土生产能力，可预拌C10~C80强度等级和抗冻、防渗、防腐、耐热、清水、彩色、防辐射、防火花等特种混凝土，可承担各种工业与民用建筑施工混凝土的供应。

2015年，该公司在鞍钢内部活源严重不足，鞍山区域预拌混凝土市场竞争加剧的情况下，推出“市场占有率最大化、企业产能最大化、经济效益最大化、发展后劲最大化、运行效率最大化、人力效能最大化、员工积极性最大化、企业凝聚力最大化”的“八个最大化”经营思路，进行“市场化”思路调整和营销理念重塑，营销模式和激励机制创新，先后承担了立山时代悦府、兴东领世郡，九夷研发楼等鞍钢外部大小工程43项，零星项目达200余项，外部市场总实物量达32万立方米，占比达到60%以上，实现了企业在困境中稳健前行。全年完成混凝土产量50万立方米，实现销售收入1.54亿元，实现利润813万元，职工年人均收入4.98万元。

2015年度，该公司荣获建设集团有限公司先进单位、先进工会称号。试验室“三八班”被中华全国妇女联合会授予“巾帼文明岗”称号，并被辽宁省委宣传部、辽宁省妇联联合授予“辽宁好人·最美巾帼人物”荣誉称号。

**【工业炉能源科技分公司概况】** 2015年末，共有职工264人，其中干部56人（高级职称4人，中级职称25人，初级职称16人），工人208人（生产工人167人）。设“九部一会”，四个人力资源分中心，两个工程事业部（鞍凌、鲅鱼圈保产事业部），一个设备租赁中心（设备周转材料）。

该公司拥有固定资产原值497万元，净值75.3万元，主要设备有大型高炉砌筑平台、卷扬塔、各种类型磨砖机、灰浆搅拌机、叉车、真空吸附吊及各类喷涂设备97多套。

2015年，该公司完成了4号高炉大修、冷轧高强钢项目、广东回转窑耐材施工项目、攀钢高强镀锌汽车板工程等施工为重点的70多项工程，完成产值1.8亿元，完成销售收入6870万元；全年完成各项工程63项，合格63项，合格率100%；实现企业重大质量、设备、火灾事故、环境污染为零。完成“高效节能换热器”科研项目一项、企业级工法一项、鞍钢专有技术一项。

**【设计研究院概况】** 2015年末，在册职工总数63人，其中各类专业技术人员51人，占总人数的80%；另有长期派遣劳务4人。具有教授级高级工程师1人，副高级职称人员11人，中级职称人员23人，初级职称人员16人。拥有博士研究生1人，硕士研究生1人，大学本科毕业生41人，大学专科毕业生15人。国家一级注册建筑师1人，国家一级注册结构师2人。

2015年，该院固定资产建筑物2栋、53件，原值387.9万元，净值45.1万元。全年计划产值5000万元，实际完成3475万元，完成年计划70%；计划销售收入4000万元，实际完成3102万元，完成年计划61%；计划利润10万元，实际完成11万元。全员劳动生产率40万元/(人·年)。单位工程质量合格率100%。实现安全、质量、设备、火灾、环境污染事故和负主要责任交通事故为零的目标。

**【鞍山建博工程检测有限公司概况】** 2015年底，在册职工26人，其中各类专业技术人员14人，占总人数的54%；另有长期派遣劳务2人。具有副高级职称人员1人，中级职称人员8人，初级职称人员5人。拥有大学本科毕业生9人，大学专科毕业生3人。

该公司与鞍钢建设集团有限公司设计研究院合署办公，统一对外经营。经营范围包括：地基基础工程检测、主体结构工程现场检测、钢结构工程检测、建筑工程材料见证取样检测等。在行使“国家冶金工业工程质量监督总站鞍钢监督站检测中心”“鞍钢冶金建（构）筑物鉴定评估中心”职能的同时，也作为建设集团有限公司试验室承担本企业的常规材料自检工作。可以面向社会开展检测业务，所出具的检测报告可作为工程验收的依据。

2015年，该公司固定资产建筑物1栋、102件、2辆汽车，原值503.8万元，净值78.1万元。

**【永发实业分公司概况】** 2015年末，在岗职工150人，其中管理岗位人员44人（正处级1人，副处级3人，科级10人，具有高级专业技术职称人员5人，中级专业技术职称人员17人，初级专业技术职称人员21人）；生产服务岗位人员106人，平均文化程度高中，职工平均技术等级中级。设有经营计划部、安全生产部、财务审计部、人力资源部、综合管理部，有11个基层单位。

该公司固定资产原值2088万元，净值628万元。2015年，完成企业总产值7692万元，完成财务收入6359万元。劳动生产率51.2万元/(人·年)，职工年人均收入4.2万元。

该公司是从事建筑、工业气体及建筑制品生产制作的产品单位。主要经营项目有：工业气体、水泥基灌浆料、防水卷材、建筑金属制品、轻体墙板、保温板、混凝土外加剂、内外墙涂料、建筑砌块、砖、冷扭型钢制品、钢结构制作、二类机电维修等。产品主要销往鞍钢、鞍山地区、朝阳、营口、大连及福建省。形成了建设内部、鞍钢内部、外部市场各占一定份额的市场格局。

**【剥岩工程有限公司概况】** 2015年末，共有职工367人，其中管理和专业技术干部48人，生产服务人员319人。机关设“五部一会”，分别为综合管理部、生产计划部、安全保卫部、设备物资部、财务会计部、工会。基层设2个项目部2个工程队1个设备修理厂。

该公司拥有各类挖运设备183台（套），固定资产原值1.23亿元，净值2603.91万元。2015年完成剥岩产量1263万吨，实现产值收入1.45亿元，实现利润1401万元；实现了企业轻伤以上事故、火灾事故、重大设备事故、负主要责任的交通事故、环境污染事故为“零”的目标。

**【物资贸易分公司概况】** 2015年末，在岗职工37人，其中：管理及专业技术岗位17人（正副处级3人、科级5人、副科级1人，具有高级专业技术职称人员4人，中级专业技术职称人员6人，初级专业技术职称人员4人），生产服务岗位人员20人，平均文化程度高中，平均技术等级中级。设有综合管理部、财务部、业务部、物资管理部、经营部5个部门。

该公司拥有固定资产原值566万元，净值83.6万元。其中：建筑物12栋，5115平方米，主要设备有16吨门式起重机1台，10吨卷扬机1台，配变电设备3台。

2015年，共完成采购供应额6.25亿元。供应量分别为：钢材11.6万吨、电线电缆2167千米、水泥13.09万吨、燃油8115吨、油漆1193吨、沙石16.8万立方米、砖572万块、焊接材料1544吨及其他大宗材料的采购供应任务，均以最优的质量、最低的价格、最快的速度确保了各项施工任务的完成，为企业降本增效、提高经济效益作出了应有的贡献。

**【国际工程分公司概况】** 2015年末，在职人员9人。共有处级干部3人，科级干部3人，一般干部2人，工人编制1人。该公司设综合管理部、财务部、计划部3个职能部门。固定资产原值24.78万元，净值2.95万元。

2015年共计完成签约额1.56亿元。主要执行了伊朗综合钢厂项目、澳大利亚电气施工协议项目和蒂森克虏伯钢结构项目。特别是在承担伊朗综合钢厂项目中，受到第三方检验以及伊朗的质检人员的高度好评和称赞，在境外工程施工中树立了形象。

**【气体科技开发有限责任公司概况】** 2015年末，在岗职工41人，其中管理岗位人员10人，具有中级专业技术职称4人，初级专业技术职称1人；生产操作岗位人员31人，平均文化程度高中，职工平均技术等级初级。生产作业人员均具有市质量技术监督局颁发的特种作业操作证和市安全生产监督管理局颁发的培训合格证，司机及押运员均具有市交通局颁发的准驾证或押运证。

该公司下设燃气厂、氧气厂及一个道路危险货物运输车队，其主要产品有：乙炔气、切割气、氧气、氮气、氩气、标准气等多种气体。企业固定资产原值803.5万元，净值417.91万元。

2015年，完成企业总产值1835万元，完成财务收入1568.31万元。全员劳动生产率41.86万元/(人·年)，职工年人均收入4.03万元。被鞍山市、鞍钢评为安全生产先进单位，被辽宁省评为危险化学品安全生产标准化达标企业。

**【建筑装饰工程技术有限公司概况】** 2015年末，共有职工63人，其中管理和专业技术干部31人，生产服务人员32人。全年实现财务收入8494.54万元，完成全年计划的106%。全年完成施工产值8329.8万元，完成全年计划的104%。实现利润约35.59万元。全年合同签约额8454.44万元。全年工资总收入236.51万元（净额），人均年收入52557元，比上年增长了15.1%。该公司实现了安全、质量、设备、火灾等事故发生率为零的目标。

2011~2015年，该公司实现产值29770.7万元、利润160.21万元、销售收入31191.62万元。

**【鞍山安健建筑劳务有限公司概况】** 该公司立足于服务企业生产经营开展工作，努力实现建设集团公司人力资源管控目标。该公司注重协力队伍注册与培育工作，实现了工程处队伍（人员）信息平台共享。通过接收长期合同工及临时性劳务分包等业务，实现了国家规定建设集团劳务派遣用工10%的管控目标，为建设集团有限公司人力资源发展战略提供了有力保障。

截至2015年底，签订合同230项，合同值9093万元；完成销售收入5329万元，实现利润5.3万元；按销售收入额与外部分包比例计算，为建设集团有限公司节省开支186万元。

（张新政）

**【重型机械有限责任公司】** 2015年末，共有职工4379人（全民职工3343人，集体劳务1036人），其中干部809人，工人3570人；党员1691人。该公司下设冶炼设备制造厂、北部机械厂、灵山机械厂、锻造厂、金属结构厂、矿山机械制造公司、轧辊厂、粉材厂等9个生产单位，以及设计研究院、质量控制中心和汽车运输公司3家所属单位。占地面积68.96万平方米，工业建筑面积34.65万平方米。拥有固定资产原值14.71亿元，净值4.16亿元。关键生产设备97台。2015年，该公司实现利润526万元，实现销售收入16.67亿元，完成产值16.6亿元。

**【深化改革】** 法人治理结构不断完善。2015年，该公司共召开13次董事会会议、1次股东会会议，审议通过涉及公司重大项目、重要变革和全局工作的相关事项共29项；根据实际调整公司运营方向，对经理层进行重新分工，体现了董事会在经营发展决策中的科学性、快速性和导向性。监事会发挥监督职能，落实三位一体的监督机制，不断加强内部监督审计，确保效益的真实性。事业部制改革得到推进。一是深化经营、生产系统改革，完成了原经营部和制造部的业务职能调整和人员成建制划拨，对内部机构和人员进行了重新调整，进一步理顺了各项生产业务流程。二是重新核定和压缩机关岗位编制，促进机关队伍更加精干高效。三是根据该公司“流程建设年”要求，把全面深化改革与科学化的业务流程建设以及核心制度建设紧密结合，重新制定下发了《重型机械有限责任公司业务流程管理办法》，对该公司各项制度进行补充或修订，对工作职责和流程进行适当调整，促进了该公司各项管理工作的顺行。三项制度改革逐步深化。一是加大领导干部考核、交流力度，全年调整领导干部33人次；二是加强人力资源优化，拓宽人员引进范围和渠道，全年引进本专科毕业67人；三是有序推进该公司从劳务派遣人员中择优录用合同制员工工作，按照公平公正公开的原则规范操作程序，成功完成了第一批共65人的择优录用工作；四是加强人才培养和激励，强化生产服务岗位技能实训，有效提高了职工操作水平；通过实施技能津贴待遇，进一步调动了高技能人才的积极性。

**【市场营销】** 一是深化营销体制改革，明确了经营公司职能定位和职责，通过独立核算、自负盈亏，促进了其市场营销中心作用的发挥。制订并完善了经营人员薪酬管理办法，使经营人员收入与工作业绩挂钩，有效调动了经营人员的积极性，2015年经营公司仅通过降低应收账款、处理陈年旧账、降低坏账准备金等措施就为公司创效1600多万元。二是强化对鞍钢用户的服务意识，继续巩固扩大鞍钢市场。在绿色再制造方面，与鞍山钢铁集团签订了2016年框架协议；在功能性包保方面取得新进展、探索了新模式；以支承辊为代表的鞍钢合同比往年有所增加；矿机公司通过加强产品工艺改进，为矿山磨矿大大降低了成本，为加强与矿山市场的深度合作创造了条件；三是清醒研判、主动出击，加大国内市场开发力度。在河北燕钢批量合同承揽中取得新突破，承揽合同过亿元；在水电合同承揽方面，与上海福伊特加强合作，承揽了金沙江上游乌东德水电站6套水轮机主轴等制造合同；四是实施“走出去”战略，继续加强与蒂森克虏伯公司的合作，2015年实现订货量2519万元。

**【产品开发】** 2015年，为全面提升工作质量和产品实物质量，该公司开展了“质量年”活动。通过加大“质量年”宣传力度，进一步营造活动氛围，提高了全员质量意识；制定公司级“质量红线”5条，并制定相应的考核办法，规范了职工的质量行为；组织修改完善质量管理制度，进一步夯实了质量管理基础工作；每月到各部室、各单位进行质量年活动专项检查，促进质量年活动的有效落实；通过采取强化生产前的质量策划、过程中的质量控制、及时发现问题并进行处理等有力措施，使该公司重点产品，比如伊朗烧结机框架等后制作产品、鱼雷罐耳轴、钢包回转台、连铸项目的制作质量得到保证。通过质量年活动，广大职工的质量理念、质量意识、质量素质进一步增强，2015年，该公司实现重大质量事故为“零”，用户质量投诉比去年下降32%，废品损失率比计划降低0.51%，职工的工作质量和产品实物质量实现了双提升。

**【项目管控】** 一是对原有的《项目经理管理办法》等制度进行了细化和完善，通过进一步深化项目经理负责制，促进了各事业部之间的生产衔接，推动了项目的顺畅运行。二是利用公司OA网建立生产信息管理平台，促进了生产关键信息的传递交流。三是加强外协配套管理，充分利用好外部资源，不断加强分承包方的评价和管理，稳定制造质量，缩短制造周期。2015年，成功完成了中铝1780炉卷轧机项目从设计、制造、安装到调试的首项交钥匙工程；在鞍钢炼钢总厂三工区连铸项目中，突出体现了责任明确、利益清晰、服务到位的特点，仅用10个月时间就组织出两条连铸线的在线设备和备品设备，创造了该公司连铸设备制造史上的最好成绩；此外还成功组织了宝德烧结机、混合机项目、攀钢ER轧机项目，红日1580炉卷轧机等项目，均获得用户好评。

**【资金管控】** 2015年，该公司针对销售回款难度增大，应收账款增加，资金流严重不足的严峻局面，继续强化全面预算、内部银行、财务管理职能，不断拓宽筹资、融资渠道，解决公司资金高度紧张的瓶颈。一是以完善全面预算管理体系为手段，重点围绕收入、费用、资金三个方面制订科学、合理的年、季度预算，并层层分解，通过加强先期预测及后期分析，进一步提高了全面预算管理的控制力、约束力和执行力；二是对基层单位应收账款、在产品、产成品、原辅材料、大型工具、备品备件占用情况加强管理，使资金占用得到有效控制，缓解了资金不足带来的不利影响；三是起草了《重型机械有限责任公司应收账款管理办法（草案）》，加大对应收账款的管理和考核力度，促进了资金回笼；四是大力压缩“两金”占用，有效地控制了增量；五是积极争取上级公司支持，采取多方渠道筹集资金，大力提高资金的使用效率等措施，确保了生产经营活动的正常开展。

**【产品转型升级】** 找准市场定位，明确目标战略。

根据企业长远发展需要，对“十二五”发展战略规划的实施情况进行了回顾评估，并开展了公司和基层单位两个层面的“十三五”发展战略规划编制工作，进一步明确了该公司未来五年的发展目标和工作思路。轧辊厂在充分挖掘市场深度、拓展市场广度的前提下，注重产品结构的调整，以“三高”产品为切入点，开创市场经营新局面，为完成2015年各项任务目标提供了坚实的保障。加大科技创新力度，提高产品竞争力。中铝炉卷轧机实现了技术集成和组织模式全流程的突破，为该公司成套设备的承揽和制造积累了业绩，提升了企业竞争力。该公司与鞍钢技术中心合作承担的集团重大科技项目“冶金粉末轧制带材技术研发”取得重大突破，完成了冶金粉末实验轧机的整体设计和设备制造；轧辊厂的“热轧带钢精轧中段高碳高速钢轧辊的研制”取得较大进展；粉材厂的合金粉研发项目取得成功，达到了国际同步水平，目前已实现稳定供货。该公司全年新产品创效达915.51万元。加强知识产权管理，申报21项专有技术通过集团公司审核认定，选送3项发明成果在第21届全国发明展上取得一金两铜的佳绩，实现了发明成果金奖“零”的突破。加强技术改造，提升装备水平。在资金异常紧张的情况下，本着量入为出的原则，全年组织固定资产投资立项19项，投资金额1183.2万元。基本完成了40吨板坯电渣炉项目建设，现处于收尾阶段；对灵机厂法国200数控镗铣床和锻造厂DN720煤气管道进行了更新改造；为轧辊厂购置了数控轧辊磨床等；在集团公司和板块的大力支持下基本确定了粉材厂提质扩能改造方案。通过采取有计划地对重点产品产线、关键设备进行改造升级，提升了企业装备水平，为产品转型升级创造了条件。

**【管理提升】** 进一步加强基础管理，适应企业改革发展的需要。加强制度建设，组织制、修订管理制度28项。完成了《重型机械有限责任公司管理制度（2013~2015）》的续编工作。坚持依法治企，加大法律清欠力度，在7起开庭的起诉案件中胜诉5起，其中凤宝案清回欠款80万元。不断夯实安全工作，加强安全生产责任制的落实。完善安全生产管理制度体系，共修订完成9个方面管理制度，保证了企业安全管理制度的有效运行；围绕新法律法规和安全操作规程等内容开展岗位培训，全员安全素质得到提升；把日常检查与专项整治相结合，坚持开展经常性的安全生产隐患排查治理，全年共排查、整改各类安全隐患830多项，切实预防和控制事故风险，提高了本质安全管理水平；编写完成《岗位安全作业指导书》并发布实施，使岗位人员的作业活动更科学规范；完善应急体系及预案，提高应急处置能力，实现了各级预案的有序衔接和专业的全覆盖。加强职业健康管理，全年职业危害因素检测合格率达100%；认真落实消防安全责任制，加大检查处罚力度实现了火灾事故为零。通过以上措施的落实，2015年，实现了较大及以上生产安全事故为零、工亡事故为零、新增职业病为零、重大环境污染事故为零的目标。加强效能监察工作力度，促进巡视问题整改，推进降本增效。进一步健全纪检监察机构，配齐了纪检监察机构和专职纪委书记。加强对外协、采购、设备维护维修等专项工作进行专项效能监察，对发现问题的部门和责任人限期整改、通报处罚；针对鞍钢、中央两次巡视提出的整改问题，加大督改力度；积极配合鞍钢审计及时沟通落实责任；对领导人员职务消费和业务招待费情况进行专项检查，严厉杜绝违规违法行为，挽回经济损失6599元，监督公司对外采购、外协、设备等部门招标1128项，对新入围供货商验检9家，对问题合同在审批过程中予以制止，增加和创造效益993.86万元，以监督检查的实际成效推动了企业扭亏增效和管理提升。

**【降本增效】** 工艺技术创新降成本。矿机公司、冶炼厂、锻造厂等单位结合自身实际在加强生产工艺流程改进与应用方面采取了许多措施，并取得了较好成效。2015年通过工艺降成本实现创效达400余万元。加强物资采购管理降成本。优化采购渠道，改进生产工艺、发挥互联网优势，降低各类材料采购成本；以品牌化为手段，降低工、刃具采购成本；进一步盘活资产，利用废旧物资顶账的方式压缩库存。通过上述措施，全年实现降采5480.9万元，盘活资金612万元。严控非生产性支出，强化事前管理，大力压缩可控费用。2015年，期间费用比上年减少5772万元。其中管理费用与上年对比减少3675万元，财务费用比上年减少286万元，销售费用比上年减少1811万元。实施全员成本目标管理，加强成本核算，降低消耗成本。积极开展设备备件修旧利废、国产化活动，全年减少备件支出59.78万元。加强能源管理，推广节能新技术，合理安排生产作业计划，全年降低能源消耗约326.45万元。通过采取以上措施，该公司全年实现成本降低8230万元，成本降低率达到6.51%。比计划5%多降低1.51个百分点。

**【关心职工】** 坚持以职工为本，通过“网络问企”和落实“四个一”制度，广泛征求职工意见建议；群众性创新活动和职工技术竞赛成果显著，尤其是在集团公司技术竞赛中，取得了近十年来入围参赛人数最多，竞赛成绩最好的佳绩，1名选手荣获鞍钢技术状元，10名选手荣获鞍钢技术能手称号。职工文体活动丰富多彩，增强了团队的凝聚力。为职工进行健康体检、过生日、送清凉、送温暖，办实事、解难题。加大困难职工帮扶力度，全年救助困难职工887人次，发放救济金48.1万元。加大信访维稳力度，在国家两会和中央巡视期间没有出现大规模群体上访和恶性上访事件，为维护企业正常生产运营创造了良好环境。

**【冶炼设备制造厂概况】** 2015年末，有职工515人（全民451人，集体劳务64人），其中干部74人（高级职称5人、中级职称40人），工人441人；党员144人。该厂总占地面积为4.43万平方米，建筑面积为3.81万平方米。下设铸造车间、熔炼车间、铜件车间、金工车间四个生产车间以及生产计划科、技术科、机动科、经营科、供应科、安全环保科、财会科、综合管理科8个职能科室。固定资产原值为4014.54万元，净值为895.44万元，固定资产数量为249台（套），主要有10吨中频感应电炉等4台熔炼设备，树脂砂生产线、25吨移动式混砂机等11台制型设备，3.4米立车、$\phi$160镗床等69台金属切削机床，电气设备86台，动力设备20台，计量设备7台，最大起重量25吨的桥式起重机等31台起重设备，其他通风、运输、检验等设备21台。2015年该厂实现销售收入1.73亿元，利润329万元。

主要产品：铸铁产品主要是热风箅、冷却壁、台车占主导地位；铸铜产品主要是风口系列紫铜产品和轧钢机用铜瓦、滑块、方瓦、铜板、丝母及各类铜套等。

2015年，面对困难，该厂经营系统发扬“四千”精神，全年共实现合同承揽额1.05亿元，应收账款降至3965万元，比2014年降低98万元，坏账计提降至1267万元，比2014年降低95万元。

在质量管理方面，通过对合同评审、工艺交底、质量追责及用户投诉工作的加强，倡导“第一次把工作做对”的理念，2015年产品质量比2014年有了较大提高。铸铁产品实现合格率97.85%，比2014年提高了1.44%；铜件产品实现合格率97.1%，比2014年提高了0.6%。

在设备管理方面，针对设备老化、故障率高的情况，通过量化指标，落实到人，加大对主体设备的巡检、检修、定修力度，提高了设备开动率，2015年设备开动率达98%，满足了生产需求。通过对重点设备有计划进行维修和改造，保证主体设备、关键设备正常运行的同时，提高设备的运行质量和运行效率。全年共完成各类年修、维修工程17项，总计投资269.87万元，有效地保证了生产顺行。

在物资管理方面，利用集团公司物资采购平台进行公开招标，及时通过网络掌握各类原材料的市场价格，衡量采购价格的合理性；加强物资收、发、存管理，严格入厂检查验收工作，减少物损、流失和丢失，按标准单耗监督和衡量实际消耗水平；发现质量问题及时反馈、及时投诉，及时处理，及时追偿；每月对各类物资进行评价，同时对供应商做出评价。

在人力资源管理方面，对于一些关键岗位和职工普遍关注的特殊人员，在工资分配和岗位上重新做了较为合理的调整，化解了一些在职工中反响较为突出的矛盾，对稳定职工队伍，提高生产效率，起到了积极的促进作用。

通过推行比价、议价的方式，降低采购成本，2015年采购成本比2014年降低2314万元；通过加强对工序包保的监管，包保费用每月降低20万元；通过提高备件使用效率，备件费平均每月降低0.5万元；通过采取躲峰生产、改进熔炼工艺、炉体保温、炉料预热等多种办法，降低电炉能耗，吨耗电费每吨降低100元。

在决战四季度战役中，该厂共采取了24项非常规降本增效措施，共降低成本379万元。

**【北部机械厂概况】** 2015年末，共有职工890人（全民职工783人，集体劳务107人），其中干部102人（高级职称7人、中级职称58人、初级职称28人），工人788人；党员366人。下设8个职能科室和 8 个车间。占地总面积 6.3 万平方米。固定资产原值 1.75 亿元，净值 1813.30 万元。主要产品与生产能力：型钢热处理淬火生产线、冶金进口备件的国产化制造、各类高精齿轮的制造、高炉设备（炉前的开口机、泥炮；炉顶的布料溜槽）、炼钢及连铸设备（转炉及托圈、倾动装置、结晶器总成、各类连铸段位、结晶器铜板、连铸辊等）、快锻机、轴承箱类产品、热处理类产品、冶金设备备件的制造与修复。有各类设备 412 台，包括 4.5 米磨齿机、6.3 米立车、8 米滚齿机、氮化炉、82 平炉窑；2×4 米数控龙门镗铣床、德国进口 7.9 米数控龙门镗铣床；4 米数控立车、数控 130 镗床、160 数控镗铣床，数控加工中心及专业的电镀生产线。

2015 年，该厂完成总产值 12423 万元，实现利润-1326 万元，比 2014 年少完成 2126 万元。其中 1~6 月实现盈利 221 万元。造成亏损的原因是产能过剩。2015 年 5 月以来受大型厂合同影响，型钢四条生产线一直停产，型钢生产线全年少完成产值 1600 万元。包保、原品、新品项目，受外部环境及鞍钢大规模降成本等因素影响，其中全年原品修复减少 800 万元，铜板修复减少 300 万元，鞍钢新品减少 2300 万元。加工毛利低，加工件毛利率低，一般在 10%~15%，每月完成此承揽任务难度极大。

转变经营承揽思路，加大市场营销力度。“开源节流、降本增效”，全面细化成本管控。提高全员质量意识，提升产品、工艺创新能力强化内部管理，各项工作水平得到提高加强职工思想教育，维护职工队伍稳定。关心职工生活，积极参与技术创新、技术竞赛活动，增强企业凝聚力。在参加第 21 届全国发明展览会上，该厂孟庆智发明的“热轧球扁钢穿透式感应加热淬火生产线”获得铜奖。

**【灵山机械厂概况】** 2015 年末，共有职工 544 人（全民职工 395 人，集体劳务 149 人），其中干部 58 人（高级职称 6 人、中级职称 31 人、初级职称 14 人），工人 486 人；党员 197 人。下设 8 个职能科室和 3 个车间。厂区占地面积 8 万平方米，拥有固定资产原值 4.72 亿元，净值 1.37 亿元。主要设备有：6×26 米五轴联动数控龙门镗铣床、5×18 米数控龙门镗铣床、4.5×20 米双龙门移动五轴数控镗铣床、3×10 米数控龙门镗铣床、16.2 米数控立车、12.5 米数控立车、10 米数控立车、8 米数控立车、250 数显镗床、200 数控镗床、200 数显镗床、160 数控镗床等各种机床 109 台。2015 年，实现总产值 1.98 亿元，完成净产值 5413 万元。

为适应市场形势的变化及产品结构的变化，该厂对部分管理职能进行了调整，成立了维护车间，成立产品开发组，成品库管理职能由成套车间划归制造运行科，定额管理职能由车间划归综合管理部，消防管理职能由综合管理部划归安全环保科管理。

2015 年，该厂通过对生产项目的有效管控，较好地完成了中铝 1780 项目、克虏伯项目、福伊特项目、攀钢光整机、BD 轧机项目、宝德烧结项目、一重烧结机项目、济钢钢包回转台项目、60 兆牛模锻机项目等重点关键任务，特别是在鞍钢同步年修项目中，该厂组织开展“大干 40 天”“决战 20 天会战”，按期完成了任务。

成立新产品开发组后，开发人员巩固原有开发项目，跟踪用户使用情况，2015 年开发完成核电主管道加工和 HP800 矿山破碎机主件加工任务，开发厚板扁头制造，形成新的效益增长点。

本着公开、公平、公正的原则，该厂择优录用 14 名劳务职工。

以人为本，关心职工生活。2015 年，全厂各级组织走访慰问一线和困难职工 43 人次，发放救济款 22200 元，救助职工 71 人次。

**【锻造厂概况】** 该厂是毛坯热加工制造厂。2015 年末，共有职工 229 人（全民 162 人，集体劳务 67 人），其中干部 38 人（高级职称 7 人、中级职称 28 人、初级职称 2 人），工人 192 人（高级技师 2 人、技师 13 人、高级工 25 人、中级工 105 人、初级 47 人）；党员 112 人。分布在锻造厂锻工、天车工、热处理工、钳工、焊工、泵站工、配管工、电工等 8 个岗位上。厂设置 3 个车间，7 个科室。企业固定资产原值 2.71 亿元，净值 0.76 亿元，厂区占地面积 9.41 万平方米，房屋建筑面积 4.53 万平方米。主要设备有 8000 吨三梁四柱水压机、2500 吨三梁四柱水压机、500 吨单臂水压机、1~3 吨自由锻锤、井式淬火炉、最大辊身 $\phi$1800 毫米差温淬火炉、卧式喷淬机、15~350 吨桥式天车和锯床、火焰切割机、淬火机床等。

2015 年，完成锻件 6127 吨、热处理件 5323

吨；实现销售收入 0.64 亿元；实现总产值 0.65 亿元；利润-1634 万元。

安全管理方面，严格安全生产标准化管理，消除生产、设备、技术安全隐患，实现人身工亡、重大设备、重大火灾、重大环境污染和重大质量事故为零。

设备改造方面，2015 年，设备日修实现率为 100%，综合设备完好率实现 97%。

科研攻关方面，2015 年 5 月，该厂首次采用连铸坯不同的锻造比的锻制方法成功锻制出燕钢辊道。2015 年 10 月，该厂自主研发并成功锻制出 12 支 Cr5 改进型支承辊，标志着该厂 Cr5 改进型支承辊的锻制水平达到国内先进水平，同时这也是该厂利用自有技术巩固鞍钢市场的又一个关键项目。

**【金属结构厂概况】** 该厂是重型机械有限责任公司生产毛坯结构产品的主要生产厂，产品主要是金属结构、普通机械、专用设备制造，技术咨询、服务、转让、培训，钢材深加工。2015 年末，共有职工 250 人（全民 172 人，集体劳务 78 人），其中干部 37 人（高级职称 3 人、中级职称 23 人、初级职称 10 人），工人 213 人（高级技师 6 人、技师 16 人、高级工 55 人、中级工 91 人、初级工 39 人）；党员 78 人。厂区占地面积 4.43 万平方米，建筑实有面积 3.11 万平方米。

2015 年完成利润 152.3 万元，生产产量实现净产量 12331.9 吨，净产值 7735.8 万元；实现自厂经营产量 5693.5 吨，产值 2627.15 万元；主要设备完好率实现 98.28%；产品综合合格率达到 100%；一次交检合格率达到 96.51%。其他经济技术指标均完成计划。企业现有数控切割机 7 台，滚床 4 台、1200 吨油压机 1 台、焊杆式空压机 3 台、变压器 3 台、氩弧焊机 2 台，空气等离子切割机 2 台、多功位焊接操作机 1 台，摇臂钻床 3 台，C630 车床 1 台，刨边机 1 台，起重机 20 台，炉窑 2 座、喷漆室 1 座。成功与辽宁三三工业集团承揽盾构机结构件项目 1149 吨，合同总价 824 万元。迈出开发适合自厂发展的专项产品的第一步，为下一步产品转型升级打下了良好的基础。

2015 年，该厂以建立内部快速运行机制为突破口，促进企业内部管理更加快捷、顺畅，现场的“6S”管理初见成效。组织开展了择优录用劳务派遣工工作，现已有 5 名电焊工劳务派遣人员通过各项考核，被录用为在职员工。营造学习氛围，组织参加重型机械有限责任公司青工技术竞赛，电焊工苏盛毅、钳工付东华、铆工霍光辉荣获了重型机械有限责任公司技术状元。

**【矿山机械制造有限公司概况】** 2015 年末，共有职工 552 人（全民 371 人，劳务 181 人），其中干部 99 人（高级职称 7 人、中级职称 61 人、初级职称 25 人），工人 453 人；党员 156 人。下设 11 个部门和 6 个生产车间，固定资产原值 1.4 亿元，净值 0.53 亿元。厂区占地面积为 20.8 万平方米。主要设备有 $\phi$100、$\phi$20 轧球生产线，15 吨电弧炉、6.3 米立车、300 千瓦远红外线加热炉、树脂砂生产线等设备 200 多台套。2015 年，该公司完成产值 4.23 亿元，实现销售收入 4.54 亿元，实现利润 294 万元。

该公司在稳定鞍钢内部市场的同时，继续开拓外部市场。攀钢 H8800 破碎机衬板上机试验成功，得到用户认可；先后与安徽矿业开发公司，沙钢特钢、云南昆钢、新疆石河子矿业、黑龙江佳冬贸易有限公司等单位建立了合作关系。全年完成商品生产总量突破 6 万吨，销售收入和利润分别超计划 15.57%、15.29%；实现了轻伤以上事故为零、重大环境污染、火灾事故为零的目标。

该公司以打造高标准、高起点的现代化钢球专业生产基地为目标，全力推进 $\phi$150 毫米锻球、$\phi$100 毫米轧球、$\phi$20 毫米轧球、$\phi$45×55 毫米轧段生产线项目建设。$\phi$100 毫米轧球试用效果良好，深受用户好评；$\phi$20 毫米轧球生产线正式投产；$\phi$150 毫米锻球、$\phi$45×55 毫米轧段生产线已具备生产条件。

该公司积极推进技术合作和新产品研发工作，提升企业核心竞争力。一是为促进产学研工作有效开展，成立了院士工作站；二是为延长产品使用寿命，提高性价比，与钢铁研究院合作的贝氏体钢替代高锰钢项目进入工业生产试验阶段；三是为打造新的效益增长点，实现进口产品国产化，大力推进伯利休斯耐磨衬板试制工作；四是积极推进与湖南红宇耐磨新材料股份有限公司的技术合作，提升产品竞争力。

**【轧辊厂概况】** 2015 年末，共有职工 545 人（全民 431 人），其中干部 72 人（高级职称 13 人、中级职称 39 人、初级职称 18 人），工人 473 人（生产工人 321 人）；党员 195 人。厂区占地面积 6.43

万平方米，房屋建筑面积4.68万平方米。下设生产科、技术科、质量科、设备科、经营部、综合管理科、财会科、安环科8个科室，铸造车间、加工车间、综合服务车间、检修车间4个车间。拥有固定资产10178.83万元，净值3344.90万元。主体设备包括：机床42台（普通车床4台，轧辊车床21台，轧辊铣床3台，轧辊磨床5台，镗床4台，钻床2台，其他车床3台）、天车25台，离心机5台、退火窑14座、井式窑5座、电炉3座（20吨工频炉、10/15吨中频炉、5吨中频炉）、ARL3460直读光谱仪1台、数字超声波探伤仪2台、金相显微镜3台、轧辊清洗机1台。2015年，该厂新购置台湾数控磨床1台。产品以离心浇注复合轧辊为主。

2015年，该厂轧辊产量2.54万吨，工业总产值完成264亿元，利润实现905万元，销售收入2.71亿元。

2015年，在第21届全国发明展览会上，该厂职工刘绍昌发明的“一种离心复合高镍铌耐磨轧辊及其制造方法”获得金奖，艾忠诚发明的“离心复合浇铸高速钢轧辊外层变质处理的方法”获得铜奖。

2015年，该厂被评为鞍钢集团先进单位、鞍钢集团先进党委、鞍山市先进企业。

经营工作方面，全年合同承揽2.9亿元，鞍钢内销合同1.96亿元，占全年合同承揽总量的近67.4%；出口合同承揽2010万元，占全年合同承揽总量的近6.9%；在国内销售上，培育宝钢、沧州中铁、燕钢、哈萨克斯坦、东方特钢等多家千万级以上客户，国内累计承揽合同7462万元。三高产品销售9460万元，占总量的34.9%。开发优质新客户如美国620×1702高镍铌、韩国浦项高速钢、沙钢1450线高速钢等八家。同时在攀钢1450线成功尝试了功能包保营销新模式，为后续市场开发开拓了新思路。

质量管理方面，制定工作规划和实施措施，成立质量年活动领导小组；制定厂五条质量红线和车间质量红线，严肃相关考核工作；召开现场质量分析会，建立闪光板和曝光台；召开部分客户交流会，将客户提出问题集中整改；继续坚定不移地贯彻“精、净、干、准”四字方针，实施“差异化设计、差异化制造、差异化产品”的策略。

在设备管理上该厂实施点检定修制，全年计划修理2160小时。为解决热处理能力不足问题，投资567万购置五座高低温热处理窑；为缓解精车能力不足问题，投资254万购置一台数控125车床。相继实施了20吨炉防火墙工程、6米及9米地坑维修、2号离心机电气改造、27号天车大修等工程，节约修理费10余万元。全年开展修旧利废工作，节约备件资金达到11万元。

2015年该厂通过工艺改进降成本实现创效近114万元。加强物资采购管理降成本，全年实现降采1398万元。严控非生产性支出，强化事前管理，大力压缩可控费用。2015年期间，费用比上年减少138万元。其中管理费用与上年对比减少114万元，财务费用比上年减少48万元，销售费用因产量上升比上年略有增加。实施全员成本目标管理，全年降低711.5万元。

2015年该厂编制了各类应急预案8份，为处理突发事件提供了指导，使安全管理工作做到有法可依；修订了《隐患排查与整改管理办法》；组织开展了《安全生产法》、安全规程、消防安全等方面的培训工作，并开展了安全法律知识竞赛、应急预案演练等形式丰富的活动；进一步加强各职能部门在安全管理责任体系中的职责，继续进行安全责任体系考核，2015年，该厂8个职能部门累计考核4.8万元。

在人才储备上，该厂引进6名本科毕业生，5名大专毕业生。在劳务派遣人员优化管理上，择优录用14名劳务派遣人员。2015年，该厂开展了轧辊厂“十佳好人”的评选活动，6名职工获此殊荣。

**【冶金粉材厂概况】** 该厂是我国铁粉制造行业中第一家实现水雾化铁粉产业化生产的企业，成立于1986年，现任中国钢结构协会粉末冶金分会理事长单位。2015年末，有职工295人（全民86人，劳务209人），其中干部38人（高级职称3人、中级职称17人、初级职称18人），工人257人；党员68人。固定资产原值是9037.35万元、净值为4275.03万元、2015年固定资产新增值为50.51万元。厂区占地总面积是7.2万平方米，建筑面积约4万平方米。机关下设10个部室（安环部、生产部、经营部、设备部、技术部、品质部、综合管理部、材料管理部、财会部、项目管理部），5个生产车间（原料车间、炼钢车间、雾化车间、检修车间和还原车间）。主要生产设备有10吨电炉和5吨电炉各1台、进口及国产7千吨还原炉5台、2万吨还原炉3台以及与之配套的雾化系统、干燥炉、混料机、筛分站、细粉回收系统、除尘设备等。主要生产水雾化纯铁粉、合金铁粉、无偏析混合粉、易切削铁粉、焊条粉、阀座粉等六大系列数百个品种，产品主要应用于生产汽车、摩托车、航天、农机、家用电器等零配件制造业。产品销售遍及全国一百多座城市，合作伙伴达200余家，在国内建立了完善的销售网络和服务体系。

粉材厂的设备产能为7万吨，水雾化铁粉国内市场占有率已达38%以上，目前，产能及市场占有率在国内排名第一。面对经济不断下滑的形势以及越来越激烈的行业竞争，该厂不断开拓市场，与东睦集团等成为战略合作伙伴关系，保证了市场和销量。2015年实现产销量6.27万吨，销售收入2.7亿元，当期回款率完成100%，完成利润1418.7万元。

加大安全管理力度，与职工逐级签订了安全生产责任状，全员签订了安全生产承诺书；完善干部安全包保制，强化干部包保车间、班组的执行力度；制定《冶金粉材厂干部安全绩效考核试行办法》，对干部进行安全工作考核，有效促进了安全生产工作的落实，实现了企业重大人身伤亡事故、重大设备事故、重大火灾事故为零目标，同时，严格执行安全生产档案（安全台账）管理制度，以保证安全资料收集的及时、准确、齐全。制定了《冶金粉材厂现场安全管理和岗位安全生产标准化操作制度》，对各部门的安全职责、作业现场管理、岗位安全生产标准化做了详细规定，以保证安全生产的顺利进行。

2015年专利项目及专有技术有：生产汽车自动挡齿轮专用混合铁粉，生产汽车导向器专用混合铁粉。2015年完成鞍钢指定开发项目：汽车ABS控制专用铁粉，开发烧结硬化粉，与钢研所合作开发研制的粉末轧制专用粉，市场需求较大。

**【汽车运输分公司概况】** 2015年末，有职工168人（全民117人、劳务51人），其中干部13人（高级职称2人、中级职称3人、初级职称6人），生产工人155人；党员66人。该公司下设5个科室，即生产经营科、安全科、设备科、财会科和综合管理科；2个车队，即客运队、货运队；1个修理车间。固定资产原值2587万元，净值916万元，拥有设备123台。厂区建筑面积5578平方米，占地面积1.75万平方米。主要承担重型机械有限责任公司所属各单位的通勤用车、重型机械有限责任公司内部工序之间的货物运输以及鞍钢集团所属部分单位的运输工作。2015年，实现销售收入4499万元，利润126万元，合同兑现率达100%，服务质量满意率达100%，实现重大火灾、设备交通事故为零，千人负伤率为零。

树立市场竞争意识，调动所有经营资源，提升市场拓展能力。一是经营任务落实责任，层层落实经营指标，充分调动经营人员的积极性。二是转换营销策略，拓宽参与市场竞争的渠道。做到稳定客户至上，与客户建立长期合作关系。三是以建立鞍钢品牌为核心，紧紧抓住鞍钢市场。鞍钢市场是该公司稳定的收入来源和基础，是2015年的核心工作。要建立快速反应机制，为鞍钢服好务。

进一步完善设备保养制度，修订设备保养维护检查标准，采取月检、“二五”门检、强制保养等方法，对设备进行维护保养。并通过开展设备管理升级年活动，强化点检定修制度落实和维修人员收入与创效能力技术含量和工时挂钩等方式，调动维修人员的积极性，促进了维修质量的提高，该公司车辆技术状况有了明显改善，确保了车辆安全、可靠运行，为全面完成各项经济指标提供了保障。

坚持计划管理和定额考核，合理调配物资供应，降低费用支出。每季度根据各队产值计划制定燃油、配件、辅助材料计划和定额标准，保证公司的费用支出在可控和合理范围内。并采用现在实测的方式，确定单车耗油标准，克服技术上难点，对起动机、发电机、气泵、刹车分泵的总成件修复，使公司总体物资消耗降低10%。

积极进行修旧利废、小改小革，减少备件、材料消耗。综合维修车间成立技术小组，对通常需一次性使用的总成件分解修复，维修工的技术水平得到了锻炼提高的同时，备件消耗也大幅降低。以前轮胎均一次性使用至报废，2015年通过公司与专业轮胎翻新厂联系，待轮胎磨损剩余2毫米时，及时换下翻新，使轮胎使用寿命提高近30%。

2015年，该公司各车队利用标语、标牌、板报宣传安全生产，用简洁的语句和格言，做好安全宣传工作，共出安全标语22条，安全宣传栏2期，安全板报2次，增强职工的安全意识。

**【设计研究院有限公司概况】** 2015年末，共有职工91人（全民职工88人、劳务3人），其中干部81人（高级职称25人、中级职称41人、初级职称15人），工人7人；党员56人。设有炼铁机械、炼钢机械、轧钢机械、通用机械、土建动力、电气自动化等6个设计科室及项目管理部、总师室、技术档案室、财会科、综合办公室等5个管理科室，主要从事冶金设备设计及机械产品设计和科研开发工作。

2015年实现销售收入1908万元，实现利润-144万元，全年共完成131项设计项目，完成技术交流方案设计45项，共2361人次进行现场施工技术服务。该院积极引导创新思维，科学细化管理项目，推动优化设计实现降本增效，2015年伊始从设计理念上更加注重优化设计与公司生产制造相结合，使设计与生产无缝对接，以3500毫米厚板冷床为例，优化加工工艺设计降成本，在保证产品性能、质量前提下，减少工件加工量，降低加工成本；通过三维设计实现利益最大化，对冷床整体三维设计，可以优化零部件结构及材质，详细核算强度及质量，设备减重52吨。在充分了解设备性能的前提下进行优化设计，在炼钢厂整备车间倾翻装置改造项目中，通过优化设计设备减重60吨；在75平制块机项目中实现减重创效20万元；由重型机械有限责任公司首次设计、制造的大型开坯机区域设备，攀钢钒轨梁厂950生产线BD2轧机，2015年3月13日试车成功；组织实施国防科工委重点项目，重型机械有限责任公司铸钢厂增建40吨板坯电渣炉项目，设计院的技术支持和服务获得重型机械有限责任公司的认可；中铝沈加1780炉卷轧机项目是重型机械有限责任公司里程碑式工程，是首台套总包工程项目，设计研究院完成了该项目的机械设备设计、现场安装指导、设备单体调试，配合设备全线联动等工作，于2015年8月完成无负荷试车。

在科研开发方面，全年申报并被公司批准立项的新产品开发项目共有5项，均为公司级项目；其中，冶金粉末轧制带材技术是鞍钢集团公司重大科技研发项目，该项目2015年取得了阶段性进展。全年共完成2项专利和4项专有技术的申报工作，完成了全年的科研工作计划。

在管理提升方面，一是“流程建设年”为基础，进一步完善各项规章制度，完善了设计研究院《综合管理办法》及《设计研究院员工请假制度》等；建立了设计研究院《财务报销管理办法》；编制设计研究院管理软件，使设计计划、设计进度等管理内容更加明了清晰。二是以“质量年”活动为契机，设立设计研究院“质量红线”，严格合同严肃性，禁止越权改变技术协议；严格执行三审制度，未经审核项目不得发图；禁止隐瞒质量事故，规范管理和操作行为。三是加大人才培养力度，安排现场施工服务人员及各科科长从不同角度为员工讲课，分享其在施工服务过程及工作中的经验和体会，着力培养具有综合项目管理能力的技术人员，为今后项目总包打好基础。

**【质量控制管理中心概况】** 2015年末，共有职工109人（全民105人，劳务4人），其中干部30人（高级职称4人、中级职称20人、初级职称6人），工人79人（高级技师5人、技师7人、高级工33人、中级工31人、初级工3人）；党员55人。企业固定资产原值1507.76万元，净值355.74万元。新增固定资产5台。

2015年，该中心实现销售收入988.97万元，利润26.81万元；实现安全生产轻伤以上事故为“零”，重大设备、火灾事故为“零”；各项检验准确率100%。

组织开展了重型机械有限责任公司“质量年”活动，首次提出“质量红线意识”，设立公司级质量红线5条，即：禁止越权改变技术合同或协议，禁止质量数据弄虚作假，禁止外协合同未经质量评审即签订合同，禁止产品未经交检或检验不合格就转序或出厂，禁止隐瞒较大质量事故。并通过召开动员大会、图片展、大讨论、揭摆查、征求意见建议等方式大力宣传，使职工的质量理念、质量意识、质量素质得到进一步增强，有效促进了职工的工作质量和产品实物质量实现双提升。2015年，重型机械有限责任公司实现重大质量事故为“零”，废品损失率比计划降低0.51%，用户质量投诉比上年下降32%。

继续强化质量体系内部审核，及时做好质量体系维护，确保质量体系持续改进，满足公司生产经营需要。2015年度参与公司供方入围质保体系审核共计有17个单位，审核通过14个。一是按船级社管理规定及重型机械有限责任公司指示，对公司法国、美国、英国、德国船级证书与铸钢公司进行分割，将铸钢部分的船级资质保留给了铸钢公司。二是完成了英国劳氏船级社的换证审核工作。三是借民用核安全设备制造许可证书到期换证审核之机，开展了民用核安全设备制造能力从AP1000升级到百万千瓦级的认证工作。至2015年底，已先后完成了书面答辩、现场审核答辩、问题答辩以及最终申请书的提交。

继续重点控制流程产品质量。对重点流程产品实施质量工程师负责制，通过做好预测、预防和防护，有效保障了重点产品的实物质量，取得较好成效。如：至2015年底，克虏伯产品质量持续保持稳定；上海福伊特塔贝拉项目，经过严格的质量控制，多数产品已联检验收合格；鞍钢连铸同步改造项目，用户对工期与质量给予肯定；鞍钢鱼雷罐车，产品实物质量明显提高，15台全部发货，用户非常满意，又追加新的订货合同。严格执行质量责任考核制度。2015年，分别对生产过程中发生的较严重质量问题和质量体系方面违反管理规定等问题，按质量责任考核办法进行了考核，全年共考核10项，考核2万余元。

2015年建立和完善了质控中心《劳动纪律管理办法》《档案管理办法》《薪酬管理办法》等15项基础管理制度。根据公司深化改革目标要求，制定了《质控中心2016~2020五年发展规划》。在安全管理方面，编制了《质控中心岗位安全作业指导书》并发布实施，严格落实安全消防责任制，2015年，质控中心实现了安全生产“零”事故目标。劳动用工方面，2015年质控中心达龄退休7人，新分配大学生2人，公开招聘1名副科级岗位人员。对劳务人员按《重型机械有限责任公司择优录用劳务派遣人员为合同制员工实施方案》进行了优化考核。在强化队伍建设，提高员工素质方面，有针对性的组织员工参加各类培训达186人次，占员工总数的177%。其中有20人次分别获得探伤检验、理化检验等行业资质证书，有10人晋升高级工。持续做好实验室体系建设，定期与同行业同级别的国家实验室进行比对实验，提高检验数据的可信度。

（阮　征）

**【工程技术有限公司】** 2015年末，共有职工723人，其中在岗703人，居家及列编外20人。在岗职工中管理和专业技术岗位645人（教授级高工20人，副高级职称240人，中级职称303人），生产服务岗位58人。离退休人员777人。该公司设人力资源部、行政事务部、科技质量部、工程管理部、市场开发部、财务部、工会7个行政管理部门，下设冶炼事业部、轧钢事业部、规划建筑事业部、电气工程事业部、设备成套事业部、能源环保事业部、勘测设计研究院7个事业部和图文中心、翻译公司及后勤服务队。固定资产原值4130万元，净值761万元，2015年新增固定资产131万元，注册资本金9730万元。占地总面积1.37万平方米，建筑总面积2.47万平方米。

2015年，该公司积极应对经济新常态，上下同心、埋头实干，实现销售收入21.39亿元，利润6160万元，完成了全年利润目标；改革工作平稳推进，市场开发能力持续增强，产业平台作用显现，科技创新呈现良好态势，各项工作取得显著成绩。

1. 改革工作有力推进。顺利完成事业部制改革，优化了组织架构，理顺了管理层级，构建了全面对接市场的经营机制，开启了该公司转型发展的新篇章。在各类人员选拔、竞争上岗工作中，坚持公开、公平、公正的原则，坚持德才兼备选人用人，严格遵守制度和流程，一批勇于创新、充满活力的优秀人才走上了领导岗位。先后择优选拔副处级以上干部13人，正副科级47人。延伸工程技术序列，选拔技术总监2人，专业副总4人，首席设计师7人。同时结合机构改革和业务拓展需要，对原有的产值管理和绩效考核等办法进行了修订完善，产品创新、外部市场开发激励机制也陆续出台。改革以来，干部职工思想观念明显转变，研究谋划工作及创业创效的积极性显著提高，事业部以灵活的“小舢板”独立经营格局初步形成，企业发展动力与活力有新的提升。

2. 市场开发能力持续增强。面对鞍钢技改项目骤减、国内冶金建设市场严重萎缩、竞争异常激烈的严峻形势，该公司坚持为鞍钢提供优质服务的同时，将开发外部市场作为重点工作，完善营销体系建设，成立事业部营销小组，构建公司和事业部两级营销组织。明确外部市场营销考核指标，落实责任，事业部由被动配合转变为主动营销，其中，能源环保事业部完成外部合同2.12亿元，冶炼事业部完成外部合同0.96亿元。增设外部市场开发奖项，设立市场信息奖和项目营销奖，进一步激发员工开发外部市场的积极性，初步形成了各经营单元之间信息共享、协同开发市场的全员营销新局面。

借助社会资源提高营销能力，将优秀的供应商发展为市场开拓的合作方，承揽了马钢脱硫、湘钢除尘和东北特钢钼制品等8个项目。在实施马钢前4套脱硫项目进程中，与客户有效沟通，进行市场二次开发，以议标方式获得马钢第五套烧结机烟气脱硫合同；捕捉市场信息，紧盯不放，中标大连特钢RH改机械真空泵项目，节能项目首次走向外部市场。全年新签外部市场合同69项，合同额3.4亿元，占到总合同额的42%。

业务发展平台建设初见成效。北京中科圣泰公司依托品牌优势，借助焦化专业的营销渠道和良好市场信誉，在给排水等专业的配合下，全年新签焦化废水处理合同4458万元。注册成立鞍钢（上海）环境工程技术有限公司，与国际部一体化办公，积极推进鞍钢、国内、国际三个三分之一的市场营销布局，为发展国际业务、培育战略新兴业务、聚合高层次人才搭建了平台。

3. 新兴业务拓展取得新进展。大力发展EMC业务，全年累计完成合同额2.08亿元，获得国家专项财政奖励406万元。不断拓展业务范围，在确保鞍钢市场基础上，重点开拓外部市场，先后中标攀钢钒1号烧结机烟气余热回收、大连特钢RH改机械真空泵项目。新建成投产的鞍钢1号和4号干熄焦发电项目，每天创节能效益18.36万元，取得了预期效果。积极拓展BOT业务，凭借该公司综合能力，在鞍钢主厂区废水回收利用项目投标中，联合中科圣泰、中科院过程所，以先进的方案、合理的价格，赢得了首个BOT项目。积极探索PPP业务，成立推进小组，选派技术骨干学习相关政策、考察先进企业，瞄准辽宁中部城市群垃圾焚烧发电项目，主动拜访抚顺、辽阳等八个地方政府，积极参与项目投标，在进入城市、融入城市、跨界发展上，迈出了新步伐。

4. 工程管理工作稳步推进。围绕降低工程投资和运营费用、提升产品质量，把工艺流程优化、指标优化、对标分析及方案结合等技术措施融入设计过程，确保投资省、方案优。强化进度过程监控，严格进行设计拖期考核，提高设计进度管控的有效性；开展设计优化和设计小组技术攻关活动，坚持召开总师例会，及时解决技术、进度和质量问题，团队协作、专业协同意识明显提高。完善工程管理制度，优化管控流程，落实项目经理负责制，明确成本目标；建立项目管理业绩评价机制，加强安全、环境和文明施工管理；加强工程项目计划管理，严格质量管控，确保合同履约。重庆镀锌线、广州汽车钢、冷轧高强钢、鞍钢主厂区废水回收利用等一批重点工程的工期、质量和投资控制均得到有效保证，赢得客户信赖和尊重。一重能源综合利用项目虽然发生了业主突然暂停的意外风险，但项目在投资控制、优化设计、资金清欠等关键控制方面也取得了很好效果。特别是项目部通过投资分解、开展11个专项课题的优化设计工作，降低投资近1700万元，仅规划建筑事业部土建室完成的供料通廊等4个优化课题，就降低投资758万元。

5. 资金管控能力进一步提升。加强资金管理，提高资金运营效率，制定《关于加强资金管控的规定》，明确资金使用原则，强化全面预算刚性控制，严格以收定支。编制工程核算管理软件，做好工程项目资金及结算管理，严控资金链风险。进行项目垫资风险评估，降低项目亏损及资金占用风险。开展非常规降本增效专项工作，明确目标，落实责任。加强总承包项目的设计优化和招标采购管理，降本增效1488万元。加强节能环保运维管控，节省费用1419万元。严格控制非生产性支出，降本170万元。压缩两金占用，加强债权债务管理，建立清欠催收制度和考核办法，开展多种形式清欠，清回欠款1843万元。

6. 科技创新成效显著。加速培育市场需要的新技术和新产品，全员创新创效呈现良好态势。为加快形成水处理技术领先能力，紧盯国家产业政策，跟踪国家环保部重点科研课题计划，该公司作为组长单位联合中科院过程所、天津大学、神华集团、北京工业大学等4家单位开展科研合作，公司课题组有关成员6次到国家和省政府相关部委汇报工作，通过了国家级水专项科研课题评审，签订了“辽河流域特大型钢铁工业园全过程节水减污技术集成优化及应用示范”合同任务书，获得国家中央财政资金2278.98万元。紧密结合工程实践开展技术创新和知识管理，确定技术攻关课题，脱硫雾化器国产化、铁合金相关技术等课题按计划推进。冶炼事业部联合华东理工大学，开发焦炉烟气脱硫脱硝及余热回收一体化技术，目前正在开展工业化实验装置建设。能源环保事业部将SDA技术与脱硝技术进行整合，成功应用于发电厂燃煤机组烟气治理。出台《新产品开发管理办法》，以机制激发员工创新动力，汇集智慧，征集新产品创意课题21项。注重技术创新在市场中的价值创造，煤气净化、烟气脱硫等专利技术推广取得新成绩。积极维护知识产权，通过法律途径开展了焦化脱硫专利的维权工作，已经成功索赔108万元，巩固了专利技术的市场地位，保护了市场竞争优势。

全年投入科技产值535万元，完成业务建设40项，申报专有技术43项，申报专利42项，其中发明专利16项。在第21届全国发明展，获得1金1银3铜的好成绩。获冶金行业优秀设计一、二、三等奖各1项，集团公司合理化建议一、二等奖各8项。

（王光明）

**【矿山建设有限公司】** 截至2015年末，共有职工835人，其中干部212人（高级职称19人，中级职称108人，初级职称85人），生产服务人员623人（技师8人，高级工45人，中级工150人，初级工267人）。下设十部一会，15个主体单位，3个辅助单位。该公司占地面积20.9万平方米，建筑面积4.57万平方米。主要设备有各类挖掘机10台，潜孔钻1台，全液压掘进钻车4台，GPS一台，陀螺全站仪1台，梭式矿车10台，3台地下矿用卡车，提升绞车3台；门式起重机22台，桥式起重机6台，塔吊7台；大型刨边机1台，螺杆式压缩机14台；移动式搅拌站6座，施工升降机8台，大型运输车10台，汽车吊6台，土石方翻斗车11台，混凝土罐车10台，推土机2台，装载机8台，电机车2台。固定资产原值15779万元。

2015年，该公司完成产值10.5亿元，实现利润979万元，职工劳动生产率达到125.1万元/(人·年)。实现了轻伤以上事故为零的目标，杜绝了重大设备、火灾和交通事故的发生。

2015年，签订鞍钢和矿山市场合同额84623万元，外部市场签约额11246万元。广州项目部组织的热镀锌线工程前期签订合同额为6666万元，通过积极有效的二次开发，合同总额将超过1.2亿元。

制定《矿山建设有限公司深化改革实施方案》，明确深化改革的总体工作思路、原则、目标。成立改革领导小组及措施方案，全面推进和开启深化改革工作。2015年，共下发公文80个，现有规章制度体系有效文件136个，2015年编制和重新修订体系17个，现有管理体系制度运行良好。

以非常规手段开展降本增效工作。全年共清理劳务用工414人；严控固定资产投资，封停非生产性车辆8台，半封停生产性车辆4台，非生产性在用车辆压缩供油指标10%；压缩两级机关可控费用373万元。加大已完工程的收尾工作力度，对当期工程款落实验收回款目标，杜绝产生新的欠账。清欠工作及时运用法律手段提请诉讼，全年清欠鞍钢以外工程款1016万元，其中胜诉回款324万元。

全面推进施工现场管理标准化，制定了《施工管理标准化考核暂行办法》及《外埠工程管理办法》。2015年组织施工的鞍钢冷轧高强连退酸洗段框架结构工程、鞍山本部70万吨渣粉生产线磨机设备安装工程，优质高效地实现了既定目标；广州热镀锌线、首钢硼铁、聚鑫选厂等外埠工程，如期完成阶段性目标，为公司树立了良好的施工形象。强化"一岗双责"责任制的落实，实现了基层单位安全生产指标与收入的挂钩。开展多项"安全生产月"活动，全面提升现场作业人员的安全操作水平和安全防护意识。推行安全管理模板，重要部位实施安全管理人员旁站监管。强化季节性防范措施的落实和涉爆作业人员、物资管控，实现了安全生产。

技术质量严格执行"三检制"，着重落实技术质量管理人员痕迹管理，坚持日常检查与专项检查相结合。2015年取得专有技术5项、发明专利1项、实用新型专利3项、冶金行业优秀QC成果6项、鞍钢优质工程4项，关宝山选厂工程被评为冶金行业优质工程。

2015年，该公司整合人力资源管理机构，成立人力资源部，将干部、工人、劳务人员实行统一归口集约化管理。按照岗位任职要求，先后对部门和基层单位中层干部进行调整，促进了整体合力的提升。加强后备干部培养，首批18名见习领导岗位人员任期已满，已有5名见习人员得到提拔重用。从各大院校引进专、本、研等毕业生共19人，进一步充实了技术力量。

制定《矿山建设有限公司企业文化建设纲要》，推进企业形象识别系统、理念识别系统和行为识别系统建设。规范施工现场的“五图一板”设置和现场环境标准化建设。设立了宣传橱窗、“LED”宣传屏和《铁军之声》宣传阵地，传递正能量，营造了良好的企业文化氛围。

2015年，在实现降本增效目标基础上，最大限度地减少职工收入降低幅度。加大困难职工帮扶力度，走访慰问困难职工、一线职工465人次，发放救济金15万元；大病医疗救济2.1万元；出资16万元为职工进行健康体检；对升入重点高中、大学院校的职工子女给予奖励，共计2.6万元。

（秦　薇）

**【铁路运输设备制造公司】** 2015年末，共有职工942人，其中，干部172人（高级职称16人，中级职称105人，初级职称46人），工人770人。离退休职工1363人。该公司机关下设人力资源部、综合管理部、计划财务部、生产设备部、销售技术部、工会；基层单位设冶金车辆保产事业部、机车车辆事业部、鲅鱼圈冶金筑炉事业部、铸造事业部、综合服务公司。现有固定资产原值1.74亿元，净值1247万元。该公司占地总面积为79.4万平方米，工业建筑面积为16.5万平方米。主要生产设备908台（套）。该公司主要担负着鞍钢厂区内和矿山普通车辆、冶金车辆、电力机车的新造及大修、年修、机车车辆备件加工和矿山选烧设备备件铸造、加工、鞍钢鲅鱼圈分公司鱼雷罐的砌筑和检修、冶金运输系统新产品的研制与生产工作。2015年，该公司在消化3840万元各种不利因素的基础上，实现销售收入2.63亿元，实现利润60.19万元，超计划指标10.19万元。

1. 生产经营情况。在鞍钢集团内部各单位大幅降低包保价格，压缩生产成本的形势下，该公司出色地完成鞍山钢铁和鞍钢矿业公司的保产、保供任务。全年完成各类铁路车辆制造40辆、铁路车辆修理174辆、冶金车检修307辆、鱼雷罐砌筑55辆、电力机车大修11台、鞍钢5号高炉改造工程60吨铁水牵引车制造4辆及现场施工、外销轮对176条、铸加件186件、抓轨器100套、生产钢球14376吨、衬板408吨、保产运输铁水量1263万吨。

2. 市场开发情况。2015年，该公司在历史性地取得鞍钢320吨鱼雷罐车新造6台、改造3台合同的基础上，又签订3台320吨鱼雷罐车体制造，2台320吨鱼雷罐整车制造合同，实现该公司多年来几代领导人想造鱼雷罐车的梦想。大力开拓牵引车产品市场，为鞍钢5号高炉新造4台炉下智能“铁牛”牵引车，并运行良好。与广州韶钢达成生产8号高炉4台牵引车意向，实现该公司新的利润增长点。

社会市场完成涟钢C64K型敞车5台、铁水车2台；本钢轮对改造72套、凌钢65吨铁水车2台、罐4个；开发了攀矿KF-60、KF-80、电力机车检修等项目，选派生产技术骨干人员，开展异地现场检修；同营口洋洲商贸有限公司签订精整盘、铁坨、锭模出口国外合同等。同时，加大清欠力度，通过采取抹账、顶账和法律约束等方式促使外部回款额达2000万元。

3. 技术创新情况。完成了第二代高炉炉下牵引对位装置，安装运用在鞍山钢铁5号高炉，经评审结论为具有技术的先进性和设备的实用性，在国内属首创。针对第三代牵引车技术进行知识产权保护，并申报了10项专利，其中实用新型发明专利4项，专有技术3项。全年共完成专利申请10项、完成鞍钢认定专有技术10项。完成了320吨鱼雷罐制造工装设计及工艺编制。完成了鞍钢75吨渣车、140吨铁水过渡车、本钢E型轮对的设计、攀矿KF-80自翻车的设计，为该公司修造车奠定了坚实的技术储备。

4. 企业改革情况。实行事业部改革，充分释放事业部潜能。制定《铁路运输设备制造公司事业部运行规则》，赋予事业部更大的自主权，事业部从功能定位、权利职责、管理幅度、思想认识上都发生了根本性的变化。从过去的伸出手要活、等活，变成今天迈开腿跑活、找活。铸造事业部与三河矿业签订了140吨铸件合同，实现了铸钢件产品出口津巴布韦市场零的突破。同时铸造事业部开发了轧辊厂胎模具和铸环项目，机车车辆事业部开发了攀枝花西昌钢厂平面调车改造项目。

“三项制度”改革取得新成效。其中，人事制度改革：改革前该公司原有干部173名，改革后有16名干部充实到生产服务岗位。原来的机关干部87人，减少21人，优化24.1%。机关工人减少20人，全部充实到生产一线岗位。此次改革正科级减少3人，副科级减少4人，有8名正科级干部通过竞聘后变成了副科或科员，有3名副科级干部通过此次竞聘变成正科，真正体现了干部能上能下的用人机制。

劳动用工改革：该公司成立人力资源中心，采取市场化管理。完善管理人员能上能下和员工能进能出的用人机制。规范功能性包保，优化人力资源结构，出台《关于加大人力资源流动管理的通知》，从制度上解决“既多又少”困扰企业发展多年的难题。全年清理功能性包保劳务人员138人，减少包保费用200余万元。同时，该公司内部将富余人员和非主体人员以劳务输出和调动等形式，向生产一线岗位配置了72人，充分体现了“职工能进能出”，人力资源得到充分利用。

薪酬分配改革：完善收入能增能减的分配机制，创新绩效考核办法，重新修订《铁路运输设备制造公司岗位绩效评价考核办法》，制定了《加强事业部、分厂领导人员薪酬调控的意见》，加大对基层单位考核分配力度，以薪酬分配的调节促进劳动生产率的提高。推行干部岗位绩效评价管理考核，试行中层干部风险期权考核管理，形成高效完善的约束和激励机制。

5. 安全工作情况。该公司认真落实安全生产责任制，该公司经理与各事业部、分厂及有关部门签订了安全生产责任状。组织开展“安全生产月”活动和开展应急预案演练，提高了职工突发事故的应急防范能力。开展安全教育培训工作，培训人数达800余人次。组织开展全员安全评价，全年共排查出较大隐患28项，一般隐患76项，整改104项，全年实现企业人身轻伤以上事故为零，重大设备事故为零，火灾事故为零。

6. 降本增效情况。2015年，该公司以非常规的手段和措施，强化管理，坚定信心，以“铁石心肠”降低采购成本，大宗原燃材料采购上取得骄人业绩。废钢、生铁、钢材采购降价20%以上。鱼雷罐耐火砖等其他品种普遍降价10%。与上年同期比，全年降采1972.4万元。大力降低库存资金占用，全年库存资金占用比年初降低了308万元。同时，降低生产备件外委费用，对库房备件进行盘点，盘活库房积压备件资金42.3万元，完成上级公司下达2015年盘活库房资金30万元指标。以超常规手段、超人的勇气和决心关闭大屯水井，采取启动主厂区内10千瓦水泵水井供水；停止冬季取暖两台20吨蒸汽锅炉供暖，采用电暖气取暖；停止空压站两台40立方米空压机集中供风，变为分厂使用自购小型空压机供风，全年节能降耗节约费用310万元。

7. 形势任务教育。2015年，全国钢铁行业及鞍钢经营形势进入历史上以来最为严厉寒潮期，生产经营步履维艰。该公司党委充分利用班子会、生产调度会、部务会等多种形式广泛开展形势任务教育，先后召开了“同心协力渡难关，众志成城干实事”生产经营起步大会和“降成本、渡难关，坚守阵地我争先”动员大会。将面临的困难原汁原味传达到每一名干部职工，动员广大干部职工持续深入学习“六种发展理念”、反对“六种不良行为”、倡导“六种好习惯”、抵制“六种恶劣风气”，强化管理十二字方针，实现“三个千方百计”，落实“十点要求”和加强“十点意识”。紧密结合“2015我单位怎么活，2015我怎么干?”大讨论，变压力为动力，进一步增强干部职工危机感、责任感和使命感，为2015年战胜各种困难奠定坚实的思想基础。

8. 关心职工生活。为加强职工队伍建设，2015年，开展各类职工培训1000余人次，投资3500元购买各类技术书籍238册。开展岗位大练兵活动，选拔命名技术状元10名，技术能手17名。高级工以上技能人才理论考试合格率达100%。申报职工技能鉴定高级工3人、技师和高级技师各1人。关心职工身心健康，组织1005名职工进行每年一次的健康体检。关心职工生活，调剂职工食堂主副食品种和花样，制作可口的职工生日餐，定期为职工购买和发放米面油等副食品满足职工需求。实行工资总额预算管理，不断探索和改进薪酬分配制度，以“三个千方百计”为宗旨，在全集团公司经营十分困难普遍降薪的大环境下，该公司最大限度确保职工收入不减，力求让该公司发展的成果惠及每一名职工。发挥“温暖工程专项资金”作用，加大困难职工帮扶力度，全年救济在岗和居（退）生活困难职工617人次，发放救济金30.82万元，让职工感受到组织的温暖，保证职工队伍的稳定。

（李洪伟）

## 综合实业发展有限公司

**【概况】** 该公司成立于2013年10月。包括鞍钢实业集团有限公司、鞍钢房地产开发集团有限公司、鞍山钢铁集团公司矿渣开发公司、鞍山冀东水泥有限责任公司、鞍钢现代城市服务（鞍山）有限公司、鞍钢集团接待服务公司、鞍山钢铁集团公司文化体育活动中心、鞍钢综合发展（鞍山）运输有限公司8家单位。业务范围涵盖冶金再生资源开发、冶金粉末、房地产开发、冶金机械、冶金材料、综合利用、现代城市服务、生产服务、建筑施工、冶金工程、金属制品、建筑制品、运输等20余项业务。

2015年，该公司累计实现收入39.3亿元，利润2.01亿元。截止到2016年6月末，综合发展公司资产总额65.63亿元，净资产规模28.89亿元。现有在职职工8055人。

（袁福州）

**【鞍钢实业集团有限公司】** 截至2015年末，有在职职工3334人，其中管理和专业技术人员1245人（高级职称122人、中级职称613人、初级职称286人），生产服务人员2089人。资产总额12.86亿元，负债总额3.86亿元，所有者权益9亿元。资产规模比2014年增加6664万元，增加了5.46%，所有者权益比2014年增加7.48亿元，增长了19.64%，资产负债率30%。

2015年，该公司全面超额完成了集团公司下达的各项预算指标，实现收入15.08亿元，实现利润1.27亿元。2015年销售收入中，工业产品收入8.06亿元，占总收入的53%；工程收入2.05亿元，占总收入的14%；劳务收入3.09亿元，占总收入的20%；其他收入1.90亿元，占总收入的13%。

2015年，受钢铁行业整体亏损的“大气候”影响，鞍钢主体减亏压力不断加大，作为60%收入来自鞍钢的实业公司，生产经营面临前所未有的严峻挑战。面对严峻形势，广大干部职工不喊不怨，切实增强与鞍钢主体共赴艰难的使命感与责任感，有针对性地定措施、抓落实，公司上下形成了迎难而上、合力攻坚的良好氛围。冶金工程事业部在包保项目平均削减20%、绿化管护和道路保洁项目削减50%的情况下，加大市场拓展力度，凭借成本和技术优势中标鞍钢脱硫运营项目，增加合同额近5000万元；冶金机械事业部把降本增效贯穿生产组织全过程，严格控制堆焊允许公差范围，小焊量堆焊比例比上年提高37%，年可降低主材消耗30万元，同时加大修旧利废工作力度，全年修复利旧各种零部件5000多个，节省新品购置费用90余万元；生产服务事业部为弥补亏损项目，千方百计寻求新市场、新活源，全年新增保产项目13项，增加产值1300余万元；冶金材料事业部在保证合同有效执行的同时，通过协调炼钢总厂各区域，努力增加耐材、合金等品种的市场份额，增加产值200余万元；综合利用分公司经多方努力，不仅夺回了股份公司的“洗、补、修”活源，而且成功地开发了矿山的废旧物资回收市场。各单位结合实际，领导带头主动出击，班子团结协调一致，通过创新找到新点子、提出好办法，为实业公司在极其困难的情况下仍能保持稳定运行发挥了重要作用。

2015年，该公司充分评估风险，想方设法开拓社会市场，取得了较好效果。社会市场实现收入6.51亿元，占总收入的43.2%，比去年提高了2.9个百分点。

微细铝粉公司针对国内外复杂多变的市场形势，积极调结构、促转型，增强企业创效能力。通过开发特种功能铝粉、提升产品附加值、扩展产业应用方向等手段，产品销量持续稳定，2015年实现外部市场收入1.2亿元，产品销往15个国家和地区，国际贸易收入占总收入的42%；冶金工程事业部充分利用园林绿化一级资质的优势，凭实力先后拿下了辽宁激光产业园、渤海科技城、汤岗子新城大配套等绿化工程合同，合同总额达6700万元；鞍山科德公司在激烈的市场竞争中先后拿下首钢、秦皇岛美国铝业、天铁冷轧等外部市场，外部市场实现收入486.7万元，比去年同期增加了235.4万元，增长93.7%；水处理公司外部市场创收2200万元，创利290万元；乳业公司面对澳大利亚、新西兰等进口奶粉冲击以及国内市场、省内同行业巨头的强大攻势，迅速调整销售策略，采取加大舆论广告宣传和售后服务考核力度、开展促销竞赛等措施，全年实现收入8540余万元，再创历史新高；金属制品公司在可利用材利润空间被大幅压缩的情况下，奔赴华北、华中市场，走访老用户，开发新用户，利用华北终端客户的市场及产业链优势，与当地大型企业合作，就地进行深加工及配送，直接面对终端客户，全年实现销售收入1.2亿元，在没有外欠款的情况下，实现利润667万元。

2015年，该公司落地项目有4个：一是冷轧3号线酸再生机组技术改造项目，总投资控制在997万元以内，改造完成后，3号酸再生机组的氧化铁粉产量将达到1.3万吨/年，可实现销售收入1900余万元/年；二是冷轧1号、2号线酸再生机组技术改造项目，总投资控制在1253万元以内，改造完成后，2条酸再生机组的氧化铁粉产量将达到1.4万吨/年，可增加销售收入2000万元/年；三是焦丁增碳剂项目，总投资控制在421万元以内，生产线设计能力为1万吨/年，可实现加工费收入700万元/年，可为钢厂降低生产成本200余万元/年；四是KR法脱硫粉剂项目，总投资控制在685万元以内，生产线设计能力5万吨/年，可实现加工费收入824万元/年，可为钢厂降低生产成本1000余万元/年。新项目的有效推进和落实，提高了企业核心竞争力和抗风险能力，促进了企业可持续发展。

2015年，该公司加强资金管理，建立完善了资金管理体系，提高了资金运营效率；全面开展清产核资工作，核销资产损失3271万元，夯实了家底，减轻了包袱；加强全面预算刚性控制，严格以收定支，压降“两金”占用，大力清理外部欠款，清回超过两年以上外部债权1350万元，增加了当期效益；强化招标采购管理，实施专项业务培训8次，培训人员200余人次，同时发挥内外部专家优势，加大年度采购计划审核力度，采购成本比预算大幅下降；严格人力资源管理，大力压缩各种形式的劳务用工，全年劳务用工平均人数为1342人，比去年减少3938人，降幅达68.6%；深入开展全要素、全过程对标活动，制定和落实追赶先进的方案和措施，持续增强运营能力、创效能力及绿色发展能力，全员劳动生产率明显提高；扎实推进“五好班组”达标升级，增强了班组学习力、执行力、创新力和凝聚力；深入开展效能监察活动，避免和挽回经济损失4000余万元；严格落实安全生产责任制，按照“三个必须”的要求，深入开展风险辨识和隐患排查整改，较好完成了集团公司下达的安全生产工作目标。

2015年，该公司践行党的群众路线，依靠职工群众办企业，认真落实密切联系群众制度。在维护企业利益和广大职工合法权益的基础上，加大困难职工帮扶力度，建立了131名特困和困难职工档案；结合实业公司实际，广泛开展走访慰问送温暖活动，全公司走访慰问1668人次，发放救济金43.2万元；为110名实业公司职工办理了子女上大学助学奖励，发放助学金11.1万元；为27名患各种疾病职工办理了大病医疗救助，发放医疗救助金1.1万元，使职工感受到了企业和组织的温暖。积极开展群众性文体活动，活跃职工业余文化生活。公司工会组织了乒乓球赛、羽毛球赛、游泳比赛、爬山比赛等多项体育活动，广大职工在活动中陶冶了情操，锻炼了体魄，企业的凝聚力得到了进一步增强；在参加鞍钢集团公司组织的“五一”万人长跑、乒乓球、羽毛球等体育活动中，实业公司取得了羽毛球女团冠军、乒乓球团体第三名；在参加鞍钢集团公司组织的技术竞赛中，冶金机械事业部一名职工获得鞍山赛区技术能手的好成绩。

**【鞍钢实业冶金工程事业部概况】** 2015年末，该事业部有在职职工601人，其中管理和技术人员287人（高级职称6人，中级职称73人，初级职称51人），生产服务人员314人。事业部下设4个部室：综合管理部、经营部、工程管理部、账务部。有10个分公司：绿化分公司、筑路分公司、电气分公司、金属结构分公司、机运分公司、朝阳分公司、鲅鱼圈分公司、环保分公司、技术开发分公司、协力分公司。该事业部具有园林绿化一级资质、钢结构制造一级资质、环境污染治理设施甲级资质（除尘脱硫）、机电安装工程施工总承包二级资质、市政公用工程施工总承包二级资质、房屋建筑工程施工总承包三级资质、环境工程专业承包二级资质、送变电工程专业承包三级资质、电子工程专业承包三级资质、建筑智能化工程专业承包三级资质、地基与基础工程专业承包三级资质、防腐保湿工程专业承包三级资质。公司已取得特种设备（锅炉）、压力管道（GB类、GC2级）、起重设备维护安装许可证。公司可承揽园林绿化工程、道路道桥工程、大型冶金工程、电力工程、通信工程、机电安装工程、建筑智能化工程、安防工程、环境工程等方面的业务。业务范围拓展到冶金、石化、市政、电力、通信等各行业，业务辐射全国30多个省市，并先后在世行贷款项目、亚行贷款项目以及国际项目中中标。2015年实现销售收入3.8亿元，利润2420万元。

**【鞍钢实业生产服务事业部概况】** 2015年末，该事业部有在职职工888人，其中管理和技术人员215人（高级职称13人，中级职称107人，初级职称93人），生产服务人员673人。事业部设综合部、安全生产部、设备管理部、市场营销部、财会部5个部门；下属单位有铁发公司、一钢分公司、鲅鱼圈公司、水处理公司、热轧公司、铁运公司、钢坯处理厂等7个基层单位。固定资产原值8114万元，净值3343万元，设备总重400吨。厂区占地总面积4万平方米，建筑面积2万平方米，主要设备有钢坯处理生产线、各类机床、起重机等。

2015年，该事业部紧紧围绕公司的整体战略部署，依靠管理创新和技术创新做优做强企业，全面落实扭亏控亏增效的各项措施，坚持树立六种发展理念，励精图治、抓机遇、闯市场，以创新、务实的态度做好各项工作。全年共实现销售收入2.51亿元，利润560万元。

1. 积极开拓市场，寻找新的经济增长点，最大限度完成全年生产经营指标。2015年以来，钢铁行业进入冰冻期，鞍山钢铁公司保产费用压缩了28%。作为以保产项目为主的事业部更是首当其冲，造成了事业部90%的保产项目严重亏损。面对这些困难，事业部各级领导班子在保证现有活源的基础上积极与主体单位协商，争取新的活源，增加新的经济增长点来弥补亏损项目。2015年已新增13项保产项目，年增加产值1300余万元。

2. 加强管理，挖潜增效，降低成本，合理配置人力资源，提高劳动生产率。事业部成立以来，对以前的管理模式进行了调整，2015年全面实现了物资的统一采购、财务的统一管理、人力资源的统一调配、工资的统一分配，杜绝了管理上的“跑冒滴漏”，降低了生产成本。

3. 建立健全各项安全生产管理制度，提高全员安全意识，各级领导常抓不懈，实现安全生产。

4. 改变工作作风，为职工办实事。针对事业部所属各单位职工收入偏低，工资水平参差不齐的实际情况，事业部克服重重困难，千方百计筹措资金为职工增加工资，最终达到了为一线职工较2014年增加工资150元/月，全体职工平均增加100元/月。

5. 扎实开展“三严三实”专题教育和领导班子党风廉政建设专题民主生活会。事业部党委坚持以融入中心做工作，进入管理起作用的党建工作思路，突出“一个中心”“两个立足点”、夯实“四个基础”，扎实有效地推进党员队伍的思想建设、组织建设、作风建设和制度建设，使党员干部的整体素质不断提高，促进各项工作等方面取得了明显成效。按照实业公司的部署，按时间步骤开展了“三严三实”专题教育，下发了“三严三实”专题教育文件及日程安排表，对此项工作进行布置。围绕实业公司提出贯彻“十个加强”的工作思路，开展有针对性的形势任务教育。事业部利用行政例会、专业会等会议对全体党员干部进行经济形势宣传教育，让大家了解现在严峻形势，各单位结合生产实际，提出贯彻“十个加强”的做法和完成全年利润目标的具体做法及措施。

6. 发挥群团组织优势，丰富职工文化生活，调动了广大职工的积极性。深入开展劳动竞赛、群众性自主创新活动。以“保工期、保质量”为主题开展了钢坯处理厂年修项目劳动竞赛；以“提高产品质量”为主题开展了中间包维护、涂抹、解体、浇注劳动竞赛。通过竞赛，充分调动了广大职工的工作积极性。钢坯清理厂砂轮片创新使用方法及丸粒回收，每年可为公司节约成本20余万元。

7. 做好扶贫帮困工作。摸清困难职工底数，对困难职工做到“五清五落实”。建立了困难职工档案，做到特殊困难重点帮、突发困难及时帮、长期困难定期帮。重要节日救济困难职工68人次发放救济款25300元。走访慰问困难、住院职工74人次，发放慰问金25100元。

**【鞍钢实业冶金粉末事业部概况】** 2015年末，有在职职工189人，其中管理和专业技术人员36人（高级职称4人，中级职称11人，初级职称16人），生产服务人员153人。该事业部由鞍钢实业微细铝粉有限公司（以下简称铝粉公司）、氧化铁粉有限公司（以下简称铁粉公司）及磁性材料筹备组3个单位组成。

1. 铝粉公司：

（1）2015年，全年生产铝粉5935吨，销售铝粉6529吨，销售收入1.45亿元，实现利润607万元。

（2）1号、2号生产线改造按期投产，生产指标达到预期要求。1号、2号线综合配套技术改造工程于2015年7月顺利竣工投产。经过半年的生产运行，1号、2号线设备运行平稳，生产指标和产品实物质量满足达到了预期目标。实施1号、2号生产线综合配套技术改造，大幅提高了企业生产能力、装备水平和市场竞争力。

（3）加强生产技术改造，缩短产品工艺链，生产一次成粉取得初步成效。2015年下半年，铝粉公司以缩短产品工艺链、提高产品稳定性为主要目标，着力开展了生产一次成粉的技术攻关。通过生产线技术改造，大幅度提高了产品质量稳定性，缓解了部分规格产品的备货压力，为后续进一步拓展市场、提高质量打下了良好基础。

铝粉公司通过小改小革不断改进、完善生产工艺，为提高生产效率和降低生产成本创造更有利的条件，累计完成小改小革20项，先后完成了生产线自动补气、气压机并联改造等攻关改造项目，既保障了当期生产，又大幅降低了生产成本，电量吨耗由2015年预算时的5647千瓦时降至4963千瓦时。

（4）2015年下半年，铝粉公司把制度化建设作为一项重点专项工作来开展，成立制度化建设工作小组，主要领导按业务分工牵头各项具体工作。同时，加强对标准化、规范化的宣讲，提高各级员工对标准的认识。

（5）2015年，国务院和地方政府出台了一系列政策措施，该公司迎来了新的发展机遇。在国家政策支持的范围内，该公司积极争取科研、技改项目立项和优惠政策扶持，顺利保持了高新技术企业、创新型中小企业等资质，并获得了直购电项目、引进海外先进适用技术、辽宁省名牌产品等国家相关政策的支持。国家的优惠政策支持和该公司争取到的创新发展平台，为企业长远健康发展提供了有力支撑。

（6）优化人力资源，推行管理人员绩效工资改革，提高工作效率。该公司深入开展了生产系统的定岗定员定编工作，重新核定了各作业区域的人员配置，对一线岗位人员进行重新整合。2015年铝粉公司产能增加，该公司在基本没有增加人员的情况下实现了4条生产线满负荷生产，降低了生产成本，提高了工作效率，为公司整体降低用人成本，提高劳动生产率作出了很大贡献。

2. 铁粉公司：

（1）2015年共生产铁粉12673.76吨。销售铁粉12078.54吨，创公司成立以来最高水平。

（2）2015年董事会制定的经营目标为实现利润142.6万元。合资公司2015年实际实现销售收入1579万元，实现利润206万元，超额完成董事会制定的目标。

（3）实施酸再生机组技术改造，提高装备水平。在ISSI公司的技术支持和冷轧厂的有力配合下，按照董事会确定的技术改造方案，重点对3号线酸再生机组实施了技术改造。同时对1号、2号酸再生机组实施了改造，全面提高了酸再生机组装备水平、运行稳定性和合格铁粉产量。

（4）通过预算制管理，有效管控了费用的支出。合资公司将全年成本费用划分到月，每月按照审核后的预算计划执行，预算外费用单独进行审批。月末针对实际执行情况分析总结，提出改进的建议和措施，有效控制了费用的支出。

**【鞍钢实业冶金机械事业部概况】** 2015年末，该事业部有在职职工174人，其中管理和专业技术人员48人（高级职称2人、中级职称19人、初级职称23人），生产服务人员136人。机关设综合部、财务部、项目运营部3个部门。下设堆焊分厂、液压分厂、轴承分厂、科德公司4个基层单位。

该事业部厂区占地面积6.13万平方米。拥有大型自动大机头埋弧摆动焊床6台，可堆焊直径1580毫米以下、质量60吨以下的重型轧辊；英国进口明、埋弧两用摆动堆焊设备15套，可堆焊直径500毫米以下轴类、辊类和用于磨盘和磨辊的在线修复；对开式电炉两座，可进行热处理；英国进口磨盘和磨辊的离线修复；数控机床15台等。企业主要以鞍钢集团为服务对象，并辐射到全国各地钢铁、矿山、水泥等市场。2015年修复连铸辊4890组，制作新品275支；修复液压缸2531台，制作新品13台；修复大型轧辊41支；修复制作其他备件1151件；检修定径、脱管、连轧机架4981架，加工制作新品定径、脱管机架

4231架；加工连轧辊1981支；修复加工矫直辊21支；电镀轧辊13451支，修复轴承158套。2015年实现销售收入5755万元。

**【鞍钢实业冶金材料事业部概况】** 2015年末，该事业部有在职职工296人，其中管理和专业技术人员77人（高级职称5人、中级职称39人、初级职称19人），生产服务人员219人。事业部机关下设综合管理部、安环运营部、财务部3个部门，下辖原燃料生产服务分公司、耐火材料分公司、三一公司（合资）三个分公司。

原燃料生产服务分公司主营业务包括：包芯线生产加工、锁具生产、铝锰铁生产、熔渣改质剂生产、膨润土装罐、铁矾土菱镁石晾晒、仓储等。

耐火材料分公司主营业务包括：耐火材料散料、制品生产，钢厂项目包保服务、废旧耐材回收、加工、销售以及新上项目增碳剂和KR脱硫粉剂等。

三一公司（合资）主营业务包括：生产各种保护渣产品。

截至2015年末，该事业部拥有固定资产原值4702万元、净值2036万元，实现销售收入1.5亿元，利润573万元。

**【鞍钢实业集团有限公司综合利用分公司概况】** 2015年末，该公司有在职职工328人，其中管理和专业技术人员67人（高级职称2人、中级职称34人，初级职称31人），生产服务人员261人。该公司下设5个分厂，单位有炼锌厂、废旧物资回收公司、铁碳球团厂、冷轧热镀锌服务公司、医用氧气有限公司。五个职能部门，分别设党委工作部（人力资源部）、经营部、生产部（安全环保部）、财务部、综合部。

该公司主要设备包括：熔化炉1座，精馏塔1座，工频无芯感应熔锌电炉1套，工频感应炉1套，全自动洗涤脱水机4台，自动干衣机4台，桥式起重机1台，单梁桥式起重机1台，混碾机2台，压球机4台，皮带运输机2套，烘干炉1套等。主要产品有利用鞍钢冷轧厂、大连蒂森克虏伯公司镀锌生产线残余的废锌冶炼的0号成品锌及合金锌，将鞍钢废旧资源进行深加工后的废旧物资，用含铁杂料生产供给炼钢厂替代废钢并起到调节温度和化渣剂作用的铁碳球团，利用鞍钢含铁粉尘加工再利用的含铁尘泥，为鞍钢股份公司固体废旧物资排放进行保产及维护的尘泥公司等。

2015年，该公司围绕鞍钢大生产，全面深度研究废旧资源可回收方案，全力提高技术升级，加大自主项目落地。同时以废旧物资资源为依托，广泛寻求合资合作企业，增加企业的收入规模和利润增长点。秉承“资源有限、创意无限”之经营理念，为鞍钢发展循环经济服务。坚持以市场为导向，贯彻“资源有限、创意无限”的经营理念，积极推进冶金“三废”资源综合利用，努力拓展发展空间。以烧结机头电除尘灰综合利用项目等作为主导研发项目，加强与鞍钢集团内技术资源的共享，提高钢铁生产技术与工业废弃物处置及综合利用技术的衔接，建立内部的技术协作机制。加大与科研院所、大专院校的合作，建立稳定的外部技术协作网。同时针对钢铁生产的新工艺，开发相应的综合利用技术。

**【鞍钢实业集团乳业有限公司概况】** 2015年末，该公司有在职员工167人，其中管理和专业技术人员39人（高级职称的3人，中级职称15人），生产服务人员128人。机关设有综合部、品控部、生产供应部和财务部四个部室，下设养殖分场、加工分厂、销售公司三个基层单位。2015年，该公司完成收入8540万元，同比减少362万元；实现利润530万元，同比增加10万元。

2015年，面对激烈的市场竞争，该公司及时调整配送市场销售策略，有效抑制配送份额下滑；用“代工”填补空白，丰富品项，保证鞍钢市场需求；坚持科学饲养，注重防疫防病，保证牛群健康；始终坚持“国标”检测，严控产品质量，确保产品稳定；加强资金管控，严格按照预算控制开支，保证生产经营顺行、无风险。截至2015年，该公司连续三年利润水平稳定在500万元以上，实现历史新突破。

**【鞍钢实业集团有限公司生活服务分公司概况】** 2015年末，该公司有在职职工325人，其中管理和技术人员125人（高级职称13人，中级职称38人，初级职称54人），生产服务人员200人。11所职工宿舍，5所住宿职工食堂及住宿职工活动中心、鲅鱼圈服务中心、鞍凌服务中心，托管了鞍钢总医院、劳研所、实业机关、招投标中心和财务公司5家食堂。机关设综合部、资产部、食宿部、财务部、经营部等5个职能部门。该公司主要从事鞍钢职工住宿、餐饮服务、物业管理、劳保用品洗补等业务。公司总资产 1176.3 万元，负债总额 1046.2 万元，净资产 130.1 万元。全年实现经营收入 5857 万元，利润 608 万元，全面超额完成上级公司下达的预算指标。

2015 年，该公司始终以鞍钢职工需求为指南，不断深化精细服务内容。开展了“红旗宿舍”“红旗食堂”竞赛评比活动，通过检查评比，提高了宿舍、食堂、物业、寝室的服务质量和安全管理水平；组织举办住宿职工迎春酒会，鞍钢集团公司领导走进鞍钢职工住宿中心宿舍、食堂，与春节期间坚守在工作岗位的住宿职工亲切交流、欢聚一堂，同庆新春佳节；积极组织开展对食堂员工进行食品安全卫生培训，推荐选拔 18 名主副食炊事员参加城服公司首届职工技术竞赛，提高了职工技术技能；在鞍钢暑期食品安全检查中，经过努力，有 10 个食堂被鞍钢公司评为优秀食堂，5 个食堂评为先进食堂，提升了食宿系统整体形象。鲅鱼圈服务中心在日常的物业管理服务中，加强对物业从业人员培训，努力提高了员工的综合素质，尽心尽力为业主服好务，业主满意度大幅度提高，物业费收取率达 65%。鞍凌服务中心先后对 80 余名主副食人员进行了培训，提高了员工的烹饪技能，全年在朝阳钢铁两次压缩费用 5 万元的前提下，压缩人员编制重新定员，为公司节约费用 20 万元。

2015 年，以每年 98 万元中标，成功地接收了鞍钢朝阳钢铁公司铁前食堂的服务工作，增加利润 10 余万元；积极与鞍钢股份鲅鱼圈分公司协商，签订了股份鲅鱼圈分公司办公楼、综合楼保洁值守、劳动保护用品洗补包保合同，积极组织为鞍钢股份鲅鱼圈钢铁分公司职工防暑降温饮品的发放工作，按要求保质保量完成防暑降温发放工作；加强托管食堂日常管理，不断降低成本，增加服务项目。规范公司食品原料集中招标采购程序，所有供货商，全部更换为通过招标平台中标的供货商，加强对供货商的管理，建立相关信息档案，保证公司的招标采购工作平稳过渡，使食品原料采购价格更合理、质量更安全；认真做好公司闲置资产出租合同管理，严格履行合同审批程序，做到每月统计一次房屋合同执行情况，掌握房屋闲置、租金上缴信息，新签合同 37 份，全年收缴租金 428 万元。

明确公司日常管理工作思路，完善规章制度，梳理工作流程，加强制度执行情况检查，确保制度执行到位，形成一级抓一级，层层抓落实的工作格局，为公司发展提供有力保障；优化人力资源结构，降低人工成本，规范劳务用工管理，清退非必要劳务人员，压缩劳务人员数量及劳务费用，提高劳动效率；严格执行安全管理规定，层层落实安全生产主体责任。将横向到边、纵向到底的安全网络管理体系渗透到各个角落，从根本上斩断易发安全事故的萌芽，避免了安全事故的发生；严格控制各项费用管理，严把审批关，各部门负责人作为第一责任人，严格按照全年预算执行，不断完善财务预警机制，全年公杂费用减少 25%，煤水电等费用减少 10%，为公司降低成本作出贡献。

注重关心职工生活、切实维护职工利益，始终把为职工办实事，维护职工的根本利益放在首位。组织参加实业公司的羽毛球、乒乓球比赛取得了优异成绩，先后选送 11 幅作品参加城服公司书画摄影展，展现了职工的文化艺术内涵，组织职工开展春秋两季游园活动，丰富了职工业余文化生活；为鼓励和调动员工参与公司管理的积极性；在全公司范围内开展了“建言献策”活动。收到合理化建议 48 条，促进公司技术创新、管理创新、服务创新能力的提升；根据新的困难职工界定标准，重新界定了集团公司备案的困难职工 4 人，对达到大部分丧失劳动能力的长病职工，实行月工资不足标准补足到工资标准，全年用于救济支出福利经费 7.85 万元。按规定足额提取了救济费 1.23 万元，共救济支助各类困难职工 76 人次，发放救济金 3.97 万元，对重病困难职工实施定期重点救济与走访，走访慰问困难职工 12 户并送去粮油等慰问品和慰问金，办理 4 名重病职工医疗基金救助金 2.96 万元，开展金秋助学活动，发放奖学金 1.35 万元，使困难职工的生活得到了改善。

**【鞍钢实业集团有限公司幼儿教育中心概况】** 2015 年末，该中心有在职职工 324 人，其中管理和技术人员 207 人（高级职称 77 人，中级职称 91 人，初级职称 25 人），生产服务人员 117 人。中心下设 17 所幼儿园，124 个教学班，在园幼儿 3620 名。机关设综合管理部、经营教学部、计划财务部等 3 个职能部门。主要从事幼儿学前教育业务。

中心总资产 2153.2 万元，负债总额 1046.8 万元，净资产 1106.4 万元。

2015 年，该中心经营收入再创新高。全年实现经营收入 3295 万元，超计划指标 245 万元，职工收入稳步增长。全年平均幼儿数同比增加 112 名，平均师生比从 2014 年 1∶6.3 提高到 1∶6.8，其中一幼、六幼、七幼、九幼、十幼、一幼艺术分园学位紧俏、生源爆满，实现了社会信誉、经营效益的稳步提升；在振兴学前教育“三年行动计划”中，争取政府奖补 500 万元，实现了政府对鞍钢幼儿园投入零的突破。

办园条件有效改善。充分利用政府维修资金改善幼儿园办园条件，对一幼深沟寺分园等六所幼儿园实施暖气改造；对六幼、十幼厨房进行全面大修；对各幼儿园存在的安全隐患进行了局部修缮；为三所幼儿园铺设了户外悬浮地板，有效改善了园容园貌，增加了幼儿园的市场竞争力。

管理水平不断提高。四所幼儿园实现家长网上缴费，提高了工作效率，资金安全和人身安全得到有效保障；开展全员岗位考核，形成由家长、员工、园长、机关全方位的立体评价体系，强化员工的进取意识、服务意识和团结协作意识；加强师德师风建设，开展“树清廉师风，建洁净校园”活动，努力把鞍钢幼儿园建设成为风清气正、家长信赖、孩子喜欢的儿童乐园。

保教管理严谨有序。坚持“质量立园、科研兴园、品牌强园、特色富园”的品牌发展战略，以课题研究为线索，提升教师素质，提高办园质量。

积极参加省市《指南》试点课题研究，推进信息化课题实验园工作进程，鞍钢七幼等 9 所课题园的教学课件，在辽宁省评优活动中获二等奖 2 个，三等奖 2 个，优秀奖 11 个。在“鞍山市第十一届优秀自制教（玩）具评选”中，鞍钢六幼、七幼等 8 所幼儿园制作的玩教具分别获得获一等奖 2 个、二等奖 2 个、三等奖 4 个。

鞍钢九幼等 9 所幼儿园的市级“幼小衔接”课题组，经过 3 年研究顺利结题；鞍钢十幼等 8 所幼儿园的公司级“十二五”课题，通过公司评审组验收结题。七幼王秀华、一幼范微代表鞍山市参加辽宁省“一日活动评优”竞赛，分别获得一等奖和二等奖。

保健工作常抓不懈，鞍钢各园多次代表各区妇幼保健院接受鞍山市、辽宁省妇幼保健工作检查，获得一致好评。鞍钢幼教中心卫生保健工作管理经验在辽宁省卫生保健会议上进行交流。

立体营销扩大影响。为增加生源吸引力，各幼儿园除及时更新网站内容，还制作宣传手册、建微信平台、LED 显示屏，利用新年、六一、毕业典礼、家长开放日等活动契机与社区幼儿及家长互动，为各园吸引生源奠定了基础。

**【鞍钢实业金属制品有限公司概况】** 2015 年末，该公司有在职职工 19 人，其中管理和技术人员 12 人，生产服务人员 7 人。设立三个部室：产品开发部、安全生产部和综合财务部。该公司主要产品和经营项目有：钢材加工及销售，金属结构、金属工具、手工具、农用园林用金属工具制造。2015 年末，销售收入 12458.75 万元；销售可利用材 58093 吨，可利用材销售超计划 5.62%；实现利润 666.80 万元，超目标计划 11.16%；资产总额 6543.61 万元，净资产 3534.21 万元。

2015 年，该公司主营项目为鞍钢可利用材销售，品种由原来单一的卷板，发展到卷板、盒板等多个品种。为进一步扩大可利用材市场，增加企业利润，利用华北终端客户的市场及产业链优势，与当地较大型可利用材企业合作。在当地进行可利用材的深加工及配送，直接面对终端客户，降低鞍山地区加工成本及市场的风险。为防范资金风险，在生产经营过程中，坚持先交款后发货的原则，减少了流动资金占用，规避了资金风险，一年来，没有外欠货款的现象发生，全年实现可利用材应收账款为零。该公司紧紧围绕生产经营目标，开展全员安全教育，牢固树立“安全第一、预防为主”的安全生产方针，全面落实安全生产责任制，深入开展“查死角、堵漏洞、隐患”活动，建立健全安全生产规章制度，提高员工的安全意识。加强特种设备安全管理，与相关方签订安全管理协议，安全关口前移、安全工作重心下移到班组，实现了全年人身、设备安全事故为零的目标。针对组建时间短，各项管理制度有待完善，先后修订了“三重一大”实施细则、供（销）管理制度、资金管理制度、车辆管理制度、招待费管理制度等一系列管理制度，形成了用制度管人、靠制度管事的约束机制。同时，抓队伍建设。聘请冷轧厂专业人员讲解可利用材各项技术指标、性能、用途，提高干部职工对可利用材的认识；选派干部职工到河北终端市场客户公司学习，提高职工可利用材等级判定水平。维护职工合法权益。按时发放职工劳动防护用品和防暑降温药品，为职工足额缴纳“五险两金”。做好食堂工作，千方百计调整主副食品种花样，保证职工吃好，解除了职工的后顾之忧。冬季，为职工休息室、办公楼、增设取暖设施，使职工在温暖的工作环境中度寒冬。

（周立新）

**【房地产开发集团有限公司】** 2015年末，共有员工1331人。其中干部475人（高级职称63人，中级职称197人，初级职称163人），工人856人。退休职工951人（由房产集团公司托管中心代为鞍钢管理的离退休等人员6373人）。该公司设有房产建设有限公司、房地产开发事业部和建材产品事业部3个单元业务。总部机关下设运营管理部、财务部、综合管理部、人力资源部（党委工作部）、纪委（监察部）和工会5个职能部室。由该公司代为管理的集体企业有房产第五建筑工程公司、房产建筑安装公司、房产实业建筑工程公司和房产塑钢厂。

该公司占地面积29万平方米，建筑面积5.64万平方米。2015年末，拥有固定资产原值22267万元，固定资产净值6299万元，新增值2046万元。主要施工生产设备1003台，设备总重0.36万吨，总装机容量1.16万千瓦。主要施工设备有：40吨·米以上塔式起重机96台，单机最大起重量170吨·米，施工升降机81台。混凝土搅拌及配套设备有120立方米/小时搅拌站2座，90立方米/小时移动搅拌站1座，8立方米混凝土运输车30台，混凝土输送泵车9台。主要运输设备有：6吨以上普通货运车辆6台，6吨以上普通货运车辆27台，30吨重型平板半挂货运车1台，8吨汽车吊2台，装载机8台。主要生产设备259台，总装机容量1.28万千瓦。

2015年，该公司实现企业总产值12.35亿元，同比提高3%。实现销售收入11.2亿元，利润4128万元。其中，房地产开发事业部收入1.58亿元，亏损2416万元（含鞍山公司亏损724万元）。房建公司收入9.67亿元，利润6287万元。建材产品事业部收入2240万元，利润114万元。

1. 单元业务。2015年，该公司按照房地产开发、建筑施工、建材产品三个单元业务结构体系分开管理，独立运营，生产经营实现稳中有进。

推进开发项目。鞍钢公寓12号、13号楼主体结构封顶，砌筑进度17层，14号楼1区核心筒钢梁柱进度13层，2区核心筒钢梁柱进度19层。公寓东苑6个建设项目完成主体工程，3项单体工程处于标准层施工。光明街项目完成1栋危房拆扒。深沟寺九区完成施工围挡安设。跟进做好大连甘井子石灰石矿闭矿项目开发收益测算、控规方案和项目考察。完成大孤山地区危房改造总体造价测算和原鞍钢一薄厂等四宗土地开发建设可行性分析。实现商品房收入1.34万元，商品房销售利润3137万元。其中，鞍钢田园销售回款8662万元，公寓东苑开盘销售后实现预售收入5879万元。

保持施工规模。完成建筑施工产值10.3亿元。康宁花园等4项政府回迁房结转工程处于主体施工阶段，新开铁西太阳升小区8项单体工程完成基础施工。铁西繁荣208号楼实现当年施工、当年派户，鞍钢总医院新建病房、高新区激光产业园A3厂房按期交付使用，友谊家园、佳泰花园等政府回迁房项目具备派户条件，东方中学、惠众家园、福居园转入小区综合配套。已完政府回迁房工程决算冲减坏账后形成利润5342万元。

实现保产保供。建材产品事业部完成产品销售产值1.58亿元，比上年同期增加13%。其中，内供产品1.45亿元，外销产品1312万元。

2. 市场增量。2015年，该公司主营业务外部市场增量规模同比提高。全公司外部市场实现收入9.4亿元，占当期总收入的84%。房产建设公司新增外部工程合同额1.19亿元，签订华润幸福里、万霖庭院和皇冠壹品三期等外部开发项目合同额6630万元，承建鞍山钢铁厚板厂2号空压站及净水南站、鞍凌公司维修改造等厂内工程592万元，外部办公楼、家庭装修等工程208万元。在建政府回迁房等外部工程占施工总规模的87%。外部工程实现产值1.25亿元。建材产品事业部成为鞍钢集团招标平台合格供应商，签订外销产品合同554万元，外销产品收入750万元，占产品销售收入的33.8%，比上年同期增加47.4%。

3. 资源整合。2015年，该公司按照鞍钢集团综合发展公司意见，实施业务资源重组整合，将机运分公司与实业集团公司运输单位合资组建鞍钢综合发展（鞍山）运输有限公司，合资双方各持股 50%。调整建材分公司业务关系，组建鞍山鞍钢建筑材料有限公司，房产建设公司持股 80%，综合发展公司持股 20%，委托鞍钢冶金资源开发公司管理。实业集团公司 PPR 塑料管业划拨到房产集团公司，组建鞍山鞍钢综合发展塑料管业有限公司，房产集团公司与实业集团公司各持股 50%。

4. 管理工作。2015 年，该公司利用鞍钢投标采购平台，完成物资采购 3.5 亿元，降低采购成本 393 万元。周转材料租赁费用同比减少 112 万元。降本增效活动实现降低额 954 万元。万盛小区等 4 项已完工程进入政府财审中心审决。清收外部工程款 13.3 亿元。其中，政府工程回款 11.3 亿元，冲减应收款减值 4113 万元。

深化安全标准化创建工作，鞍钢公寓 12 号楼通过了辽宁省建筑安全标准化示范工地验收检查，抓好危险源辨识评价与隐患整改，查处治理安全隐患 337 处，房产建设公司通过了质量、环境、职业健康管理体系认证审核。开展“工程质量治理行动”，对 13 个项目 110 多个单位工程进行施工质量集中整治，在建项目全部签署“授权书”和“工程质量终身责任承诺书”。“有效控制楼板保护层厚度的施工工法”评为省级施工工法。完成 9 项专利 3 项专有技术申报，“特种建筑用钢应用于高层建筑技术集成”列为鞍钢集团技术协同项目，2 项质量管理成果分别推荐为辽宁省和冶金行业 QC 优秀质量成果。

抓好人力资源配置和职工技能培训，集中开展劳务派遣用工清理，实行人工费最高限制单价，劳务费总额同比下降 12%。推进信息化管理，启动运行 OA 办公系统。完成防火门和低压电器产品换证。开展专业对标活动，加强风险预控管理，出台业务流程管理办法，制修订管理制度 52 个。

5. 职工生活。2015 年，该公司走访慰问在册职工 1312 人次，发放救济金 42.8 万元。安排 285 名女职工身体健康检查，开展“金秋助学”活动，救助困难家庭大学生 4 人。为 399 名女职工申报“团体安康保险”。走访救济居家休息、工伤长病、离退休等人员 2523 人次，发放救助金 30.8 万元。

**【房产建设有限公司概况】** 2015 年，共有员工 984 人，其中干部 308 人（高级职称 24 人，中级职称 131 人，初级职称 151 人），工人 676 人。该公司为房产集团公司全资子公司，设有计划经营部、财务部、工程管理部、安全环保部、供应设备部、综合管理部、人力资源部（党委工作部）、纪委工会 8 个职能部室。下设第一建筑工程分公司、第二建筑工程分公司、第三建筑工程分公司、第四建筑工程分公司、建筑工程分公司和建筑材料分公司 6 个单位，其中建筑工程分公司行政关系由第一建筑分公司代为管理。2015 年末，拥有固定资产原值 16489.63 万元，固定资产净值 4508.4 万元，新增值 1181.43 万元。主要施工设备有塔吊 96 台，施工升降机 81 台，各种型号搅拌机 113 台，爬架 658 点，混凝土搅拌站 3 座，混凝土运输及输送设备 38 台套，装载机和水泥罐车等运输车辆 26 台。

2015 年在建工程面积 141.45 万平方米，在建工程 102 项。其中，开发工程有鞍钢人才公寓和公寓东苑，市危房改造工程有达七小区、康宁花园、长大家园等，外揽工程有华润幸福里、万霖庭院等。2015 年完成产值 11.95 亿元，同比提高 2.78%。其中，房地产开发工程产值 1.48 亿元，市危房改造工程产值 7.5 亿元，市保障房工程产值 820 万元，市建委公建工程产值 160 万元，外揽工程产值 1.23 亿元。鞍钢技改工程产值 0.36 亿元，外揽工程产值 2.03 亿元，建材产品产值 1.4 亿元。完成销售收入 96726 万元，同比减少 13.7%。实现利润总额 6202 万元，是上年同期的 11.5 倍。

由该公司承建的鞍钢人才公寓，规划建筑面积 15.69 万平方米，建筑总高度 137.1 米，为钢结构框架核心筒混合结构超高层建筑，主体结构全部采用鞍钢自主研发的新型耐火钢、低屈服钢、变厚度钢和高强钢等钢材，也是该公司历史上首次承建的施工结构复杂，工艺技术严格，建设工期紧张的建筑工程。该项目 2015 年 4 月 15 日开工，计划 2016 年底竣工并部分交付使用。在建政府回迁房工程分别达到计划进度，铁西 208 号楼项目实现当年开工、当年派户。鞍钢总医院新建病房和鞍山市高新区激光产业园 A3 厂房两个项目安全交付使用，竣工工程交验合格率 100%，在建项目分部分项工程合格率 100%，施工质量继续保持鞍山地区领先地位。签订外部开发项目工程合同额 6630.54 万元，鞍钢厚板厂 2 号空压站及净水南站工程、鞍凌公司维修改造等工程 591.92 万元，新增外部工程合同额 1.2 亿元。“有效控制楼板保护层厚度的施工工法”评为辽宁省工程建设工法，完成6项专利2项专有技术申报，“防水砼后浇带钢板固定卡具的施工技术”等2项专有技术获得鞍钢集团公司优秀专有技术奖。2项质量管理小组成果，推荐为辽宁省和国家冶金行业优秀QC成果。

**【第一建筑工程分公司概况】** 2015年末，共有职工217人。其中干部56人（中级职称14人，初级职称11人），工人161人。机关设有工程管理部、安全环保部、技术质量部、设备管理部、物资供应部、财务部、综合部和党委工作部8个职能部室，下设9个工程项目部，1个运输车队，1个加工站，1个作业队。拥有固定资产原值3992.77万元，净值1592.39万元，新增固定资产425.04万元。主要施工设备116台，其中，QT80型塔机1台，QT63型塔机21台、QT40型塔机22台。SC200/200型施工升降机28台，搅拌机36台，数控箍筋机1台，模板修复机1台（套），全自动三级钢调直切断机2台，木方修复机1台（套）细石混凝土砂浆泵1台，汽车起重机1台，低密度粉粒物料运输车1台。机关办公楼建筑面积2280平方米。

2015年，完成施工产值44813.04万元，同比提高49.13%。其中房产集团公司开发工程产值14771.5万元，市政府危房改造工程产值27184.09万元，市政府公建工程产值160万元，外揽工程产值2697.45万元。实现利润2597.27万元，同比增加163.95%。在建工程分部、分项工程合格率均达到100%，单位工程质量一次交验合格率达100%。设备完好率98%，设备利用率66%。

**【第二建筑工程分公司概况】** 2015年末，共有职工174人。其中干部49人（高级职称3人，中级职称21人，初级职称14人），工人125人。公司下设办公室、工程管理部、安全环保部、技术质量部、设备管理部、劳资企管部、物资供应部和党委工作部8个职能部室，8个工程项目部。有办公用房屋4座，占地面积20068平方米，建筑面积2288.5平方米。拥有固定资产原值1979.6万元，固定资产净值524.1万元。主要施工设备59台，其中QTZ40塔式起重机7台，QTZ63C塔式起重机12台，JZC350滚筒搅拌机10台，JS750A型强制搅拌机8台，施工升降机17台。设备完好率和利用率分别为99.31%和61.35%。

2015年，施工规模44万平方米。其中危房改造项目友谊小学社区6栋84726平方米，达七（DN1）17栋84953平方米，深沟寺四区正阳街北10栋98227平方米。市建委工程14.43万平方米。外揽工程27836平方米。全年完成施工产值18846.25万元，同比增长7.26%。实现利润688万元。在建工程分部、分项工程质量合格率均达到100%，单位工程质量一次交验合格率达100%。

**【第三建筑工程分公司概况】** 2015年末，共有职工185人。其中干部57人（高级职称4人，中级职称23人，初级职称25人），工人128人。公司下设办公室、工程管理部、技术质量部、设备部、供应部、安全环保部、劳资教育部和党委工作部8个职能部室，7个工程项目部，1个综合队。拥有固定资产原值1834.68万元，固定资产净值421.02万元。现有主要施工设备93台，其中QTZ40塔式起重机13台，QTZ63塔式起重机7台，JZ350滚筒搅拌机39台，TS500强制搅拌机4台，SC200×200型施工升降机20台，液压钢筋剪断机1台，运输车辆5台。公司占地面积1.57万平方米，建筑面积2236.94平方米。

2015年，完成施工产值14827万元。其中惠众小区700万元，高新区激光产业园2500万元，市公交总公司决算1011万元，危房改造工程10160万元，其他工程456万元。全年实现轻伤及以上安全事故和重大设备事故为零。

**【第四建筑工程分公司概况】** 2015年末，共有职工172人。其中干部55人（高级职称3人，中级职称24人，初级职称23人），工人117人。公司下设9个职能部室，6个工程项目部（B级项目部1个，C级项目部4个，D级项目部1个）。拥有固定资产原值2158.44万元，净值554.53万元。主要施工设备59台。其中，塔吊22台，搅拌机18台，施工升降机19台。公司占地面积894平方米，办公楼建筑面积2682平方米。2015年，施工规模46.18万平方米，完成施工产值2.26亿元，利润1100万元，比上年同期增加2737万元。在建的铁东长大DN1、DN2项目，佳泰乐北项目，铁西太阳升项目，华润幸福里项目，万霖庭院项目，福居园项目分别达到计划形象进度。申报专利2项，省级工法1项，省部级优秀质量管理小组成果1项，鞍山市优质主体工程3项。

【建筑工程分公司概况】 2015年，该公司行政关系暂由第一建筑分公司代为管理，主要负责处理各种遗留问题善后工作，没有开展生产经营业务。

【建筑材料分公司概况】 2015年末，共有职工201人。其中干部52人（高级职称3人，中级职称16人，初级职称23人），工人170人。公司机关设有生产部、技术质量部、财务部和综合管理部4个职能部室。下设商品混凝土搅拌站、水泥车间、新型建材车间、机械加工车间和外加剂车间5个车间级单位。厂区占地面积11.07万平方米，建筑面积1.01万平方米。拥有固定资产原值5236.57万元，净值708万元。主要生产和运输设备有混凝土搅拌运输车，混凝土输送泵车，车载泵，ZL50装载机，散装水泥车等。$\phi$2.4×7米水泥磨机1台，HZS120-2立方米搅拌站1座，HZS90-1.5立方米搅拌站1座，SICOMA-2立方米搅拌站1座。主要产品有预拌商品混凝土、矿渣硅酸盐水泥、通风管、路面砖、外加剂等。2015年，该公司生产商品混凝土32.05万立方米，水泥9.48万吨，微粉2369吨，通风道3.65万米，路面砖500平方米，外加剂2302吨，加工产值416.82万元。全年完成企业总产值13966万元，实现利润1957万元。

推进技术攻关和创新，开展钢铁渣粉用于预拌混凝土试验，在C25、C30、C35和C40强度等级混凝土试验中取得阶段成果。进行新型胶结材用于预拌混凝土实验室试验，工作性和早期强度等指标达到规定要求。进行比表面积500平方米/千克的矿渣微粉应用预拌混凝土技术经济分析，对新型外加剂强效剂开展试验研究，相关指标符合技术要求。钢铁渣粉应用预拌混凝土生产技术申报专有技术。深化降本增效措施，实施人造砂、风砂替代部分河砂，降低生产成本100多万元，合理解决罐车轴套易损问题，降低车辆维修费用20多万元。清理劳务人员，减少劳务费20万元。

【房地产开发事业部概况】 2015年末，该事业部有员工141人。其中干部92人，工人49人。设有开发部、财务部、工程部、销售部、设计研发部5个职能部室，下设鞍山有限公司、大连有限公司、建筑设计院有限公司、物业管理有限公司和鞍山建元建筑工程检测有限公司5个单位。2015年，开发项目总面积24万平方米。其中，鞍钢公寓15.1万平方米，公寓东苑8.9万平方米。鞍钢公寓12号、13号楼主体结构封顶，砌筑进度17层，14号楼1区核心筒钢梁柱进度13层，2区核心筒钢梁柱进度19层。公寓东苑6个建设项目完成主体工程，3项单体工程处于标准层施工。光明街项目完成1栋危房拆扒。深沟寺九区完成施工围挡安设。完成大连甘井子石灰石矿闭矿项目开发收益测算、控规方案和项目考察等。提出大孤山地区危房改造造价测算，原鞍钢一薄厂等四宗土地开发建设可行性分析。全年实现商品房收入1.34万元，商品房销售利润3137万元。鞍钢田园销售回款8662万元，公寓东苑开盘销售后实现预售收入5879万元。

【鞍山有限公司概况】 2015年末，有员工27人，拥有固定资产原值5.2万元，净值3.98万元。完成房地产开发投资47344万元。其中，鞍钢公寓投资16384万元，鞍钢公寓东苑投资14909万元，鞍钢新城投资14703万元，永安大厦投资1348万元。鞍钢公寓东苑12月开盘预售，实现预售收入5879万元。鞍钢公寓12号、13号楼主体结构封顶，砌筑进度17层，14号楼1区核心筒钢梁柱进度13层，2区核心筒钢梁柱进度19层。公寓东苑6个建设项目完成主体工程，3项单体工程处于标准层施工。光明街项目完成1栋危房拆扒。深沟寺九区项目完成施工围挡安设。

【大连有限公司概况】 2015年，大连有限公司协调大连国土局、大连市土地储备中心、大连市政府办公厅、大连市财政局等部门，办理完成东港B10和K08地块土地出让金利息核算与退款。协助鞍山钢铁、鞍钢矿业公司共同做好大连甘井子石灰石矿土地收储准备，完成土地权属测绘放点，与保利公司就合作开发协议达成初步意向。协助鞍钢集团与大连市政府签署“关于鞍钢集团矿业公司大连石灰石矿和鞍钢集团矿业公司大连石灰石矿新矿闭矿备忘录”。对项目改造开发实例进行考察，并调整改造方案。

【建筑设计院有限公司概况】 2015年末，有职工63人。其中干部54人（高级职称13人，中级职称28人，初级职称8人），工人9人。该院设有7个下属机构，其中3个专业设计室、3个管理部室和1个地质勘测大队。该院为国家住建部审批注册的综合性工程勘察设计单位，具有甲级建筑工程设计资格，持有乙级工程勘察和乙级工程测绘资格证书。具有工业与民用建设项目可行性研究、地质勘探与测量、总体规划、施工图设计等全过程的技术支持和服务能力。该公司占地面积2708平方米，建筑面积3221.49平方米。主要设备有静力触探车、地质钻探车、全站测绘仪、彩色自动绘图仪、工程复印机、模型机等专业配套设备90余台。拥有固定资产原值250.46万元，净值15.61万元。2015年，该院完成了解放路南（三道街、六道街）DN1地块和深沟寺九号区勘察设计，矿渣还建过程、朝鲜族中学北和光明街危房改造工程勘察。2015年，该院完成产值1085万元。实现收入688万元，同比减少61.1%。实现利润26万元，同比增加24万元。勘察设计合格率100%。

**【鞍山建元建筑工程检测有限公司概况】** 2015年末，有职工6人，其中干部1人，工人5人。该公司建筑面积1069.65平方米，拥有固定资产原值241.63万元，净值84.87万元。主要检测设备有压力试验机、万能试验机、水暖检测、门窗检测、砂浆检测、水泥检测、混凝土检测等专业设备97台（套）。该公司采用全自动数据采集系统，采集数据和打印报告全部实现自动化，提高了检测数据精度和质量，2015年检测建筑面积100万平方米，发出检测报告12973份，检测项目30870项，检测种类35余种，完成产值128.93万元，实现收入129万元，利润总额3万元。

**【物业管理有限公司概况】** 2015年末，有职工45人。其中干部10人（中级职称5人，初级职称2人），工人35人。公司设有综合管理部、物业管理部和工程部3个职能部室，下设鞍钢花园、鞍钢嘉园、鞍钢景园、鞍钢田园4个物业服务中心，由该公司负责物业管理的小区建筑总面积达到76万平方米。取得国家特种设备（载客电梯）安装改造维修B级资质。实现收入1213万元，同比增加3.8%。实现利润24万元，比上年同期增加1万元。

**【建材产品事业部概况】** 2015年末，有员工93人。其中干部21人（高级职称2人，中级职称10人，初级职称3人），工人72人。该事业部内设机构与协成建材分公司机关实行合署办公，设有综合管理部、财务部、生产管理部、技术质量部、销售部5个职能部室。下设防撬门车间、低压开关车间、散热器车间3个车间单位。厂区占地面积5.3万平方米，建筑面积6849平方米。2015年末，拥有固定资产原值1439.6万元，固定资产净值162.4万元。主要生产设备有数控剪板机、数控折弯机、数控冲模压力机、快速处理机、平板真空转印机、翻边机等109台（套）。具有10种类别16个规格防火门，消火栓箱、6种规格低压成套产品国家生产资质，取得ISO9001：2008质量体系认证证书。主要产品有安全门、金属箱柜、金属结构制品、配电箱（柜）、钢质防火门、消火栓箱、电缆桥架、钢质散热器、铸铁散热器、不锈钢散热器等，形成了建筑消防产品、建筑低压电器、散热器、结构件和薄板加工的配套产品链。

2015年，该事业部完成产品产值2500.72万元，同比增加10.58%。实现销售收入2220.62万元，同比减少10.73%。实现利润111.9万元，同比增加72%。2015年，该事业部成为鞍钢集团公司物资采购统一招标平台合格供应商，产品外部市场结构比重同比提高，新签订外销产品合同额554.2万元，外销产品收入749.78万元，外销利润27万元，比上年同期分别增加47.25%和93%。新研制生产钢柱式GYY8050型散热器，比老型号产品单片散热量增加22.55瓦。该事业部通过了GB/T 9001—2008质量管理体系认证监督审核和CCC国家强制性认证年度监督审核，完成防火门生产证书换证，由协成建材公司生产的“海建”牌散热器再次获得“辽宁省用户满意产品”称号。加强物资采购、产品库存和应付账款管理，节约资金91.3万元，存货比上年同期减少17.4%。盘活存量资产创效2.26万元，降低费用支出96万元，修制订核心管理制度20个。

（林凯建）

**【矿渣开发公司】** 2015年末，在册职工总数1559人，其中专业技术人员83人，管理人员69人；正式党员506人，预备党员6人。本部主要生产设备有1条从德国引进的240万吨/年钢渣磁选加工线、2条从德国引进的具有国际先进水平的70万吨/年矿渣微粉生产线、1条50万吨/年钢渣微粉生产线、2条钢渣产品深加工生产线、3条转炉助熔剂（压球）生产线。鲅鱼圈分公司主要生产线有1条转炉钢渣热闷生产线、1条100万吨/年钢渣磁选生产线、1条转炉助熔剂（压球）生产线、3条从德国引进的具有国际先进水平的70万吨/年矿渣粉生产线。主要产品有渣钢、精渣钢、精选粒铁、精铁粉、磁选粉、矿渣粉、双掺粉、钢渣微粉等。

1. 生产经营迈上新台阶。2015 年，该公司厂内翻罐 8.29 万个，处理冶金渣 525 万吨，输出精品钢铁物料 112 万吨。在成功消化了内销产品降价减少收入 2900 万元，外销产品量价齐跌减少收入 1 亿元的不利因素基础上，该公司销售收入 4.68 亿元，实现利润 1255 万元。此外，环保工作取得了长足进展，完成了外环水治理工程项目可研设计，取得了压球线和微粉 3 号线的环评批复，正式启动钢渣粉工程、鲅鱼圈分公司渣处理工程环保验收，积极推进矿渣山渗水防治项目和鞍鲅两地煤改气工程。通过加强沟通、精细化核算，全年节约环保资金 750 万元。

2. 市场开拓再创新业绩。2015 年，在东北地区水泥厂和搅拌站开动率下降 50%、建材市场萎缩近 40%的情况下，该公司全年销售微粉 237 万吨，回款率实现 89.3%。其中，出港销售 83 万吨，再创历史新高，进一步巩固了南方市场份额。输出钢渣粉 1200 吨，双掺粉 3 万吨，600 平方米/千克以上超细粉 800 吨，为明年的市场推广奠定了良好基础。成功开辟了吉林长春和黑龙江大庆微粉市场，跨区域汽火联运实现新的突破，跨国销售取得了可喜进展，与德国达成了 80 万吨的销售意向。

3. 科技创新获得新成果。全年共申报 5 项国家专利，申请 2 项鞍钢专有技术，制定了 5 项国家标准全部通过鉴定报批，荣获 2015 年度中国冶金科学技术三等奖和国家优质投资项目奖，其中“一种磁选加工钢渣的优化工艺”获第二十一届全国发明展览会专利发明奖金奖。世界首创的钢渣粉工程调试成功，经过技术改造达标达产，并对钢渣粉化学和物理性能进行了大批量的系统性分析检验，为开拓钢渣粉市场准备了真实有效的实验数据。对比表面积 600 平方米/千克超细度矿渣粉在水泥、混凝土中的应用进行了跟踪试验，并掌握了影响其应用的各项参数。对人工渔礁项目进行了进一步可行性论证，对鱼礁混凝土的强度和重金属安全性进行了检测，完善了钢铁渣人工鱼礁的技术资料，并与省海洋与渔业厅等相关部门联系，为产品的推广做好了技术准备。

4. 企业管理实现新突破。坚持眼睛向内，挖内潜、练内功，按照低成本、高效率、集约化经营的思路，深入开展对标挖潜活动，通过加强能源动力管控、修旧利废、备品备件使用和非常规降本增效措施，变年修为项修，切断外委工程，通过自检自修，全年能源动力费用节约 5550 余万元。通过挖掘资源潜力，调整产品结构，优化生产工序，在生产任务不饱和时期采取错峰生产，调整生产节奏，减少二次倒运等措施，有效降低了生产运行成本。强化合同管理，连续 10 年被辽宁省评为“守合同重信用”单位。加大职工培训力度，参加集团公司组织的各类培训 280 人次，有效提高了职工队伍的整体素质。同时加大人才引进力度，全年招聘 39 名具有大专以上学历的大学毕业生，改善了职工队伍年龄和学历结构。

5. 深化改革取得新进展。按照科学化、扁平化的原则，积极推进体制机制改革，建立了冶金资源开发公司基本管理架构，明确了班子分工和岗位职责，制定了《鞍钢冶金再生资源开发公司架构及编制设计》，整合同类作业区成立了钢渣处理分公司等 6 个分公司和一个产品技术研发中心，通过公开招聘、自主报名、公平竞争的方式有 16 名同志走向正科级管理岗位，有 5 名同志走向副科级管理岗位。公司内部全面推行了市场化运作、货币化管理、成本化考核的管理模式，通过直观的模拟货币交易使每名职工都清楚每项工作需要付出的成本是多少，能够获得的利润是多少，个人收入有多少，实现了人人肩上有指标，人人心中有成本，切实提高了职工成本意识，转变了“等、靠、要”思想。

6. 企业文化建设取得新成绩。全年先后在中国冶金报、新华网、辽宁经济杂志、鞍钢日报、鞍钢视讯等国内大型新闻媒体上发表稿件 40 余篇，荣获 2015 年度辽宁省用户满意单位和鞍山市十大书香企业荣誉称号，建立了以谢军、刘丽娜命名的“创新工作室”，有效提升了企业形象。以践行“三严三实”，维护职工权益为原则，畅通民主管理渠道，落实领导班子大下访制度，全年征集合理化建议 358 条，并做到了条条有回音、件件有落实。关心职工福利，解决了职工关心的食堂、浴池等问题 20 余项，组织了职工度假和健康体检，发放职工就餐补助 241.32 万元。深入开展送温暖活动，全年走访困难职工 848 人次，发放救助金 37.38 万元。工会组织立足生产经营的重点难点立项攻关，开展了微粉单位电耗对标竞赛、粒钢深加工作业区节约絮凝剂竞赛、销售分公司开辟微粉第二战场竞赛等18个项目的全员竞赛活动，创效900余万元。职工技能竞赛和“双增双节”活动创效210万元。坚持“金秋助学”活动，为考入大学的困难职工子女捐资助学。依托摄影、登山等协会开展了全民登山健身、游泳、摄影、羽毛球等喜闻乐见的文体活动。共青团组织以服务生产经营、服务团员青年为宗旨，开展以创新登高为载体的创新创效活动，全年创新登高立项31项，创效60余万元，充分发挥了广大团员青年在企业生产经营中的生力军和突击队作用。

7. 党建工作取得新突破。该公司党委紧紧围绕企业中心工作，以服务改革发展、服务生产经营、服务职工群众为目标，充分发挥思想导航、人才保障、凝聚带动作用，大力推进党建工作、思想政治工作和精神文明建设。主要表现在抓氛围，鼓士气，思想政治工作有的放矢。提出了以加强管理为核心，以降本增效措施为抓手，以变革创新为动力，制定“8+4+4”思想政治工作新模式，即通过八条创效渠道，实施四方面降本举措，采取四项保证措施，坚决完成全年生产经营目标。抓班子，带队伍，践行“六种发展理念”不折不扣。全年组织三次专题学习，彻查班子成员不严不实问题并及时整改。深化党组织工作对标学习，提升党组织建设水平。抓服务，转作风，党建科学化水平与时俱进。深入到职工当中，积极为职工群众解难事、办实事、做好事。抓协作，聚合力，干部管理提升成效显著，各级党组织紧紧围绕共产党员工程开展降本增效活动，全年共完成共产党员工程64项，创效6000万元。抓纪检，树新风，党风廉政建设取得实效。深入开展党风廉政建设，建立教育制度、监督惩治和预防腐败体系，为企业改革和发展创造了良好的政治生态。

（张清玉）

**【鞍钢集团总医院】** 2015年是我市所有公立医院启动新一轮改革的开局之年。该院实现收入5.75亿元，实现利润925万元。其中，总医院实现收入5.16亿元，同比增长4%，实现利润795万元，同比增长51%。门诊量82万人次，同期增加9670人次。出院患者3.33万人次，同期增加3216人次。开展手术10988例，同期增加308例。实现开放床位1430张。引进了直线加速器、准分子激光系统、氦氖激光治疗机等大型医用高端设备，使医院的装备始终保持在国内先进、省内领先的水平。经过全体职工的不懈努力，该院获得2015年度辽宁省公立医院（三甲）工作运行与管理排行榜第六名，同比2014年度，有大幅度提高。

1. 科技创新有新成果。科技人员积极开展新课题、新技术。荣获2014年度中国金属学会冶金医学奖5项，其中，二等奖1项、三等奖4项。荣获2014年度鞍山市科学技术进步奖21项，其中，一等奖3项、二等奖7项、三等奖11项。发表SCI论文2篇，国家级论文142篇。申报国家第十七届中国专利奖，参评专利为发明专利“利幽丸”；申报2项实用新型专利。

学科建设蓬勃发展。经鞍山市卫计委批准，在肿瘤科的基础上成立鞍钢集团总医院肿瘤分院，在神经疾病治疗病区的基础上成立鞍钢集团总医院脑科分院。充分利用内部资源，成立鞍钢集团总医院医疗美容医院，在泌尿外科的基础上与北大合作成立北京大学吴阶平泌尿外科鞍山中心。成立鞍钢集团总医院眼科疾病治疗病区。撤销医学影像中心建制，将其CT科、磁共振科、超声医学科、放射科各专业独立，由二级科室升为一级科室。心血管病医院始终保持鞍山市心血管病专业龙头地位，2015年心脏内科完成手术1276例，其中冠脉造影437例，冠造加PCI584例，直接PCI77例，其中复杂冠脉PCI、ICD植入及房颤的射频消融均为高端手术，全部手术无严重并发症出现。心脏外科完成手术138例，其中冠脉搭桥术72例，大血管介入20例。北京同仁堂鞍山中医医院自开诊以来，突出中医药文化特色，增加了中西医结合科室，增设了治未病中心并开展了中医体质辨识服务。吴阶平泌尿外科鞍山中心自成立以来，业务量不断扩大，手术住院人数不断攀升，2015年微创手术达到356例，列全院之首。耳鼻喉科微创手术233例，列全院第二。眼科开展超微小切口微创手术256例。骨科仅脊柱手术达310例，在省内处于绝对领先地位。外科普外系突破了腹腔镜肝部分切除术及腹腔镜结肠次全切除术，外科胸外系开展了单孔胸腔镜纵膈巨大囊肿切除术和中心型肺癌支气管袖状成型术。内科介入疾病治疗病区手术突破700例。内科消化系年完成治疗性ERCP198例。内科肾脏系完成血液透析29863例次，同期增加3239例次；完成腹膜透析124168例次，同期增加48112例次。CT科参与一项全国多中心（CTA）双低扫描的临床应用研究。超声医学科利用高端四维超声设备，全面开展了腹部四维超声及心脏四维超声检查诊断技术5000例。近年来，集团总医院的学科建设，在鞍山市各个不同的专业领域发挥着不可替代的重要作用。2015年，内科呼吸科、老年病科被评为辽宁省重点专科，刷新了集团总医院省级重点专科的空白。

该院圆满完成中国医科大学临床实习教学任务，接收中国医科大学97期实习学生30人规范化培训。强化住院医师规范化培训，接收辽宁省住院医师30名，组织21次临床知识讲座，36次临床技能培训。编撰《鞍钢集团总医院住院医师规范化培训制度汇编》及《住院医师规范化培训手册》。迎接辽宁省住院医师基地再认定检查，22个基地通过考核并受到专家的好评。

2. 人才建设有新提升。2015年该院向国内知名院校选派进修人员18人次，外出参加短期培训及学术会议50余人次，选送2名优秀青年科技骨干到美国知名院校深造学习。改革人才评价体系，高薪引进高端人才，聘任教授学者2人，为医院创新发展提供了人才支撑。推荐鞍钢集团技术专家库医疗技术专家95人。2015年引进培养临床博士研究生2人、硕士研究生33人，显微外科技术骨干1人。根据鞍钢集团对《关于支持鞍钢总医院持续发展的有关意见》文件精神，经鞍钢集团批准，2015年完成第二批劳务派遣人员择优录用工作。

3. 医疗质量有新提高。加强医疗质量管理，重点对手术分级管理制度、首诊负责制、三级医师查房制度监督检查。加强输血管理。完成823例临床路径，完成率88%。积极开展疑难病例大讨论，全年组织会诊66次，防范了医疗风险。强化门急诊管理，制定了急诊入院患者接诊应急预案，先后两次组织急诊科应对突发群发伤的演练，提高急诊急救水平，对高压氧舱进行了先后两次防火及紧急开舱抢救患者的应急演练。落实分级诊疗制度，与和平社区、站前社区组成了医联体，每周派出2名专家到社区出诊。推行日间手术，外科等7个科室参加了日间手术。加强“三基”教育，邀请国内知名专家来院授课讲学10次，各临床科室组织学术讲座培训50余次。2015年，接收工业外伤和各种突发事件14次，抢救人数45人，成功率100%。2015年，该院选拔3名优秀选手参加鞍山市青年医师技能竞赛，并同时获得了团体及个人总分第一名的好成绩。

4. 履行社会责任。全年完成鞍钢职工的健康体检87835人次，社会及个人体检15430人次。选派3名医务人员，赴青海祁连县受援医院完成对口支援工作。参加市卫计委组织的全市大型义诊周活动，总医院派出各科系专家19人次，共义务咨询、诊治患者近千余名，发放宣传单500余份。组织全院职工义务献血，共有30余人义务献血1万余毫升。

全面推进优质护理服务，举办优质护理创新成果展示大会，有25项展示了创新成果，近百个护理创新项目，解决了临床护理工作难题。开展护患沟通延伸服务，共有471人次走进患者家庭，为出院患者提供专业的护理指导。开展了“健康教育园地设计大赛”活动。

5. 医院管理有新提高。突出抓好财务预算管理，全面建立月预算管理制度。创新绩效考核体系，调整以利润为核心的考核机制，体现了分配重点向关键、创收岗位倾斜的政策。优化收入结构，加大药品比考核力度，2015年总医院药品比38.62%，同比下降1.78个百分点。为开展全成本核算，全面清查了医院的设备资产、房屋面积等，还邀请了中国台湾长庚医院李维进教授来院进行《医院绩效与成本管理》专题讲座。2015年10月1日起，按照医改政策，调整床位费、护理费、诊查费等服务性收费标准。新增鞍山市市直离休干部定点医院。提升信息化管理水平，实施电子病历系统升级改造及APP掌上医院数字化移动的前期准备工作，实现了合理医疗精细化管理平台项目的建设，切实提高医院科学管理水平。

环境建设全面改善。该院于2014年动工，新建7层1万平能容纳直线加速器、回旋加速器、PET/CT、ECT等核医学设备、设置床位200张的综合楼，已于2015年11月15日投入使用，肿瘤医院和吴阶平泌尿外科鞍山中心顺利搬迁至新综合楼。

6. 行风建设有新成绩。在患者满意度调查中，共发放《住院患者满意度调查表》20871份，总满意率达98.3%；发放《门诊患者满意度调查表》1900份，满意率达97%。对出院患者电话随访19800人次，满意率97.1%。召开医患座谈会

10次。通过开展满意度问卷调查，医务人员服务患者能力进一步增强。

（周　杰）

**【鞍钢集团总医院千山温泉疗养院】** 2015年末，有职工255人，在岗职工206人，其中在岗职工中干部130人（高级职称14人，中级职称78人，初级职称32人，无职称6人），在岗职工中工人76人（技师4人，高级工12人，中级工3人，初级工44人，无职称13人）。下设19个科室。拥有固定资产原值5636万元，净值2123万元，总占地面积为23万平方米，建筑面积4万平方米。总床位1100张，其中医疗床位600张，度假床位500张。该院2015年总收入3163万元，利润32万元。共收治工伤、医保及市民患者3688人，接待鞍钢离退休老同志健康疗养3750人，接待鞍钢一线职工短期疗养17500人。

该院加强特色专科建设，彰显专科特色。理疗科自主研制的中药包配合蜡垫热导治疗风湿病疗法，康复治疗科和理疗科联合探索的肢体康复与针灸组合治疗临床脑血管病，取得较好的临床治疗效果。脑血管病康复、风湿病、软伤病和皮肤病等科系的专科品牌影响力进一步提高。

该院加强人才培养，积极创造条件选派各专科技术带头人参加国内学术交流，鼓励专业技术人员开展自主技术创新活动，科技创新取得新成果，有3项专利被国家知识产权局授权，其中2项发明，1项实用新型；参加全国各类学术会议6人次，有1篇国家级论文在“全国风湿病大会”上做交流，撰写省级以上论文5篇。

该院围绕“六个强化”的落实，实现管理水平持续提升，运营效益稳中有进。强化财务预算管理。准确把握亏损点、增效点，实现降本增效的目的；强化人力资源管理。挖掘内部潜力，推进定员定额管理工作，实行岗位合并，压缩人员开支、削减劳务用工，提高全员劳动生产率，确保职工收入的稳定；强化可控费用管理。对全年支出预算进行重新核定，确定降本增效指标的考核落实到责任科室；强化物资采购管理。修订并下发了《鞍钢千山温泉疗养院物资采购管理办法》等制度，做好全部物资采购监督环节的管理考核，确保采购物品价格合理、保质保量；强化绩效考核管理。将全年战略绩效考核指标进行细化分解，将降本增效专项工作的考核指标及各科室的成本管理指标纳入全年战略绩效考核之中，对确保实现阶段性战略目标和全年战略绩效考核指标的完成起到促进作用；强化安全考核。制定下发《鞍钢千山温泉疗养院公共卫生管理办法》《鞍钢千山温泉疗养院食品卫生安全监督管理办法》等制度，确保食品安全管理落实到位。全年实现轻伤及以上安全事故为零和食品安全事故为零的目标。

为了更好地服务于患者，该院开展优质服务竞赛和“医德医风纵深行”活动，不断提高市民患者、职工疗养和一线职工度假工作服务质量。用优质的服务不断增加患者的信任度，提升市场竞争力，职工业务素质和服务理念得到提升，职工以务实创新、高度负责的工作意识，积极向上的工作态度，推动该院服务质量不断迈上新台阶。2015年该院收到表扬信5封，锦旗8面。

2015年，该院在全院职工中深入开展“献良言、渡难关、做贡献”“网络问企”专项活动，全体职工积极献言献策，群策群力，参与管理。全年共征集网络问企37项，其中被采纳19项。为确保全年医疗经营指标顺利完成起到了积极促进作用。该院定期组织羽毛球、排球、健步走等职工喜闻乐见的文体活动，积极参加公司组织的各种比赛，丰富了职工的文化生活，营造积极向上的企业文化氛围，提升了全体职工对企业的归属感。

（姜　伟）

**【鞍钢集团总医院劳研所】** 2015年末，有职工138人，在岗职工127人。其中，管理及专业技术人员112人（高级职称34人、中级职称47人、初级职称31人），生产服务岗位15人。下设党委工作部（人力资源部）、办公室、医务部（质量管理部、护理部）、财务科、综合保障部等职能科室，及职业卫生技术服务中心（职业评价科、职业检测科、理化检验室）、体检中心（体检科、检验科）、职业病科、编辑部等专业部门。固定资产原值2411万元，净值790万元。占地面积2.76万平方米，建筑面积1.40万平方米。职业病科开放床位150张。2015年，实现业务收入2800万元，较2014年增长1.1%；实现利润97.5万元，较2014年增长37.7%。收入总额创历史最高水平。

该所具备6项资质：国家职业卫生技术服务（甲级）机构、辽宁省职业卫生技术服务（放射）

机构、辽宁省职业病诊断机构、辽宁省职业健康检查机构、辽宁省计量认证、军工涉密业务咨询服务备案单位。为中国职业安全健康协会理事单位、辽宁省核与辐射协会理事单位、辽宁省职业病临床基地。

2015年，该所主营业务创效能力有所增强，在外部市场极为不利的情况下，确保全年经营任务完成。职业卫生技术服务中心凭借“甲级”资质，在完成鞍钢内部服务项目的基础上，不断拓展外部市场，共完成职业卫生评价项目73项，较2014年增加16项。完成83个厂矿的13603个职业病危害因素检测点的日常检测，40个厂矿、医院的放射卫生检测与评价、辐射安全评估，以及6520人次的个人剂量检测。参与鞍钢公司应急处理和临时任务委托7次。体检中心共完成7万余人次的职业健康检查，比2013年增加8000多人次。职业病科接待患者门诊诊疗5000余人次，累计出院900余人次，患者满意率达99%以上。全年组织职业病诊断15次，共诊断职业病25例，其中，新诊断硅肺7人，晋级8人；电焊工尘肺1人；焦炉逸散物所致肺癌7人；职业性皮肤病2人。

2015年，完成1项专有技术和2项专利，其中发明专利“一种防尘毒两用过滤盒及其使用方法”获得鞍山市科技局奖励补贴；发表国家级核心期刊论文7篇；《橡胶烟气职业病危害因素识别中应用气质联用技术的分析》等8篇论文获得2015年预防医学专业委员会学术交流论文奖项（其中二等奖1篇、三等奖2篇、优秀奖5篇），1篇论文获得鞍山市护理学会护理学术论文优秀奖。《工业卫生与职业病》期刊获中华预防医学会系列杂志优秀期刊三等奖。

在职工队伍建设方面，按照“满足需求、优化结构、提升素质”的原则，将人力资源管理纳入中长期发展规划。2015年招聘3名应届大学毕业生；完成9名护理和2名检验岗位人员转正；根据业务发展需要，在集团公司鞍山区域公开招聘7名检测岗位人员，充实了专业技术力量。开展省、市级继续医学教育培训21次，受训人数达732人次；外派进修学习6人次，外出参加各级各类培训54人次；护理理论及技能操作培训12次；组织新入职人员岗前培训70余人次。开展各类培训有效地促进了业务水平和操作技能的提升。

关心职工生活，切实为职工办好事、办实事。为每名职工订购生日蛋糕，夏季为在岗职工送上清凉饮品。开展走访慰问、金秋助学等活动，救济困难职工45人次，发放救济款1.67万元；救济退休、居家职工62人次，发放救济款1.45万元。组织全所在岗职工和离退休职工健康体检。开展趣味运动会等喜闻乐见的文体活动，活跃职工文化生活。在爱国卫生月活动中，全所职工共植树116株，美化了院区环境。

（郑　鸿）

**【鞍山冀东水泥有限责任公司】** 2015年，有在岗职工327人（含原鞍钢集团水泥厂职工272人），其中管理人员114人，技术人员70人（高级职称6人，中级职称32人，初级职称19人），生产服务人员143人。占地26.8万平方米，注册资金3亿元人民币，固定资产原值6.61亿元，净值3.50亿元。下设熟料分厂、水泥分厂、保全分厂、营销公司、生产运行部、设备部、质量管理部、综合管理部、计划财务部、物资供应部、党委工作部、安环保卫部、工会。主要生产经营熟料、水泥、矿渣粉制造、销售，采用新型干法窑外分解生产工艺。主要设备有日本进口立式磨机、荧光分析仪；德国进口矿渣微粉立式磨机、搅拌机、计量秤、斗式提升机；国内知名厂家加工制造的箅冷机、堆料机、取料机、$\phi$4.7米×74米双系列五级旋风预热器窑外分解窑、$\phi$4.0米×13米球磨机及其主电机和减速机、$\phi$1400毫米×800毫米辊压机、立式煤磨及除尘器等。原燃料采取预均化工艺，质量控制采用X射线荧光分析系统，确保生产过程的受控和产品质量的稳定；工艺过程采用集散式中央控制。该公司生产普通硅酸盐水泥、矿渣硅酸盐水泥、低碱水泥和专用水泥产品。产品通过ISO 9001质量管理体系认证，并广泛应用于重点工程项目建设。

2015年，该公司全面推行对标，不断提升设备台时与运转率。大力推进技术革新和技术改造，切实加强设备管理与检修维护工作，保持设备稳定运行。进一步强化设备定额、定产、定效管理，窑、磨台时与运转率达到冀东水泥行业先进水平。2015年实施技改工程项目：窑头电改袋项目，箅冷机风机改造项目，原料磨循环风机改造项目，脱硫石膏堆棚改造项目，矿渣磨旋风筒及热风管道改造项目，1号水泥磨循环斗提改造项目，1号水泥磨循环风机改造项目，实现了环保达标排放，节能降耗，降本增效。

2015年，该公司加快产业升级和新产品开发步伐。按照建设绿色环保经济的总体要求，打造循环经济产业基地。优化配煤，使用国矿原煤，合理搭配，以降低熟料煤耗。努力降低水泥28天抗压强度变异系数，确保出厂水泥富裕强度和合格率百分之百。先后采用了铝矾土代替水渣、铁尾矿代替钢渣等配料方案，积极优化生料配料方案，生料配料采用钢渣作铁质原料，炉灰作铝质原料配料，使用了脱硫石膏部分代替天然石膏，有效地降低了熟料和水泥成本。

（孙秀斌）

**【鞍钢集团接待服务公司】** 2015年末，共有职工718人，其中全民职工169人，劳务派遣用工549人。公司固定资产原值1.46亿元，净值5714万元。占地面积7.86万平方米，建筑面积为4.23万平方米，下设东山宾馆、矿业宾馆、天座宾馆、鞍钢国际旅行社4家经营单位，主要经营餐饮、住宿、会务、旅游、票务等服务项目。

1. 接待服务工作。2015年接待总人数达11万人次，接待各种规模会议、团组313次，接待省、部级以上领导75人次，圆满地完成了中央巡视组、辽宁省巡视组、鞍钢集团巡视组、中组部、国务院发展研究中心、第八届“鞍钢杯”钢铁行业职业技能竞赛、鞍钢职代会、鞍山市政协会议等接待服务工作，受到各级领导和宾客的广泛好评。

2. 经营工作。2015年，餐饮酒店业的影响日趋明显，该公司面临前所未有的严峻形势和困难挑战。尽管如此，经过全员共同努力，不断创新经营理念，倡导绿色消费理念，树立品牌形象，在困境中完成了控亏目标，该公司实际经营收入6975.4万元，亏损558.2万元，比公司下达的利润指标减亏4万元。

3. 基础建设。2015年，该公司相继重点进行了6项工程改造，其中东山宾馆主楼东侧安装LED显示屏及楼体亮化工程；东山宾馆主楼雨搭加固；东山宾馆主楼、二号楼、四号楼安装风机盘管板式换热器；东山宾馆院内喷水管道更换；后勤更新洗衣机；天座宾馆安装污水处理净化系统等。

4. 管理工作。2015年，该公司夯实基础、规范管理，企业管理得到了新提升。

制度建设日臻完善。先后制定了《2015年接待服务公司绩效考评办法》《接待服务公司社会责任管理办法》《接待服务公司及所属各单位负责人履职待遇、业务支出管理办法》等30余项管理制度文件。

财务管理更加规范。分别制定了《关于进一步加强存货管理降低存货资金占用通知》《关于加强往来账管理核对的通知》等制度文件，并修订补充完善了15项财务管理制度。

采供管理日趋强化。对布草、五金日杂、浆洗材料、客房用品、酒类等物资采购均纳入到鞍钢招标中心统一招标平台采购，按规范化选定供货商；在食材采购方面，对经营单位所需原材料每周进行两次市场调查及控价，对出现价格波动较大的原材料进行及时调整，有效降低了采购成本，餐饮毛利率与去年同比提高5.9%；打破传统的纸质传送采供计划单的方式，采用电脑系统信息化管理，大大提高了工作效率。

人力资源管理务实有效。根据服务经营的实际，对所属各经营单位及机关部门进行优化和重新核定编制定员，确定了接待服务公司管理及专业技术岗位目标编制及过渡编制。在2015年12月底，根据鞍山钢铁的文件，为22名符合条件的职工办理了离岗居家休息手续。与此同时，各经营单位共清退劳务用工人员45人，有效控制并压缩了人工成本费用。

营销管理有序开展。为努力寻求准确市场定位，科学制定服务经营策略，广泛开展同行业市场调研；积极宣传宾馆服务产品和优惠措施；制作宾馆宣传册等。公司组建创意营销团队，开展网络促销活动。充分利用网络微信平台，开展微信创意软性营销。

安全管理进一步得到夯实。围绕强化“四个能力”建设，建立隐患排查体系，安排部署各重大节日安全防火隐患排查工作，组织安全防火综合大检查。以“119”消防宣传月为契机，开展消防演练和消防知识普及工作，邀请专家做消防知识专题讲座；组织宾馆火灾疏散逃生演练，邀请消防专业人员现场示范指导。

5. 员工队伍建设。2015年，该公司强化培训、提高素质，培训工作达到了新成效。注重多层次、多元化培训方式，提高管理和服务水平。

全年共组织“三级”培训327次，8186人次，培训覆盖率、到达率均在98%以上。以赛促训、以会代训，不断充实丰富培训内容。一是开展全员服务技能竞赛活动，评选出业务能手43名。二是开展厨师评级活动，共评选一、二、三级厨师50人。三是举办了营养师专题交流研讨会，提高营养师专业服务水平。

按照“企业有效益，员工有利益”原则，尽心尽力服务职工、造福职工。如春节和传统节日提高员工就餐标准、改善员工福利待遇等；组织全体职工开展度假、乒乓球、跳绳、登山活动；继续开展夏季“送清凉”活动；开展送温暖活动，全年发放救济金及温暖工程基金共计8.14万元，救济困难职工201人次，共走访慰问困难职工43人次，探望生病、住院及丧事职工36人次；积极开展金秋助学活动；对患重大疾病的职工实行大病医疗救助；建立党员领导干部“一帮一”帮扶对子等。

6. 企业文化建设。2015年，该公司继续将目光紧紧瞄准树立绿色观念，实现企业绿色科学发展的目标上来，绿色宾馆创建获得了新发展。为着力打造“园艺化”宾馆，全年新栽、移栽五角枫、灯台树、海棠等各种大型树木数近40棵，栽种花卉1万余株，修剪树木500余棵，使花园式宾馆再添新绿。

（陈社含）

**【鞍钢生活后勤协力中心】** 2015年末，共有职工1442人（包括在岗职工1366人、居家职工41人、长病职工35人），其中工人1310人（包括技师39人，高级工271人，中级工297人，初级工171人），干部132人（包括高级职称8人，中级职称48人，初级职称76人）；科级以上干部65人；退休职工1506人。2015年中心共有48个食堂，108个浴池，生产线保洁面积38.02万平方米；有厂内通勤大客25台，公务用车136台，直饮水生产线1条。固定资产原值6263万元，净值816万元。

1. 标准化服务逐步深入。加强服务管理，重点对食堂服务质量、主副食成品质量、标准化操作水平等进行检查评比，促进后勤服务质量的提升。举办征集“创新”菜品和提高食堂饭菜质量、服务质量的合理化建议活动，不断提高就餐职工满意度。积极参加城服公司首届职工技术竞赛和由城服公司承办的鞍钢集团中式烹调工技术竞赛，其中中式烹调工、中式面点工、汽车驾驶员、食堂核算员等服务岗位人员在职工技术竞赛中，一批优秀岗位技能人才脱颖而出，广大职工学技术、练技能、提本领的积极性和主动性不断增强，标准化服务能力得到有效提升。继续加强食堂中、夜餐管理。充分发挥调度室总体功能，强化检查频次和检查质量，继续落实干部带班检查制度，中夜班服务质量得到持续改善。

2. 食品安全管理成效显著。建立ISO 22000食品安全体系，经过试运行、开展内审、管理评审及现场审核，于2015年9月10日，炼钢和炼铁两座综合服务区食堂通过东北认证公司第三方认证审核，成为鞍钢食品安全管理再上新台阶的重要标志。同时，鲅鱼圈分部所属五家食堂去年均通过ISO 9000“质量管理”与ISO 22000“食品安全管理”两个国际标准体系年度监督审核，达到了两个国际标准体系的要求。加强食品安全管理。从食品源头监管，对菜、肉分割和包装现场的货品质量和等级、送货车辆及人员卫生等进行全方位监督检查。认真落实效能监察项目，完成干菜类食品原料质量检测，保证质量符合标准。加强直饮水反冲洗、过滤、杀菌的过程及豆浆生产操作流程控制，保证了产品质量高起点、高标准满足食品安全标准。

3. 服务拓展取得实效。面食加工项目启动运营。目前已经为厂区内18座食堂批量配送包子、酥饼、豆包等面食品种，解决了厂内中小食堂和人员紧缺食堂主食花样品种短缺的问题。随着产能的进一步扩大，面食中心积极开拓外部市场，不仅为餐饮服务车提供面食制品，还为生产厂矿提供个性化、多样化的面食生日套餐。目前，面食加工中心月销售额在8万元以上，初步形成批量加工销售。高质量完成鞍钢2015年元宵节灯谜会举办期间鞍钢现代城市服务公司名优食品展销活动，精选的20余种食堂主副食品在展销活动上短时间便销售一空，鞍钢品牌食品的美誉度得到进一步提升。模拟市场化运作，积极拓展服务渠道，承接并圆满完成千疗老干部疗养和职工度假的用车服务任务。成功接收鞍钢日报社食堂的管理工作。

4. 改革创新成效突出。加强资金管理，严格执行全年预算，严控各项费用支出。积极鼓励修旧利废，做细做实降本增效工作。加强制度体系动态管理，不断完善企业业务流程体系和制度管理平台。完善绩效考评办法，实行站领导联责考核。精简绩效考核细则条款，对严重违反规章制度和未及时进行整改的加重考核。按照鞍山钢铁统一部署，对食堂、浴池、内环保洁界面重新划分，完成部分食堂、浴池及勤杂岗位界面整合及业务的平稳对接。接收现代职业学校的烹饪实习生，缓解了个别食堂缺员紧张状况。重新核定兼岗、空岗数量，支付薪金减少50%。按人均服务人数重新测定C类小食堂岗位定员并实施减员。调整食堂薪酬档级。以食堂服务人数与销售额各占60%和40%比例计算食堂系数，缩小了食堂间的收入差距。重新修订早餐及便利食品销售收入计提方法，奖励政策更趋合理。加强合同管理，补充标的明细、送货时间、车辆使用等条款，保证采购行为更加规范。进一步加强食品原料供应商管理，认真履行集团公司相关规定及中心招标决议。完成原计算机售饭系统就餐卡余额转移工作。规范及时地完成食堂核算及会计报表编制工作。严格落实安全生产责任制，深入开展隐患排查整治，加强交通安全宣传，最大限度减少安全事故发生。以提高全员实操技能为重点，科学制定人力资源培养规划，通过开展实操练兵和技能培训，职工的实战能力得到有效提升。

5. 思想政治工作保障有力。深入开展形势任务教育，进一步解放思想和转变观念，保持了职工队伍的稳定。狠抓“三严三实”专题教育，营造了风清气正的政治生态。深化“四好”领导班子创建活动。着力解决“四风”问题。严格落实“两个责任”，多形式开展党风廉洁教育，坚持从源头上预防腐败，加大举报信查处及重点环节和重要岗位人员监督管理力度，科学有效地落实责任、解决问题。

6. 群团工作凝心聚力。围绕中心服务经营工作，广泛开展网络问企、劳动竞赛、双增双节、合理化建议、技术竞赛等活动。关心职工生活。走访困难职工686人，发放救济金133150元，发放医疗救助金127400元，发放肾透析款2400元，使用温暖工程基金9244元。开展了征集楹联、登山、乒乓球、跳绳、篮球比赛等多形式文体活动，增强了企业的凝聚力。

（徐丽杰）

**【文化体育活动中心】** 2015年末，共有职工59人，其中在岗职工38人。该中心设置综合管理部1个机关部门和体育馆、工人文化宫、展览馆、艺术团4个基层单位。拥有固定资产原值5962.94万元，净值1244.22万元。厂区占地面积5.8万平方米，建筑面积2.9万平方米。消防设备维护、监控（计算机、大屏幕）设备维护和保洁工作以外部委托服务的方式进行。

该中心在保持原有的大型赛事、会议接待功能的同时，充分利用现有资源的硬件条件优势，开展以招商工作为主的项目谈判，承办展会等大型创效项目，实现稳中求进的发展目标，2015年预算指标1163万元，实际发生868万元，压缩费用295万元，创效104万元，上缴收益86万元。2015年实现服务满意率、设备完好率100%。

1. 体育馆接待赛事、展销活动65场次，其中接待国际赛事1场次，国家级、省级赛事2场次，市、集团公司级各类比赛、活动等9场次，基层各单位体育比赛39场次开展篮球队、乒乓球队、羽毛球队训练、拔河队日常训练管理及职工乒乓球俱乐部会员管理。建立了微型消防站，全面提高职工实际灭火能力。开展环境整治，提高接待层次和效果。

2. 艺术团有计划、有组织全面完成集团公司交办的重大演出任务，全年共完成各类文艺演出30场次，其中千疗离退休职工健康疗养慰问特色演出受到广泛欢迎。围绕“宣传鞍钢”工作主线，结合公司生产经营实际创作文艺曲目20个。与公司工会联合，开办了声乐、器乐、舞蹈业余培训班，满足鞍钢职工文艺需求。

3. 工人文化宫克服剧场使用受限、人员不足、设备老化等不利因素，全面开展“环境整治、设施完善、流程优化、标准提升”工作，提升服务水平。全年接待各种会议、演出94场次，其中接待集团公司级重要会议10场次。

4. 展览馆先后完成大型对外展览5个，在第21届全国发明展览会上，“鞍钢制造”摘金夺银，其中获金奖16项，银奖15项，铜奖23项。开展集团公司先进集体和先进个人拍照工作，积极配合集团公司展览馆的建馆工作。

该中心克服管理、技术、服务人员严重不足，降低管理成本压力较大，设备设施严重老化等诸多不利因素，充分调动职工工作积极性，全面开展预算管理，清理更夫等用工岗位，加强教育培训，优化工作流程和岗位配置，推进绩效考核，发挥整体服务功能和资源优势，通过全体职工的共同努力，全面实现“环境一流、服务一流”工作目标和“宣传鞍钢、服务鞍钢”工作效果。该中心荣获鞍山市第3届“诚信示范单位”称号。

（蔡　波）

**【鞍钢综合发展（鞍山）运输有限公司】** 2015年末，该公司拥有职工2316人，其中干部65人（高级职称5人，中级职称24人，初级职称19人），生产工人251人。公司机关设置运行保障部、经营管理部、安全环保部、综合管理部、人力资源部、财务部6个职能部门。

该公司是2015年5月28日由原实业运输公司与房产机运公司整合组建的新公司。该公司下设5个运输队、1个机械化队、1个加工厂。2015年7月，为整合汽车修理资源，提高专业维修的能力，该公司将实业运输公司修理厂、高达汽车修理厂与房产机运公司修理厂统一组合成汽车修理分公司，提高市场竞争能力。该公司拥有固定资产原值8269.81万元，净值2305.77万元。主要设备有拖车、货车、自卸车、吊车、叉车、挖掘机、装载机等各种车辆283台，其中，运输车辆229台，特种机具54台，载重吨位约3510吨。另建有一条二级维护汽车竣工检车线，符合国家维修行业执行标准。主经营业务有道路普通货物运输、汽车及工程机械（大、中、小）维修、各类建筑设备与机械设备修造、钢结构件制作等。

为进一步夯实发展基础，使企业快速步入正常经营轨道，该公司以“安全稳定、生产稳定、职工队伍稳定”为核心，稳步推进原重组企业在管理机制、生产经营、企业文化、薪酬分配等方面的有机融合。一是紧密围绕生产中心，深入开展调查研究，摸清企业生产经营状况，有序衔接生产业务关系，稳定原有运输活源，努力开拓新市场；二是规划调整办公场所，合理配置机关管理人员，重新界定岗位职责，要求以全新的视角和责任定位发挥出各部门的管理职能；三是通过构建科学合理的薪酬分配机制，使各类岗位人员工资待遇实现了基本平衡；四是全面实施统招统采，大力推进物资招标采购工作与鞍钢招标采购中心电子招标投标交易平台对接，进一步规范物资采购程序，有效降低了生产成本。

（兰香玲）

## 鞍钢集团信息产业有限公司

**【概况】** 该公司是鞍钢集团公司的全资子公司，是鞍钢、攀钢整合重组后，跨地域组建的以自动化、信息化为主营业务的高新技术企业。2015年末，有在岗员工1442人，其中管理和专业技术人员930人（高级职称179人，中级职称341人，初级职称286人），生产服务人员512人。公司机关设行政人事部、党群工作部、纪检监察（审计）部、财务会计部、运营协调部、运营改善部、战略拓展部、技术管理部、企业策划部、市场营销部、国际业务部、工会12个部门，下设大连华冶联自动化有限公司、鞍信（四川）托日信息技术有限公司、鞍钢集团自动化公司、鞍信攀枝花自动化公司、鞍钢电气有限责任公司、鞍信（大连）工程有限公司、鞍信天硕工程技术有限公司、鞍信科尔信息技术有限公司8个子企业。公司拥有固定资产原值30146.74万元，净值7332万元。

该公司主要承揽鞍钢集团公司以及国内外客户的自动化、信息化系统的设计、制造、技术研发、设备安装、调试、系统运维业务，电机修造业务和国家重点科研项目的攻关任务。在矿山、烧结、焦化、炼铁、炼钢、连铸、轧钢及钢材处理自动化控制以及企业信息管理系统领域，始终保持国内先进水平。该公司坚持自主创新，形成以鞍钢集团公司为依托，面向全国乃至世界的专业配套齐全、知识技术密集的自动化、信息化产业链条。公司在发展传统业务的同时，致力于发展智慧城市、智能工厂、云计算、大数据、电子商务、节能环保等战略新兴业务。目前该公司已累计获得专利72项，专有技术认定226项，软件著作权49项，软件产品21项，获鞍钢集团公司重大科技进步奖9项。

2015年，该公司新签合同1055项，合同额6.32亿元，其中鞍钢以外市场合同额占总合同额的36.27%，实现业务收入7.05亿元，在消化减利因素 3245 万元的情况下，控亏 2806 万元。

该公司具有“计算机信息系统集成二级”“机电安装工程施工总承包二级”“机电设备安装工程专业承包二级”“电子工程专业承包二级”“建筑智能化专业承包二级”“承装（修、试）电力设施许可证（承装三级、承修三级、承试三级）”等资质。MNS、GGD 等多个单元产品通过了中国质量认证中心的“3C”认证，并获得中国国家强制性产品认证证书；通过了“软件能力成熟度三级评估（CMMI3）”；建立了符合 ISO9001 标准的质量管理体系、ISO14001 标准的环境管理体系、GB/T 28001 标准的职业健康安全管理体系。辽宁省重合同守信用单位、首届辽宁省十大软件企业。

**【内部改革】** 2015 年，完善了《信息产业公司 2015~2017 年发展战略》，结合宏观经济与市场环境的变化和公司发展实际调整了发展规划。按照战略管控型的管控模式，建立起了界面清晰、权责明确、规范有序、协同高效的公司管控体系，形成了决策层科学决策、管理层管控有力、执行层充满生机活力的运行机制。实施了转型发展战略，分别组建了智能制造事业部和新的鞍信托日公司，开启了向智能工厂和城市信息化业务战略转型的航程。召开现场会，集体诊断电气公司存在的问题和困难，制定了引进战略投资、试行承包经营等深化改革思路。按照精简高效、管控有力的改革思路，将机关管理部门由原来的“十一部一会”整合为“六部一会”。与北京邮通科尔信息技术有限公司合资组建了北京鞍信科尔信息技术有限公司，进一步拓展了业务领域。三项制度改革工作取得了新突破，即全面试行了职业经理人制度；较好地完成了领导人员、职业经理人、项目经理团队、技术专家团队的培养和培训工作，全年共组织内培外训 167 次，参加人数达 1226 人；全面运行员工岗位绩效考核机制，真正实现了员工收入随企业效益能多能少的联动机制；制定人力资源优化方案，全年清理劳务人员 52 人，占用工人数的 9%；按照鞍钢集团公司的有关规定，明确了领导人员管理流程，进一步规范了领导人员相关管理制度，全年调整干部 52 人次。

**【市场开拓】** 按照“三个维度”的市场开发策略建立了公司总部统一协调、各子公司按区域和业务自主开发、全员参与的市场营销体系，在合同的数量、业务领域范围等方面取得了新突破。组建了国际业务部，规划市场布局制定开发策略，与鞍信北京天硕公司协同，全年新签境外项目 10 项，实现合同额 1.05 亿元，占总合同额的 16.7%，国际化工作取得了新突破。2015 年下半年以来，为应对“非常时期”，他们制定了巩固传统市场、大力开发鞍钢以外市场等一系列措施，基本解决了开源不足问题。

**【综合管理】** 依据新的组织架构，该公司修改完善了部门职责、岗位职责和制度、标准体系，修订下发了 74 个核心和专业管理制度。以项目管理为主线，财务管理为重点，优化了公司内部管理流程，完善了公司管理信息系统并投入试运行。结合业务流程完善了风险识别、风险分析、风险评价体系，依据风险点查找管理薄弱环节，制定了有针对性的改进措施，不断完善了内控体系，并通过审计、效能监察等专项检查，保障了内控制度落实到位。按照“统一平台、统一制度、统一结算”的三统一原则，组建了公司财务中心，对各子公司的财务人员及业务实行了集中管理，通过分级授权，保障了资金安全，提高了财务管控力。加强项目管理，实行了单项目成本核算体系，推行项目的 ABC 分级管理方法，实现了从“管理项目”向“经营项目”的转变，同时对近年累积的项目进行了集中清理，共关闭项目 1244 项、整改拖期项目 35 项、处理拖尾项目 15 项、组织完成挂牌督战项目 7 项；较好地完成了鞍钢集团公司审计管理系统、鞍钢股份热轧厂“1780”生产线改造、鞍钢集团公司决策支持系统等多个鞍钢集团公司的重点项目。健全完善安全管理责任体系，推进安全主体责任和监管责任落实，实现了重大安全事故为零的目标。按照鞍钢集团公司要求重新确定了采购管理模式，建立了采购实施平台，进行了业务流程再造，实现了与集团招标公司的管理对接，全年实现降采 1194 万元。超额完成了鞍钢集团公司下达的“两金”占用压降任务，两金占用降低 8852 万元。综合治理、档案管理、保密管理、计划生育等管理工作被鞍钢集团公司评为先进单位。

**【技术创新】** 组建了技术质量部和研发中心，全年获批“一种粗轧立辊短行程二次曲线控制方法”等专利 10 项。推进校企合作，通过研究生实习基地建设和研究生班，带动了技术创新和技术成果转化，按学制有21名学员按期毕业。搭建了信息产业公司创新创业平台。按照“以众智促创新、以众包促变革、以众筹促融资”思路，制定并下发了《信息产业公司创新创业平台实施方案》，为全体员工创业和公司技术创新、新业务拓展提供了新引擎。与鞍钢股份线材厂按照“计划排产智能化、生产过程协同智能化、设备互联互通智能化、生产资源管控智能化、质量过程控制智能化、决策支持智能化”的设计原则，设计了智能工厂技术方案。

**【党群工作】** 2015年，深入开展“三严三实”专题教育，聚焦解决“不严不实”问题，以“严以修身，加强党性修养，坚定理想信念”“严以用权，真抓实干，在全面完成改革发展任务上取得突出业绩”和“严以律己，严守党的政治纪律和政治规矩”为主题，集中上了三次专题党课；聚焦“上级点、群众提、个人找”发现的32个“不严不实”问题，逐条制定整改措施，逐条落实整改责任，整改完成率100%。全面落实领导班子建设“四条标准”，深入开展创建“四好”领导班子活动，公司领导班子连续四年被集团公司党委评为“四好”班子。深入开展创建样板党支部、党建对标交流、“共产党员工程”活动，在鞍钢集团公司党委2014年度“共产党员工程”活动表彰大会上，该公司党委获优秀组织奖。深化党内“双评”活动，落实党员退出机制，党员教育管理工作得到进一步加强。举办“讲述我身边共产党员的故事”，征集党员教育电视教育片、微电影，展示党员风采，党员的先进性意识得到进一步提升。大力推动服务型基层党组织建设，加强对各级党务工作者进行系统培训，基层党组织建设全面提档升级，公司党委被鞍钢集团公司党委授予“先进党委”荣誉称号。针对钢铁行业“冰冻期”严峻形势，围绕公司改革、转型发展、推行项目经理负责制等重点工作，强化宣传思想文化工作，深入开展了“群策群力保目标、众志成城渡难关”形势任务教育活动，在《鞍信时讯》专题编发了鞍信“抗寒”生存保卫战形势任务教育宣传提纲，激发了广大员工知形势、明任务、树信心、添干劲的积极性。落实《信息产业公司2014~2016企业文化建设方案》，组织开展企业文化推进年活动，举办了“信息产业公司首届企业文化节”，完成了鞍钢集团信息产业有限公司门户网站改版升级并上线运行。鞍钢集团信息产业有限公司“思想政治工作案例”和“六种发展理念故事”共计6篇文章入选鞍钢集团出版书籍。信息产业公司被中国企业文化研究会授予“十二五”企业文化建设优秀单位。

**【纪检监察】** 落实党风廉政建设责任，切实履行“一岗双责”，该公司两级党委书记签订了《党委主体责任书》，两级纪委书记签订了《纪委监督责任书》，A3-4及以上岗位人员签订《廉洁承诺书》和《落实“一岗双责”承诺书》，签订率达100%。整合纪检监察与审计等监督工作资源，成立了纪检监察（审计）部。切实把纪律和规矩挺在前面，对党员100人以上的党委配备专职纪委书记。该公司纪委组织各子公司全面开展廉政风险梳理工作，通过风险排查，在鞍钢集团信息产业有限公司和各子公司层面确定市场开发、选人用人等6个方面35个风险点，结合廉政风险的具体情况，针对风险点制定了具体的风险防范措施30余项。积极组织开展效能监察工作，既注意整体把握，发挥效能监察的作用，又注重突出重点，尤其加强了对物资采购、合同管理、财务管理等重点领域的监察工作。

**【关心职工生活】** 关爱员工，实施“温暖工程”，利用春节、五一、国庆等重大节日，走访慰问困难员工、劳动模范、技术骨干和住宿员工，共走访慰问困难职工、居家、退休人员325人次，先进人物、老专家5人次，慰问住宿大学生30人；为266名（鞍山区域）女职工办理了“安康”保险；为大连华冶联自动化有限公司一名患乳腺癌病女职工办理了理赔前期工作。组织全体员工进行健康体检和暑期度假，彰显了以人为本、造福员工的人文关怀。

**【大连华冶联自动化有限公司概况】** 2015年末，在岗职工总数为188人，其中：管理和专业技术人员182人（高级职称27人，中级职称73人，初级职称39人），生产服务人员6人。公司机关设置行政事务部、运营管理部两个部门，下设市场营销部、炼铁事业部、炼钢事业部、轧钢事业部、过程控制事业部、机电成套事业部、设计研发部、设备成套事业部八个基层单位。拥有固定资产原值3301万元，净值842万元。

2015年，该公司收入8823万元，实现安全生产无事故。推进转型发展战略落地，完善各项规章制度，明确管理层级，清晰权责划分，建立协同高效的管控体系。加大国内外市场开发力度，努力在石化、节能环保、轨道交通、新能源等领域市场上实现突破。根据冶金行业发展趋势和市场需求，寻找新的切入点，做好技术储备，确保在“智能工厂”和“智慧城市”领域有所突破。

**【鞍信（四川）托日信息技术有限公司概况】** 2015年，在岗职工总数为293人，下辖鞍信（四川）托日信息技术有限公司鞍山分公司和鞍信（四川）托日信息技术有限公司成都分公司。其中，鞍信（四川）托日信息技术有限公司鞍山分公司在岗职工总数为121人（含原划转的鞍信智能化事业部14名员工），拥有管理和专业技术人员106人，高级职称56人，中级职称30人，初级职称28人，生产服务人员1人；公司机关设置市场营销部、运营管理部、综合管理部共3个部门，下设软件鞍山事业部、移动事业部、电子商务事业部、物流事业部、大数据事业部、SAP事业部、ERP系统运维东北事业部共7个基层单位。其中，鞍信（四川）托日信息技术有限公司成都分公司在岗职工总数为172人（含原划转的鞍信智能化事业部55名员工），拥有管理和专业技术人员151人，高级职称16人，中级职称42人，初级职称83人，生产服务人员21人；公司机关设置综合管理部和运营管理部2个部门，下设市场营销部、解决方案部、电商应用事业部、ERP软件事业部、技术服务事业部和智能化事业部6个基层单位。鞍信（四川）托日信息技术有限公司拥有固定资产原值268.15万元，净值175.95万元。

2015年，该公司全年收入7114.83万元，实现了安全生产无事故。深抓改革求发展，对机关部门负责人、市场营销部门负责人通过招聘以及机关管理岗位和营销岗位实施优化组合、双向选择的模式，实现了组织结构上人员精简和优化，同时推进项目经理责任制，实施单项目成本核算，搭建多劳多得、少劳少得、无贡献无绩效的分配机制。平稳有序运行在建项目，稳步推进售前项目，全面清理母子公司关联关系，落实完成在产成本及在建项目结转承接工作，重点完成了鞍山钢铁ERP系统运维项目、鞍钢集团审计管理系统等项目初设方案编写以及售前跟进，并最终顺利签约。大力开拓外部市场，先后参加了酒钢集团ERP推广实施项目、聚龙股份有限公司IT系统集成项目、攀枝花市住房公积金管理中心信息系统主机系统及机房项目等外部项目的竞标工作，自身主营业务取得突破。做好后勤保障工作，择机召开了青年员工座谈会，倾听了员工的肺腑之言也知道了青年员工的诉求，为下一步改进工作提供了强大的信息支持，同时开展了送温暖活动，并积极争取员工应有的补助与补贴，解决员工的后顾之忧。

**【鞍钢集团自动化公司概况】** 2015年末，在岗职工总数为240人，其中：管理和专业技术人员106人（高级职称6人，中级职称60人，初级职称22人），生产服务人员134人。公司机关设行政事务部（党群工作部）、运营管理部、营销中心3个部门，下设通信事业部、运维事业部、工程公司3个基层单位。公司拥有固定资产原值7513万元，净值1811万元。

2015年，该公司全年收入11800万元，利润1316万元，实现了安全生产无事故。建立健全各项规章制度，夯实管理基础，按照工作分工和业务性质，形成企业管理、人力资源管理、运营管理、安全管理、党群管理共五个部分的管理制度，编制《鞍钢集团自动化公司规章制度汇编》，规范了公司管理。大力开发市场，成立了营销中心，打造专业营销团队，全力以赴开发市场，签订了鞍钢股份冷轧高强连退线公辅改造工程综合泵站电气施工、鞍钢股份能源动力总厂中央电站1号、4号发电机组改造工程-电气施工、鞍钢股份6万立方米制氧主厂房及接地电气工程、炼铁总厂7号高炉炉前液压设备及管路安装、热轧厂1780线仪表弱电计量年修、热轧厂1780线液压润滑系统维修等重点项目，签订百万元以上项目25项，为完成全年生产经营任务提供有力支撑，同时外部市场开发取得新进展，签订了苏州港太仓港码头工程，合同额360万元。强化项目管控，推进项目经理制和单项目成本核算，重点抓好现场技术管理和专项费用控制等的精细化管理工作，通过加强项目人工成本、材料成本控制和科学合理配置维护岗位人员等方法，在确保为用户提供优质服务的同时，努力降低成本。大力营造“强化科研主体地位，全方位支持科研”的氛围，鼓励员工积极参与科技研发，“电铲电气控制系统改造技术”被专利受理，“一种扒焦机自动控制方法”“一种查线器的辅助装置”被认定为专有技术，上报专利3项，专有技术6项。

**【鞍信攀枝花自动化公司概况】** 2015年，在岗职工总数为258人，其中：管理和专业技术人员146人（高级职称16人，中级职称65人，初级职称65人），生产服务人员112人。公司机关设置综合管理部、市场营销部、运营管理部3个部门，下设成都事业部、西昌事业部、通信事业部、系统运维事业部、自动化事业部5个基层单位。拥有固定资产原值9572.98万元，净值2249.46万元。

该公司全年完成收入8806万元，利润1100万元，实现了安全生产无事故。抓好运维保产服务，组织了攀钢钒整体产销系统、攀钢集团采购系统定修工作、西昌钢钒信息系统程序优化集中处置等重点工作，提高了运维系统的稳定性。强化零固投资管理，圆满完成了攀钢主干网核心设备的替换以及生产网办公网系统的剥离，目前各设备、系统、网络均运行正常。加大市场开拓力度，制定了《市场营销绩效管理办法》《销售费用管理办法》等规章制度和配套政策，在营销人员配置、市场资源保证、营销经理激励政策、销售费用使用等方面进行了规范和明确，并在大力拓展新业务新市场效果突出，其中“凉山洲住房公积金管理中心机房硬件设备采购”项目虽然是微利，但第一次进入了凉山洲市场，“攀枝花市人民检察院检务公开平台及信息安全等级保护建设采购”项目的成功中标，为后续开展攀枝花市检察院的维护项目赢得了机会，而“攀枝花市教育局直属学校交互智能平板及电子白板项目维护”项目填补了公司无攀枝花市教育系统承揽项目的空白。强化质量管理，完善质量体系，对公司技术标准化进行了全面的自检自查工作，更新国家、行业相关标准和规范231个，按5W1H管理模式完善作业指导书216个，确保了各项目质量受控。加大研发投入，实现科技强企，下达了2015年知识产权指标，确定专利申请受理1件，专有技术认定9件，并申报实施信息产业公司级科研项目“IT运维管理系统应用技术研究”。

**【鞍钢电气有限责任公司概况】** 2015年，在岗职工总数为408人，其中：管理和专业技术人员116人（高级职称8人，中级职称58人，初级职称40人），生产服务人员292人。公司机关设置运营管理部、技术质量部、市场营销部、人力资源部（党委工作部）、综合管理部、财务部、工会7个部门，下设电机事业部、工程事业部、变压器修造厂、电控设备厂、机电传动事业部、销售公司6个基层单位。公司拥有固定资产原值8720万元，净值6017万元。

该公司全年实现收入13660万元，实现了安全生产无事故。一年来，该公司深化内部管理，调整管理组织结构，明晰职能部门的管理责任、理顺生产工艺流程，为企业持续健康发展夯实基础。全年完成电机修理3068台/1010000千瓦，电机制造152台/1165千瓦，变压器修理346台/1052000千伏安，变压器制造31台/235590千伏安，制作电控柜1136面，电气工程施工123项，处理应急抢修任务128次，圆满完成了保产保供任务。大力开展技术创新，研制开发了YXJK250千瓦高效节能电机、大功率电熔镁炉变频电源等科研项目；电控设备厂“钣金三维参数化设计与展开料相衔接的应用”项目获鞍信公司科技创新三等奖；申报了2项国家专利（一项发明专利和一项实用新型专利）和4项集团公司专有技术。积极参与国家节能环保工作，响应省、市在冬季供暖期对环保的要求，自筹资金，采用新型环保电磁感应加热器进行分散式供暖，取缔原来集中供暖的2台8吨燃煤锅炉，每年可节省燃煤2500吨，既减少了硫化物及粉尘的排放对大气的污染，也实现了国有资产的保值增值。开展送温暖活动，切实解决职工实际困难，2015年利用多种形式走访慰问在职、居家、退休、劳模等有病、住院、困难职工347人次，发放慰问金107800元，发放慰问品209人次。

**【鞍信（大连）工程有限公司概况】** 2015年，在岗职工总数为28人，其中：管理和专业技术人员24人（高级职称7人，中级职称9人，初级职称6人），生产服务人员4人。公司机关设置行政事务部、运营管理部、市场营销部3个部门，下设工程事业部、专用设备事业部2个基层单位。公司拥有固定资产原值0.61万元，净值0.38万元。

2015年，该公司全年收入2857.36万元，利润12.58万元，实现了安全生产无事故。加大市场开发力度，国内市场在乌兰浩特钢厂取得转炉自动化大包工程等四项工程，合计近2000万元合同额；国际市场，积极跟踪伊朗矿选和球团项目，并通过出国与用户直接沟通，推动项目进行，同时与台塑越南河静钢厂沟通，争取皮带和料仓的运维明年能够签约。大力开发产品，促进该公司从系统集成型企业向具有产品开发制造能力的企业形态转型，目前经拥有自主品牌高压变频器产品，在鞍钢和乌兰浩特钢厂获得应用，同时与德国 Festo 公司反复协商，已经确定代理 Festo 两类核心产品，Festo 公司承诺公司可贴牌生产，并合作开发双方有知识产权的新产品，新技术。针对市场低迷时期做好技术储备，与芬兰奥图太公司签订了矿业技术联合开发的技术协议，并针对矿选和浓密技术进行联合开发和市场推广，在鞍钢齐大山选矿厂做了矿选试验，对于提高经济效益提供了有说服力的数据，并得到矿业公司的认同。

**【北京鞍信天硕工程技术有限公司概况】** 2015 年，在岗职工总数为 28 人，其中：管理和专业技术人员 23 人（高级职称 1 人，中级职称 4 人，初级职称 10 人），生产服务人员 5 人。公司机关设综合管理部、财务部、国际贸易事业部、冶金装备事业部、自动化控制及物流装备事业部、总工程师办公室 6 个部门。拥有固定资产原值 17.06 万元，净值 15.28 万元。

该公司全年实现销售收入 2493.77 万元，利润 424.15 万元，实现了安全生产无事故。制定、修改、颁布 23 个公司管理制度，保障公司经营管理体系的正常运行，促进公司经营发展目标的实现，约束员工作业规范，实现标准化管理，为公司快速规模化发展积累经验。全力拓展市场，其中国内市场，参与竞标项目 10 个，在谈项目 15 个；国际市场，参与竞标项目 3 个，在谈项目 7 个，促成重大签约项目 2 个；公司掌握了大量客户信息，在谈项目每周跟进一次，重点客户每月联络一次，中长期市场信息资源储备丰富。科学组织生产，冶金装备部实施完工项目 13 个，成本控制在预算范围内，设备质量和安装精度获得业主好评，为公司创建了多个样板工程。加大科研创新力度，2015 年申请实用新型专利 4 项、研发投入超过 140 万元，完成新产品研发 3 项，其中 1 项应用于项目，技术创新活动针对性强，市场需求迫切；采用 RTO-VOC 浓缩装置节能减排技术，为公司赢得多个项目合同，以技术领先为客户创造价值——降耗 30%；公司以勤哲 EXCEL 服务器为工具，自行设计开发适合公司的 ERP 系统，作业表单任务目的性强，流程设置简单实用，基本实现行政事务系统管理，项目与采购数据平台共享，有效减少重复劳动。

**【北京鞍信科尔信息技术有限公司概况】** 2015 年，在岗职工总数为 7 人，其中：管理和专业技术人员 6 人（高级职称 1 人）。公司拥有固定资产原值 13.76 万元，净值 12.48 万元。

该公司全年完成收入 94.33 万元，利润 0.73 万元，实现了安全生产无事故。致力软件开发，研发了 IT 运维管理系统、智能 DHCP 系统、智能 DNS 系统、智能 WEB 缓存系统、时钟服务器、分布式网络测量系统等，其中 IT 运维管理系统 V5.0 在 2015 年 4 月 30 日已经取得著作权。积累运维经验，创造新型网络服务模式，利用北邮在 IT 领域的技术和人才优势结合鞍信公司多年来一线运维积累的经验，为企事业单位 IT 基础设施建设提提供服务。中小企业 IT 代维服务：结合自主研发的 IT 基础设施产品和鞍信的运维经验和一线运维人员优势为中小企业提供 IT 代维服务。利用资源优势结合实践经验，大力开展信息系统建设和咨询服务，重点是电子商务中的互联网金融和社区 O2O 方向的系统规划设计咨询服务，同时利用北邮在这些领域的优势，结合鞍信实践经验为更多的企业提供互联网金融和社区 O2O 设计规划咨询服务，甚至建设和运维。加强软件的管理与维护，凡交到客户手中的软件前期都会及时跟踪测试，后期做好定期维护。

（罗　辉）

## 鞍钢集团香港有限公司（鞍钢国贸公司）

**【概况】** 该公司是隶属于鞍钢集团的大型综合性经贸企业，承担着鞍钢集团进出口业务的独家代理工作，是鞍钢集团钢铁产品国外销售的主渠道，同时也是鞍钢海外原燃料供应保障重要渠道，主要业务涉及钢铁产品出口、贸易，原燃材料进口，成套设备、备件进口及招投标业务，物流服务，金融业务，社会贸易业务等，销售网络覆盖六大洲，销售网点遍布世界各地。

2013 年 8 月，以鞍钢集团香港有限公司法人资格和相关业务资质为基础，将原鞍钢国贸公司作为香港总部国内业务运营部，攀钢区域国际贸易业务纳入香港总部管理体系，成立鞍钢集团香港有限公司（鞍钢国贸公司），按鞍钢集团全资子公司管理，努力打造钢铁主业及非钢产业产品和服务的海外代理商、国际化运营的综合贸易商、海外产业投资运营商、海外贸易融资平台和国际化战略的执行平台。国贸公司设立董事会、监事会和经理层，建立了界面清晰、权责对等、协调统一的公司治理结构和组织机构。香港总部和国贸公司分别独立设置财务部；香港总部的行政部、产品贸易部和原料贸易部分别与国贸公司的综合管理部、钢铁产品贸易部、原燃料贸易部实行“一个机构、两块牌子”；国贸公司职能部门设运营协同部、投资管理部、审计部（与财务部合署办公），业务部门设非钢产品贸易部、国际物流部、国际招标中心。所属子公司有鞍钢国贸攀枝花有限公司、大连鞍钢国贸货运代理有限公司和营口鞍钢国际货运代理有限公司。海外机构有：鞍钢美国公司、鞍钢欧洲公司、攀港公司、鞍钢日本公司、鞍钢韩国公司、鞍钢西班牙公司、鞍钢维加诺公司、鞍钢澳大利亚公司、鞍钢印度公司、鞍钢中东公司、鞍钢巴西公司和鞍钢英国公司。国贸公司目前已经在世界40多个国家和地区代理销售，拥有500多家国内外客户及合作伙伴，海外营销网络15个，海外营销人员50人，广泛开展海外投资与合作，海外品牌、产品质量和售后服务均享有较高的知名度。

截至2015年末，该公司资产总额107亿元。有职工295人（在岗283人），离退180人。全年实现考核利润4.1亿元，完成年计划的164.6%，实现报表利润3.58亿元，完成年计划的130%；钢材出口（装船）315.76万吨，比上年增长8.39%；进口原燃料2834万吨（其中，社会经营量2126万吨，鞍山区域社会经营量比上年增长47%）；融入低成本资金30.38亿美元，节约融资成本2943.2万美元（折合人民币约1.88亿元）。

**【国际化经营取得新成绩】** 1. 钢铁产品出口数量再创新高。2015年，在欧美等国家提出反倾销、市场空间被严重挤压、集团公司需要出口缓解经营压力的严峻形势下，该公司把“发挥市场主渠道作用”作为出口工作的主旋律，努力扩大出口规模，积极“转品种、转市场、转客户”，为生产主体顺行提供了坚强支撑。鞍山区域全年出口290.9万吨，完成年计划的108.1%，同比增长10.3%；难销品种镀锌、厚板、线材出口订货数量分别同比增长54.1%、69.2%、291.7%；出口方钢28.4万吨，同比增加近28倍；向西班牙出口6.5万吨冷轧和镀锌汽车用钢，实现镀锌汽车用钢在该市场的首次突破；汽车冷轧板、热轧管线钢、中厚板管线钢陆续出口到新开发的印巴地区。攀钢区域出口钢轨签约25.5万吨，比上年增长11.4%，创造了攀钢钢轨出口历史上签约数量和出口国别的新纪录，继续保持国内领先地位。全公司出口目的国（地区）的数量增加到60个，较上年增长25%；累计开发新客户70个，新客户订货总量为20.2万吨，新客户订货比例达到7%。

2. 原燃料贸易业务实现转型。2015年，该公司针对生产主体采购策略调整的实际，努力提高保产保供服务水平、降低采购成本，全年为生产主体进口铁矿石、焦煤700多万吨，降低采购成本近4亿元；积极维护长期战略资源，为保持经营规模奠定了基础，在保持国际三大矿业巨头资源的情况下，锁定了FMG公司200万吨协议资源，积极推进与澳洲Roy Hill矿山资源合作项目；原料社会贸易不断拓展，在内部需求减少近70%的情况下，社会经营规模大幅提升，总量达到2126万吨（其中，鞍山区域1955万吨，创效9580万元，分别比上年增加47%和79%）；攀枝花公司自营进口钒渣8000吨，代理攀钢钛业公司进口钛精矿8400吨，代理攀企瑞城进口锰矿3万吨，业务领域进一步拓展；卡拉拉精粉被越来越多的客户所接受，品牌形象逐步树立，并在一些区域开始替代乌克兰精粉和国内精粉，成为钢厂生产球团的主要原料；卡拉拉红矿在中国市场的销售工作也逐渐打开局面；积极以代理采购原料形式支持（鞍钢）广州联众公司生产经营，已为其融资7.9亿元。

3. 非钢贸易持续深入发展。2015年，鞍山区域完成成套设备和备件对外签约7483.2万元人民币，签约合同780份，实现降采2879.8万元，实现手续费收入3802.4万元；执行国际工程项目3个，机电产品出口合同签约16个，社会代理合同9个，签约总额2161万美元；与鞍信公司合作，成功签约俄罗斯800万美元的30万吨镀锌线项目。攀钢区域完成设备、备品备件及材料进口签约金额2155万美元；抓住集团公司实施进口备件归口管理的机遇，扩大备件采购业务，进口备件采购额达到1540万美元；合同额1049万美元的台塑越南河静跟岗培训与保驾护航项目成功履约，开启了攀钢首个大型服务贸易项目，后续合作项目也在接洽中。

4. 物流创效成效显著。国际物流部通过较早启动与Vale的转租船谈判，积极化解COA执行压力，并于年初以高于其他钢厂的价格与Vale签订2条30万吨船到期转租合同，获得了优于其他企业的转卖价格，全年逆市盈利600万人民币；与日本航运公司反复洽谈，顺利将过去未执行的COA合同量和2015年的大部分合同转移到合同期后执行，物流控亏得以实现；通过引入欧洲、中国、韩国等有实力的航运公司参与卡拉拉运输竞争，降低海运费3600万美元，降幅达37%。优化了出口海运招标管理流程，通过采取对欧洲、印巴、东南亚等部分航线限定上限报价招标以及合理把握部分近洋航线货盘招标节奏等多种方式，努力降低海运成本。特别在美国、欧洲对中国出口冷系产品实施反倾销过渡期内，通过采取先付海运费、合理匹配运力等一系列非常规措施，规避了可能引起临时增收高额惩罚性关税的风险。全年出口海运创效达到4300万元，为确保完成全年出口任务作出了重要贡献。攀枝花公司积极与铁路、港口部门谈判，努力降低物流成本，进口矿实现铁路运输“一口价”，降本900多万元，为进出口业务提供了有力支持。

5. 投融资平台作用得以充分发挥。鞍攀两地积极开展进出口贸易融资，大规模降低了集团公司融资成本，保持了资金来源渠道，全年共融入低成本资金30.38亿美元，与国内一年期普通贷款利率比较，节约融资成本2943.2万美元（折合人民币1.88亿元）；通过开展跨境人民币结算、外币定存、本币定存、外汇买卖等业务，努力提高资金使用效率，降低财务费用，实现金融创效3345万元；密切跟踪汇率走势，积极寻找国际外汇市场欧元兑美元汇率波动的有利时机，累计开展进出口贸易融资远期锁汇3.79亿欧元，到期可赚取差价582万美元。

6. 海外网络布局优化、作用突出。紧跟国家“一带一路”战略，结合集团公司国际产能转移和公司市场开发需要，不断加强海外网络建设，完成了印尼公司的设立、尼日利亚子公司的筹建，对东南亚市场、印巴市场和非洲市场的辐射作用进一步增强；认真贯彻落实集团公司“两个转移”和“走出去”战略，积极参与“国际产能合作”的调查研究和方案拟定，较好地发挥了“贸易先行”的优势和作用。通过海外公司、相关部门的共同努力，目前已提供重要项目信息3个，完成国际市场分析报告6份。

**【企业管理水平进一步提升】** 坚持改革创新，深入开展对标活动，不断提升管理档次。全年修订发布各项制度17项，制定新制度8项，尤其是严格按照集团公司“招采分离、管办分开”等要求，编写和出台了一系列规章制度。该公司的对标工作获得集团公司二等奖；在集团公司规章制度检查中公司获得优秀奖。强化风险防控，实现了风险提示、风险解决与公司决策同步部署，风险预警、风险管控与公司经营紧密结合。组织开展营销管理创新活动，该公司“在新常态下出口营销模式创新的管理与实践”获得集团二等奖。完成了年度客户、供应商评价工作，对公司维持优质客户及业务渠道提供了支撑。积极推进信息化建设，ERP项目获得集团公司批准，历经项目启动准备、完成可研项目申报、提供功能需求、软件实施商合作方寻找、项目实施方案设计等阶段。对鞍信公司提供的ERP项目实施服务合同进行修改完善，争取尽快推进项目实施。高度重视中央和集团内部巡视发现的问题，有针对性地组织整改，制定采购、营销方面的管理制度，积极推进国际运输业务纳入集团统一平台。

**【汇聚改革发展正能量】** 1. 着力加强作风建设。扎实开展“三严三实”专题教育，举办“三严三实”专题党课和三次专题学习讨论会，切实增强了领导干部践行“三严三实”要求的思想自觉和行动自觉，形成了对党忠诚、个人干净、勇于担当的良好氛围。

2. 加强组织建设工作。召开了党建工作研讨会，邀请党委组织部党建专家为全体党务工作者作专题讲座，系统学习了鞍钢党建工作的总体目标、思路、方法和要求和创建“样板党支部”等方面工作案例；有三个党支部汇报交流了学习体会和工作体会。不断深化以“五好党支部”“四优共产党员”“五强党务工作者”为内容的党内“创先争优”活动，全年共评选“先进党支部”

15个，“优秀共产党员”67人次，“优秀党务工作者”16人次，李俊英、关宇被集团公司党委授予“优秀共产党员”和“优秀党务工作者”称号，原料贸易部党支部被评为集团公司“样板党支部”，公司党建工作活力进一步增强。

3. 扎实开展党内建功立业活动。叫响“共产党员工程”活动品牌，各党支部围绕中心、服务大局，以扭亏增效、转型升级、指标提升、管理创新、营销服务为重点，共确立并实施了22项公司级“共产党员工程”项目，引领党员创新攻关登高，促进了经营任务的完成。其中，产品贸易部党支部围绕“提质增量”开展工作，出口装船量比去年增加8.39%，品种结构进一步改善。原料贸易部党支部迎难而上，围绕“转型升级、做大非钢产业”开展工作，社会经营规模大幅提升，社会贸易量达到1955万吨，比上年增长47%，社会经营创效9580万元，比上年增长79%。国际物流部党支部围绕“在海运市场价格低迷的严峻形势下，实现COA运输扭亏增效目标”开展工作，在全球航运市场低迷，宝钢、首钢、沙钢COA运输大量亏损的情况下，实现了扭亏为盈，全年COA运输盈利8760万元。

4. 加强干部和人才队伍建设。承接制定了《鞍钢集团香港有限公司竞争性选拔任用领导人员实施细则》等5项干部管理制度，进一步健全干部能上能下机制，对领导干部实行年度目标责任制考核，强化业绩晋升导向，优秀人才脱颖而出的工作机制已经形成；加大了人才引进工作力度，先后从鞍钢主体厂矿和重点院校引进了8名青年人才，为职工队伍注入了活力。

5. 认真落实“两个责任”。召开了“全面从严治党、落实两个责任”推进会，传达了集团公司巡视组对国贸公司的巡视反馈意见，学习了《鞍钢集团公司党委党风廉政建设责任追究与考核办法》，签订了《领导人员廉洁承诺书》和《两级班子成员落实“一岗双责”承诺书》。按两级巡视组针对该公司的巡视反馈意见，不折不扣地进行了整改，开展了领导人员违反廉洁从业规定和中央八项规定精神专项治理、“小金库”专项治理，纠正“四风”，进一步加强和改进了党风廉政建设。严格执行廉洁承诺制度、客户廉洁共建制度，修订完善了一系列规章制度，对廉洁风险的防控进一步加强；开展了形式多样的警示教育工作，做到了受教面全覆盖；规范举报线索处置，加大了纪律审查力度，起到了震慑和治本作用；经过集团公司批准，单独设立了纪委监察部，增强了监督力量。

6. 加强宣传思想文化工作，外树形象内振士气。运用网络平台、多媒体以及《攀枝花之窗》等多种宣传阵地，深入开展形势任务教育，使践行“六种发展理念”成为高度自觉的行为；加强了“鞍钢国贸”微信公众的管理和运用，通过设立“学习李超”“形势任务”“外语学习”等栏目，推送各类信息100余条；先后组织海外公司职工、攀枝花公司职工及离退休老干部参观鞍钢展览馆和廉政教育展览馆，职工和离退人员深受教育；积极开展学习郭明义和学习李超活动，深化“学英模、做贡献”活动，形成了团结向上、奋勇争先的企业风尚；加强对外宣传报道，全年发表各类稿件19篇。

7. 发挥群团组织优势，打造强大合力。扎实开展了“献良言、渡难关、做贡献”为主题的网络问企活动和全员“建言献策”活动，全年共有201人次参加该活动，收集各类建议327条；组织开展了“保生存、求发展、渡难关、做贡献”主题劳动竞赛和“双增双节”活动，营造了岗位创新、团队创新的浓厚氛围；扎扎实实为职工群众做好事、办实事、解难事，关注居家职工、退休人员的生活，做好经常性走访慰问和节假日集中慰问工作，全年共走访慰问在岗、居家困难职工及离退休困难人员95人次，发放慰问金69100元，发放大病医疗救助37200元；积极开展职工篮球比赛、登山、摄影作品征集等活动，职工业余文化活动进一步丰富，职工队伍的活力进一步增强；积极推进争创“青年文明号”“青年岗位能手”“我为重点工程献青春”等活动，青年实践建功活动进一步深化，产品贸易部长材室青年集体被推荐为全国青年文明号。

（夏洪宇）

## 资本控股有限公司

**【概况】** 2015年是鞍钢金融管理平台正式运营的一年，也是金融板块公司即鞍钢集团资本控股有限公司（以下简称公司）注册成立后的第一年，该公司负责统筹鞍钢集团内、外部金融性业务运营。2015年该公司面对复杂多变的资本市场，全体员工认真分析市场形势，积极应对，全面完成鞍钢集团公司下达的任务目标。

2015年末，该公司有职工15人，下设行政事务部、投资交易部、风险法律部、财务部、股权运营部5个部门及1家全资子公司即北京鞍钢投资公司（以下简称北京投资公司）。资产总额达到72.35亿元，净资产为70.04亿元，实现利润总额21.5亿元（其中北京投资公司1646.69万元）。

1. 董事会建设。该公司积极贯彻落实鞍钢集团一届三次全委会议暨工作会议精神，不断完善董事会运作基本制度，规范运作模式，有效发挥了董事会治理核心、决策中枢、责任主体作用。全年公司第一届董事会累计召开了7次会议，共讨论通过了21项议案，充分发挥了董事会在经营管理中的重要作用。

2. 证券投资及管理工作。证券投资业务是资本控股公司的核心业务之一，2015年，投资者共睹了资本市场的风云变幻和惊心动魄，杠杆、疯牛、千股涨停，随之股灾、救市、千股跌停与停盘纷至沓来，尽管全年沪深指数收红，但急涨骤跌的凌厉走势，使得年内的振幅超过70%，初创之年就面临如此波动的市场，对该公司来说，既是机会，也是考验，更多的是经验积累和心态成长。

2015年初，该公司多方汲取市场观点对全年的市场走势进行了研判，制定了稳健经营的年度投资策略，运用自下而上的投资原则进行大类资产配置，再通过基本面进行择股、通过技术面进行择时。业务人员在证券投资业务操作过程之中，严格贯彻执行既定投资策略。对原持股银行资产进行了波段操作，实现利润并调整仓位及成本。此后的4~5月，市场上涨幅度加剧，市场观点疯狂乐观，杠杆比例不断放大，形成了全民炒股的局面。对此，该公司及时进行了研究讨论，坚持冷静和客观的态度分析市场趋势和环境，认为估值风险已经聚集并显现，技术指标也出现了回调需要，政策导向存在随时生变的可能，立即上报集团公司，并积极与董事会沟通，经谨慎研究决定，在二级市场大规模卖出股票资产，并将回笼资金调整为固定收益类资产，在年末反弹时，也没有盲目建仓博取收益，既实现了公司全年主要利润，也规避了市场冲击。全年实现投资收益21.03亿元。

在证券投资业务保证收益的基础上，积极拓展创新业务。该公司年内开展了包括逆回购、转融券、港股通等诸多产品，紧跟金融市场创新产品节奏。通过“初期研究论证—基础额度尝试—确认风险及收益—业务总结”的流程，熟悉创新业务操作模式后，再将其纳入常规业务开展，以上述“积跬步”的理念，推动着“至千里”的目标。

3. 股权投资及管理工作。积极拓展对外股权投资业务，参股了航天租赁公司和航天专利基金，意在支持集团公司发展，搭建业务平台，获取预期良好收益，同时对原有已投资股权资产也加强了管理，积极推动资产优化及上市升值进程。此外，该公司根据自身发展规划，与多家机构建立了良好的业务关系，积极拓展与金融机构的业务对接渠道，积极搭建与金融机构的业务交流平台，目前正在积极寻找其他股权投资标的。

4. 资本运营工作。2015年，该公司根据集团公司发展规划成立了股权运营部，并以推进集团公司产融结合为部门职责之本。股权运营部成立之初即迅速开展工作，配合集团公司财务运营部制定了鞍钢集团5年资本运营规划，参与了鞍钢股份市值管理方案设计，并在集团公司的指导下，发挥公司的金融信息渠道优势，推动集团公司子企业上市及资产重组工作，对集团公司内部的优质潜力资产进行梳理，挖掘出11家可培育上市的子企业，其中发蓝钢带、成都投资等子企业，将于2016年挂牌新三板。

5. 内部风险控制工作。该公司将防范风险放在首要位置，在大规模开展业务之初即制定了严格的风险控制理念，积极完善风险管理制度体系，先后制定了《全面风险管理管理办法》《内部控制管理办法》等风险控制制度并发布实施，为风险管理工作奠定了制度基础。

不断完善内部风险管理制度体系，梳理出“公司治理类、业务操作类、财务会计类、风险控制与法律类及综合管理类”五大类56项制度。一方面积极承接集团公司各项管理制度，另一方面根据金融业务特征，建立专业管理制度，为公司规范运营和风险防控提供了制度保障。

在建立风险控制体系和内部制度体系的基础上，该公司还聘请北京市嘉源律师事务所作为外部法律顾问，为公司提供制度规范、经营活动风控、合同管理、法律咨询及培训等专业服务，提升内部风险控制能力，防范业务风险，为各项业务安全有序开展保驾护航。

6. 北京投资公司。北京投资公司作为集团公司市场化运作模式的先行者，旨在开展投资业务获利的同时，兼顾寻找、孵化金融板块的其他金融业务，为金融板块发展壮大寻求机会。北京投资公司的成立标志着集团公司子公司市场化运行模式正式启动，也标志着金融板块高风险对外投资业务正式拉开序幕。2015 年初，北京投资公司面向社会引进了成熟的专业投资人才及风险管理人才，以二级市场股票投资为主要业务，通过研判市场环境，适时进行了波段操作，在严控风险的前提下，获得投资收益 2045.22 万元，利润总额为 1646.69 万元，超额完成净资产收益率 6%利润目标。

7. 党建工作呈现新局面。该公司全体党员干部深入学习贯彻党的十八大和习近平总书记系列重要讲话精神，在严峻的挑战面前彰显了大局意识、责任意识和担当意识，发挥了示范引领作用。全面推进了“两个责任”落实，开展“三严三实”专题教育，认真查摆整改不严不实的问题，有针对性地开展了党纪党规教育，不断提升党员干部自身素质，利用政治理论知识指导实践，推动各项工作平稳高效开展。

加强领导，明确职责，确保党建工作责任落实。为进一步加强资本控股党支部党建工作，成立了由各部门负责人组成的支委会，并配备了党小组长，既有分工，又有合作，将责任层层分解落实到各部门，确保党建工作落到实处。强化学习，全面提高党员干部的思想素质。定期开展支部组织生活，认真学习习近平系列讲话精神，加强党员党纪、党风廉政教育，把纪律和规矩挺在前面，在全体党员中开展党章党纪知识竞赛答题活动，进一步增强了党性意识。

做好“三严三实”学习研讨。召开“三严三实”的民主生活会，通过专题学习，打牢思想基础，通过对照检查、批评与自我批评、征求意见等形式，认真对照查摆问题，落实整改，全年共上报学习体会十二篇。

培养入党积极分子加入党组织。根据党委的安排，年度内共考察并培养了一名积极分子加入党组织，增强了党支部的战斗力，同时对思想要求进步的新同志进行考察培养，帮助其尽快成长。

加强廉洁自律教育。召开资本控股公司全体党员大会，通报十八大以来鞍钢集团查处的 8 起财务人员违纪违法案件和鞍钢党委巡视发现问题的整改情况，三次召开副处级以上领导人员会议部署开展领导人员及其亲属、特定关系人违规经商办企业专项治理工作，进一步营造“守纪律、讲规矩”的浓厚氛围。

积极配合集团公司机关纪委开展纪检监察工作，认真学习贯彻落实十八届中央纪委五次全会精神及习近平总书记在十八届中央纪委第五次全会上重要讲话精神，严格执行《鞍钢集团公司行政纪律处分规定（试行）》《关于党员、干部操办婚丧等事宜的暂行规定》。下发了《企业负责人履职待遇、业务支出管理办法》《审核报销管理办法》《全面风险管理制度》等制度，并研究制定了《采购管理办法》《招标管理办法》及《内部控制管理制度》等制度，规避履职风险，将贯彻落实八项规定、反对“四风”工作落到实处。

（邹　兰）

**【财务公司——内部金融服务中心】** 2015 年末，该公司有职工 97 人，其中，干部 94 人（高级职称 36 人，中级职称 40 人，初级职称 15 人），工人 3 人。下设计划会计部、信贷部、营业部、综合部、稽核部、投资咨询部、住房公积金管理部等 8 个部门及一个分公司。

2015 年，该公司在集团公司和董事会的正确领导下，认真贯彻落实集团公司工作会议精神和董事会的各项工作部署，面对集团主业行业形势严峻、资金紧张以及人行五次降息等不利因素的影响，按照“控险、创效、服务、保障”的工作要求，通过对内提升服务质量和服务效率，对外积极开展多种方式创效工作，超额全年经营目标，经营业绩上新台阶。

经营业绩上新台阶。该公司年末资产 250 亿元，自营贷款余款 133 亿元，委托贷款余额 348 亿元，吸收存款平均规模 160 亿元，存放同业平均规模 69 亿元，累计实现利润总额 7.46 亿元，其中总公司 5.55 亿元，分公司 1.91 亿元。各项监管指标全面完成，资本充足率 27.32%，流动性比例 73.71%，资本收益率 6.71%，资产收益率 1.85%。

加强金融服务功能，提升服务能力。一是基础结算工作继续夯实。配合集团公司各板块经营管理工作，调整结算中心的流程架构，保证各板块结算业务的有序进行。全年累计资金结算总额 2.23 万亿元，结算业务量 23.54 万笔。二是开放存款品种，让利于成员单位。开放定期存款、通知存款及协定存款业务，服务和让利于成员单位。截至 12 月末，各类定期存款余额 4.51 亿元，协定存款余额 99.13 亿元。三是发挥金融渠道作用，支持成员单位开展信贷业务。充分利用财务公司的金融属性，通过银行间市场拆借、正回购、再贴现等手段为成员单位解决资金需求。利用外部融资为成员单位提供短期贷款 43 亿元，贴现 20 亿元。全年累计为成员单位发放自营贷款 217.79 亿元，实现利息收入 68365 万元。四是发挥承兑汇票功能解决成员单位融资难题。全年累计为鞍攀两大区域公司开出电子银行承兑汇票 34.49 亿元。截至 2015 年末，开出电子银行承兑汇票余额 34.49 亿元，尤其是为攀钢解决融资困难作出了贡献。同时与商业银行合作开展同业代理业务，为重机公司及钢绳公司开具纸质银行承兑汇票 1528 张，金额 3.58 亿元。

采取各种措施，提高对外创效水平。一是抓住资本市场运行环境向好的有利时机，开展可转债和新股申购业务。现持有可转债和股票 2261 万元，已实现收益 1151 万元。二是优化资金池资产结构。合理配置债券和货币市场基金，收益率比同业存放高出 200~300bp。取得利息收入 4376 万元。三是积极主动与银行协商提高协议存款收益。目前建设银行和盛京银行的协议存款利率已提升至 2.5% 和 2.7%，高于同业存放利率 70bp 和 90bp。在风险可控的前提下，同业利息收入比上年同期增加 8676 万元。四是抓住时机跨市场套利。全年利用银行间市场拆借利率和同业存款利率近 100bp 左右的利差空间，在不占用集团公司资金的情况下，获取差价收益。全年累计拆入资金 306 笔，正回购 141 笔，共计 1541 亿元，剔除成本净创效 1072 万元。

不断完善资金集中管理平台建设，适应集团全方位资金管控要求。搭建票据集中管理平台。为提高集团公司对票据的管控力度、发挥票据池的功能、拓展融资渠道、降低融资成本、规避票据分散保管的风险，在集团公司统一安排下，研究开发了鞍钢票据集中管理系统，通过与商业银行的直连，建立覆盖集团各地区成员单位的票据集中管理网络，实现全集团票据的集中托管、统筹控制与使用。目前已实现鞍山钢铁、房产开发、矿业公司、房建公司等 6 家成员单位上线试运行。

搭建外汇集中管理平台。为实现境内外外汇资金的集中管理，掌控境外资金的流动，实现全口径的资金集中管理，搭建外汇资金集中管理平台。与国际通用的 SWIFT 系统直连，实现境外资金的集中管理。目前，该公司已取得外管局外汇资金集中管理及结售汇额度的批复，国内外汇资金主账户、国际外汇资金主账户及 10 家成员单位外币结算账户已开立，具备境内外汇资金归集条件。完成香港 SPV 公司注册、境外银行账户的网银挂接及境内外资金划拨的测试工作。

配合集团公司各板块经营管理工作。调整理顺结算中心的流程架构，确保各板块结算业务的有序进行。

以制度建设和风险排查为抓手，努力提升风险管控水平。针对内控环境、风险合规管理、信息与沟通机制及内部控制效果进行风险识别，排查新业务风险点，将 5 个风险事件列为年度重大风险进行管理。

根据整合后业务需要，对各部门梳理和完善的制度进行整理，形成完整的制度体系，共十二类，涵盖公司治理、综合经营管理、风险控制、业务管理等方面，有效规范公司各项业务有序开展，确保稳健经营。同时，开展“风险文化周”活动，通过知识竞赛和征文等方式，在员工中深植风险文化管理理念。

加强业务检查力度，对业务开展、董事会履职及存放同业情况进行检查，实现业务检查全覆盖。对银监局提出的问题制定整改方案，并督促落实。对总分公司进行是否违反八项规定进行专项稽核。

梳理 N9 系统存在的问题，针对各业务部门提出的 38 个缺陷和 28 个需求进行逐一落实。在成都建设应用级灾备中心，保证资金结算系统安全不间断运行。强化系统和设备运维管理，实施对系统及设备的全面监控。

住房公积金管理工作上新水平。积极抓好鞍钢住房公积金综合管理系统的开发工作。加强对各单位住房公积金汇缴、支取、使用等基础业务管理，优化业务流程，提高服务质量。根据住建部、省、市相关文件要求对住房公积金提取及贷款政策进行调整。按照住建部、财政部、中国人民银行和省监管办的要求，开展了首次住房公积金信息披露工作。全年公积金累计归集184636万元，发放职工住房贷款58277万元，实现增值收益17101万元，比去年同期有较大增长。

党建工作呈现新局面。党组织基础建设不断加强。建立《鞍钢集团财务公司党委会议事规则》等党委工作制度4项。加强党支部建设，制定党支部工作评价办法，开展党支部建设工作调研，征集党内组织生活方案4个。开展共产党员工程活动，立项完成集团公司级项目2个，财务公司级项目6个。开展纪念建党九十四周年纪念活动，组织参观鞍钢展览馆，开展党员献良策活动，共收到建议22项。发展党员4人。

开展“三严三实”专题教育活动，下发财务公司“三严三实”专题教育方案、学习宣传方案以及日程安排等，召开征求意见座谈会，提出建议二十余项，并针对征求到的意见建议先后召开三次会议，集体研究整改落实措施。党委书记为全体党员上“三严三实”专题党课，召开“严以修身”“严以用权”“严以律己”三次专题学习研讨会。

落实党风廉政建设主体责任。开展遵守中央八项规定和选人用人等方面自查自纠工作，配合集团巡视组开展落实中央八项规定精神等专项巡视工作。加强廉洁自律教育，召开反腐倡廉警示教育大会，通报鞍钢党委巡视发现问题的整改情况。

积极发挥工会、共青团作用。召开第一次工会会员代表大会暨职工代表大会。维护职工权益，深化民主管理，开展登山等文体活动。关爱困难职工，走访救济困难职工4人次，及时发放救济金款项。加强工会经费管理，制定下发工会经费管理办法（暂行），完成总分公司工会财务报表合并。召开共青团第一次团员大会，选举产生第一届团委。

（郭书言）

# 化工事业部

**【概况】** 2015年，共有职工1469人，其中在岗职工1425人，居家职工19人，编外人员25人，离退休职工226人。在岗管理及专业技术人员213人（高级职称27人，中级职称85人，初级职称54人）。该事业部机关设有产品制造室、设备管理室、营销中心、财会室、综合管理室、安全环保室、规划发展室、改造办、党委工作室（人力资源室）、工会，基层设有12个作业区。该事业部主要产品有萘系列、苯系列、酚系列、吡啶系列等品种。

2015年以来，面对市场严峻考验，该事业部在产品价格同比下降1133元/吨，减利因素达到7.2亿元的情况下，实现营业收入49.6亿元，利润1.7亿元。加工量达到57.4万吨，同比增加1.1万吨；煤气加工费同比降成本0.37亿元，化工产品加工费同比降成本0.68亿元，均达到历史最好水平。实现了安全、人身伤害事故为零；重大污染、重大设备、操作、厂内交通事故为零的目标。

**【科技创新彰显活力】** 该事业部以沥青基炭材料研制与开发、异喹啉等新产品工业化生产研究为主，围绕西部焦油蒸馏工艺、馏分深加工工艺、研究中心新产品开发持续开展科研立项，15项课题已通过公司科研立项并按计划推进。完成高附加值产品芴的工业化生产研究，可依据订单生产。注重品种效益，实现同系列产品品种多样化。自主开发了软沥青等新产品，年创效2070万元。

**【体制机制改革取得突破】** 加速煤化工研究中心体制机制改革，制定考核方案、配备科研人员、量化工作目标，全年围绕创新创效开展基础类、科研类课题15个，申报专利、专有技术57项，中试基地生产15吨异喹啉等高附加值小吨位产品，实现销售收入88万元。稳步推进人力资源优化。完成了苯加氢除盐水站作业包保劳务单位退出后全民承接工作，制定了一回收、二回收、三回收作业区硫铵硫黄包装作业包保劳务单位退出后全民承接方案，稳步推进劳务清理置换工作。全年清退社会化劳务97人。

**【扩大生产规模】** 苯加氢按105%负荷运行，粗苯兑入比例达50%，苯加工成本达到737元/吨，同比降低121元/吨，降成本1940万元；焦油精制上半年按120%负荷运行，焦油加工成本达到530元/吨，同比降低65元/吨，降成本2720万元。加大原料市场开发力度，先后开发客户8个，与去年相比，粗苯采购量增幅24%，粗焦油增幅5.4%，为释放生产能力，降低加工成本创造了条件。

**【开拓市场，提高占有率】** 以东北地区为主向周边辐射，利用品牌优势、质量优势抢占竞争对手份额，东北区域销售比例达到82%。制定灵活的价格政策，实现“一企一策”，提高定价主导权。2015年，开发46家新客户，全年化工产品销量达到65.6万吨，同比增长7.7%。利用电子商务扩大销售渠道，全年在化工宝投放化产品28.3万吨，成交4.5万吨，成交金额1.2亿元，溢价148万元，收回前期在化工宝投资。

（周　赫）

# ·直属机构·

## 鞍钢招标有限公司

**【概况】** 该公司成立于2015年4月27日，是鞍钢集团公司的全资子公司，其前身是2009年8月成立的鞍山钢铁集团公司物资采购招标中心。为充分发挥集团公司的协同功能，建立“管办分开、采招分离、隔离制约、有效协同”的采购管理模式，作为鞍钢集团招投标业务归口管理和实施单位，该公司全面承接实施鞍钢集团各类全部招标采购业务。

该公司下设两个区域（鞍山、成都）六个部门（原燃材料、工程、设备、国际、营运、财务）。现有员工90人、其中招标师23人、监理师4人、咨询师1人、造价师2人、一级建造师3人，高级职称35人。现有17个专业评标室，配备自动评标系统，LED导视、评标信息指引系统，评标专家电子签到等，实现了开评标全流程录音、录像、监控。

**【招标业务持续攀升】** 完成招标项目28743个（相对2014年同比增加157.7%，以下类同），招标金额303.3亿元（138.8%），实现中标项目24471个（135.7%），中标金额230亿元（100%）。

**【覆盖范围全面完整】** 招标业务实现鞍钢集团国内国际、全部经营类别（六大类，256个专业）、全部采购单位、全部采购方式（四种方式、9种方法）、全天候完整覆盖，实现统一规范运作。

**【降本增效历史新高】** 在实现采购方原定降采目标基础上，较采购方标底、预测价或计划价再降采购资金14.76亿元，节资率6%。

**【经营指标超额完成】** 实现营业收入4027万元；实现利润1737万元，超计划44.75%。

**【电子平台建成运行】** 全面建成运行电子招投标交易系统，实现招标采购业务互动对接、全流程在线操作，成为国家技术测试和认证试点单位。

**【招标资质稳步向前】** 保持现有各项招标资质，开展中央投资、工程建设招标资质升级准备，实现招标资质入川备案。

**【行业影响快速提升】** 当选中国招投标协会常务理事单位，成为国家发改委招标代理机构专业委员会、PPP特许经营专业委员会委员，钢铁行业、东北地区仅此一家。

**【党群作用发挥显著】** 改选党总支、工会，思想政治保证、廉洁从业态势、职工权益维护取得长足进步，效果显著。

**【荣誉】** 获得鞍钢集团公司2015年度先进单位称号和鞍山市2014~2015年度先进集体称号。

（冯勤园）

## 电子商务中心

**【概况】** 为推动鞍钢集团电子商务信息化项目的建设与实施，打造阳光、降本、安全、高效的电子商务一体化管理运营平台，促进鞍钢集团转型升级战役目标实现，鞍钢集团公司决定于2015年3月24日组建鞍钢集团公司电子商务中心（简称电商中心）。2015年5月27日，电商中心正式注册成立，经营范围包括电子商务及电子商务领域的技术咨询、技术开发、技术服务、技术转让计算机系统服务、经济信息服务；网络销售钢、铁、钒、钛产品，铁矿、黑色金属矿、有色金属矿，焦炭、化工产品，建筑材料、机械设备；计算机软件及辅助设备开发销售等经营活动。

该中心下设综合管理部、业务运营部、服务支持部 3 个部门，并按照业务领域划分为销售（大数据）、物流、采购、金融、项目管理五个专业组。通过对业界知名电子商务平台的考察学习，引进先进管理理念，结合钢铁企业生产经营及管理实际，在平台的设计和建设过程中，培养一支具备“互联网+”思维，既懂业务又懂技术的复合型人才队伍。2015 年，拥有在岗职工 19 人，其中高级及以上职称 11 人，中级职称 6 人，平均年龄 39 岁，95%以上为大学及以上学历。

**【战略目标】** 以客户需求为出发点构建的客户与鞍钢集团的业务通道，采取开放、协同、联盟的发展思路，发挥优秀的供应链运作能力、大数据分析能力、综合服务能力、平台支撑能力、资源整合能力，最终形成供应商、钢企、经销商、仓储物流企业、终端用户以及金融机构等相结合、协同发展的闭环生态系统。

**【路径选择】** 第一步做精做深垂直电商，围绕鞍山地域钢铁主业，优化钢铁主业产业链业务流程，深耕垂直电商功能。第二步平台功能模块扩展，逐步开发电子超市、非钢产品、废旧物资销售等功能。第三步择机开展实体业务运营拓展，开展实体物流、仓储业务、销售线上线下布局、金融融资、非钢产业、废旧物资、跨境电商等经营活动。

**【突出特点】** 一是系统简捷，全流程的信息系统便于客户登录浏览、买卖业务远程操作，操作模式简捷。二是功能完备，平台聚合钢铁产业链客户、供应商等多角色，开发销售、采购、生产跟踪、物流跟踪等多功能。三是客户聚焦，所有功能聚焦服务于鞍钢集团产业链上、下游客户和延伸客户。四是行业特征突出，电子商务平台构建，是整合了钢铁行业领域的生产资料，突出钢铁行业特征。

**【主要成绩】** 2015 年全年现货平台交易客户数 1257 家，完成订单交易量 70.98 万吨，销售金额突破 16.74 亿元。

**【行业影响】** 该单位成为中国金属材料流通协会电商专委会会员单位，在行业年会上做专题经验介绍。

（赵文娟）

## 资产经营中心

**【概况】** 该中心成立于 2015 年 4 月 10 日，是鞍钢集团公司直属单位，在攀枝花设立资产经营中心分部，负责攀钢地区闲置资产处置工作。功能定位：鞍钢集团公司闲置资产、废旧物资信息共享平台；鞍钢集团公司闲置资产、废旧物资协同运营平台；鞍钢集团公司闲置资产、废旧物资对外处置规范运营平台；鞍钢集团公司闲置资产、废旧物资经营创效平台。运营方式：按照鞍钢集团公司闲置资产与废旧物资内部调剂的计划安排，发布鞍钢集团闲置资源信息，根据各区域、板块、单元企业提出的资源需求，组织跨区域、板块闲置资源内部调剂；按照鞍钢集团闲置资产与废旧物资处置计划，受理鞍钢集团及各子企业的资产转让、招租等资产处置委托，制定资产转让方案与销售方案，统一组织查验分类、信息发布、现场展示，组织进场交易、公开销售、招租；开展社会市场调研，收集闲置资源需求信息，对闲置资源提出经营意见，或受产权单位委托开展直接经营，通过销售、租赁、合作经营等方式，盘活存量资产。未来，在服务集团内部成员单位的基础上，逐步培育社会化服务功能，打造社会第三方资产处置服务机构，形成鞍钢集团新的利润增长点。该中心内设综合管理部、协同运营部、资产处置部、资产经营部和攀钢分部。现有管理、专业技术人员 18 人（其中高级职称 7 人，中级职称 4 人，初级职称 5 人）。

**【千方百计增效，资产经营成果显著】** 2015 年，该中心实物资产处置回收额计划 3000 万元，实际完成 4051 万元，超全年计划 35%；回收废钢铁 1251 吨，回收金额 285 万元；可控费用计划 25.83 万元，实际发生 12.36 万元，比计划降低 52%。

**【优化运行机制，企业管理工作切实加强】** 该中心成立后及时组建了综合管理部、资产处置（协同运营）部、资产经营部，实施了全员竞聘上岗，并与集团公司主管部门共同制定了《关于委托资产经营中心进行闲置资产转让有关事项的通知》和《关于开展推进闲置设备备件等资产转让工作的通知》2 个核心管理制度。同时在全面排查基础上，按照“修订完善、新增制定”两个类别对管理制度进行了系统梳理优化，规范了业务流程和规章制度，按章依法开展经营活动。

2015年，该中心档案管理被集团公司评为优秀单位，保密管理A类单位。

**【强化资产管理，资产处置工作扎实开展】** 该中心按照“管理规范、账物准确、点检到位、快速处置”的原则，在实物资产管理、协同运营、加快资产处置工作上做了大量工作，为资产销售工作的全面展开创造了有利条件。利用开展闲置资产清查工作契机，与集团公司有关部门密切配合，通过现场查看各类设备状况，掌握了闲置资产状况的第一手资料，为资产处置工作的顺利进行奠定了基础。为进一步加快资产处置，走访了股份公司、鲅鱼圈分公司、重机、耐火、接待服务公司、实业公司、铁运公司、物业公司等20多家单位，了解各单位闲置资产现状，查验待处置的资产，发现问题及时解决，先后解决了附企铁运机车修理厂使用中心固定资产，未签订实物资产委托保管协议问题；铸管厂账销案存资产在保管过程中出现的问题；“东北风”存货残值回收的问题。同时与大型厂、中厚板厂、生活后勤协力中心、能源动力总厂等多家单位新签订代保管协议14项。盘活闲置资产，确保闲置资产保值增值，办理原重机北部机械厂房屋出租，并收取租金。2015年，共查验资产1602项，提交各种请示18项，对“东北风”等17项固定资产、79项存货进行评估、备案。

**【拓展销售模式，资产销售工作务实创新】** 该中心以打造阳光、高效、安全、降本的资产处置与经营平台为目标，创新销售方法，拓展销售渠道，实现资产处置效益最大化。通过进场交易、公开拍卖（网络竞价）、招标、协议等多种方式处置各类闲置资产。在建立了客户信息库基础上，针对商业网点、公有住宅销售难的实际，发动销售人员走进社区，利用社区报刊亭、公告窗等发布商业网点、公有住宅拍卖信息。2015年，该中心在进行周密细致的前期资料准备与市场调研基础上，对重机公司一处公有住宅处置项目中，以408万元起拍价，经过81次加价竞拍，最终以450.5万元成交，溢价10.42%。在不断完善和拓展销售渠道上，该中心在发挥传统媒体作用的同时，充分发挥“互联网+”效应，加大宣传力度，拓宽销售渠道。2015年，该中心在开通了新浪“鞍钢资产处置转让公告”话题基础上，又开通了微信、微博媒体网络平台进行销售推介。目前浏览量已超过20万人次。2015年4月，在北京产权交易所召开的央企国有资产处置经验交流会上对鞍钢资产处置经验进行了交流。

2015年，共组织进场交易拍卖47场项，发布广告30期，签订资产销售合同42份，实现资产销售额4051万元。

**【加强党建工作，精神文明建设取得新成果】** 2015年，该中心党支部在加强党建工作中，制定下发了党支部班子建设制度、党支部“三会一课”制度、党员目标管理考核细则、党支部思想政治工作制度，进一步健全了该中心党的组织体系和制度体系，建立健全了党内民主监督制度，增强了该中心党组织的凝聚力和战斗力。在加强党员队伍和干部队伍建设中，组织了《中国共产党廉洁自律准则》《中国共产党纪录处分条例》学习活动；组织全体党员订阅使用共产党员微信、共产党员易信活动；开展了共产党员挑战攻关活动。在加强职工思想政治工作和精神文明建设中，开展向李超等先进典型学习活动，引导职工树正气，提高素质。在关心职工生活，切实维护职工利益中，开展困难职工救助、“三大节日”慰问，安排了职工年度健康体检、女职工专项体检，落实了职工带薪休假制度。

（白振云）

## 未来钢铁研究院

**【概况】** 该院于2010年3月在北京市昌平区注册成立，是鞍钢集团落实中组部“千人计划”、凝聚全球顶级研发人才、大力提升企业科技创新力的重点项目，也是国资委15家大型央企共同参建的“海外高层次人才创新创业基地”——北京未来科技城首批入驻项目。

该院的目标是建成具备行业顶级研发力量、具有雄厚开发创新能力的一流企业综合研发中心；主要从事涉及企业中长期发展的、能够引领世界钢铁业发展的重大基础、应用核心技术和通用技术研发，以及与企业战略发展有关的产业和技术研究；是鞍钢集团进行对外合作研发、完善产学研结合模式的平台和吸引高层次人才创业创新的基地。

该院总占地面积约 21.8 万平方米，一期工程建筑面积 4.98 万平方米，于 2011 年 9 月正式开工，含研发办公楼、研发综合楼、研发单元一、专项技术试验中心、动力中心等 5 栋建筑，涵盖办公、研发、实验三大功能。

**【基础设施建设稳步推进】** 2015 年是该院一期工程建设的收尾之年。在基础设施方面，主要开展了各类工程缺陷整改、设备调试准备、工程竣工验收准备、竣工资料整理等工作，完成了自来水正式供水，实现室内供暖，确保室内设施安全过冬。共处理各类工程缺陷 400 多项。完成主体结构、水电及安装、内装饰、空调等竣工资料的分类整理工作。完成消防设施及消防排烟、消防水系统等系统单体调试，完成太阳能系统的单体调试，完成电梯调试工作。进行了树木补种和草坪修整养护工作。

积极联系政府部门，办理各类施工手续。先后完成了自来水及中水施工手续办理；完成年度投资计划报审工作；完成地勘报告审查；完成国管局用地审批手续，取得土地使用权证；积极办理正式用电手续，多次联系昌平区供电局，争取尽快实现送电；积极协调北京市政与未来科技城道路归属问题，为燃气接点创造条件。

**【领导关怀】** 5 月 25 日和 6 月 26 日，唐复平总经理先后两次组织召开专题会议，研究未来钢铁研究院下一步工作计划，包括组织架构、研究方向、研发课题等，安排相关部门和单位进行落实。

10 月 9 日，唐复平总经理听取了该院关于下一步工作的思路和方案，给予了肯定，并安排相关部门尽快落实。

（张兴虎）

## 经济发展研究院

**【概况】** 2015 年，该院共有 7 名在岗职工，以突出研究业务、细化研究领域、共担行政事务为原则设置了 2 个研究室：研究一室和研究二室，两个研究室的研究领域各有侧重并相互协同。作为鞍钢集团公司智库，该院继续以具有实用性、时效性、前瞻性和科学性的研究成果为载体，为集团公司战略决策提供有力的支撑。2015 年共完成集团公司主要领导布置的 6 份专项报告和 10 份月度报告，并确定了 3 个研究主题开展研究，为鞍钢集团公司提升竞争力和可持续发展提出了许多有价值的建议。

**【完成专项报告】** 2015 年，该院完成了集团公司主要领导布置的 6 份专项报告。为张广宁董事长撰写的专项报告有：《2014 年船舶工业发展情况与 2015 年造船用钢展望》《中国铁路建设概况与 2015 年铁路用钢展望》和《钢结构产业的前景分析》等；为唐复平总经理撰写的专项报告有：《2015 年一季度钢材市场运行概况》和《近期河北省钢铁行业运行情况》等。

**【完成月度报告】** 该院 2015 年重点关注和研判与鞍钢集团生产经营密切相关的宏观经济运行状况、钢铁行业运行状况及市场趋势、铁矿石市场中长期发展、钢结构产业现状及发展、钢铁行业热点问题等，完成了 10 份月度报告：《2015 年铁矿石市场展望》《钢结构产业现状及前景展望》《关于铁矿石市场中长期发展的若干探讨》《2015 年中国钢材市场展望》《2015 年 4 月份钢铁行业运行概况》《2015 年下半年钢材市场走势预判》《2015 年上半年钢铁行业运行情况》《第十二届大型钢铁企业战略管理沙龙参会报告》《钢铁行业近期热点问题动态》和《铁矿石市场中短期展望》等。

**【开展课题研究】** 2015 年，该院根据集团公司主要领导的指示，选择并确定了 3 个研究项目：“钢厂区域位置对企业竞争力的影响”“基于‘一带一路’战略的鞍钢国际化路径研究”和“鞍钢、攀钢铁矿石竞争力分析”；完成了 3 个研究项目的数据收集、调查和分析研究，以及研究报告的撰写工作。

（胡俊鸽）

## 教育培训中心

**【概况】** 2015 年末，该中心有在岗职工 468 人，居家职工 47 人，离退休职工 1901 人。在岗职工中管理和技术人员 398 人，其中高级职称 201 人，中级职称 160 人，初级职称 33 人；服务岗位人员

70人。中心下设7个管理部门，7个教学培训部，5个教学辅助部门。拥有固定资产原值5332.59万元，净值586.02万元。占地面积7.68万平方米，建筑面积5.59万平方米。全年开办各级各类培训班1082个，培训各类学员35597人次，完成培训任务28667学时。2015年共发表论文111篇，其中国家级3篇，省级21篇，市级87篇。参编教材3部，分别由中国铁道出版社、辽宁大学出版社出版。有9项科研成果获奖，其中省级2项，市级、公司级7项。

**【主要工作】** 2015年，该中心全体干部职工，紧紧围绕集团公司打胜扭亏控亏攻坚战的战略部署，认真践行“六种发展理念”，不断深化“五个基地”建设，充分发挥教育培训资源优势，圆满完成了教学培训任务，各项工作都取得了新的成绩。

举办鞍山区域副厂处级以上领导干部培训班77个，培训领导干部4684人次。举办领导干部读书班、党史班、领导力提升培训班、十八届四中全会精神轮训、工会主席培训、组织人事干部培训等高层次培训。举办鞍钢青年创客大学培训，培训332人，为鞍钢青年搭建了一个体验创新、实践创新的平台。加强对学员管理流程的设计和实施，研讨形成了高端班、职业技能培训班、计算机培训班、实训班班主任工作流程。

发挥培训项目组作用。安全项目组针对当前鞍钢基层单位安全生产存在的主要问题提出改进建议，得到集团公司主要领导、分管领导的重视和批示，与安环部联合开展领导人员安全培训15期，培训1535人次。创新项目组积极探索为鞍钢创新服务的新方法、新途径，提升了创新项目组在鞍钢的影响力。质量培训项目组以“问题驱动”为导向，做强质量管理培训体系，致力于解决厂矿实际问题，为10家一线单位开展六西格玛项目22个，有19个项目完成项目目标，实现创效2760万元。心理学项目组深入厂矿进行需求调研，不断探究开设不同层次的心理学培训课程，培养鞍钢职工健康的心理素质。作业区作业长、班组长项目组进作业区、班组开展深度调研，收集、分析、总结案例，使培训具针对性。

推进校企合作与校际协作。在鞍钢集团展览馆设立教学基地。与鞍钢文联合作，在图书馆设立鞍钢作家书库，征集图书450册。组织领导干部读书班和党史班学员赴莱钢党校、沈阳飞机制造公司和东北大学进行实地教学。与莱钢党校、上汽党校、大庆油田教育培训中心互派教师进行授课和交流。为鞍钢附企民企公司举办的民企领导人员读书班。李太旭轧钢工作室与中钢协职业培训中心合作，举办“钢铁产品夹杂物控制”技术论坛和“板带钢质量控制技术”高层次论坛。

提升科研创新服务能力。2015年，完成公司级以上科研课题12项，中心（党校）科研课题31项。培训研究成果“坚持问题驱动，推动培训转型，强化培训与企业发展战略、生产经营契合度”获第十一届中国企业培训创新成果金奖，并入编《中国企业培训蓝皮书Ⅶ》。“装钢机升降液压系统的改进”“鞍钢创新实践与探索”等4项科研成果获得2015年度鞍山市自然科学学术成果奖，其中的2项科研成果获得2015年度辽宁省自然科学学术成果奖。“冷轧硅钢强排泵站电机控制系统改造”“鞍钢能源数据采集系统升级改造”“无缝厂耐磨钢生产工艺优化”3项科研课题直接参与一线生产厂的技术改造和工艺优化。参与一线厂矿攻关项目15项，为鲅鱼圈、线材厂、厚板厂、炼钢总厂等单位进行现场技术指导和培训，改进形成先进操作法5项、专利及专有技术4项。《鞍钢日报》理论版全年编发150篇理论文章。

推进培训师岗位等级评定工作，评选2015~2016年度主任培训师2人，主管培训师14人，骨干培训师8人。举办教师观摩活动、专题业务讲座36场次，739人次参加。推进“教研活动调研年”活动，围绕主要培训领域，搜集“十个百例”案例1000项。开展大学毕业生引进工作，招聘引进2名应届大学生。在中国钢铁培训网推出的“网络直播课堂”上，该中心教师应邀承担首期授课任务。

优化整合教培业务资源。认真落实集团公司关于整合教培业务资源，加强职业技能教育的决定精神，完成了人才开发院人员划转和工程发展公司技校人员、资产、财务、债权债务划转交接工作。组建成立“鞍钢集团技工学校”，通过了省市人力资源部门评估审核，取得了办学资质，实现了2015年秋季招生的既定目标，首届招生6个专业217人。

积极改善办学条件。推进钢铁生产模拟仿真实训实验室项目建设，完成了项目的招标和硬件设备的采购。不断完善教学设施设备，为技工学校改建了电气基本技能实训室、电气操作实训室等四个实训实验室。

关心职工生活。组织职工度假、健康体检和女职工专项体检。开展形式多样、健康向上的文体活动，活跃了校园文化生活。倡导健康生活，为每一名职工购买了千山年票。开展为职工过生日活动。努力为困难教职工解决生活困难，开展走访慰问、金秋助学、“一帮一”活动，慰问劳动模范、各层面困难职工、因病住院职工 593 人次，走访 122 人次，发放救济金 24.9 万余元。

（刘允壮）

## 鞍钢日报社

**【概况】** 2015 年末，鞍钢日报社有职工 188 人，其中，管理、专业技术岗位 82 人，生产服务岗位 106 人。在岗副高级职称 8 人，中级职称 42 人，初级职称 22 人。机构设置由编辑部、综合管理部、行政事务部、发行部、财务部和鞍钢广告传媒经营公司构成。建筑面积 1.5 万平方米，固定资产 3123 万元。

**【舆论导向】** 2015 年，在严峻的市场挑战面前，全体编采人员围绕集团公司坚决打胜扭亏增效和转型升级“两大攻坚战”这一中心工作，完成了鞍钢集团公司在生产经营、改革发展、党的建设等各项工作的新闻宣传，及时准确地报道了鞍钢集团各战区在转型升级、技术创新、扭亏增效等方面所取得的突出成绩，增强了职工战胜困难的信心勇气，激发了职工创新创效的工作热情，营造出了“千方百计保生存、万众一心渡难关”的浓厚氛围，为鞍钢集团实现全年目标释放了正能量，传递了好声音。

在编委会的统一指挥下，编辑部各部门之间通力合作、密切配合，报纸、杂志、电视和微信等媒介通过资源共享、版面视频联动等方式，加大新闻宣传力度，有效提升了报纸的思想性、权威性和引导力。圆满完成了集团公司工作会议、职代会，“三严三实”专题教育和中央巡视等重要工作的报道工作，以及学习郭明义和宣传“时代楷模”李超等的相关报道任务。特别是在围绕打好“五大战役”的报道中，所有媒体同时出击、协同作战，第一时间传递集团声音、反映基层动态，实现了重要报道的准确及时刊发，大型报道策划的有效落地。

栏目牵引，打造品牌，新闻策划水平不断提高。充分发挥栏目牵动作用，努力打造品牌栏目，用栏目活化版面，用栏目提升宣传力度，用栏目促进办报质量提升。重点结合集团公司各阶段重点工作，开设相应栏目，如“聚焦第八届国际发明展览会金奖”“认清形势迎挑战　坚定信心渡难关”“发挥政治核心作用　打胜‘两大战役’”等栏目，全年共开设 54 个栏目，得到广大干部职工肯定。“年终系列报道”“鞍矿非常规降本增效系列报道”等重大策划。编辑出版工作实现重大新闻策划 100%，重大新闻漏报率为零。

**【生产经营】** 加大营销力度，抢占市场份额。印刷厂及时调整营销策略，充分利用报社现有设备资源优势，积极拓展品种渠道，扩大业务范围。顺利完成了安全挂图、摄影像册等产品印刷生产任务。加强对外报纸印刷业务开发，相继争取到了《钢建周讯》《综合发展简讯》《书友会馆》《百业传媒》等报纸的承印任务，进一步扩大了报纸印刷的市场份额。

强化设备管理，提高工作效率。加大设备点检维护工作力度，实行设备定置定位管理。完善出报系统应急方案，重新界定设备管理责任。制定塔机设备操作使用手册，提高标准化操作水平。推行报修工作票制度，实现设备管理的全覆盖，确保设备稳定运行。2015 年，自行解决各类设备问题 49 项，配合厂家解决问题 33 项，设备运行维护成本大幅降低。

加强内部控制，增强创效能力。按照“三定原则”，即：定项目、定目标、定责任人，制定出多项降本增效量化指标，最大限度降低生产成本。挖掘内部潜力，优化人力资源，控制人工成本，有效解决了职工既多又少的矛盾，提高工作效率。建立预算管理中心，强化工序成本管控，确保印刷成本可控。实行扁平化管理，优化生产流程，向管理要效益。

传媒公司积极探索新的运营模式，充分发挥“鞍钢职工消费联盟”在鞍钢广大职工中的影响力，为搭建职工与供应商的对接平台创造条件，成功举办了车展、家电展等活动，均产生了较好的反响。报刊发行工作坚持以服务读者为中心，定期走访用户，对发现的问题及时沟通解决，圆满地完成了发行投递任务，妥投率达99.8%以上。

**【队伍建设】** 加强对编采人员的政治理论、新闻业务和冶金专业等相关知识培训。继续坚持开展每月“编采业务研讨会”活动，围绕新闻业务展开研讨，全面提升编采人员的业务素质。强化印刷生产岗位职工技能培训，积极争取到了集团公司技术竞赛平版印刷工的委托承办权，圆满完成了竞赛的承办工作，1名位职工荣获平版印刷技术状元称号、5名职工荣获平版印刷技术能手称号。在全体职工中分不同岗位开展了月评好新闻、好版面，以及印刷、装订、设备维护及保养、承揽等岗位劳动竞赛，有力地促进了职工业务水平的提高。全年组织参加集团公司组织的各类培训78项127人次；参加报社组织的安全知识、女工讲座、业务研讨等15个班次690人次。

**【企业管理】** 完善规章制度，夯实管理基础，修订完善规章制度12个。重新修订绩效考核管理办法，绩效奖励向关键重要岗位及高技能人才倾斜，合理拉开各岗位的薪酬水平，充分发挥关键重要岗位及高技能人才的激励引导和示范作用。在印刷厂进行了关键岗位竞争上岗选拔工作，对竞争上关键岗位的人员增加了绩效奖励系数，极大地调动了职工学习技能的积极性。实行严格的考勤制度，加大对违章违纪现象的监督、检查、管理和考核，维护了生产经营活动和工作秩序的稳定。

强化物资管理，规范出入库审批程序，既保证了入库材料的质量，做到账目清楚，又有效地杜绝了材料的浪费和损失。强化安全生产管理，杜绝习惯作业和违章违纪现象发生；落实安全责任，强化隐患排查，加强安全培训，夯实安全管理基础，实现轻伤以上事故、重大设备和火灾事故为零目标。综合治理、武装保卫、档案、计划生育等方面工作水平也明显提高。

**【群团工作】** 加强职工民主管理，切实维护职工合法权益。凡是涉及改革改造、生产经营、工资分配等重大决策、重大事项均提交职代会讨论，实现了民主审议率100%。全面推行厂务公开，切实保障职工群众的知情权、参与权和监督权。

关心职工生活，真心实意为职工办好事、办实事。完善帮困扶贫长效机制，全面推进“一帮一”“群帮一”活动，着力提高服务职工质量。加强“温暖工程基金”的管理，规范了困难救助程序，严格审批制度，加大职工突发事件的救助力度。一年来，共救助困难职工195人次，救济费用达7.3万元；协助职工处理丧事25起。

积极倡导和谐、快乐、健康的生活理念，通过开展喜闻乐见的各类文化体育活动，陶冶职工情操，凝聚职工队伍，满足职工的精神文化需求。开展女职工专项体检。开展了庆“五一”全民健身踏青、趣味运动会等活动，舒缓了职工工作压力，激发了职工工作热情，营造了“和谐一家亲”的良好氛围。

共青团组织积极组织青年开展创新登高等活动，努力为青年职工成才创造条件。深入开展“争做郭明义式好员工，服务企业，奉献社会”活动，组织青年向贫困地区小学捐书44本。

（张雪明　季　旭）

# 人　物

# ·先进人物·

## 全国五一劳动奖章获得者

**王　洋**　女，中共党员，选矿高级工程师，现任鞍钢集团矿业公司弓矿公司选矿厂首席工程师，曾荣获全国五一巾帼标兵、辽宁省五一劳动奖章、第七届辽宁青年科技奖、鞍山市劳动模范、鞍钢劳动模范、鞍钢技术专家等荣誉称号。

在技术岗位工作 14 年期间，王洋带领厂科技人员充分依靠技术进步和技术创新，围绕节能减排、降本增效开展科技攻关，参与完成科研技改项目 30 余项，创效达 7000 多万元。获得钢铁工业协会科技进步奖一等奖 2 项、冶金矿山行业科技进步奖一等奖 1 项、省科技进步奖二等奖 2 项、鞍山市科技进步奖一等奖 3 项。此外，有 9 项合理化建议在鞍钢获奖，有 3 项专利被国家专利局授权。

在作业长岗位工作 4 年多期间，历经 2011 年二选工艺技术改造和 2013 年二选增产改造。在选矿工艺设计和施工图设计期间，组织职工提出设计建议 35 项，其中有 28 项建议被采纳。强化了对施工方案及质量的跟踪，尤其是设计范围之外的结合部位，向工程部提出改造建议 247 项，为顺利投产创造了条件，实现了改造后一次转车成功。改造后，组织职工大胆创新，进行技术改造 30 余项，实现了一个月内达产达效。通过优化生产组织方案，规范操作，规范管理，挖潜增产，2012~2014 年，二选赤铁精矿产量累计超计划 109857 吨，创效约 3000 余万元。

**邓　林**　男，1971 年 10 月出生，中共党员，1990 年 7 月参加工作，现任鞍钢集团西昌钢钒炼钢厂精炼作业区副作业长。参加工作以来，邓林总结提炼出了“半钢炼钢转炉炉体维护方法”，有效地将半钢转炉的炉龄提升到 10000 炉的国际先进水平；其发明的“半脱氧技术”和“高碳钢增碳控制法”大幅提高了重轨钢的炼成率；参与研究的“全炉役复吹控制技术”实现了复吹与炉龄的同步，使攀钢顶底复吹技术走到了行业前列。到西昌钢钒有限公司以后，他针对西昌封闭炼钢的特点，总结提炼了“远程遥感半钢炼钢转炉控制方法”的先进操作法，完善了转炉过程控制不稳定的问题；“200 吨转炉半钢炼钢干法除尘工艺”在国内尚属首例，有效地降低干法除尘系统的爆燃和泄爆，使转炉半钢冶炼技术走在国内前列，获得四川省科技进步奖二等奖；为降低流程钢铁料，参与开发的“低能耗高效炼钢工艺”和“绿色少渣炼钢工艺”使攀钢转炉的主渣料降低到 45 千克/吨钢，达到国内先进水平，再获得四川省科技进步奖；在成本管理方面，他结合工艺特点，提出了“普碳钢短流程炼钢工艺”“LF 后脱硫工艺”的合理化建议，获得了西昌公司重大合理化建议，为公司创效 800 万元，有效降低了生产成本。在作业区的生产质量管理中，他提出“单转炉高效保产”“低碳铝直上 RH”“转炉炉次快速维护方法”“小平台精炼工艺优化”“镗孔时间优化”等多项管理举措，保证了钢厂的生产顺行和质量稳定。他积极参与公司的产品开发和过程工艺改善，为公司汽车面板开发、S450EW 高耐候钢生产、高级别管线钢生产和过程工艺控制提出了 10 余条改善措施，保证了品种钢的顺利开发；先后处理转炉锅炉结渣、转炉炉底侵蚀过快、后脱硫工序时间长、钢水絮流等技术难题 18 项，发现和整改重大设备隐患 12 项，拥有专利 8 条，提合理化建议 46 条，被采纳实施 21 条。

# 辽宁省职工经济技术创新立功竞赛鞍钢获奖名单

## 十大创新能手

李　超　鞍钢股份有限公司冷轧厂

## 十大技能标兵

林学斌　鞍钢股份有限公司炼钢总厂

（鞍钢集团公司工会提供）

# ·新闻人物·

## 生命因创新而精彩
### ——记全国“时代楷模”、鞍钢股份公司冷轧厂作业长李超

从一名钳工成长为享受副厂级薪酬待遇的钢铁特级技师，鞍钢股份公司冷轧厂4号线设备作业区作业长兼党支部副书记李超经过25年不懈的努力、创新，和他的团队为企业解决生产难题230多项，先后获国家发明专利5项、专有技术4项、国际发明展览会金奖1项，创造经济效益超1.3亿元。他主导完成的“冷轧机乳液分区自动吹扫装置的研发和应用”项目，创造了冷轧机乳液吹扫顶级的“鞍钢模式”，使鞍钢冷轧汽车板表面质量从欧三标准一跃提升到世界最高的欧五标准，为企业带来了巨大的效益。2014年1月10日，在北京人民大会堂举行的2014年全国科技创新大会上，李超被授予国家科学技术进步奖二等奖，在众多“科学大腕”中，他是获奖者中唯一的产业工人，也是鞍山和鞍钢历史上第一位获得这一奖项的技术工人。李超先后被授予辽宁省时代楷模、鞍山市劳动模范、鞍钢集团劳动模范、鞍钢集团十大杰出青年及鞍钢集团青工技能大赛状元等20多项荣誉称号，是辽宁省五一劳动奖章获得者。2015年1月14日，李超被中宣部授予全国“时代楷模”荣誉称号。

1986年，怀着对鞍钢的深厚感情，李超报考了鞍钢技校，并给自己选了“万能工种”——钳工专业。1989年，成绩优秀的李超被分配到鞍钢冷轧厂检修车间钳工2班。他虚心学习，认真钻研，技术水平很快有了大幅度提升。一次，车间接了一个“新增翻钢机运输链”的工程，在安装设备盖板时，发现施工图与现场实际对不上，把几位经验丰富的老师傅都难住了。能否画一张让大家一看就清楚的图纸呢？李超想试一试。回家后，他一张图一张图地对比、测量，勾画草图，到凌晨两点多，终于画出了一张标注有盖板安放位置、标高、施工顺序的清晰图纸。根据这张图纸，师傅们最终将十几块盖板全部严丝合缝地安放到了设备上。这件事使得李超的工作能力得到了大家的普遍认可。

刚入厂2年，李超就成为8个钳工班中最年轻的副班长，多次获得“鞍钢青工技术能手”称号。1997年，他获得“鞍钢青工技能大赛技术状元”称号。后来，鞍钢集团公司董事长、党委书记张广宁亲自为以李超名字命名的“李超创新工作室”揭牌。

### 一张图纸让他崭露头角

李超出生在一个普通的工人家庭，父亲是鞍钢质量处研究所的一名技术员，热爱钻研技术。在父亲的心中，小儿子李超是他的骄傲。李超小学时就自己动手制作了能收到几个波段的收音机，用简单的电器元件和废旧物品制作的“自动黑板擦”，还获得了学校的小发明奖。

### 在创新中享受快乐

如果说入厂第一张图纸被肯定并付诸实施，点燃了李超创新的激情，那么，后来从创新中获得的效益和快乐，更加坚定了李超走创新之路的信念。

李超是冷轧厂第一批上岗的点检员，每天负责检查设备的运转情况，根据维修保养计划，保

障生产设备正常运行。

1998 年 5 月，当时是盐酸洗机械点检员的李超，婚假刚休了一半就被车间主任叫了回来。冷轧盐酸洗活套段因活套车和摆动门经常损坏，三天两头发生事故，每次事故处理都要花费 6 个小时以上，点检人员、维修人员苦不堪言，也严重影响了生产和效益。李超萌生了改进设备的念头。

当时没有现成的经验可以借鉴，只能自行设计改造方案。李超对设备进行了一次“全身体检”，每天盯住活套车寻找故障根源，测取了 400 多个数据，最后确定了在设备本体增添侧导轮的改进方案。此后，李超白天在现场测绘、查数据，晚上回家查资料、画草图。新婚妻子不忍看他一个人辛苦，主动帮他校验尺寸，两口子一画就到后半夜。

半个月后，李超画出了 30 多张图纸，厂里特意召开了专家论证会，完善方案。当年 11 月，在全生产线停产大修时，冷轧厂决定按李超的方案和图纸对活套车进行改造，并指定由李超担任技术总监。厂领导对一个普通点检员如此重视，让李超深受感动和鼓舞。

为保证大修质量，李超经常跑到制造厂查看新设备制造质量，不放过任何一点细小的瑕疵。轨道验收时，施工人员都认为轨道直线无偏差，但李超左看右看，坚持说还有偏差。施工方调来精密测控仪器进行校验，果然偏差接近 3 毫米。

李超说：“我们厂要生产出高质量的产品，设备是保障，一点也不能差。”为了消除这 3 毫米的偏差，李超又和施工人员在现场连续奋战 4 天 3 夜。大修改造后，1 号线发生了翻天覆地的变化。改造前，全年产量勉强达到 60 万吨，改造后的 1999 年全年设备处理事故时间仅为 3 小时，年产量达到 100 万吨。16 年后，这个活套段仍然在稳定运行。

这次设备改造给李超的职业生涯留下了深深的烙印：“相同的事故只要出现两次以上，就必须找到病根，彻底根治。”李超一直坚持这一理念，而这也成为冷轧厂点检工作的准则。

李超善于把难题变成课题，让想法变成现实，在攻关解难中领略创新之美。他主导完成的冷轧厂 1 号线活套车改造工程项目，使设备故障时间由全年几百小时降为 3 小时，大幅度提高了设备作业率，获得冷轧厂当年唯一的创新项目特等奖。他发明的“日修制”设备点检新方法，为改造保产两不误提供了有力的设备保障。他主导完成的“冷轧机 1450 生产线内径自由转化”技改项目，拓展了生产线生产品种，满足了各生产线之间的物流需求，实现了不同规格的快速转换，属国内首创；他主导完成的连退机组废钢压力机装置改进研发项目和成品卷无划伤装置研发项目，有效地提高了产品成材率……

## 要啃就啃“硬骨头”

很多人都认为李超有创新天赋，他却说：“能在实现梦想的路上快步前进，除了责任和担当，还有重要的一条就是敢啃‘硬骨头’。”

2006 年，鞍钢冷轧联合机组因乳液残留问题得不到解决，残次品率一度高达 8%，严重影响了产品质量和企业效益。乳液吹扫全球范围内通行两种模式：一种是德国西马克模式，一种是日本三菱模式。冷轧厂联合机组是鞍钢集成创新的轧机，具有完全自主知识产权，两种模式不是不适用就是效果不佳，难度很大。

关键时刻，李超挺身而出。他和工友们坚守在现场进行勘察、测量、分析，每当遇到乳液残留时，就钻到狭窄的、满是油污的轧机机架内察看，形成缺陷记录，测试风动轨迹。他们查阅了大量的技术资料，并对国内外各大企业的乳液吹扫技术进行了系统的对比研究。半年后，李超和工友们终于在设计理念上取得突破，研发了 5 项支撑技术，形成了乳液清扫的“鞍钢模式”，并在 2 号线联合机组正式投入使用，运行平稳可靠，钢板的表面质量等级由欧三标准提高到欧五标准，每年耗电量节约 36%，现场噪声降低 25%，当年就创造经济效益 337.30 万元。截至 2012 年，这项技术累计创造经济效益约 4571.38 万元。此后，这项技术分别被移植到 2 号线平整机组和 4 号线联合机组。2009 年获得了国家发明专利，2012 年，公司报送该项目参加第七届国际发明展览会并获得金奖。在 2014 年国家科学技术奖励大会上，该项目获得国家科技进步奖二等奖。

中国工程院院士王国栋在看了这个项目后评价：“它是鞍钢冷轧生产线一项重要的创新发明，

具有里程碑的意义。这项技术在国内属于首创，在国际上处于领先地位。”

## 超越梦想“一起飞”

作为领导着130多人的设备作业区的作业长，李超带领大家会工作更会生活。李超爱好广泛，喜爱球类运动，只要有闲暇时间，他就会带领工友们放松心情，爬山、打球、聚会，与工友们增进感情。李超知道，这么多年的追梦旅程中，团队是最强大的动力。每到一个新的岗位，他都能迅速融入团队之中，把创新意识灌输给整个团队，把创新经验和技术诀窍教给大家，利用团队的力量形成攻关合力，使创新工作室、攻关团队真正成为创新创效的“孵化器”。

李超不保守，他将所学技术无私地传授给他人，影响了一批青年人，也带动了一批青年人为企业的发展而努力创新登高，许多和他一起工作过的青年人都迅速成长为技术骨干。李超任1号线联合机组机械点检长期间，有一次，机组检修后需要调整活套摆动门尺寸，负责此项工作的一名年轻点检员遇到了不会处理的问题，向李超请教。李超查看图纸后，手把手地教了他3次，此后，调整摆动门再也没有难住过这名点检员。李超任2号线设备作业区副作业长期间，一名刚进厂的大学毕业生自学活套设备一周还是没弄懂，李超就带他到活套内详细讲解设备的种类和联动方式，使看了一周图纸的这名新职工霍然醒悟，受益匪浅，并在独当一面处理设备故障时多次应用。

冷轧2号线是鞍钢“九五”改造的重点工程之一，公司对这条生产线寄予厚望。当时，各机组正处于调试期和磨合期，步进梁、圆盘剪、卷取机等关键设备接连出现故障。李超和点检长及相关技术人员组成了一个攻关团队，从解决重卷机组问题开始，进行全线优化。2003年，冷轧2号线设备完善性改造项目获得鞍钢合理化建议和技术改进一等奖。

李超，人如其名！在过去的26年间，为了实现自己的创新梦想，他一直在不断地跨越各种技术壁垒，超越自己的创新纪录。我们相信，李超一定会在创新的道路上不断创造精彩和奇迹！

（本文摘自2015年4月14日
人民网—中国共产党新闻网）

# ·名　　录·

## 2015年鞍钢集团直管干部任免名单

| 姓　名 | 任免职务 | 任免日期 |
| --- | --- | --- |
| 洪树利 | 任鞍钢联众（广州）不锈钢有限公司、鞍钢瀚阳（广州）钢铁有限公司董事长（法定代表人）建议人选，建议不再担任鞍钢联众（广州）不锈钢有限公司、鞍钢瀚阳（广州）钢铁有限公司副董事长职务 | 2015.01.20 |
| 景奉儒 | 任鞍钢集团公司总经理助理兼鞍钢集团战略规划部部长，免去鞍山钢铁集团公司党委常委，建议不再担任鞍钢股份有限公司副总经理 | 2015.02.12 |
| 洪树利 | 任鞍钢联众（广州）不锈钢有限公司、鞍钢瀚阳（广州）钢铁有限公司董事长（法定代表人，总经理助理级，试用期一年），解聘鞍钢集团公司战略规划部部长职务 | 2015.02.12 |
| 蔡恒君 | 任鞍钢联众（广州）不锈钢有限公司、鞍钢瀚阳（广州）钢铁有限公司董事、常务副总经理（正部级，试用期一年），建议解聘鞍钢股份冷轧厂厂长职务 | 2015.02.12 |
| 邵安林 | 推荐出任卡拉拉公司董事长 | 2015.03.03 |
| 李　革 | 推荐出任金达必公司董事 | 2015.03.03 |
| 张兆元 | 推荐出任卡拉拉公司董事 | 2015.03.03 |
| 张大德 | 主持攀钢党政全面工作 | 2015.03.03 |
| 李东伟 | 推荐出任鞍钢联众（广州）不锈钢有限公司、鞍钢瀚阳（广州）钢铁有限公司董事 | 2015.03.03 |
| 方　红 | 任鞍钢集团香港有限公司（鞍钢国贸公司）副总经理 | 2015.03.03 |
| 童明华 | 任鞍钢集团香港有限公司（鞍钢国贸公司）副总经理 | 2015.03.03 |
| 申长纯 | 延长攀钢成都钢钒有限公司（成都钢铁有限责任公司）党委书记试用期一年 | 2015.03.03 |
| 李　镇 | 延长攀钢成都钢钒有限公司（成都钢铁有限责任公司）总经理试用期一年 | 2015.03.03 |
| 刘　杰 | 任鞍山钢铁集团公司党委常委、鞍钢股份副总经理 | 2015.03.03 |
| 张三健 | 任鞍钢股份总经理助理兼鞍山钢铁/鞍钢股份原燃料采购中心总经理、党总支书记 | 2015.03.03 |
| 谢玉先 | 任鞍钢集团党委宣传部（企业文化部、统战部）部长 | 2015.03.03 |
| 张大德 | 任攀钢集团有限公司董事长、党委书记，不再担任攀钢集团有限公司总经理、党委副书记职务 | 2015.03.24 |
| 王义栋 | 兼任鞍山钢铁集团公司党委副书记、鞍钢股份有限公司党委副书记 | 2015.04.10 |
| 宋　军 | 兼任鞍钢股份有限公司工会主席 | 2015.04.10 |
| 段向东 | 任攀钢集团有限公司董事、总经理、党委副书记（试用期一年） | 2015.04.10 |
| 刘　宇 | 免去攀钢集团有限公司党委常委、副总经理，攀长特执行董事、攀长钢董事长职务 | 2015.04.10 |
| 付　伟 | 兼任鞍钢集团印尼项目筹备组组长 | 2015.04.10 |
| 刘　申 | 兼任资本控股有限公司董事长 | 2015.04.10 |
| 尚洪德 | 任财务有限责任公司董事长（保留总经理助理级），不再担任攀钢集团有限公司党委常委、总会计师职务 | 2015.04.10 |
| 张万斌 | 任财务有限责任公司董事、党委书记、总经理，不再担任鞍钢集团财务运营部部长，鞍钢联众（广州）不锈钢有限公司、鞍钢瀚阳（广州）钢铁有限公司董事职务 | 2015.04.10 |

续表

| 姓　名 | 任免职务 | 任免日期 |
|---|---|---|
| 都兴开 | 任鞍钢集团财务运营部部长，鞍钢联众（广州）不锈钢有限公司、鞍钢瀚阳（广州）钢铁有限公司董事，不再担任财务有限责任公司党委书记、总经理职务 | 2015.04.10 |
| 袁雪峰 | 任综合实业发展有限公司董事长、党委筹建组组长，不再兼任综合实业发展有限公司总经理职务 | 2015.04.10 |
| 陈国峰 | 任工程技术发展有限公司董事长、党委筹建组组长，不再兼任工程技术发展有限公司总经理职务 | 2015.04.10 |
| 王立功 | 任信息产业有限公司董事长、党委书记，不再兼任信息产业有限公司总经理职务 | 2015.04.10 |
| 王　欣 | 免去教育培训中心（党校）主任、党校第一副校长职务 | 2015.04.10 |
| 聂洪林 | 任教育培训中心（党校）党委书记、主任、党校第一副校长 | 2015.04.10 |
| 张明华 | 任鞍钢集团招标有限公司执行董事、总经理，建议不再担任鞍钢招标有限公司执行董事、党总支书记、总经理职务 | 2015.04.10 |
| 张　禹 | 任鞍钢集团招标有限公司副总经理，建议不再担任鞍钢招标有限公司副总经理、工会主席职务 | 2015.04.10 |
| 任　刚 | 任鞍钢集团招标有限公司副总经理，建议不再担任攀钢国际经济贸易有限公司副总经理职务 | 2015.04.10 |
| 闫　东 | 任鞍钢集团招标有限公司副总经理（过渡编），建议不再担任香港有限公司（鞍钢国贸公司）国际招标中心经理职务 | 2015.04.10 |
| 郝维强 | 兼任鞍钢集团电子商务中心主任 | 2015.04.10 |
| 宋英韬 | 任鞍钢日报社总编辑、党委书记，不再兼任鞍钢日报社纪委书记职务 | 2015.04.10 |
| 杨欣然 | 任鞍钢日报社党委副书记兼纪委书记、工会主席，不再兼任鞍钢日报社副总编职务 | 2015.04.10 |
| 刘万山 | 免去未来钢铁研究院筹建组组长、党委筹建组副组长职务 | 2015.04.10 |
| 李达光 | 任香港有限公司（鞍钢国贸公司）董事、党委筹建组副组长（主持工作）兼纪委筹建组组长、工会筹建组组长，不再兼任香港有限公司（鞍钢国贸公司）副总经理职务 | 2015.04.10 |
| 马连勇 | 任攀钢集团有限公司党委常委、总会计师（试用期一年），建议不再担任鞍钢股份有限公司总会计师、董事、董事会秘书职务 | 2015.04.17 |
| 张景凡 | 任鞍钢股份有限公司总会计师、董事、董事会秘书，建议不再担任攀钢钒钛资源股份有限公司副总经理、财务负责人、董事会秘书职务 | 2015.04.17 |
| 刘晓晖 | 任鞍钢集团法律事务部副部长（主持工作）（试用期一年），建议不再担任鞍钢集团管理创新部（法律事务部）法律事务处处长职务 | 2015.04.17 |
| 杨大君 | 任鞍钢集团电子商务中心副主任（试用期一年），建议不再担任鞍钢集团信息化管理部信息化规划处副处长职务 | 2015.04.17 |
| 陈　海 | 任鞍钢集团印尼项目筹备组副组长，建议不再担任鞍钢股份有限公司能源管控中心主任职务 | 2015.04.17 |
| 吴怀南 | 任鞍钢集团印尼项目筹备组项目部负责人，建议不再担任鞍钢股份有限公司炼铁总厂设备保障工区指挥长职务 | 2015.04.17 |
| 王宝海 | 任鞍钢集团印尼项目筹备组项目部负责人，建议不再担任鞍钢股份有限公司炼铁总厂副厂长职务 | 2015.04.17 |
| 付　伟 | 不再担任攀钢集团有限公司副总经理职务 | 2015.05.21 |
| 何玉章 | 任攀钢集团有限公司总经理助理，建议不再担任鞍钢股份有限公司总经理助理职务 | 2015.05.21 |
| 曾显斌 | 建议任攀钢集团钒钛资源股份有限公司副总经理（财务负责人）、董事会秘书，不再担任攀钢集团有限公司总经理助理职务 | 2015.05.21 |
| 洪树利 | 兼任鞍钢联众（广州）不锈钢有限公司、鞍钢瀚阳（广州）钢铁有限公司党委筹建组组长 | 2015.05.21 |
| 丁义新 | 任鞍钢联众（广州）不锈钢有限公司、鞍钢瀚阳（广州）钢铁有限公司党委筹建组副组长兼纪委筹建组组长、工会筹建组组长（试用期一年），建议不再担任鞍钢股份有限公司冷轧硅钢厂党委书记兼纪委书记职务 | 2015.05.21 |
| 张锦刚 | 兼任攀钢集团有限公司董事 | 2015.06.12 |

续表

| 姓　名 | 任免职务 | 任免日期 |
|---|---|---|
| 景奉儒 | 兼任攀钢集团有限公司董事 | 2015.06.12 |
| 计　岩 | 兼任攀钢集团有限公司董事 | 2015.06.12 |
| 王保军 | 兼任攀钢集团有限公司董事 | 2015.06.12 |
| 路永利 | 兼任攀钢集团有限公司监事会主席 | 2015.06.12 |
| 李　波 | 兼任攀钢集团有限公司监事 | 2015.06.12 |
| 胡乃民 | 不再兼任攀钢集团有限公司监事职务 | 2015.06.12 |
| 都兴开 | 兼任资本控股有限公司、财务有限责任公司监事会主席，不再担任资本控股有限公司、财务有限责任公司董事职务 | 2015.06.12 |
| 张景凡 | 兼任资本控股有限公司董事 | 2015.06.12 |
| 王保军 | 兼任财务有限责任公司董事 | 2015.06.12 |
| 林大庆 | 建议兼任鞍钢股份有限公司监事会主席 | 2015.06.12 |
| 申长纯 | 任攀钢成都钢钒有限公司（成都钢铁有限责任公司）党委书记 | 2015.06.12 |
| 李　镇 | 任攀钢成都钢钒有限公司（成都钢铁有限责任公司）总经理 | 2015.06.12 |
| 冯占立 | 任工程技术发展有限公司工程技术有限公司经理 | 2015.06.12 |
| 吴　鸣 | 不再担任矿业集团（攀钢钒钛）纪委书记职务 | 2015.06.12 |
| 宋　军 | 任矿业集团（攀钢钒钛）纪委书记，不再担任鞍钢股份有限公司党委副书记、工会主席、监事职务 | 2015.06.12 |
| 扎世利 | 不再担任工程技术发展有限公司纪委筹建组组长职务 | 2015.06.12 |
| 李士涛 | 任工程技术发展有限公司纪委筹建组组长，不再担任鞍钢股份有限公司市场营销中心党委筹建组组长兼纪委筹建组组长职务 | 2015.06.12 |
| 张立芬 | 兼任鞍钢股份有限公司市场营销中心党委筹建组组长 | 2015.06.12 |
| 肖江山 | 不再担任综合实业发展有限公司纪委筹建组组长职务 | 2015.06.12 |
| 王春明 | 任综合实业发展有限公司纪委筹建组组长，不再担任朝阳钢铁有限公司党委书记、监事职务 | 2015.06.12 |
| 刘宝山 | 兼任朝阳钢铁有限公司党委书记 | 2015.06.12 |
| 张雨成 | 任鞍钢集团公司资产经营中心主任，建议不再担任鞍山钢铁集团公司资产经营中心副主任职务 | 2015.06.12 |
| 康成明 | 任鞍钢集团公司资产经营中心副主任，建议不再担任鞍山钢铁集团公司资产销售部部长职务 | 2015.06.12 |
| 李恒旭 | 任鞍钢集团公司资产经营中心副主任，建议不再担任鞍山钢铁集团公司资产管理部部长职务 | 2015.06.12 |
| 关　勇 | 任未来钢铁研究院党委筹建组组长、筹建组副组长（主持行政工作），不再担任鞍钢集团驻北京办事处主任职务 | 2015.06.17 |
| 路景宏 | 任鞍钢集团驻北京办事处副主任（主持工作），建议不再担任鞍山钢铁接待服务公司党委书记、经理职务 | 2015.06.17 |
| 李　镇 | 任鞍钢联众（广州）不锈钢有限公司、鞍钢瀚阳（广州）钢铁有限公司副董事长（法人代表），不再担任攀钢成都钢钒有限公司（成都钢铁有限责任公司）总经理职务 | 2015.08.21 |
| 申长纯 | 暂时负责攀钢成都钢钒有限公司（成都钢铁有限责任公司）行政工作 | 2015.08.21 |
| 李东伟 | 不再担任鞍钢联众（广州）不锈钢有限公司、鞍钢瀚阳（广州）钢铁有限公司董事职务 | 2015.08.21 |
| 张万山 | 任鞍钢集团未来钢铁研究院院长（法人代表），不再担任鞍钢集团钢铁研究院院长、鞍钢股份有限公司技术中心主任职务 | 2015.08.21 |
| 窦力威 | 免去鞍钢集团经济发展研究院筹建组组长职务，因年龄原因，提前退出领导岗位 | 2015.08.21 |
| 任子平 | 任鞍钢集团钢铁研究院院长兼鞍钢股份有限公司技术中心主任，建议不再担任鞍钢股份有限公司总工程师职务 | 2015.08.21 |

续表

| 姓　名 | 任免职务 | 任免日期 |
| --- | --- | --- |
| 尚洪德 | 任鞍钢集团经济发展研究院院长（保留总经理助理级待遇），不再担任鞍钢集团财务有限责任公司董事长职务 | 2015.08.21 |
| 林大庆 | 不再担任鞍山钢铁集团公司纪委书记职务 | 2015.08.28 |
| 刘　杰 | 任鞍山钢铁集团公司党委常委、纪委书记，建议不再担任鞍钢股份有限公司副总经理职务 | 2015.08.28 |
| 胡乃民 | 免去攀钢集团有限公司党委副书记、纪委书记职务 | 2015.08.28 |
| 申长纯 | 任攀钢集团有限公司党委常委、纪委书记（试用期一年），不再担任攀钢成都钢钒有限公司（成都钢铁有限责任公司）党委书记职务 | 2015.08.28 |
| 杨　槐 | 不再担任攀钢成都钢钒有限公司（成都钢铁有限责任公司）董事长职务 | 2015.08.28 |
| 李　镇 | 任鞍钢联众（广州）不锈钢有限公司、鞍钢瀚阳（广州）钢铁有限公司副董事长、党委筹建组副组长（主持工作） | 2015.08.28 |
| 孙晓辉 | 不再担任信息产业有限公司纪委书记职务 | 2015.08.28 |
| 张文彤 | 任信息产业有限公司纪委书记，建议不再担任鞍钢股份有限公司中厚板厂党委书记兼纪委书记职务 | 2015.08.28 |
| 李达光 | 不再担任香港有限公司（鞍钢国贸公司）纪委筹建组组长职务 | 2015.08.28 |
| 王伟任 | 任鞍钢集团香港有限公司（鞍钢国贸公司）纪委筹建组组长（试用期一年），建议不再担任鞍山钢铁保卫部（人民武装部）党委筹建组副组长、纪委筹建组组长、工会筹建组组长职务 | 2015.08.28 |
| 董　炜 | 不再担任鞍钢集团财务有限责任公司纪委书记职务 | 2015.08.28 |
| 张明伟 | 任鞍钢集团财务有限责任公司纪委书记（试用期一年），建议不再担任鞍钢集团公司纪委（监察部）案件审理室主任职务 | 2015.08.28 |
| 王为钢 | 不再担任鞍钢集团教育培训中心（党校）党委副书记职务 | 2015.08.28 |
| 穆在泉 | 任鞍钢集团教育培训中心（党校）党委副书记、工会主席（试用期一年），不再担任鞍钢集团教育培训中心（党校）副主任、党校副校长职务 | 2015.08.28 |
| 张晓辉 | 任鞍钢集团教育培训中心（党校）副主任、党校副校长，不再担任鞍钢集团人才开发院筹建组副组长职务 | 2015.08.28 |
| 王　琳 | 任鞍钢集团机关党委副书记、纪委书记、工会主席（试用期一年），建议不再担任鞍钢集团公司人力资源部（党委组织部）党建处处长职务 | 2015.08.28 |
| 刘　日 | 免去鞍钢集团办公厅（党委办公厅）机关党委副书记兼纪委书记职务 | 2014.12.26 |
| 龙　强 | 免去机关党委书记职务 | 2015.09.01 |
| 杨　槐 | 任攀钢集团有限公司党委常委、副总经理 | 2015.09.01 |
| 周天文 | 任攀钢工程技术有限公司党委书记，不再担任攀钢工程技术有限公司执行董事、总经理职务 | 2015.09.01 |
| 谢俊勇 | 任攀钢集团有限公司党委常委、副总经理（试用期一年），不再担任攀钢攀枝花钢钒有限公司总经理职务 | 2015.09.26 |
| 杨天旺 | 任综合实业发展有限公司董事、总经理，不再担任鞍山钢铁集团公司总经理助理职务 | 2015.09.26 |
| 张三健 | 任香港有限公司（鞍钢国贸公司）党委筹建组组长，建议不再担任鞍钢股份有限公司总经理助理兼原燃料采购中心总经理、党总支书记职务 | 2015.09.26 |
| 刘力辉 | 任攀钢集团有限公司总经理助理、鞍钢集团地产公司总经理，不再担任攀钢房屋及土地开发产业发展协调组组长职务 | 2015.09.26 |
| 王衍平 | 任信息产业有限公司董事、总经理，不再担任鞍钢集团公司信息化管理部部长、信息产业有限公司外部董事职务 | 2015.09.26 |
| 贾凤泳 | 任鞍钢集团公司信息化管理部副部长（主持工作）、信息产业有限公司外部董事，不再担任信息产业有限公司副总经理职务 | 2015.09.26 |

续表

| 姓 名 | 任 免 职 务 | 任 免 日 期 |
| --- | --- | --- |
| 韩 禹 | 免去鞍钢附属企业公司经理职务 | 2015. 09. 26 |
| 许永波 | 任鞍钢附属企业公司常务副经理（主持工作） | 2015. 09. 26 |
| 王义栋 | 任鞍山钢铁集团公司总经理、党委副书记，鞍钢股份有限公司董事、总经理、党委副书记 | 2015. 10. 21 |
| 邵安林 | 建议兼任金达必公司副董事长 | 2015. 10. 21 |
| 林 垚 | 任鞍钢集团公司战略规划部副部长兼鞍钢集团经济发展研究院副院长，不再担任鞍钢集团公司国际事务部副部长职务 | 2015. 10. 21 |
| 辛洪斌 | 任攀钢攀枝花钢钒有限公司党委书记兼攀钢成都钢钒有限公司（成都钢铁有限责任公司）党委书记（试用期一年），建议不再担任攀钢集团有限公司人力资源部（党委组织部）部长职务 | 2015. 10. 21 |
| 王术军 | 任攀钢工程技术有限公司执行董事、总经理（试用期一年） | 2015. 10. 21 |
| 石 伟 | 任鞍钢矿业集团（攀钢钒钛）党委委员、副总经理 | 2015. 10. 21 |
| 何方威 | 任鞍钢矿业集团（攀钢钒钛）党委委员、副总经理 | 2015. 10. 21 |
| 张兆元 | 任鞍钢矿业集团（攀钢钒钛）党委委员、副总经理，建议兼任卡拉拉矿业公司总经理 | 2015. 10. 21 |
| 邓鹏宏 | 任鞍钢矿业集团（攀钢钒钛）总经理助理 | 2015. 10. 21 |
| 李之奇 | 任鞍钢矿业集团（攀钢钒钛）总经理助理 | 2015. 10. 21 |
| 穆在泉 | 任鞍钢集团教育培训中心（党校）党委副书记、工会主席（试用期已满，正式任职） | 2015. 10. 21 |

（鞍钢集团公司党委组织部　刘天祥）

# 2015年鞍钢取得高级专业技术职称任职资格人员名单

**教授级高级工程师**

魏　元　张鹏远　赵　雷　李　云　李连成
张丛香　王忠红　王明华　张　辉　张　春
郑　凯　张洪英　刘绍昌　扎世利　李耀辉
贾启超

**教授级高级经济师**

侯海云

**研究员**

胡俊鸽

**副研究员**

冯士超

**研究馆员**

张　黎

**高级工程师**

王佳熙　赵　娟　李翀一

**高级经济师**

王　凤　崔卫国　时立宝　徐锦文　韩树范
王　威　雷　雨　张　影　石桂艳　王宏廷
朱卫斌　张东伟　龙　涛　朱元明　郭　克

**高级会计师**

李金华　余　鸿　毛文辉　夏晓英　杨晓璐
崔健鹤　渠雪荣　刘文会　王丽苹　刘　策
马　骏　周小霞　孟媛琦　姚　佳

**系统分析师**

王奎越

**信息系统项目管理师**

何春灿　李志锋　曹世明　杨洪涛　徐岩松
陈　铮　王丽娟　王　超　都青山　张　晋
滕晓旭　王玉凤　刘振清　王寅虎　贾　真
宋良珍

**主任医师**

陈月洁

**主任护师**

王小松　姜海燕

**副主任护师**

杨玉红　张春英　张　鑫　何丽华　洪丽梅
金素娟

**副主任医师**

李　丽　李　准　刘显义　刘瑞浩　郝昌军
朱凤娣　郭　红　冯俊英　田学昌　杨亚娜

**幼儿、中学高级教师**

屈秀梅　孙智宏　邵金芝　邵凤春　杨莹莹
高淑会　何秀红　孔令媛　尚国华　庞红艳
张　威　刘　典　马　颖　张尚英

（鞍钢集团公司人力资源部　王正国）

# 附　录

# ·统计资料·

## 一、产品产量

### 十大产品产量分月完成情况

（吨）

| 产品 | 全年 | | 分月产量 | | | | | | | | | | | |
|---|---|---|---|---|---|---|---|---|---|---|---|---|---|---|
| | 计划 | 实际 | 1月 | 2月 | 3月 | 4月 | 5月 | 6月 | 7月 | 8月 | 9月 | 10月 | 11月 | 12月 |
| 一、铁矿石原矿量 | 93250000 | 101593003 | 8989250 | 7959018 | 8499119 | 8376074 | 8694842 | 8753734 | 9380263 | 8389184 | 8124468 | 8710494 | 7929456 | 7787101 |
| 二、铁精矿 | 38910000 | 35749903 | 3192150 | 2847610 | 3021483 | 2924105 | 3136034 | 3071170 | 3214627 | 2965621 | 2931770 | 3053038 | 2854171 | 2538125 |
| 三、人造富矿 | 66050000 | 61374772 | 5760695 | 5147794 | 5501984 | 5392143 | 5575525 | 5301151 | 4985564 | 5175537 | 4983715 | 4983900 | 4526800 | 4039964 |
| 烧结铁矿 | 55780000 | 52877411 | 4850101 | 4339391 | 4666954 | 4683711 | 4851615 | 4507261 | 4206730 | 4443650 | 4313006 | 4271314 | 4023475 | 3720203 |
| 球团铁矿 | 10270000 | 8497361 | 910594 | 808403 | 835030 | 708432 | 723910 | 793890 | 778834 | 731887 | 670709 | 712586 | 503325 | 319761 |
| 四、焦炭 | 16350000 | 10607190 | 964630 | 869531 | 929039 | 900819 | 943170 | 865593 | 868377 | 866215 | 860634 | 878878 | 817856 | 842448 |
| 五、合格生铁 | 35580000 | 32331086 | 3038270 | 2672003 | 2901926 | 2858781 | 2963328 | 2725357 | 2518371 | 2630418 | 2654950 | 2655080 | 2429234 | 2283368 |
| 含钒生铁 | 10430000 | 9295844 | 846751 | 754954 | 847118 | 841684 | 858475 | 801300 | 669545 | 688211 | 791406 | 807804 | 705352 | 683244 |
| 六、粗钢 | 36190000 | 32502396 | 3032308 | 2691935 | 2897733 | 2876554 | 2948210 | 2728016 | 2528347 | 2661567 | 2695039 | 2667913 | 2450335 | 2324440 |
| 七、钢坯 | 35800000 | 31444311 | 2946994 | 2614343 | 2815425 | 2787180 | 2869598 | 2646164 | 2446788 | 2566309 | 2595934 | 2572339 | 2351113 | 2232124 |
| 八、钢材 | 34950000 | 30710510 | 2723592 | 2408773 | 2811970 | 2720517 | 2715774 | 2526200 | 2512615 | 2612660 | 2479670 | 2478435 | 2388142 | 2332162 |
| 九、高钒铁（折合量） | 40000 | 30623 | 2853 | 1429 | 2669 | 2707 | 3058 | 3271 | 3284 | 2233 | 2114 | 2161 | 2481 | 2363 |
| 十、钛白粉 | 103000 | 99816 | 8027 | 7771 | 10705 | 10362 | 10613 | 9192 | 7777 | 6679 | 7684 | 7080 | 6558 | 7368 |

（鞍钢集团公司财务运营部　蔺　亮）

# 二、财务指标

## （一）财务指标完成情况

（万元）

| 指标名称 | 2015年 | 2014年 | 增减额 | 指标名称 | 2015年 | 2014年 | 增减额 |
|---|---|---|---|---|---|---|---|
| 一、营业总收入 | 12970755 | 16150972 | -3180217 | 五、少数股东损益 | -247082 | -381384 | 134302 |
| 二、利税指标 | | | | 六、上缴税金 | 749533 | 930786 | -181253 |
| 利润总额 | -1074759 | -1042835 | -31924 | 所得税 | 39769 | 85601 | -45832 |
| 应交税金 | 794145 | 965155 | -171010 | 增值税 | 285546 | 423366 | -137820 |
| 三、所得税费用 | 339959 | 138099 | 201860 | 其他税金合计 | 424218 | 421819 | 2399 |
| 四、净利润 | -1414718 | -1180934 | -233784 | | | | |

## （二）评价企业经济指标

（%）

| 指标名称 | 2015年 | 2014年 | 增减额 | 指标名称 | 2015年 | 2014年 | 增减额 |
|---|---|---|---|---|---|---|---|
| 1. 营业利润率 | -9.45 | -6.49 | -2.96 | 6. 流动比率 | 0.40 | 0.51 | -0.11 |
| 2. 总资产报酬率 | -1.11 | -1.23 | 0.12 | 速动比率 | 0.26 | 0.31 | -0.05 |
| 3. 净资产收益率 | -20.25 | -13.03 | -7.22 | 7. 应收账款周转率/次 | 16.57 | 20.07 | -3.50 |
| 4. 资本保值增值率 | 73.6 | 88.6 | -15.0 | 8. 存货周转率/次 | 3.75 | 3.89 | -0.14 |
| 5. 资产负债率 | 79.16 | 72.19 | 6.97 | | | | |

## （三）资产及负债情况

（万元）

| 指标名称 | 2015年 | 2014年 | 增减额 | 指标名称 | 2015年 | 2014年 | 增减额 |
|---|---|---|---|---|---|---|---|
| 一、资产总额 | 30452745 | 31723100 | -1270355 | 短期借款 | 8378763 | 8030049 | 348714 |
| 1. 流动资产 | 7225205 | 8260214 | -1035009 | 应付账款 | 2401628 | 2601178 | -199550 |
| 应收账款 | 444864 | 646015 | -201151 | 2. 长期负债 | 5970140 | 6745353 | -775213 |
| 存货总额 | 2569530 | 3300429 | -730899 | 三、所有者权益 | 6345397 | 8821905 | -2476508 |
| 2. 长期股权投资 | 651615 | 770913 | -119298 | 1. 少数股东权益 | 2376250 | 2665654 | -289404 |
| 3. 固定资产 | 14214837 | 12508256 | 1706581 | 2. 归属母公司权益 | 3969147 | 6156251 | -2187104 |
| 固定资产原值 | 27920426 | 24266456 | 3653970 | 实收资本 | 2905332 | 2625999 | 279333 |
| 累计折旧 | 12416452 | 11619876 | 796576 | 资本公积 | 2737484 | 2785859 | -48375 |
| 固定资产净值 | 15503974 | 12646580 | 2857394 | 盈余公积 | 1481783 | 1481783 | 0 |
| 4. 无形资产 | 2969070 | 2959786 | 9284 | 未分配利润 | -3406739 | -1079323 | -2327416 |
| 二、负债总额 | 24107348 | 22901195 | 1206153 | 其他综合收益 | -48594 | 72610 | -121204 |
| 1. 流动负债 | 18137208 | 16155842 | 1981366 | 专项储备 | 299881 | 269323 | 30558 |

（鞍钢集团公司财务运营部　孙彦涛）

# 三、更新改造指标

## （一）2015 年固定资产投资项目完成情况（按形象进度分类）

（万元）

| 单项工程或更改项目名称 | 计划总投资 | 自开始建设至本年底累计 | | 本年 | | | | | 本年新增固定资产 | 房屋建筑面积/平方米 | |
|---|---|---|---|---|---|---|---|---|---|---|---|
| | | 完成投资 | 新增固定资产 | 完成投资 | 其中 | | | | | 本年施工 | 本年竣工 |
| | | | | | 建筑工程 | 安装工程 | 设备购置 | 其他费用 | | | |
| 总　计 | 3932581 | 2852053 | 1942470 | 540630 | 174276 | 87734 | 230160 | 48460 | 648809 | 138783 | 87914 |
| 其中：更新改造合计 | 3932581 | 2852053 | 1942470 | 540630 | 174276 | 87734 | 230160 | 48460 | 648809 | 138783 | 87914 |

## （二）固定资产实际完成投资（按专业去向分类）

（万元）

| 按专业去向分类 | 实际完成投资 | 按专业去向分类 | 实际完成投资 |
|---|---|---|---|
| 合　计 | 540630 | 7. 轧材 | 210238 |
| 1. 铁矿采选 | 79253 | 8. 铁合金 | |
| 2. 烧结 | 9805 | 9. 焦化 | 51130 |
| 3. 球团 | 5142 | 10. 耐火 | 3891 |
| 4. 炼铁 | 9310 | 11. 碳素 | |
| 5. 炼钢 | 52560 | 12. 金属制品 | 1252 |
| 6. 连铸 | 7329 | 13. 其他 | 110720 |

（鞍钢集团公司财务运营部　蔺　亮）

# 四、产品销售

## 主要钢铁工业产品产、销、存情况

（吨）

| 指标名称 | 年初库存 | 本年调入 | 本年生产 | 本年自用 | 本年销售 | | 盘盈（+）/盘亏（-） | 年末库存 |
|---|---|---|---|---|---|---|---|---|
| | | | | | 本年销售小计 | 其中：本年出口 | | |
| 铁矿石成品矿 | 1068325 | 0 | 29503923 | 27254087 | 2812509 | 0 | 0 | 505652 |
| 　铁精矿 | 1068325 | 0 | 29503923 | 27254087 | 2812509 | 0 | 0 | 505652 |
| 人造富矿 | 315331 | 0 | 61374772 | 61458751 | 0 | 0 | 0 | 231352 |
| 　烧结铁矿 | 217829 | 0 | 52877411 | 52997420 | 0 | 0 | 0 | 97820 |

续表

| 指标名称 | 年初库存 | 本年调入 | 本年生产 | 本年自用 | 本年销售 | | 盘盈（+）/盘亏（-） | 年末库存 |
|---|---|---|---|---|---|---|---|---|
| | | | | | 本年销售小计 | 其中：本年出口 | | |
| 球团铁矿 | 97502 | 0 | 8497361 | 8461331 | 0 | 0 | 0 | 133532 |
| 生铁 | 19000 | 103714 | 32331086 | 32410557 | 33719 | 0 | 0 | 9524 |
| 粗钢 | 519053 | 15807 | 32502396 | 31954664 | 662854 | 0 | 0 | 419738 |
| 连铸坯 | 510355 | 15068 | 32364860 | 31815042 | 661596 | 0 | 0 | 413645 |
| 钢材 | 767426 | 0 | 30710510 | 17608 | 30741393 | 3640665 | -36805 | 682130 |
| 铁道用钢材 | 86930 | 0 | 1877749 | 0 | 1878930 | 167370 | 0 | 85749 |
| 其中：重轨 | 86900 | 0 | 1877030 | 0 | 1878857 | 167370 | 0 | 85073 |
| 大型型钢 | 5121 | 0 | 8761 | 0 | 9404 | 0 | 0 | 4478 |
| 棒材 | 21460 | 0 | 575105 | 15 | 581388 | 284759 | -292 | 14870 |
| 钢筋 | 3710 | 0 | 38143 | 0 | 38390 | 0 | -870 | 2593 |
| 线材（盘条） | 15276 | 0 | 1217920 | 118 | 1214717 | 431536 | 148 | 18509 |
| 特厚板 | 9254 | 0 | 439864 | 18 | 444175 | 39511 | 10 | 4935 |
| 厚板 | 23957 | 0 | 1129797 | 0 | 1129715 | 136690 | 33 | 24072 |
| 中板 | 29523 | 0 | 1628351 | 0 | 1611094 | 116783 | 535 | 47315 |
| 热轧薄板 | 611 | 0 | 2993 | 0 | 2981 | 2609 | 0 | 623 |
| 冷轧薄板 | 3172 | 0 | 930377 | 0 | 929519 | 20335 | -212 | 3818 |
| 中厚宽钢带 | 178941 | 0 | 9375783 | 155 | 9403989 | 557355 | -671 | 149909 |
| 热轧薄宽钢带 | 45612 | 0 | 4531361 | 8986 | 4539562 | 612303 | 1657 | 30082 |
| 冷轧薄宽钢带 | 128751 | 0 | 5255996 | 6744 | 5225344 | 498937 | -36100 | 116559 |
| 热轧窄钢带 | 1155 | 0 | 3163 | 0 | 4164 | 0 | 0 | 154 |
| 冷轧窄钢带 | 1169 | 0 | 4834 | 0 | 5408 | 0 | 1 | 596 |
| 镀层板（带） | 53657 | 0 | 1857539 | 1263 | 1874817 | 454327 | -1354 | 33762 |
| 其中：镀锌板（带） | 53657 | 0 | 1857539 | 1263 | 1874817 | 454327 | -1354 | 33762 |
| 涂层板（带） | 4391 | 0 | 141562 | 0 | 143986 | 75200 | 0 | 1967 |
| 电工钢板（带） | 20075 | 0 | 660796 | 0 | 642016 | 37740 | 0 | 38855 |
| 无缝钢管 | 102436 | 0 | 971086 | 2 | 998923 | 205097 | -322 | 74275 |
| 焊接钢管 | 24080 | 0 | 28420 | 0 | 29668 | 113 | 86 | 22918 |
| 其他钢材 | 8145 | 0 | 30910 | 307 | 33203 | 0 | 546 | 6091 |
| 钢丝 | 129 | 0 | 271 | 0 | 207 | 0 | -1 | 192 |
| 钢丝绳 | 7736 | 0 | 22811 | 1957 | 19654 | 0 | 0 | 8936 |
| 钢绞线 | 34 | 0 | 133 | 3 | 117 | 0 | 0 | 47 |
| 焦炭 | 64570 | 0 | 10607190 | 10599994 | 38198 | 0 | 0 | 33568 |

（鞍钢集团公司财务运营部　蔺　亮）